Für meine Mutter,
die ich verloren habe, während ich dieses Buch schrieb,
für die ganze Liebe, die sie mir gegeben hat
und dafür, dass sie mir gezeigt hat,
dass der Egoismus nicht der einzige Motor ist,
der die Welt antreibt.

Die Transite und das Solarhoroskop

Übersetzung: Luca Masotti
Lektorat: Anke Frerich de Valdez
Gestaltung und Umschlag: Pino Valente.

© 2008 Alle Rechte vorbehalten Verlag Ricerca '90

CIRO DISCEPOLO

DIE TRANSITE UND DAS SOLARHOROSKOP

Ein neues System für zwei klassische Methoden

Verlag Ricerca '90
Viale Gramsci, 16 - 80122 - Napoli - Italien
www.cirodiscepolo.it - www.solarreturns.com
info@cirodiscepolo.it

Vorwort

Berechnungen zufolge habe ich nach 27 Jahren intensiver astrologischer Praxis bis zum Frühjahr 1997 ungefähr 10.000 Menschen[1] dazu gebracht, sich an ihrem Geburtstag gezielt an einen anderen Ort zu begeben und hierbei - was noch wichtiger ist - nach einem Jahr Bilanz in Bezug auf die wunderbare Realität des gezielten Solarhoroskops oder auch der so genannten gezielten „Rückkehr der Sonne" gezogen. Das ist aber nicht das Thema dieses Buches. Das Buch ist vielmehr für jene gedacht, welche das Solarhoroskop bereits erforschen oder erst erforschen möchten, und zwar unabhängig davon, ob sie die Praxis der gezielten Dislokation am Geburtstag anwenden möchten oder nicht. Ganz bewusst und ohne Einbildung oder dumme Eitelkeit habe ich diese hohen Zahlen hier genannt, um zu bestätigen, dass meine Erfahrung in diesem Bereich im Gegensatz zu anderen Autoren nicht auf theoretischer sondern auf praktischer Basis beruht. Sie werden in diesem Buch Überlegungen finden, die sich von denen in anderen Texten merklich unterscheiden.

Hier zwei Beispiele: Sie werden in den folgenden Kapiteln sehen, dass ein Solar, der mit Jupiter in der Himmelsmitte (MC) beginnt, bei Weitem nicht die guten Ergebnisse für eine Person im Rahmen ihres sozialen und professionellen Fortkommens im entsprechenden Jahr bringt als jener, der mit dem Solaraszendenten im zehnten Radix-Haus beginnt.

Hingegen hat ein Solaraszendent im ersten Radix-Haus die denkbar schlechtesten Auswirkungen, wie in den folgenden Kapiteln zu sehen sein wird.

Diese und viele andere Überlegungen in diesem Buch sind wie gesagt aus langjähriger Erfahrung entstanden und werden durch tausende und abertausende persönliche Berechnungen bestätigt.

Dieses Buch will damit weder den „Leitfaden zu den Transiten" noch die „Praktische Abhandlung über die Solar-Revolutionen" ersetzen, sondern soll

– wenn überhaupt - eine zusätzliche Hilfe sein, um die Transite und das Solarhoroskop zu verstehen, auch mit Blick auf den zeitlichen Abstand und die Recherchen, die den erwähnten Texten gefolgt sind.

Mit diesem Buch möchte ich drei Dinge zeigen:

1) Die Unmöglichkeit, genaue Vorhersagen zu treffen, ohne die Transite und das Solarhoroskop als Einheit zu berücksichtigen.

2) Die tief negativen Werte der Häuser XII, I und VI.

3) Die Möglichkeit zu ziemlich exakten Vorhersagen durch eine gemeinsame Berücksichtigung der Transite und des Solarhoroskops bei einer Auswertung der beiden nach meiner Methode.

Damit wir uns gut verstehen, ich bezweifle keineswegs, dass andere fähige Forscher ebenfalls sehr genaue Vorhersagen mit anderen Analysemethoden treffen können, aber ich gehe davon aus, dass diese anderen Methoden weitaus schlechtere Ergebnisse erzielen.

Wer das Solarhoroskop in eigener Praxis nach unterschiedlichen Schulen interpretiert, wird m. E. ebenfalls nicht zu den zufrieden stellenden Ergebnissen kommen, wie wenn er einzig und allein nach den Regeln auf den folgenden Seiten vorgeht.

Das behaupte ich mit dem Bewusstsein - und ohne eine eingebildete Unfehlbarkeit meinerseits auf theoretischer Basis - langjähriger Praxis, die es mir erlaubt, Klassifikationen zu treffen, Prioritäten zu setzen, über Werteskalen und Ausrufungszeichen sprechen zu können, die hinter gewisse Punkte gesetzt werden können.

Sie als Leser werden später sagen können, ob diese Methode funktioniert oder nicht: Sie können sie Ihren Kollegen empfehlen oder sie wegwerfen, jedoch erst nachdem Sie sie ausprobiert haben, und zwar ohne zumindest in der Probephase die Regeln nach eigenem Gutdünken zu ändern. Ich bin davon überzeugt, dass mir die Ergebnisse Recht geben werden. Dabei beanspruche ich für mich keineswegs eine 100%ige Genauigkeit, aber doch eine sehr hohe Nachprüfbarkeit, die es Ihnen erlaubt, ohne große Fehler zu handeln.

Fehler machen wir alle, es ist nur wichtig, nicht die Unfehlbarkeit anzustreben, sondern vielmehr zu versuchen, so wenig Fehler wie möglich zu machen.

Noch ein paar Dinge: Sie werden in der Beschreibung der Transite eine geringe Präsenz des Autors bemerken, da ich versucht habe, so „leise" wie möglich in der Beziehung zwischen Buch und Leser zu bleiben. Dem gegenüber werde ich mich im Teil zum Solarhoroskop in erster Person und mit recht persönlichen Kommentaren einschalten, da es sich hier um Themen dreht, bei denen ich gegenwärtig sein möchte, um einen sehr persönlichen Diskurs hervorzuheben.

Ich möchte schließlich noch hinzufügen, dass Sie in diesem Buch oft die Begriffe „negativ" und „positiv" bezüglich der einzelnen Positionen in den Transiten und dem Solarhoroskop finden werden. Einige werden sich über „eine solche Sprache" aufregen und bemerken, man solle nur von harmonischen und disharmonischen Positionen reden. Sie müssen mich entschuldigen, aber ich mag keine Demagogie. Auch in einer Zeit, in der man zu Blinden „Nicht-Sehende", zu Armen „sozial schwach Gestellte", zu Behinderten „Menschen mit Behinderung", zu Schwarzen „Außereuropäer" sagt, nenne ich grundsätzlich das Brot Brot und den Wein Wein: auch wenn Sie mich eines Besseren belehren wollen, so werden Sie mich nie dazu bringen, zu sagen, dass ein Transit von Saturn über die Sonne im zwölften Haus „disharmonisch" ist oder Wachstum bringt. Ich bleibe fest in dem Glauben, dass eine solche Konstellation ein Unglück ist, das jeder gerne meiden würde - und an zweiter Stelle, wenn überhaupt, dass dieser Zustand auch Wachstum bringt.

Neapel, den 23.04.1997

Anmerkungen
1) Es kommt vor, dass mich an einem Tag bis zu zehn verschiedene Personen anrufen, darunter Freunde, Kollegen und Schüler, um mich um Rat zu fragen. Mit dem stets eingeschalteten Rechner, dem Computer-Programm Molriv und durch Gespräche mit entsprechenden Personen kann ich ihnen in wenigen Minuten bei der Entscheidungsfindung helfen. Nach einem Jahr spreche ich dann, wenn auch nur kurz, mit denselben Personen über die Ergebnisse. In vielen Bereichen habe ich richtiggehende Erinnerungslücken, aber beim Solarhoroskop vergesse ich fast nie etwas.

1.
Dreißig gute Regeln

Was Sie nun lesen werden, soll keine Fortsetzung der Bibel sein, sondern ganz einfache, aus meiner Erfahrung heraus entstandene Regeln, die es zu überprüfen gilt und die je nach Ergebnis akzeptiert oder abgelehnt werden können.

Meiner Meinung nach funktionieren sie sehr gut, aber ich will Sie nicht weiter beeinflussen; ich möchte nur, dass Sie sie ausprobieren.

Wenn Sie die Regeln bei ihrer Anwendung als hilfreich empfinden, um glaubwürdige Vorhersagen zu treffen – glaubwürdigere als mit den Methoden von anderen Lehrern - dann möchte ich Sie herzlich dazu einladen, mir Ihre Eindrücke zu senden (meine E-Mail Adresse ist discepol@tin.it und die Homepage ist www.cirodiscepolo.it).

Ich möchte Sie jedoch darum bitten, diese Regeln stets „als Block" anzuwenden: wenn Sie die Ergebnisse wirklich erfahren möchten, müssen Sie die Regeln als Ganzes sehen und nicht eine willkürliche Auswahl treffen.

Dies sind die dreißig Regeln:

1) Die zwanzig Tage vor und die zwanzig Tage nach dem Geburtstag sind sowohl im Positiven als auch im Negativen sehr wichtig. Oft passieren in diesen Tagen die bedeutendsten Ereignisse des ganzen Jahres.

2) Der Geburtstag ist ein ganz besonderer Tag, an dem außergewöhnliche Ereignisse passieren können. Giacomo Casanova, der ein aufmerksamer Berichterstatter der Ereignisse seines Lebens war, schreibt in seinen Memoiren, dass sich im Laufe seines Lebens gut sieben Mal an seinem Geburtstag außergewöhnliche, positive oder negative Vorfälle ereignet haben. Es handelt sich hierbei um Vorfälle, welche die Richtung seines Lebens radikal geändert haben, wie z.B. die Flucht aus einem Gefängnis (der Venezier war Gast in einem Großteil der europäischen Gefängnisse) oder die Millionärswerdung (er wurde zu seiner Zeit mehrmals zum Millionär - und landete mehrmals wieder auf der Straße). Warum der Geburtstag so besonders ist, kann ich Ihnen nicht sagen und obwohl ich hierzu eine Theorie habe, behalte ich diese für mich, da ich mir nicht ganz sicher bin. Dennoch beschränke ich mich, auch wenn ich keine theoretische Erklärung abgeben kann, an dieser Stelle auf die Feststellung, dass die Regel funktioniert.

Versuchen Sie, ab heute die Nachrichten aufmerksam zu verfolgen und achten Sie dabei auf diese Besonderheit, oder durchsuchen Sie die Zeitung nach Meldungen dieser Art und Sie werden immer wieder auf die Anzeige über den russischen Mafiaboss stoßen, der an seinem Geburtstag in einem Luxushotel verhaftet wird, über den Mörder, der am Geburtstag seines Opfers überführt wird, über den Fußballer, der an seinem Geburtstag das entscheidende Tor schießt, usw. Man könnte die Beispiele zu Tausenden fortführen.

3) Wenn in einer Familie mehrere Geburtstage nahe beieinander liegen, so werden diese Tage zu einer „explosiven" Lunte, da sich hier die bedeutenden Ereignisse häufen können.

4) Erinnern Sie sich daran, dass wenn der Aszendent, das Stellium oder das Solarhoroskop in das erste, sechste oder zwölfte Haus fällt, die sich untereinander sehr ähnlich sind, das Jahr sehr schwer, fatal, gefährlich und zu 360 Grad negativ zu werden droht. Das gilt nicht nur für Gesundheit, Arbeit oder Liebesleben. Es wird fast immer ein schwarzes Jahr, an das Sie sich lange erinnern werden und das Sie doch lieber vergessen würden. Es ist mir bewusst, dass ich hiermit eine sehr harte Aussage treffe, aber genau das ist meine Absicht: m. E. hat sich noch kein Autor mit derartigen Ausrufungszeichen geäußert, ich aber finde es richtig, nicht nur präzise Ausrufungszeichen zwischen die einzelnen Regeln zu setzen, sondern sie auch genau hier und nicht anderswo zu setzen. So mancher hat bereits vom zwölften Haus als negativ gesprochen, aber noch niemand vor mir hat es, wie ich glaube, so sehr verteufelt und es hat auch niemand vorher das sechste und erste Haus so verurteilt: Probieren Sie diese Regel aus und lassen Sie mich Ihre Ergebnisse wissen. Sind diese Häuser im Spiel, so folgen Schwierigkeiten zu 360 Grad und in alle Richtungen: im Gefühlsleben, in der Gesundheit, mit dem Geld, in Bezug auf einen Trauerfall usw.

5) Das in Punkt 4) Gesagte gilt auch für Mars im zwölften, sechsten oder ersten Solarhaus: eine solche Konstellation kann auch für sich allein genommen ein ganzes Jahr ruinieren, das sich eigentlich aufgrund anderer Punkte der Transite oder des Solarhoroskops selbst eher als positiv ankündigte.

6) Bei der Deutung des Solarhoroskops rate ich Ihnen, auf nur wenige Elemente zu achten: a) wo liegt der Solaraszendent in Beziehung zu den Radixhäusern; b) wo liegt ein Solarstellium in Beziehung zu den Solarhäusern; c) wo liegt das Solarhoroskop in Beziehung zu den Solarhäusern; d) wo liegen die Bösewichte (hauptsächlich Mars) in Beziehung zu den Solarhäusern; e) Danach - *und nur danach* - kommen die restlichen Konstellationen der Sterne in den Häusern. Ich rate entschieden davon ab, weitere Elemente zu berücksichtigen, zum Beispiel, ob ein Planet rückläufig ist oder ob er einen guten oder schlechten Aspekt hat, da diese Elemente einen sehr niedrigen Wert in der Ordnung eines Dezimalbruchs in Bezug auf die ganzen Zahlen der aufgelisteten Konstellationen haben. Hier ein Beispiel: Mars im zwölften Haus im Solarhoroskop eines 60-Jährigen wird immer eine gefährliche Konstellation sein, unabhängig davon, ob er rückläufig ist oder nicht, ob er geschwächt ist, im Exil, im Fall oder auch in jeder anderen Konstellation. Das Solarhoroskop ist ein außerordentlich deutliches Fenster auf die zwölf Monate, die es umfasst, aber man darf nicht den Fehler machen, es deuten zu wollen als sei es ein Radix-Himmel und dabei womöglich sogar die Dispositoren, die abgeleiteten Häuser, usw. betrachten. Das alles trägt nicht zu Klarheit über das Ganze bei, sondern hat allein den Effekt, die anderen eindeutigen Bedeutungen zu verschleiern.

7) Beim siebten Haus geht es fast immer um offizielle Nachrichten, Gesetzeskonflikte oder mögliche Schwierigkeiten mit der Justiz, Kriege aller Art, verschiedene Spannungen und schwerwiegende Streitigkeiten, Probleme in der Partnerschaft oder gar Trennungen – kurz, um erklärte Feindseligkeiten. Die Deutung geht sogar bis hin zu kriminellen Attentaten auf das eigene Leben, die Gesundheit oder den Besitz, z.B. durch Schutzgelderpressung.

8) Sowohl im Transit als auch im Solarhoroskop funktionieren Jupiter und Sonne im zweiten, siebten und achten Haus wie ein bistabiler Oszillator, das heißt, sie tendieren dazu, die vorher bestehende Situation um 180 Grad umzudrehen: herrscht Ruhe, bringen sie Unruhe und herrscht Krieg, so helfen sie dabei, Frieden zu bringen. Lesen Sie in den einzelnen

Kapiteln, worum es geht und berücksichtigen Sie dabei diese Regel, um eine komplette Fehldeutung einer astralen Situation zu vermeiden.

9) Die Werte des zweiten und achten Hauses bedeuten in den meisten Fällen große Ausgaben – richtiggehende Kapitalabflüsse - und viel weniger Einkünfte.

10) Das elfte Haus wird oft in Verbindung mit Tod und Trauer gebracht - viel mehr noch als das achte, wo der Tod erst zweitrangig nach dem Hauptthema Geld kommt (in 90 Prozent der Fälle handelt das achte Haus im Solarhoroskop, aber auch in den Transiten von Geldproblemen und nicht vom Sterben). Noch heute, viele Jahre nach dieser Entdeckung, frage ich mich, warum das kein Kollege vor mir bemerkt hat. Es handelt sich hierbei um eine so offensichtliche Realität, dass nur ein Blinder sie nicht sehen könnte. Untersuchen Sie zwanzig Trauerfälle, die Ihnen selbst oder Freunden zugestoßen sind und Sie werden die Unfehlbarkeit dieser Regel erkennen.

11) Die Trigone und Sextile besonders von Uranus und Neptun, aber auch von Pluto, kündigen häufig ein Unglück an. Ich kann mir sehr gut vorstellen, wie jetzt allgemein empörte Ausrufe laut werden: „Wie bitte?! Wollen wir jetzt die Theorie aufstellen, dass es im Leben eines Menschen mehr negative als positive Aspekte gibt?". Darauf antworte ich: Haben Sie das erst jetzt bemerkt? Ist es vielleicht nicht wahr, dass für jede Person, die im Lotto oder Toto gewinnt, wenigstens tausend andere die Treppe herunterfallen, ihren Job verlieren, herausfinden, dass ihr Sohn Drogen nimmt, einen untreuen Partner haben oder von einer schweren Krankheit heimgesucht werden? Das ist die leider traurige, aber schlichte Realität: Auf jedes schöne Ereignis kommen mindestens tausend tragische. Auch Trigone und Sextile gehen sehr häufig in eine schlechte Richtung.

12) Achten Sie besonders auf Semiquadrate und Sesquiquadrate in den Transiten, die von ebensolcher Wichtigkeit sind wie Quadrate und Oppositionen. Wenn Sie diese vernachlässigen, können Sie viel von einer Situation verlieren. Nach meiner Erfahrung haben dagegen Semisextile, Sextile und Quinkunxe einen sehr schwachen bis gar keinen Einfluss.

13) Der Aszendent im zehnten Solarhaus bringt fast immer außergewöhnlich positive Dinge, wie Sie im betreffenden Kapitel nachlesen können. Dagegen hat Jupiter im Solar-MC einen eher schwachen Einfluss, der sicherlich weit geringer ist als der des Aszendenten in derselben Position.

Warum kann ich auch hierbei nicht sagen, aber es ist mit Sicherheit eine Tatsache, die Sie selbst bemerken werden.

14) Der Aszendent im zehnten Haus ruft bemerkenswerte Schäden hervor, wenn gleichzeitig auch ein schlechter Transit von Saturn, Uranus, Neptun, oder Pluto im Medium Coeli im zehnten Haus vorkommt oder in dissonanten Aspekt zum Aszendenten, zur Sonne oder zum Mond (einschl. der Konjunktionen).

15) An Tagen mit vielen negativen und positiven Aspekten gleichzeitig müssen wir ganz spezielle Ereignisse erwarten, die Antennen unserer Wahrnehmung sehr genau ausrichten und uns in einen Zustand der wachsamen Verteidigungshaltung begeben.

16) Einige der dramatischsten Momente im Leben passieren, wenn sich zu einem dissonanten Transit von Saturn, Uranus, Neptun oder Pluto in Beziehung zur Sonne, zum Aszendenten, zum Medium Coeli oder zum Radix-Mond ein Solar-Aszendent, -Stellium, -Sonne oder -Mars im ersten, sechsten oder zwölften Solarhaus gesellt. Hierbei können Sie nicht irren.

17) Alles, was in Kraft ist, wird von den Transiten und vom Solarhoroskop noch verstärkt. Wenn jemand einen schlechten Radix-Uranus im achten Haus hat und Uranus in Opposition zu dieser Konstellation vorbeizieht, dann kann sich dieser Jemand ruhig auf schwere Geldkrisen einstellen.

18) Der positive Effekt des zehnten Solarhauses kann auch ein einzelnes Vorkommnis betreffen und nicht notwendigerweise eine ganze Kette an Ereignissen. Lesen Sie hierzu das betreffende Kapitel.

19) Vergessen wir nie, dass bei der Erklärung einer Lebensentwicklung drei Variablen im Spiel sind. Die genetische Information, das heißt die biologische Vererbung von den Eltern mit der DNS, die astrale Vorherbestimmung und die sozialen, kulturellen, wirtschaftlichen, geschichtlichen und politischen Bedingungen einer Zeit und der Gegend, in der man zur Welt kommt und in der man lebt. Wäre Napoleon Bonaparte auf einer Hochebene in Afrika im 13. Jh. zur Welt gekommen, so hätte er niemals Herrscher über die Welt werden können. Einige Biologen glauben an eine vierte Variable (die für sie die Dritte ist, da der Einfluss der Sterne nicht gerechnet wird, Anm.d.A.), bezüglich der „zufälligen" Verbindung zwischen den Neuronen. Der Punkt ist doch der: Wie kann man in einer Natur, wo Alles universellen Regeln zu folgen scheint, überhaupt von „zufälligen" Phänomenen sprechen? Und wie kann man dagegen behaupten, dass solche Phänomene nicht von der Konstellation der Sterne bei der Geburt bestimmt werden?

20) Um die im Solarhoroskop vorausgesehenen Ereignisse eines Jahres besser zeitlich einordnen zu können, sollte man auch die Lunarhoroskope sowie die Transite der mehr und der weniger schnellen Planeten berücksichtigen.

Wenn ein Solarhoroskop beispielsweise eher negative Vorkommnisse ankündigt, so sollte man die Konstellation von Mars im Laufe des Jahres in seinen hauptsächlich der Sonne, dem Aszendenten, dem Medium Coeli und dem Mond dissonanten Aspekten betrachten. In Jahren mit einem positiven Solarhoroskop sollte man dagegen die gleiche von den Transiten von Jupiter und Venus bestimmte Situation betrachten.

21) Viele denken, dass die Beschreibung der Transite in Beziehung zu den Radixhäusern der Konstellation der Sterne in den Solarhäusern gleich ist, aber das ist gar nicht so selbstverständlich, wie Sie beim Lesen der jeweiligen Kapitel sehen werden.

22) Wenn sich die Hinweise der Transite und die des Solarhoroskops widersprechen, gehen Sie wie folgt vor. Meiner Erfahrung nach werden in einem Jahr keine dramatischen Ereignisse vorkommen, in dem die Transite sehr schlecht stehen und bedrohlich sind, das Solarhoroskop dagegen nicht so beängstigend, sondern eher neutral ist. Wenn aber umgekehrt die Transite nicht so wichtig und fast neutral, also nicht beängstigend sind und das Solarhoroskop schlecht und schwer, sei es auch nur aufgrund eines Aszendenten im ersten, sechsten oder zwölften Haus, so erwartet uns ein eher hartes und negatives Jahr.

23) Innerhalb welcher Orben sind die Transite gültig? Hierzu gibt es keine feste Regel, es hängt von der Langsamkeit oder Schnelligkeit des Planeten ab, der den jeweiligen Aspekt formt. Die schnellen Sterne wie zum Beispiel Sonne, Mond, Merkur, Venus und Mars können normalerweise bis zu fünf Grad vor oder fünf Grad hinter der präzisen Umlaufbahn des Aspekts agieren (Konjunktion, Quadrat, Sextil, usw.). Die Transite von Jupiter und Saturn hingegen gelten üblicherweise innerhalb von drei Grad von der Umlaufbahn. Für Uranus und Neptun kann man maximal mit ein paar Grad rechnen, aber manchmal wirken diese in weiteren Orben. Das ist dem Additionseffekt zu verdanken, mit dem die beiden zusammen mit anderen Transiten schnellerer

Sterne auftreten. Pluto wiederum kann auch zehn Jahre am gleichen Punkt stehen bleiben, hier rechnen wir maximal mit einem Grad, außer im Fall der erwähnten Ausnahmen. Hinsichtlich der Semi- und Sesquiquadrate müssen die Orben so eng wie möglich berechnet werden, bei schnellen Planeten liegen sie bei zwei-drei Grad, bei den restlichen Planeten bei ein-zwei Grad.

24) Die Transite von Mars neigen dazu, sich vorzuverlegen, das heißt sie zeigen sich eher am Eingang als am Ausgang. Diese absolute Regel aber muss nicht berücksichtigt werden.

25) Die Transite sind in einigen Fällen gleichzeitig sowohl negativ als auch positiv zu lesen, unabhängig davon, ob sie sich in einem Quadrat oder Trigon ausdrücken. Um zu verstehen, ob ein Planetendurchgang negativ oder positiv wirkt, soll das Solarhoroskop betrachtet werden, das sich wie ein „offenes Buch" mit außergewöhnlicher vorherseherischer Klarheit lesen lässt: nur schwer wird jemand, der das Solarhoroskop und die Transite nach der in diesem Buch vorgestellten Methode liest, in den eigenen Vorhersagen stark daneben liegen können.

26) Erinnern Sie sich stets daran, dass es beim achten Haus oft um Gefängnis geht.

27) Ein dreifacher Transit wiegt weitaus mehr als ein einfacher. Ein Planet kann eine Konjunktion mit einem anderen Stern eingehen und so weiterwandern ohne je zurückzukehren. Umgekehrt kann er sich in manchen Fällen bei der ersten Konjunktion direktläufig, bei der zweiten rückläufig und bei der dritten wieder direktläufig bewegen. Dreifache Transite haben somit eine weit größere Bedeutung als andere.

28) Die Transite besonders der langsamen Planeten in den Häusern – und auch in den leeren Häusern – sind von großer Bedeutung und geben uns wertvolle Informationen. Bitte lesen Sie hierzu die entsprechenden Kapitel in diesem Buch.

29) Für ein besseres Verständnis der planetarischen Durchgänge ist es sehr nützlich, zu erfahren, was bei demselben Transit im vorhergehenden Zyklus passiert ist. Zum Beispiel kann ein Durchgang von Jupiter im zweiten Haus sowohl große Geldeingänge als auch Geldausgänge bedeuten. Für nützliche Vorhersagen ist es hilfreich, die betreffende Person zu fragen, was sie erlebt hat, als zwölf Jahre zuvor dieselbe Situation eingetreten ist.

30) Einer der wichtigsten Punkte in der Deutung des Solarhoroskops ist es meiner Ansicht nach, den Aspekten eine minimale Wichtigkeit beizumessen, welche die verschiedenen Konstellationen der Sterne in der Gesamtheit des Solarhoroskops im Sinne ihrer Winkel formen. Ich versuche es mit einem Beispiel besser zu erklären. Jemand hat einen sehr schönen Mars im Sinne der Aspekte im sechsten Solarhaus: dieser wird aber immer nur fürchterlich sein und in keiner Weise (oder kaum) beeinflusst von den guten Aspekten mit den anderen Sternen im Solarhimmel. Mit anderen Worten, wenn wir z.B. Mars im sechsten Haus 100 (als negativen numerischen Wert) zusprechen, so können wir max. 1 hinzufügen oder abziehen, je nachdem, ob Trigone oder Quadrate geformt werden. Somit sollte man sich hier keine falschen Illusionen machen, und ich bin nach wie vor davon überzeugt, dass es nutzlos ist, die bittere Pille versüßen zu wollen. Mars im sechsten, ersten oder zwölften Haus ist und bleibt ein miserables Zeichen, egal ob er „harmonisch" oder „disharmonisch" ist.

2.
Transite der Sonne

Die Transite der Sonne spielen ebenso wie die Transite des Mondes, Merkurs und der Venus eine sehr begrenzte Rolle in den ein oder mehrere Jahre unseres Lebens bestimmenden Ereignissen und können höchstens die Qualität und die Richtung von auf wenige Tage (maximal zwei oder drei) begrenzte Zeitbögen bestimmen. Die Sonne ist sicherlich der erste Signifikator der Libido und klärt somit auf geistiger Ebene, wohin wir uns bewegen und was wir in einem bestimmten Zeitraum erreichen wollen. Die Sonne ist auch die Kraft unseres bewussten Ichs und von ihrem Stand ist ein Großteil der Last abhängig oder auch ein geringerer Optimismus in allen unseren Handlungen, sowie das täglich gemessene Verhältnis zwischen unserem Verstand und den unbewussten inneren Kräften. Die Sonne verkörpert außerdem den Vater, den Sohn, den Bruder oder Partner und so geben uns ihre Transite nützliche Informationen über diese Personen. Zudem ist das Zentralgestirn in einer engen Verbindung mit unserem Ruf, mit Wachstum im sozialen und professionellen Bereich zu setzen.

Wenn wir sagen, dass solche Transite eine begrenzte Bedeutung haben, dürfen wir dabei nicht vergessen, dass die „begrenzte Aktion in der Zeit" nicht gleichzusetzen ist mit „wenig intensiv". Wir erleben fast alle einen kurzen kritischen Zeitraum im Verlauf des Jahres, der genau den unserem Geburtstag entgegen gesetzten Tagen entspricht, eben wenn der Transit der Sonne einmal im Jahr in Opposition zu sich selbst steht. An diesen Tagen sehen wir uns mit Hürden und Hindernissen der unterschiedlichsten Art konfrontiert und spüren häufig sogar körperliches und geistiges Unwohlsein. Das Gleiche können wir zu den Tagen sagen, an denen die Sonne im Quadrat zu sich selbst steht, aber der Effekt der „Opposition" scheint noch sehr viel stärker zu sein. So wird zum Beispiel jemand, der am 15. Februar geboren wurde, fast sicher einen ortsgebundenen kritischen Zeitraum um den 15. August jeden Jahres erleben.

Sonne in harmonischem Aspekt zur Sonne

An den Tagen, an denen die Transite der Sonne günstig zur Geburtsposition stehen, sind wir meist voller körperlicher und geistiger Energie. Eine leichte, aber doch wesentliche Brise aus Optimismus weht über uns hinweg und wir fühlen das Bedürfnis zu handeln, den tiefen Willen zur Bejahung, zum Erreichen unserer Ziele, zum Einsatz in allen Bereichen.

Dies sind genau die Tage, an denen wir ein neues Projekt beginnen und eine Idee in die Praxis umsetzen können, die schon lange Zeit in der Schreibtischschublade auf ihre Realisierung gewartet hatte. Uns wird rundherum mehr Zustimmung, mehr Anerkennung, mehr Prestige zukommen. Es ist auch möglich, an diesen Tagen gute Nachrichten in Bezug auf unsere Arbeit oder unsere geistige, sportliche, musische Tätigkeit etc. zu erhalten. Zudem bemerken wir in solchen Zeiträumen das Bedürfnis, „sonniger" und direkter zu sein und mit einem stärker und höher ausgeprägten „Ehrgefühl" zu handeln. Unser Stolz gedeiht im positiven Sinn und wir bereiten uns unabhängig von unserer Grundnatur auf das Schlagen auch kleinerer Schlachten auf offenem Feld und ohne doppeltes Spiel vor. Während dieses Durchganges ist es auch möglich, einem Wachstum oder dem Erreichen eines temporären oder endgültigen Zieles unseres Sohnes oder unseres Vaters, Partners oder Bruders beizuwohnen. Wir sind nun heiterer und optimistischer und können so versuchen, eine erste Bilanz zu ziehen, um unsere Energien fortan in die richtige Richtung zu lenken. Natürlich begünstigt ein solcher Transit hauptsächlich aufgrund ihres Geburtshimmels weniger sonnige, verschlossenere und introvertiertere Gemüter. Es handelt sich hierbei jedoch wie gesagt nur um wenige Tage.

Sonne in disharmonischem Aspekt zur Sonne

An solchen Tagen erleben wir eine leichte, aber nicht zu vernachlässigende körperliche und geistige Niedergeschlagenheit. Ein Hauch aus Pessimismus umgibt uns und das Leben begegnet uns mit mehr Schwierigkeiten. Wir tendieren zu melancholischen Gedanken, die sogar bis hin zu einer leichten Mutlosigkeit gehen. Eventuelle, erst wenige Wochen zuvor begonnene Unternehmungen werden liegen gelassen und wir bemerken ein generelles „Aus-der-Form-Sein", ein Minus an Vitalität. Die Sonne steht für den Archetyp des Lebens und es ist kein Zufall, dass skandinavische Länder, wo Dämmerung und Dunkelheit über lange Strecken das Jahr beherrschen, eine hohe Selbstmordrate aufweisen. Wenn wir den dissonanten Durchgang unseres Zentralgestirns in Bezug auf seine eigene Geburtsposition wahrnehmen, dann tun wir gut daran, mehr Licht- oder Sonnenstrahlen auf uns zu lenken, indem wir uns direkt an die freie Luft begeben oder indirekt dem künstlichen Licht aussetzen. Die Helligkeit scheint an solchen Tagen tatsächlich extrem wichtig zu sein, unsere Psyche nimmt einen richtiggehenden Helligkeitsrückgang wahr. Wir sind misstrauisch und spüren sogar ein Schrumpfen unserer Beliebtheit bei anderen. Dies ist also nicht der richtige Moment, den Chef um eine Beförderung zu bitten oder eine Anfrage abzuschicken, von der unsere berufliche Zukunft abhängen könnte. Wie oben beschrieben, hat dieser Zustand besonders starke Auswirkungen an den Tagen des Jahres, an denen die Sonne in Opposition zu sich selbst steht. Daher registrieren viele Personen, die zum Beispiel Mitte April geboren wurden, einen stark disharmonischen Zeitraum gegen Mitte Oktober und solche, die Anfang Juli zum ersten Mal das Licht der Welt erblickt haben, gegen Ende des Solarjahres und in den ersten Tagen im Januar usw. Im makrobiotischen Sinn sollte unser Organismus mehr yangisiert werden, z.B. mit Tee, Kaffee und anderen Yang-Substanzen. Auch unser äußeres Erscheinungsbild ist in diesem Transit farblos und müde. Ferner könnten wir an diesen Tagen schlechte Nachrichten in Bezug auf einen Bruder, Sohn, Partner oder den Vater bekommen. Es ist also in diesem kurzen Zeitraum empfohlen, keine Bilanzen zu ziehen und keine wichtigen Entscheidungen zu treffen, von denen unsere Zukunft im Allgemeinen abhängen könnte.

Sonne in harmonischem Aspekt zum Mond

An den Tagen, an denen das Zentralgestirn günstig an unserem Geburtsmond vorüberzieht, können wir uns auf einen Moment des gesunden inneren Gleichgewichts einstellen, auf einen Moment der Harmonie zwischen Bewusstem und Unbewusstem in uns, was in der Antike *coniunctio oppositorum* genannt wurde. Hier geht es um das wunderbare Zusammenspiel zwischen Vernunft- und Gefühlsbetontheit, die besonders in der Konjunktion dieser beiden Sterne eine herrliche Ausdrucksform findet. Aber auch bei einem Trigon und einem Sextil empfinden wir eine erhöhte innere Ruhe und wenige Reibungen im Inneren und Äußeren unserer Persönlichkeit. Für ein gutes Verständnis dieses Aspektes ist es hilfreich, das Verhalten derjenigen zu beobachten, die mit harmonischen Sonne-Mond Aspekten geboren wurden und derjenigen, die dagegen mit disharmonischen Winkeln zwischen den beiden Gestirnen zur Welt gekommen sind. Erstere erscheinen uns als ausgeglichen, bedächtig, ruhig und nachdenklich. Letztere tendieren dagegen dazu, immer angespannt, hastig, aufgeregt, besorgt und ganz und gar nicht im Gleichgewicht zu sein. Gleichwohl fühlen wir uns weniger angespannt, heiterer, bereit zum inneren und äußeren Dialog, wenn die Sonne einen positiven Aspekt zu unserem Radixmond formt. Wir nehmen eine positive Haltung zu uns selbst und zu anderen ein und sind in der Lage, Bilanzen zu unserer Situation zu ziehen, die Ereignisse in dieser Zeit klarer zu lesen. Zudem sind wir toleranter in Bezug auf unsere Mitmenschen und bereit, den anderen einen größeren Platz einzuräumen. Dabei handelt es sich nicht um einen Absturz des Ichs oder des Egos, wenn Sie das vorziehen, sondern um eine kurzfristige Aufwertung unserer innersten und leidenschaftlichsten Kräfte. Es ist möglich, an diesen Tagen gute Nachrichten in Bezug auf eine Schwester, eine Tochter, die Partnerin oder die Mutter zu bekommen. Zudem werden uns diese Personen im Verlauf dieses Transits heiterer und ausgeglichener erscheinen. An diesen Tagen können wir mit dem größten Erfolg neue freundschaftliche und sentimentale Beziehungen knüpfen.

Sonne in disharmonischem Aspekt zum Mond

Im Verlauf dieses Durchganges, der nur wenige Tage andauert, fühlen wir uns stärker in Kontrast zu uns selbst und zu anderen. Wir spüren eine verstärkte Dichotomie zwischen unseren Gedanken und der emotional-unbewussten Sphäre. Der Doktor Jekyll und der Mister Hyde in uns erleben einen Moment der höchsten Reibung und würden sich am liebsten gegenseitig umbringen. An diesen Tagen dominiert die Aufregung und wahrscheinlich schlafen wir wenig, ohne dabei sagen zu können, ob wir wegen des Schlafmangels aufgeregt sind oder umgekehrt. Wir sind angespannt und reizbar, streitsüchtig, in erhöhtem Maß wachsam in Bezug auf unsere Umwelt. In keiner Weise sind wir heiter zu nennen und unser Urteilsvermögen tendiert zu Übertreibungen und zum Pessimismus. Wenn es so etwas wie Lykanthropie wirklich gibt, spüren wir in dieser Zeit einen winzigen, aber nicht zu verachtenden Bruchteil davon in uns. Wie die Werwölfe aus den Romanen von Pirandello und vielen anderen Autoren möchten auch wir nachts durch die Wälder streifen und heulen. Unsere gesamte Persönlichkeit ist von einer allgemeinen Unzufriedenheit und Unruhe beherrscht. Wir wollen ändern und nochmals ändern, wissen aber nicht so genau, was denn eigentlich. Unsere persönlichen Urteile werden durch einen Gedankennebel und eine genauso schwer zu bestimmende allgemeine Aufregung getrübt, die uns zu falschen, überzogenen, unpassenden Entscheidungen treibt. An solchen Tagen ist es gut, keine wichtigen Entscheidungen zu treffen und besonders keine Diskussionen zu führen, von denen eine Liebes- oder Freundschaftsbeziehung abhängt. Wir fühlen uns nicht bereit, uns auf andere einzulassen und bemerken in unseren Mitmenschen eine ähnliche Anspannung uns gegenüber. Im Verlauf dieses Durchganges können wir schlechte Nachrichten in Bezug auf eine Schwester, eine Tochter, die Partnerin oder die Mutter erhalten oder eine dieser Frauen ist in dieser Zeit besonders aufgeregt oder unruhig und befindet sich in jedem Fall in einem „Unmoment".

Sonne in harmonischem Aspekt zu Merkur

An den wenigen Tagen, an denen die Sonne in günstigem Aspekt zu unserem Radix-Merkur transitiert, erleben wir einen Moment erhöhter Intelligenz, im Sinne von mehr Rationalität und Klarheit. Wir verstehen unsere Mitmenschen besser und fühlen, dass auch sie uns verstehen. Wir sind mehr geneigt, anderen zuzuhören, zu kommunizieren und unsere Ideen zu vermitteln. Wir spüren ein durchaus erfüllbares Bedürfnis für einen Tapetenwechsel, vielleicht auf einer kleinen Reise mit dem Motorrad oder dem Auto. Mit Sicherheit fühlen wir uns in dieser Zeit von der Fortbewegung in einem Fahrzeug angezogen. Wir möchten verreisen und in den meisten Fällen tun wir das auch. Eine Notwendigkeit zur Kommunikation erfüllt uns - aber nicht in neurotischer Art und Weise - und bringt uns zu anderen Austauschformen mit unseren Mitmenschen, möglicherweise über das Radio, das Fernsehen oder das Internet. Dieser Transit ist die beste Zeit zum Surfen im Internet und bietet hervorragende Chancen, um neue und interessante Webseiten zu entdecken. Auch wir selbst können an diesen Tagen gute Seiten ins Netz stellen. Diese Notwendigkeit zur Kommunikation sollte jedoch auf ganzer Linie und in alle Richtungen verstanden werden: von den anderen zu uns und umgekehrt. Oft bekommen wir in diesen Tagen wichtige oder interessante Post und fühlen uns selber getrieben, an viele Menschen zu schreiben. Unser Telefon klingelt häufiger und wir sind in der Lage, uns leichter mit schwer erreichbaren Nummern in Verbindung zu setzen. Auch unsere Lust am Lesen steigt, es ist daher der richtige Zeitpunkt, mit der Lektüre eines besonders schweren oder anspruchsvollen Buches zu beginnen, das wir möglicherweise schon seit Jahren in der Nachttischschublade verstecken. Wir sollten uns nicht wundern, wenn wir in dieser Zeit ein gesteigertes Interesse für die Werbung zu Automobilen oder Motorrädern in Zeitung und Fernsehen entwickeln. Der Zeitpunkt ist außerdem ideal für den eventuellen Kauf eines Druckers für den Computer oder eines neuen bedruckten Briefpapiers für sich selbst oder als Geschenk. Zudem haben wir einen guten Riecher für Transaktionen oder bemerken ein vorübergehendes Talent für Geschäfte – dies ist der ideale Zeitpunkt, uns eines nicht mehr gebrauchten Gegenstandes zu entledigen, wie eines alten Haushaltsgerätes usw. An diesen Tagen können wir gute Nachrichten in Bezug auf einen Bruder, Cousin oder Schwager erhalten oder unsere Beziehung zu ihnen verbessern.

Sonne in disharmonischem Aspekt zu Merkur

An den wenigen Tagen, an denen die Sonne im negativen Aspekt zu Merkur steht, haben wir größere Schwierigkeiten beim Verstehen anderer und dabei, uns verständlich zu machen. Wir sind ein bisschen konfus und spüren eine gewisse Ungeduld, anderen zuzuhören. Es ist, was uns betrifft, ein „Unmoment" für jede Kommunikation. Es ist nicht so, dass wir plötzlich dumm wären, aber aus Informatiker-Sicht besteht ein Problem in der Geschwindigkeit der Schnittstelle zwischen uns und anderen. Wir scheinen besonders sensibel – im negativen Sinn - auf Längen und Wiederholungen unseres Gesprächspartners zu reagieren oder sind im Gegenteil nicht in der Lage, der Geschwindigkeit unseres Gegenübers in der Darstellung seiner Konzepte zu folgen. Zudem haben wir verschiedene Schwierigkeiten mit den typischen Kommunikationsinstrumenten: wir sind außerstande, Telefonnummern zu wählen, bei denen wir sonst ohne Probleme anrufen, uns mit dem Provider zum Surfen im Internet zu verbinden, das Telefon, Faxgerät, Radio oder der Fernseher gehen kaputt. An diesen Tagen kann ein Brief zurückkommen, den wir kurz zuvor abgeschickt haben und an dem beispielsweise die Hausnummer des Empfängers fehlte. Außerdem können wir unangenehme oder sogar schlimme Post, ungelegene Telegramme und viel überflüssige Werbung erhalten. Wir werden oft im falschen Augenblick von Telefonaten bestürmt oder müssen im ungünstigsten Moment einem Telegrammboten die Tür öffnen. Es kann auch passieren, dass wir gegen unseren Willen eine kurze Reise unternehmen müssen oder sind zu lästigem Pendeln gezwungen. Bei diesem Durchgang geht häufig das Auto, Motorrad oder auch der Drucker kaputt. So ist sicherlich ein Kauf der genannten Objekte in dieser Zeit nicht empfehlenswert. Es ist auch nicht die Zeit, uns mit einem weit weg wohnenden Bruder, Schwager oder Cousin in Verbindung zu setzen oder wir könnten in dieser Zeit von einem Problem einer dieser Personen erfahren. An diesen Tagen sollten wir uns nicht als Verkäufer oder Händler für jede Art von Waren betätigen oder Anzeigen in der Lokalzeitung für kleine Geschäfte schalten. Eine besondere elektrische Geladenheit könnte uns eine leichte Schlaflosigkeit bescheren, die aber schnell wieder verschwindet.

Sonne in harmonischem Aspekt zur Venus

Wir fühlen uns im Verlauf dieser Tage in allen Gesichtspunkten entschieden besser. Ein psychisch-körperliches Wohlsein lässt uns dem Tag und der Zukunft mit mehr Optimismus entgegen sehen. Wir verspüren den lebendigen Wunsch, mit unserer Umgebung *eins* zu sein, die Ecken und Kanten in jeder Kommunikation nach außen abzurunden, offener und hilfsbereiter gegenüber allen und besonders tolerant zu sein. Wir bemerken auch eine größere Hilfsbereitschaft anderer und allgemeine Sympathie uns gegenüber. Unsere zwischenmenschlichen Beziehungen verlaufen glatter als sonst, sei es die Beziehung zum Beamten an seinem Schreibtisch oder die in einem Gespräch mit dem Postboten oder einem Telegrammboten. Wir sind auch mehr an der Liebe im engeren Sinn interessiert und diese Zeiten sind mit die besten im Jahresverlauf, um ein leidenschaftliches Wochenende mit gutem Sex und Zärtlichkeiten zu verbringen. Diese Tage sind wunderbar dazu geeignet, um sich mit der geliebten Person zu versöhnen oder eine neue Liebesbeziehung zu beginnen. An diesen Flirt-günstigen Tagen können Sie Liebesbriefe schreiben, Blumen und Pralinen verschicken, telefonische Annäherungsversuche zu der Person starten, die Sie interessiert. Jedoch ist nicht nur unsere Bereitschaft für die Liebe oder für freundschaftliche Beziehungen zu anderen erhöht, sondern auch unser Interesse an allem, was schön, ästhetisch, künstlerisch und kreativ ist. Sie werden einen hedonistischen Augenblick auf der ganzen Linie erleben und dabei besonders das Einkaufen von Kleidung, Schmuck, Accessoires, Möbeln, Bildern oder Nippesfiguren etc. genießen. Ihr erhöhter Sinn für das Ästhetische führt Sie zu guten Käufen von Objekten, die mit der Zeit an Wert gewinnen werden. Der Zeitpunkt ist auch in kreativer Hinsicht günstig zum Zeichnen, Bildhauen, Töpfern oder Heimwerkern im Allgemeinen. Empfohlen ist ein Besuch in Museen oder ein häufigeres Aufsuchen von Aufführungen, Konzerten, Restaurants, Nachtclubs, Diskotheken. Sie verspüren einen stärkeren und nachhaltigen Drang, sich zu vergnügen, zu spielen, zu lieben. In diesem Sinne sind diese Tage ideal, um eventuell ein Kind zu zeugen. Ferner können Sie sich an solchen Tagen selbst verwöhnen, z.B. durch Massagen, Schlammbäder, Thermalbäder, Schönheitsbehandlungen der Haut und der Haare, Besuche beim Friseur oder Visagisten und alles, was Ihrer psychisch-körperlichen Pflege dient. Der besprochene Transit kann zudem eine positive Zeit für unsere Partnerin, Tochter, Schwester oder Mutter bedeuten.

Sonne in disharmonischem Aspekt zur Venus

Ein übertriebener Hedonismus kann sich an diesen Tagen zeitigen und uns auf Wege der exzessiven Suche nach Lust führen, nicht immer mit positiven Konsequenzen. Es kann passieren, dass wir um jeden Preis unsere Sinne befriedigen wollen und beim Essen und Trinken oder beim Sex übertreiben. Übertreibungen sind niemals gesund und hinter der scheinbaren totalen Befriedigung der Sinne versteckt sich fast immer die Gefahr von Koliken jeder Art, auch im geistigen Sinne. Nehmen wir uns die Erkenntnis zum Beispiel, dass viele Kriminelle so geworden sind, weil sie eine dominante Venus im Geburtshimmel haben, die sie zu Übertreibungen tendieren lässt, auch um den Preis von Totschlägen und Vergewaltigungen. So ist Venus sicherlich der Planet des Schönen, Süßen, Poetischen und Romantischen, er ist aber auch ein Magnet für die niedrigen, tierischen Instinkte in uns. Gesund wäre also in diesen Tagen, unsere Instinkte unter Kontrolle zu behalten und mehr mit dem Verstand zu arbeiten. Auch gesundheitlich kann es Probleme geben, unabhängig von den beschriebenen eventuellen Exzessen. Tatsächlich ist Venus auch ein Signifikator (wir verwenden die männliche Form, wenn wir uns auf den Planeten beziehen und die weibliche Form, wenn wir uns auf die Göttin beziehen, nach der er benannt ist) für die Gesundheit, welche sich zyklisch zu verschlechtern droht, wenn die Sonne einen disharmonischen Winkel mit diesem Stern bildet. Es handelt sich hierbei jedoch um ein absolut vorübergehendes Unwohlsein, das sofort danach das Feld für andere Zeitspannen des Wohlseins räumt, begründet im sequenziellen Formen positiver Aspekte des Zentralgestirns mit dem vierten Stern unseres Sonnensystems (von der Erde aus gesehen). Venus steht auch in Beziehung zu Geld und somit ist die Möglichkeit zu übertriebenen Ausgaben an diesen Tagen ausgeprägter. Man sollte sich besonders vor Glücksspielen und riskanten wirtschaftlichen Spekulationen jeder Art in Acht nehmen. Aber die kleinen und großen Kapitalabflüsse können auch von übertriebenen Ausgaben und nicht nur vom Spielen kommen: in diesem Sinne ist der beste Ratschlag in dieser Zeit die Mäßigung. Mäßigung sollte während des gesamten Sterndurchganges ein Schlüsselwort bleiben. Trotzdem kann die Dynamik, die Kraft im Konzept des dissonanten Aspektes in diesem Fall auch für ein Leiden der geliebten Person, einer Schwester, Tochter, der Mutter oder für eine kleine Widrigkeit stehen, die einer dieser Figuren zustößt.

Sonne in harmonischem Aspekt zum Mars

Wenn die Sonne unseren Geburtsmars mit einem wohlwollenden Auge betrachtet, erleben wir einen Moment der erhöhten psychisch-körperlichen Energie. Ein leichter, aber konkreter Überschwang an Kraft erlaubt es uns, uns verstärkt auf alle unsere Projekte zu konzentrieren und exakt ohne

Kursänderungen durch Störfaktoren in die Richtung zu blicken, die wir einschlagen wollen. Wir sind uns bewusst, den richtigen Weg eingeschlagen zu haben und zielen mit Bestimmtheit nach vorne, das Ziel so fest im Blick, dass es uns selbst zeitweise überraschen kann. Wir sind nicht dazu bereit, unsere Entscheidungen anzuzweifeln und diese Festigkeit in einer solchen Phase kann ganz besonders wichtig sein, um handfeste Entscheidungen zu treffen. Wir haben sonst fast nie so klar vor Augen, was wir wollen und müssen diesen Moment nutzen. Gleich nach diesem Hoch an Energie (man könnte es auch Spannungsspitze, Schmetterball, Aktionspotential nennen) folgt eine physiologische Talfahrt, ein Abwärts, das ebenso natürlich ist, wie die vorherige steile Auffahrt, weshalb wir schnell handeln müssen, um den Nutzen dieses magischen Momentes nicht zu vergeuden. Soviel Energie sollte in Basisprojekte investiert werden, verlangt aber auch einen – physiologischen – Erguss in Sport oder Sex. Dies ist der ideale Moment, um viel gesunden Sport oder jede andere physische Aktivität zu betreiben, vom Tanzen bis zum Joggen, vom Skilanglauf bis zur Gymnastik. Ideal wäre das Laufen an der frischen Waldluft, ist man aber in der Stadt, kann auch das Zimmerfahrrad zum Einsatz kommen. Beim Schwitzen scheiden wir bekanntermaßen viele schädliche Giftstoffe aus und somit ist der Zyklus Sport-Schwitzen-Duschen das Beste, das wir in diesem Moment im Allgemeinen und Speziellen tun können. Auch gesunder Sex kann uns dabei helfen, dieses Plus an Energie in die richtige Richtung zu lenken. Wir können den Durchgang auch für lang verschleppte Arbeiten nutzen, die nur auf den richtigen Moment für ihre Ausführung gewartet haben: jetzt ist der Moment, die Möbel umzustellen, die Einrichtung zu ändern, das Bücherregal zu ordnen oder Reparaturen am Haus durchzuführen. Kurz gesagt, der Moment ist geeignet für alles, das uns viel körperliche Kraft abverlangt, an welcher es häufig im täglichen Stress mangelt. Mit der Sonne in gutem Aspekt zu Mars verfügen wir über einen Extragang für Zusatzarbeiten oder ungewohnte Anstrengungen. Wir können uns in solchen Momenten auch stärker zu einer Beschäftigung mit der Mechanik hingezogen fühlen und die Eisen in die Hand nehmen, um das Auto oder Fahrrad zu reparieren oder unserem mit der elektrischen Eisenbahn beschäftigten Sohn zur Hand zu gehen. Zum Holz Hacken oder Tiere Schlachten ist der Moment ebenso gut geeignet.

Sonne in disharmonischem Aspekt zu Mars

Wenn sich das Zentralgestirn in einer disharmonischen Winkelstellung zu unserem Radixmars befindet, so stehen wir in einer Zeit der scharfen Konflikte mit der Welt. Wir sind reizbar, nervös, angespannt, streitsüchtig und aggressiv. Wir sind nicht bereit, die Dinge in ihrer Gesamtheit zu betrachten und geraten vor lauter Emotionen leichter in Konfliktsituationen mit uns selbst und mit anderen. Wir vergessen vollkommen, dass man erst bis drei zählen sollte, bevor man auf jeden äußeren Reiz anspringt, und handeln dagegen wie der Widder in seiner gröbsten Ausdrucksform. Wir verspüren ein nicht näher zu definierendes Unwohlsein in uns, einen Hang zum Krieg und Bereitschaft für jede sich bietende Reiberei. Alle über die Jahre gewonnene Weisheit scheint in wenigen Stunden in Rauch aufzugehen. Es mangelt uns nicht an klarem Verstand und wir sind durchaus in der Lage, unser Verhalten richtig einzuschätzen und doch können wir unsere Aggressivität nicht stoppen. Der großartige Carl Gustav Jung sagte einst, dass die subjektive gleich der objektiven Realität ist und dass so angesichts einer solch negativen Haltung um uns herum mit oder ohne unser Zutun automatisch Aggressivität herrscht. Schnell stellen wir fest, dass sich andere uns gegenüber hart und wenig freundschaftlich verhalten, ganz so, als ob sie unseren Gemütszustand schon spüren, bevor wir überhaupt den Mund auftun. Unsere Beliebtheit, so groß oder klein sie auch sein mag, gerät ins Stocken. Niemand gewährt uns Sympathiepunkte und um uns herum nehmen wir Feindseligkeiten wahr. Wenn diese elektrisierende Spannung höhere Werte erreicht, gehen auch noch die Dinge um uns herum zu Bruch oder hören auf zu funktionieren: an diesen Tagen fallen uns Teller und Gläser aus den Händen, der Fernseher oder Computer gehen kaputt, alles scheint sich verquer zu drehen, selbst am Telefon können wir eine bestimmte Nummer nicht wählen oder erreichen, auch wenn es nicht kaputt ist. Es ist ein absoluter „Unmoment", den wir nicht zu ändern versuchen sollten; wir müssen einfach das kleine Unwetter vorüberziehen lassen, das nicht länger dauern kann als ein paar Tage. Der beste Ratschlag an diesen Tagen ist es, schön ruhig zu bleiben und das Schicksal (oder den Teufel?) nicht herauszufordern. Wir müssen an diesen Tagen über die Grenzen der zwischenmenschlichen Beziehungen hinaus (zur Vermeidung von eventuellen Streitereien) besonders vorsichtig sein, auch und ganz besonders in Bezug auf unser eigenes Wohl: leicht könnten wir uns mit dem Messer verletzen, die Treppen herunter fallen oder auf einer Bananenschale ausrutschen. Ebenso leicht können wir an diesen Tagen einen Auffahrunfall verursachen oder müssen uns beim Wechseln eines geplatzten Autoreifens verausgaben. Oft müssen wir nicht geplante Extra-Schindereien auf uns nehmen, wie das Umräumen eines Schrankes oder das Schleppen von großen und schweren Kisten. Üblicherweise stehen an diesen Tagen auch Zahnarztbesuche oder andere medizinische Eingriffe an, die Schnitte, Wunden, Medikamentengaben usw. mit sich bringen. Mars ist zudem ein potentielles Vehikel für Infektionen und man sollte sich auch im Bereich möglicher Ansteckungen in Acht nehmen, also zum Beispiel keine rohen Meeresfrüchte oder zu kurz gewaschenes Gemüse essen.

Sonne in harmonischem Aspekt zu Jupiter

Wenn die Sonne unserem Geburtsjupiter mit einem wohlwollenden Auge entgegensieht, befinden wir uns mitten in diesen von einer starken Brise aus Optimismus erfüllten Tagen. Wir blicken dem Leben mit mehr Heiterkeit entgegen, haben Vertrauen zu uns selbst und zu anderen. Wir folgen der vergehenden Zeit mit friedlichen Augen und spiegeln positive Gedanken auf der ganzen Linie wider. Wir scheinen die Atmosphäre aus den Filmen des Hollywood-Regisseurs Frank Capra zu atmen und glauben, dass die Welt gar nicht anders kann, als uns zuzulächeln. Vielleicht unterschätzen wir in dieser Zeit diverse Probleme, aber andererseits ist es mit Sicherheit gesund, von Zeit zu Zeit solche Tage zu erleben, an denen wir ohne das niederdrückende und deprimierende Beil des Pessimismus unsere Projekte in Angriff nehmen können. Wir sind nachsichtiger mit uns selbst und mit anderen, es fehlt uns an Misstrauen und kritischem Verstand, wir bewegen uns dagegen voller Optimismus nach vorne und legen den Grundstein für kleine oder große Unternehmungen, die ohne diesen von Zeit zu Zeit auftretenden Transit vielleicht niemals begonnen würden. Es ist für uns ein glücklicher Moment, der nicht vom Positivismus zu trennen ist, den wir mit unseren Gedanken um uns herum ausstrahlen. Wir erleben einen Augenblick der totalen Entspannung, genug, um unsere Kräfte in Erwartung der kommenden dissonanten Passagen - vor allem denen von Saturn - zu sammeln. Wir sind mit der ganzen Welt in Frieden und möchten dieses Gefühl der Ruhe allen weitergeben. Während dieses Durchgangs wäre es gut, Pläne neu zu überdenken, die wir vielleicht nur wenige Tage zuvor unter dem Einfluss depressiver und entmutigender Passagen verworfen haben. Diesen astralen Aspekt können wir besonders für kleine und große kaufmännische und/oder unternehmerische Projekte nutzen: Kaufleute und Unternehmer haben unbedingt einen wichtigen Jupiter in ihrem Radixhimmel, ansonsten würden sie niemals die vielen Risiken eingehen, an die ihre Arbeit gebunden ist. Da dieser Moment ein Moment voller Glück ist, können wir auch mehr wagen (nicht aber im Glücksspiel!) und versuchen, einen Schritt zu gehen, der länger ist als das Bein. Unter diesem besonderen Himmel können wir ein Geschäft eröffnen, eine Gesellschaft gründen, einen Vertrag vor dem Notar unterschreiben, heiraten, umziehen etc. Aber wir müssen uns beeilen, da der Transit nur kurz anhält! An diesen Tagen ist es zudem möglich, gute Nachrichten aus der Arbeitswelt zu erhalten oder andere

Nachrichten, die unser Image im Kleinen oder im Großen aufwerten: Beförderungen, Belobigungen, Rezensionen, öffentliche Anerkennung. Da der Placebo-Effekt beim Heilprozess im Allgemeinen eine wichtige Rolle spielt, ist dieser Durchgang auch eine gute Zeit, um eine neue Therapie zu beginnen, so dass das Heilmittel im Einklang mit unserer optimalen Disposition aufs Höchste wirken und die gewünschten Ergebnisse erzielen kann.

Sonne in disharmonischem Aspekt zu Jupiter

An den Tagen, an denen das Zentralgestirn einen dissonanten Winkel zu unserem Radixjupiter formt, kann der negative Effekt eines übertriebenen Vertrauens in uns selbst eintreten. Diese Hypertrophie, verstanden im körperlichen und im geistigen Sinne, ist der potentielle Feind, vor dem wir uns in Acht nehmen müssen. Ein leichter, aber dichter Schleier liegt auf unseren Augen und hindert uns daran, die Dinge in der richtigen Dimension zu sehen. Kleine Probleme können so ganz groß werden und umgekehrt. Wir sind nicht objektiv und neigen dazu, unsere Gedankenbilder verzerrt wie in einem Spiegelkabinett wahrzunehmen. Wir können es uns sogar einigermaßen bewusst machen, dass wir uns in einer etwas „ausgeflippten" Zeit befinden, ziehen daraus aber nicht die notwendigen Konsequenzen und bringen uns sehr oft in Schwierigkeiten. Diese beziehen sich hauptsächlich auf unser Urteilsvermögen, welches uns dazu bringt, eine Beziehung zu zerstören oder, noch schlimmer, eine für uns schädliche Beziehung aufzubauen. Wir sollten uns ein wenig Misstrauen von der Jungfrau leihen, um kein Unheil anzurichten, aber unsere inneren Wachposten warnen uns nicht eindringlich genug. Die Tendenz geht hin zu absoluter Entspannung, ein Fehler, den wir in der Tierwelt selten antreffen werden, da hier die Natur ihre Kreaturen besser für die Gefahren des Lebens wappnet. Wenn wir in der Lage sind, die Ephemeriden zu lesen und zu verstehen, müssen wir an diesen Tagen besonders achtsam sein und jede Situation aufmerksam prüfen, bevor wir Entscheidungen treffen, die wir später bereuen könnten. Diese von Jupiter durchsetzten Tage können uns kleine Fallen bereitstellen, deren Nachwirkung wir noch jahrelang spüren werden. Das Unterschätzen von Gefahren kann zum Beispiel in einer riskanten Geldinvestition mit schweren Folgen für die Zukunft ihren Ausdruck finden. Gleichzeitig könnten wir auch riskanterweise die Gefahren in einer aufkeimenden Liebesbeziehung oder einem zufälligen sexuellen Abenteuer unterschätzen. Die diesen Transit charakterisierende Hypertrophie könnte sich auch in Nahrungsmittelexzessen mit gesundheitlichen Folgen ausdrücken. Eine kurzzeitige Blutvergiftung ist ebenfalls unter den möglichen

Folgen dieses astralen Aspektes zu verorten. Ferner kann sich ein kleiner Hauch an Unbeliebtheit oder schlimmer an negativer Publicity durch einen Skandal, eine eventuelle Anklage oder Anschuldigung durch einzelne Personen oder durch ein Gericht über uns legen. Wenn wir Leichen im Keller haben, könnten diese in diesem Zeitraum ans Tageslicht kommen. Eine Prise Unglück (es handelt sich glücklicherweise um einen schnellen Transit) wird uns im Verlauf dieser Passage verfolgen.

Sonne in harmonischem Aspekt zu Saturn

Wenn die Sonne unseren Radixsaturn wohlwollend betrachtet, befinden wir uns an einem durch Weisheit, Eigenkontrolle und Verantwortungsgefühl bestimmten Tag. Selten sind wir so vernünftig und stehen mit den Füßen fest auf dem Boden. Wir sind in der Lage, tiefe Überlegungen zu machen, unser Umfeld genau einzuschätzen und unsere Zukunft mit Maß und Verantwortung zu planen. Es ist ganz so, als ob ein alter Mann von uns Besitz ergriffen hätte und an unserer Stelle denken und sprechen würde. Scheinbar sind wir im positiven Sinn auf einen Schlag gealtert. Wären wir immer so verantwortungsvoll und reif, könnten wir uns viele kleine und große Tragödien im Leben ersparen. Natürlich hat das seinen Preis, nämlich einen gleichzeitigen Verlust an Enthusiasmus. Nicht ein Krümelchen Optimismus ist auf unserer Seite und wir denken und handeln, als wären wir nicht ganz in Form, frustriert und sogar ein wenig depressiv. Das ist leider die andere Seite der Medaille bei diesem Aspekt. Natürlich kann man nicht alles haben und so schenkt uns das Leben Tage voller Optimismus, an denen wir uns ganz hingeben können und andererseits Tage des Pessimismus, um uns zu bremsen. In diesem Auf und Ab müssen wir das Salz des Lebens finden, also die beste Art zum Umgang mit den Transiten. Unter dem hier behandelten Einfluss sind die Tage gut zum Nachdenken und zum Abwägen, weniger zum Handeln. Saturn ist *Chronos* in der Mythologie, die Zeit, der Alte, der uns in die Lage versetzt, langfristige Zukunftspläne zu machen, die so genannten Zwanzigjahrespläne der ehemaligen Ostblockstaaten. Die saturnschen Gebilde haben einen langen Atem, richten sich auf eine weit entfernte Zukunft, beziehen sich auf wichtige und ehrgeizige Projekte, welche eine mühsam errichtete und solide Struktur erfordern. Bei diesen Passagen können wir uns in einen Universitätskurs einschreiben und einen Kredit für ein Haus aufnehmen oder eine Sammlung antiker Medaillen eröffnen, usw. Wir sollten versuchen, auch andere an unserer besonderen Klarsicht teilhaben zu lassen, indem wir Ratschläge erteilen und die Situationen derer einschätzen, die uns um ein Urteil bitten.

An diesen Tagen ist es unwahrscheinlich, junge Freunde kennen zu lernen und wir werden häufiger mit Älteren Kontakt aufnehmen, sehr wahrscheinlich mit Lebenskünstlern. Wir tun gut daran, ernste Bücher zu lesen, anstatt uns Banalitäten im Fernsehen anzusehen. Das geschieht aber auf ganz natürliche Weise, indem wir uns von ernsteren und seriöseren Aufgaben angezogen fühlen und uns jede Art von Frivolität oder unnützer Freizeitbeschäftigung lästig ist. Wir können den Moment nutzen, um eine strenge Diät zu beginnen, denn Saturn bringt fast immer Enthaltsamkeit und Ursprünglichkeit mit sich. Wir fühlen uns weniger zu Nahrungsmitteln hingezogen und können in diese Zeit eine periodische Fastenkur (Heilfasten) legen. Dieser Transit ist ebenso ideal für eine Isolation, vielleicht in einem Landhaus oder in den Bergen oder an jedem anderen einsamen Ort zum Meditieren und Nachdenken.

Sonne in disharmonischem Aspekt zu Saturn

Wenn die Sonne schlechte Aspekte mit unserem Radixsaturn formt, erleben wir einen Tag voller Krisen, Traurigkeit und Mutlosigkeit. Wir spüren besonders in zwischenmenschlichen Beziehungen das Eis um uns herum. Wir fühlen uns alleine auf der Welt und allein müssen wir die tausend Prüfungen bestehen, die uns das Leben täglich bereithält. Wir erleben einen Augenblick des tiefsten Pessimismus mit einer Tendenz zur absoluten Verweigerung und zur Aufgabe. Die generelle Neigung geht hin zu Melancholie und Traurigkeit. Wir möchten am liebsten ausbrechen, können uns aber nicht ablenken und amüsieren, weil wir in gewisser Weise den Tod im Herzen tragen. Unsere Gedanken sind auf das Schlimmste gerichtet und so sehr wir es auch versuchen, sehen wir keinen Lichtstrahl zwischen den Wolken am grauen Himmel über uns. Das Ergebnis ist eine von uns Besitz ergreifende Niedergeschlagenheit, ein Gefühl der Niederlage, der Aufgabe, welche jede unsere noch so kleine Reserve auszehrt. Wir möchten das Handtuch werfen, noch bevor wir überhaupt begonnen haben. Die Kräfte sind erschöpft und es mangelt uns am nötigen Willen. Gleichzeitig spüren wir ein fast an Obsession grenzendes, starkes und starres Pflichtgefühl. Dieser Druck zu einwandfreiem Verhalten ist eine weitere Handlungsblockade, wir spüren verstärkt die Angst dieses Zeitraumes. Beim Aufstellen einer periodischen Zwischenbilanz unserer Existenz sind wir der Meinung, viele Pflichten vernachlässigt zu haben. Unter diesem Aspekt ist der Transit nicht böse, da er uns in die Lage versetzt, eine Vernachlässigung in Bezug auf ein Elternteil, einen Sohn oder den Partner wieder gutzumachen. Wir verurteilen uns sehr viel schärfer als sonst und genau das kann unsere Bereitschaft für andere und das Bewusstsein, eventuell den Raum anderer zu sehr in Anspruch genommen zu haben, gedeihen lassen. Zweifellos befinden wir uns in einem schwierigen Moment, in dem wir uns keinesfalls auf unser Glück verlassen können. Auf dieses Glück, das wir bei so vielen alltäglichen Gelegenheiten beschwören, wie beim Warten auf den verspäteten Bus oder bei einem riskanten Überholmanöver. Bei solchen und anderen Gelegenheiten müssen wir wissen, dass die Sterne nicht nur ungünstig stehen, sondern dass sie sich sogar in die vollkommen gegenläufige Richtung bewegen. Der hier behandelte Zeitraum ist nicht für die Forderung einer Gehaltserhöhung oder besserer Arbeitsbedingungen geeignet. Unser Urteilsvermögen sollte uns jetzt eingeben, kleine Brötchen zu backen, wie man so schön sagt, und expansive Projekte, die der Zustimmung einer höher gestellten Persönlichkeit bedürfen, auf bessere Zeiten zu verschieben. Die Natur von Saturn ist stark an die Isolation gebunden und so ist es auch möglich, dass wir an diesen Tagen in eine erzwungene Isolation gehen, z.B. in einer Klinik zur Beobachtung. Unser gesundheitlicher Zustand ist nicht gut und wir können an mehreren Beschwerden gleichzeitig leiden, besonders an den Knochen und den Zähnen. Alle Spaß- und Freizeitaktivitäten werden automatisch gestoppt, wenn nicht auf eigenen Willen, so durch die Umstände des Lebens. Es ist keine Zeit zum Feiern und für Ablenkungen, sondern der richtige Moment für harte Arbeit und Produktivität. Eine körperliche und geistige Anstrengung und ein Mangel an Vergnügungen charakterisieren diese Tage.

Sonne in harmonischem Aspekt zu Uranus

Wenn die Sonne in glücklichem Aspekt zu unserem Radixuranus steht, spüren wir einen starken Ansporn zur Erneuerung. Unabhängig davon, ob wir konservativer oder progressiver Natur sind, werden wir zu Neuheiten, alternativen Wegstrecken, nie zuvor betretenen Pfaden, zu Pioniergeist im weiteren Sinn getrieben. In diesem Moment wird unser Geist zentrifugal angetrieben und zum Handeln angeregt, um aus dem alltäglichen Trott auszubrechen, etwas zu versuchen und zu wagen. Es ist ganz so, wie wenn wir einen ganzen Tag im Zug verbracht haben und wieder auf festem Boden die verlorene Zeit mit einem Übermaß an Aktivität und Arbeit ausgleichen wollen. Wir beeilen uns so, als ob wir nicht einen einzigen Augenblick verlieren wollten. Wir möchten jede unserer Handlungen beschleunigen und auch die Gedanken überschlagen sich wild in unserem Geist. Elektrizität ist vielleicht das Wort, das unseren Gemütszustand während dieses Planetendurchganges am besten beschreibt. Eine allgemeine Lebhaftigkeit durchzieht sowohl unsere Projekte als auch unsere Taten. Es scheint uns, als ob wir die Dinge besser verstehen, sogar intelligenter sind, mit Sicherheit aber wacher und aufmerksamer auf unser Umfeld achten. Die Schnittstelle Eingang/Ausgang zur Umwelt arbeitet schneller. Wir sind aufmerksamer gegenüber technischen und wissenschaftlichen Bereichen und können uns besser auf diese einlassen. An diesen Tagen können wir uns all diese Eigenschaften zunutze machen, um zu lesen und den Gebrauch eines neuen Videogerätes, der Fernsteuerung für eine Satellitenschüssel oder eines neuen Computerprogramms erlernen. Jede technisch-wissenschaftliche Anwendung gelingt uns besser und wir fühlen uns ebenfalls zu Fotografie, Kino, Elektronik oder Astrologie hingezogen. Wenn wir noch nie eine Glühbirne ausgewechselt haben, dann ist dies der richtige Moment, um damit zu beginnen, ebenso wie es an diesen Tagen fruchtbar sein kann, einen Informatikkurs, eine technische Fortbildung oder ein wissenschaftliches Praktikum in einem oder mehreren Bereichen durchzuführen. Der Transit ist auch ideal für den Kauf von elektronischem Material im Allgemeinen oder die Suche nach neuen Freundschaften, die sicherlich den Charakter dieses besonderen Planetenaspektes annehmen werden. Der „elektrische Strom" in unseren Adern kann uns auch dabei helfen, blitzschnell Entscheidungen zu treffen, welche eine seit langer Zeit festgefahrene Situation umkrempeln können. Kurz gesagt sind wir, wenn auch nur für ein paar Stunden, mutiger und unternehmungslustiger, Praktiker und Macher.

Sonne in disharmonischem Aspekt zu Uranus

Im Verlauf der wenigen Tagen, an denen das Zentralgestirn in disharmonischem Aspekt an Uranus vorbeizieht, sind wir einem Unbehagen, einer Art Raserei ausgesetzt, die uns gegenüber jeder Gleichmütigkeit, Stillstand oder übermäßigen Überlegungen extrem ungeduldig macht. Wir werden von einem nicht näher zu präzisierenden revolutionären Geist gelenkt, der uns dazu bringt, jedes bis dahin mühsam erreichte Gleichgewicht zu zerstören. Es handelt sich um eine Spannung, im negativsten Sinn des Wortes, die wie ein Stromschlag unsere gesamten mäßigenden und diplomatischen Fähigkeiten kurzschließt. Anderen erscheinen wir aufgeregt und nervös, hauptsächlich sind wir aber ein wenig ungeduldig gegenüber allen Dingen und Personen. Wir wünschen uns, dass alle mit unserer ungewohnten Schnelligkeit mithalten und ärgern uns, wenn sie das nicht tun. Wir sind nicht dazu bereit, uns auf eigene Langsamkeit und die der anderen einzulassen. Wir erwarten, dass der Körper die in diesem Moment außergewöhnliche Geschwindigkeit unseres Gehirns erreicht. Wir können die Aus- und Eingangssignale im Gehirn nicht mehr koordinieren, so als ob die Schnittstelle unserer fünf Sinne verstopft wäre. Die ausgeprägte

Nervosität, die wir bei diesem Planetendurchgang erleben, ist vergleichbar mit der Wirkung mehrerer, nacheinander getrunkener Tassen Kaffee. Wie Glühbirnen mit einer höheren Stromspannung können auch wir stärker leuchten, aber auch leichter einen Kurzschluss erleiden. Daraus folgt eine allgemeine Aufgeregtheit, die zu verschiedenen nervösen Störungen führen kann, u.a. auch zu Schlaflosigkeit. Beim Tippen sind wir schneller, machen aber auch mehr Tippfehler. Genauso verhält es sich mit dem Klavier- oder Gitarrenspiel, wenn wir musizieren. Beim Autofahren müssen wir vorsichtiger sein, da unsere Verletzbarkeit bei möglichen Autounfällen steigt. Wir sind bei allen potentiellen Unfällen schlechter geschützt, nicht nur bei Autounfällen, sondern auch bei Stromschlägen, Stürzen, Schnitten, beim Hantieren mit entzündlichen Flüssigkeiten oder Feuerwaffen, die versehentlich ausgelöst werden können. Mit anderen Worten befinden wir uns in einem Moment, den wir besser zu Hause vor dem Fernseher verbringen und, wenn unbedingt nötig, die Fernbedienung mit übermäßigem Zappen foltern. Der Zeitraum ist absolut nicht für den Kauf von Computern, Fernsehern, Videogeräten oder elektronischen Geräten im Allgemeinen geeignet. Wir sollten uns überhaupt nicht wundern, wenn an diesen Tagen ein oder mehr elektrische Haushaltsgeräte ihren Geist aufgeben. Außerdem sollten wir stark darauf achten, dass wir mit unserer Maßlosigkeit keine alten Freundschaften zerstören, denn wir sind sehr viel ungeduldiger als sonst und bewegen uns somit in Richtung schneller Streitereien.

Sonne in harmonischem Aspekt zu Neptun

Wenn die Sonne im günstigen Winkel zu Neptun transitiert, ergreift uns eine starke Einbildungskraft und viel Vorstellungsvermögen. Unser Sinn für das Praktische tritt fast vollständig in den Hintergrund und macht den Kräften des Unterbewusstseins Platz. In diesen Momenten wollen wir alleine sein und die wunderschönen, in Gedanken unternommenen Reisen genießen. Eine gute Hintergrundmusik, aber auch eine lange, ruhige Autobahnfahrt kann bei der Entwicklung von Tagträumen helfen. Ein Hauch Romantik ergreift uns ganz und gar und wir lassen uns wie auf Meereswellen treiben. Wir sind verletzbarer in Bezug auf äußere Faktoren, die unseren Gemütszustand ändern können. Wie emotionale Schwämme im positiven Sinn nehmen wir die Inspirationen aus dem umliegenden Humus auf. Die Dinge und Landschaften, die uns umgeben, sind nicht mehr dieselben, wie wenige Tage zuvor, sondern nähren neue und fruchtbare Bedeutungen. Inspiration beziehen wir aus einem simplen, vom Baum gefallenen Blatt oder einem einfachen Fleck auf der Fensterscheibe vor uns. Würde uns jetzt jemand einem Rorschach-Tintenklecks-Test unterziehen, so könnten wir stundenlang beschreiben, was wir in jedem Tintenklecks sehen. Sind wir besonders im künstlerischen Bereich tätig, dann kommen wir an diesen Tagen weit und sind wunderbar kreativ. Außerdem können wir auf einen nicht näher definierbaren sechsten Sinn zählen, der uns dabei hilft, andere besser zu verstehen. Wenn wir Psychologen oder Astrologen sind, fallen uns Diagnosen leichter. In jedem Fall können wir auf eine positive geistige Erweiterung zählen, die in Richtung eines sechsten Sinnes zielt. Wir könnten auch ein bisschen telepathisch und – warum auch nicht? - hellseherisch tätig sein, wenn unser Radixhimmel dies zulässt. Diese kurze Zeit ist sehr interessant für Studien zu Esoterik, Parapsychologie, Astrologie, Psychologie usw. Wir werden in die ideale und/oder mystische Richtung getrieben. Anderen gegenüber haben wir mehr Verständnis, wir fühlen uns stärker zu Krankenpflege und Fürsorge getrieben, haben Mitleid mit Armen und Vernachlässigten. Unsere Sensibilität wächst gegenüber der Armut in der Welt, der Ungerechtigkeit zwischen den sozialen Klassen, dem Krieg und dem tragischen, alltäglichen, in jedem Nachrichtenmagazin sichtbaren Szenario. Dies ist der richtige Moment, um einer humanitären Organisation, einer gemeinnützigen Vereinigung in ehrenamtlicher Arbeit, einer pazifistischen oder ökologischen Bewegung beizutreten. Wir verspüren auch einen Ansporn in mystisch-religiöser Hinsicht. Sind wir gläubig, können wir die Gelegenheit nutzen und uns ins Gebet zurückziehen und wenn nicht, können wir das Gefühl auskosten und uns den Mysterien des Glaubens annähern, vielleicht durch eine Lektüre der Heiligen Schriften. In einem etwas praktischeren Sinn können wir eine wunderschöne Reise auf dem Meer oder einen Tauchkurs machen. Wir können auch eine Medikation entdecken, die unsere Probleme zum Teil lindert (der Zeitraum zeigt auch die Annahme von Psychopharmaka im Allgemeinen an).

Sonne in disharmonischem Aspekt zu Neptun

Bei der Passage der Sonne in dissonantem Winkel zu Neptun fühlen wir uns in erster Linie verwirrt. Wir können keinen klaren Gedanken fassen und nur mühsam schlüssige Überlegungen anstellen. Ein allgemeiner Nebel umgibt uns und versetzt uns in eine Welt der Einbildung, in der wir nicht scharf zwischen realen Dingen und hypnotischer Eingebung unterscheiden können. Es ist besser, in diesen Stunden keine wichtigen Entscheidungen zu treffen, da wir sonst leicht „auf die Nase fallen" könnten. Wir könnten ein nichtiges Problem überschätzen und im Gegenzug eine lebenswichtige Angelegenheit unterschätzen. Unsere Wahrnehmung von Risiken ist getrübt und daher sind wir zu 360° höheren Gefahren ausgesetzt. Wir können Bauchschmerzen mit übersinnlichen Wahrnehmungen verwechseln und Dummheiten von uns geben. Bei verschiedenen technischen Gutachten begehen wir leicht Fehler. Der Lapsus begleitet uns in diesen Stunden und könnte unsere Glaubwürdigkeit für immer in Frage stellen. Häufig leiden wir an verschiedenen geistigen Störungen, jedoch im neurotischen und nicht im psychotischen Sinn. So können wir uns zum Beispiel depressiv und entmutigt fühlen. Wir neigen dazu, alles schwarz zu sehen und es scheint uns, als ob diese Last für immer bestehen bleibt. Wir lassen uns von Nichtigkeiten entmutigen und erregen uns ebenso leicht. Wenn von unseren Entscheidungen ein wichtiges Projekt abhängt, ist es besser, jedes Urteil auf die nachfolgenden Tage zu verschieben. Eine kleine, aber lästige paranoide Tendenz könnte von uns Besitz ergreifen und uns denken lassen, dass alle gegen uns sind, uns das Leben feindlich gesinnt ist, das Schicksal gegen uns läuft und selbst Verbündete zu Feinden werden. Wir nehmen eine Opferrolle an und werden in zwischenmenschlichen Beziehungen unerträglich, besonders in Hinsicht auf enge Angehörige und den Partner. Manchmal nehmen wir auch die lästige Tendenz an, uns zu beklagen, was uns den anderen unerträglich macht. Während dieses Planetendurchgangs fühlen wir uns zu geistig gestörten Menschen oder politischen, ideologischen, religiösen Fanatikern hingezogen. Wir zeigen extremistisches Verhalten und übertreiben auch Verhaltensweisen, die weniger mystisch als vielmehr überspannt erscheinen. An diesen Tagen laufen wir außerdem Gefahr, ein leichtes Opfer von Alkohol, Medikamenten oder sogar Rauschgift zu werden. Es ist angebracht, in diesem Zeitraum keine Behandlung auf Basis von Psychopharmaka zu beginnen, ein Joint könnte negative und zerstörerische Folgen haben. Wir sollten uns von neurotischen Personen, die uns stark negativ beeinflussen könnten, sowie von schrecklichen und beängstigenden Anblicken fernhalten. Außerdem sollten wir Reisen auf dem Meer, besonders in kleinen Booten, vermeiden. Fernhalten sollten wir uns auch von Tauchgängen und beim Autofahren müssen wir höchste Vorsicht walten lassen, da wir hier unverzeihliche Fehler begehen könnten.

Sonne in harmonischem Aspekt zu Pluto

Wenn sich die Sonne in günstigem Winkel zu Pluto bewegt, genießen wir eine große positive Energie, die wir in ein ehrgeiziges und machtvolles Projekt stecken können. Unsere - im positiven Sinn des Wortes - animalischen inneren Kräfte kommen in diesen Stunden hervor und bewegen uns in Richtung zu mehr Verständnis uns selbst gegenüber. Wir wirken faszinierend auf unsere Umwelt und entdecken auch in anderen mehr Charme. Unsere

Intelligenz ist erhöht, besonders in Hinsicht auf die Fähigkeit, hinter die Dinge zu blicken, bessere Beobachter und Strategen zu sein, uns tiefsinniger zu gebärden und als „Wachmänner" zu betätigen. Eine große Tatkraft erfüllt uns und wir sind in der Lage, ehrgeizige Projekte, einzigartige Unternehmungen, lang gehegte Träume in die Hand zu nehmen. Die Stärke, die wir um uns herum spüren, kommt von innen, ist das heilige Feuer unseres Geistes, das in Widerhall mit dem Äußeren, mit den Kräften der Natur steht. Wir sind lebendiger und - da Eros Leben ist - automatisch motivierter in sexueller Hinsicht. Wer uns nahe ist, bemerkt unseren Lockruf und wird auf ihn eingehen, wenn er sich in ähnlicher Situation befindet. Unsere Persönlichkeit tendiert dazu, stärker aus sich heraus zu gehen und die eigene Stimme hörbar verlauten zu lassen. Eine Aura aus erhöhtem Charisma umgibt uns und wir können unseren Standpunkt besser vertreten. An diesen Tagen ist es wahrscheinlich, zu einem verantwortungsvollen Posten oder mehr Prestige in der Arbeit zu kommen. Alle Dinge, die wir in dem besagten Transit unternehmen, könnten bedeutende Ergebnisse erzielen. Wir bemerken auch ein größeres Interesse für Themen, die mit Tod oder Verbrechen zu tun haben. In diesem Sinn könnten wir Gefallen an kleinen Spionagetätigkeiten finden (z.B. um hinter ein kleines Familiengeheimnis zu kommen). Die Zeit ist somit ideal für den Kauf elektronischer Wanzen oder Abhörgeräten für das Telefon usw. Außerdem ist die Zeit gut, um Grabungen durchzuführen, beispielsweise auf der Suche nach unterirdischen Wasseradern oder auch nach wertvollen Dingen und um eine Sexualtherapie zu beginnen.

Sonne in disharmonischem Aspekt zu Pluto

An den Tagen, an denen die Sonne in disharmonischem Aspekt zu Pluto wandert, brechen im negativen Sinn die animalischen Triebkräfte in uns hervor. Unsere Aggressivität ist an ihrem Höchstpunkt angekommen, ebenso wie die Zerstörungswut, die uns in den übelsten Momenten unseres Lebens überkommt. Wir sind abweisend zu anderen und können sogar gefährlich für andere werden, wenn unser Geburtshimmel dies rechtfertigt. Schlimme Todesgedanken ergreifen uns. Es kann passieren, dass wir auch über die Passage hinaus weiter über den Tod nachdenken und davon stark und schlimm beeindruckt bleiben. Emotionalere Personen werden sich in diesen Stunden sehr schlecht fühlen und jene, die zusätzlich von schweren praktischen Problemen gedrückt werden, könnten selbstmörderische Gedanken entwickeln. Die Zerstörungswut im weiteren Sinn scheint sich derjenigen zu ermächtigen, die einen solchen Transit durchleben und diese Wut kann sich auf sie selbst oder auf andere entladen. Die Gefahr besteht darin, anderen weh zu tun und das nicht nur im geistigen Sinn. Wenn wir mörderische Triebe in uns nähren, so kommen sie an diesen Tagen hervor, genauso wie die schlimmsten sexuellen Instinkte, die wir in uns haben können. Wir benötigen jetzt sehr viel Selbstkontrolle, da sonst die bösen Seiten zum Ausdruck kommen, die in jedem von uns stecken. Der Mister Hyde in uns könnte in dieser Situation ans Tageslicht kommen und sich eines Verbrechens schuldig machen. Gleichzeitig können wir Probleme mit Impotenz und Frigidität haben. In jedem Fall ist unsere Sexualität gestört und unfähig, sich in ihrer gesunden Form auszudrücken. An diesen Tagen besteht außerdem ein Risiko für sexuelle Ansteckungen. Der Polizist in uns möchte herauskommen und kann uns zu Aktionen führen, für die wir uns später schämen müssen. Ungesunde Triebe können uns auch zu einer Beschäftigung mit dem Jenseits bringen, z.B. indem wir an spiritistischen Sitzungen o. Ä. teilnehmen, welche unserer geistigen Gesundheit schaden können. Es ist weder der richtige Moment für unterirdische Forschungen jeglicher Art noch für den Beginn von Sexualtherapien.

Sonne im Aspekt zum Aszendenten

Siehe Sonne im ersten Haus.

Sonne im Aspekt zum Medium Coeli

Siehe Sonne im zehnten Haus.

Sonne im Aspekt zum Deszendenten

Siehe Sonne im siebten Haus.

Sonne im Aspekt zum Imum Coeli

Siehe Sonne im vierten Haus.

Die Sonne im Transit durch das erste Haus

Wenn die Sonne durch unser erstes Haus zieht, ist unsere gesamte Aufmerksamkeit auf das Ich und weniger auf die Probleme anderer gelenkt. Wir sollten das aber nicht allzu negativ lesen, da die Natur es vorsieht, die Orientierung unserer Libido in mehr oder weniger gleich lange Zeiträume zu unterteilen. Wenn wir uns jetzt auf uns selbst konzentrieren, so tun wir in sechs

Monaten genau das Gegenteil und wenden uns verstärkt den anderen zu. Unterdessen ermöglicht uns die verstärkte Konzentration auf uns selbst eine bessere Umsetzung unserer Programme und Strategien. Zweifellos sind wir ein wenig egozentrisch und tendieren zu starkem Geltungsdrang, aber auch das ist in der Zeit gut aufgeteilt, wenn es nicht übertrieben wird. Wir fühlen uns ein bisschen im Zentrum des Geschehens und verlangen die höchste Aufmerksamkeit der anderen auf unsere Person. Auch könnten wir leicht zu Narzissmus neigen, der ja fast synonym zu Geltungsdrang ist. Wir setzen uns in den Mittelpunkt der Aufmerksamkeit und verhalten uns anthropozentrisch, indem wir unsere Bedürfnisse vor alles andere und vor die aller anderen stellen. Beginnend bei der psychologischen Komponente kümmern wir uns vor allem um uns selbst. Wenn uns die anderen nicht genug Interesse entgegen bringen, sorgen wir schon dafür, dass das Höchstmaß an verfügbaren Energien in unsere Richtung fließt. Wir verwöhnen uns ein wenig mehr als sonst und lauschen der Stimme unserer persönlichen Bedürfnisse. In diesen ca. 30 Tagen können wir, wenn wir übertreiben, egozentrisch und egoistisch werden, aber auch dies ist, wie gesagt, physiologischer Natur, wenn es periodisch vorkommt und nur kurze Zeit anhält. In diesen Wochen achten wir mehr auf unseren Körper, sowohl in Bezug auf Schönheit als auch auf Gesundheit. Wir können uns entscheiden, ob wir uns einen Bart oder Schnauzbart wachsen lassen oder, bei Frauen, ob wir die Haarfarbe oder unseren Schminkstil ändern. Wenn wir unsere Ernährung oder unsere sportlichen Aktivitäten umstellen wollen, ist dies der ideale Moment für den Beginn einer Diät zur Entschlackung (z. B. mit makrobiotischer Küche), zum Abmagern oder für den täglichen einstündigen Besuch im Fitnessstudio. Der Augenblick ist auch optimal, um mit einer neuen Sportart, wie Tennis, Schwimmen oder einer Kampfsportart zu beginnen. Unser Verstand ist stark auf das geistig-körperliche Wohlbefinden unseres Organismus konzentriert und wir müssen Entscheidungen treffen, die uns hier den höchsten Nutzen bringen können. Auch ein Besuch beim Zahnarzt oder medizinische Untersuchungen sind an diesen Tagen ratsam. Es ist aber offensichtlich, dass wir uns bei zusätzlichen disharmonischen Durchgängen anderer Planeten leicht überfordern könnten und einem Übermaß an Stress ausgesetzt sind. In diesem Fall laufen wir Gefahr, uns an diesen Tagen schlecht, schwer und müde zu fühlen, uns zu erkälten oder durch eine unangebrachte Ernährung zu verstopfen. Wir könnten auch krank werden oder einem chirurgischen Eingriff unterzogen werden, wenn es das Allgemeinbild unseres Geburtsthemas so vorsieht. Wir sollten also alle Gelegenheiten für übermäßigen Stress, einen Marathon in Arbeit, Sex oder Sport vermeiden. Unseren Körper sollten wir mit regenerierenden Saunagängen, Massagen, Schwitzkuren beim Laufen durch Wald und Flur und anschließenden warmen Duschen verwöhnen. Gut tun uns außerdem Shiatsu-Anwendungen und weiche Chiropraktik gegen Knochenschmerzen.

Die Sonne im Transit durch das zweite Haus

Wenn die Sonne durch unser zweites Geburtshaus geht, ist unsere Aufmerksamkeit hauptsächlich auf das Geld und auf all das gerichtet, was wir mit Geld besitzen können. Unsere Libido ist auf Verdienen gepolt und wir verhalten uns praktisch und konstruktiv wie nie außerhalb dieser dreißig Tage, um unsere finanzielle Situation zu verbessern. Alles beginnt im Kopf, der übersättigt ist mit Überlegungen dazu, wie wir die vorhandenen Energien am Besten praktisch umsetzen können. In diesen Wochen spüren wir einen Drang, alle vorhandenen Ressourcen optimal für unsere Beziehung zur Umwelt einzusetzen, um so die besten Mittel zum Überleben zu finden. Wären wir in der Steinzeit, würden wir in diesem Zeitraum die beste schützende Höhle und Nahrung zum Überleben suchen. In der heutigen Zeit bezieht sich das zweite Haus fast ausschließlich auf den schnöden Mammon, also versuchen wir, so viel wie möglich zu verdienen. Es ist eine der Zeitspannen des Jahres, in denen wir mit den Füßen fest im Boden verankert sind und mit praktischem und konstruktivem Sinn denken. Wir schauen uns um und suchen dabei jedes Mittel, welches unsere wirtschaftlichen Ressourcen zum Gären bringen könnte. Der Sinn für Spekulationen im weiteren Sinn findet hier seine maximale Ausdehnung und Resonanz. Mit Intelligenz hoffen wir, den Weg für den höchsten Gewinn zu entdecken. Normalerweise gelingt uns das auch und daher ist dieser Zeitraum in den häufigsten Fällen die Zeit des Jahres, wo wir das meiste Geld anhäufen. Oft ist dies aber auch die Zeit der Ausgaben, in der wir das vorher verdiente Geld mit Vergnügen in Waren umsetzen. Außerdem richtet sich unsere Aufmerksamkeit auf unser Image, ein wenig wie beim Durchgang des Zentralgestirns durch das vorhergehende Haus, aber während das Ziel dort eher auf die Gesundheit gerichtet war, so geht es hier hauptsächlich um das Aussehen. Wir strengen uns an, schöner und aus ästhetischem Gesichtspunkt mehr wert zu sein. Also gehen wir häufiger zu Friseuren und Masseuren, in den Schönheitssalon und zu Maniküren. Wir nehmen uns die Zeit für Schlammbäder und phytotherapeutische Anwendungen, die unsere Haut erfrischen und verjüngen können. Oft ändern wir unsere Frisur oder entscheiden uns für ein neues Outfit. Dies ist der richtige Moment, um uns fotografieren zu lassen, aber auch um selbst Fotos von anderen zu schießen oder Videoaufnahmen zu machen. Nicht selten kaufen wir in diesem Zeitraum ein neues, auf das Bildliche bezogene Haushaltsgerät, wie einen Fernseher, ein neues Videogerät, einen Fotoapparat usw. Wir interessieren uns mehr für Theater und Kino und treten auch gerne selbst bei Amateuraufführungen auf. Wenn die Sonne während dieses Transits dissonante Aspekte mit anderen Planten formt, kann es passieren, dass in diesen dreißig Tagen wirtschaftlich harte und schwierige Zeiten auf uns zukommen; Zeiten, in denen wir belastende, große Ausgaben bewältigen müssen und dafür nicht die ausreichenden Mittel aufbringen können. Unsere Aufmerksamkeit ist somit durch die wirtschaftlichen Probleme negativ gesättigt. Wir werden ganz nervös bei dem Versuch, unsere Probleme zu lösen und greifen in den allermeisten Fällen auf ein Darlehen bei einem Freund oder bei der Bank zurück. Wenn wir nicht aufpassen, riskieren wir zu hohe Ausgaben und könnten damit für die Zukunft schlecht dastehen. Außerdem müssen wir uns vor Diebstahl in Acht nehmen, sowohl im materiellen Sinn als auch im Sinne des geistigen Eigentums. Während eines solchen Transits ist es besser, die Finger von Spekulationen jeglicher Art, besonders an der Börse zu lassen.

Die Sonne im Transit durch das dritte Haus

Wenn das Zentralgestirn durch unser drittes Radixhaus wandert, befinden wir uns in einer Zeit voller Lust auf Bewegung, verstanden sowohl im körperlichen als auch im geistigen Sinn. Wir verspüren einen besonders starken Drang zu reisen und für Umstellungen. Wenn wir das Autofahren lieben, ist dies der beste Moment, eine angenehme Reise zu organisieren. Aber auch wenn wir den Zug oder ein anderes Fortbewegungsmittel vorziehen, ist der Zeitraum geeignet für einen Tapetenwechsel, eventuell auch, um einem Bruder oder einer Schwester einen Besuch abzustatten. Wir spüren ein starkes Bedürfnis, die tägliche Routine zu durchbrechen und einen kurzen Ausflug aus der Stadt in die Natur zu unternehmen. Unser Drang zu Bewegung ist aber vor allem geistiger Natur. So haben wir jetzt einen flinkeren, trainingswilligeren Geist, z.B. bei einer Partie Schach oder einem Kreuzworträtsel. Unser Wissensdurst gelangt an einen positiven Gipfel, der uns klar und eindeutig zur Lektüre treibt. Es ist der richtige Moment, um ein gutes Buch zu lesen, einen Kurs oder eine Fortbildung zu beginnen, sich auf eine Prüfung oder einen Wettbewerb vorzubereiten. Wir wollen mit großer Motivation Neues erlernen und sind auch selbst besser in der Lage, andere zu unterrichten. Wenn wir noch keinen Führerschein haben, wäre jetzt die richtige Gelegenheit, sich einen zu besorgen, einschließlich eines Bootsführerscheins. In diesen Wochen sind wir üblicherweise sehr aktiv in der Korrespondenz jeglicher Art und widmen ihr mehr Zeit, vielleicht indem wir wichtige Briefe schreiben, die wir seit langer Zeit vor uns her geschoben haben. Wir bekommen selbst auch mehr Post und registrieren mehr eingehende und ausgehende Telefongespräche. Während dieses Monats kümmern wir uns normalerweise verstärkt um unseren Bruder oder unsere Schwester. Außerdem könnte ein Schwager oder eine Schwägerin für einige Tage im Mittelpunkt unserer Aufmerksamkeit stehen. Wollen wir ein neues Auto oder Motorrad kaufen, so ist jetzt der richtige Moment dafür, ebenso für eine Reparatur an einem dieser beiden Fortbewegungsmittel. Wenn wir im intellektuellen Bereich tätig sind, dann könnten wir beginnen, an einem Buch zu schreiben oder einen Vortrag zu einem Thema, das uns sehr interessiert, vorzubereiten. In diesen Wochen haben wir eine besondere Fähigkeit für den Handel und können ein gutes kleines oder großes Geschäft abschließen, wie ein altes Haushaltsgerät zu verkaufen oder auf dem Flohmarkt preisgünstig einen zweiten Drucker für unseren Rechner zu erstehen. Wenn die Sonne während dieser Passage schlechte Aspekte von anderen Sternen erhält, müssen wir stärker auf Verkehrsunfälle aufpassen und sollten besonders das Fahren auf zwei Rädern vermeiden. Wir sollten unser Auto auch besser gegen Diebstahl sichern. Eine extreme Nervosität empfiehlt es uns, den Geist mehr ruhen zu lassen, vielleicht mit guter Musik und ohne schwierige Lektüre. Eine Prüfung könnte schlecht ausgehen, also sollten wir sie besser verschieben. Wir fühlen uns angespannter in ganz alltäglichen zwischenmenschlichen Beziehungen, wie zum Telegrammboten oder dem Postangestellten. Es ist besser, keine Briefe zu schreiben, da diese verloren gehen oder uns in diplomatische Schwierigkeiten bringen könnten. Es ist nicht der richtige Moment zum Verreisen, da es zu Streiks oder ähnlichen Unannehmlichkeiten kommen kann. Ein Bruder oder eine Schwester könnte unsere Hilfe brauchen, wir täten also gut daran, uns mit ihnen in Verbindung zu setzen.

Die Sonne im Transit durch das vierte Haus

Wenn die Sonne durch unser viertes Geburtshaus zieht, spüren wir einen starken Drang, uns zurückzuziehen und uns auf eine endopsychische Suche zu begeben. Wir wollen uns ganz auf uns selbst und auf unsere Probleme, unsere ursprüngliche Familie, unsere privatesten Angelegenheiten konzentrieren. Wir versuchen, allem Sozialen zu entfliehen und vermeiden es, aus dem Haus zu gehen, andere zu treffen und kommunizieren zu müssen. Dagegen verspüren wir den starken Wunsch, in den eigenen vier Wänden zu bleiben. Der Gedanke an Geborgenheit, an eine Festung oder den schützenden Mutterleib breitet sich in uns aus und bewegt uns stark in eine Richtung des Dialogs mit unserem tief verborgenen Ich. Wir erleben das, was in der Psychologie das „Mythologem der Großen Mutter" genannt wird, ein Bedürfnis nach Schutz, das in einem Regenschirm, im Uterus und in einem Haus seinen deutlichsten symbolischen Ausdruck findet. Dieses Gefühl hat etwas mit dem häuslichen Herdfeuer zu tun, damit, dass wir im vertrauten Kreis um einen Tisch bei angefachtem Feuer zusammen sitzen, während es draußen regnet und kalt ist. Es ist eine Rückkehr zum Ursprung, ein inneres Suchen und eine sehnsüchtige Erinnerung an das vorgeburtliche, intrauterine Leben. Wir möchten uns einigeln und zwischen den häuslichen Mauern Schutz finden, die uns wie die Ufer einer idealen Insel von der Welt und ihren Sorgen trennt. Psychologisch gesprochen bedeutet dies, dass wir uns der Verantwortung entziehen, bei der Mutter, der realen oder einer eingebildeten, Unterschlupf finden, dem Leben und seinen tausend Gefahren entfliehen möchten. Die Dimension Zeit scheint jetzt sehr wichtig zu sein: In der Vergangenheit war Sicherheit, in der Zukunft aber tummeln sich mögliche Monster, die uns Angst machen. Sich im Strudel der Erinnerungen zu verlieren bringt Frieden und Trost. Unsere Kindheit kehrt in unser Gedächtnis zurück wie der Spiegel zu einer Realität ohne Verantwortungen, geführt und geleitet von einer allmächtigen und v. a. barmherzigen und mit uns nachsichtigen Mutter. Wir spüren stark den Ruf der Traditionen, der Ursprünge und des Bollwerks Familie gegenüber der als penetrant-männlich empfundenen Gesellschaft. Wir möchten uns isolieren, riesige Mauern um uns errichten, möglicherweise eine Schallmauer zur Außenwelt aufbauen, ähnlich wie in der verzauberten und geschützten Welt, die wir in der Gebärmutter erlebt haben. Das Bedürfnis, in einer Stadt oder einem Haus Wurzeln anzusetzen wird stärker. Unsere Aufmerksamkeit gilt hauptsächlich den Eltern und unserem Habitat. Wir setzen mehr Energien ein, um für das Wohl unserer Eltern zu sorgen und das Haus zu verschönern, in dem wir wohnen. Dies ist der Moment, in dem wir ernsthaft über eine Immobilieninvestition und die Aufnahme eines Darlehens nachzudenken, um unser ganz eigenes Haus zu bauen. Wenn wir aber schon stolze Hausbesitzer sind, widmen wir uns in dieser Zeit diversen Umbau-, Anbau-, Modernisierungsprojekten und teilweisen oder kompletten Einrichtungserneuerungen. Der Moment ist geeignet, um mit den Arbeiten zu beginnen, Lizenzen zu beantragen, sich Anleihen zu besorgen, die in die erwähnte Richtung dirigiert werden sollen. Diese Zeit kann auch günstig sein, um ein Ferienhaus zu buchen oder eine Wohnung in einem Mehrfamilienhaus zu kaufen. Außerdem werden wir uns bewusst, dass uns nur kurze Zeit vom Verlust unserer Eltern trennt und wir wollen die Zeit nutzen, um ihnen näher zu sein. Wenn der Stern in schlechtem Aspekt zu wichtigen Punkten in unserem Radixhimmel vorbeizieht, dann wird möglicherweise diese Aufmerksamkeit zu unseren Eltern zwanghaft und wir sehen uns aus schwerwiegenden Gründen genötigt, uns um sie und um ihre Gesundheit zu kümmern. Es ist auch möglich, dass unser Haus dringender Reparaturen bedarf oder dass sich ein schlechtes Verhältnis zu unserem Vermieter oder zu einem unserer Mieter einstellt. Die Darlehensrückzahlungsraten könnten schwerer auf uns lasten und neue Immobilienabgaben könnten uns auf eine harte Probe stellen. Alle Ausgaben, die sich auf das Haus beziehen, können jetzt ansteigen. Es ist nicht der richtige Moment, um Arbeiten jeglicher Art in den eigenen vier Wänden zu beginnen.

Die Sonne im Transit durch das fünfte Haus

Wenn die Sonne unser fünftes Geburtshaus passiert, ist unser Geist stark in Richtung Spiel und Freizeit orientiert. Unser Gemütszustand ist der Zerstreuung, dem Vergnügen, der Liebe und dem Spiel zugetan. Wir fühlen, dass unsere Batterien leer sind und sind fest entschlossen, sie wieder aufzuladen, indem wir uns im weiteren Sinne dem Vergnügen hingeben. So entdecken wir die Lust neu, ein triviales Buch zu lesen und eine Sendung im Fernsehen zu sehen, die keine politische Debatte oder kein lehrreicher Dokumentarfilm ist. Im Geiste verschieben wir alle Gelegenheiten für Tiefsinnigkeiten und jede Fortbildung unserer Persönlichkeit auf später. Wir wollen uns zu 100% entspannen und in 90% der Fälle gelingt uns das. Wir verschieben unsere Termine bei der Arbeit und wollen uns ablenken, an die Pflichten können wir später denken. Wir wollen uns fest einen kleinen Raum an Heiterkeit, Freude, Spaß schaffen. Unser Ich gebärdet sich hedonistisch im Leben. Die Dimension des Spiels gehört in diesem Moment zu uns und wir wollen sie in jede Richtung lenken. Der Freizeit räumen wir mehr Raum ein, dem, was wir normalerweise verlorene Zeit nennen und das jetzt dagegen eine lebensnotwendige Wichtigkeit annimmt. Wir sind zu mehr Sex und Liebe bereit. Unser Gemütszustand bedient sich konkreter Mittel, um die in uns ruhenden spielerischen Absichten zu verwirklichen. Wir projizieren uns mit Hingabe nach außen und erleben in diesem ca. einen Monat andauernden Zeitraum diverse mit den Freunden verbrachte Abende. Wir besuchen mehr Diskotheken, Nachtclubs, Restaurants, Kinos, das Theater, Konzerte… Sicherlich verbringen wir so manches Wochenende mit unserem Partner und haben mehr Sex. Sind wir Künstler, wird unsere Produktivität eher in der Qualität und nicht so sehr in der Quantität ansteigen. Unsere Bereitschaft zum Leben drückt sich in einer erhöhten Zeugungskapazität in diesen Wochen aus. Es ist der geeignete Moment für eine Mutter- oder Vaterschaft. Außerdem fühlen wir uns mehr zu Kartenspiel und zu Kasinos hingezogen, ebenso wie zu Spekulationen an der Börse. Die Zeit ist günstig, um uns für einen Newsletter über neue Kinofilme anzumelden oder ein neues Hobby zu beginnen, das zu 360° in allen nur denkbaren Bereichen liegen kann, von der Gartenarbeit bis zum Computer, vom Häkeln bis zum Briefmarkensammeln. Es besteht eine gute Möglichkeit, uns bei einer Kreuzfahrt oder einer Reise im Allgemeinen zu amüsieren. Dieser gesteigerte Hang zu Vergnügungen kann auch dazu führen, dass wir uns in diesem Monat verlieben oder dass wir ungesunden Neigungen folgen. Besonders bei einem dissonanten Transit müssen wir uns vor schädlichen Liebesbeziehungen oder unerwünschten Vater- oder Mutterschaften schützen. Ebenso dürfen wir im Spiel nicht übertreiben, da wir sowohl am Spieltisch als auch an der Börse große Summen verlieren könnten. Unser Sohn oder unsere Tochter könnte uns an diesen Tagen Probleme bereiten. Ein Stresszustand aufgrund übermäßiger Vergnügungen könnte unserer Gesundheit schaden. Wir täten gut daran, uns keine Ausschweifungen und Exzesse zu gestatten. Die akzentuierte geistige Richtung hin zum Vergnügen bringt uns Schwierigkeiten in der Arbeit.

Die Sonne im Transit durch das sechste Haus

Wenn die Sonne durch unser sechstes Geburtshaus zieht, widmen wir der Pflege unseres Körpers mehr Aufmerksamkeit und Zeit. Je nachdem, ob wir eher Ästheten oder Gesundheitsfanatiker sind, werden wir der Pflege von Schönheit oder Gesundheit unseres Körpers mehr Energien zuweisen. Noch bevor wir geeignete praktische Anwendungen finden, wird uns schon dieses Gefühl allein zu einem Wohlsein in weiterem Sinn führen. Wir bemerken in uns eine größere Vorsicht und ein Bedürfnis, vermehrt auf uns zu achten. In der chronologischen Abfolge der Häuser könnte dies der Versuch sein, die Abschweifungen der Sonne im fünften Haus wieder gutzumachen. Wir denken stärker über unsere Person und unsere Grenzen nach. In der psychologischen Konstellation einer Ameise werden wir versuchen, eine Teilbilanz unserer Lebensweise zu ziehen und uns strenger und eher kritischen Urteilen aussetzen. An kritischem Sinn wird es uns in dieser Zeit nicht mangeln - wir haben so viel davon, dass wir anderen damit sogar auf die Nerven gehen. Wir sind in der Lage, besonders unsere Verhaltensweisen einer gewissenhaften Prüfung zu unterziehen. Wie durch ein Mikroskop analysieren wir uns selbst Zentimeter um Zentimeter, um jeden noch so kleinen, verborgenen Fehler zu entdecken. Ein so analytischer und kritischer Geist könnte uns besonders bei der Absicht von Nutzen sein, mit einem Therapeuten eine Tiefenanalyse zu beginnen. Wir sehen häufiger in den Spiegel und denken verstärkt an die Ästhetik unseres Körpers.

In diesen Wochen häufen sich die Besuche bei Friseur, Kosmetiker, Masseur. Es ist nicht undenkbar, dass wir uns in einem Fitnessstudio oder einem Sportverein anmelden. Die Zeit ist sehr gut geeignet, um eine therapeutische Diät, eine Entschlackungs- oder Abmagerungskur, eine homöopathische Therapie, Schlammbäder oder Wärmeanwendungen für die Knochen, gezielte Besuche beim Zahnarzt, Frauenarzt oder Orthopäden zu unternehmen. Die Zeit ist auch gut für Heimwerksarbeiten und viele kleine Arbeiten mit den Händen. Wenn wir kreativ sind, können wir zeichnen, Ton modellieren, an der Drehbank arbeiten oder uns bei Stickereien oder Häkelarbeiten vergnügen. Wir sollten uns nicht wundern, wenn wir kleinen Haustieren mehr Beachtung schenken als sonst oder vielleicht sogar daran denken, einen kleinen Straßenhund mit nach Hause zu nehmen. Wenn dieser Durchgang in Begleitung von schlechten Aspekten auftritt, könnte die Aufmerksamkeit für unseren Körper aus einer kleinen Not heraus entstehen, wie lästige Zahnschmerzen oder eine witterungsbedingte Grippe. Ein mehr oder weniger schwerwiegendes Unwohlsein zwingt uns dazu, uns in der unangenehmsten Weise um uns selbst zu kümmern. Wir werden auf Druck eines unerwarteten und unangenehmen Problems hin einige Ärzte oder Physiotherapeuten besuchen, uns einer Akupunktur oder dem Handauflegen unterziehen. Wir könnten an zeitweise auftretenden Störungen, wie Allergien jeder Art leiden. Wir erliegen leichter verschiedenen Krankheiten und täten gut daran, uns jetzt keinen gefährlichen Schönheitsbehandlungen, wie Nasenkorrekturen oder chirurgischen Anti-Cellulitis-Behandlungen zu unterziehen. Wenn wir ein wenig hypochondrisch veranlagt sind, kann dieser Durchgang eine Verstärkung unserer Fixierung mit sich bringen und uns in die Überzeugung treiben, dass wir die verschiedensten Krankheiten haben. Das müssen wir uns in dem Bewusstsein der Natur dieses Transits vor Augen führen und uns des wahren Grundes für unsere Ängste bewusst werden. Der Moment ist nicht geeignet, um neue medizinische Kuren zu beginnen, die auf uns unerwünschte toxische Effekte haben könnten. An diesen Tagen kann es zudem einem unserer Haustiere schlecht gehen.

Die Sonne im Transit durch das siebte Haus

Wenn die Sonne durch unser siebtes Haus zieht, befinden wir uns in einem Zeitraum, in dem wir uns stark mit anderen konfrontieren wollen. Unser Ich entfernt sich von sich selbst und erstreckt sich zentrifugal auf das Umfeld. Die Libido ist ganz auf das Soziale, die zwischenmenschlichen Beziehungen und die Suche nach Gesprächspartnern im weiteren Sinn ausgerichtet. Wir verspüren einen konkreten Drang hin zu Konfrontation, Dialog, Assoziation.

Unabhängig davon, ob wir eher intro- oder extrovertiert sind, fühlen wir uns in diesem Moment zu anderen hingezogen und würden am liebsten einen Club gründen, sobald wir drei neue Personen treffen. Wir erliegen der Faszination der Gruppe und unser Wunsch nach einer ehelichen Verbindung wächst. An diesen Tagen sind wir davon überzeugt, dass die meisten aktuellen Probleme der Menschheit durch Sozialisierung, den Aufbau einer Paarbeziehung, dem Schaffen einer kommerziellen und kulturellen Gesellschaft gelöst werden können. Der Gedanke der Gegenüberstellung vereint sich mit einer zunehmenden Teilnahme an der Politik und unsere Optik wandert vom Persönlichen zum Sozialen. Unser Interesse für den Partner (die männliche Form soll im gesamten Text für beide Geschlechter gelten, *Anm. d. Ü.*) ist ehrlich und wahr, beeinflusst von der erwähnten zentrifugalen Spannung. Wir tendieren sogar dazu, ihn auf einen Sockel zu heben, wenn auch nur für die wenigen Wochen dieses Planetendurchgangs. Wir glauben mehr an ihn und sind davon überzeugt, mit ihm unsere Probleme lösen zu können. Wenn wir nicht verheiratet sind, so denken wir jetzt ernsthaft darüber nach, diesen Schritt zu wagen. Wenn wir keinen Partner haben, bemühen wir uns jetzt darum, einen zu finden. Dies ist die Zeit des Jahres, in der wir uns mit großer Wahrscheinlichkeit dazu entschließen, dem Zölibat Lebewohl zu sagen. Unser kritischer Sinn, der uns unter normalen Bedingungen raten würde, ein Single auf Lebenszeit zu bleiben, wird hier so stark abgemildert, dass wir die Realität hinter einem Schleier aus Illusionen und Vertrauen in die anderen sehen; die Natur verteidigt sich und sichert das Überleben der Spezies. Es ist auch wahrscheinlich, dass unser Partner an diesen Tagen einen Hauch an kleiner oder großer Beliebtheit genießt, dass er greifbare, objektive Zeichen der allgemeinen Zustimmung erhält. Es kann hierbei um eine Beförderung bei der Arbeit, ein öffentliches Lob, das Erreichen eines wichtigen beruflichen Meilensteins oder das Bestehen eines Universitätsexamens gehen. Kurz: unsere bessere Hälfte wächst und wir sind uns dessen bewusst. Der Durchgang kann auch gut sein, um eine Rechtshandlung zu planen, die später Früchte tragen könnte. Ein anderer Fall liegt vor, wenn der Transit mit dissonanten Nebenaspekten auftaucht – in diesem Fall sollten wir uns auf Schwierigkeiten mit den Behörden einstellen. Eine oder mehrere Streitigkeiten können auf uns zukommen und wir sehen uns genötigt, Schlachten auf der ganzen Linie auszustehen. Unsere Kampfeslust oder die unseres Partners wächst. Besonders in der Paarbeziehung werden wir sehr viel mehr Spannungen erleben. Wir könnten auch ernsthaft streiten und Wunden aufreißen, die später schwer zu verheilen sind. Auf irgendeine Art können wir in rechtliche Angelegenheiten verwickelt werden, vielleicht auch im Sinne eines Führerscheinentzugs wegen eines gewagten Überholmanövers. Die öffentlichen Behörden könnten sich auch in Steuerfragen für uns interessieren. Wir spüren eine gewisse Feindseligkeit in unserer Umgebung, die uns zum Krieg gegen alle führen kann. Es wäre gut, eventuell in diesem Zeitraum auf uns zukommende Gerichtsprozesse verschieben zu lassen.

Die Sonne im Transit durch das achte Haus

Wenn unsere Sonne durch das achte Haus zieht, bedeutet dies für uns einen höheren Geldfluss. Das Schicksal bietet uns die Möglichkeit, unsere Verdienste zu steigern. Dieser Zustand ist durchaus real und nur an die Anordnung unseres Geburtshimmels gebunden. Durch ihn können wir einen direkten oder indirekten (z.B. durch unseren Partner oder enge Familienangehörige) ökonomischen Nutzen erwarten. Gleichzeitig nimmt unser Glück zu, mehr Faktoren nehmen auf unsere wirtschaftliche Situation Einfluss und beleben diese so ein wenig. Die Gelegenheiten können vielfältig sein: Gehaltserhöhungen, Abfindungen, Rentenbeiträge, eine Erbschaft, Schenkung durch Familienangehörige, Gewinn beim Spiel, nicht vorgesehene zusätzliche Arbeit usw. Wenn es so etwas wie Glück wirklich gibt, dann liegt hier wahrscheinlich sein bevorzugter Kanal. Auch unsere Wahrnehmung ist stärker darauf gepolt, günstige Gelegenheiten zielsicher zu ergreifen. Es handelt sich natürlich nur um eine kurze Zeit, ca. einen Monat, aber in dieser kurzen Zeit können wir bereits wichtige Zeichen des Schicksals richtig deuten. Der hohe Geldfluss kann sich auch auf den Verkauf persönlicher Güter, wie einer Immobilie oder des Familienwagens, eines Arbeitswerkzeugs, Schmuck oder Pelzmäntel beziehen. Weiterhin ist es möglich, die eigenen sozialen Bedingungen durch den Tod eines anderen zu verbessern, nicht nur im Fall einer direkten Erbschaft durch Angehörige, sondern auch durch eine berufliche Stellung, die wir nach dem Ableben einer Person erreichen, die unseren Aufstieg behinderte. Während dieses Transits können wir zudem unsere sexuelle Aktivität steigern, was uns oft indirekt das Nahen einer neuen Liebe ankündigt. Auf streng psychologischem Standpunkt befinden wir uns in einem wenige Wochen anhaltenden Zeitraum, in dem positive Erfahrungen zum Mysterium des Todes in uns reifen können. Das friedvolle Dahinscheiden eines Menschen, der uns lieb ist oder den wir achten, nähert uns diesem Mysterium im positiven Sinne an und lässt eine neue, weise und emanzipierte Beziehung zu dem Thema in uns reifen. Wenn dieser Durchgang in ungünstigem Winkel zu anderen wichtigen Punkten unseres Sternhimmels auftaucht, riskieren wir einen kurzzeitigen, aber nicht unbedeutenden Kapitalabfluss. Es kann um eine unvorhergesehene Geldausgabe, eine außerordentlich zu zahlende Steuer, die wie aus heiterem Himmel über uns hereinbricht, eine besonders hohe Strom- oder Gasrechnung im Ausgleich zu mehreren Monaten nicht ausgezählter Abrechnungen, außergewöhnliche und nicht geplante Arztkosten usw. gehen. Wir können auch Geld auf der Straße verlieren oder Opfer eines Diebstahls, eines Betrugs, eines Taschendiebstahls, eines Raubüberfalls werden. In solchen Fällen müssen wir uns um 360° in Acht nehmen, da ein Unheil meist ein zweites heraufbeschwört und ein Symbol in wenigen Stunden mehrmals in Aktion treten kann. Wir sollten also Geldspekulationen, Börsenspiele, Geldverleih usw. vermeiden. Das Problem kann sich aber auch in der Notwendigkeit für ein dringendes Darlehen äußern und könnte sich so in das Gegenteil verkehren: wir brauchen Geld und könnten leichtsinnige Dinge tun, die in der Zukunft schwer auf uns lasten. An diesen Tagen können wir außerdem die bittere Erfahrung eines als tief negativ empfundenen Trauerfalls erleben. Die negativ stehende Sonne im achten Haus bedeutet aber nicht nur Tod, sondern kann sich auf das mögliche Ende einer Situation beziehen, die uns besonders am Herzen lag, wie eine sehr alte Liebe oder Freundschaft. Auch im sexuellen Bereich ist dies eher ein „Unmoment" und wir könnten unangenehme Erfahrungen, wie eine vorübergehende diesbezügliche Blockade erleben.

Die Sonne im Transit durch das neunte Haus

Wenn die Sonne durch unser neuntes Haus zieht, sind wir von einem starken Verlangen nach Ferne beeinflusst, sei es im geographisch-territorialen als auch im metaphysisch-transzendentalen Sinn. Wir befinden uns ganz klar eine Oktave höher als beim Durchgang der Sonne durch das siebte Haus, wo wir ein zentrifugales Pulsieren unseres Ichs bemerkt haben. In diesem Fall geht es um mehr, es reicht uns nicht mehr nur die Projektion nach außen, sondern wir wünschen uns an so weit wie möglich entfernte Ziele. Unser Geist fühlt sich an, als ob er in die Umlaufbahn um die Erde geschleudert worden und im am weitesten entfernten Raum angekommen wäre. *Weit weg* ist der Schlüsselbegriff, der unseren Gemütszustand in diesem Moment umfassend beschreibt. Wir könnten von einer ausländerfreundlichen Emphase sprechen, aber es geht noch um mehr, als um den einfachen Wunsch, den Fernseher einer ausländischen Marke oder ein Auto von unseren Vettern jenseits der Alpen zu erwerben. Wir möchten so weit wie möglich von dannen schweben, die unsichtbare Mauer über der irdischen Atmosphäre durchdringen und frei durch den Weltraum segeln. Mit Vergnügen würden wir in eine Ariane-Trägerrakete steigen, wenn wir könnten. Wenn wir uns für das Team der nächsten Apollo-Mission anmelden könnten, so würden wir wahrscheinlich nicht zweimal überlegen. Jenseits der gewollten Übertreibung in dieser Beschreibung bleibt die Tatsache bestehen, dass wir einen Augenblick erleben (fast einen Monat), in dem wir das unbeschreibliche Bedürfnis verspüren, uns so weit wie möglich von der uns umgebenden eintönigen Realität zu entfernen. Das geschieht üblicherweise durch eine angenehme Reise ins Ausland oder in eine andere Gegend oder Stadt im Inland. Es kann dabei um einen Sportausflug sowie um einen Kurztrip aus beruflichen Gründen gehen. In jedem Fall wird uns diese Gelegenheit nicht zufällig genau in dem Moment geboten, in dem wir sie wirklich nötig haben. Wir werden uns dabei sehr vergnügen, vor allem aber unseren Durst nach Ferne stillen. Manchmal genügt es schon, wenn wir uns eine Reise wie in Homers Odyssee oder Dantes Göttlicher Komödie bildlich vorstellen. Ohne gotteslästerliche Vergleiche anstellen zu wollen, sollten wir uns auf die Aussage beschränken, dass unsere Entdeckungsreisen in die Ferne auch in unseren Gedanken oder durch die Ausübung von Disziplinen stattfinden können, die sich aus dem Alltagstrott ausbrechen lassen: z.B. durch das Lesen von Büchern zu analytischer Psychologie, Philosophie, Yoga, Theologie, Astrologie, Esoterik oder auch durch einen Universitätskurs, der über das alltägliche Wissen hinausgeht. Im schlimmsten Fall, also wenn der Planetendurchgang gleichzeitig mit negativen Transiten vorkommt, kann es passieren, dass wir eine unangenehm erzwungene Reise unternehmen müssen (z.B. weil wir einen kranken Angehörigen ins Ausland begleiten) oder eine Reise mit schlechtem Ausgang erleben (Unfälle jeder Art, nicht ausgeschlossen sind mögliche Auffahrunfälle oder verschiedene Verletzungen). Es kann auch passieren, dass wir eine schlechte Nachricht aus der Ferne bekommen (z.B. wenn wir dahinter kommen, dass unser Partner eine Beziehung zu einer Person im Ausland hat). Kurz: das Ausland, die Ferne sehen in solchen Momenten mit einem bösen Auge auf uns herab und wir sollten besser Abstand halten. An diesen Tagen ist es ratsam, uns auch von brisanten, unsere Aufmerksamkeit weckenden Themen fernzuhalten, wie schwarzer Magie, Spiritismus und allem anderen, das uns auf geistiger Ebene Schaden zufügen könnte.

Die Sonne im Transit durch das zehnte Haus

Wenn die Sonne durch unser zehntes Geburtshaus zieht, können wir uns auf einer oder mehr Ebenen selbst verwirklichen, oder auch *emanzipieren*. Wir fühlen uns ehrgeiziger und sind entschlossen, in sozialberuflicher Richtung etwas zu bewegen. Aber nicht nur beruflich wollen wir uns verbessern, sondern ein bisschen in allen Bereichen. Dies ist vielleicht die Zeit des Jahres, in der wir am ehesten entschlossen nach vorne blicken, über die Zukunft nachdenken, auf lange Sicht planen. Wir spüren, dass der einzige Weg für einen Aufstieg die Konkurrenzfähigkeit und das Ablassen von jeder persönlichen Sehnsucht ist, die uns in uns selbst zurückkehren würde. Wir wissen, dass der Weg steil ist und dass wir die Zähne zusammenbeißen müssen, wenn wir gute Ergebnisse erzielen wollen, und dennoch sind wir entschlossen, den Gipfel zu stürmen. Besonders bemühen wir uns zwar um ein Fortkommen im Beruf, aber wie gesagt auch um ein Wachstum im weiteren Sinn. Das kann durch den Abschied von einem Laster erfolgen (z.B. dem Rauchen) oder durch das Abwerfen eines Steins am Bein, der uns daran hindert, zu „fliegen" (vielleicht durch den Bruch mit einer fatalen Beziehung) oder indem wir ein bereits mehrfach ohne Erfolg begonnenes Unternehmen zu Ende bringen (wie mit 50 Jahren das Schwimmen zu erlernen) oder gar heiraten (dies ist eher der Fall bei weiblichen Geburtshimmeln) usw. Kurz: in diesen ca. dreißig Tagen kommen wir ein wenig oder weit nach vorne, können wachsen, einen Qualitätssprung vollziehen, unser Leben in einem oder mehr Bereichen verbessern. Auch wenn wir uns für eine neue Arbeit vorstellen oder eine Anzeige in der Zeitung aufgeben wollen, um eine Beschäftigung zu suchen, ist dies der geeignete Moment. Wir sollten aber nicht passiv die Ereignisse abwarten, sondern die Ärmel hochkrempeln und uns ins Zeug legen, uns vorstellen, persönlich zu Konzernen und Personen gehen, die uns helfen und Wege bereiten können, wohl wissend, dass dieser Sternendurchgang nur wenige Wochen andauert. Zugleich müssen wir uns fragen und zu verstehen suchen, an welchen Punkten und in welchen Bereichen unsere Schwächen liegen, um zu sehen, in welche Richtung wir uns anstrengen müssen. Von Jahr zu Jahr haben wir fast die Pflicht, diesen Transit nicht zu vergeuden und von Mal zu Mal eine neue Eroberung zu machen, sei es, dass wir lernen, einen Computer zu bedienen oder den Führerschein für das Auto oder das Motorboot zu machen. Häufig finden wir diesen Durchgang auch bei Personen, die eine Tiefenanalyse beginnen. Das zehnte Haus betrifft außerdem die Mutter und somit kann der Transit einen besonders heiteren Augenblick für unsere Mutter bedeuten oder eine Zeit, in der es ihr besser geht, in der ihr ein materieller Vorteil oder eine berufliche Gelegenheit usw. geboten wird. Wenn das Zentralgestirn bei diesem Durchgang dagegen dissonante Aspekte gibt und empfängt, so müssen wir starke Anstrengungen auf uns nehmen, um unsere berufliche und soziale Stellung nicht zu verschlechtern (dies ist der Fall bei vielen Personen, die mit den Folgen einer Trennung oder Scheidung zu kämpfen haben). Wir können auch durch eine Reihe an Umständen unter Druck stehen, die uns auf der Emanzipationsskala ein paar Schritte zurücktreten lassen. Manchmal kann sich ein solcher Durchgang auch auf gesundheitliche Probleme oder einen Unfall beziehen, der uns am Arbeiten hindert. Unsere Beliebtheit befindet sich auf absteigendem Ast und ebenso verhält es sich mit unserem Ruf. Wir könnten auch aufgrund eines gesundheitlichen Problems unserer Mutter unter Stress stehen.

Die Sonne im Transit durch das elfte Haus

Wenn die Sonne durch unser elftes Haus zieht, werden wir von einer nicht besser zu definierenden Entwicklung von Ideen und Projekten auf der ganzen Linie getrieben. Diese augenblickliche Lebhaftigkeit unseres Geistes beschert uns Fantasien, die wertvolle Anwendung finden könnten. Wir verbringen viel Zeit mit Fantastereien, es geht dabei aber nicht nur um Tagträume, sondern um Vorhaben, die unserer Aufmerksamkeit durchaus wert sind. Üblicherweise schmieden wir mit der Sonne im Transit im zehnten Haus ehrgeizige und vernünftig strukturierte Pläne von 20jähriger Dauer. Bei diesen Projekten des elften Hauses fließt dagegen ein bisschen mehr Fantasie und Kreativität mit ein. Man könnte sagen, dass die im zehnten Haus geplanten Projekte die eines Ingenieurs sind und die jetzigen das Produkt eines Architekten. Wir bemerken, dass wir besonders gute Früchte produzieren und sogar originell sind. Soviel Kreativität können wir auf ein Ziel ausrichten und gute Ideen für den Umbau unseres Hauses entwickeln oder eine neue Arbeit erfinden (was in unserer Zeit durchaus möglich ist). Dies ist vielleicht die Zeit des Jahres, in der wir freier sein können, weniger gefangen sind in der an Traditionen, Erziehung und Gesellschaft gebundenen Sklaverei der Gedanken. Wir können und müssen uns mehr zutrauen. Wenn wir die uranischen Kräfte dieses Hauses aufs Höchste einsetzen, fallen uns Dinge und Lösungen ein, die unser Leben verbessern können. Wir sind auch entschieden bereit für Freundschaften, möchten unbedingt neue Menschen kennen lernen, was uns normalerweise auch gelingt. In diesen Wochen ist es möglich, sich mit alten Schulkameraden oder Sandkastenfreunden zu treffen. Jemand wird an die Tür klopfen und uns eine schöne Überraschung bereiten. Wir müssen in diesen ca. dreißig Tagen aus unseren Bekanntschaften den besten Nutzen ziehen, können stärker auf einflussreiche Personen und auf Unterstützung von oben, auf Schutz im Allgemeinen vertrauen, nicht verstanden im Sinn eines Schutzes durch mafiaartige Verbindungen, sondern im besten Sinn des Wortes. Klopfen, klopfen, klopfen müsste unser Motto bei diesem Durchgang heißen. Ohne Hemmungen Fragen stellen, denn in diesem Moment finden wir Gesprächspartner, die gerne bereit sind, uns zuzuhören und unser Anliegen zu berücksichtigen. Ebenso wird es uns in diesen Tagen leichter fallen, einen guten Mechaniker für das Auto, einen guten Arzt, einen guten Techniker für den Computer usw. zu finden. Auch in einer Menschenschlange verspüren wir weniger Spannungen in uns und in anderen und eine allgemeine gegenseitige Bereitschaft, den Lebensraum anderer anzuerkennen. Wenn der Transit dagegen in disharmonischen Winkeln auftritt, müssen wir mit dem Verlust eines guten Freundes oder sogar eines Familienangehörigen rechnen. Das bezieht sich hauptsächlich auf einen Streit oder einen Umzug, aber auch auf einen eventuellen Trauerfall. Dieses Haus ist tatsächlich mit großer Wahrscheinlichkeit auch an den Tod gebunden und es überrascht, dass dies noch kein Astrologe vorher bemerkt hat (so offensichtlich dies auch sein mag). Wenn der Transit negativ zu lesen ist, kann dies auch das Zusammenbrechen oder den Untergang eines Projektes bedeuten.

Die Sonne im Transit durch das zwölfte Haus

Wenn das Zentralgestirn unser zwölftes Geburtshaus durchzieht, spüren wir einen starken Schub in Richtung Krankenpflege und Fürsorge. Wir fühlen uns mehr zu Zusammenarbeit, zur Pflege anderer bereit, wollen unser Bestes geben, um das Leid derer zu mildern, die uns nahe stehen. Das muss sich nicht unbedingt in einer konkreten Handlung ausdrücken, wie wenn wir einem Verwandten eine Spritze geben, sondern indem wir beispielsweise einem traurigen oder verzweifelten Freund eine Schulter zum Ausweinen bieten. Wir werden häufiger als sonst auf mehr oder weniger ungewöhnliche Weise im Vergleich zu unserem sonstigen Verhalten jemanden am Telefon trösten. Wenn wir Angestellte unter uns haben, achten wir mehr auf ihre Probleme und versuchen ihnen auch konkret zu zeigen, dass wir um ihre Situation besorgt sind. Umgekehrt haben wir als Angestellte mehr Verständnis für die Bedürfnisse unserer Chefs. Es handelt sich also hauptsächlich um eine starke geistige Bereitschaft zu Mitgefühl, die aber auch präzisen und kanonischen Ausdruck in der Krankenpflege eines Angehörigen finden kann (den Tropf am Krankenbett austauschen, einen Verband anlegen, sich um die Angelegenheiten eines bettlägerigen Kranken kümmern usw.). Wenn wir uns medizinisch bilden wollen, um eventuellen Krankheiten in unserer Familie auf den Grund zu gehen, ist dies der richtige Moment. An diesen Tagen können wir uns auch besser konzentrieren, etwas schreiben (wie ein Tagebuch), beten (wenn wir gläubig sind) oder Forschungen in den unterschiedlichsten Wissensbereichen anstellen. Wir fühlen außerdem einen größeren Ansporn in mystischer Richtung und sind aufs Höchste auf den Geist ausgerichtet. Diese Zeit ist besonders ideal für einen Rückzug ins Gebet oder in die Meditation, am besten in der Abgeschiedenheit eines Klosters, eines einsamen Hauses auf dem Land oder einem weit von den Geräuschen der Straße entfernten Zimmer. Wir können diesen Planetendurchgang auch für den Besuch in einem Krankenhaus nutzen, um unseren Organismus durchchecken zu lassen oder für medizinische Kuren, wie einen Zahnarztbesuch. Eine eventuelle Spionageabsicht, vielleicht zu Lasten eines Angehörigen, wird an diesen Tagen mit größerer Wahrscheinlichkeit gelingen. Dasselbe gilt für den Kauf elektronischer Geräte zu diesem Zweck, wie versteckter Mikrofone und ähnlichem. Unsere Lektüre könnte in diesen Wochen hauptsächlich psychologischer und sozialer Natur sein. Wenn der Planetendurchgang aber in disharmonischen Aspekten auftritt, müssen wir uns auf eine Zeit voller kleiner Prüfungen und Unannehmlichkeiten zu 360° gefasst machen. Viele kleine, alltägliche Probleme machen uns in diesem Fall Angst und stürzen uns in Sorge um unsere Gesundheit, um die unserer Lieben, um das Verhältnis zu anderen, um die Arbeit und das Geld. Alles scheint sich leicht verschoben um uns zu drehen und wir tendieren zu einem leicht paranoiden Verhalten, denken, dass das Leben gegen uns, das Schicksal unser Feind ist, die Mitmenschen uns hassen usw. Wir müssen uns vor solch einem negativen Verhalten in Acht nehmen, indem wir uns vor Augen führen, dass es sich nur um eine kurze Zeit handelt. Es ist nicht so, dass nicht wirklich feindselige Absichten gegen uns bestehen könnten, vielleicht durch anonyme Briefe oder Verleumdungen, aber grundsätzlich handelt es sich in diesem Moment eher um Gespenster unserer unruhigen Einbildung, als um reale Tatsachen. In diesen Wochen könnten wir in eine Klinik eingeliefert werden, einen Unfall oder eine kleine Operation und viele kleine Ärgernisse auf der ganzen Linie durchzustehen haben. Wir spüren auch eine Tendenz zu Depression und Mutlosigkeit. Eine erhöhte Streitsüchtigkeit begleitet uns bei einem solchen Durchgang.

3.
Transite des Mondes

Die Transite des Mondes sind eher schnell und dauern nur wenige Stunden in ihren Aspekten mit anderen Sternen bis hin zu einigen Tagen beim Durchgang der Häuser. Ihre Wirkung ist nur von geringer Bedeutung, da sie für sich genommen kein Ergebnis zeitigen können. Ein geringes Gewicht können sie nur in Einheit mit den Durchgängen langsamerer Sterne erzielen. Normalerweise zeigen sie den Gemütszustand auf, der uns einige Stunden oder Tage begleitet und bedingen unsere Extra- oder Introvertiertheit, Fröhlichkeit und Traurigkeit, Liebe und Hass, aber - ich wiederhole - in einem vernachlässigbaren Maß, im Sinne eines kleinen Einbruchs innerhalb eines Allgemeinschicksals. Sie zeigen vielmehr das, was wir gerne hätten, als das, was wir wirklich tun. Sie stehen für die Gewässer, die wir gerne umsegelt hätten, die wir aber nie umsegelt haben. Sie sind ein Hinweis auf unsere emotionale Spannung - darauf, wohin unser Blick geht, wo unsere Hoffnungen liegen, in welche Richtung unsere Erwartungen gehen. Oft sind sie trügerisch, da sie nicht exakt unserem bewussten Wollen entsprechen. Der Satellit am Radixhimmel vertritt in erster Linie die weibliche Figur, die Mutter, die Partnerin, die Tochter oder die Schwester. Zudem symbolisiert er das Haus - und zwar das unserer Kindheit oder das, in dem wir leben werden.

Der Mond im harmonischen Aspekt zur Sonne

Wenn der Mond unserer Radix-Sonne in positivem Winkel gegenübersteht, befinden wir uns in einem heiteren Moment des Friedens mit der Welt und vor allem mit uns selbst. Eine positive Strömung durchfließt unseren Geist und öffnet uns für mehr Toleranz, Mäßigung, Ruhe und sogar Freude. Dies ist kein Moment für euphorische Gefühle oder Handlungen, sondern vielmehr ein Augenblick der Ausgeglichenheit. Wir erleben einen Zustand des Friedens in uns und fühlen uns richtig gut. Auch bemerken wir eine erhöhte Bereitschaft, uns auf unsere Mitmenschen einzulassen und können uns selbst besser akzeptieren. Vielleicht könnte man sagen, dass wir allgemein nachsichtiger sind und dass unsere rationale und unsere emotional-unbewusste Seite in einem ausgewogeneren Verhältnis zueinander stehen. Eine allgemeine Tendenz zu guter Laune begleitet diese Stunden, die wir auf die schönste Weise ohne große Reibungen oder Schwierigkeiten verbringen können, da auch die Anderen unseren liebenswürdigen Gemützustand bemerken und sich darauf einstellen, indem sie uns mehr Sympathien und Offenheit entgegen bringen. Die Atmosphäre um uns herum ist also friedfertig und wir werden bei diesem Transit fast keine Spannungen in unserer Umgebung bemerken. In diesen Stunden fühlen wir uns zu anderen und dabei besonders zu männlichen Figuren hingezogen. Diese Transite begünstigen den Dialog zwischen den Geschlechtern und die Liebe im Allgemeinen. Wir können unserer Paarbeziehung mehr Zeit als sonst widmen und diesen Teil des Tages für einen Ausflug oder für einen harmonischen Abend zu zweit nutzen. Wir sind offener und nachsichtiger in der Beziehung zu unserem Vater, männlichen Partner, Bruder oder Sohn. Zugleich sind dieselben auch uns gegenüber offener.

Mond im disharmonischen Aspekt zur Sonne

Wenn der Mond in einem ungünstigen Winkel an unserer Radix-Sonne vorbeizieht, fühlen wir uns besonders erregt. Eine nicht näher zu definierende Reizbarkeit kommt über uns und droht, uns einige Stunden in Nervosität und Unausgeglichenheit verbringen zu lassen. Wir nehmen ein schlechtes Verhältnis zwischen unserer rationalen und unserer emotionalen Seite wahr. Daraus ergibt sich ein generelles Unwohlsein, das uns auch in eine schlechte Beziehung zu anderen und zu unserer Umgebung setzt. Wir sind weder an Begegnungen noch an dem Verhältnis zu unserem Partner sonderlich interessiert. Wir wollen isoliert bleiben, oder noch schlimmer, suchen den Konflikt mit der Außenwelt. Wir sind besonders reizbar und können wegen jeder Kleinigkeit einen Streit vom Zaun brechen. Während eines Planetendurchgangs dieser Art täten wir gut daran, jede Gelegenheit für Streitereien zu meiden, indem wir uns zurückziehen oder uns an der frischen Luft bewegen. Unsere schlechte Laune ist schon von weitem spürbar und versetzt auch die Anderen in eine schlechte Stimmung uns gegenüber. Dieser Durchgang kann uns sogar ein paar Stunden echter Unbeliebtheit bescheren, die sich in einem feindseligen Akt seitens eines Vorgesetzten, eines Höhergestellten oder eines älteren Kollegen äußern kann. Es ist auch möglich, dass wir einen ernsten Vorwurf von unserem Vater, Bruder oder Ehemann erhalten. Der hier behandelte Durchgang ist nicht fürchterlich, aber er baut in der sehr kurzen Zeit seines Einflusses ein ganz schlechtes Verhältnis zwischen uns und unserer gesamten Umgebung auf. Das allein rechtfertigt, dass wir die Minuten zählen, bis der Durchgang vorbei ist. Es geht nur um wenige Stunden, die aber besonders lästig sein können. Es ist sicher nicht der richtige Moment, um eine Gehaltserhöhung oder bessere Arbeitsbedingungen zu verlangen.

Mond im harmonischen Aspekt zum Mond

Wenn sich der Mond im positiven Winkel zu unserem Geburtsmond bewegt, fühlen wir uns leichter und positiver. Wir sehen dem Leben mit mehr Optimismus entgegen und glauben mehr an unsere Mitmenschen. Wir durchlaufen einen Moment des generellen Wohlgefühls, aber ohne große Emphase, sondern vielmehr im Sinne von Harmonie, Sicherheit und Ruhe. Unser allgemeines Gleichgewicht ist zufrieden stellend und wir finden Gefallen daran, unsere inneren Stimmen mit der Vernunft in Einklang zu bringen. All das können wir deutlich spüren und überzeugt uns davon, dass wir sowohl in der Arbeit als auch im Liebes- und Gefühlsleben die Früchte ernten werden. Dieser besonders liebreizende Moment schafft um uns eine positive Aura, die von unserer Umgebung aufgenommen und von den Mitmenschen geschätzt wird, welche sie uns dann wiederum in Form von Sympathie zurückgeben. Dieser Prozess verläuft unbewusst und verstärkt sich selbst, indem er einige Stunden lang ein ausgezeichnetes Verhältnis zwischen uns und der Außenwelt schafft. Wir sollten die Gelegenheit nutzen und einen kleinen Schritt in Richtung einer Anfrage an unseren Vorgesetzten unternehmen oder weit zurückliegende Unstimmigkeiten ausräumen. Wir spüren die Schwingungen im Einklang mit unseren Gefühlen, mit unseren Lieben, mit unserem Partner und vor allem mit unserem Zuhause. Unser Bedürfnis nach Intimität wächst, aber nicht im Sinne von Isolation, sondern einfach von mehr häuslicher Geborgenheit. Wir möchten uns mit so vielen unserer Lieben wie möglich an einen Tisch setzen und die Wärme des Heims, eine gute Mahlzeit und die Freuden einer friedvollen Familie genießen. Wenn wir von zu Hause weg sind, spüren wir den starken Wunsch nach Rückkehr und werden vielleicht unabhängig von unseren Verpflichtungen eine Entscheidung in diesem Sinne treffen. Es ist ein besonders positiver Moment für die Liebe im engeren Sinn, der auch eine neue Zuneigung im Sinne einer Vater- oder Mutterschaft mit sich bringen kann. Ein entspannendes warmes Bad im Winter oder ein erfrischendes Sommerbad im Meer könnten diesem Transit einen ausgezeichneten Rahmen geben.

Mond im disharmonischen Aspekt zum Mond

Wenn sich der Erdsatellit im dissonanten Winkel zu unserem Geburtsmond bewegt, sind wir anderen gegenüber gereizt und übellaunig. Dies ist der klassische Transit, auf den die Aussage passt, jemand stünde unter „keinem guten Stern". Tatsächlich kennen wir den Grund für unsere besondere Nervosität nicht und sind doch angespannt, reizbar und brechen beim kleinsten Anlass einen Streit vom Zaun. Unsere Nerven sind zum Zerreißen gespannt und die Anspannung kommt in den allermeisten Fällen vollkommen aus dem Nichts, da sie aus keinem bestimmten Motiv erwächst und sich auf kein bestimmtes Ziel richtet. Es handelt sich hier um eine aggressive Anspannung, die wie ein elektrischer Stromschlag über unsere Haut fährt und uns leicht „entzündbar" macht. Wir haben ganz entschieden schlechte Laune und wollen mit anderen nichts zu tun haben, nicht einmal mit denen, die uns lieb sind und die jetzt sogar unserer größten Aggressivität zum Opfer fallen. Zum Glück hängt von unserem Gemüt nicht das Schicksal eines ganzen Landes ab, sonst wären wir in der Lage, der ganzen Welt den Krieg zu erklären. Wir wirken kindlich und eigensinnig, jammern beim kleinsten Anlass und sind nicht besonders rational. Unser emotionaler Teil gewinnt die Oberhand vor der Vernunft und bringt uns dazu, uns wie Kinder zu verhalten, denen man ein Spielzeug weggenommen hat. In diesen Stunden können wir richtig unausstehlich sein und wir tun auch denen weh, die uns mögen. Unser astraler Moment ist von Instabilität gekennzeichnet, daher sollten alle wichtigen Begegnungen in diesem Zeitraum vermieden werden. Also sollten wir nicht nur berufliche Zusammenkünfte, sondern auch familiäre Treffen oder ein Rendezvous in dieser Zeit verschieben. Unser Verhalten zu unserer Mutter, Ehefrau, Schwester oder Tochter ist sehr negativ. Wir wollen weder zu Hause bleiben, noch weggehen - wir wissen selbst nicht so genau, was wir eigentlich wollen. In dieser Zeit können wir außerdem eine Abscheu vor dem Wasser verspüren.

Mond im harmonischen Aspekt zu Merkur

Wenn der Mond im günstigen Winkel an unserem Radix-Merkur vorbeizieht, empfinden wir einen konkreten Wunsch nach Kommunikation, nach Bewegung. Wir möchten verreisen, vielleicht gar nicht weit weg und nur für einige Stunden, aber in jedem Fall wollen wir nicht reglos dasitzen und in der täglichen Routine fest hängen. Wir wollen nichts weniger als stehen bleiben und planen die Bewegung. Man kann in diesem Fall ruhig von *Plänen* sprechen, da es sich um einen Transit des Mondes handelt, bei dem es eher um die Gefühle, um einen Gemütszustand, um eine Absicht geht als um eine konkrete Handlung. Auf alle Fälle ist es unser Wunsch, einen schönen Ausflug zu machen, uns aus der Stadt zu bewegen, vielleicht ein paar Stunden Auto zu fahren oder eine Runde mit dem Fahrrad oder Motorrad zu drehen. Es liegt uns auch am Herzen, mit anderen zu reden und zu kommunizieren. Wir fühlen uns klarer, sind uns unserer inneren Gefühle bewusst, sind besser in der Lage, andere zu verstehen und uns verständlich zu machen. Wir müssen diesen Moment der Klarheit nutzen und mit Personen über unsere Projekte sprechen, die uns am Herzen liegen. Dieser kommunikative Drang erschöpft sich jedoch nicht im direkten Kontakt zu den Mitmenschen, sondern lässt sich auch über das Telefon durch das Anwählen verschiedener Nummern ausleben oder über Briefe durch das Versenden der verschiedensten Nachrichten nach überallhin oder über das Internet, das uns mit der ganzen Welt verbindet. Kein Moment ist besser als dieser zum Surfen im Internet geeignet. Die Lebhaftigkeit in diesem Moment ist auch durch eine starke Neugierde gekennzeichnet, die uns dazu treibt, hier und dort Informationen einzuholen, eben so, wie es beim Surfen passieren kann, wenn man mit Mausklicks auf den verschiedenen Seiten herumwandert und von einem Thema zum nächsten kommt, ohne ein starres Kriterium für die Nachforschungen zu haben. Wir finden Gefallen an solcherlei Nachforschungen und leben so einen kindlichen Geist in uns aus. Die verstärkte Leichtigkeit und Klarheit lassen uns diesen Transit nicht nur kreativ und spielerisch nutzen, sondern auch beruflich. Unsere Bereitschaft für Begegnungen an sich wirkt sich auch positiv auf die Begegnungen selbst aus und so können wir mit Genugtuung beobachten, dass es uns objektiv leichter fällt, mit allen Mitteln zu kommunizieren und zwar mit Gesprächspartnern, mit denen uns dies sonst eher schwer fällt. Auch die Lektüre eines Buches wird uns unter diesem Planetenaspekt besser gelingen, wovon wir profitieren können, wenn wir ein besonders dickes und schweres Buch zu verdauen haben. Geistig gesehen scheinen wir also ein bisschen übermutig, oder sogar wie auf Droge, aber sicherlich aufnahmefähiger und gleichzeitig redseliger. Man kann definitiv sagen, dass sich die Schnittstelle zum Umfeld bessert. In diesen Stunden scheinen wir auch mehr an Fahrzeugen interessiert und können den Kauf eines solchen planen, sei es ein PKW, ein Motorrad oder auch nur ein Fahrrad. Der Moment ist ideal für ein Vorhaben in dieser Richtung, da wir dem Thema offen gegenüber stehen und die nötige Klarheit haben, um eine gute Entscheidung zu treffen. In diesen Stunden können wir uns besser auf ein Thema konzentrieren, uns auf eine Prüfung vorbereiten, einen Kurs besuchen, sei es als Schüler oder als Lehrer, an einem Artikel oder einem Buch arbeiten oder einen Vortrag für einen Kongress vorbereiten. Wir fühlen uns zu Jüngeren hingezogen und können liebenswerte Freundschaften schließen. Vielleicht verspüren wir das Bedürfnis, einen Bruder, Cousin oder Schwager wieder zu sehen. Wir sind ihnen gegenüber offener und gesprächsbereiter und können diesen Moment für eine Verbesserung im Verhältnis zu ihnen nutzen. Zudem wird uns ein besseres Verhandlungsgeschick den Abschluss eines guten Geschäfts ermöglichen, vielleicht durch eine Anzeige in einer Lokalzeitung. So könnten wir ein altes Haushaltsgerät verkaufen oder uns auch selbst nach erfolgreichen Preisverhandlungen etwas Neues kaufen. Wenn wir Handelsvertreter sind, ist diese Zeit besonders fruchtbar für den Verkauf und wir werden bemerken, dass wir uns selbst besser darstellen und unsere Ware verkaufen können.

Mond im disharmonischen Aspekt zu Merkur

Wenn sich der Mond im dissonanten Winkel zu unserem Radix-Merkur bewegt, spüren wir eine Reibung mit unserem Umfeld. Es geht dabei zwar hauptsächlich um ein Gefühl, das uns aber dennoch in ein paar unerfreuliche Situationen bringen kann. Wir haben Schwierigkeiten, uns im weiteren Sinn nach außen mitzuteilen. Unsere Gedanken fließen nicht oder sie fließen viel zu schnell. Auf alle Fälle führt die Störung, die wir als Schnelligkeit definieren könnten, dazu, dass jede Kommunikation komplexer wird. Vielleicht empfangen wir die Signale der Anderen falsch oder drücken uns selbst schlecht aus - Tatsache ist, dass wir uns mit den Mitmenschen schlecht oder gar nicht verstehen. Wahrscheinlich können wir in diesem Augenblick auch keine wirklich klaren Gedanken fassen und können unsere Gedanken daher auch nicht ausdrücken. Wir täten besser daran, zu schweigen und die Kommunikationskanäle mit der Außenwelt zeitweise abzuschalten. Wir könnten eine Weile brav in Stille und Isolation zubringen, aber auch das will uns nicht gelingen und wir fühlen uns trotz Allem getrieben, den Dialog zu suchen, jedoch wie schon erwähnt mit grauenhaften Ergebnissen. In Folge bemerken wir eine gewisse Irritation um uns herum. Merkur weist zudem auf die kleinen, zufälligen, oberflächlichen und unwichtigen Bekanntschaften hin und das heißt, dass wir in dieser Zeit leicht mit dem Busfahrer, dem Beamten am Schalter oder dem Paketboten aneinander geraten können. Es ist ein *Unmoment* für Begegnungen im Allgemeinen, in dem wir besser daran täten, uns doch eine Weile zu isolieren - es handelt sich schließlich nur um ein paar Stunden. Eine solche leichte und vorübergehende Unfähigkeit zur Kommunikation mit dem Umfeld kann uns dazu bringen, unangemessene Telefonate zu machen oder Briefe zu verschicken, die wir besser gar nicht geschrieben hätten. Einige kleinere Zwischenfälle können solche unangemessenen Versuche begleiten, indem wir beispielsweise einen Brief ohne Briefmarke oder mit der falschen Empfängeranschrift absenden. Das

Telefon kann in negative Resonanz zu unserer Laune treten und uns das Wählen einer Telefonnummer oder das Übertragen eines Signals erschweren. Wir können in diesen Stunden auch Schwierigkeiten mit dem Modem, dem Internet oder dem Drucker haben. Im Sinne der von Carl Gustav Jung ausgesprochenen Wahrheit, nach der die subjektive mit der objektiven Realität übereinstimmt, werden wir fast immer in diesen Stunden einen zu langsamen oder gestörten Internetanschluss haben. Auf gleiche Weise kann es uns passieren, dass es Interferenzen bei Telefongesprächen gibt, dass wir ohne zu wollen ein anderes Telefongespräch in der Leitung mithören oder dass wir ein geöffnetes oder halbleeres Paket zugestellt bekommen. Wir sollten uns wirklich davon überzeugen, dass es besser ist, einige Stunden abzuwarten und einen besseren Himmel für Mitteilungen jeder Art zu nutzen, anstatt uns auf den erstbesten Briefkasten zu stürzen und eine Nachricht aufzugeben, die mit Sicherheit viel später an ihrem Ziel eintreffen wird, als wenn wir auf die nächste Gelegenheit warten. Der Transit rät uns auch vom Kauf von Transportmitteln ab, vom kompletten PKW bis hin zu nur einem Zubehörteil für diesen. Stark abzuraten ist auch von Reisen oder kleineren Fahrten in diesen Stunden. Wir könnten kleine, aber lästige Odysseen aufgrund von Streiks der öffentlichen Verkehrsmittel, Staus wegen Regen, Probleme beim Start eines Zuges oder Flugzeugs erleben. Dies wäre aber noch harmlos, denn wir könnten auch in einen Auffahrunfall verwickelt werden. Genauso wenig ist es angeraten, Beziehungen zu jungen Personen oder zu einem Bruder, Cousin oder Schwager zu pflegen. Mit diesen Menschen könnten wir in den Stunden leicht streiten und vielleicht ein bis dahin glatt verlaufendes Verhältnis verschlechtern. Es ist auch ratsam, jegliche kleine oder große geschäftliche Verhandlung zu meiden, denn wir könnten riskieren, schlecht zu verkaufen und noch schlechter einzukaufen. Zum Schluss können diese Stunden bei Rauchern einen extremen Zigarettenkonsum fördern und zu einer Vergiftung führen.

Mond im harmonischen Aspekt zur Venus

Wenn sich der Mond im glücklichen Winkel zu unserer Geburtsvenus befindet, empfinden wir ein angenehmes Wohlgefühl in und um uns. Wir sind friedlicher zu uns selbst und zu den Anderen. Wir fühlen uns allgemein gesättigt, optimistisch und lebhaft, unsere Haltung ist besonders sanft und weich. Wir spüren Sympathie für andere und das wird in der Regel auch erwidert. Unsere innerste Tendenz geht in Richtung Freundschaft, zu versöhnlichem Verhalten und zum Abrunden aller möglichen Ecken und Kanten zwischen uns und anderen. Wir fühlen uns geistig und körperlich besser und wollen uns vor allem vergnügen. Dieser Moment ist hauptsächlich der Erholung, der Freizeit und der Ablenkung im weiteren Sinne zu widmen. Die materiellen Genüsse stehen im Vordergrund, also sollten wir uns mit einem guten Essen, einem erholsamen Schläfchen, einem Spaziergang an der frischen Luft, gesundem und erholsamem Sex verwöhnen. Auch ein Kartenspiel oder ein Kinobesuch mit einem Freund können eine gute Gelegenheit sein, um diesen Transit voll auszukosten. Da wir anderen gegenüber bei diesem Planetendurchgang offener sind, sollten wir die Gunst der Stunde nutzen, um eventuelle Missverständnisse aus früheren Zeiten aus dem Weg zu räumen. Wir können uns außerdem für eine neue Aufgabe zur Verfügung stellen, beruflich wachsen oder uns mit einer geliebten Person aussöhnen - unser Gesprächspartner hat auch uns gegenüber ein offeneres Ohr. Bei diesem Transit fühlen wir uns zur Kunst und zum Schönen im Allgemeinen hingezogen. Es ist also eine gute Zeit für den Besuch von Museen, Galerien und Denkmälern, für den Kauf einer CD Rom in dieser Richtung oder einer Antiquität, eines Bildes, einer Porzellanstatuette oder wertvollem Silbergeschirr. Der Moment ist ebenso gut geeignet für den Kauf einer Krawatte oder eines neuen Anzugs sowie für Kleidungsstücke jeder Art. Außerdem bietet sich der Durchgang an, um uns selbst zu pflegen und wir sollten uns jetzt eine Gesichtsmaske gönnen, ein Schlammbad für die Verjüngung der Haut nehmen, zum Friseur oder zur Maniküre gehen oder uns in der Sauna entspannen und entschlacken. Wenn wir einen Schönheitsfehler oder z.B. eine Nasenoperation in Planung haben, können wir den Moment nutzen, um einen Schönheitschirurgen zu konsultieren. Wir haben das Bedürfnis, schöner zu sein, uns gewählter auszudrücken, was sich in einem in diesen Stunden beginnenden Rhetorikkurs oder in der Auswahl einer neuen Fassung für die Brille oder dem ersten Versuch, Kontaktlinsen zu tragen ausdrücken kann. Ein konkreter hedonistischer Impuls ergreift von uns Besitz und lechzt nach einer Befriedigung, die wir ihm auch geben können, indem wir alle Gelegenheiten für Genuss jeder Art auskosten und uns mit schönen, ästhetischen und angenehm anzusehenden und anzufassenden Dingen umgeben. Es sind ideale Stunden für die Liebe, für Umwerbungen, für Liebeserklärungen, Blumensendungen, Liebesbriefe. Es kann auch von Nutzen sein, uns in diesen Momenten fotografieren zu lassen, da unsere geistige und körperliche Stimmung auch auf dem Hochglanzpapier einer Fotografie zur Geltung kommt. Weiter könnten wir uns für eine neue Frisur entscheiden, uns einen Bart wachsen lassen oder unseren Look teilweise verändern, z.B. durch ein neues Kleidungsstück. Wir könnten uns einen neuen persönlichen Briefkopf zulegen oder ein Metallschildchen mit unserem Namen an die Eingangstür hängen - jede unserer Entscheidungen beweist in diesen Stunden guten Geschmack, ästhetischen Sinn und Maß. Mit der gleichen Begeisterung können wir die Möbel in unserem Heim umstellen oder die Bilder im Wohnzimmer umhängen. Außerdem sind wir besonders offen zu einer Schwester, Freundin, Tochter oder der geliebten Person.

Mond im disharmonischen Aspekt zur Venus

Wenn der Mond im disharmonischen Winkel zu unserer Geburtsvenus vorbeizieht, können wir uns in übertriebener Weise zum Genuss in allen seinen Formen hingezogen fühlen. Das Risiko, es zu weit zu treiben, ist real und wir sollten uns davor hüten, nicht mit dem Essen, Alkohol, Rauchen, Spiel und Sex zu übertreiben. Die Gefahr für Verstopfungen schwelt bei diesem Planetendurchgang und mit diesem Wissen sollten wir uns vor Verdauungsstörungen jeder Art in Acht nehmen. Im Sinne des alten und weisen Spruchs *Wein, Weib und Gesang sind des Mannes Untergang* sollten wir sehr wachsam sein, um die Folgen eines durchfeierten Abends oder einer Nacht nicht büßen zu müssen. Ein grenzenloser Hedonismus kann besonders schädlich sein. Die Suche nach Gelüsten um jeden Preis ist niemals positiv und verwandelt sich in den meisten Fällen in irgendeine Dummheit, die wir später bereuen. Wir sollten nicht vergessen, dass in der Universalanthologie der Geburtsthemen berühmter Persönlichkeiten die Namen vieler Mörder und Vergewaltiger mit dominanter Venus glänzen. Halten wir also unsere Libido in Zügeln, setzen uns klare Grenzen, beruhigen uns und setzen unseren gesunden Menschenverstand ein. Das Erwachen nach einer durchzechten Nacht ist immer besonders schmerzvoll, für ein paar Stunden unbändigen Vergnügens könnten wir eine ziemlich gesalzene Rechnung zu zahlen haben. Unsere Sicht ist ein wenig von der Lust nach Genuss vernebelt, setzt uns in eine schiefe Perspektive in Bezug auf die geliebte Person und auch wenn unser offensichtlicher Wunsch in diesen Stunden der ist, viel zu lieben, so scheint doch der Moment nicht wirklich hierfür geeignet zu sein. Es ist besser, wir enthalten uns und verschieben unsere Gelüste. Man kann tatsächlich außer durch Fehler auch durch Exzesse viel falsch machen. Die Übertreibung verbirgt sich hinter unseren Absichten und wir können mehr als einen Fauxpas begehen, den wir anschließend büßen müssen. Die Schwierigkeit, unsere Leidenschaft zu bremsen, kann auch in einem Unfall enden, wie z.B. in einer ungewollten Schwangerschaft. Wir riskieren auch, in unserem Verhältnis zu anderen übertrieben zu wirken und es scheint, als ob wir unseren Gesprächspartner um jeden Preis durch eine übertriebene Vertraulichkeit und Herzlichkeit für uns einnehmen wollen. Was uns in diesem Moment fehlt, ist das richtige Maß und nicht die Bereitschaft, zu lieben oder liebevoll mit dem Nächsten umzugehen. Dagegen gibt es keine Probleme, wenn wir diesen hedonistischen Impuls mit einer „Völlerei" an Besuchen in Museen, Ausstellungen, Konzerten, Theater usw. zu kompensieren versuchen. Hier kann das Risiko der Übertreibung keinen Schaden anrichten, sondern uns ganz im Gegenteil kulturell weiterbilden und unseren Geist verfeinern. Wieder anders liegt der Fall beim Kauf von Kunstgegenständen, wie Bildern, Keramikwaren, Silberobjekten oder antiken Möbeln, wo wir wieder die Tendenz zu Übertreibungen bemerken, die uns zu falschen Entscheidungen führen kann. Eine der negativen Tendenzen in diesem Moment ist die zur Verschwendung oder, wenn Sie so wollen, ein gewisser Größenwahn bei den Ausgaben. Bei diesem Durchgang laufen wir Gefahr, unsere Taschen zu leeren, um uns Genuss auf der ganzen Linie zu verschaffen. Irrtümern werden wir auch beim Kauf von Kleidungsstücken, wie Krawatten, Anzügen, Handtaschen, Kleidern oder Hüten unterliegen. Wir sollten es vermeiden, jetzt die neue Wandfarbe für das Wohnzimmer oder die neuen Fliesen für das Bad auszusuchen und auch die Entscheidung für eine Einrichtungsumstellung im Haus auf einen späteren Zeitpunkt verschieben. Wir sollten außerdem versuchen, das Verhältnis zu einer Schwester, einer Freundin, Tochter oder der geliebten Person nicht wegen irgendeines Blödsinns zu gefährden.

Mond im harmonischen Aspekt zu Mars

Wenn sich der Mond im positiven Aspekt zu unserem Geburtsmars bewegt, sind wir von einem angenehmen Gefühl des Optimismus' und der Stärke ergriffen. Eine besonders lebhafte Strömung treibt uns in eine bedeutend positive Richtung zu anderen und zum Leben im Allgemeinen hin. Wir spüren eine sehr starke innere Energie, die uns dazu treibt, wichtige Unternehmungen zu starten, auch wenn es sich hierbei um einen schnellen Transit handelt. Wir fühlen uns stark, mutig, entschlossen, sind in der Lage, bedeutende Projekte und sogar gewagte und riskante Unternehmungen in Angriff zu nehmen. Wir achten nicht auf die Gefahren und blicken dynamisch nach vorne. Unsere starke Entschlossenheit in diesen Stunden gibt uns eine besondere Aura und überzeugt alle, denen wir in diesem außerordentlich klaren und tatkräftigen Moment beggenen. *Mens sana in corpore sano* hieß es in der Antike und in eben diesem Sinne erleben wir einen Moment der höchsten geistigen und körperlichen Energie. Unser Gesichtsausdruck, unsere Stimme, die Spannung unserer Muskeln, unsere gesamte Person ist ein Gemisch aus Energie, Lebenslust und Stärke. Das ermöglicht es uns, auch harten und schwierigen Themen entgegen zu gehen und Lösungen zu finden, für die eher Mut als Fleiß vonnöten ist. Unsere Entschlossenheit ist klar ersichtlich, von unseren Mitmenschen leicht erkennbar und wird als etwas ganz Natürliches wahrgenommen. Um uns herum bildet sich die Aura des Herrscher- und Führertums, die uns ohne Eitelkeit zum Befehlen, Leiten und Führen befähigt. Wir können und müssen jetzt mehr wagen. Es ist der richtige Moment, um nach einer verantwortungsvolleren Stellung zu fragen, ein ehrgeiziges Projekt zu leiten oder wichtige Verhandlungen zu führen. Wir strahlen Stärke aus, die aber nichts mit Aggressivität zu tun hat - es ist die ruhige Kraft der wahrlich Starken. Wir können befehlen, ohne autoritär zu wirken, Fragen stellen, ohne uns aufzudrängen, uns Gehör verschaffen, ohne die Stimme zu erheben. Es geht um wenige magische Stunden, die wir niemals zu Ende gehen sehen wollen. Während dieses Durchgangs werden die Schüchternen so mutig, wie sie es noch niemals gewesen sind, und die nicht Schüchternen werden bessere Leistungen als sonst erzielen. Der Transit empfiehlt uns auch, einen Sport zu treiben. Diejenigen, die bereits aktiv sind, können ihre tägliche Dosis an Bewegung verdoppeln und alle anderen können sich in einer Fußballpartie mit den Arbeitskollegen messen, sich in einem Volleyballspiel oder in freier Gymnastik austoben. In diesem Moment könnten wir den Willen haben, uns in einem Fitnessstudio anzumelden und das wäre gar keine schlechte Idee. Die erhöhte Energiezufuhr in diesen Stunden können wir auch für gelegentlich anfallende außergewöhnliche Arbeiten einsetzen, wie z.B. Holz hacken, Lebensmittelvorräte anlegen, die Möbel umstellen, usw. Auch ein gesundes und intensives Sexualleben kann diesem Planetentransit einen guten Rahmen geben. Außerdem ist es möglich, dass wir ein sonst unübliches Interesse für Mechanik-, Schreiner- und Klempnerarbeiten entwickeln und so das Nützliche mit dem Angenehmen verbinden können. Während dieses Transits fühlen wir uns zudem vermehrt zu starken männlichen Figuren hingezogen, wie Soldaten, Polizisten, Athleten, etc.

Mond im disharmonischen Aspekt zu Mars

Wenn der Mond im disharmonischen Aspekt zu Mars transitiert, sind wir von einer nicht näher definierbaren, unangenehmen Aggressivität beeinflusst, deren Gründe wir nicht verstehen. Tatsächlich gibt es mit Ausnahme des Transits auch keine wirklichen Gründe. Wir fühlen in und um uns eine Spannung, Gereiztheit und Nervosität, sind unzufrieden mit uns selbst und schnell zu Streitereien bereit, gehen wegen Kleinigkeiten auf hundertachtzig und bräuchten eigentlich ein Beruhigungsmittel. Es beginnt wahrscheinlich alles mit einem fehlenden Ausgleich zwischen den Kräften, die uns leiten - jene, die unseren Geist steuern und jene, die unser intimstes Gefühlsleben bestimmen. Ein solches Übermaß an Nerven zerreißender

Energie bewirkt zunächst eine größere Konfliktbereitschaft zu unserem Umfeld. Wir laufen Gefahr, ständig und mit allen zu streiten, in erster Linie mit unseren Angehörigen und dem Partner und danach mit allen Personen, die uns zufällig über den Weg laufen, wie dem Bankangestellten, dem Busfahrer, dem Bäckergesellen, usw. Wir entdecken einen Streithammel in uns, der sonst nicht in dem Maße zum Vorschein kommt. Wenn wir nicht achtsam sind, können wir sogar aus unglaublich nichtigen Kleinigkeiten den Grund für eine Schlägerei ziehen. Aber gerade diese erhöhte Achtsamkeit haben wir in diesem Augenblick besonders nötig, da wir in unzähligen Gelegenheiten Gefahr laufen, auch lang gehegte Bekanntschaften durch irgendeinen Blödsinn aufs Spiel zu setzen. Wir müssen uns ständig im Lauf dieser paar Stunden dazu zwingen, bis drei zu zählen, bevor wir unüberlegt handeln und uns ständig vor Augen halten, dass in uns ein Teufelchen wütet, der uns zu unvernünftigen Aktionen drängt. Wir müssen unsere ganze Vorsicht zusammenraffen, um unerwünschte Situationen zu vermeiden, die uns auch in gerichtliche Schwierigkeiten bringen könnten (wie oft befinden wir uns an der Grenze eines Streits mit einem Ordnungshüter, vielleicht wegen unerlaubten Parkens, und riskieren damit eine Anzeige wegen Beamtenbeleidigung?). Gerade mit martialischen Figuren (Polizisten, Wachmännern, Ordnungshütern) gehen wir auf Kollisionskurs. Ferner erhöht sich in diesen Stunden das Risiko für Unfälle jeder Art, vom Auffahrunfall mit dem PKW bis zum Anfahren eines Fußgängers mit dem Motorrad und vom Zerbrechen einer Fensterscheibe im eigenen Haus bis hin zu den Schäden, die ein schlechter Geschäftsabschluss verursacht. Bei diesem Transit sind wir besonders destruktiv im weiteren Sinn und auf der ganzen Linie. Auch gegen uns selbst - es ist gut möglich, dass wir uns beim Gemüseschneiden an der Hand verletzen oder beim Aufhängen einer Gardine von der Leiter fallen. Es erklärt sich also von selbst, dass wir bei einem solchen astronomischen Durchgang nicht Ski fahren, Schlittschuh- oder Rollschuh laufen noch Fahrrad fahren sollten. Auch Sprünge von den Klippen ins Meer, Bocksprünge ins Schwimmbecken, Bergbesteigungen oder auch einfach ein banales Sich-Aufhalten auf dem Balkon, um einem Feuerwerk zuzusehen, sollten vermieden werden. Eine solche Sternenkonstellation bringt eine generelle Gefahr mit sich, die sich im extremsten der Fälle auch in einer Kugel ausdrücken könnte, die uns bei einem Banküberfall trifft. Das ist natürlich ein absurdes Beispiel, da diese Möglichkeit nur bei einer Gleichzeitigkeit des Transits mit anderen schweren Durchgängen bestünde, wir nennen das Beispiel hier aber trotzdem, um die möglichen Gefahren aufzuzeigen, die sich ohne unser Zutun ergeben können. Wir werden in solchen Gelegenheiten zu einem negativen Pol, der mit der Umwelt in eine schlechte Resonanz treten und uns so verschiedene Schäden bereiten kann.

Mond im harmonischen Aspekt zu Jupiter

Wenn sich der Mond im günstigen Winkel zu Jupiter bewegt, spüren wir ein Gefühl des gesunden Optimismus' und des Vertrauens in die Anderen und in das Leben. Es ist ein guter Moment - wenn auch nur ein kurzer - in dem wir unsere Batterien aufladen können. Unser Allgemeinzustand ist besser, wir fühlen uns zufriedener, im Frieden mit der Welt, gelassener gegenüber Allen. Wir neigen dazu, unsere Wachsamkeit zurückzuschalten, anderen zu vertrauen und nicht nach möglichen Täuschungen zu suchen. Während solcher Durchgänge können wir die Schritte unternehmen, die wir sonst wegen eines übermäßigen Misstrauens und aus Angst, betrogen und hintergangen zu werden, unterlassen. Wir haben Jupiter im Herzen, und zwar so sehr, dass es auch die Anderen spüren und in gegenseitige Harmonie mit uns treten. So durchleben wir ein paar Stunden im guten Verhältnis zu unseren Mitmenschen. Unsere gute Stimmung hilft uns dabei, neue wichtige Unternehmungen zu starten. So könnten wir mit einer neuen Arbeit beginnen, aber uns auch ein neues Hobby zulegen oder unsere Ernährung umstellen. Die uns umgebende positive Aura kann uns auch im Sinne eines Sponsorings helfen - z.B. einer Gehaltserhöhung, einer verantwortungsvolleren oder prestigeträchtigeren Stellung, eines Lobs oder einer begünstigenden Empfehlung für eines unserer Projekte. Unsere Aktien steigen und wir sollten uns beeilen, um daraus den größtmöglichen Nutzen zu ziehen. Wir täten jetzt gut daran, uns in Szene zu setzen, mehr zu wagen, Briefe an Personen zu schreiben, die uns helfen könnten, Anrufe zu tätigen, die uns vor allem einen materiellen Vorteil bringen können. Wenn wir Arbeit suchen, ist die Gelegenheit günstig, sofern die wirtschaftliche Lage des Landes gut ist. Der Zuwachs an Optimismus begünstigt das Entstehen neuer Aufgaben, wie die Einschreibung in einen Universitäts- oder Sprachkurs, die Übernahme neuer beruflicher Verantwortungen, die Suche nach neuen Freizeitaktivitäten. Im Verlauf dieses Transits spüren wir einen erhöhten Gerechtigkeitssinn und suchen die Prinzipien der Gerechtigkeit mit Härte und Entschlossenheit durchzusetzen. Das kann z.B. dazu führen, dass wir alte, als unwichtig zu den Akten gelegte Angelegenheiten wieder hervorholen und herausfinden, dass die Rechte Dritter mit den Füßen getreten wurden. Aber auch für uns selbst wollen wir Gerechtigkeit und Gleichberechtigung und das kann zu einer Verbesserung unserer wirtschaftlichen und vorsorglichen Stellung führen. Ferner könnten wir in diesem Gemütszustand alte rechtliche oder andere Streitsachen verschiedenster Art zu einem Ende bringen, die uns seit Langem blockiert hatten. Im Verlauf dieses Transits sind wir eher zu kurzen oder langen Reisen bereit. Der Zeitraum eignet sich hierfür hervorragend und garantiert uns, dass wir alle Umstellungen voll auskosten werden. Wir sollten den Moment nutzen, da es sich nur um einige Stunden handelt. Schließlich und endlich sind wir auch an der Lösung philosophischer, theologischer, esoterischer, astrologischer, etc. Probleme interessiert. Wir sollten die Chance ergreifen und unser Allgemeinwissen erweitern.

Mond im disharmonischen Aspekt zu Jupiter

Wenn der Mond in seinem zodiakalen Lauf unserem Geburtsjupiter unheilvoll entgegen sieht, befinden wir uns in einem Moment der übertriebenen Betonung unseres Ichs und neigen zu überzogenen Handlungen jeder Art. Das Fehlen fast jeglichen kritischen Sinnes nimmt hier beunruhigende Ausmaße an, da es uns vollkommen sorglos gegenüber den Gefahren von der Außenwelt werden und uns jede Art von Gefahr unterschätzen lässt. Wir fühlen uns triumphal selbstsicher und maßen uns an, so etwas wie Halbgötter zu sein. Wir verniedlichen die Schwierigkeiten und blicken mit Optimismus auf mögliche Lösungen für jeden Konflikt. Wir denken, dass sich alles regeln lassen wird und dass die Dinge ganz leicht wieder an ihren gewohnten Platz zurückkehren. Nichts ist dagegen schlimmer, als dass wir unsere Verteidigung aufgeben, die Achtsamkeit fahren lassen, das bisschen an gesundem Misstrauen verlieren, das über uns wachen sollte. Was wir im Positiven als „die Reinheit des Schützen" definieren könnten, nimmt hier ein übertriebenes Ausmaß an und legt einen rosaroten Schleier über unsere Augen. Zu sehr entspannen wir uns und stehen so ohne Schutzschild da. Wir verhalten uns wie Wachmänner, die dem Feind den Rücken zukehren. Ein übertriebenes Selbstvertrauen versperrt uns die Sicht auf mögliche Hinterhalte. Wir neigen in diesem Moment zu übermäßiger Selbsteinschätzung, fühlen uns wie ein kleiner Gott und überschätzen unsere Fähigkeiten. Nichts könnte falscher und verderblicher sein, da wir so ganz besonders verletzlich und schutzlos werden. Das kurzzeitige Unterschätzen von Problemen bringt uns dazu, uns in allen Bereichen übertrieben bloß zu stellen, wie z.B. im wirtschaftlichen Bereich. Es kann passieren, dass wir uns einbilden, großartige Geschäfte zu tätigen und dass wir in Wirklichkeit alle wirtschaftlichen Mittel durch vollkommen verkehrte Investitionen in Staub verwandeln. Oder wir glauben, uns kopfüber in berufliche Aufgaben stürzen zu können, die in kurzer Zeit zu einem wahren Fiasko werden. Vielleicht spielen wir sogar mit dem Gedanken, straffrei und ohne Konsequenzen eine kleine Straftat zu begehen und die Dinge kommen anders. Wir sind auch davon überzeugt, uns Güter kaufen zu können, die weit über den Möglichkeiten unseres Geldbeutels liegen mit dem Ergebnis, dass wir große Darlehen aufnehmen müssen, die später schwer zu tilgen sein werden. Das Unterschätzen von Schwierigkeiten kann sich auch auf den gefühlsmäßigen Bereich ausweiten und wir glauben an Fähigkeiten, die weit über unseren Möglichkeiten liegen. Wir könnten auch davon überzeugt sein, dass wir unseren Sohn in eine Schule mit zu hohen Ansprüchen schicken können und dann merken, dass das Vorhaben zumindest unüberlegt, wenn nicht gar absurd war. Kurz: in diesen wenigen, nicht alltäglichen Stunden müssen wir darauf achten, dass wir mit den Füßen fest auf dem Boden bleiben und uns nicht in ein Vorhaben stürzen, das nur auf dem Öl unserer Einbildung scheinbar glatt läuft. Gleichzeitig müssen wir auf Risiken durch den übermäßigen Genuss von Lebensmitteln aller Art Acht geben. Die geistige Entspannung kann zu extremer Nachsicht mit uns selbst führen, mit der Folge, dass wir zuviel essen, besonders Dinge, die der Gesundheit schaden. Dasselbe gilt auch für Alkohol, der in diesen Momenten unser Feind Nr. 1 werden könnte.

Mond im harmonischen Aspekt zu Saturn

Wenn der Mond im harmonischen Aspekt zu unserem Geburtssaturn transitiert, ist es, als ob wir auf einen Schlag reifer und klüger wären. Ein erhöhter innerer Frieden teilt uns mit, dass wir uns in einem seltenen Augenblick des Gleichgewichts befinden, in dem wir das Verhältnis zwischen unserem rationalen Ich und den drängenden Kräften des Unterbewusstseins aufs Beste verwalten können. Wir sind besonders ausgeglichen und maßvoll, sehr kontrolliert, aber ohne Unterdrückung unserer selbst. Die Kontrolle unseres Ichs erfolgt auf vollkommen natürliche Art und wir spüren eine tiefe Ruhe um uns herum. Wir fühlen uns gesetzt, entschlossen, weise und rational. Es ist ganz so, als ob wir im Positiven plötzlich um 20 Jahre gealtert wären. Für wenige Stunden sehen wir uns großen Überlegungen gewachsen, können unsere Emotionen besser kontrollieren und das rechte Maß in den Dingen sehen. In diesen Momenten können wir über unsere ferne Zukunft nachdenken, da wir in der Lage sind, mittel- bis langfristige Projekte zu planen. Alles, das nur durch langsame und wiederholte Anstrengung zu erreichen ist, kann unter diesem Transit gut gedeihen. Um ein Bild aus der Leichtathletik zu bemühen, könnten wir sagen, wir sind wie Marathonläufer, bedeutend langsamer als ein 100-Meter-Läufer, aber auch sehr viel ausdauernder. Unsere Kraft liegt nicht im schnellen Schuss, sondern in der Ausdauer und genau hier sollten wir ansetzen. Die magische Grundheiterkeit, die von uns Besitz ergriffen hat, ermöglicht es uns, eine Teilbilanz zu unserem Leben zu ziehen, um herauszufinden, wo wir uns irren und wo wir am Ball bleiben sollten. Wir sind auch genauer in der Bewertung unseres Verhältnisses zu anderen und können die Gründe der Anderen sehen und ihre Bedürfnisse begreifen. Wir entdecken Ehrgeiz an uns, das aber ist Teil der langfristigen Strategie, die unter den Transiten von Saturn entsteht. Wir fühlen uns überhaupt nicht zu jungen Menschen hingezogen und ziehen ihnen bei Weitem ältere Menschen vor, zu denen wir mit einer merkwürdigen Bewunderung aufschauen. Wir wissen, dass uns von den Alten wertvolle Lehren zuteil werden und hören ihnen unterwürfig zu. In diesen Stunden sprechen wir gerne mit unseren Großeltern, wenn wir das Glück haben, dass sie noch unter uns weilen und lieben es, ihren Geschichten zu lauschen, die so reich sind an Weisheit und Erfahrung. Das Salz des Lebens, das durch jene repräsentiert wird, ist für uns eine reiche Quelle an Informationen. In diesen Stunden sind wir auch eher geneigt, uns um die Teile unseres Körpers zu kümmern, die mit dem Alter und somit mit Calcium zu tun haben, also Knochen und Zähne. Der Moment ist tatsächlich gut, um zum Zahnarzt oder zum Orthopäden zu gehen, aber auch, um alte Denkmäler und verschiedene Museen zu besuchen.

Mond im disharmonischen Aspekt zu Saturn

Wenn der Mond im disharmonischen Winkel zu unserem Geburtssaturn vorbeizieht, spüren wir die Last eines starken Pflichtgefühls. Wir sind besonders motiviert, unser Bestes zu geben und keine Fehler zu machen. Also sind wir auch besonders streng zu uns selbst und haben den Eindruck, dass auch andere gleichermaßen streng mit uns sind. Wir fühlen uns beobachtet und ausspioniert, verhalten uns, als gäbe es ständige Prüfungen zu bestehen und strengen uns an, um Zustimmung von außen zu bekommen. Wir benötigen dringend Lob und Aufmunterung. Offensichtlich handelt es sich um einen Moment der Depression, Entmutigung, des Unwohlseins. Es scheint uns, als sähen wir das Leben durch eine dunkle Sonnenbrille. Wir schaffen es nicht, positiv nach vorne zu sehen und alles scheint sich ins Tragische und Schlechte zu wandeln. In diesem Moment unterliegen wir einem absoluten, generellen Pessimismus. Minderwertigkeitskomplexe überkommen uns und wir reden uns ein, dass wir mit den Anderen nicht auf einer Höhe sind, dass wir uns blamieren, dass wir nicht ausreichend persönliche Gaben und Talente haben, um mit den Anderen mitzuhalten. Aus diesen Minderwertigkeitskomplexen erwachsen in diesen Stunden wie zur Kompensation ein starker Ehrgeiz und Machtphantasien. Wir träumen von glorreichen Geschäftsabschlüssen, planen blitzartige Karrieren und stellen uns vor, dass wir für verantwortungsvolle Aufgaben herangezogen werden und schauen dabei wohl etwas zu weit nach oben. Zur gleichen Zeit fürchten wir alle väterlichen Figuren, sei es der Vater selbst, unser Vorgesetzter im

Büro, unser Befehlshaber beim Militär oder unser Lehrer in der Schule. Wir fühlen uns in einem Würgegriff der Schuld- und Pflichtgefühle blockiert, der uns unsere Gefühle nicht frei ausleben lässt. Die strenge Kontrolle des Ichs hat uns fest im Griff. Es scheint uns, als ob wir ersticken. Wir sind nicht in der Lage, die Dinge objektiv zu sehen und haben den Eindruck, dass der virtuelle, meteorologisch und psychologisch bleigraue Himmel über uns unsere ganze Zukunft bestimmen wird. Diese Stunde der besonderen Traurigkeit scheint niemals zu Ende zu gehen. Wir sind traurig und melancholisch, alles scheint kompliziert, schwierig, hart zu überwinden. In einer solchen Stimmung wären wir auch in der Lage, Verbrechen zu gestehen, die wir gar nicht begangen haben. Alle zwischenmenschlichen Beziehungen lasten auf uns, da wir das Gefühl haben, dass uns die Anderen beständig beurteilen und dass ihr Urteil hart ausfallen wird. Besonders fürchten wir die Meinung von älteren Menschen, von Vorgesetzten oder von allen, die in irgendeiner Weise eine Autorität ausdrücken, wenn sie auch nicht direkt über uns stehen. In solchen Augenblicken könnten wir unserem Körper unbewusst befehlen, Pickel zu produzieren, um uns ein Alibi zu verschaffen - ich habe Pickel und bin deswegen nicht beliebt. Auch unser Magen kann soviel Stress zu spüren bekommen und könnte eine nervöse Gastritis entwickeln, wenn in unserem Geburtshimmel die Basis dafür vorhanden ist. Außerdem könnten wir auch ein Problem mit den Knochen und den Zähnen haben und zu einem Zahnarztbesuch während des Planetendurchgangs gezwungen sein. Dagegen können wir uns jetzt gut klarmachen, wo unsere Fehler liegen: in diesen Stunden sind wir außergewöhnlich hart zu uns selbst, was für solche Analysen gut ist.

Mond im harmonischen Aspekt zu Uranus

Wenn sich der Mond im günstigen Winkel zu unserem Geburtsuranus bewegt, umweht uns ein starker Wind der Erneuerung. Wir fühlen uns frisch, flink, nach außen gerichtet und fest entschlossen, uns neu zu erfinden. Der stärkste Impuls ist jetzt eine entschiedene, stark revolutionäre Strömung, in der wir uns innen und außen verändern möchten. Wir fühlen eine Abneigung gegen alle Momente des Stillstandes, eine Abneigung gegen Langeweile und Gleichmütigkeit. Die Stagnation wollen wir wie eine schwere Krankheit bekämpfen. Wir ertragen es nicht, still zu stehen und unser Leben ohne Vorkommnisse vorbeiziehen zu sehen. Den Abenteurergeist werden wir bei kaum einem anderen Transit so stark spüren. Wir fühlen uns auch besonders originell und beweisen dies nicht nur durch unsere Einfälle, sondern auch durch konkrete Handlungen, z.B. indem wir an diesem Tag etwas ganz besonders Ausgefallenes anziehen. Manchmal übertreiben wir den Durst nach Originalität und treten übertrieben exzentrisch auf. Ist es nie vorgekommen, dass Sie in einer bestimmten Situation absolut unpassend gekleidet waren? Wenn doch, dann befanden Sie sich wahrscheinlich unter dem Einfluss dieses Planetendurchgangs. Uns fallen die extravagantesten Dinge ein und wir könnten sogar auf die Idee kommen, unser Auto rosa mit himmelblauen Sternchen zu lackieren, natürlich nur, wenn unser Geburtshimmel dies rechtfertigt. Vor allem aber handelt es sich hier um einen fruchtbaren und innovativen Moment für Ideen, den wir nutzen können, um unserem Alltag eine oder mehr bedeutende Wendungen zu geben. Wenn diese Transite nicht von Zeit zu Zeit eintreten würden, wäre das Risiko groß, auf gefährliche Weise stehen zu bleiben. Die Alterung besonders des Geistes ist eine der größten Gefahren, vor denen wir uns beständig in Acht nehmen müssen. Uns immer wieder neu zu erfinden und unseren Lieben und der Welt anders entgegenzutreten ist eine siegreiche, positive Erfahrung. In diesen Augenblicken bemerken wir die vielen Fehler, die wir begehen, um an dem festzuhalten, was wir uns aufgebaut haben. Die Angst vor dem materiellen Verlust lässt uns häufig starr werden und versetzt uns in einen traurigen Zustand, der sich unendlich wiederholt. Die alltäglichen Gewohnheiten führen uns dahin, dass unsere Gefühle rosten und dass wir das Kind in uns verlieren. Der harmonische Aspekt Mond-Uranus erlaubt uns dagegen, die innovativsten und kreativsten Kräfte unseres Geistes zum Vorschein zu bringen. Uns in Raum und Zeit weit weg zu versetzen. Einen Tag lang können wir den Schal und den Hut weglegen und im offenen Hemd dem Wind entgegen gehen. Wer hat denn gesagt, dass wir uns unbedingt vor Regen schützen müssen? Können wir nicht einmal wie in dem berühmten amerikanischen Lied verrückt durch den Regen laufen? Wo steht geschrieben, dass wir jeden Abend um elf Uhr ins Bett gehen müssen? Und wenn wir einmal die ganze Nacht durch die Stadt laufen, um dann den Sonnenaufgang über dem Meer zu beobachten? Wir sollten in diesen Stunden tief in uns hineinblicken und werden den jungen Geist entdecken, den wir tagtäglich zu begraben suchen. Holen wir das Beste aus uns heraus, das Unkonventionelle, das es uns gestattet, etwas zu riskieren und zu leben. Wir sollten keine Angst haben, zu atmen, zu wagen und die Regeln zu brechen. Nutzen wir den Moment, um all die Dinge aus dem Fenster zu werfen, die uns von Tag zu Tag altern lassen. Wie bei einem Polterabend sollten wir nicht nur Teller, sondern auch alte Erinnerungen zerschmeißen, die uns starr am Boden halten und uns am Fliegen hindern. Wir verspüren die Lust zu fliegen, wie sie Erica Jong in ihrem berühmten Buch *Angst vorm Fliegen* beschreibt. Wir sollten es zumindest von Zeit zu Zeit versuchen, die Konventionen, Regeln, den Strick um den Hals zu lösen. Befreien wir uns vom beklemmenden Super-Ich, lassen wir uns gehen. Vielleicht werden wir in diesen Stunden tatsächlich fliegen, da wir uns zu Flugzeugen hingezogen fühlen, aber auch zur Elektronik, zum Kino, zur Fotographie, zur Musik, zur Astrologie. Wir sollten den Augenblick nutzen und ungewohnte Dinge tun, aber auch nicht alltäglichen Stoff lernen oder neue Erfahrungen leben. Wir sollten auch versuchen, den brüderlichen Geist in uns ans Tageslicht zu holen. Von Zeit zu Zeit sollten wir versuchen, einen Tag im Geist der Hippies zu verbringen.

Mond im disharmonischen Aspekt zu Uranus

Wenn der Mond zu Uranus im dissonanten Winkel vorbeizieht, sind wir stark elektrisiert. Der Drang zu Antikonformismus, der bei einem harmonischen Transit Mond-Uranus ein gesundes Element für Erneuerung sein kann, nimmt hier die Last von etwas Fortreißendem, extrem Kritischem an, das exzessive Ausmaße erreichen kann. Der Grundtrieb während dieses Transits bringt uns dazu, alle Regeln des gesunden Menschenverstandes zu brechen. Die Folge ist, dass wir in allen unseren Handlungen übertreiben, vor allem in exzentrischer Richtung. Eine Sache ist es, zur Smokingjacke eine Jeans anzuziehen, eine andere ist es aber, in Shorts im Büro zu erscheinen. Im Verlauf dieses Planetendurchgangs kann die Abneigung gegen alle Gewohnheiten und Längen, der Hass auf Stillstand und auf Routine verzweifelte Formen annehmen, die uns zu exzessiven, unverhältnismäßigen, takt- und stillosen Gesten führen. Unsere Persönlichkeit scheint in diesen Stunden Funken zu versprühen und außer Kontrolle zu sein. Eine übertriebene Nervosität treibt uns eher dazu, zu zerstören, als etwas aufzubauen. Mit einem Schlag könnten wir jahrelange, mühsame und harte Arbeit zunichte machen, mit einem falschen Wort eine Jahrzehnte während Freundschaft beenden. Wir müssen jetzt sehr vorsichtig, maßvoll, kontrolliert und weise sein. Bei diesem Transit fehlt uns vor allem der Sinn für das rechte Maß. Unser Geist ist erregt, fühlt sich zu Paradoxen und zu übertriebenen Handlungen jeder Art hingezogen, wir verhalten uns wie streunende Hunde ohne Regeln. In diesem Moment empfinden wir jede Regel, jede Grenze und jedes zivilisierte Leben als lästig. Unser *verrückter Strang*, wie Pirandello schreibt, gewinnt die Oberhand vor dem „Buchhalter" in uns. Wir benehmen uns wie aufgeputscht oder gar auf Drogen, so als ob wir zehn Tassen Kaffee getrunken hätten und wie ein Motor auf Hochtouren laufen würden. Eine solche Erregung ist ansteckend, setzt uns in ein negatives Licht in unseren Beziehungen zu anderen und birgt das Risiko, dass wir ein bisschen mit allen streiten. Ein innerer Impuls drängt uns dazu, unseren Chef und die Personen, die wir am meisten lieben und die mit uns das Leben teilen, zum Teufel zu jagen. Wir müssen in diesen Stunden sehr aufpassen, um Beziehungen nicht zu gefährden, die uns besonders am Herzen liegen. Wenn nötig, können wir auch zu einem natürlichen oder synthetischen Beruhigungsmittel greifen, um den Druck ein wenig zu senken, der bei diesem Planetendurchgang auf uns lastet. Wir sollten uns aber v.a. bemühen, klar, „cool" und bei Bewusstsein zu bleiben. Die Hochspannung um uns kann sich auch durch zahlreiche Unfälle zeigen, also sollten wir lieber nicht mit dem Auto oder Motorrad fahren, gefährliche Sprünge ins Wasser wagen, Ski fahren, Schlittschuh- oder Rollschuhlaufen, Feuer mit Benzin anzünden, elektrische Geräte reparieren oder mit Feuerwaffen spielen.

Mond im harmonischen Aspekt zu Neptun

Wenn der Mond im harmonischen Aspekt zu unserem Geburtsneptun steht, spüren wir eine besondere Atmosphäre des Träumens. Das Grundgefühl ist das der Vergessenheit, des Sich-Gehen-Lassens, des Sich-Verlierens in tausend Tagträumereien. Wir fühlen uns besonders im poetischen und literarischen Sinne inspiriert und es handelt sich hierbei um Gefühle und einen Gemütszustand, die sich in künstlerische Praxis umwandeln lassen. Sind wir Künstler, ist es in diesen Zeiträumen tatsächlich besonders angezeigt, zu malen, Skulpturen zu formen, ein Instrument zu spielen oder zu komponieren, zu schreiben, über mögliche zukünftige Werke nachzudenken. Ein kurzer, aber bedeutender Moment voller guter Intuitionen, die in Produkte unserer Phantasie und unseres Genies umgewandelt werden können. Auch wenn unsere Arbeit vornehmlich im technischen Bereich liegt, kann uns der Transit dabei helfen, die besten Ideen zu haben, alles besser zu machen, eine Lösung für alte Probleme zu finden, zu erkennen, in welche Richtung wir uns bewegen wollen. Wir wollen nachdenken, überlegen, aber uns auch fallen lassen, ausruhen und schlafen. Spaziergänge in diesen Stunden sind ein Genuss und eine wahre Erholung. Wenn sich die Gelegenheit ergibt, sollten diese Stunden auf einem Boot, Schiff oder einem anderen Wasserfahrzeug verbracht werden. Wir fühlen uns stark zum Wasser und zu allen Flüssigkeiten, einschließlich aller Getränke, hingezogen. Unsere Toleranz gegenüber anderen wächst und so auch unser hilfsbereiter und fürsorglicher Geist. Wir haben mehr Mitleid mit anderen, werden von der Armut, vom Leiden unserer Mitmenschen, von den Problemen der Schwächsten, der Entrechteten, der Minderheiten, der Heimatlosen, die unter uns leben, berührt. Wir verspüren das Bedürfnis, in dieser Richtung etwas zu bewegen, in missionarischen und humanitären Organisationen mitzuwirken und auf irgendeine Art unsere Hilfe anzubieten. Es wird uns gut tun, zu helfen, den Bedürftigen Geld zu geben und gute Werke zu vollbringen. Wir werden uns besser und zufriedener fühlen. Wir fühlen auch einen erhöhten Mystizismus und können diese Stunden für ein Gebet oder für den Besuch in einer Kirche oder einem Tempel nutzen. Wenn wir nicht gläubig sind, können wir in diesen Stunden ein verstärktes Bedürfnis fühlen, uns größeren Massen, politischen, gewerkschaftlichen, ökologischen und anderen Bewegungen anzuschließen. Wenn wir darüber nachdenken, einer Organisation beizutreten, ist kein Moment geeigneter für unser Vorhaben als dieser. Gleiches gilt für die Einschreibung in einen Fischer-, Segel- oder Wasserskikurs. Dieser Transit bringt uns dazu, Kranke und aus verschiedenen Gründen Leidende zu besuchen. Wir sollten den Moment nutzen, um manche Fehler gutzumachen, für die wir uns später schuldig fühlen könnten. Unsere erhöhte Bereitschaft für andere und unsere verstärkte Toleranz könnten sich auch im Überwinden eines alten Grolls und im Verzeihen äußern. Wir können diese Stunden nutzen, um Bücher über Esoterik, Mystik, Yoga, orientalische Kulturen, Astrologie, etc. zu lesen. Der Transit ist ideal für die Meditation.

Mond im disharmonischen Aspekt zu Neptun

Wenn der Mond im disharmonischen Aspekt zu unserem Radix-Neptun transitiert, werden wir von kleinen Ängsten und/oder Phobien heimgesucht. Wir nehmen eine Gefahr wahr, können diese aber nicht genau einordnen und nicht verstehen, warum wir uns in einem solchen Zustand der Angst befinden. Ein allgemeines Panikgefühl beherrscht uns und führt dazu, dass wir uns schlecht fühlen und uns ein wenig gegenüber allen Dingen phobisch verhalten. Wir reden uns ein, dass wir uns in einem fürchterlichen Moment befinden, dass uns etwas bedroht, dass die Anderen etwas gegen uns haben, dass wir plötzlich einer großen Schwierigkeit gegenüberstehen könnten. Auch wenn wir sonst nicht paranoid sind, scheinen wir es in solchen Augenblicken zu werden und gegenüber anderen eine besonders misstrauische Haltung einzunehmen. Ein entschiedener Pessimismus ergreift von uns Besitz und wir beginnen verschiedene Theorien aufzustellen, nach denen das Leben gegen uns, das Schicksal unser Feind ist und alles schief läuft. Das Schlimmste ist, dass wir nicht nur nicht merken, dass diese Ängste nur subjektiv in uns liegen, sondern dass wir sogar glauben, dass sie nun für immer bleiben werden. Es handelt sich hingegen nur um wenige Stunden, die uns im schlimmsten Fall einen rabenschwarzen Tag durchleben lassen. Wenn unser Grund-Gemütszustand gut ist, kann sich der Transit auch nur in einer verstärkten geistigen Verwirrtheit ausdrücken. Wir befinden uns dann in einem Moment, in dem wir nicht klar sprechen, denken und planen können. Es ist besser, in diesen Stunden keine wichtigen Entscheidungen zu treffen oder bedeutende Projekte zu planen. An einer Beziehung zu arbeiten, die uns am Herzen liegt oder jede andere wichtige intellektuelle Aktivität sollten besser verschoben werden. Die geistige Verwirrtheit sitzt in unserem Kopf und auch in unserem Herzen, also neigen wir zu Fehlern, auch in unseren persönlichen Urteilen über andere. Wir täten also besser daran, keine Urteile zu fällen und keine Entscheidungen zu treffen, die unsere intimsten und vertraulichen Beziehungen angeht. Unser Gemütszustand ist getrübt und Neptun treibt uns dazu, Situationen und Personen unter- oder überzubewerten. Diese geistige Verwirrtheit kann auch zu materiellen Fehlern führen, von denen Leib und Leben abhängen können, es ist also nicht empfohlen, bei diesem Durchgang mit dem Motorrad zu fahren und auch das Auto sollte so oft es geht in der Garage stehen bleiben. Wenn ein Formel-1-Fahrer diesen Durchgang kennen würde, so würde er seinen Beruf aufgeben, um sich nicht in periodischen Abständen immer wieder solchen Risiken auszusetzen. Auch sonst wäre es gut, alle Gelegenheiten für Gefahren zu vermeiden, wie Skifahren, Fahrradrennen, Gebrauch von Feuerwaffen, Bergsteigen, riskante Sprünge ins Wasser, usw. Eine besondere Gefahr geht vom Meer aus, es wäre also besser, nicht mit dem Boot aufs Meer zu fahren oder mit oder ohne Ausrüstung zu tauchen. Auch Flüssigkeiten wie Alkohol oder Drogen und Psychopharmaka können uns Schaden zufügen. Vergiftungen durch Psychopharmaka und Schäden durch Medikamente, an die wir nicht gewöhnt sind, kommen jetzt häufig vor. Dieser Transit rät zudem davon ab, uns in der Politik stark zu engagieren sowie bei Demonstrationen, Streiks oder Protestversammlungen teilzunehmen. Gefährlich und schädlich ist auch das Aufsuchen von heimlichen Sekten, Magiern, Exorzisten und schlechten Astrologen sowie besonders „aktiven" religiösen Bewegungen. Als allgemeine Regel ist es in diesen Stunden besser, jeder Form von Fanatismus oder Verhärtung der Gedanken aus dem Weg zu gehen.

Mond im harmonischen Aspekt zu Pluto

Wenn sich der Mond im harmonischen Aspekt zu Pluto bewegt, überkommt uns eine große körperliche und geistige Energie. Wir sind in der Lage, zu leben und starke, intensive Emotionen mit Leidenschaft zu fühlen. In diesen Stunden sind wir fähig, mit Inbrunst und in starken Tönen zu leben. Es handelt sich allgemein um eine intensive Lebensströmung, in der wir mehr als sonst tun, schwierige und komplexe Situationen meistern, den Startschuss für Projekte geben, die uns üblicherweise erschrecken und entmutigen. Wir gewinnen anscheinend an Charakter, unabhängig davon, ob wir einen eher schwachen oder starken Grundcharakter haben. Unsere ganze Person drückt Faszination aus und wir bemerken, dass wir andere mit unserem Charisma in Bann ziehen. Ein gewisser Magnetismus charakterisiert unsere Person, die ein besonderes Licht und einen ganz eigenen Charme ausstrahlt. Wir sind an polizeilichen Problemstellungen interessiert und lesen gerne Krimis, sind von Horrorgeschichten oder schwarzer Magie im Allgemeinen angetan. Wir sehen uns auch zu Hause in die Rolle eines Polizisten versetzt und können so vielleicht kleine Familiengeheimnisse lüften. Bei diesen Gelegenheiten kann es passieren, dass wir das Telefon überwachen, eine Liste der getätigten Anrufe bei der Telefongesellschaft erbeten oder versuchen herauszufinden, welche Art von Freundschaften unser Sohn pflegt. Wir sind auch sexuell motivierter und spüren ein größeres Bedürfnis nach Sex. Wenn sich unser Partner in einer ähnlichen Lage befindet, können wir jetzt unglaublich intensive Stunden in dieser Richtung erleben. In diesen Stunden können wir außerdem Gefallen an unterirdischen Nachforschungen finden und uns zum Beispiel auf die Suche nach versteckten Wasseradern, wertvollen Metallgegenständen oder vor Kurzem von uns oder anderen vergrabenen Gegenständen begeben. Uns fasziniert das Reich der Toten und wir können den Zustand nutzen, um liebe Verstorbene auf dem Friedhof zu besuchen.

Mond im disharmonischen Aspekt zu Pluto

Wenn der Mond im disharmonischen Aspekt zu unserem Geburtspluto transitiert, durchleben wir einige Stunden des Tages unter dem Einfluss dunkler, zerstörerischer Triebe. Wir könnten sagen, dass sich dieser Planetendurchgang um eine Oktave über dem Durchgang des Mondes im disharmonischen Winkel zu Neptun ausdrückt. Die Panik, Phobien und die Ängste in jenem Transit werden hier noch verstärkt und können zu zerstörerischen oder selbstzerstörerischen Trieben werden, wenn die generellen Umstände das zulassen. Wenn wir uns gerade in einer sehr schwierigen Phase unseres Lebens befinden, können wir sogar an Selbstmord denken. In jedem Fall werden wir zum Opfer von dunklen, bösen und sehr negativen Gedanken, seien dies unsere eigenen oder die von anderen in Bezug auf uns. Hier finden wir eine der Grundvoraussetzungen für kriminelle Handlungen jeder Art. Unsere schlimmste Seite kommt zum Vorschein und das Tier in uns zeigt seine Zähne. Wir müssen uns jetzt stark kontrollieren, um diese bestialischen und negativen Impulse zu bremsen, unseren Verstand und unsere gute Erziehung einschalten, um das Monster in uns im Zaum zu halten. Der Mr. Hyde in uns kommt ans Tageslicht und setzt zum Heulen an. Unsere verachtenswertesten und animalischsten inneren Triebe drücken sich in Handlungen aus, die wenn schon nicht kriminell im engeren Sinn, so doch nah an diesem Zustand liegen. Es geht nur um einige Stunden, die aber ausreichen können, um uns schlimme Taten begehen zu lassen. Wir täten gut daran, uns zu Hause einzuschließen und uns so gut wie möglich abzulenken, vielleicht durch die gesunde Lektüre eines Buches oder indem wir unsere schwärzesten Energien beim Ansehen eines gewalttätigen Films abreagieren. Auch unsere sexuellen Triebe werden rücksichtsloser. Es geht hier um keine gesunden Triebe, sondern vielmehr um ein rücksichtsloses Drängen, das eher in Richtung einer Vergewaltigung geht, als eine friedfertige Anfrage nach Zweisamkeit zu sein. Mit Sicherheit entstammen die schlimmsten, in allen Tageszeitungen nachzulesenden Handlungen in diesem Bereich dieser Art von Transit. Gleichzeitig fühlen wir uns im schlechten Sinn zu allem hingezogen, das mit Polizei und Verbrechen zu tun hat. Es ist ein sehr dunkler Moment in unserem Monatszyklus, der wenige Stunden andauert. In diesen Stunden sollten wir unsere besten Tugenden auf den Plan rufen, um keine Handlungen zu begehen, die uns später beschämen oder Leid tun müssten. Wir könnten auch vom Gedanken an unseren eigenen Tod oder dem eines geliebten Menschen besessen sein. Es ist absolut nicht der richtige Moment für einen Friedhofsbesuch.

Mond im Aspekt zum Aszendenten

Siehe Mond im ersten Haus.

Mond im Aspekt zum Medium Coeli (MC)

Siehe Mond im zehnten Haus.

Mond im Aspekt zum Deszendenten

Siehe Mond im siebten Haus.

Mond im Aspekt zum Imum Coeli (IC)

Siehe Mond im vierten Haus.

Der Mond im Transit durch das erste Haus

Wenn der Mond durch unser erstes Radix-Haus zieht, tendieren wir zu herrischem Verhalten, reagieren wie auf Kurzschluss, haben eine stärkere Persönlichkeit und erscheinen entschlossener und selbstsicherer. Unsere Persönlichkeit bricht aus uns heraus und erscheint strahlend und siegreich. Wir ernten mehr Hochachtung, aber nicht im Sinne von Despotismus, sondern vielmehr, indem wir andere durch Sympathiepunkte für uns einnehmen. Wir sind davon überzeugt, dass wir die Situationen mit unserem Willen und ohne fremde Hilfe beherrschen können, fühlen uns in der Lage, schwierige und erdrückende Pflichten voranzubringen. Unser Selbstvertrauen wächst und wir krempeln die Ärmel hoch - dies ist der aufsteigende Aspekt in diesem Moment. Dies sind wenige Stunden, in denen wir uns agiler und entschiedener bewegen. Wir fühlen uns geistig und körperlich besser, sind in guter Form und können auch in sexueller Hinsicht schöne Stunden erleben. Unsere innere Kraft bewegt sich in Richtung Wahrheit und Loyalität in unseren Beziehungen. Unsere schönsten Gefühle stellen uns positiv zu unseren Mitmenschen, die wir wie Freunde behandeln. Eine generelle Wiedererlangung von Kräften und Bestimmtheit bringt uns auch dazu, uns mehr um unseren Körper zu sorgen, vielleicht indem wir zum Friseur oder in den Schönheitssalon gehen. An diesen Tagen wäre es ideal, Sport zu treiben, der unserem Körper ganz im Sinne des lateinischen Sprichworts *Mens sana in corpore sano* gut tut. Jede körperliche Aktivität ist in diesem Augenblick gut für uns - uns in einen Tanzkurs einzuschreiben, zu schwimmen oder auch unser Zuhause aufzuräumen. Allgemein interessieren wir uns mehr für uns selbst, was nicht immer zu einer Isolation unseres Ichs führen muss. Zwar sehen wir uns im Zentrum der Aufmerksamkeit und spielen in allen Situationen den Hauptdarsteller, aber wir brauchen doch die Anderen, wenn auch nur als Zuschauer. Nur wenn der Stern mit anderen Planeten stark dissonante Aspekte formt, können wir extrem egozentrisch und egoistisch werden und von einem starken Geltungsdrang getrieben sein. Unter diesen Umständen werden wir wankelmütig, extrem wechselhaft und wetterfühlig, wenn nicht gar launisch und kindisch. Eine übertriebene Nervosität kann uns streitsüchtig und ungeduldig werden lassen, wodurch Familien- oder Liebesbande zerstört werden können. Wenn ein solcher Transit eintrifft, müssen wir unsere Rationalität einschalten, um die unkontrollierten Triebe des Unterbewusstseins in ihren Schranken zu halten.

Der Mond im Transit durch das zweite Haus

Wenn der Mond durch unser zweites Radix-Haus geht, haben wir den Impuls, uns stärker um die nützlichen und essentiellen Dinge des Lebens zu kümmern, wie z.B. um die Sicherung eines höheren Verdienstes. Es geht hier um etwas mehr als zwei Tage im Monat, in denen wir fest mit den Füßen auf der Erde stehen, praktisch und spekulativ gesinnt sind und unsere Anstrengungen zu Geld machen wollen. Wir lassen die Träume und die theoretischen Projekte eine Weile fahren, um unseren Blick in die nahe Zukunft zu richten, die nötigen Mittel zu suchen und uns ein besseres Überleben zu sichern. Es ist ein zyklisch wiederkehrender Zeitraum, den die Natur für uns vorgesehen hat, um unser Überleben zu sichern. Vor Tausenden von Jahren stand der Transit für die Tage, an denen sich unsere Urväter ein Dach über dem Kopf und einen Pelz zum Anziehen suchten. Heute, da Gott sei Dank in der westlichen Welt der Großteil der Bevölkerung etwas zum Anziehen und eine Bleibe hat, bedeutet dieser Durchgang fast ausschließlich die Suche nach mehr Geld, mit dem sich Güter für unsere Grundbedürfnisse oder für sekundäre Bedürfnisse erwerben lassen. Wenn wir Kredite vergeben haben, suchen wir jetzt unsere Schuldner auf, um das Geld einzutreiben. Sonst schenken wir dem Anzeigenteil in der Lokalzeitung mehr Beachtung oder schalten eventuell selbst eine Anzeige. Es kommen uns Ideen für neue Verdienste und wir entwickeln ein Interesse für Zeitschriften, die eben dieses Thema behandeln. Es ist auch wahrscheinlich, dass wir in diesen zwei Tagen mehrmals zur Bank gehen, um Schecks einzulösen oder um Geld abzuheben. Wenn wir Geld beiseite gelegt haben, zählen wir es mit Freude immer wieder. Wir fühlen uns in jedem Fall zu Geld hingezogen und berühren es gerne. Das zweite Haus betrifft auch unser Aussehen und so ist es wahrscheinlich, dass wir uns stärker um unser Äußeres kümmern und eine Entscheidung treffen, wie z.B. die Frisur, den Schminkstil oder die Haarfarbe zu ändern. Diese Stunden sind also gut geeignet, um zum Friseur, zum Masseur oder in die Sauna zu gehen, Schlammbäder zu nehmen und all das zu tun, was unserer Haut, dem Gesicht und dem ganzen Körper gut tut. Bei diesem Transit kann es passieren, dass wir uns umstylen: ein Mann könnte dies zum Anlass nehmen, plötzlich Krawatten zu tragen. Unter dem gleichen Gesichtspunkt könnten wir auch eine Diät beginnen oder alles andere tun, um schlanker zu werden. In diesen Tagen kann sich unser Verhältnis zum Essen wandeln, für wenige Stunden könnten wir leichte Formen an Magersucht oder Bulimie entwickeln. Wir entdecken ein gesteigertes Interesse an Gesang und Musik und könnten diese Tage nutzen, um in einem Chor zu singen. Außerdem wird uns das Theater, das Kino, das Schauspiel im Allgemeinen eher begeistern. Das können wir uns zunutze machen, wenn wir in einem Laientheater selbst mitspielen oder wenn wir fotografieren oder kleine Videofilme drehen wollen. Selbst haben wir mehr Freude am Posieren und sind fotogener. Wenn wir aus beruflichen Gründen ein Portraitfoto brauchen, ist dies der geeignete Tag, einen guten Fotografen aufzusuchen. Die Grafik im Allgemeinen interessiert uns mehr und wir können davon profitieren, um am Computer eine Grafik zu erstellen oder um ein Grafikprogramm zu erlernen. Bei diesem Planetendurchgang neigen wir außerdem dazu, mehr auszugeben und wenn der Transit mit anderen disharmonischen Aspekten zusammentrifft, müssen wir ernsthaft aufpassen, kein Geld zu verschwenden. Achtung ist auch geboten bei Leihgaben, die nicht zurückgegeben werden und bei Diebstählen.

Der Mond im Transit durch das dritte Haus

Wenn der Mond durch unser drittes Radix-Haus geht, werden wir von einem starken Bedürfnis nach Kommunikation getrieben. Unser Geist ist wie verjüngt und wir wollen uns in alle Richtungen bewegen. In physischer Hinsicht sind wir viel unterwegs, unternehmen eine Reise oder einen Ausflug. Besonders wenn wir das Autofahren lieben, können wir wunderschöne kleine Ausflüge außerhalb der Stadt unternehmen. Wir können einen Verwandten auf dem Land oder am Meer besuchen oder einfach eine lange Stadtrundreise machen. Wenn wir kein Auto haben, können wir auch einfach einen erholsamen Spaziergang machen, auf alle Fälle wollen wir absolut nicht stehen bleiben. Auch geistig gesehen sind wir unruhig und von einer großen Neugierde getrieben. Wir möchten lesen, uns informieren, in Enzyklopädien nachschlagen, Radio hören und fernsehen. Es ist der ideale Moment zum Surfen und Recherchieren im Internet. Im unendlichen Ozean des Internets zu surfen berauscht und entspannt uns zur gleichen Zeit. Wir haben eine bessere Verbindung, auch bei schwierigen und viel besuchten Seiten, zu denen wir an anderen Tagen vielleicht nur schwer Zugang finden. Wir erhalten mehr Telefonate und rufen auch selbst häufiger an. Wir kontaktieren weit entfernte Personen und die Kommunikation gelingt uns leichter, auch mit jenen, die selten zu Hause anzutreffen sind. An diesen etwa zwei Tagen erhalten wir mehr Briefe und verspüren selbst den Drang, verschiedene Briefe und Karten zu schreiben. Der Moment ist auch gut zum Lernen, für den Besuch eines Kurses, zum Unterrichten, zum Schreiben einer Hausarbeit, zur Vorbereitung eines Vortrags oder zum Schreiben eines Buchkapitels. Wir müssen von diesem Transit profitieren, da uns soviel Gutes nur wenige Tage im Monat in den Schoß fällt. In dieser Zeit sind wir motivierter, uns zu sozialisieren, Gespräche zu führen und uns mit unserer nächsten Umgebung anzufreunden. Daraus ergibt sich eine bessere Kommunikationsfähigkeit im weiteren Sinn, unsere Gedanken sind klar und wir sind bereit, Signale zu empfangen. Unsere Gesprächspartner verstehen uns besser und wir sie ebenfalls. Allgemein können wir uns mit dem gesprochenen und dem geschriebenen Wort besser ausdrücken. Wir können außerdem ein starkes Bedürfnis verspüren, mit einem Bruder, Cousin, Schwager und jungen Leuten zu kommunizieren. Wenn dieser Durchgang mit anderen dissonanten Aspekten vorkommt, dann ist es besser, sich nicht zu bewegen und nicht mit dem Auto- oder Motorrad zu fahren, da uns verschiedene Zwischenfälle passieren könnten - ein Streik, der unsere Reise blockiert, ein Auffahrunfall oder eine Fahrzeugpanne. Es ist auch angeraten, nicht zu telefonieren oder Briefe zu schreiben, da es zu Verspätungen kommen kann, die sich negativ auf unsere Kommunikation auswirken, wie z.B. ein Brief, der ohne Briefmarke abgeschickt wird oder ein Hörer, der nicht richtig eingehängt wird und uns in stundenlange unfreiwillige Isolation versetzt. In solchen Momenten fällt uns auch die Verbindung zum Internet oder eine Funkverbindung schwer. Wenn wir eine solche disharmonische Strömung fühlen, sollten wir besser nicht an einem Buch arbeiten oder ein wichtiges Buch für die Arbeit lesen. Wir sollten uns mit keinem Bruder, Cousin oder Schwager in Verbindung setzen, da es leicht zu Missverständnissen kommen kann.

Der Mond im Transit durch das vierte Haus

Wenn der Mond durch unser viertes Radix-Haus zieht, spüren wir starkes Bedürfnis nach unserem Heim, nach Familie und nach häuslicher Wärme. Uns beschäftigt der Gedanke an eine Zuflucht, an die freundliche Herberge, die uns vor der Welt beschützt, unabhängig davon, ob wir einer Gefahr ausgesetzt sind oder nicht. An diesen ca. zwei Tagen im Monat suchen wir die reale oder symbolische Mutter. Wir brauchen Schutz, Geborgenheit, Sicherheit und menschliche Wärme. Wir neigen dazu, in der Vergangenheit, in der Ruhe der Traditionen und im Wohlbekannten Unterschlupf zu suchen. Für Risiko und Abenteuer, Reisen und Zurschaustellungen jeder Art empfinden wir Abscheu. Wir entdecken an uns eine besonders vorsichtige und gemäßigte Seite. Für wenige Stunden werden wir zu richtigen Hausmuffeln, die sich gerne nur im Morgenrock und Pantoffeln durch ihr Haus bewegen. Wir verwerfen den Gedanken, uns nach draußen in die Kälte zu begeben und ziehen ein gutes Abendessen zu Hause im Kreis unserer Lieben oder vielleicht mit alten Freunden und bei guter Musik vor. Uns gefällt der Gedanke, mit einem kleinen Kind oder vielleicht der Katze auf dem Schoß vor dem offenen Kamin zu sitzen. Unsere Aufmerksamkeit ist stark auf alle Probleme gerichtet, die etwas mit dem Haus zu tun haben. An diesen Tagen denken wir stark daran, ein Haus zu kaufen oder zu mieten, ein Darlehen für eine Immobilie aufzunehmen oder eine Agentur für einen Miteigentum zu kontaktieren. Auch werden wir uns wahrscheinlich in verschiedenen Möbelgeschäften oder beim Kauf von Hausrat oder Dekorationsgegenständen wieder finden. In uns gedeiht der Gedanke an einen Umbau, an den Bau eines Balkons, an das Streichen einiger Zimmer. Wenn wir selbst handwerklich geschickt sind, so werden wir wahrscheinlich in dieser Zeit einen Pinsel in die Hand nehmen oder auf den Dachboden steigen, um einen alten Schrank zu reparieren. Wir haben das starke Bedürfnis nach der Nähe unserer Eltern, die Gelegenheit ist also gut, um sie zu besuchen und einen Tag mit ihnen zu verbringen. Vielleicht werden wir mit ihnen den nächsten Urlaubsort aussuchen und eine Ferienwohnung oder das Hotel buchen. Wenn der Transit im umgekehrten Fall dissonant ist, könnten wir Unannehmlichkeiten mit dem Haus haben, wie einen unangenehmen Brief vom Hausverwalter oder von einem Nachbarn. Wir könnten Ärger mit einem unserer Mieter oder dem Vermieter haben und eine Mieterhöhung aufgelastet bekommen. Auch könnte der schlechte Wind des dissonanten Transits dazu führen, dass wir die Aufnahme eines Darlehens bereuen und uns für Stunden in miese Laune versetzen. Die Sorgen im Zusammenhang mit dem Haus wachsen, weil z.B. die Miete steigt, die Strom- und Wasserrechnung unerwartet hoch ausfällt, die Heizanlage repariert werden muss usw. Unsere schlechte Laune führt dazu, dass wir uns in den eigenen Wänden unwohl fühlen oder, wenn wir uns bei diesem Transit fern von zu Hause befinden, starkes Heimweh haben oder mit unserem Hotel nicht zufrieden sind. Dieser Zeitraum ist somit absolut nicht dafür geeignet, eine Immobilie zu kaufen oder zu mieten oder Umbauarbeiten vorzunehmen. Einige Sorgen in Bezug auf unsere Eltern machen uns nervös und versetzen uns in Aufregung.

Der Mond im Transit durch das fünfte Haus

Wenn der Mond durch unser fünftes Radix-Haus geht, fühlen wir uns zu allen spielerischen und erholsamen Aktivitäten hingezogen. Wir möchten uns so gut wie möglich vergnügen und am Abend in die Diskothek, ins Kino oder in ein Restaurant gehen, so viele Menschen wie möglich sehen und uns einige Stunden lang so richtig amüsieren. Unsere Libido ist ganz entschieden auf Vergnügen ausgerichtet, uns vergeht die Lust an der Arbeit, am Lernen, am Pflichtbewusstsein. Nichts ist schlimmer, als zu Hause zu bleiben und so ziehen wir es vor, die Nacht zum Tag zu machen. Es geht hier um einen schnellen Transit, der nur zwei Tage dauert, in denen wir uns aber ein Übermaß an Vergnügen leisten können. Dieses Vergnügen ist im weiteren Sinn und auf allen Ebenen zu verstehen. Vergnügen kann auch heißen, die Lektüre eines schönen Romans zu genießen, wenn wir sonst aus beruflichen Gründen nur Abhandlungen oder Aufsätze lesen müssen. So wird verständlich, dass das Konzept des Sich-Vergnügens nicht ungedingt an etwas Verbotenes oder Unzulässiges gebunden sein muss, sondern dass es vielmehr für all das steht, was wir uns ohne zeitliche und räumliche Begrenzungen gönnen. Für den Einen kann es ums Kochen gehen, für den Nächsten um Gartenarbeit, für wieder andere um

Monopoly. Ganz im Sinn der Redensart „*Erlaubt ist, was Spaß macht*" kann sich das fünfte Haus auch in der Lektüre der Ereignisse bei der Schlacht von Waterloo manifestieren, wenn uns das Vergnügen bereitet. Was hierbei zählt, ist, dass wir den Geist auf Entspannung ausrichten und uns geistige Ferien gönnen, nicht an die Pflichten denken, die nach uns rufen. Es wäre also wunderbar, jetzt ein Wochenende am Meer oder in den Bergen zu verbringen, wir können aber auch einfach zu Hause bleiben und uns einen schönen Film im Fernsehen ansehen. Wir sind auch offener für Liebe und Sex und können im Rahmen dieses Transits sehr schöne Stunden in diesem Bereich verbringen. Vergnügen können wir auch beim Sport bei rein physischen Übungen oder ernstem Wettkampf empfinden. Das fünfte Haus betrifft außerdem Kartenspiele, Roulette oder Börsenspekulationen, weshalb wir auch in diesem Bereich einen Anreiz verspüren. Wir fühlen uns mehr zu realen und geplanten Kindern hingezogen, also sind diese zwei Tage ausgezeichnet, um über eine Mutter- oder Vaterschaft nachzudenken. In der Beziehung zu realen Kindern oder Jugendlichen im Allgemeinen führt uns der Transit zu dem Wunsch, unser Wissen weiterzugeben. Wenn der Transit von schlechten Planetenaspekten begleitet wird, kann dies auf einen exzessiven Wunsch nach Vergnügungen hinweisen, in diesem Fall wäre Entsagung besser. Wir riskieren außerdem, Geld im Spiel oder an der Börse zu verlieren, also sollten wir die Finger von Spekulationen lassen. In der Liebe sind wir nicht offen und können leicht mit unserem Partner streiten oder eine schlechte Nachricht in Bezug auf ihn erhalten. Die Beziehung zu unseren Kindern liegt zeitweise unter einem schlechten Einfluss oder wir bemerken, dass es ihnen momentan nicht gut geht.

Der Mond im Transit durch das sechste Haus

Wenn der Mond durch unser sechstes Geburtshaus zieht, kümmern wir uns verstärkt um unseren Körper oder den der Anderen. Besser sollte man sagen, wir kümmern uns vermehrt um die Gesundheit, und zwar im psychischen und im physischen Sinn. Die Aufmerksamkeit lenkt sich auf uns selbst und wir denken mehr über unsere Ernährung, die Luft, die wir einatmen, den Stress, der uns schadet, die ärztlichen Kontrolluntersuchungen, denen wir uns regelmäßig unterziehen sollten, den obligatorischen Besuch beim Zahnarzt oder beim Gynäkologen nach. Wir lassen uns in diesen ca. zwei Tagen im Monat von mehr als einem Arzt untersuchen und nehmen mehr als ein Medikament ein. In jedem Fall ist unsere Aufmerksamkeit stark den Ärzten und den Medikamenten zugewandt, unabhängig davon, ob es hierbei um traditionelle oder um alternative Medizin geht. Wir lassen häufiger als sonst Akupunktur, Handauflegen, eine Shiatsu-Massage oder jede andere Therapie vornehmen. Im Verlauf dieser Transite fühlen wir uns getrieben, klinische Untersuchungen, wie Blutuntersuchungen, Röntgenaufnahmen bis hin zu speziellen Untersuchungen beim Augenarzt, Orthopäden, Physiotherapeuten, Andrologen etc. vornehmen zu lassen. Generell sind wir also an Allem interessiert, das mit Gesundheit zu tun hat, kaufen uns sogar Fachzeitschriften zum Thema und informieren uns in Enzyklopädien. Dies ist der richtige Moment für eine Diät zum Abmagern oder zum Entschlacken und für die Anmeldung in einem Fitnessstudio, in einem Tennis- oder Schwimmverein. Die Zeit ist ebenso geeignet für Massagen, Schlammbäder, Saunagänge oder Thermalkuren für Haut und Knochen. Die von der Natur vorgesehene richtige Energie- und Interessenverteilung sorgt dafür, dass nach den Tagen der sozialen Kontakte, den zu Hause in Isolation verbrachten Tagen und den Tagen des Vergnügens nun eine Zeit kommt, in der wir uns hauptsächlich um uns selbst kümmern. Wir analysieren unsere Probleme und kümmern uns auch um unsere geistige Gesundheit, indem wir mit einem Psychologen oder Astrologen sprechen. Außerdem stecken wir mehr Energien in unsere Arbeit und besonders in die geschäftlichen Beziehungen. Das kann allerdings auch Spannungen mit sich bringen, die unvermeidbar sind. Ein Streit mit einem Kollegen oder dem Vorgesetzten könnte entstehen. Wir ziehen klare Grenzen zwischen unseren Aufgaben im Beruf und der Verantwortung der Anderen, klären das Verhältnis unserer Aufgabenbereiche am Arbeitsplatz. Es kann in diesem Punkt zu Diskussionen kommen, die aber zur Klärung einiger grundlegender Aspekte beitragen. Wir könnten auch Schwierigkeiten mit einem Angestellten haben, z.B. mit einem Hausangestellten, der uns genau in diesen Tagen verlässt oder Ärger bereitet. Wenn der Transit aufgrund disharmonischer Aspekte bei seinem Durchgang dissonant ist, ist es möglich, dass wir uns wegen eines generellen Unwohlseins oder objektiver Krankheiten, wie einer Grippe oder einer Verstopfung nicht wohl fühlen. Es ist gut möglich, dass wir einige Tage im Bett bleiben und die Hilfe eines Arztes gezwungenermaßen in Anspruch nehmen müssen. Es kann auch passieren, dass wir einen übertriebenen Putzfimmel entwickeln und wie von der Hummel gestochen unser Haus oder das Büro aufräumen.

Der Mond im Transit durch das siebte Haus

Wenn der Mond durch unser siebtes Haus transitiert, empfinden wir einen entschiedenen Impuls in Richtung Ehe. Wenn es nur von uns und von diesem Moment abhinge, würden wir sofort heiraten, sofern wir nicht schon längst verheiratet sind. In jedem Fall verspüren wir nach der Aufmerksamkeit, die wir während dem Durchgang des Mondes im sechsten Haus dem Körper gewidmet haben, nun ein starkes Interesse für die Anderen, unabhängig vom Geschlecht. Jede eventuelle Tendenz zur Isolation wird wie durch ein Wunder annulliert und wir wenden uns anderen mit mehr Vertrauen zu. Die Psychologen stellen fest, dass wir unsere Reserviertheit gegenüber anderen fahren lassen, wenn wir uns verlieben und dass auch unser kritischer Sinn drastisch sinkt. Auch jetzt befinden wir uns in genau einem solchen Moment - in einer der Gelegenheiten, da wir alle Vorsicht und Misstrauen ablegen, in denen es uns gelingt, die Fehler des Anderen zu übersehen und uns sogar zu verlieben. Es ist diese regelmäßig an zwei Tagen im Monat auftretende Gelegenheit, in der wir uns ernsthaft darüber Gedanken machen können, uns zu vereinen und mit einem Partner zusammenzuleben. Wir fühlen uns stark zu anderen hingezogen und finden tausend Gründe, um unsere Auswahl rational zu erklären. Wir denken nach über die Vorteile einer Partnerschaft gegenüber den Widrigkeiten des Lebens, über den Wert einer geliebten Person an unserer Seite, die schöne und dunkle Momente des Lebens mit uns teilt, über die Freude, neben einem geliebten Menschen aufzuwachen. Lauter Dinge, die wir eigentlich jeden Tag denken könnten, die wir aber genau jetzt denken. Unser Gegenüber erscheint uns höflicher, sympathischer und anziehender. Unsere egozentrischen Impulse verschwinden völlig. Wir drücken uns lieber in der ersten Person Plural, als in der ersten Person Singular aus, strengen uns an, um unseren Gemeinschaftssinn zu demonstrieren, indem wir verstärkt am sozialen Leben teilnehmen. Wir fühlen uns zu jeder Form von Vereinigung hingezogen, von den privaten Clubs bis hin zu Feriendörfern, von ökologischen Bewegungen zu den Salons. Auch politisch sind wir engagierter und könnten uns jetzt bei einer Partei anmelden - und uns darüber wundern, es nicht schon viel früher getan zu haben. Außerdem fühlen wir uns motiviert, eine Firma zu gründen oder mit anderen Personen an einem Projekt zu arbeiten. Sehr wahrscheinlich schreiben wir in diesem Moment an Ämter, um Prozeduren in Gang zu setzen, die uns eine neue Arbeit beginnen, eine Kooperative oder Firma gründen lassen, etc. Wenn der Transit im umgekehrten Fall von negativen Aspekten begleitet wird, sind wir ziemlich streitsüchtig. Wir sind dann unserem Partner gegenüber aggressiver und könnten im Verlauf des Planetendurchgangs auch ernsthaft streiten. Im schlimmsten Fall könnten wir an eine Trennung oder Scheidung denken. Zudem wirken wir kämpferisch auf unsere Umwelt, werden in politischen Schlachten aktiv oder erklären jemandem den Krieg. Hierbei kann es um einen Verwandten, einen Freund oder auch einen Unbekannten gehen. Vielleicht werden wir einen Anwalt konsultieren und amtliche Briefe versenden lassen. Amtliche Schreiben können sich aber auch an uns richten. Im Verlauf dieses Transits denken wir ernsthaft darüber nach, die Firma aufzulösen, Verträge zu annullieren oder uns von einem Geschäftspartner zu trennen. In wenigen Stunden können wir so die Arbeit von Jahren zerstören. Wir müssen in einem solchen Fall mehr aufpassen und uns anderen gegenüber toleranter zeigen.

Der Mond im Transit durch das achte Haus

Wenn der Mond durch unser achtes Haus zieht, fühlen wir uns zum Spiel und zur Möglichkeit für arbeitsunabhängige Gewinne und Bereicherung hingezogen. Vertrauensvoll spielen wir bei mehreren verschiedenen Lotterien und anderen Gewinnspielen mit, oft getrieben von guten Vorahnungen oder Träumen, die solche Transite häufig begleiten. Zunächst werden wir durch Anrufe, Druck auf unsere Schuldner und Freunde, Nachfragen bei Ämtern versuchen, alte Schulden einzutreiben. Dann werden wir uns bemühen, zusätzlich unsere Verdienste zu steigern, wie zum Beispiel mit dem Geld des Partners (wir sollten nicht vergessen, dass bei den Ableitungen der Häuser das achte Haus an zweiter Stelle in der Woche steht). Der Gedanke an ein Erbe im weiteren Sinn wird uns in diesen ca. zwei Tagen begleiten und wenn wir im Leben tatsächlich einmal erben, könnte dies genau jetzt stattfinden. Aber nicht das Ereignis selbst ist so wichtig, sondern eher die Atmosphäre, die uns jetzt umgibt. Wir sind in einem Zustand der positiven Erwartung und so auch besser gelaunt. Die Lottoscheine und -zahlen halten uns einige Stunden lang positiv in Atem. Wir verfolgen gespannt die Ziehung der Lottozahlen oder lesen begierig in Fachzeitschriften für Sportwetten. Ein leichtes „Goldfieber" ergreift für ein paar Stunden von uns Besitz. Diese Atmosphäre könnte sich durch einen rückständigen Lohn in der Arbeit, kleine auf der Bank angesammelte Zinsen oder einen Verkauf, auf den wir lange gewartet haben, in realen Gewinn umwandeln. Auch ein Geschenk der Eltern, vielleicht einfach für einen Geburtstag, kann hier der Fall sein. Im Verlauf dieser Stunden können wir uns in den Kopf setzen, bei der Bank oder einem anderen Finanzinstitut ein Darlehen aufzunehmen. Da das achte Haus mit dem Zeichen des Skorpions verbunden ist, wächst auch unser sexueller Appetit und kann uns angenehme Stunden bescheren. Wir haben auch den Impuls, die Gräber von unseren Verstorbenen zu besuchen, um in Ruhe über den Tod nachdenken zu können. Wenn der Durchgang disharmonisch verläuft, könnten wir einige Stunden unter der drückenden Last von Geldsorgen stehen, beispielsweise durch eine unvorhergesehene Steuer, einen nicht eingeplanten Strafzettel, ein Darlehen, das plötzlich schwer auf unseren Ersparnissen lastet, eine Anleihe, die mit hohen Zinsen zurückgezahlt werden muss. Wir stellen einige Berechnungen an und bemerken mit Schrecken, dass sich unsere familiären Ausgaben besorgniserregend gesteigert haben. Wir rufen unsere Familienangehörigen mit Schärfe und Bestimmtheit zu einer Mäßigung in ihren Ausgaben auf. Wir streiten auch mit dem Partner wegen seiner übertriebenen finanziellen Bedürfnisse. Wir sind besorgt, da ein erhofftes Darlehen abgelehnt wurde oder weil wir Geld im Spiel verloren haben, das für einen wichtigen Zweck eingesetzt werden sollte. Insgesamt quälen uns also besonders wirtschaftliche Schwierigkeiten. Unsere Ängste können aber von Vielem abhängen und lassen uns sogar an Selbstmord denken. Zum Glück handelt es sich um einen schnellen Transit, in dessen Verlauf wir versuchen müssen, fröhliche Menschen in guter geistiger Verfassung zu treffen. Im Laufe dieser Stunden können wir an vorübergehenden sexuellen Blockaden leiden, oder noch schlimmer, an übertriebenen Impulsen in dieser Richtung, die uns zu verwerflichen Handlungen veranlassen könnten. Es ist besser, uns von Friedhöfen fernzuhalten und Gedanken an den Tod zu vermeiden.

Der Mond im Transit durch das neunte Haus

Wenn der Mond durch unser neuntes Radix-Haus zieht, haben wir das große Bedürfnis, uns von allem Bekannten zu entfernen. Die Ferne im weiteren Sinn übt eine starke Anziehungskraft auf uns aus. Die Ferne ist hierbei sowohl im geographisch-territorialen, als auch im metaphysisch-transzendenten Sinne zu verstehen. Eine große Lust zu reisen, uns so weit wie möglich von zu Hause zu entfernen kommt über uns. Wir würden sogar gerne in eine andere Stadt ziehen. Wir interessieren uns für Erkundungstouren, für exotische Expeditionen, für das Ausland und für die Ausländer. Eine solche Intensität der Wünsche führt in der Regel auch zu deren Erfüllung. Wir sind viel unterwegs, reisen in eine andere Stadt oder gar in ein anderes Land. Der Gedanke, mit dem Flugzeug auf einen anderen Kontinent zu fliegen, begeistert uns und hier setzen wir den Großteil unserer Energien ein. Es kommt uns auch in den Sinn, in einer anderen Stadt Universitätskurse zu besuchen, ein Praktikum zu absolvieren oder einige Zeit bei einem engen Verwandten zu verbringen. Der Gedanke, nicht verreisen zu können, macht uns nervös. Die Reisen sind in dieser Zeit auch besonders begünstigt. Wir können uns einen kurzen, aber sehr schönen Urlaub gönnen. Auch wenn dieser Planetendurchgang nur wenige Tage andauert, genügen uns diese wenigstens, um in den Urlaub zu starten. Das Studium der Geographie interessiert uns besonders und wir können uns mit CD-ROMs oder Videos mit Dokumentarfilmen aus der Buchhandlung weiterbilden. In der

Buchhandlung finden wir außerdem Sprachkurse auf CD-ROM, ebenfalls eines unserer Interessengebiete in diesen Stunden. Bei den Sprachen sind u.a. die Programmiersprachen einzuordnen, auf die sich unsere Aufmerksamkeit in diesen Stunden auch richten könnte. Ferner entwickeln wir ein reges Interesse an der Philosophie, orientalischen Kulturen, Buddhismus, Yoga, Parapsychologie, Esoterik, Astrologie, Theologie, usw. Wir könnten uns in einem Universitätskurs einschreiben, der über das Alltägliche hinausgehende Themen behandelt. In diesen wenigen, aber interessanten Stunden sind wir stärker in philosophischer Richtung inspiriert und denken über die Grundsatzprobleme des Lebens, des Menschen und des Todes nach. Wenn der Transit von dissonanten Winkeln charakterisiert wird, sollten wir besser nicht verreisen, da wir sonst etlichen Schwierigkeiten begegnen könnten, wie einer Autopanne, einem Bahn- und Flugzeugstreik, dem Verlust eines Koffers bis zum Auffahrunfall. Unsere Erfahrungen im Ausland oder zumindest weit weg von zu Hause entwickeln sich in diesen Tagen als negativ und unangenehm. Ein kurzzeitiges Unwohlsein könnte uns an der Reise hindern oder der schlechte gesundheitliche Zustand einer Schwester, unserer Frau, Mutter oder Tochter könnte uns ein Wochenende verderben. Wir sind nicht besonders offen zu den Personen, die von weit her kommen und eine solche Haltung könnte leicht als eine Art Rassismus ausgelegt werden. Es ist nicht der ideale Moment für Studien der Philosophie, Religion, orientalischen Kultur, Astrologie, Makrobiotik, etc. Unser Studium an der Universität macht uns keinen Spaß und wir könnten an einen Abbruch denken.

Der Mond im Transit durch das zehnte Haus

Wenn der Mond durch unser zehntes Geburtshaus zieht, drängen wir zur Suche nach Reifung, nach Wachstum und nach Emanzipation. Unsere ganze Person ist von einer positiven Spannung der Verbesserung auf der ganzen Linie ergriffen. Unser Wunsch ist es, zu wachsen und unsere Bedingungen zu verbessern. Wir richten uns weit nach vorne. Unser Ziel ist es, uns zu ändern, uns geistig zu bereichern und uns von der Sklaverei in jeder Form zu befreien. Wir werden versuchen, uns von schweren Lasten zu trennen, die uns am Fliegen hindern. Das Fliegen im weiteren Sinn fasziniert uns. Eine solche Gefühlsintensität führt üblicherweise auch zu konkreten Ergebnissen in dieser Richtung. Tatsächlich können wir uns jetzt von unseren Stühlen erheben, unnötigen Ballast abwerfen und uns von Unterdrückungen befreien. Die wichtigste Form der Emanzipation ist wahrscheinlich die im sozial-beruflichen Bereich. Wenn unsere Arbeit nicht befriedigend und schlecht bezahlt ist, sind wir wirkliche Sklaven unseres Lebens. In diesem

Sinne werden wir ehrgeiziger und entwickeln Machtphantasien. Wir drängen uns nach vorne, um ein Lob, ein Zeichen der Anerkennung oder eine Beförderung zu erreichen. Oft gelingt uns das, weil unsere Vorgesetzten unseren starken Willen sehen und schätzen. Bei diesem Transit können wir im fortgeschrittenen Alter das Schwimmen erlernen, zum ersten Mal in ein Flugzeug steigen oder einen guten Umgang mit dem Computer erlernen. Wir können uns sogar das Rauchen abgewöhnen oder Psychopharmaka absetzen. In manchen Fällen können wir von einer alten Krankheit genesen, eine Tiefenanalyse oder eine begleitende Therapie abbrechen (dies alles aber nur, wenn gleichzeitig auch andere wichtigere Transite vorkommen). Wir werden wahrscheinlich einen Moment großer Beliebtheit erleben. Den Wünschen unserer Mutter schenken wir mehr Aufmerksamkeit und empfinden mehr Liebe für sie, sie selbst könnte in diesem Moment in einem besonderen Licht stehen, sei es nur in unseren Augen oder objektiv gesehen. Wenn der Transit im umgekehrten Fall aber negativ und disharmonisch ist, dann werden wir in der Arbeit eine schlechtere Leistung bringen, lustlos sein, unsere Fähigkeiten für einen Posten mit mehr Verantwortung als nicht ausreichend einschätzen, nicht motiviert für das Streben nach oben sein. Wir sind weniger oder übertrieben ehrgeizig, in beiden Fällen kann unsere Karriere Schaden nehmen. Auch in der Emanzipation könnten wir einen Schritt nach hinten machen, z.B. indem wir abends wieder ein Schlafmittel brauchen oder von jemandem abhängen, der uns auf einer Reise begleiten soll. Wir fühlen uns weniger frei, stärker unterdrückt durch die alltäglichen Umstände. Wir könnten ein mit Mühe und Entschlossenheit erreichtes Privileg wieder verlieren. Unsere Beliebtheit erlebt einen Rückgang. Eine wiederkehrende Sorge lässt uns um unsere Mutter bangen, die in diesen Tagen auch gesundheitliche Probleme haben könnte.

Der Mond im Transit durch das elfte Haus

Wenn der Erdsatellit unser elftes Radix-Haus durchquert, fühlen wir ein starkes Bedürfnis nach universeller Freundschaft und Verbrüderung. Wir möchten die ganze Welt umarmen und unser ehrlicher Gedanke ist der, dass die Anderen unsere Freunde sind und dass die Freundschaft ein Gefühl ist, das zu pflegen sich lohnt. Wenn wir diesen Planetendurchgang nicht hin und wieder durchleben würden, würden wir mit der Zeit zu Menschenfeinden werden, uns in uns selbst isolieren und keinerlei Freundschaften mehr pflegen. An diesen Tagen fühlen wir uns jedoch zu anderen hingezogen und scheinen die Fehler unserer Freunde nicht zu bemerken, die wir mit mehr Nachsicht und Zuneigung beurteilen. Wir bekommen Lust, alte Schulkameraden,

Kameraden beim Militär und Sandkastenfreunde anzurufen und anzuschreiben. Häufig besuchen wir sie auch oder organisieren ein klassisches Ehemaligen-Treffen. Wir versuchen, uns zusammenzuscharen und nehmen hierfür auch unerfreuliche Ereignisse zum Anlass, bei denen es eigentlich nichts zu feiern gäbe. Solch eine positive, nach außen gerichtete Haltung kann uns dazu bringen, neue Freundschaften zu suchen und meistens gelingt uns das auch. In diesen Stunden neigen wir dazu, einen Höherstehenden um einen Gefallen zu bitten. Im Verlauf dieses Transits können Protektionen eine Wirkung zeitigen und uns einen Vorteil verschaffen, auf den wir schon lange gewartet haben. Es wäre gut, mehr zu wagen, an alle wichtigen Türen zu klopfen, Freunde und Bekannte zu befragen und uns von jemandem sponsern zu lassen. Da das elfte Haus auch für Projekte steht, werden wir hier außerdem verschiedene Pläne für die Zukunft fassen. Viele Architekten haben die Sonne im elften Haus und auch wir können beim Durchgang des Mondes durch das elfte Haus einige gute Ideen zur Verbesserung unseres Hauses oder zur strukturellen Verbesserung unseres Lebensraums entwickeln. Für alle, die Musik lieben, ist dies ein außerordentlich fruchtbarer Moment für das Spielen eines Instruments, Gesang, den Kauf musikalischer Instrumente oder Platten und für einen Konzertbesuch. Wenn der Durchgang dissonant ist, weil er schlechte Aspekte empfängt und weitergibt, können wir zu Freunden weniger tolerant oder ihnen sogar übel gesinnt sein. Bei diesen Gelegenheiten riskieren wir es, alte Beziehungen kaputt zu machen und sollten uns besser zu mehr Toleranz zwingen. Von unseren Freunden kommen schlechte Nachrichten oder wir sorgen uns um ihre Gesundheit. Wir müssen uns gezwungenermaßen um einen Freund kümmern oder ihm bei einer Krise in der Liebe beistehen. Es ist nicht der geeignete Moment, um Pläne zu machen oder Projekte realisieren zu wollen. Wir riskieren jetzt sogar, eines unserer Projekte in Scherben zu sehen. Es ist auch besser, in diesen Stunden keine Musik zu spielen oder Kongresse zu besuchen, wo der „schlechte Mond" uns um den Genuss der Veranstaltung bringen könnte.

Der Mond im Transit durch das zwölfte Haus

Wenn der Mond unser zwölftes Geburtshaus durchquert, schließen wir uns gerne zu Hause oder an kleinen und abgeschiedenen Orten ein. Uns gefällt der Gedanke, uns einige Tage zu isolieren. Wir dulden diesen Gedanken in uns nicht nur, sondern unternehmen sogar Schritte, um ihn in die Tat umzusetzen. Unser ehrlicher Wunsch ist es, uns ein wenig von der Welt und auch von unseren Lieben abzuseilen, nicht weil wir uns mit ihnen gestritten hätten, sondern vielmehr, weil wir über uns und unser Leben nachdenken und vielleicht ein Tagebuch über unsere zuletzt verlebten Wochen schreiben wollen. Wir neigen dazu, schwere und ernste Bücher zu lesen. Wir möchten uns abkapseln, um unseren Studien und Nachforschungen nachzugehen. Wir könnten einige Tage in einem Landhaus oder in einem Haus am Meer verbringen, um dort ein wenig unsere Gedanken zu sammeln. Die Gelegenheit ist auch günstig für einen spirituellen Rückzug ins Gebet oder in die Meditation. Ein kleiner Urlaub in dieser Richtung, vielleicht in einer Herberge von Ordensbrüdern, wo wir in einer Zelle allein sein können, wäre mit Sicherheit eine gute Erfahrung. Wir können auch einige Tage in eine andere Stadt gehen und uns dort vielleicht stundenlang im Hotelzimmer zum Lesen und Schreiben einschließen. Es ist auch ein guter Moment für einen kurzen Krankenhausaufenthalt zum Durchchecken unseres Organismus'. Dieser Transit treibt uns außerdem dazu, anderen zu helfen und liebevoll beizustehen, egal, ob es sich dabei um unsere Lieben oder um Fremde dreht. Wir fühlen uns im christlichen Sinne offener und möchten unseren Einsatz auch konkret mit Taten zeigen. Es ist die richtige Gelegenheit für die Aufnahme einer Freiwilligenarbeit, vielleicht durch Besuche im Altersheim, um alten Menschen beim Essen zu helfen. Unsere Gesellschaft bietet glücklicherweise viele humanitäre Organisationen jeder Art und wir werden von Unicef, Caritas bis zum Roten Kreuz sicherlich die finden, die am ehesten zu uns passt. Wir fühlen uns besser, gütiger und wollen mehr beten, wenn wir gläubig sind. Also werden wir den Moment nutzen und uns mehr in Kirchen und allen Kultstätten aufhalten. Es gefällt uns, stundenlang mit einem Priester zu sprechen, zu beichten und die heilige Kommunion zu empfangen. Diese Tage begünstigen alle religiösen Zeremonien, von der Taufe bis zur Firmung. In diesen Stunden haben wir den Wunsch, uns mehr um unsere Lieben, unsere Eltern und unseren Partner zu kümmern und tun das, indem wir sie zum Arzt, zu Untersuchungen, in die Kur, usw. begleiten. Wenn der Durchgang von bösen Aspekten charakterisiert ist, könnten diese Tage von einer oder mehreren Prüfungen beherrscht sein - Ein schlechter Gesundheitszustand bei uns selbst oder bei unseren Lieben, Liebeskummer, eine Enttäuschung in der Liebe, Schwierigkeiten in der Arbeit. Wir spüren eine gewisse Feindseligkeit um uns und erkennen, dass wir nicht sehr beliebt sind. Die versteckte Feindseligkeit von jemandem kann sich in einem anonymen Brief, in kreisendem Gerede, einer Anzeige von unbekannt ausdrücken. Ein gewisses Pech verfolgt uns in diesen Stunden und wir könnten einen kleinen Unfall haben oder uns verletzen, einer Operation unterzogen werden, eine zahnärztliche oder allgemeinärztliche Behandlung benötigen. Bei diesem astronomischen Transit werden wir leicht krank oder es geht uns geistig und mental schlecht im Sinne von Depressionen oder Ängsten. Eine leichte Form von Paranoia könnte von uns Besitz ergreifen und uns zu dem Gedanken führen, dass die Welt schlecht ist, die Anderen uns hassen und uns das Leben feindlich gesinnt ist. Die Einnahme von Medikamenten kann sich schädlich auswirken und zu einer kleinen Vergiftung führen. Es besteht die Gefahr für eine Einlieferung ins Krankenhaus oder für Probleme nach einer Narkose.

4.
Transite von Merkur

Die Transite von Merkur sind in der Gesamtheit der Planetendurchgänge, die unser Schicksal bestimmen, nur von geringer Bedeutung. Sie haben genau wie jene der Sonne und des Mondes nur eine sehr kurze Laufzeit von höchstens ein paar Tagen in ihrer Beziehung zu den anderen Sternen und ein paar Wochen in den Häusern. Sie geben uns Informationen zu unserem geistigen Zustand, zu unserer Fähigkeit, die Dinge zu verstehen und die Ereignisse zu erahnen. Sie stehen außerdem im Verhältnis zu Kommunikationen und Transporten im weiteren Sinn, zum Beispiel für kleine Reisen, die wir unternehmen, Fahrten mit dem Auto oder dem Motorrad, Spaziergänge oder die Notwendigkeit, aus privaten oder beruflichen Gründen zu pendeln. Sie stehen auch für unsere empfangene und versendete Korrespondenz, Telefonate, Funkkontakte, Internet, Besuche von oder bei Freunden. Außerdem erzählen sie uns von unserem Verhältnis zu Geschwistern, Vettern, Schwägern und jüngeren Leuten und von kurzzeitigen Geschäftsbeziehungen, von unserem Wunsch, mehr oder weniger zu lesen und zu lernen, Kurse als Lehrer abzuhalten oder als Schüler zu besuchen, Vorträge und Bücher zu schreiben. Merkur gibt auch oft Auskunft zu unserem Verlangen nach Zigaretten.

Merkur in harmonischem Aspekt zur Sonne

Wenn Merkur im harmonischen Aspekt zu unserer Geburtssonne transitiert, fühlen wir uns geistig klarer, die Gedanken fließen leichter und schneller, wir lernen leichter, verstehen besser, was andere sagen und machen uns in unseren Erklärungen besser verständlich. Unsere Intelligenz in diesen wenigen Tagen im Monat ist vergleichbar mit der, die wir brauchen, um Bilderrätsel, Kreuzworträtsel, ein Quiz zu lösen oder Schach und Bridge zu spielen. Die Datenverarbeitung geht uns leichter von der Hand und unsere

Schnittstelle Input/Output funktioniert optimal. Wir fühlen uns so, als ob wir viele Tassen Kaffee getrunken hätten und keinen Tropfen Alkohol. Unsere Gedanken sind schnell und klar und wir kommen sofort auf den Kern der Dinge. Wir können diesen Moment der geistigen Klarheit nutzen, um schwierige Situationen mit anderen zu lösen. Unsere Fähigkeit für den Austausch mit der Umwelt wächst in allen Bereichen. Wir haben ein offenes Ohr für unseren Gesprächspartner und verschaffen uns besser Gehör bei unseren Zuhörern. Wir möchten in jedem Sinn kommunizieren und sind daher mehr unterwegs. Wir haben das Bedürfnis, die tägliche Routine mit einer kurzen Reise zu durchbrechen, wenn auch nur für wenige Stunden. Wenn wir gerne Auto fahren, wollen wir uns jetzt hinter das Steuer setzen und machen eine Spritztour aufs Land oder auf die Autobahn. Wir könnten aber auch gut mit dem Zug oder dem Flugzeug verreisen. Es ist der ideale Tag für einen kleinen Urlaub oder einen Ausflug. In diesen Stunden tätigen und empfangen wir mehr Anrufe. Das Telefonieren fällt uns leichter und wir erreichen auch Anschlüsse, die sonst häufig belegt oder unerreichbar sind. Wir besuchen mehr Freunde und empfangen mehr Besuche. Auch das Versenden und Empfangen von schriftlicher Korrespondenz steigt. Wir haben große Lust, im Internet zu surfen und es ist sicher auch ein sehr guter Moment hierfür. Wir entdecken neue und interessante Seiten und können uns mit sonst schwierigen Links verbinden. Wenn wir Funkliebhaber sind, können wir angenehme Schwätzchen mit Funkern auf der ganzen Welt abhalten. Unser in diesen Tagen lebendigerer Geist verlangt nach Lektüre und Lernstoff. Wir sollten davon profitieren und ein schwieriges Buch lesen, das wir seit Langem beiseite gelegt haben oder uns auf eine schwere Prüfung vorbereiten. Wir können Kurse abhalten oder als Schüler besuchen. Der Transit eignet sich auch gut, um einen Arbeitsbericht, ein Buchkapitel oder wichtige Notizen aufzuschreiben. Wir werden neue Freundschaften mit Jüngeren suchen und wahrscheinlich in Kontakt zu einem Bruder, Vetter oder Schwager treten. Unser Verhandlungsgeschick steigt und wir können kleine Geschäfte zu einem guten Abschluss führen, vielleicht durch eine Anzeige in der Lokalzeitung. So könnten wir ein nicht mehr benötigtes Haushaltsgerät loswerden oder beispielsweise einen zweiten Drucker für den Rechner kaufen. Die Suche nach und der Kauf von Radios, Telefonen, Fernsehern, guten Büchern und Wörterbüchern und von allen Dingen, die im Bezug zu Kommunikation und Transporten stehen, also Modems, PKWs, Gegensprechanlagen oder Motorrädern, ist besonders angezeigt.

Merkur in disharmonischem Aspekt zur Sonne

Wenn Merkur im disharmonischen Aspekt zu unserer Geburtssonne transitiert, haben wir Schwierigkeiten, zu verstehen und uns verständlich zu machen. Wir sind kommunikativ einfach nicht in guter Form. Die Gedanken fließen nicht harmonisch in unserem Geist oder sie fließen zu schnell und bringen uns dazu, Fehler zu begehen. Es ist so, als ob die geistige Schnittstelle, die uns mit der Welt verbindet, verstopft wäre oder Geschwindigkeitsprobleme hätte und die ein- und ausgehenden Nachrichten nicht synchronisieren könnte. Daraus folgen Schwierigkeiten beim Sprechen. Wir können nicht klar denken und mühen uns ab, die richtige Endung für ein Wort zu finden oder eine einfache Berechnung ohne den Taschenrechner anzustellen. Eine leichte Nervosität führt uns zu der Überzeugung, dass wir für Gespräche und Treffen mit anderen nicht offen sind. Es fehlt uns die Lust, uns zu bewegen oder wir haben einen zu starken Bewegungsdrang - beides führt dazu, dass wir negative Momente erleben. Es kann zum Beispiel vorkommen, dass wir einen Termin verpassen, weil wir die Uhrzeit falsch verstanden haben oder dass wir wegen eines Bahnstreiks, einer Reifenpanne oder einer leeren Autobatterie, etc. nicht an unser Ziel kommen. Die Projektion unseres für Begegnungen unwilligen Unterbewusstseins kann sich in so unterschiedlicher Form materialisieren, dass sie tatsächlich die Möglichkeit, uns mit Freunden oder Angehörigen zu treffen, be- oder sogar verhindert. Das Telefon klingelt oft, bringt uns aber eher Ärgernisse, als gute Nachrichten. Wir erhalten Anrufe von Nervensägen oder hören unangenehme Stimmen von Personen, mit denen wir lieber nichts zu tun hätten. Lästige Briefe erreichen uns, die wir notgedrungen beantworten müssen oder sogar unfrankierte oder falsch frankierte Briefe, für die wir nachzahlen müssen. Wir selbst schreiben ungern und lassen es entweder bleiben oder machen Fehler beim Versenden, wie die Hausnummer in der Empfängeranschrift zu vergessen. Wenn es uns in den Sinn kommt, uns vor den Computer zu setzen und im Internet zu surfen, merken wir schnell, dass an diesem Tag alles schief läuft, unsere sonst schnelle Verbindung nur langsam arbeitet, die Linien verstopft sind und Verbindungen schwerer hergestellt werden als üblich. In diesen Stunden wäre es besser, nicht mit dem Auto oder dem Motorrad zu fahren, da wir einen Unfall oder eine Geldstrafe riskieren. Eine unerfreuliche Überraschung kann uns am Auto erwarten, wie ein platter Reifen oder eine zerbrochene Fensterscheibe. Auch der Drucker kann Schwierigkeiten bereiten, zum Beispiel kann eine Farbpatrone leer sein oder das Papier sich ständig stauen. Unsere Erregung kann uns im Kontakt zu anderen unsympathisch erscheinen lassen, besonders bei jungen Menschen, einem Bruder, Vetter oder Schwager. Der Moment ist auch nicht geeignet für große oder kleine Verhandlungen. Wir riskieren einen sehr schlechten Handel, indem wir schlecht verkaufen oder noch schlechter einkaufen. Unser Verhandlungsgeschick ist weit unter dem Durchschnitt. Der Tag ist absolut nicht geeignet für den Kauf von allen Dingen, die direkt oder indirekt mit Kommunikationen und Transporten zu tun haben, wie Kfz-Zubehör, Drucker, Handys, schnurlose Telefone, etc. Wenn wir Raucher sind, können wir jetzt viel mehr Zigaretten rauchen, als sonst und unserer Gesundheit schwere Schäden zufügen.

Merkur im harmonischen Aspekt zum Mond

Wenn Merkur im harmonischen Aspekt zu unserem Geburtsmond transitiert, spüren wir einen stärkeren Drang nach Kommunikation und Bewegung. In Gegenüberstellung zum gleichen Transit mit der Sonne reflektiert dieser Durchgang im Winkel mit dem Mond eher den *Wunsch* nach Kommunikation, als die Kommunikation an sich. Wir möchten mit den anderen mehr in Kontakt treten, Leute sehen, reden, uns nach außen mitteilen, aber es ist nicht gesagt, dass uns das immer gelingt. Bereitschaft jedenfalls ist vorhanden, nur hängt das Ergebnis nicht von ihr allein ab. Der Versuch lohnt sich jedoch in jedem Fall und wir tun gut daran, uns zu bewegen, auszugehen, mit dem Auto oder dem Zug zu fahren. Unsere Offenheit für Reisen hat den positiven Effekt, dass wir einige angenehme Stunden bei einem Kurzurlaub oder einer Dienstreise verbringen. Wir fahren gerne Auto und können bei einer langen Autobahnfahrt mit offenen Augen vor uns hin träumen. Das ruhige und gemächliche Autofahren kann unsere Überlegungen, Gedanken und Fantasien anregen. Unter solchen Bedingungen ist das Autofahren sehr angenehm, da wir unserem Unterbewusstsein Raum geben und die unterschiedlichsten Fantasien entfesseln können. Der gutartige Durchgang von Merkur zu unserem Radix-Mond vermag es vor allem, unser Unterbewusstsein mit der Außenwelt in Kontakt treten zu lassen. Wir sind motivierter für Kommunikationen, finden gute Gründe, um mit anderen in Kontakt zu treten. Wir werden bemerken, dass wir auch im Stillen besser kommunizieren, zum Beispiel, indem wir uns nur in die Augen schauen. Wir haben ein besseres Gespür dafür, die anderen zu verstehen und deren Handlungen zu erahnen, noch bevor sie offen zu Tage treten. Wir hören aufmerksamer zu, ziehen mehr Interesse auf uns und sind ein wenig beliebter bei unseren Zuhörern. Unsere Kontakte zu Frauen und besonders zu jungen Frauen bringen bessere Ergebnisse. Wir sind empfänglicher für alle Mitteilungen und haben mehr Gefallen daran, Briefe, Karten, Telegramme und Nachrichten zu versenden. Wir befinden uns in solchen Tagen, an denen wir stundenlang mit Verwandten und alten Freunden telefonieren könnten, nur aus der Lust heraus, mit jemandem zu sprechen. Es wächst auch unser kulturelles Interesse und wir möchten literarische Salons besuchen oder an Konferenzen, Treffen und Debatten teilnehmen. Wir selbst sind motivierter, Vorträge zu halten und Freunde um uns zu haben, um ihnen von unseren Erfahrungen erzählen zu können. Wir sind von technischen Neuheiten in Kommunikation, Telekommunikation und im Transportwesen angetan. Im Verlauf dieses Transits könnten wir z.b. den Führerschein machen, ein Auto kaufen, den Umgang mit dem Computer und besonders mit dem Internet und elektronischer Post zu lernen.

Merkur im disharmonischen Aspekt zum Mond

Wenn Merkur im dissonanten Winkel zu unserem Geburtsmond transitiert, sind uns Kommunikationen eher lästig. Wir bemerken eine gewisse Elektrizität um uns, eine nicht näher zu bestimmende Erregung, die uns in eine schlechte Stimmung bei eventuellen Treffen mit anderen versetzt. Wir wollen nicht kommunizieren oder haben im Gegenteil große Lust, uns mitzuteilen und dieses Verlangen versetzt uns in einen Gemütszustand, welcher der Kommunikation schadet. Wir sind also für Kontakte jeder Art nicht bereit. Wir täten besser daran, einige Stunden allein zu bleiben und nicht zu versuchen, unsere Gefühle zu bezwingen. In diesen Stunden verstehen wir die Gründe für unser negatives Verhalten nicht. Ein klingelndes oder ein stummes Telefon irritieren uns gleichermaßen. Wir öffnen nervös unsere Briefe und sind aufgeregt, wenn wir selbst Briefe schreiben. In dieser Grundstimmung können wir leicht Fehler begehen, indem wir beispielsweise im falschen Ton zu jemandem sprechen, in der Eile einen Brief mit der falschen Empfängeranschrift versenden oder vergessen, einen Brief zu frankieren. Wenn wir für einige Stunden verreisen wollen, stoßen wir auf mehrere kleine Hindernisse, zum Beispiel verpassen wir den Zug, warten am falschen Gleis oder biegen an der falschen Autobahnausfahrt ab. Wir stehen also mitten in einem jener Tage, die für Kommunikationen und Transporte absolut ungünstig sind und an denen wir feststellen müssen, dass alle unsere diesbezüglichen Versuche fehlschlagen oder dass uns überall Hindernisse begegnen. Wir stellen zudem fest, dass wir anderen nicht sympathisch oder sogar unbeliebt sind, besonders bei Frauen. Bei Gesprächen mit telefonischen Kundendiensten ärgern wir uns leicht und erheben die Stimme oder können uns nicht verständlich ausdrücken. Unser Unwohlsein ist hauptsächlich innerlich und geistig, kann sich aber in unterschiedlichen Arten nach außen ausdrücken, zum Beispiel, indem wir aus Zerstreutheit wiederholt unsere eigene Telefonnummer wählen. Wenn wir am Rechner arbeiten, richten wir aus Zerstreung nur Schaden an und viele kleine Hindernisse können dazu führen, dass wir einen halben Tag verlieren, weil uns der Drucker einen wichtigen Bericht einfach nicht ausdrucken will. Bei diesem disharmonischen Transit sollten wir den Kauf von jeglichen Geräten zur Kommunikation unterlassen, da wir schlechte Geschäfte machen könnten. Wir sollten auch alle geschäftlichen Verhandlungen unterlassen, wo die Schäden noch bedeutender sein können. Zuletzt sollten wir auch mit den Zigaretten Acht geben, die ein ideales Ventil für unsere Nervosität sein können.

Merkur im harmonischen Aspekt zu Merkur

Wenn Merkur unserem Geburtsmerkur in einem harmonischen Winkel gegenübersteht, funktioniert der Mikroprozessor in unserem Gehirn sehr viel schneller und klarer als sonst. Wir denken viel schneller, können Bilder und Gefühle blitzschnell verarbeiten und mit unserem Umfeld in Lichtgeschwindigkeit kommunizieren. Wir fühlen uns besonders wach und aufmerksam, neugierig und wissbegierig, objektiv und klar. Wir können Dinge leichter verstehen und mit einer erhöhten geistigen Klarheit überdenken. Wir können auch verantwortungsvollere Entscheidungen treffen, da wir verstärkt auf Fehler achten. Wenn unsere Arbeit bei Zerstreutheit gefährlich werden kann, so besteht dieses Risiko an diesen Tagen überhaupt nicht. Tatsachen erscheinen uns klar und wir verstehen uns selbst und andere besser. Wir können uns auch besser ausdrücken und unsere Sprachgewandtheit überrascht uns. Wir können besser Position beziehen und verstehen gleichzeitig die Anderen besser. Wir haben das starke Bedürfnis, uns zu bewegen und zu verreisen, unabhängig davon, ob es um kurze oder lange und entfernte Reisen geht. Es ist der richtige Tag, um Urlaub zu nehmen und eine schöne Fahrt mit dem Auto oder dem Zug zu unternehmen, vielleicht, um einen Freund oder Angehörigen zu besuchen. Wenn wir das Auto- oder Motorradfahren lieben, dann sollten wir jetzt eine Spritztour machen und werden sehen, dass wir in diesen Stunden besser fahren, konzentriert auf die Strasse achten und schneller reagieren. Unsere erhöhte Neugierde drängt uns dazu, uns zu neuen Wissensbereichen zu informieren, zu lernen, Bücher zu lesen, einen Kurs und Konferenzen aufzusuchen oder selbst abzuhalten. Es ist ein sehr guter Moment für eine ernste Lektüre oder die Vorbereitung auf eine Prüfung. Auch mit dem geschriebenen Wort fühlen wir uns sicherer und könnten einen wichtigen Vortrag, ein Buchkapitel oder einen Lebenslauf für die Bewerbung schreiben. Wir werden eine sehr intensive Korrespondenz haben und mit Sicherheit mehr Post empfangen und Briefe schreiben. Eine gute Nachricht kann per Post kommen. Das Telefon wird häufiger klingeln und wir werden eher freundliche Stimmen hören. Auch wir selbst setzen das Telefon häufiger ein und stellen fest, dass uns die Verbindungen leicht fallen. Wir haben Lust, im Internet zu surfen und tatsächlich ist die Übertragung besser. Dieser Tag ist auch ideal für den Kauf verschiedener Geräte zu Kommunikation, Telekommunikation und Transporten, wie Handys, Faxgeräte, Modems, ein Fahrrad oder ein neues Auto. Wir können uns jetzt außerdem neues Briefpapier mit unserem Briefkopf bestellen, Visitenkarten drucken lassen, einen Bucheinband, eine Werbeanzeige oder ein Plakat entwerfen. Handelsgeschäfte gelingen uns besser und wir könnten eine Anzeige in der Lokalzeitung schalten.

Merkur im disharmonischen Aspekt zu Merkur

Wenn Merkur im disharmonischen Winkel zu unserem Geburtsmerkur vorbeizieht, fühlen wir uns eher erregt und besorgt. Eine starke Nervosität ergreift von uns Besitz und setzt uns in falsches Licht vor unserem Nächsten. Wir können uns nur schwer konzentrieren oder bemerken eine erhöhte Geschwindigkeit in den eingehenden und ausgehenden Kommunikationen, aber auch das kann die Übertragungen zwischen uns und dem Umfeld stören. Wir stellen fest, dass wir nicht in der Lage sind, etwas im richtigen Moment zu sagen und oft verhaspeln wir die Wörter oder sprechen sie falsch aus. Wir haben mehr Schwierigkeiten, uns verständlich zu machen und strengen uns mehr an, andere zu verstehen. Der Drang nach Bewegung, Unternehmungen und Reisen ist sehr stark, aber es gelingt uns in diesem Durchgang fast nie, wodurch wir noch nervöser werden. Es wäre besser, jetzt nicht zu verreisen und wenn es dennoch nötig ist, werden wir zahlreichen Unannehmlichkeiten begegnen, wie einem Bahnstreik, dem Verpassen unseres Fliegers, dem Einschließen der Autoschlüssel im Auto, usw. In anderen Fällen müssen wir vermehrt pendeln. Wir fahren schlecht Auto und sind zerstreut, reagieren zu langsam oder zu nervös. Leicht können wir in einen Auffahrunfall verwickelt werden oder die Straßenverkehrsordnung nicht beachten und eine Geldstrafe zu zahlen haben. Unser Telefon klingelt häufig, auch in unpassenden Augenblicken. Wir erhalten lästige Anrufe oder ärgern uns wegen Störungen und falschen Verbindungen. Wenn wir ein Ferngespräch tätigen wollen, haben wir Schwierigkeiten beim Wählen der Nummer oder der Anschluss ist immer belegt. Es ist jetzt auch möglich, unangenehme Briefe oder schlechte Nachrichten per Post zu erhalten. An diesen Tagen sollten wir besser keine Briefe schreiben und keine Pakete verschicken, da diese auf ihrem Weg beschädigt werden oder sich verspäten könnten. Wir haben große Lust, im Internet zu surfen, aber das gelingt uns nur schwer, da der Server blockiert ist oder die Seite, die wir suchen, die Adresse geändert hat. Es wäre besser, an diesen Tagen keine Prüfung abzulegen, sondern auf einen anderen Tag zu verschieben. Wir können uns sehr schlecht auf jeden Lernstoff konzentrieren. Wir verschieben die Lektüre eines wichtigen Buches oder das Lernen eines neuen Computerprogramms auf einen anderen Tag. Es ist außerdem bei diesem Planetendurchgang ratsam, den Kauf von jeglichen Gütern zu unterlassen, die mit Kommunikation zu tun haben, wie Telefonen, Satellitenantennen, Faxgeräten, Modems usw. Unsere Ehrlichkeit befindet sich auf einem Tiefpunkt und wir könnten uns zweideutig oder sogar betrügerisch verhalten, wenn unser Geburtshimmel und unsere Erziehung dies zulassen. Wenn wir sonst gutes Verhandlungsgeschick haben, so setzt es während dieses Transits aus und wir täten besser daran, jegliche Handelsgeschäfte zu unterlassen. Achtung ist mit den Zigaretten geboten, von denen wir jetzt sehr viele rauchen und uns leicht vergiften könnten.

Merkur im harmonischen Aspekt zur Venus

Wenn Merkur im harmonischen Winkel zu unserer Geburtsvenus transitiert, sind wir gelassen und in Frieden mit der ganzen Welt. Wir spüren ein leichtes Wohlgefühl ohne einen bestimmten Grund. Besonders mit uns selbst sind wir in Harmonie und möchten diesen Zustand auch nach außen mitteilen. Unsere Gespräche sind angenehm und sympathisch, wir wenden uns ruhig an den Nächsten und unsere allgemeine Offenheit ist von Harmonie und Toleranz gezeichnet. Mehr als sonst haben wir in uns ein Gefühl von Freundschaft. Es ist der ideale Tag, um uns mit lieben Menschen zu versöhnen. Wir fühlen uns besonders zu Frauen im Allgemeinen und zu unserer Schwester, Tochter oder einer guten Freundin hingezogen. Gleichzeitig sind wir stark an der Kunst, Ästhetik und allem Schönen im Allgemeinen interessiert. Dieser Transit kann uns zu einem Besuch in Museen, Denkmälern, Kunstgalerien, Ausstellungen der Malerei oder Fotographie, Antiquariaten, Möbelausstellungen usw. führen. Auch für den Kauf eines Kunstobjekts ist dieser Tag gut geeignet oder für den Kauf von Kleidungsstücken, Möbeln, einem Kunstgegenstand zum Verschenken usw. Wir haben jetzt guten Geschmack und können den Augenblick nutzen, um unsere Frisur, unseren Schminkstil oder unseren Look zu ändern. Geeignet ist also ein Besuch beim Friseur, Kosmetiker, bei der Massage oder der

Maniküre. Auch können wir uns jetzt gut fotografieren lassen. Durch die positive Vereinigung der Symbole von Merkur und Venus können wir besonders beim Kauf von Objekten profitieren, die aus einer Synergie dieser beiden Planeten erwachsen, wie zum Beispiel eines neuen Autos, eines schönen Motorrads, eines besonders originellen Telefons, eines Faxgerätes in modernem Design oder eines witzigen Druckers in schrillen Farben, etc. Venus steht außerdem für die Gesundheit und Merkur für Bewegung, also können wir jetzt angenehme Reisen, Kurztrips oder Ausflüge genießen, die sich positiv auf unsere Gesundheit im geistig-körperlichen Sinn auswirken. Auch lange und angenehme Gespräche am Telefon tun uns gut. Im Lauf dieses Durchgangs ist der Handel mit solchen Objekten begünstigt, die etwas mit Schönheit zu tun haben, wie der Verkauf einer UV-Lampe oder eines Lederkoffers.

Merkur im disharmonischen Aspekt zur Venus

Wenn sich Merkur im dissonanten Winkel zu unserer Geburtsvenus bewegt, ist dies für unser Gefühlsleben kein guter Moment. Wir spüren eine gewisse allgemeine Verwirrtheit, die uns ganz und gar nicht dabei hilft, unsere Gefühlsprobleme zu verstehen. Wir können keinen klaren Gedanken dazu fassen, was wir mit der geliebten Person tun wollen oder tun sollten. Dieses innerliche Durcheinander überträgt sich auch nach außen und so ist unser Verhalten weder klar, noch eindeutig oder konsequent. Meistens bringen wir es sogar soweit, dass wir diejenigen anlügen, die uns mögen, und wenig glaubhafte Ausreden erfinden. Es ist ein schlechter Moment für die Liebe, zwar nicht so gefährlich, dass es in der Beziehung zu einer Trennung kommen könnte, aber dennoch lästig. Wir neigen dazu, Dinge zu sagen, die wir bereuen könnten, sind nicht ehrlich und verstehen selbst nicht, was wir eigentlich wollen. Es geht hierbei nicht um Aggressivität gegen die geliebte Person, es kann sogar im Gegenteil eine besondere Ergebenheit zu ihr eintreten, aber in jedem Fall ist unser Verhalten der Beziehung nicht dienlich und lässt sie nicht wachsen. Wir haben auch keine besonders klaren Konzepte von Ästhetik im Allgemeinen und werden so aus Besuchen in Museen, Kunstgalerien, Gemälde- oder Fotoausstellungen, etc. keinen Nutzen ziehen. Wenn wir zum Friseur oder zum Kosmetiker gehen, könnten wir uns im Look irren und zwar sicherlich kein Desaster erleben, aber doch einige Tage verwenden, um einen falschen Schritt wieder auszubügeln. Unser Verhältnis zu weiblichen Figuren im Allgemeinen und besonders zu unserer Schwester oder Tochter wird durch diesen Transit stark beeinträchtigt, zwar im Vergleich zu anderen Durchgängen nicht so schlimm, aber dennoch nicht zu unterschätzen. Vom Handel mit Kunstobjekten oder mit Dingen, die etwas mit Schönheit, Reisen oder Kommunikation im weiteren Sinne zu tun haben ist abzuraten. Wir sollten es vermeiden, Reisetaschen oder Koffer, Pantoffeln für das Flugzeug, Autozubehör, einen Motorradhelm, einen Decoder für die Satellitenantenne oder einen Drucker für den Computer zu kaufen. Unser Verhandlungsgeschick ist bei diesem Planetendurchgang stark reduziert.

Merkur im harmonischen Aspekt zu Mars

Wenn sich Merkur im harmonischen Winkel zu unserem Radix-Mars bewegt, fühlen wir uns geistig lebhaft, besonders klar oder gar brillant und in der Lage, die wirklichen Probleme deutlich von scheinbaren Problemen abzugrenzen. Unser Hirn scheint elektrisiert, wir fühlen uns wacher und auch intelligenter. Vielleicht sind wir das auch tatsächlich, aber in jedem Fall verhalten wir uns so, als ob wir es wären, was unsere geistigen Aktivitäten anspornt. Wir fühlen uns selbstsicherer und sind überzeugt davon, unsere Gedanken und Worte gut ausdrücken zu können. Die ausgezeichnete geistige Konzentration führt zu einer guten Sprachgewandtheit. Die Worte kommen uns leicht und schnell über die Lippen, sind klar und eindeutig. Wir können Gespräche jeder Art führen, da wir Herr über unseren Geist sind. Außerdem können wir ruhig vor Publikum oder in eine Fernsehkamera sprechen. Ohne Schwierigkeiten könnten wir an einer Radio- oder TV-Sendung teilnehmen. Unsere innere Sicherheit hat nichts von Eitelkeit, sondern ist das schlichte Bewusstsein, dass wir unsere inneren Konzepte klar ausdrücken können, unabhängig davon, ob diese Konzepte als wichtig oder unwichtig erachtet werden. Die Stärke von Mars in synergetischer Vereinigung mit der Aufgewecktheit von Merkur lässt uns schneller und intensiver schreiben. So sind wir imstande, in kurzer Zeit ein langes Referat oder eine wichtige Rede vorzubereiten, intensiv an einer Hausarbeit für die Universität oder mit Leichtigkeit an einem Kapitel für ein Buch zu arbeiten. Zusätzlich dazu können wir Dinge leichter verstehen und an einem Seminar teilnehmen oder selbst abhalten, für eine Prüfung lernen, uns auf einen Wettbewerb vorbereiten, einen Sprach- oder Informatikkurs beginnen, ein schwieriges Buch besser verstehen oder uns mit einer neuen Software vertraut machen. An diesen Tagen können wir besser Auto fahren, da wir geistig klarer sind und schneller reagieren können und da wir uns in guter körperlicher Verfassung befinden, um lange Fahrten ohne Zwischenstopps zu bewältigen. Lange Telefonate in der Arbeit, die uns sonst unter Druck setzen, gehen jetzt leichter von der Hand. Wir sollten den Moment nutzen, um viele geschäftliche und private Telefonate zu führen und viele Briefe zu schreiben, die wir schon seit langer Zeit hätten schreiben sollen. Alle Kommunikationen sind begünstigt und so ist der Tag optimal für Funker und Netzsurfer. Kein Tag ist besser geeignet für das Anbringen einer Satellitenantenne auf dem Dach. Gleiches gilt für umfangreiche Reisevorbereitungen oder Arbeiten an Transport- oder Kommunikationsmitteln, wie eine Reparatur am Auto, der Reifenwechsel am Motorrad, das Legen einer Telefonleitung von einem Zimmer zum nächsten oder das Heranschaffen von großen Stapeln an Papier für den Drucker. Unser Verhältnis zur Mechanik im Allgemeinen verbessert sich, unabhängig davon, ob wir in diesem Bereich sonst ein Talent haben oder nicht. Wir empfinden Sympathie für martialische Figuren, wie junge Athleten, Soldaten oder Chirurgen. Sehr guter Tag auch für den Kauf von mechanischen Objekten, wie Bohrern, Kreissägen, Bürogeräten, elektrischen Schweißgeräten oder Hardware.

Merkur im disharmonischen Aspekt zu Mars

Wenn Merkur in dissonanten Winkel an unserem Geburtsmars vorbeizieht, fühlen wir uns innerlich und äußerlich aggressiv. Eine allgemeine Erregung erwischt uns kalt und beeinflusst uns negativ im Kontakt zu unseren Mitmenschen. Wir sind elektrisiert, gehen wegen Kleinigkeiten in die Luft, stehen in der Defensive, was eine erhöhte Aggressivität mit sich bringt. Zweifellos sind wir streitsüchtiger und tendieren zum Angriff. In diesen Stunden kennen wir weder Toleranz noch Mäßigung. Wir wirken kämpferisch und haben eine spitze Zunge, was andere natürlich wahrnehmen und sich in Folge ebenso aggressiv und streitsüchtig zeigen. Wir benutzen hauptsächlich das Wort, um zu verletzen und um anderen zu zeigen, wie angriffsbereit wir sind. Zweifellos verbessert sich unsere Sprachgewandtheit in diesen Stunden merklich und wenn wir sie in politischen Debatten einsetzen würden, wäre dies zu unserem Vorteil. Meistens aber lenken wir sie unnötigerweise gegen liebe Menschen, Angehörige oder den Partner und vermiesen uns und ihnen so den Tag, wenn nicht gar die ganze Beziehung. Ein Impuls in diese Richtung begünstigt unseren Sinn für Ironie oder einen gewissen Sarkasmus, die uns gelegen kommen, wenn sie Teil unserer Arbeit sind (als Beispiel sei hier ein Nachrichtensprecher oder Fernsehmoderator genannt). Außerdem können wir jetzt sehr bissige und ironische Artikel schreiben, welche die Anthologie unserer gelungensten Schriften bereichern können. Das gilt aber nicht bei Briefen an Mitarbeiter, Geschäftspartner, Vorgesetzte oder Personen, die uns beurteilen sollen, und denen unsere schneidenden Bemerkungen nicht gefallen könnten. Von unseren Lippen oder aus unserem Kugelschreiber fließt reines und hochkonzentriertes Gift. In diesen wenigen Tagen des

Monats riskieren wir das Fortbestehen wichtiger und langjähriger Freundschaften, wenn dieser Planetendurchgang auch in den Transiten schnellerer Planeten und besonders der Solar-Revolution eine Bestätigung erhält. Beim Motorrad- oder Autofahren müssen wir stark aufpassen, da eine übertriebene Selbstsicherheit zu Fehlern und zu Unfällen führen kann. Auch wenn wir zu Fuß unterwegs sind, müssen wir beim Überqueren einer Straße aufpassen. Die Zerstörungswut in uns überträgt sich nach außen und so werden wir leicht Dinge zerbrechen, besonders Telefone, Handys, schnurlose Telefone, Faxgeräte, Fernbedienungen, Drucker usw. Wenn wir uns in einem Internetforum anmelden, werden wir wahrscheinlich ein wenig mit allen Anwesenden streiten. Der Tag ist absolut ungeeignet für den Einbau von Antennen oder für mechanische Arbeiten, besonders mit Präzisionswerkzeugen, bei denen unsere unkoordinierten Bewegungen zu schweren Schäden führen können. Unsere Finger fliegen beim Schreiben über die Tastatur, aber wir machen auch mehr Tippfehler. Vorsicht beim Umgang mit metallischen und spitzen Gegenständen, Arbeitswerkzeugen, wie elektrischen Bohrern oder Sägen, Strom an offenen Leitungen, usw. In diesen Stunden ist es besser, kein Feuer mit Benzin anzuzünden oder mit Feuerwaffen zu hantieren. Der Tag ist absolut ungeeignet für die Jagd oder für die Teilnahme an Demonstrationszügen oder Kundgebungen, in denen ein Risiko für polizeiliche Gewalt oder Trubel im Allgemeinen besteht. Auch beim Sport sollten wir aufpassen, und zwar vom einfachen Fußballspiel unter Kollegen bis hin zu gefährlicheren Sportarten, wie Bergsteigen, Tiefseefischen oder Skifahren.

Merkur im harmonischen Aspekt zu Jupiter

Wenn Merkur im günstigen Winkel zu unserem Geburtsjupiter transitiert, überkommt uns ein wunderbares Gefühl von Frieden und Wohlsein. Wir sind optimistischer und bereit, die alltäglichen Schwierigkeiten des Lebens anzugehen. Wir bewegen uns mutiger vorwärts, hierbei geht es aber um keinen Mut im engeren Sinn, sondern vielmehr um ein Selbstvertrauen, das mutige Handlungen und Entscheidungen fördert. Dieser Transit begünstigt Projekte, die einen verringerten kritischen Sinn erfordern, da uns sonst der kritische Sinn davon abhalten würde, manch riskante Unternehmung in Angriff zu nehmen. Hier geht es hauptsächlich um geschäftliche und/oder industrielle Unternehmungen, die niemals stattfinden würden, wenn wir uns nicht mit vollem positiven Optimismus an sie heranwagen würden. Wenn wir an alle Risiken einer unternehmerischen Tätigkeit denken würden, würden wir sie niemals beginnen, aber glücklicherweise hat es die Natur so eingerichtet, dass jeder Geburtshimmel eine andere Planetenkonstellation aufweist und so neigen einige Personen bereits von vornherein zu mehr Mut und bei dieser Planetenkonstellation können sie das kleine Quäntchen Mut mehr aufbringen, das ihnen noch fehlte oder haben das kleine bisschen Angst weniger, das sie bisher davon abhielt, eine riskante wirtschaftliche Unternehmung zu starten. Das positive Verhalten dieser Personen bringt auch in der Praxis gute Ergebnisse und so ist der Transit optimal für solche „Taufen". Alle direkten oder indirekten Geschäftstätigkeiten sind vom Transit Merkur–Jupiter begünstigt, vom Kauf von Kleinigkeiten bis zum Verkauf eines Autos. Unser Geschäftssinn in diesen Stunden überrascht uns und wir können tatsächlich bedeutende Verhandlungen zu einem guten Ende führen. Unser Optimismus stellt sich dem der Anderen gegenüber, die uns in diesen Stunden auch besser aufnehmen. Alle Reisen sind begünstigt, seien es kurze Fahrten oder Reisen in einen anderen Kontinent. Diese Zeit ist besonders günstig, um eine Reise zu planen oder zu beginnen, zum Beispiel an weit entfernte Ziele, die schwer zu erreichen sind. Unser Verhältnis zu Ausländern ist gut, das Gleiche gilt für Menschen, die nicht aus unserer Region stammen. Wir stellen fest, dass wir auch sprachlich versiert sind, vielleicht indem wir das bisschen an Kenntnissen einer Fremdsprache zusammenkratzen, die uns noch aus der Schulzeit im Gedächtnis sind. Der Planetendurchgang steht auch zu Gunsten von positiven Abschlüssen in rechtlichen Angelegenheiten, dem Kontakt mit Anwälten und Richtern, dem Versuch, Strafen jeder Art abzumildern. Wenn wir dagegen selbst Anklage erheben wollen, ist der Transit auch hier von Vorteil. Wir fühlen uns angenehm zu wichtigen Personen in der Hierarchie der Gesellschaft hingezogen, wie Richtern, Politikern, höheren Beamten, usw. Das Studium der Philosophie, Theologie, Parapsychologie, Yoga, Astrologie und allen so genannten esoterischen Wissensbereichen fällt uns in diesen Stunden leichter. Dasselbe gilt für alle universitären Studien.

Merkur im disharmonischen Aspekt zu Jupiter

Wenn Merkur im disharmonischen Winkel zu unserem Geburtsjupiter transitiert, wäre es besser, unsere Aufmerksamkeit auf uns selbst zu schärfen. Das größte Problem bei einer solchen Sternenkonstellation ist das fast vollständige Fehlen jeglichen kritischen Sinns. Das Unterschätzen von Gefahren kann zu gravierenden Fehlern in Arbeit, Gesundheit oder im Liebesleben führen. Ein dummer Grundoptimismus führt uns ohne großes Nachdenken vorwärts und lässt uns die vielen kleinen Fallen auf unserem Weg nicht sehen. Das kann manchmal zu großen Schäden führen, die sich nicht wieder gut machen lassen. Wir müssen uns dazu zwingen, alle Dinge aufmerksam zu überdenken und uns fragen, wo ein eventueller Betrug liegen könnte. Wir neigen dazu, den Menschen zu sehr zu vertrauen, was uns in Schwierigkeiten bringen kann. Es wäre besser, in diesen Stunden nach dem Motto *Vorsicht ist besser als Nachsicht* etwas misstrauischer zu sein. Die Überschwänglichkeit in uns und der Wille, unsere Projekte zu Ende zu führen hindern uns daran, wichtige Details zu bemerken, ohne deren Beachtung das Projekt scheitern könnte, noch bevor es überhaupt begonnen hat. Auch von kurzen oder langen Reisen ist in dieser Zeit abzuraten. Das Ausland steht nicht zu unseren Gunsten und unsere mangelnde Aufmerksamkeit könnte uns hier noch größere Probleme bereiten als in der Heimat. Weit weg von zu Hause sind wir noch leichter einem möglichen Betrug ausgesetzt. Leicht könnte in diesen Tagen ein amtliches Schreiben eingehen oder eine Rechts- oder Streitsache entstehen, durch die es später zu amtlichen Schreiben kommt. In diesen Tagen besteht die Gefahr, dass wir in unangenehmer Weise mit dem Gesetz, mit Anwälten, Richtern oder der Polizei zu tun haben. Wir sollten es vermeiden, Verträge abzuschließen oder eine Gesellschaft zu gründen. Ebenso sollten wir jegliche Geschäfte von kleinen Dingen bis hin zu größeren Anschaffungen unterlassen. Besonders ungünstig ist der Kauf von allen Geräten, die mit Automobilen, Transportmitteln im Allgemeinen, Kommunikationsmitteln, wie Telefonen, Faxgeräten, Modems, usw. zu tun haben. Wenn wir einen Gebrauchtwagen kaufen, sollten wir uns gut zum Beispiel durch die Fahrgestellnummer vergewissern, dass das Fahrzeug nicht gestohlen ist und umgekehrt, wenn wir selbst einen verkaufen, sollten wir gut prüfen, ob der potentielle Käufer auch wirklich die Absicht hat, zu bezahlen. An diesen Tagen bringen Studien in Philosophie, Astrologie, Theologie, Parapsychologie, orientalischen Kulturen, Yoga und jegliche universitäre Studien keine guten Ergebnisse.

Merkur im harmonischen Aspekt zu Saturn

Wenn Merkur im günstigen Winkel zu unserem Geburtssaturn transitiert, erleben wir einen Moment geistiger Klarheit. Unsere Gedanken sind kühler als sonst und weniger von Emotionen gesteuert, vorsichtiger und weniger optimistisch, aber sehr viel weiser und kontrollierter. Wir stellen fest, dass wir reifer sind und besser in der Lage, alles uns Umgebende mit großer Entschlossenheit und Weisheit zu analysieren. Es ist uns endlich möglich, präzise und langfristige Pläne auszuarbeiten. Es sind gerade die langfristigen Projekte, die bei diesem Planetendurchgang einen guten Start haben werden. Der Ehrgeiz lenkt unsere Gedanken und bringt uns nicht so sehr durch

Optimismus, als vielmehr durch Entschlossenheit und Festigkeit nach vorne. Wir scheinen älter, als wir tatsächlich sind, bemerken weniger Begeisterungsfähigkeit an uns, aber auch eine absolute Klarheit in unseren Zielen und ein besseres Verständnis für deren Verwirklichung. Anderen erscheinen wir kontrollierter und besser organisiert. Unsere Gespräche profitieren stark von diesem Gemütszustand und wir können mit lauter Stimme Überlegungen anstellen, die von Gelassenheit, Ernsthaftigkeit und Entschlossenheit gezeichnet sind. Unsere Ausdrucksweise ist nicht so brillant, wie beim Durchgang Merkur–Mars oder voller Optimismus wie beim Durchgang Merkur–Jupiter, aber sehr viel überzeugender, klarer, präziser, mit wenigen Konzept- und Formfehlern. Anderen werden wir wie alte Hasen im Ausdruck des gesprochenen Wortes, wie gelangweilte und routinierte Redner erscheinen. Wir werden unseren Gesprächspartner nicht mit rhetorischen Höhenflügen verblüffen, werden ihn aber sicherlich aufmerksam, interessiert und offen für unsere Ausführungen vorfinden. Es wird uns überraschen, dass wir uns besonders bei Diskussionen mit alten und weisen Personen wohl fühlen. Wir ziehen es vor, einen älteren Zuhörer zu haben, mit dem wir gelassen über ernsthafte uns essentielle Themen sprechen können. Selten werden wir bei diesem Planetendurchgang über leichtfertige Dinge sprechen, die wir jetzt eher ablehnen oder sogar lästig finden. Unsere langfristigen und ehrgeizigen Kommunikationspläne, wie der Versuch, uns mit einem schnellen Übertragungsnetz zu verbinden, was nicht in wenigen Tagen oder mit wenigen Mitteln vonstatten geht, sind begünstigt. Unsere Lektüre ist mehr in Richtung Abhandlung, als auf Romane gepolt, wir interessieren uns mehr für die anspruchsvolle und essentielle Lektüre, die eher nicht unterhaltsam ist, dafür aber unsere kulturelle und allgemeine Bildung bereichert. Wir können schwierige Prüfungen in der Universität bestehen, beginnen, ein Buch zu schreiben, schwere Nachforschungen anstellen oder uns in langjährigen Kursen einschreiben. Unsere Grundtendenz geht an diesen Tagen im Monat in Richtung Gesprächsbereitschaft im weiteren Sinn. Wir schreiben an einen älteren Angehörigen oder dieser setzt sich mit uns in Verbindung. Bei einem eventuellen Ausflug sind wir mehr von den Bergen und vom Landleben als vom Meer angetan. Unsere Kauflust bezieht sich auf Antiquitäten, alte Autos und Motorräder oder alte Radios und Fernseher als Sammlerstücke. Wenn wir Raucher sind, können wir diese Gewohnheit besser unter Kontrolle halten.

Merkur im disharmonischen Aspekt zu Saturn

Wenn Merkur im disharmonischen Winkel an unserem Geburtssaturn vorbeizieht, haben wir Schwierigkeiten in der Kommunikation. Unsere Gedanken schlagen eine negative und pessimistische Richtung ein. Besorgt denken wir an alle unsere zukünftigen Projekte und haben Mühe, uns zu positiven Plänen zu bringen. Intellektuell sind wir an einem toten Punkt. Aus unseren geistigen Blockaden können wir uns nur schwerlich befreien und wir quälen uns mit Gedanken an die möglichen negativen Auswirkungen zukünftiger Projekte. Wir haben Schwierigkeiten dabei, einen klaren und flüssigen Gedanken zu fassen, da alle Gedanken auf den kritischen Punkten stehen bleiben, die uns Probleme bereiten könnten. Wir schaffen es einfach nicht, uns zu entspannen und positiv zu denken. Auch unsere Gespräche werden davon beeinflusst und andere merken, dass wir uns nur schwer ausdrücken können, dass wir die richtigen Worte nicht finden oder sogar stammeln. Unsere Hauptfrustration in diesen Stunden ist unsere Unfähigkeit zur Kommunikation auf der ganzen Linie. Wir können uns nicht verständlich machen oder verstehen unseren Gesprächspartner nicht, können kein Gespräch beginnen oder müssen es an wichtiger Stelle abbrechen. Wir bemerken, dass unser Gesprächspartner uns nicht gerne zuhört und uns keine Unterstützung in der Diskussion zuteil kommen lässt. Es wäre jetzt besser, jede Klärung mit anderen zu verschieben. Das Beste wäre, ein wenig allein zu bleiben und nachzudenken: wir sind pessimistischer in unseren Gedanken, das aber muss nicht unbedingt negativ sein, da es auch übertriebene Phantasien, die beispielsweise im Durchgang Merkur–Jupiter erwachsen sind, ins rechte Licht rücken könnte. Das erzwungene Überdenken unserer Projekte kann uns mit den Füßen zurück auf den Boden bringen, uns zwar manche Enttäuschung bereiten, aber es werden gesunde Enttäuschungen sein, die uns daran hindern, irgendeinen Blödsinn zu machen. Wir werden von Älteren behindert oder entmutigt. Eine ältere Person könnte in einer Diskussion besser abschneiden oder uns bloß stellen. An diesen Tagen kann es auch zu kleinen Übertragungs- oder Kommunikationsfehlern kommen, wie zum Verlust eines Briefes, zur Unterbrechung der Leitung bei einem wichtigen Gespräch, dem Abschalten der Telefonleitung für einige Stunden, einem Defekt am Drucker, dem Herunterfallen einer Antenne auf dem Dach, dem Blockieren des Faxgerätes aus Mangel an Papier, usw. Wir sollten uns jetzt nicht allzu sehr ärgern, da jeder von uns wissen sollte, dass wir den Planeten bei disharmonischen Durchgängen einen regelmäßigen Tribut zu zahlen haben. Das Autofahren sollten wir vermeiden - bei dem Verzicht auf eine Reise plagt uns nur der Verzicht selbst, wenn wir die Reise dagegen entgegen unseres besseren Wissens antreten, könnten die Schäden weit schlimmer sein: eine Reifenpanne, ein Tankstellenstreik, der uns auf halber Fahrt aufhält, eine versperrte Straße, usw. Wir sollten es auch vermeiden, mit älteren Personen Geschäfte zu machen oder Antiquitäten oder alte Gegenstände, wie Automobile, Radios, Telefone, und Ähnliches zu kaufen. Das Rauchen wird uns in diesen Stunden mehr schaden als sonst.

Merkur im harmonischen Aspekt zu Uranus

Wenn Merkur im günstigen Winkel zu unserem Geburtsuranus vorbeizieht, scheinen wir wie ein Computer zu funktionieren. Es fehlen eigentlich nur noch die vielen kleinen blinkenden Lichter und schon wären wir die perfekte IBM-Station. Wir bemerken, dass wir Informationen mit einer unglaublichen Schnelligkeit verarbeiten und austauschen können. Nur schwerlich könnten wir noch aufgeweckter und intelligenter sein. Unsere intuitiven Fähigkeiten befinden sich auf ihrem Höchstpunkt und wir arbeiten mit unserem Gehirn, als stünde ihm die doppelte Menge an elektrischer Energie als sonst zur Verfügung. Die Ideen sprudeln nur so aus uns hervor und wir zeigen uns nach außen brillant, allzeit bereit, intuitiv und klar in allen Ausführungen. Wir verstehen unseren Gesprächspartner noch bevor er den Satz beendet. Es gedeiht unsere Fähigkeit, analoge Zusammenhänge herzustellen, was wahrscheinlich der höchste Ausdruck von Intelligenz überhaupt ist. Unser Geist arbeitet so hellwach und schnell, als ob er Kokain geschnupft hätte. Mit dieser erweiterten geistigen Kapazität können wir hitzige Diskussionen führen, schwierige Themen behandeln, uns heiklen Fragen stellen, die viel Scharfsinn erfordern. Dieser begnadete Moment hilft uns besonders bei Entscheidungen, die es schnell zu treffen gilt. Unsere verbesserten Reflexe lassen uns konzentrierter bei der Arbeit sein und mit einer erhöhten Sicherheitsmarge in den Tätigkeiten zu arbeiten, die unsere volle Aufmerksamkeit erfordern. Wir können besser Auto- oder Motorradfahren und sind in der Lage, schnell auf unerwartete Situationen zu reagieren. Wenn wir nachts oder bei schlechter Sicht fahren müssen, kann uns dies besonders dienlich sein. Alle Neuigkeiten in Elektronik und Technik interessieren uns stark und davon können wir profitieren, um den Umgang mit dem Computer oder mit einer neuen Software zu lernen. Es ist der ideale Tag, um die Gebrauchsanweisung eines Videorekorders oder eines neuen Handys mit vielen Funktionen zu lesen, für die man fast einen Abschluss als Elektronikingenieur bräuchte. Es ist sehr wahrscheinlich, dass wir uns an diesen Tagen nutzbringend neue Geräte wie ein Modem, Faxgerät, Satellitenantenne, Decoder für Fernsignale, schnurlose Telefone, usw. anschaffen. Wir sind außerdem zum Kauf eines neuen Autos, eines Motorrads, eines Mofas oder eines Fahrrads geneigt. Es ist der geeignete Moment, um eine Satellitenantenne auf dem Dach zu montieren oder ein neues Gerät an den Computer anzuschließen und hierzu die neue Software zu installieren. Wir kommen in allen technischen Dingen besser zurecht, könnten uns aber auch mit Erfolg der Fotografie, dem Amateurkino, der Astrologie widmen. Wir fühlen uns zu Genies und Exzentrikern hingezogen und es könnte eine Nachricht in Bezug auf einen Bruder, Vetter oder Schwager eintreffen. Wir können an einem Tag mehrere Reisen unternehmen, indem wir z.B. gleich in mehrere Flugzeuge hintereinander steigen.

Merkur im disharmonischen Aspekt zu Uranus

Wenn Merkur im disharmonischen Winkel zu unserem Geburtsuranus transitiert, fühlen wir uns nicht weniger intelligent, sondern ganz das Gegenteil davon. Unser Geist scheint wie auf Drogen, so groß ist seine Fähigkeit, Informationen zu verarbeiten. Daten und Informationen bewegen sich in uns mit erstaunlicher Geschwindigkeit und sprudeln genauso schnell nach außen. Unser Gehirn scheint ein in unglaublich schneller Datenübertragungsrate arbeitender Computer. Der Unterschied zum harmonischen Transit Merkur–Uranus besteht darin, dass uns diese Geschwindigkeit mehrere Probleme bereitet. Wir werden besonders ungeduldig angesichts der geistigen Langsamkeit anderer und sind überhaupt nicht nachsichtig mit stilleren und langsameren Persönlichkeiten. Zudem verschafft uns die Anspannung eine große Nervosität, die sich auch durch Aggressivität und Schlaflosigkeit ausdrückt. Wir sollten versuchen, uns zu beruhigen, eventuell auch zu einem leichten Beruhigungsmittel greifen, das auch homöopathisch oder natürlich sein kann, wie beispielsweise ein Kamillentee. Wir müssen begreifen, dass wir in diesem Rhythmus nicht fortfahren können und dass wir uns unbedingt beruhigen müssen. Also sollten wir ein paar Mal tief durchatmen und uns mit etwas beschäftigen, das unseren schnellen Lauf bremst. Das Surfen im Internet könnte uns weiterhelfen, da das unkontrollierte Springen von einer Seite zur anderen ein Ventil für unsere Schnelligkeit sein kann. Unser Geist liebt es in diesen Momenten, die Realität wie durch ein Kaleidoskop zu betrachten, das jede Sekunde das Bild wechselt und findet statische Nahaufnahmen unerträglich. Auch eine Flipper- oder Kickerpartie könnte uns dabei helfen, die Nerven zu beruhigen, ebenso wie eine Tischtennispartie, bei der wir alle Anwesenden durch unsere schnellen Reaktionen in Erstaunen versetzen werden. In diesem Moment sind wir in der Lage, ein Insekt im Flug zu fangen und zu vielem mehr. Wie im harmonischen Transit Merkur–Uranus können wir auch hier unsere geistigen Fähigkeiten einsetzen, um uns auf eine schwierige Prüfung vorzubereiten, anspruchsvolle technische oder wissenschaftliche Themen anzugehen, anstrengende Bücher zu lesen, wichtige Prüfungen anzutreten, Vorträge zu halten und an Debatten teilzunehmen. Beim Autofahren müssen wir dagegen stark aufpassen, da unsere Reflexe zwar sehr viel besser sind, wir aber gleichzeitig stärker in Versuchung sind, zu rasen, was zu einem Unfall führen könnte. An diesen Tagen werden wir jedoch mit absoluter Sicherheit sehr viel unterwegs sein, ob mit dem Auto, mit dem Zug oder mit dem Flugzeug. Wir besuchen viele Leute und Freunde und Angehörige setzen sich stärker mit uns in Verbindung. Die eingehende und ausgehende Korrespondenz in Form von Briefen oder E-Mails vermehrt sich. Das Telefon klingelt häufig und auch wir selbst wollen viel telefonieren. Eine schlimme Nachricht könnte wie ein Blitz eintreffen und einen Bruder, Vetter oder Schwager betreffen. Ein besonderer Scharfsinn kann uns in den Geschäften behilflich sein, wo wir einen sechsten Sinn entwickeln. Besonders viel Glück haben wir beim Handel, sei es im Verkauf oder im Kauf von Telefonen, Faxgeräten, Druckern, Modems, Fernsehern, Satellitenantennen, usw. Wir suchen die Gesellschaft von originellen, wenn nicht gar exzentrischen Personen. Unsere übertriebene Nervosität kann zu mehr Schäden durch das Rauchen führen.

Merkur im harmonischen Aspekt zu Neptun

Wenn Merkur im günstigen Winkel zu unserem Geburtsneptun steht, sind unsere Phantasien und die Einbildungskraft geschärft. Wir neigen dazu, uns geistig zu entspannen und die Stimmen des Unterbewusstseins laufen zu lassen, die uns in eine ideale, virtuelle Welt versetzen, in der wir unsere kreativsten Fähigkeiten aus uns holen können. Wir fühlen uns besonders inspiriert und es können uns einige Ideen einfallen, die sonst nur schwerlich an der kalten Zensur unseres Verstandes vorbeigekommen wären. Die Hemmschwellen des Verstandes lassen nach und so können wir in die Welt der Träume eintreten, in der es keine Grenzen gibt. Diesen Zustand können wir nutzen, um unsere Gedanken aufzuschreiben, den Entwurf für ein Buch, eine Erzählung, einen Werbespot oder schlicht für eine Grußkarte oder eine Lokalanzeige zu schreiben, die ein wichtiges Familienfest ankündigt. Wenn wir Künstler sind, ist der Moment besonders fruchtbar für unser Schaffen und wir sollten ihn nutzen, um möglichst viel zu schreiben oder Werke der Musik, mit dem Pinsel, mit einer Meißel und mit jedem Mittel, mit dem wir unsere Phantasien in konkrete Werke umsetzen können, fertig zu stellen. Wir sind feinfühlig und besonders inspiriert. Bücher über analytische Psychologie, Esoterik, Parapsychologie, Astrologie, Yoga, orientalische Kulturen und Religion interessieren uns. In diesen Stunden besteht ein enges Verhältnis zwischen unserer Rationalität und der Inspiration, was uns vermehrt mit neptunschen Themen beschäftigen lässt. So können wir zum Beispiel Bücher über Schifffahrtskunde, Fischfang, Tiefseetauchen lesen oder sogar Kurse hierzu besuchen. Wenn wir uns bewegen möchten, was sehr wahrscheinlich ist, sollten wir dies mit einem Boot, einem Schiff, einer Fähre tun und einen wunderschönen Urlaub am Meer genießen. Auch ein gesunder Spaziergang am Meer oder an einem See bereitet uns viel Freude, sowie der Besuch in einem Aquarium oder bei einer biologischen Station. Wir fühlen uns besonders zum Meer und zum Wasser hingezogen und wollen mehr darüber erfahren, vielleicht, indem wir uns eine CD Rom zur Unterwasserwelt und zu den Kreaturen kaufen, die in ihr leben. Gerne möchten wir uns ein Boot oder eine Yacht zulegen, um die Meere zu umschiffen. Neptun bezieht sich aber auch auf das veränderte Bewusstsein und auf alle Dinge, die ein verändertes Bewusstsein verursachen, also könnten wir diese Zeit auch nutzen, um einem Vortrag über Drogen zu lauschen oder um uns über die Wirkungsweisen von Psychopharmaka zu informieren. Wenn wir im Internet surfen, sollten wir hauptsächlich Seiten besuchen, welche die besprochenen Themen behandeln und unsere Intuition könnte uns zu einer besonders nützlichen Adresse führen, die wir eventuell schon lange gesucht haben. Die Inspiration in diesen Tagen wird uns dabei behilflich sein, Vorträge, Arbeiten für einen Kongress, einen Lebenslauf für die Bewerbung oder einige Kapitel für ein Buch zu schreiben. Vielleicht werden wir bei diesem Planetendurchgang Magier, Astrologen, Kartenleser, aber auch Psychologen, Priester oder Philosophen aufsuchen. Wir fühlen uns mehr zu Hilfsbedürftigen hingezogen und wollen besonders Personen mit psychischen Problemen helfen. Wir könnten auch eine Organisation finanziell unterstützen, die auf diesem Gebiet tätig ist. Ein wenig Telepathie wird uns positiv mit einem Bruder, Vetter oder Schwager verbinden. Bei eventuellen geschäftlichen Verhandlungen zum Erwerb oder Verkauf von Gütern sind wir durch unsere Intuition im klaren Vorteil.

Merkur im disharmonischen Aspekt zu Neptun

Wenn Merkur im dissonanten Winkel zu unserem Geburtsneptun steht, fühlen wir uns in unseren Projekten und Gedanken etwas konfus. Die Gedanken häufen sich in unserem Kopf, aber es gelingt uns nicht, ihnen die richtige Ordnung oder Organisation zu geben. Wir sind nicht imstande, Bauchschmerzen von einer außersinnlichen Wahrnehmung zu unterscheiden und auch nicht zu erkennen, ob wir uns in einem guten intuitiven Moment befinden oder einfach von den tausend ungeordneten

Reizen in unserem Geist abgelenkt sind. Wir sind nicht in der Lage, unsere Handlungen gut zu planen und eine Strategie für den kommenden Tag auszuarbeiten. Unter diesen Umständen wäre es besser, auf praktischer Ebene nichts Wichtiges zu planen. Wenn unsere Programme dagegen in Richtung künstlerischen und phantasievollen Schaffens gehen, dann gibt es überhaupt kein Problem. Wir sollten von diesem Moment profitieren, um Bücher - hauptsächlich Romane - zu lesen, die unsere bereits starken Empfindungen noch ausweiten. Wir sollten jedoch darauf Acht geben, dass wir uns nicht von Katastrophengeschichten mit weit schweifenden Erklärungen menschlicher Tragödien, körperlicher und geistiger Krankheiten, Unheil jeder Art zu sehr beeindrucken lassen. Unsere Feinfühligkeit ist im Laufe dieses Planetendurchgangs stark erhöht und so riskieren wir, dass uns solche Geschichten zu sehr mitnehmen, dass wir Ängste, fixe Ideen oder kleine Neurosen entwickeln. Daher sollten wir in diesem Sinn gefährliche Bücher meiden und uns lieber an gesunde Seefahrtabenteuer, wie Moby Dick, Käpt'n Hook oder *20.000 Meilen unter dem Meer* von Jules Verne halten. Ebenfalls meiden sollten wir den Besuch bei einem Magier, Astrologen oder angeblichen Hexern, da die möglichen geistigen Schäden hierbei groß sind. Wenn wir selbst Astrologen sind, sollten wir es vermeiden, die Ephemeriden zu lesen, unseren Geburtshimmel oder den unserer Lieben zu analysieren, da wir uns grundlos starke Sorgen machen könnten. Wenn wir uns im Gebet sammeln möchten, sollten wir das privat tun und nicht an kollektiven Riten teilnehmen. Die Menschenmassen sind in diesem Moment des Monats nicht gut für uns, also sollten wir uns auch von Demonstrationen, Streiks oder Gewerkschaftsversammlungen, usw. fernhalten. Auch die Kommunikation wird erschwert, vielleicht durch Schäden in Bezug auf Wasser (der Computer wird durch das Umfallen eines Getränkes beschädigt oder die Telefonleitungen sind wegen einer Überschwemmung in unserer Gegend tot). Aus dieser Sicht ist es angebracht, alle Reisen auf dem Meer, auf Seen und Flüssen zu vermeiden. Wir sollten nicht Boot fahren, angeln oder tauchen gehen. Die Gefahr eines Schiffbruchs ist höher. Gleiches sollten wir einem Bruder, einem Vetter oder einem Schwager raten. Unsere vermeintlich stärkere Intuition könnte uns bei Geschäftsverhandlungen einen Streich spielen. Wir sollten den Kauf und den Erwerb besonders von Booten jeder Art und Anglerzubehör sein lassen. Unsere geistige Verwirrtheit könnte auch aus der Einnahme von Psychopharmaka oder den Effekten von Alkohol entstanden sein. Jemand könnte uns dazu bringen wollen, Marihuana zu rauchen.

Merkur im harmonischen Aspekt zu Pluto

Wenn sich Merkur in günstigen Winkel zu unserem Geburtspluto setzt, so sind unsere geistigen Funktionen kurzzeitig verstärkt. Wir sind aufnahmefähiger und tiefsinniger, imstande, auch schwierige und komplexe Themen zu behandeln. Große Schwierigkeiten ziehen uns an und die kleinen und unbedeutenden interessieren uns nicht. Pluto herrscht über allem darunter Liegenden, Tiefen, Unterirdischen und so versuchen wir, hinter die offensichtlichen Dinge zu blicken, Tiefenanalyse zu betreiben, in den Seelen der Menschen und in unserer eigenen zu graben. Dies ist eine sehr nutzbringende Zeit für die persönliche Analyse, mit oder ohne Hilfe eines Therapeuten. Großes Interesse für die Probleme der Psychologie, der Psychoanalyse, der Astrologie und der Esoterik. Hinwendung auch zu Büchern und Texten, die diese Themen behandeln. Lektüre von Kriminal- oder *Noir*-Romanen. Interesse für den Tod. Wir sind von dem Gedanken angetan, verstorbene Angehörige zu besuchen und machen vielleicht einen Ausflug oder Spaziergang zum Friedhof. In diesen Stunden können wir uns sehr gut auf das Mysterium des Todes konzentrieren und friedvoll mit klarem Verstand an unseren eigenen Tod denken. Wir könnten jetzt Projekte in diese Richtung machen, wie über die Art und den Ort unseres Begräbnisses nachzudenken. Im Verlauf dieses Transits sind wir möglicherweise auch an der Besichtigung von Höhlen, Grotten, unterirdischen Orten, wie Kellergewölben oder Bergwerken interessiert. Unterirdische Forschungen jeder Art interessieren uns sehr und wir könnten uns diesbezüglich weiterbilden, z.B. durch Bücher über Geologie oder durch die Suche nach Wasseradern. In den Kommunikationen fühlen wir einen Drang nach sehr weiten Verbindungen und könnten versuchen, einen weit entfernt lebenden Angehörigen oder Freund anzurufen. Es könnte uns auch in den Sinn kommen, eine Satellitenantenne zu kaufen, um Fernsehprogramme aus der ganzen Welt sehen zu können. Diese wenigen Tage des Monats eignen sich auch gut für die Vertiefung des Verhältnisses zu unserem Bruder, Vetter oder Schwager. Wir sind in der Lage, mit jungen Freunden eine ernsthafte und reife Beziehung aufzubauen. In den Geschäften sind jetzt die grandiosen Dinge unser Ziel und kleine Objekte lassen wir links liegen.

Merkur im disharmonischen Aspekt zu Pluto

Wenn Merkur im disharmonischen Aspekt zu unserem Geburtspluto zirkuliert, befinden wir uns in einem Moment des geistigen Ungleichgewichts. Starke zerstörerische und selbstzerstörerische Impulse versuchen, von uns Besitz zu ergreifen und lassen uns das Leben verzerrt und als problematisch betrachten. Wir stehen unter dem Effekt eines pessimistischen Schubes, der uns dem beginnenden Tag mit Argwohn entgegensehen lässt. Böse Eindrücke durchqueren unseren Geist und führen zu unerfreulichen Gedanken. Wie bei den dissonanten Durchgängen Merkur–Neptun können wir auch hier unter kleinen Phobien, Manien und Ängsten leiden, aber noch um eine Oktave höher. Eine leicht neurotische Ebene befindet sich in uns. Besonders dem schlechten Einfluss von Todesgedanken könnten wir mit richtigen kleinen Obsessionen in dieser Richtung ausgesetzt sein. Wir sollten uns in diesen Tagen nicht auf den Friedhof begeben und nicht in Kontakt mit spiritistischen Sitzungen und Ähnlichem kommen, da uns dies ernste psychische Schäden bereiten könnte. Wir sollten auch eine finstere Kriminalgeschichte oder *Roman Noir* beiseite legen und keine gewalttätigen Filme mit grausamen Morden und Unmengen an vergossenem Filmblut ansehen. Wir sollten uns von allen deprimierenden Einflüssen fernhalten und uns lieber der gesunden, humoristischen Literatur von Autoren aller Nationalitäten zuwenden. Schöne Spaziergänge an der frischen Luft, vielleicht im Wald, können uns trösten und uns dem psychologisch schwer auf uns lastenden Klima entziehen, das üblicherweise einen solchen Planetendurchgang begleitet. Wir sollten es außerdem vermeiden, in der Nacht mit dem Auto zu fahren, das uns zwar jetzt sehr reizt, aber sehr gefährlich werden kann. Ebenfalls vermeiden sollten wir gefährliche Tauchgänge oder die Erkundung von Höhlen oder unterirdischen Stollen. Kleine Obsessionen können auch unser Sexualleben in diesen Stunden stören und Sexualität sollte allgemein vielleicht lieber verschoben werden. Der Pessimismus, der uns im Laufe dieses Transits begleitet, könnte das Verhältnis zu einem Bruder, Vetter oder Schwager verschlechtern. Der Transit könnte außerdem auf ein kurzzeitiges psychisches Problem einer dieser Personen hinweisen. Geschäfte sollten wir in diesem Moment vermeiden, da wir einem Betrug zum Opfer fallen oder selbst in Versuchung geraten könnten, uns anderen gegenüber unehrlich zu verhalten.

Merkur im Aspekt zum Aszendenten

Siehe Merkur im ersten Haus

Merkur im Aspekt zum Medium Coeli

Siehe Merkur im zehnten Haus

Merkur im Aspekt zum Deszendenten

Siehe Merkur im siebten Haus

Merkur im Aspekt zum Imum Coeli

Siehe Merkur im vierten Haus

Merkur im Transit durch das erste Haus

Wenn Merkur durch unser erstes Radix-Haus zieht, ist unser Geist besonders schnell und wach. Wir fühlen uns intelligenter, geistig aktiver und klarer beim Formulieren von Ideen und Gedanken. Wir wissen, was wir wollen und zeigen uns entschlossener vor anderen. Unsere persönlichen Ideen können wir besser durchsetzen und unsere Prinzipien besser behaupten. Es ist für alle offensichtlich, dass wir uns klarer ausdrücken, uns Allen verständlich machen und gleichzeitig genau verstehen, was uns gesagt wird. Wir sollten den Moment nutzen, um Missverständnisse aus dem Weg zu räumen und uns jetzt eigenwilligeren Themen und der Lösung ungewöhnlicher Fragen zuwenden, Antworten auf Fragen finden, die uns seit Langem beschäftigen, anspruchsvolle Briefe schreiben. Auch wenn wir keine Experten bei Kreuzwort- und Bilderrätseln sind, können wir uns in diesen Tagen dieser Übung gut widmen. Sehr guter Tag zum Lernen von Bridge oder anderen intelligenten Kartenspielen. Unsere körperliche Kraft ist vor allem geistige Kraft, Energie, die aus unserem Kopf kommt und unsere Gliedmaßen zu besserer Betätigung lenkt. Wir erinnern an flüssiges Quecksilber, an große geistige und körperliche Beweglichkeit. Wir scheinen körperlich und geistig sogar jünger zu sein, suchen die Gesellschaft von jüngeren Personen und verhalten uns ihnen gegenüber spaßhaft. Ein großer Wunsch nach Kommunikation herrscht in uns und drückt sich nach außen aus, treibt uns auf die Straße, zu Reisen und Spritztouren mit dem Auto oder Motorrad. Wir machen wunderschöne Ausflüge, um einen Bruder, Vetter, Schwager oder Freund zu besuchen. Unsere Lust zum Schreiben wächst und wir möchten am liebsten allen Bekannten Briefe schreiben. Wir erhalten auch mehr Post. Das Telefon klingelt ständig und wir selbst rufen alle an. Wir kaufen uns Dinge für uns selbst, wie Kleidungsstücke oder Pflegeartikel. Wir haben große Lust, im Internet zu surfen. Wahrscheinlich kaufen wir Objekte für die Kommunikation und Telekommunikation, wie schnurlose Telefone oder Handys, Modems, Satellitendecoder, Anrufbeantworter und Faxgeräte, Drucker usw. Außerdem könnten wir Lust verspüren, uns ein neues Auto oder entsprechend der jugendlichen Strömung in uns auch ein Mofa zu kaufen. Unsere Kleidung geht ebenfalls in die jugendliche Richtung und wir könnten in Versuchung kommen, zuviel Haut zu zeigen. Wenn der Transit dissonant ist, könnten wir einen Moment der Erregung und Nervosität erleben. Unsere logischen und intellektuellen

Fähigkeiten verringern sich zwar nicht, könnten uns aber Schlaflosigkeit und viel Stress bereiten. In diesem Fall sollten wir es vermeiden, mit dem Auto zu fahren, da wir einen Auffahrunfall riskieren. Außerdem sollten wir aufpassen, dass sich die Nervosität nicht in einem übermäßigen Zigarettenkonsum ausdrückt. Der Augenblick ist dennoch gut für Verhandlungen und kleine Geschäfte jeder Art.

Merkur im Transit durch das zweite Haus

Wenn Merkur durch unser zweites Radix-Haus zieht, ist unser Geist hauptsächlich in Richtung Geschäfte orientiert. Unsere besten Ideen entwickeln sich und finden ihre praktische Anwendung in den Verdiensten. Wir planen neue Projekte, entwickeln neue Strategien, um uns bessere Mittel zum Überleben zu verschaffen. Auch wenn wir sonst keine Händler sind, gehen uns Geschäfte in diesen Stunden, in denen unsere Intelligenz hauptsächlich ins Nützliche und Praktische gelenkt wird, leichter von der Hand. Auch wenn wir keine Pragmatiker sind, fragen wir uns jetzt: „Hilft mir das? Nützt mir jenes?" und handeln demnach. Einige Ideen für Verdienste kommen uns hauptsächlich aus den Bereichen Kommunikation, Telekommunikation, Reisen und Fortbewegung im Allgemeinen. Wir können ein gutes Geschäft durch den Kauf eines Autos oder eines Motorrads abschließen oder eine Karriere als Webdesigner starten. Wenn wir viel pendeln, könnte uns jetzt eine gute Idee kommen, wie wir die täglichen Reisekosten reduzieren können. Wir könnten einem Bruder, Vetter, Schwager oder jungem Freund ein gutes Geschäft vorschlagen oder selbst vorgeschlagen bekommen. Weitere wirtschaftlich fruchtbare Ideen könnten in den Bereichen Fotografie, Fernsehen, der Bildindustrie im Allgemeinen bis zur Computergrafik liegen. Unser Interesse in Bezug auf diese Bereiche steigt zwar hauptsächlich im spielerischen Sinn, endet aber dennoch in irgendeiner Weise lukrativ für uns. Unsere Kleidung wird im Laufe dieses Planetendurchgangs jugendlicher, leichter und freier. Unser Aussehen wird frischer und direkter. Wunderbare Tage für die Aufnahme einer Tätigkeit in den Bereichen Reisen, Kommunikation, Telekommunikation, Telefon, Satellitenfernsehen, usw. Wenn der Durchgang gleichzeitig mit anderen negativen Transiten erfolgt oder wenn Merkur dissonante Aspekte mit anderen Planeten formt, dann müssen wir wachsamer sein und uns bei Geschäftsverhandlungen nicht bloß stellen, da wir geistig nicht ganz auf der Höhe sind und schwerwiegende Fehler begehen könnten. Unter dem Druck dieses Planetendurchgangs könnten wir in Versuchung geraten, bei Geschäften nicht ganz ehrlich zu sein, was wir entschieden bekämpfen müssen. Leicht werden wir in Geschäften die Unwahrheit sagen, wenn dies unserem Grundcharakter entspricht. Wir müssen uns besonders davor in Acht nehmen, von jungen Leuten oder engen Verwandten betrogen zu werden. Ein möglicher Betrug kommt per Post oder über einen Anruf. Die Nachrichten im Radio oder Fernsehen informieren uns über einen finanziellen Verlust.

Merkur im Transit durch das dritte Haus

Wenn Merkur an unserem dritten Radix-Haus vorbeizieht, bemerken wir um uns eine große Kommunikationskraft. Wir sind empfänglicher und unsere Zuhörer sind offen für ein Gespräch. Unser Beziehungsnetz, unser Austausch und unsere Diskussionen wachsen gewaltig an. Diese Stunden sind durch eine große geistige Klarheit charakterisiert, die uns die Dinge schneller auffassen und uns wichtige Diskussionen zur Lösung alter Probleme führen lässt. Wir können gute und lange Gespräche führen, die zu nützlichen Ergebnissen führen werden. Reden und Zuhören ist das Motto in diesen Stunden. Wir bewegen uns stark auf alle Kommunikationen zu. Auch Fahrten jeder Art reizen uns und so ist der Tag perfekt für einen Ausflug aus der Stadt oder für eine Spritztour mit dem Auto oder Motorrad. Wir können auch sehr angenehme Spaziergänge erleben und unsere Angehörigen, einen Bruder, Vetter, Schwager oder jungen Freund besuchen. Das Telefon zu Hause klingelt häufiger als sonst und wir rufen selber gerne an und wundern uns dabei über die vergleichsweise Leichtigkeit, mit der wir Verbindungen herstellen können, auch mit Leuten, die uns normalerweise entwischen. Wir erhalten viel Post, auch von Menschen, von denen wir lange nichts gehört haben. Auch selbst schreiben wir mehr und holen Dinge nach, die wir aus Faulheit liegen gelassen hatten. Wir haben Lust, nahe und ferne Personen zu kontaktieren, was uns auch per E-Mail gelingt. Der Tag ist ideal, um im Internet zu surfen, wir entdecken neue, interessante Seiten und können uns mit Seiten verbinden, zu denen wir sonst nur schwer Zugang haben. An Tagen wie diesen haben wir Lust, uns raffinierte Geräte für die Kommunikation zu kaufen, wie Handys und schnurlose Telefone, Faxgeräte, Telefonstationen, Modems, Drucker, Satellitenantennen, Decoder für Fernsignale, usw. Es steigt unsere Lust am Lesen und wir lesen auch mehr. Diesen Augenblick können wir für die Lektüre eines besonders anspruchsvollen Textes nutzen. Durch einen schnellen und klaren Geist können wir uns besser auf schwirige Prüfungen vorbereiten, komplexe Bedienungsanleitungen für den Computer verstehen, den Umgang mit einer neuen Software oder die Grundregeln im Bridge lernen. Wenn wir einen wichtigen Vortrag für die Arbeit, eine Studie für einen Kongress oder eine öffentliche Rede vorbereiten müssen, ist dies der geeignete Moment. Ebenso gut können wir an einem Kapitel für ein Buch arbeiten, einen Kurs besuchen oder abhalten, an Konferenzen, Debatten, runden Tischen, Radio- und Fernsehsendungen teilnehmen. Wenn der Transit dagegen von disharmonischen Aspekten charakterisiert ist, dann bemerken wir an uns eine übertriebene Eloquenz und eine Tendenz zu Polemiken und Sarkasmus, die für uns unüblich sind. Es wird uns schwerer fallen, uns begreiflich zu machen und andere selbst zu begreifen. In der Fortbewegung werden wir Ärgernisse erleben, wie eine Autopanne oder einen um wenige Minuten verpassten Zug. Eine schlechte Nachricht kommt per Post oder über das Telefon. Ein neu gekauftes Telefon, Faxgerät oder Drucker funktioniert nicht. Wir haben Streit mit einem Bruder, Vetter, Schwager oder jungen Freund. Wir sind nicht in der richtigen Stimmung für Geschäfte und sollten sie lieber unterlassen. Wir sind besonders nervös und könnten mit dem Rauchen übertreiben.

Merkur im Transit durch das vierte Haus

Wenn Merkur durch unser viertes Radix-Haus zieht, wächst unser Sinn für Geschäfte im Immobiliensektor. Wir könnten uns zu einem An- und Verkauf von Immobilien gedrängt fühlen, daran denken, ein Haus oder einen Immobilienanteil zu erwerben, ein Grundstück zu verkaufen oder einen Mietvertrag auszuhandeln. Wir haben sehr klare Ideen in diesem Bereich und der Transit ist ideal, um Geschäfte solcher Art zu machen. Diese Tage sind auch günstig, um eine Ferienwohnung für den Sommerurlaub oder ein Hotel für den Skiurlaub zu buchen. Ein besseres Gespür für Geschäfte mit Immobilien ermöglicht es uns, hier langfristige Pläne zu machen. Der Transit eignet sich auch gut für Diskussionen in der Familie, besonders mit den Eltern, in denen wir unseren Standpunkt deutlich machen können und im Gegenzug offener für den Standpunkt des Anderen sind. Viele gute Ideen für die Einrichtung, den Umbau, die Verschönerung und Optimierung unseres Hauses kommen uns. Wir entdecken ein kurzzeitiges, für uns unübliches architektonisches Talent an uns. Gute Ideen können uns auch im Gastgewerbe oder in der Restauration kommen. Wir sind viel unterwegs, um uns ein Haus anzusehen oder um unsere Eltern zu besuchen. Letztere könnten sich gerade auf Reisen befinden oder Geschäftsverhandlungen führen. Unsere Kommunikation zu ihnen wächst. Wenn wir im selben Gebäude wohnen, können wir von diesem Transit profitieren, um beide Wohnungen mit einer Sprechanlage zu verbinden. Unser Geist wird auf die Erinnerungen gelenkt und unser Gedächtnis ist der am stärksten arbeitende Teil unseres Gehirns.

In diesem Sinn eignet sich der Planetendurchgang hervorragend, um Daten abzuspeichern und beispielsweise Sicherheitskopien von den Inhalten auf unserer Festplatte zu machen. Wir könnten hierfür ein geeignetes Gerät kaufen, wie eine externe Festplatte oder einen Brenner, ein Diskettenlaufwerk, usw. Wenn der Transit dissonant ist, weil er zum Beispiel böse Aspekte formt, sollten wir keine Verhandlungen in Bezug auf Immobilien führen, da wir eventuell betrogen werden oder aus mangelnder Klarheit Fehlentscheidungen treffen könnten. Wir sollten den Kauf von Möbeln oder Dingen für das Haus vermeiden. An diesen Tagen könnten wir uns zu einer unangenehmen Reise gezwungen sehen, da unsere Eltern in Schwierigkeiten stecken oder weil wir sie zum Arzt begleiten müssen. Unsere Eltern könnten besonders nervös sein oder bei einer Reise in Schwierigkeiten geraten. Die Kommunikation zwischen uns und dem Elternhaus gestaltet sich schwieriger als sonst. Wir sollten die Abspeicherung von Daten auf Speichermedien vermeiden, da sie aufgrund eines dummen Eingabefehlers verloren gehen könnten.

Merkur im Transit durch das fünfte Haus

Wenn Merkur durch unser fünftes Radix-Haus zieht, fühlen wir uns zu jugendlichen Vergnügungen hingezogen. Wir würden gerne wieder Kicker, Tischtennis, Flipper und alle schönen Spiele aus unserer Jugend wieder spielen. Ein kindlicher Geist belebt uns in diesen Stunden und versetzt uns in eine Welt, in die wir nicht mehr gehören. Uns interessieren Bilderrätsel, Kreuzworträtsel und Rätsel jeder Art. In uns sammeln sich sehnsüchtige Erinnerungen an Zeiten, die nicht mehr wieder kehren werden. Wir umgeben uns gerne mit Jugendlichen und Kindern und geben dem Verhältnis zu unseren Kindern mehr Raum. Wenn diese weit weg sind, setzen wir uns in das Auto oder in den Zug, um zu ihnen zu fahren. Unsere Kommunikation zu ihnen steigt auch über das Telefon oder per Post. Wir reisen auch zum Vergnügen, egal, ob es um eine Fahrt mit dem Auto, auf dem Meer oder mit dem Flugzeug geht. Wir freuen uns, unterwegs zu sein und über alle möglichen Mittel zu kommunizieren, auch über das Internet. Zum Spiel im engeren Sinn fühlen wir uns hingezogen und, wenn dies ein Teil unserer Geschichte ist, suchen wir ein Kasino oder eine Pferderennbahn, mehr oder weniger legale Wettbüros oder den Pokertisch bei Freunden auf. Auch Börsenspekulationen interessieren uns jetzt ganz besonders. In diesen Stunden könnten wir die Nachricht erhalten, dass sich unser Sohn oder unsere Tochter verliebt hat. An Transportmitteln und technischen Geräten zur Fernkommunikation haben wir mehr Freude und können so die Gunst der Stunde nutzen, um eine Satellitenantenne auf dem Dach anzubringen, eine interne Sprechanlage einzurichten, die einzelne Zimmer unseres Hauses miteinander verbindet oder das neue Modem zu installieren. Wir fühlen uns leichter und zu jedem Schabernack bereit, suchen vor allem die Gesellschaft von jungen Leuten und könnten uns auch in eine jüngere Person verlieben. Wenn der Transit mit dissonanten Aspekten vorkommt, sollten wir uns von allen Spielen fernhalten, da wir im besten Fall nur wichtige Zeit verschwenden und im schlimmsten Fall große Summen am Poker- oder dem Roulettetisch verlieren. Eine atemlose Suche nach spielerischen und erholsamen Betätigungen um jeden Preis bringt uns in Schwierigkeiten in der Arbeit oder in den Geschäften. Es ist möglich, dass wir aufgrund von Problemen eines unserer Kinder wegfahren müssen. Ein wenig geistige Verwirrtheit könnte dazu führen, dass wir eine Liebesbeziehung mit einer zu jungen Person eingehen. Eine übertriebene Lust an Videospielen und ähnlichen Dingen könnte uns in einen starken Stresszustand versetzen (es ist erwiesen, dass ein intensives Auf-den-Bildschirm-Starren zu mehr oder minder schweren nervösen Störungen führen kann). Wir sollten uns vor dem Rauchen von Marihuana in Acht nehmen.

Merkur im Transit durch das sechste Haus

Wenn Merkur durch unser sechstes Geburtshaus zieht, können wir uns der Heilung von Nerven- oder Atembeschwerden widmen, die uns seit Langem quälen. Wir machen uns klare Gedanken zu unserer Krankheit und können hinter den Grund für eine physische Störung kommen, haben gute Ideen für eine Verbesserung unseres geistig-körperlichen Zustandes und das Bedürfnis, uns zu „verjüngen", vielleicht durch eine Schlankheitskur, Massagen, Heilbäder und allgemeine Kuren zur Verjüngung unserer Haut. In diesem Sinn können wir uns jetzt in einem Fitnesszentrum anmelden, Sport treiben, uns ärztlichen Untersuchungen unterziehen, Fachärzte und Spezialisten aufsuchen. Es ist der richtige Moment für eine Physiotherapie, Zahnprophylaxe, Moorbäder oder Ähnliches. Es wächst unser Interesse an Informationen zu diesen Gebieten und zusätzlich zur Lektüre von Büchern zum Thema oder dem Abonnement von Zeitschriften könnten wir uns auch von der Idee angezogen fühlen, einen Kurs über Shiatsu, makrobiotische Ernährung, Homöopathie für Nicht-Mediziner, usw. zu besuchen. Wenn wir ein Studium beginnen wollen, könnten wir uns bei diesem Planetendurchgang in die medizinische Fakultät einschreiben, aber auch Sportlehrer werden. Sport in allen Formen tut uns jetzt gut. Wir denken positiv an die Gesundheit eines Bruder, eines Vetters, eines Schwagers oder eines jungen Freundes. In der Arbeit sind wir klarer und genauer und verlangen auch anderen mehr Genauigkeit ab. Mathematische Berechnungen gehen uns leicht von der Hand und es kann uns gefallen, Tabellen am Computer oder Terminkalender zu erstellen und Datenbanken zu aktualisieren. Wir begeben uns auf die Suche nach jungen Mitarbeitern oder Hausangestellten und fühlen uns zu kleinen Tierbabys hingezogen. Dieser Moment ist ideal, um uns selbst oder anderen ein kleines Kätzchen oder ein Hündchen zu schenken, vielleicht unseren Kindern. Wenn der Transit dissonant ist, weil er schlechte Aspekte bekommt, müssen wir vermehrt auf Betrug durch junge Mitarbeiter aufpassen. Wir sind sehr nervös und könnten Atembeschwerden haben, vielleicht durch exzessives Rauchen. Wir haben keine klaren Ideen zu unseren Krankheiten und könnten im Laufe dieses Transits falsche Therapien beginnen. Einem Bruder, Vetter, Schwager oder jungem Freund geht es schlecht und wir sorgen uns um ihn. Unsere Gesundheit verschlechtert sich bei einer Reise oder wir verreisen, um einen Arzt für uns selbst oder für einen Angehörigen aufzusuchen. In der Arbeit haben wir viel Stress und wir könnten an Schlaflosigkeit leiden. Verjüngungskuren könnten ein schlechtes Ende nehmen. Ein junger Arzt stellt eine falsche Diagnose an uns.

Merkur im Transit durch das siebte Haus

Wenn Merkur durch unser siebtes Haus geht, steigern sich unsere gesellschaftlichen Ziele. Wir sehen das Leben als ein Gruppenunternehmen, einen Kampf, den es gemeinsam mit anderen zu führen gilt, besonders mit dem Partner. Wir denken über die Vorteile der Paarbeziehung gegenüber dem Singledasein nach. Unsere ehelichen Impulse gären. Sind wir Singles, werden wir stark an die Heirat als Lösung aller Probleme denken. Unsere ehrlichen assoziativen Absichten im weiteren Sinn wachsen. Wir haben große Lust, von Menschen umgeben zu sein, zu kommunizieren und am gesellschaftlichen Leben teilzuhaben. Logisch, indiskutabel und unersetzlich erscheinen uns die Lösungen, welche die Bildung einer Gesellschaft, Kooperative oder Vereinigung vorsehen. Wir werden uns fragen, wie wir es bis zu diesem Zeitpunkt geschafft haben, allein zu bleiben. Bei diesem Transit denken wir ernsthaft darüber nach, zu heiraten oder einen Partner zu finden. Viele Ideen kommen uns zur Gruppenbildung, für die Gründung eines Clubs oder das Voranbringen einer Bewegung. Wenn wir schon verheiratet sind, ist dies ein geeigneter Moment, um Beziehungsprobleme zu lösen, mit dem Partner zu sprechen und klar zu machen, was uns an der Beziehung nicht gefällt. Wir sind deutlicher und besser imstande, unsere Probleme in Beziehungen zu klären, sei es in der Liebe, als auch in der Arbeit oder im

Studium, etc. Wenn wir daran denken, eine Firma zu gründen, halten wir besonders an dem Gedanken fest, uns einen jüngeren Partner zu suchen oder auch mit einem Bruder, Vetter oder Schwager zusammenzuarbeiten. Unsere geistigen Energien jener Tage können in die Teamarbeit einfließen und wir bemerken einen kurzzeitig wenig individualistischen und bestimmenden Zug an uns. Wir bringen ein ehrliches Interesse für die Meinung anderer auf und wir können die Interessen der Anderen mit mehr Objektivität betrachten. Im Lauf dieser Tage könnten wir den Wunsch haben, eine Fahrt zu unternehmen, um den Partner oder einen Geschäftspartner aufzusuchen oder wir kommunizieren häufiger mit ihnen über das Telefon, Briefe, E-Mails und per Fax. Wir werden mehr pendeln, um eine Firma besser unterstützen zu können. Unsere Korrespondenz in rechtlichen Dingen steigt an. Diese Tage sind optimal, um über amtliche Schreiben zu sprechen, Anwälte und Rechtsberater aufzusuchen. Es sind auch gute Tage, um uns einen neuen Anwalt zu suchen oder um eine Klage einzureichen, einen Bericht oder eine Mahnung zu verfassen. Wir sind besonders an allem interessiert, das mit dem Recht zu tun hat und könnten wirksam unsere Mittel hierzu ausbauen, zum Beispiel durch den Kauf einer CD Rom mit allen Gesetzen unseres Landes oder Gerichtsurteilen für gezielte Recherchen in diesen Datenbanken. Ebenso wertvoll sind die Käufe von Objekten für das Büro, besonders von Telefonen, Faxgeräten, Druckern, usw. Wenn sich der Transit in disharmonischen Umständen ereignet, dann müssen wir in rechtlichen Dingen stark aufpassen, da wir von einem Partner oder sogar von einem Gesetzesvertreter belogen oder betrogen werden können. Wir haben keine klaren Ideen zu Vereinigungen und sollten bei diesem Planetendurchgang keine gründen.

Merkur im Transit durch das achte Haus

Wenn Merkur unser achtes Haus durchläuft, tendieren wir dazu, uns mehr für eigene und fremde psychologische Probleme zu interessieren. Wir haben das Bedürfnis, tiefer in unser innerstes Ich einzutauchen, nach unseren Wurzeln und den tieferen Beweggründen zu suchen, die unsere bewussten Handlungen inspirieren. Der Zeitraum ist optimal, wenn wir eine Tiefenanalyse machen wollen oder mit einem begleitenden Psychotherapeuten sprechen wollen. Auch gute Gespräche mit einem Astrologen können uns weiterbringen. Wir sind nachdenklicher und sinnieren besonders über uns selbst, über das Leben, über unsere tiefen Beziehungen zu anderen. Alle Bücher zu diesen Themen interessieren uns jetzt und wir können uns auch auf Konferenzen oder in Gesprächen mit Fachleuten weiterbilden. Auch zu polizeilichen oder dunklen Themen fühlen wir uns hingezogen und so lesen wir gerne Kriminalgeschichten, sehen uns Thriller an oder verfolgen die Nachrichten in der Tageszeitung oder im Fernsehen, die ja leider voll von solchen Themen sind. An diesen Tagen könnten wir auch in Versuchung geraten, uns eine Waffe zu beschaffen oder den Waffenschein zu machen. Das Böse in seiner schlimmsten Ausdrucksform zieht uns an und erweckt auch einige ungesunde Interessen in uns. Gleichermaßen fühlen wir Neugierde und Interesse für Grabungen aller Art von der Archäologie bis zur geologischen Suche nach Erdöl oder Wasser. Sehr gute Tage für die Besichtigung von archäologischen Ausgrabungen, die Erkundung natürlicher Grotten, Besuche in Katakomben und unterirdischen Städten, Tauchgänge zu archäologischen Stätten, usw. Auch der Tod fasziniert uns und wir könnten jetzt Dinge regeln, die an unseren eigenen Tod gebunden sind, wie beispielsweise die Bedingungen für unser Begräbnis festzulegen, die Bilanzen der Familiengruft zu überprüfen, unser Testament bei einem Notar zu hinterlegen, mit unseren Eltern und Söhnen über die Nachfolge zu sprechen, unseren letzten Willen niederzuschreiben. Auch ein Besuch von lieben Verstorbenen auf dem Friedhof steht unter den besten Voraussetzungen, besonders, wenn hierzu eine Reise nötig ist. Eine Reise oder eine kurze Fahrt könnte auch mit Sexualität verbunden sein, zum Beispiel, wenn wir einen Mann oder eine Frau für ein kurzes Abenteuer besuchen. Wenn der Transit gleichzeitig mit dissonanten Aspekten auftritt, müssen wir einen Betrug in Bezug auf ein Erbe oder auf eine noch ausstehende Abfertigung befürchten. Gefälschte Dokumente oder Dokumente, die uns in irgendeiner Form schaden. Im schlimmsten Fall besteht Lebensgefahr für einen Bruder, Vetter, Schwager oder jungen Freund. Wir selbst setzen bei einer Reise oder einer kurzen Fahrt unser Leben aufs Spiel. Durch bürokratische Fragen in Zusammenhang mit dem Tod vergeuden wir unsere Zeit. Ein Ausflug an archäologische Stätten nimmt einen negativen Ausgang oder wir werden daran gehindert, an einem Ziel anzukommen, das uns sehr am Herzen lag. Nervosität oder geistige Verwirrtheit wirken sich negativ auf unsere Sexualität aus.

Merkur im Transit durch das neunte Haus

Wenn Merkur durch unser neuntes Geburtshaus zieht, dürsten wir nach der Ferne im geographisch-territorialen, als auch im metaphysisch-transzendenten Sinn. Wir blicken weit nach vorne, auf alles, das sich weit weg von unserer alltäglichen Realität befindet. Wir möchten Probleme behandeln, die sich von der täglichen Routine abheben. Eine große Lust zu reisen, Menschen kennen zu lernen, Fremdsprachen zu lernen und etwas über fremde Kulturen zu erfahren, überkommt uns. Der Zeitraum ist ideal für Reisen oder einfach dafür, eine künftige Reise bis ins Detail zu planen, wir sehen uns gerne Landkarten an und informieren uns über Flugpläne und -preise. Sowohl das Fahren mit dem Auto oder Motorrad macht uns Freude, als auch eine lange Kreuzfahrt über das Meer oder eine mehrtägige Zugreise. Mehr als sonst gefallen uns Flugzeuge und die Möglichkeit, uns von ihnen in eine weit von der unseren entfernte Realität transportieren zu lassen. In diesem Sinn könnten wir jetzt auch selbst einen Pilotenschein machen. Wir neigen dazu, Arbeit und Reisen miteinander zu verbinden und könnten uns entschließen, ein Reisebüro zu eröffnen oder uns mit einem Tour Operator zusammenzutun. Wir können auch Briefe an Verlage und Zeitungen schreiben, um unsere Mitarbeit als Übersetzer anzubieten, wenn wir hierfür das nötige Talent haben. Wir melden uns bei einem Sprachkurs an, um uns für eine zukünftige Arbeit im Ausland vorzubereiten. Unter diesen Punkt fallen auch Programmierkurse, denn auch die Computersprache ist eine eigene Sprache. Wir verreisen, um einen Bruder, Vetter, Schwager oder jungen Freund zu besuchen. Auf Reisen lernen wir junge Leute kennen. Wir reisen aus geschäftlichen Gründen oder im Rahmen eines Studiums. Die Masse unserer täglichen Kommunikation über Briefe, Telefon, Fax, E-Mail, usw. steigt. Im Verlauf dieses Transits kann das Surfen im Internet interessante und fruchtbare Ergebnisse durch das Auffinden von neuen Seiten bringen. Wir erhalten einen wichtigen Brief aus dem Ausland, unterzeichnen einen Arbeitsvertrag mit Personen, die nicht aus unserer Stadt oder Region stammen (das neunte Haus steht für alle Orte, an denen ein anderer Dialekt oder eine andere Sprache gesprochen wird), fühlen uns zu Ausländern hingezogen, besonders zu jüngeren. Eine sehr angenehme Reise ins Ausland verjüngt unseren Geist und Körper. Wir kaufen ausländische Zeitungen und Bücher oder schreiben uns in Kurse an der Universität ein zu Themen der Philosophie, Theologie, Esoterik, Parapsychologie, Astrologie, Yoga, orientalischen Kulturen, Buddhismus, Recht usw. Wir kommen mit einem jungen Anwalt oder Richter in Verbindung oder unternehmen eine Reise aus rechtlichen Gründen. Wenn der Transit dissonant ist, könnten wir zu einer Reise gezwungen sein, um bei einem Prozess auszusagen oder weil ein Bruder, Vetter, Schwager oder junger Freund in Schwierigkeiten stecken. Fahrten aufgrund gesetzlicher Schwierigkeiten von Angehörigen. Schlechter Ausgang einer Reise wegen eines Streiks der Fluggesellschaften oder der Bahn, Staus oder gestrichener Flüge aufgrund schlechten Wetters. Schlechtes Verhältnis zu Ausländern oder schlechte Nachrichten aus dem Ausland. Ein Brief aus der Ferne geht verloren. Schlechte internationale Verbindungen, gestörte Telefonverbindungen oder ein Anruf wird nicht durchgestellt. Ein Angehöriger im Ausland meldet sich nicht. Nervosität bei einer Reise, Schlaflosigkeit an einem fremden Ort. Schlechte Erfahrungen im Studium der Philosophie, Astrologie, Theologie, usw. Ärger mit dem Gesetz.

Merkur im Transit durch das zehnte Haus

Wenn Merkur in unserem zehnten Radix-Haus transitiert, haben wir viele gute Ideen zur Verbesserung und Vermehrung unserer Arbeit. Wir machen Projekte, die wir fast immer in die Tat umsetzen können und haben ein klares Gespür dafür, wie unserer Arbeit innovative Elemente beizumischen wären. Zu Schwierigkeiten im Beruf können wir klare Überlegungen anstellen. Wir sind bereit, ruhig mit anderen über allgemeine, arbeitsbezogene Fragen zu diskutieren, sind offen für Vorschläge und geben auch anderen Ratschläge in der Arbeit. Unsere Tätigkeit erhält substantielle oder nur gedankliche Unterstützung durch einen Bruder, Vetter, Schwager oder jungen Freund. Wir erledigen unsere Arbeit schneller oder richten sie jugendlicher aus. Wir arbeiten in Dingen, die etwas mit jungen Leuten zu tun haben, oder mit Reisen und Fortbewegung. Wir unternehmen viele Geschäftsreisen (zum Beispiel zu einer Messe im Ausland). Wir haben in diesen Tagen unzählige Kontakte für eine bessere Ausübung unserer Tätigkeit per Telefon oder Post. Arbeitsgeräte werden jetzt gekauft, wie Faxgeräte, Handys oder schnurlose Telefone, Telefonstationen, Geräte für Videokonferenzen, Modems, usw. Mit dem Internet verbinden wir uns hauptsächlich für die Arbeit und weniger zum Vergnügen. Wir kaufen einen neuen Wagen, Lieferwagen, Lkw oder Traktor für die Arbeit. Wir sind in Versuchung, mit Freunden eine Firma im Bereich Telekommunikation oder Transportwesen zu gründen oder ein Reisebüro zu eröffnen. Ausgezeichnete Zeit für geschäftliche Verhandlungen und die Auflösung von Streitfragen im Beruf. Unsere Arbeit erfordert die Mitarbeit eines jungen Anwalts. Wir verbessern die Kommunikation in unserer Firma, beispielsweise durch die Einrichtung von Intranet oder das interne Telefonsystem. Wir stellen einen Handelsvertreter ein oder bieten uns als ein solcher an. Wenn der Transit mit dissonantem Aspekt erfolgt, können wir Probleme mit Transportmitteln bei der Arbeit haben, zum Beispiel könnte eines unserer Fahrzeuge eine Panne haben und uns in Schwierigkeiten wegen eines verfehlten Liefertermins bringen. Betrug durch einen jungen Mitarbeiter. Ein Geschäft in der Ferne läuft schief. Ein Bruder, Vetter, Schwager oder junger Freund schadet uns in der Arbeit. Wir müssen uns sehr anstrengen und quälen, um unsere Arbeitsausrüstung zu verbessern. Eine neue Arbeit zwingt uns zu pendeln. Eine Maschine geht wegen Überlastung kaputt.

Merkur im Transit durch das elfte Haus

Wenn Merkur durch unser elftes Haus zieht, neigen wir dazu, viele Projekte zu Reisen und Fahrten zu machen. Wir träumen von Auslandsaufenthalten oder sogar von der endgültigen Auswanderung in ein anderes Land, es könnte aber hierbei nur bei Träumen und Luftschlössern bleiben. Dennoch lassen wir uns in solchen Träumereien gerne gehen und tun so, als würden wir unsere Pläne verwirklichen. Wir besorgen uns Landkarten und einen Straßenatlas, Reiseführer, Listen von Hotels und Restaurants, Preise für internationale Flüge, usw. In manchen Fällen stehen diese Projekte auf einem realistischen Fundament und könnten tatsächlich verwirklicht werden. In einem solchen Fall werden unsere Pläne gut gelingen und wir haben großartige Ideen in diesem Bereich. Besonders unsere Freunde können uns bei Reiseplänen unterstützen oder wir unternehmen eine Reise, um einen Freund zu besuchen. Wir lernen auch neue, sympathische Freunde bei einer Reise kennen oder reisen, um einen Bruder, Vetter oder Schwager zu besuchen. Wir leihen uns für eine Reise das Auto eines Freundes. An diesen Tagen kann es auch ein Bruder, Vetter, Schwager oder junger Freund sein, der verreist. Kommunikationen auf Entfernung zwischen uns und unseren Freunden werden häufiger, wir werden oft angerufen und rufen auch selbst oft an, die eingehende und ausgehende Korrespondenz wird umfangreicher, wir schreiben Faxe oder E-Mails an Freunde. Beim Surfen im Internet machen wir nette, neue Bekanntschaften. Wenn der Transit dissonant ist oder gleichzeitig mit anderen bösen erfolgt, so sehen wir unsere Reisepläne zum Besuchen eines jungen Freundes, Bruders, Vetters oder Schwagers scheitern. Eine dieser Personen könnte auch Schwierigkeiten mit ihren eigenen oder mit unseren Freunden haben. Wir führen scharfe Diskussionen mit Freunden und eine Freundschaft könnte endgültig zerbrechen. Wir könnten entdecken, dass uns ein Freund betrügt oder es ihm an Ehrlichkeit bzw. Aufrichtigkeit mangelt. Wir machen schlechte Bekanntschaften auf einer Reise oder wir haben bei der Fahrt zu einem Freund verschiedene Unannehmlichkeiten.

Merkur im Transit durch das zwölfte Haus

Wenn Merkur durch unser zwölftes Radix-Haus zieht, sind wir zu einer allgemeinen und persönlichen endopsychischen Suche getrieben. Wir ziehen uns in uns selbst zurück und spüren die Notwendigkeit, mit unserem inneren Ich in Dialog zu treten und zu meditieren. Wir haben große Lust, über uns selbst, unsere Bedingungen, unsere Entwicklung und unsere Spiritualität nachzudenken und uns zu analysieren, ein Tagebuch, Memoiren oder

Überlegungen zu uns selbst aufzuschreiben. Wir lesen die Dinge, die wir Jahre zuvor geschrieben haben. Wir möchten aus religiösen Gründen verreisen oder auch nur, um alleine zu sein und besser nachdenken zu können, unternehmen Reisen an isolierte Orte oder an Orte des Gebets, der Sühne und des Heils, möchten in der Isolation eines Klosters nachdenken, vielleicht nur für ein paar Tage, schließen uns zum Schreiben in einem isolierten Haus oder in einem Hotel, wo uns niemand kennt, ein. Wir suchen die Gesellschaft von Priestern, Psychologen und Astrologen und können große Hilfe von ihnen dabei erwarten, uns selbst und unsere tiefsten Gefühle besser zu verstehen. Ein Bruder, Vetter, Schwager oder junger Freund helfen uns beim Bestehen einer Prüfung. Es gelingt uns, einem Nervenproblem auf den Grund zu kommen oder ein Problem in der Kommunikation zu lösen, wie eine vom Dach gefallene Satellitenantenne oder ein Faxgerät mit Papierstau. Wir teilen einem Freund unsere heimlichen Gedanken mit und haben Geheimnisse mit ihm. Die Erholung in einer Kuranstalt oder auf dem Land tut unseren Nerven gut. Unsere insgeheimen Nachforschungen tragen Früchte, wie der Einsatz versteckter Mikrofone oder die Beschattung einer Person. Wir entwickeln ein besseres Verständnis in religiösen, psychologischen oder astrologischen Fragen und können uns hier gut weiterbilden oder etwas zu diesen Themen schreiben. Wir lernen einen jungen Priester, Magier oder Kartenleser kennen. Wir unternehmen angenehme Reisen auf dem Meer oder Tauchgänge. Wenn der Transit von dissonanten Umständen begleitet wird, dann müssen wir auf eine Verleumdung oder üble Nachrede Acht geben. Anonyme Briefe könnten uns schaden oder ein stummer Anrufer in Angst versetzen. Wir müssen eine negative, gegen uns gerichtete Handlung von einem jungen Freund, Bruder, Schwager oder Vetter befürchten. Eine dieser Person könnte einer mehr oder weniger schweren Prüfung unterzogen werden. Ein Zwangsaufenthalt in einer Klinik kann zu Nervenschäden führen. Bei einer Reise werden wir Prüfungen oder Unfälle erleben. Es besteht eine generelle Tendenz für Schäden an Geräten, die etwas mit Kommunikation zu tun haben, wie dem Telefon, Faxgerät, Drucker, Modem, Satellitenantenne usw. Es geht uns schlecht, weil wir ein Geheimnis lüften wollen, das gar nicht existiert. Wir sind davon besessen, jemanden zu beschatten oder auszuspionieren. Wir machen fürchterliche Erfahrungen mit einem Pseudo-Magier oder Astrologen. Religion, Psychologie oder Astrologie bereiten uns verschiedene Ängste. Wir könnten auch schlechte Erfahrungen mit dem Rauchen von Marihuana machen. Unser Nervensystem hat Schwierigkeiten mit Psychopharmaka. Es fällt uns schwer, uns auszudrücken, zu überlegen und sogar zu sprechen. Ein wichtiger Brief geht verloren und eine auf dem Anrufbeantworter hinterlassene Nachricht wird vom Empfänger nie gehört.

5.
Transite von Venus

Die Transite von Venus sind, wie die von Sonne, Mond und Merkur, ziemlich schnell und ihr Einfluss dauert mindestens ein paar Tage in ihren Aspekten mit anderen Sternen bis zu höchstens ein paar Wochen beim Durchqueren eines Hauses. Ihr Einfluss ist allgemein gutartig und positiv, ähnlich wie die Transite von Jupiter, aber hier befinden wir uns ganz entschieden eine Stufe tiefer, da ihr Lauf am Himmel fast keine Spuren in der Lebensbilanz eines Menschen hinterlässt. Wir wissen mittlerweile, dass je langsamer ein Transit ist, desto stärker ist auch sein Einfluss auf das Leben einer Person und umgekehrt. Es geht hierbei schlicht um einen warmen Hauch, eine leichte Liebkosung, die uns eher ein Gefühl von Wärme, als wirkliche Wärme im engeren Sinn vermittelt. Manchmal bringen uns die Durchgänge von Venus wunderschöne Dinge, aber nur, wenn sie sich mit anderen, kräftigeren Transiten langsamer Planeten vereinen. Wenn sie in Verbindung mit einer Gesamtheit an negativen Transiten auftreten, erzielen sie normalerweise keinen Effekt. Trotzdem ist ihr Durchgang durch ein Haus nie ganz leise. Es ist daran zu erinnern, dass Venus ebenso wie Jupiter sehr viel Schaden anrichten kann, wenn sie uns dazu bringt, das Leben zu hedonistisch zu genießen oder wenn sie sich auf unsere schlimmsten Laster auswirkt.

Venus im harmonischen Aspekt zur Sonne
Wenn Venus im harmonischen Aspekt an unserer Geburtssonne vorbeizieht, bemerken wir um uns herum ein Klima der Entspannung. Wir sind im Frieden mit den Mitmenschen und diese mit uns. Aus unserem Verhalten spricht eine sanfte Einstellung zur Welt sowie Sympathie und Liebenswürdigkeit zu unseren Mitmenschen. Eine Sympathie und Liebenswürdigkeit, die von unserem Nächsten erwidert wird. Dieser Tran-

sit ist weniger ein glücklicher, als vielmehr ein harmonischer Transit nach innen und außen. Wir sind zufrieden und das versetzt uns in einen Zustand, in dem wir uns nicht unbedingt und immer mit den Anderen messen müssen. In diesen wenigen Tagen - oder sogar nur wenigen Stunden - legen wir unsere Wachsamkeit und den üblichen „Schutzschild" im täglichen Dschungel der zwischenmenschlichen Beziehungen ab. Wir erleben eine entspannte Atmosphäre, sind im Leben und den Menschen gegenüber außerordentlich optimistisch und vertrauensvoll. Wir denken positiv und beharren darauf, die gute Seite der Dinge zu sehen. Die Harmonie im Herzen spiegelt sich in allen unseren Handlungen nach außen wider und der Tag entwickelt sich angenehm und tröstlich. Im Arbeitsalltag erleben wir weniger unangenehme Zwischenfälle, aber die eigentliche Wirkung dieses Planetendurchgangs entfaltet sich in der Paarbeziehung oder allgemein in den Gefühlsbeziehungen. Wir stoßen seltener mit unseren Angehörigen zusammen, die normalerweise an negativen Tagen die Zielscheibe für unsere Aggressionen sind. Dieser dagegen ist ein absolut positiver Tag und wir sollten ihn nutzen, um so manchen kleinen aufgestauten Groll auszuräumen. Unsere erhöhte Bereitschaft zu lächeln führt dazu, dass auch die Anderen uns mehr zulächeln. Sicherlich werden wir nicht alle zwischenmenschlichen Schwierigkeiten ausräumen, wir können aber zumindest neuen Problemen entgegenwirken. Unsere gesteigerte Liebenswürdigkeit wird sich hauptsächlich auf unseren Vater, Ehemann, Bruder oder Sohn richten. An diesem Tag können wir mit gutem Erfolg ein kleines Geschenk für sie kaufen, besonders ein Kleidungsstück, etwas aus Gold, ein Bild, einen Druck oder ein kleines Kunstobjekt. Besonders der Kauf von Gegenständen aus Gold ist unter diesem Planetendurchgang begünstigt, der unseren Sinn für alles Ästhetische gedeihen lässt. Wir können den genannten Personen auch eine Eintrittskarte für eine Theateraufführung oder ein Konzert schenken. Venus steht außerdem für die Gesundheit und so fühlen wir uns im Lauf dieser Stunden auch aus psychisch-körperlicher Sicht wohl und ebenso unser Vater, Bruder usw. Venus steht zuletzt auch in Bezug zu Geld und so ist es gut möglich, dass wir zusätzliches Geld in Form eines Geschenks, eines kleinen Gewinns, einer Prämie, eines kleinen Darlehens oder einer zurückgezahlten Leihgabe, usw. erhalten.

Venus im disharmonischen Aspekt zur Sonne

Wenn Venus im disharmonischen Winkel an unserer Geburtssonne vorbeizieht, ist dies kein bösartiger, sondern eher ein banaler Transit mit nur wenigen praktischen Auswirkungen auf unser Leben. Man könnte vielleicht sagen, dass wir in diesen Stunden nicht richtig lieben können. Wir sind nicht in der Lage, das rechte Maß zu finden und wirken so auf andere entweder kalt oder übertrieben herzlich. Wir treffen nicht den richtigen Ton und kommen mit unserem Umfeld nicht in Einklang. Die Liebe ist jetzt kein natürliches Gefühl, sondern wird von uns intellektualisiert, wir zwingen uns fast, zu lieben und sagen uns, dass wir höflich, sympathisch und liebevoll zu unserem Nächsten sein müssen, was uns nicht so recht gelingt. Unsere Handlungen sind in diesen Stunden allgemein die eines „Gutmenschen", was aber wirkt wie eine Fassade und gar nicht ehrlich gemeint. Wir könnten sogar ein wenig naiv oder dämlich wirken. Es geht hierbei mehr um eine Formsache, auch wenn unsere Absichten zwar tatsächlich gut sind, machen wir dennoch Fehler in deren Umsetzung. In einigen Fällen kann auch eine extreme Suche nach Lust, Hedonismus und Sinnlichkeit über alle Maßen und zu jedem Preis eintreten. Wenn dies der Fall ist, können wir Fehler und Sünden begehen, die nicht immer verzeihlich sind. Das Laster ist nämlich in all seinen Formen die Quelle für mögliche Schäden auf der ganzen Linie. Wir sollten nicht vergessen, dass sich im Geburtshimmel vieler Verbrecher eine beherrschende und dissonante Venus befindet, viel häufiger noch als Mars, unter dessen Einfluss wir unsere Aggressionen einfach durch stundenlanges Holzhacken abreagieren könnten. Der Transit kann auch auf eine schlechte gefühlsmäßige Verfassung unseres Vaters, Sohnes, Bruders oder Mannes hinweisen. Außerdem kann hier ein schlechter Tag aus finanzieller Sicht für uns selbst oder eine dieser Personen angezeigt sein. Bei diesem Transit sollte sich unsere Wachsamkeit also in diesem Bereich verstärken, da wir uns dem Spiel zuwenden und große Summen verlieren könnten. Gleichzeitig sollten wir es vermeiden, Geld zu verleihen oder riskante, fälschlich lockende Investitionen zu tätigen. Außerdem sollten wir unsere Ausgaben allgemein einschränken, da eine Erweiterung unseres Herzens auch zu mehr Einkäufen ohne jedes Urteilsvermögen führt. Wir sollten zudem auf unsere Gesundheit achten, die uns aufgrund kleiner, aber schädlicher Exzesse Probleme bereiten könnte. Wir neigen dazu, mit dem Essen oder dem Alkohol, aber auch mit dem Nikotin und dem Sex zu übertreiben. Es besteht in diesen Stunden das Risiko einer geringen Blutvergiftung für uns, unseren Mann oder Vater, etc.

Venus im harmonischen Aspekt zum Mond

Wenn Venus im harmonischen Winkel zu unserem Radix-Mond zirkuliert, fühlen wir uns liebenswürdiger und möchten um uns eine freundschaftliche Atmosphäre entstehen lassen. Andere erscheinen uns sympathischer und das Gleiche gilt umgekehrt. Wir werden von positiven Gefühlen und einem starken Wunsch nach Frieden getrieben, sind offen für die Liebe, empfänglich für schöne Worte, liebevolle Gesten und Zärtlichkeiten. Unser Wollen ist stark auf die Zweisamkeit und den heimischen Herd gerichtet, besonders in unserem Heim wollen wir das Beste aus diesem Transit herausholen. Wir haben große Lust, mit der geliebten Person Hand in Hand auf dem Sofa zu sitzen, einen schönen Film anzusehen oder gute Musik zu hören. Wir streben nicht nach Vergnügungen, wie Kino, Theater oder Restaurants, sondern ziehen die häusliche Atmosphäre und die eigenen vier Wände vor. Wir fühlen uns mehr zu unserer Frau, Mutter, Schwester oder Tochter hingezogen. Es geht also nicht unbedingt nur um Liebe im sexuellen Sinn, sondern um eine allgemeine Anziehungskraft der weiblichen Figuren, hauptsächlich jedoch im intimen Bereich. Das Zusammenspiel Frau–Haus ist fest in unserem Kopf verankert, was wir auch durch eine Verschönerung unseres Heims ausdrücken. Wir kaufen schöne Objekte für das Haus, Gegenstände für die Einrichtung, Kunstobjekte, Bilder, Wäsche, Teppiche usw. Die Liebe zu unserem Nest führt dazu, dass wir ihm mehr Zeit widmen, auch für Reparaturarbeiten, Streichen der Wände, Gartenarbeiten oder eine Einrichtungsumstellung. In diesen Stunden könnten wir ein Haus kaufen oder mieten. Wir können den Moment nutzen, um ein Ferienhaus für den Sommerurlaub oder ein Hotel für den Winterurlaub zu buchen. Wir können auch schöne Geschenke für eine der genannten weiblichen Figuren kaufen, von kleinen Kunstgegenständen bis hin zu Schmuck, besonders Silberschmuck. Wenn wir werdende Mütter sind, ist der Moment gut für die Einkäufe von Babyausstattung, da wir jetzt einen besonders guten Geschmack haben und uns eine innere, besonders mütterliche Stimmung dazu bringt, die Dinge eher mit dem Herzen als mit dem Verstand auszusuchen. Die gesteigerte Zärtlichkeit kann dazu führen, dass wir unserer Tochter ein kleines Hündchen oder Kätzchen schenken möchten.

Venus im disharmonischen Aspekt zum Mond

Wenn Venus im disharmonischen Winkel an unserem Geburtsmond vorbeizieht, fühlen wir, dass sich unsere Gefühle aufbäumen. Wir finden nicht das rechte Maß und könnten Fehler aus übermäßiger Zuneigung oder aus übermäßiger Offenlegung unserer Zuneigung machen. Die Zärtlichsten und Zärtlichkeitsbedürftigsten unter uns werden zu Polypen und möchten die geliebte Person mit all ihren Fangarmen festhalten. Wir brauchen mehr Küsse, Zärtlichkeiten, Umarmungen und können dabei besonders lästig werden. Wir möchten uns zu jedem Preis zu Hause einsperren und die Zweisamkeit mit der geliebten Person genießen. Auch das Verhältnis zu unserer Mutter ist hier betroffen und wir neigen dazu, sie mit unserer Sucht nach Zuneigung zu erdrücken oder werden von ihrer Zuneigung erdrückt. Daraus folgt ein besonders kindliches Benehmen und es fehlt nur noch der Schnuller im Mund, um unserer Einfältigkeit in jenem Moment Ausdruck zu verleihen. Wir müssen uns jetzt anstrengen, uns wie Volljährige, Erwachsene und Verantwortliche zu verhalten und das auch zu zeigen. Vor allem sollten wir keinen Launen nachgehen. Unser erhöhtes Verlangen nach Zärtlichkeiten und nach Bestätigung könnte uns bei einem Ausbleiben derselben zu einem respektlosen oder sogar aggressiven Verhalten zu den wichtigsten weiblichen Figuren führen, nämlich unserer Mutter, Frau, Schwester, Tochter. Wir könnten jetzt im Allgemeinen Frauen gegenüber ein falsches Benehmen an den Tag legen und eine Zeit voller kleiner, falscher Schritte erleben, die ein inneres Klima der Unzufriedenheit schaffen und uns auch die Kritik anderer einbringen, die unser unreifes Verhalten bald bemerken werden. Da Venus auch für die Gesundheit steht, könnte es den Frauen in unserem Leben schlecht gehen. Vielleicht geht es um nichts Gravierendes, sondern vielmehr um ein generelles Unwohlsein, eine kleine Lebensmittelvergiftung oder Probleme in der Liebe, die sich auch körperlich auswirken. Im Verlauf dieses Planetendurchgangs wäre es gut, die Frauen in unserem näheren Umfeld zu größerer Vorsicht im Umgang mit dem Geld anzuhalten, da die Tendenz in diesen Stunden dahin geht, dass sie zuviel ausgeben. Wir sollten uns von Glücksspielen, Spekulationen und finanziellen Risiken fernhalten und kein Geld verleihen, wenn wir nicht absolut sicher sind, dass wir es zurückbekommen werden. Die Zeit ist nicht geeignet, um neue Freundschaften zu knüpfen und wir sollten keine Versuche in diese Richtung starten. Wenn wir uns besonders aggressiv fühlen, sollten wir den Kontakt zu anderen meiden und uns mit Dingen beschäftigen, die wir allein tun können. Wir müssen uns auch stark vor einer ungewollten Schwangerschaft in Acht nehmen.

Venus im harmonischen Aspekt zu Merkur

Wenn Venus im günstigen Winkel zu unserem Geburtsmerkur transitiert, ziehen uns alle Dinge an, in denen Liebe und Kommunikation vereint werden. Wir fühlen, dass wir unsere Gefühle und liebevollen Gedanken besser mitteilen können. Die Gedichte eines bestimmten Autors inspirieren uns, aber auch selbst können wir jetzt zu Dichtern werden und Verse oder leidenschaftliche Briefe verfassen. Wir gehen gerne ins Kino oder sitzen vor dem Fernseher, um uns Liebesfilme anzusehen. Unsere Lektüre geht in diesen wenigen Tagen im Monat fast sicher in die Richtung herzzerreißender Geschichten, wozu auch einige Meisterwerke der Literatur zählen, wie *Madame Bovary* von Flaubert oder *Rot und Schwarz* von Stendhal. Unsere Empfindsamkeit ist aufs Höchste auf die Stimmen unseres Herzens gerichtet und scheint sich nur für diese zu interessieren. Diese Tage eignen sich besonders, um einem Mann oder einer Frau schriftlich oder mündlich unsere Liebe zu gestehen. In unseren Briefen behandeln wir oft direkt oder indirekt das Paarleben. Wir schreiben unserem Partner mehr und erhalten von ihm mehr Post, wenn er sich weit weg befindet. Es häufen sich auch die Telefonate aus dem gleichen Grund und wenn wir üblicherweise einmal im Monat ein langes Telefongespräch mit unserem Partner führen, wird dies mit Sicherheit bei diesem Transit geschehen. Wir sind mehr mit dem Auto, Zug oder Flugzeug unterwegs, um zu einem Rendezvous zu gehen oder wir verreisen häufiger mit unserem Partner. Wir können sehr schöne Tage auf einer romantischen Reise erleben, die uns wie ein Honigmond vorkommen wird - es wäre also gut, unsere Flitterwochen genau auf diese Tage zu verlegen. Es kann bereits genügen, in diesen Tagen in eine Reise zu starten, um sie dann außerhalb des Transits fortzusetzen. Im Lauf dieser Stunden können wir unserem Partner ein Geschenk in Bezug auf die Kommunikationen machen, wie ein Handy, ein Faxgerät, eine Satellitenantenne, ein Videotelefon, ein Modem oder eine Firmware für das Internet. Und gerade im Internet können wir wundervolle Bekanntschaften machen, vielleicht auf einer Suchseite für einsame Herzen, denn bei diesem Transit können wir die große Liebe auch über eine Kontaktanzeige treffen. Der Tag könnte für ein Liebesabenteuer unseres Bruders, Vetters, Schwagers oder eines jungen Freundes stehen. Ihnen oder uns selbst kann das Auto für ein Rendezvous ausgesprochen nützlich werden.

Venus im disharmonischen Aspekt zu Merkur

Wenn Venus im disharmonischen Aspekt zu unserem Geburtsmerkur transitiert, haben wir in der Liebe Schwierigkeiten mit der Kommunikation. Wir können unsere Gefühle nicht richtig ausdrücken und können sie selbst nicht richtig verstehen. Bei Diskussionen mit dem Partner riskieren wir, dass wir nicht verstanden werden oder dass sich Missverständnisse ergeben, es wäre also gut, solche Diskussionen jetzt zu verschieben. Wenn Streitereien auf Entfernung durch Briefe oder Telefonate geführt werden, wird alles noch schlimmer, da ein Brief verloren gehen oder Geräusche in der Telefonleitung zu Missverständnissen führen könnten. Alle Apparate der Fernkommunikation, wie das Faxgerät oder der Drucker, können an diesen Tagen streiken. Wenn wir unseren Partner besuchen wollen, können wir verschiedene Hindernisse antreffen, wie zum Beispiel ein Auto, das nicht anspringt, eine Reifenpanne mit dem Motorrad oder eine Straßensperre, die uns stundenlang festhält. Es ist besser, im Lauf dieses Durchgangs nicht zu reisen. Das Pech im Zusammenspiel Liebe-Kommunikation verfolgt uns in diesen Stunden und es kann sogar so weit gehen, dass unser Wagen gestohlen wird, während wir bei der geliebten Person sind. Wenn wir ein Geschenk für den Partner besorgen, könnten wir das Falsche aussuchen, besonders im Bereich Telefone oder Faxgeräte. Der Moment ist nicht gut für die Liebesangelegenheiten eines Bruders, Vetters, Schwagers oder jungen Freundes. Das Getratsche eines Freundes oder Bruders, ein anonymer Brief oder Anruf kann es in der Paarbeziehung kriseln lassen. Die große, durch Beziehungskrisen ausgelöste Nervosität kann in diesen Tagen zu einem extremen Zigarettenkonsum führen.

Venus im harmonischen Aspekt zu Venus

Wenn Venus im günstigen Winkel an unserer Geburtsvenus vorbeizieht, fühlen wir eine besondere Harmonie um uns. Wir stehen in Frieden mit der Welt, sind selbst zufriedener und heiterer, auch wenn es keine besonderen Ursachen dafür gibt. Unser Optimismus steigert sich und eine ruhige Haltung schafft eine positive Stimmung um uns. Wir sind duldsamer zu anderen, was von diesen erwidert wird. Wir können auch in der Theorie schwierige Begegnungen verwirklichen und sind allgemein mehr auf Gefühle eingestellt. Unser Mut zu Gefühlen wächst und so ist dieser Transit sehr gut für eine Liebeserklärung geeignet. Dieser Planetendurchgang ist auch nützlich, um alte Reibereien aus der Welt zu schaffen oder um eine „Schmollphase" in der Beziehung zu beenden. Wir können jetzt einen Menschen für uns erobern oder zurückerobern. Zu allen schönen und ästhetischen Dingen fühlen wir uns hingezogen. Der Tag ist optimal für einen Besuch in Museen, Kunstgalerien oder Fotografieausstellungen. Wir interessieren uns allgemein mehr für Kunst und können diesen Tag auch nutzen, um künstlerische Objekte zu kaufen, wie Dekorationsgegenstände, antike Möbel, Bilder, Wertgegenstände, Juwelen, raffinierten Modeschmuck, usw. Besonders alte Bücher oder Bücher mit einem schönen Schmuckeinband könnten uns jetzt interessieren oder wir könnten unsere Lieblingsbücher kunstvoll neu einbinden lassen. Außerdem eignet sich der Planetendurchgang gut als Ratgeber in Entscheidungen zu unserem Aussehen - vom Haarschnitt oder der Haarfarbe über einen neuen Schminkstil bis hin zur Entscheidung, einen Eingriff vom Schönheitschirurgen vornehmen zu lassen. Wenn eine plastische Chirurgie in diesen Stunden stattfindet, kann sie aufs Beste gelingen, ausgenommen sind die allgemeinen sonstigen Umstände, die eine solche Entscheidung regeln. Unser Gesundheitszustand ist jetzt besser, entweder aufgrund der Anwendung eines neuen Heilverfahrens oder weil wir uns mehr vergnügen, schöne Spaziergänge im Freien unternehmen, reisen, uns spielerischen und erholsamen Betätigungen hingeben, das Leben unter allen Gesichtspunkten mehr genießen. Außerdem ist es möglich, dass wir einen unerwarteten Geldzuschlag erhalten, zum Beispiel für eine lange zurückliegende Arbeit oder auch durch Glück im Spiel, ein Geschenk der Eltern, ein zurückgezahltes Darlehen, Auszahlung von Bankzinsen, usw. Neue Freundschaften oder eine neue Liebe sind möglich.

Venus im disharmonischen Aspekt zu Venus

Wenn Venus im disharmonischen Winkel an unserer Geburtsvenus vorbeizieht, finden wir nur schwer den richtigen Ton in allen Bereichen. Es handelt sich hier um keinen bösartigen Transit, aber auch um keinen guten. Dies ist eine jener Situationen, die „weder Fleisch noch Fisch" sind. Wir wissen nicht so genau, was wir wollen und verhalten uns ein bisschen charakterlos - sind zwar nicht aggressiv, aber anderen gegenüber auch nicht wirklich aufgeschlossen. Unser Verhalten wird von diesem mentalen Zustand beeinflusst und wir können nach außen ein wenig unbeholfen oder sogar steif wirken. Eine scheinbare Gutmütigkeit liegt in unseren Handlungen, aber auch hierbei können wir nicht wirklich überzeugen. Diesen Gemütszustand bemerken wir, können aber nichts dagegen unternehmen. In einem solchen Zustand können wir unsere Gefühle und das Verhältnis mit den Nächsten und dabei besonders mit der geliebten Person nicht gut im Griff behalten. Es ist besser, in der Liebe keine entscheidenden Schritte zu unternehmen. Auch sonst sollten wichtige Entscheidungen jetzt vermieden werden und ein Streit mit dem Partner wird besser verschoben. Die Anderen spüren diese Situation und verhalten sich dementsprechend. Wir erwecken kein großes Vertrauen, aber darum geht es nicht. Im Lauf dieses Durchgangs können wir Briefe oder Telefonate erhalten, die unser geistiges Klima perfekt widerspiegeln und die ebenso ausdruckslos und unklar sind. Wenn Venus mit sich selbst in Kontrast steht, versündigt sie sich oft durch die exzessive Suche nach dem Vergnügen, durch ungebremsten Hedonismus und treibt uns dazu, in diesem Punkt zu übertreiben. Wenn wir beispielsweise ein Kleidungsstück, einen Teppich, ein antikes Möbelstück oder ein Schmuckstück kaufen, neigen wir zu Übertreibungen und könnten etwas zu Auffälliges, Maßloses oder gar Geschmackloses aussuchen. Wir neigen auch bei den Anrufen oder Briefen an die geliebte Person zu Übertreibungen. Selbst eine Distanz von tausend Kilometern würde uns jetzt nicht aufhalten, um ja keinen Tag länger warten zu müssen! In der gleichen Logik der unbändigen Suche nach Gelüsten könnten wir jetzt mit gravierenden Folgen zu Völlerei neigen, und zwar nicht nur in Bezug auf die Nahrungsaufnahme, sondern auch beim Geschlechtsverkehr - vielleicht geht es um nichts Schlimmes, aber wir müssen doch mit negativen Folgen rechnen, die wir später ausbaden müssen. Wir sollten uns vor eventuellen Blutvergiftungen durch alles Mögliche, einschließlich Alkohol, in Acht nehmen. Auch wenn wir nicht übertreiben, werden wir uns nicht gut fühlen. Die sonstige Form geht uns verloren und wir müssen stark auf unsere Ausgaben achten. Besonders das Glücksspiel könnte uns die Taschen leeren, aber auch Käufe von Dingen, die sich auf die Schönheit beziehen, große Summen können wir in einem Schönheitssalon ausgeben. Unser Verhältnis zu unserer Frau, Tochter, Schwester oder lieben Freundin ist von übertriebenen äußerlichen Zuneigungsbekundungen gekennzeichnet. Diese Frauen werden in diesen Stunden eine kurze, allgemeine Verwirrtheit erleben.

Venus im harmonischen Aspekt zu Mars

Wenn sich Venus im harmonischen Winkel zu Mars verschiebt, steigert sich unser sexueller Trieb. Dieser Trieb macht uns hierbei nicht blind, sondern wir werden von einer gesunden Sinnlichkeit ergriffen, die uns positiv zu anderen lenkt. An zwischenmenschlichen Beziehungen finden wir Gefallen, sei es allein durch den körperlichen Kontakt, durch den Duft, den die Haut der Anderen verströmt und der uns berauscht. Wir fühlen uns wie Tiere, aber im besten Sinn des Wortes. Eher als mit dem Verstand, reagieren wir vor Allem mit dem Körper und unsere Reaktionen werden so unmittelbarer, direkter, aber keinesfalls vulgär. Die Sinnlichkeit in uns kommt an die Oberfläche und wir werden verführerischer. Unser Sexappeal steigert sich und auch andere üben auf uns eine größere Anziehungskraft aus. Der Transit ist ausgezeichnet für ein Liebeswochenende, für eine kurze und intensive Zeit auf sexueller Basis. Wir halten in diesen Stunden alle für Lügner, die behaupten, dass ein Verhältnis hauptsächlich im Kopf stattfindet. Unter dem Einfluss anderer Durchgänge würden wir vielleicht genau das Gegenteil denken, aber in dieser Situation sind unsere Überlegungen legitim. Mit kritischem Auge auf die Sexualität betrachten wir unsere Paarbeziehung aus einem neuen Licht und wenn wir der Meinung sind, dass sie nicht gut vorankommt, könnten wir jetzt langfristige Pläne umwerfen. Wenn wir dagegen ein gutes sexuelles Einvernehmen mit unserem Partner feststellen, könnten wir jetzt an eine gemeinsame Wohnung oder an Heirat denken. Unsere Sinnlichkeit steigt an und das heißt auch, dass wir die Sonnenstrahlen auf unserer Haut, ein erfrischendes Getränk, ein gutes Essen oder ein Stück Torte, den frischen Duft auf dem Land, den Duft von frisch gemähtem Gras, usw. genießen. Wie gesagt: wir sind jetzt tierischer, im besten Sinn des Wortes.

Wir fühlen uns zu stark männlichen Figuren hingezogen, wie einem Professor, unserem Vorgesetzten, einem Athleten, einem Soldaten in seiner strahlenden Uniform, usw. Bei Männern geht es hierbei nicht notwendigerweise um einen homosexuellen Trieb, sondern kann einem Wunsch nach Nachahmung, einem Sinn für Hochachtung und Bewunderung ohne weiter gehende Ziele entsprechen. Die Frauen dagegen fühlen sich tatsächlich zu besonders „männlichen" Eigenschaften hingezogen und finden einen Mann nicht unbedingt wegen der Farbe seiner Augen gut. Eine allgemeine Sympathie und Anziehungskraft werden wir jetzt für die Mechanik empfinden und könnten so unser Auto oder Motorrad reparieren oder Sanierungsarbeiten am Haus vornehmen. Wir haben Lust auf eine Spritzfahrt mit dem Auto bei Höchstgeschwindigkeit. Besonders zu Sport fühlen wir uns getrieben, vor allem zu den so genannten Kampfsportarten. Das Risiko reizt uns und wir sind mutiger. Gute Massagen von einem Chiropraktiker können uns in Form bringen, auch wenn unsere Gesundheit bei diesem Durchgang ausgezeichnet ist.

Venus im disharmonischen Aspekt zu Mars

Wenn Venus im disharmonischen Winkel an unserem Geburtsmars vorbeizieht, können wir entweder einen sehr glücklichen Moment in der Liebe oder einen sehr schlimmen erleben. Der erste Fall tritt ein, wenn wir an der Seite der geliebten Person sind und gute Voraussetzungen gegeben sind, um unsere erhöhten sexuellen Begierden voll ausleben zu können. Das Gegenteil tritt ein, wenn wir alleine sind und unserem sexuellen Drängen keinen freien Lauf verschaffen können, in diesem Fall wird es uns schlecht gehen und wir könnten Dinge tun, die sonst nicht üblich für uns sind. Alles hängt auch von der Bereitschaft unseres Partners zu Sexualität ab, denn er oder sie könnte zwar mit uns zusammen sein, aber dabei überhaupt keine Lust auf Sex haben. Hier kommen wir zum Wert der Synastrie, die uns aufzeigt, wie wichtig es ist, die richtigen Planeten auch am richtigen Punkt zu haben. Sexuelle Harmonie und Vereinbarkeit bedeuten vor allem, dass man zur gleichen Zeit Verlangen verspürt, was nicht auftreten kann, wenn die Planeten der Sexualität - Mars und Venus - in einem der beiden Individuen eines Paares falsche Winkel oder überhaupt keine Winkel zueinander formen. Wenn wir also die Möglichkeit haben, unseren gesteigerten Sexualtrieb auszuleben, können wir jetzt wunderschöne Momente erleben, wenn die Dinge jedoch anders liegen, kann sich unser gesamter körperlicher Zustand verschlechtern und wir werden uns konfus, außer Form, hochgradig nervös und aggressiv fühlen. Aggressivität zu unserem Partner ist die andere Seite der Medaille, die eben gerade bei einem schlechten sexuellen Einvernehmen eintritt. Außerdem sollten wir uns schützen, da die starke Leidenschaft das Risiko einer ungewollten Schwangerschaft oder einer Geschlechtskrankheit birgt. Unsere sexuellen Fantasien werden jetzt ein wenig entfesselt und wir zeigen im Intimleben ein für uns ungewohntes Verhalten. Wenn wir unser Plus an Energien beim Sport entladen möchten, sollten wir darauf achten, dass wir keine gesundheitlich gefährlichen Sportarten wählen. Wir sollten also nicht Skifahren, Roll- oder Schlittschuhlaufen, Fahrrad- oder Motorradfahren, etc. Der Transit stellt uns schlecht zu ausgeprägt männlichen Figuren, mit denen wir eine beidseitige Entladung der Aggressivität erleben könnten. Wenn wir mit mechanischen Werkzeugen arbeiten, können wir uns besonders mit spitzen Gegenständen verletzen. An diesen paar Tagen im Monat sind wir in jedem Fall in keiner guten körperlichen Verfassung.

Venus im harmonischen Aspekt zu Jupiter

Wenn Venus im harmonischen Aspekt an unserem Geburtsjupiter vorbeizieht, fühlen wir uns besonders gut. Ein allgemeines Gefühl der Entspannung lässt uns mit uns selbst und mit den Anderen in Frieden sein. Wir werden einige Stunden oder Tage in süßem Nichtstun und Nachsicht mit uns selbst verbringen. Wir haben keine Lust zu handeln, sondern möchten lieber gezogen werden, in diesem Fall vom Glück. Tatsächlich ist das Glück in diesen Stunden unser ständiger Begleiter, der so manches Problem „auf wundersame Weise" löst. Andere haben für uns und unsere Probleme mehr Verständnis und versuchen, uns zu helfen. Selbst sind wir heiterer und setzen uns nicht so sehr unter Druck gegenüber anderen. Im Leben gibt es solche Augenblicke, in denen man unter dem Druck des Pessimismus mit einem leichten Verfolgungswahn kämpfen muss, und wieder andere, in denen wir uns gehen lassen und das Leben durch eine rosarote Brille betrachten können, so wie in diesem Augenblick. Wir können jetzt unsere Reserven aufladen und froh sein, dass es im Leben solche Momente gibt. Das Schicksal gewährt uns eine Atempause, um neue Energien zu tanken und wir sollten uns einfach wie in der Strömung des Gebirgsbaches hinab ins Tal mitreißen lassen. Es geht hier tatsächlich um eine Talfahrt, in der es aber einige kleine Anstiege gibt und wir auch daran denken, uns ein wenig zu vergnügen. Unser innerer Optimismus ist nicht nur endopsychisch und subjektiv, sondern spiegelt die Wirklichkeit wider. Kleine oder große Glücksfälle begleiten diesen Planetendurchgang und verschaffen uns fassbare Vorteile in der Arbeit, im Sozialleben, in der Liebe. Hierbei geht es nicht um großartige Ereignisse - man bedenke die kurze Dauer des Transits - wenn er aber von anderen wichtigen Durchgängen gestützt wird, können jetzt sehr positive Etappen unseres Lebens entstehen. Wir fühlen uns körperlich und psychisch gut, so dass wir uns fast zu sehr entspannen, die Vorsicht fahren lassen und dazu neigen, ein paar Kilos zuzulegen, sollten also in diesem Bereich mehr aufpassen. Der Transit hat Einfluss auf unser Liebesleben bei einer neu entstehenden Liebe (indem uns die umworbene Person nicht mehr so streng beurteilt) oder beim Retten einer verloren geglaubten Liebe. Der Augenblick ist ideal für einen Kurzurlaub, eine Reise oder ein romantisches Wochenende mit dem Partner. Um diese Stunden voll auszukosten, sollten wir uns der Zerstreuung, dem Schauspiel, der Erholung im weiteren Sinn widmen - hierzu eignet sich ein Abendessen unter Freunden, ein Sonnenuntergang am Meer mit der geliebten Person, ein schöner Film zu zweit, usw. Der Moment eignet sich auch für den Beginn einer Kur oder Behandlung gegen Schmerzen, die uns schon seit Langem begleiten. Nicht geeignet ist er dagegen für einen chirurgischen Eingriff, der Blutvergießen und Leiden mit sich bringt. Wenn Sie in diesem Transit versehentlich einen chirurgischen Eingriff vornehmen lassen, kann es zu Schwierigkeiten kommen, wie der Abwesenheit des Arztes, einem Krankenhausstreik oder Anderes. In diesen Tagen könnten Sie eine Gehaltserhöhung bekommen oder befördert werden, geliehenes Geld zurückbekommen, einen kleinen Gewinn oder ein Geschenk der Eltern erhalten, etc. Der Moment ist gut für die Unterzeichnung eines Vertrages vor dem Notar, für den Kauf wertvoller Gegenstände (besonders Kunstobjekte) oder eine Geschäftseröffnung, usw.

Venus im disharmonischen Aspekt zu Jupiter

Wenn Venus in einem ungünstigen Winkel zu unserem Geburtsjupiter steht, dann haben wir sehr wenig kritischen Sinn. Wir sind weniger wachsam und befinden uns genau am entgegen gesetzten Pol des sprichwörtlichen Misstrauens der Venus. Die Arglosigkeit der Schützen bestimmt unsere Schritte und wir verleben ein paar Stunden, in denen wir die illusorische Überzeugung nähren, dass wir unfehlbar, unantastbar oder zumindest vom Glück verwöhnt sind. Hierbei geht es um kein reales schützendes Netz, das uns von einer wohlwollenden Hand ausgebreitet wird, sondern um ein trügerisches Gefühl der Sicherheit. Das kann auf der einen Seite hilfreich sein, wenn wir einen Handel oder eine Industrie aufnehmen möchten (welcher Unternehmer würde den ersten Schritt wagen, wenn es diese Momente nicht geben würde!), aber auf der anderen Seite kann es uns auch schaden, wenn wir die Gefahren unterschätzen. Und hier geht es genau um das Unterschätzen der möglichen Gefahren einer Situation. Wir stürzen uns kopfüber in alle

Unternehmungen, nicht mit dem Ungestüm eines Widders, sondern mit der Jupiter eigenen Bewusstlosigkeit. Die totale Entspannung kann uns dazu bringen, Fehler zu begehen, als ob wir betrunken am Steuer säßen. Die benebelnden Dünste tragen in diesem Fall den Namen Jupiter und werden durch den ungünstigen Winkel mit Venus noch verstärkt. Fehler in der Einschätzung schaden uns jetzt am meisten. Wir müssen uns dazu zwingen, wachsamer und vor allem misstrauischer zu sein. Die absolute Entspannung führt zu Faulheit und zu übertriebener Nachsicht mit uns selbst, zu einem größeren Appetit und infolgedessen auch zu einer Gewichtszunahme. Es geht nur um wenige Tage im Monat, in denen wir aber drei/vier Kilos zulegen könnten, die wir später nur schwer wieder loswerden. Eine starke Neigung zu Vergnügungen kennzeichnet diesen Transit und bringt uns dazu, auf der ganzen Linie und in jedem Bereich den Genuss zu suchen, was zu einem nicht immer durchsichtigen Verhalten unsererseits führt. Wir können in allen Dingen übertreiben und uns dabei das Blut vergiften. Man sollte meinen, dass ein disharmonischer Aspekt zwischen den beiden gutartigsten Planeten des Horoskops gar nicht so schlimm sein kann, aber das Gegenteil ist der Fall. Wenn Venus mit einem disharmonischen Auge auf Jupiter blickt, könnten uns Vergiftungen jeder Art zusetzen. Unser moralischer Sinn befindet sich auch auf dem Tiefpunkt und wir könnten in unangenehme Skandale oder in Situationen verwickelt werden, die sich am Rand des Gesetzes bewegen. In diesen Tagen könnten wir den ungesunden Gedanken an eine außereheliche Beziehung hegen, die uns neben den moralischen Bedenken mit Sicherheit auch sonst das Leben schwer machen wird und die in jedem Fall unter keinem guten Stern steht. Wir sollten darauf achten, nicht zuviel auszugeben, da wir in diesen Stunden gerne Dinge aus Gefallsucht kaufen - Kleider, Schmuck, unbrauchbare Haushaltsgeräte, Bilder, Teppiche, etc. Außerdem sollten wir darauf achten, dass wir kein Geld verlieren oder verleihen, nicht an der Börse spekulieren, uns nicht bestehlen lassen, usw. Der Moment ist absolut ungeeignet für die Gründung einer Firma, eines Handelsunternehmens, die Aufnahme unternehmerischer Aktivitäten, usw. Alle Rechtssachen sollten wir an diesen wenigen Tagen des Monats meiden.

Venus im harmonischen Aspekt zu Saturn

Wenn Venus im günstigen Winkel an unserem Geburtssaturn vorbeizieht, legen wir mehr Disziplin und Nüchternheit in unsere Gefühle, sind nicht offenherzig, sondern eher ernst. Wir denken klar und mit großem Verantwortungsbewusstsein, verstehen die Gründe der Anderen und deren Gefühle. Von Leidenschaften lassen wir uns jetzt nicht leiten. Anderen erscheinen wir sehr gefasst und schwer zu verführen, was einer reiferen und ernsthafteren Haltung zum Vorteil gereicht. Wir können uns jetzt Fragen stellen, die in die Tiefe gehen und unsere Standpunkte gegen die unserer Lieben abwägen. Wir sind nicht reizbar und unterliegen keinem blinden Optimismus, sondern sehen die Wirklichkeit so, wie sie ist. Vielleicht sind wir ein wenig zu streng und pessimistisch in unseren Urteilen, die aber stets im Sinne der Gerechtigkeit gefällt werden. Es ist möglich, dass wir in diesen Stunden weniger Interesse für die geliebte Person aufbringen, das aber wird keine schweren Folgen haben. Wir können jetzt in unseren Gefühlen reifen, vielleicht durch eine kleine Enttäuschung. Möglicherweise müssen wir unsere Pläne umstellen, besonders in Liebesdingen. Der Tag ist gut, um ein Datum für eine Hochzeit oder ein Zusammenleben festzulegen und langfristige Projekte zu planen. Wenn wir mit unserem Partner einen Kurzurlaub unternehmen, ist dieser von langen und tiefen Gesprächen gekennzeichnet und nicht von Zärtlichkeiten und Zerstreuungen. Wir sind jetzt nicht in einer Zeit, die für Erholungen gut ist, sondern verschreiben uns der Schlichtheit und dem Wesentlichen. Der Transit könnte einen Moment der Überlegungen, der Isolierung, des Studiums und der Keuschheit begleiten. Wir haben mehr Zeit, um über unsere Beziehungen nachzudenken und um ein Vorgehen zu planen, das diese Beziehungen vertieft. Zweifellos haben wir für unseren Partner ein weniger offenes Ohr, aber wir werden ihm gegenüber stets die Objektivität wahren. Wir haben eine niedrigere Toleranzgrenze, aber mehr Sinn für Gerechtigkeit. Zur gleichen Zeit spüren wir bei unseren Gesprächspartnern mehr Kälte uns gegenüber. Auf unser Charisma, das uns sonst Vorteile in zwischenmenschlichen Beziehungen bringt, können wir jetzt nicht vertrauen und stattdessen nur durch eine gute Argumentation überzeugen. Wir werden also feststellen, dass wir uns jetzt mehr anstrengen müssen, dass wir Steigungen zu bewältigen haben, die aber in jedem Fall konstruktiv sind. Der Transit könnte auch eine berufliche Errungenschaft unserer Schwester, Frau oder Tochter mit sich bringen. Diese Frauen könnten heiraten oder mit jemandem zusammenziehen. Unsere langfristigen finanziellen Investitionen haben bei diesem Planetendurchgang einen guten Start. In der Gesundheit kann uns eine neue Heilmethode mit langfristiger Wirkung, wie eine Heilbehandlung an Knochen oder Zähnen, gut tun.

Venus im disharmonischen Aspekt zu Saturn

Wenn Venus im dissonanten Winkel an unserem Geburtssaturn vorbeizieht, fühlen wir ein wenig den Tod im Herzen. Der Moment ist entschieden von sehr wenig Enthusiasmus gekennzeichnet und wir sehen die Welt wie durch eine dunkle Brille. Mit Sicherheit sind wir pessimistischer und auch depressiver. Wir neigen zu einer pessimistischen Sichtweise der Wirklichkeit und sehen uns schwer zu überwindenden Hindernissen gegenüber. Wir möchten das Handtuch werfen, den Kampf aufgeben und uns bei Unternehmungen jeder Art nicht zu sehr verausgaben. Unsere Niedergeschlagenheit ist allgemeiner Natur und wir möchten uns von allen Dingen lossagen, nicht so sehr im Sinne einer Enthaltsamkeit, sondern im Sinn einer endgültigen Trennung. Das fast vollständige Fehlen an sinnlichen Impulsen lässt uns unsere Liebesbeziehung nur vom Standpunkt der Verpflichtungen und der Schwierigkeiten sehen, ohne die schönen Seiten des Lebens zu betrachten. Wir müssen besonders aufpassen, da wir in diesen Stunden die ungute Entscheidung treffen könnten, uns von unserem Partner zu trennen und damit auf ein wertvolles Gut in unserem Leben zu verzichten. Wir können so ungeschickt sein, dass wir unserer Wertvollstes und Schönstes opfern. Daher sollten wir uns jetzt dazu zwingen, keine wichtige Entscheidung zu treffen, andernfalls könnte Saturn für uns die Entscheidung treffen. Wenn aber der Gedanke an eine Trennung schon lange in uns besteht und unter weniger strengen Transiten entstanden ist, dann ist jetzt der richtige Moment gekommen, um diese Entscheidung in die Tat umzusetzen. Auch wenn diese Zeit also für Trennungen gut ist, ist sie es absolut gar nicht für neue Verbindungen. Auf keinen Fall sollten wir unter diesem Himmel eine Beziehung aufbauen, das Gleiche gilt für eine Ehe oder ein Zusammenleben. Wahrscheinlich werden wir in diesen Tagen des Monats absolut keine Lust auf Zweisamkeit haben und wir sollten uns nicht dazu zwingen. Andernfalls könnten wir leichte Rückschläge und sogar vorübergehende sexuelle Blockaden erleben. Wir sollten uns davon nicht entmutigen lassen und uns daran erinnern, dass der Ursprung unserer sexuellen Triebe im Geist liegt. Die Nähe zu einer alten Liebe, die heute vielleicht zu einer Freundschaft geworden ist, könnte uns Unannehmlichkeiten bereiten oder uns Wunden zufügen, die wir besser vermeiden sollten. Natürlich kann der Transit einen Schmerz in der Liebe mit sich bringen, wie ein Verlassenwerden oder die Entdeckung eines Betrugs. Auf alle Fälle bedeuten diese Tage für uns Leiden in der Liebe. Wenn wir dies vermeiden wollen, müssen wir weiser sein als sonst, jeder problematischen Diskussion mit dem Partner ausweichen und jede eventuelle Provokation ignorieren. Wenn das Verhältnis bereits vorher abgekühlt ist, ist dies sicher nicht der Moment für den Versuch einer Verbesserung. Der Transit kann auch die Trennung einer Schwester, unserer Tochter oder einer lieben Freundin von ihrem Partner mit sich bringen. Außerdem kann hier ein finanzieller Verlust für uns selbst oder für eine der erwähnten weiblichen Figuren stattfinden. Wir sollten an diesem Tag die Finger von Investitionen oder Spekulationen lassen. Auf unsere Gesundheit sollten wir gut achten und keine neuen ärztlichen Behandlungen beginnen.

Venus im harmonischen Aspekt zu Uranus

Wenn Venus im harmonischen Winkel zu unserem Geburtsuranus steht, fühlen wir das Bedürfnis, uns in Freundschafts- und Liebesbeziehungen anders als gewohnt auszudrücken. Wir empfinden einen nach außen gerichteten Impuls, der uns dazu drängt, unseren Horizont in den Beziehungen zu erweitern und sie innovativ zu gestalten. Wir wollen Konventionen brechen und uns besonders, unkonventionell, originell und sogar exzentrisch verhalten. Eine leichte „Verrücktheit" überkommt uns und ist das Symbol dieses Transits als Zeichen dafür, dass wir Routine, Monotonie und Langeweile nicht dulden. Wenigstens einen Tag lang wollen wir Vorkämpfer für neue Gedanken, Freigeister in der Liebe sein. Es besteht kein Zweifel daran, dass der Transit hauptsächlich einen antikonformistischen und explosiven Reiz hat. Wir neigen dazu, die Traditionen zu brechen, auf das Gerede der Leute zu pfeifen, uns so zu geben, wie wir uns sonst nie geben. Natürlich wirkt der Planetendurchgang mehr oder weniger in Zusammenspiel mit unserer Grundnatur: wenn wir Wassermann sind, wird das antikonformistische Verhalten seinen höchsten Ausdruck finden und bei Krebsen oder Stieren eher gering ausfallen. In jedem Fall fühlen wir einen Drang nach jeder Menge Freiheit. Wir könnten versucht sein, neue und andere Situationen durchzuspielen, eine Gelegenheitsliebe auszuleben, die keine Basis für eine längere Dauer hat. Auch aus sexueller Sicht fühlen wir das gleiche Drängen und könnten neue Arten der Sexualität ausprobieren, sogar in Richtung eines homosexuellen Abenteuers, wenn wir sonst heterosexuell sind. An diesen wenigen Tagen im Monat werden wir die Gesellschaft von merkwürdigen und originellen, sogar exzentrischen Typen suchen, Menschen ohne festen Wohnsitz, Anarchisten im besten Sinn des Wortes, authentische Hippies, usw. Wenn wir ins Theater oder zu Aufführungen gehen, wird uns das experimentelle Theater oder sonstige innovative Formen des Schauspiels begeistern. Wir könnten auch eine neue Leidenschaft für Videospiele, für Computer und für die virtuelle Realität entwickeln. Gleichzeitig werden wir zu „komischen" Käufen gedrängt, wie Freizeitkleidung (wenn wir uns sonst klassisch kleiden), große Hüte oder auffällige Schals, Schuhe mit besonderen Schnallen, Schminkartikel in ungewöhnlichen Farben, usw. Wenn wir uns der Kunst zuwenden, zeigen wir auch hier einen Geschmack, der sonst absolut unüblich für uns ist. Das Verhältnis zu unserer Frau oder einer Tochter oder Schwester ist eher freundschaftlich als zärtlich und wird von originellen

Höhepunkten bunt gefärbt. Es kann auch sein, dass diese Frauen neue und/ oder revolutionäre Erfahrungen machen. Unsere finanzielle Situation ist in diesen Tagen überhaupt nicht stabil, kann aber auch unvorgesehene und angenehme Geldeingänge mit sich bringen. Unser Gesundheitszustand ist gut und wir fühlen uns elektrisiert und daher im positivem Sinn nervös: wir sind zu einem schnellen Spurt und zu einer wacheren Intelligenz in der Lage.

Venus im disharmonischen Aspekt zu Uranus

Wenn Venus im dissonanten Winkel an unserem Geburtsuranus vorbeizieht, fühlen wir uns zu allen antikonformistischen Beziehungen hingezogen. Man könnte sagen, dass der dionysische Teil in uns alles tut, um hervorzubrechen und die gleichen Rechte zu haben, wie der apollinische Teil, allerdings unter dem Vorbehalt, dass das antikonformistische Verhalten hier negativ zu sehen ist. Das innere Drängen liegt um eine Oktave höher als beim harmonischen Transit Venus-Uranus und wir riskieren, ein eigentlich sanftes Bedürfnis aufs Äußerste zu reizen und extreme Ausdrucksformen dafür zu suchen. Zweifellos können wir uns bei diesem Planetendurchgang auf komplett exzentrische Weise verhalten, die schon nicht mehr nur merkwürdig oder originell zu nennen ist. Beispielsweise könnten wir in Versuchung geraten, jemandem im Beisein unseres Partners den Hof zu machen und dabei denken, dass ein solches Verhalten absolut zulässig ist. Genau das ist der springende Punkt: das innere Drängen bringen uns dazu, uns vollkommen frei zu verhalten, ohne jegliche Kontrolle durch den Verstand oder die Erziehung. Kurz, das Tier in uns kommt zum Vorschein und pfeift auf Konventionen oder Anstandsregeln. Unter diesem Einfluss könnten wir auch Freundschaft mit einem Penner schließen und ihn zu einem Essen bei Freunden mitnehmen. Das stärkste Drängen verspüren wir aber im sexuellen Bereich, wo wir die Empfindungen unseres Partners verletzen könnten. Merkwürdige Fantasien kommen uns in den Sinn, die manchmal so komisch sind, dass wir sie selbst schwer ertragen können. Bei diesen Gelegenheiten könnten wir homosexuelle Neigungen entwickeln, wenn wir sonst heterosexuell sind. Mit Sicherheit werden wir versuchen, etwas Bewegung in unsere „normale" Beziehung zu bringen und sexuelle Experimente wagen wollen. Wir müssen dabei mehr als üblich aufpassen, um eine ungewollte Schwangerschaft zu verhindern. Die Stabilität unserer Beziehung wird ein wenig in Gefahr sein und wenn sich auch andere Transite in diesem Sinne ausdrücken, müssen wir darauf achten, eine womöglich langjährige Beziehung nicht zu gefährden. Die Versuchungen, eine Beziehung zu beenden sind jetzt sehr vielfältig und Gleiches gilt für unsere Pläne für eine neue Liebe. Wir sollten streng darauf achten, wer unseren Weg kreuzt, da in diesen wenigen Tagen des Monats das Risiko unangenehmer oder zumindest unvorgesehener Begegnungen besteht, die uns in Schwierigkeiten bringen könnten. Die Beziehungen, die in diesem Zeitraum beginnen, sind nur von kurzer Dauer. Auch das Verhältnis zu einer Schwester, Tochter oder Freundin ist dem Risiko von Streitigkeiten ausgesetzt oder diese Figuren sind für wenige Stunden in merkwürdige, besondere und unvorgesehene Liebesgeschichten verwickelt. Auch auf unser Geld sollten wir jetzt Acht geben, da uns dieses nur so aus den Taschen zu sprudeln scheint. Wir sollten uns also von Glücksspielen und womöglich auch von Käufen von Objekten fernhalten, die wir schon am nächsten Tag nicht gerne besitzen würden und für die wir uns schämen müssen. Wenn überhaupt, sollten wir diese „umstürzlerischen" Triebe bei für uns ungewöhnlichen Vergnügungen ausleben, wie bei Computerspielen für Jugendliche, einer Fahrt auf der Achterbahn oder virtuellen Kämpfen auf der Kirmes. Unser Gesundheitszustand könnte betroffen sein, möglicherweise leiden wir an Schlaflosigkeit.

Venus im harmonischen Aspekt zu Neptun

Wenn Venus im positiven Winkel an unserem Radix-Neptun vorbeizieht, ist der Moment zum Träumen gekommen. Wir phantasieren mit offenen Augen und empfinden einen starken Drang zur Einbildung, Phantastereien und abstrakten Gedankenkonstrukten. Wir spüren die Lust, uns gehenzulassen und uns zu vergessen. Wir sind körperlich entspannt und haben keine Lust, uns irgendwie anzustrengen. Den Ruf des Fleisches hören wir nur sehr leise, dafür um so lauter den des Geistes. Das zeigen wir dadurch, dass wir ein romantisches und gefühlvolleres Zusammensein mit unserem Partner suchen. Sicherlich verspüren wir auch ein wenig Nostalgie und laufen in Gedanken alle alten Etappen unserer Liebe ab, den Ort, an dem wir uns verliebt haben, die Diskothek, in der wir uns unsere Liebe gestanden haben, die Plätze, an denen die ersten Rendezvous stattgefunden haben, die Lieder, welche die ersten Atemzüge unserer Liebe begleitet haben... All diese Erinnerungen erscheinen uns wie ein Zauber und sind würdig, gefeiert zu werden. Es gelingt uns nicht, die praktischen Aspekte unserer Verbindung zu sehen, sondern wir leben jetzt neue Empfindungen mit unserem Partner aus. Wir zeigen uns ihm gegenüber duldsamer und aufmerksamer, auch wenn er unserer Pflege oder Hilfe bedarf. Es gefällt uns, mit unserem Partner die Fotos aus alten Zeiten aus der Versenkung zu holen oder Erinnerungen wachzurufen, die eine einzigartige Zeit in unserem Leben gekennzeichnet haben. Wir möchten der geliebten Person ein Geschenk machen und könnten zu dieser Gelegenheit ein Kunstobjekt aussuchen, das im Bezug zum Meer steht, wie ein Schmuckstück aus Korallen, ein Gemälde, das eine Klippe darstellt, Bademode; oder auch ein Kunstobjekt aus dem esoterischen oder religiösen Bereich, wie einen antiken Kandelaber, Tarotkarten, antike Astrologiebücher, einen goldenen Anhänger mit dem Horoskop, usw. Das gleiche schützende und fürsorgliche Gefühl kann uns auch bezüglich einer Schwester, Tochter oder Freundin überkommen. Eine dieser Frauen könnte tiefe esoterische Erfahrungen machen und sich stark für Philosophie, Theologie, Yoga, Buddhismus, orientalische Kulturen, Esoterik oder Astrologie interessieren. Wenn wir eine Reise auf dem Meer oder eine Kreuzfahrt mit unserem Partner planen, ist dieser Planetendurchgang ideal für seine Umsetzung geeignet. Auch ein romantischer Ausflug mit dem Ruderboot auf dem Meer oder auf einem See kann genügen. Es ist möglich, dass wir uns bei diesem Durchgang in einen Magier, Astrologen oder Kartenleser verlieben. In extremen Fällen können wir uns auch zu einem Religionsvertreter oder zu einem geistig verwirrten Menschen hingezogen fühlen. Die Freundschaft zu Drogenabhängigen ist möglich, denen wir bei dem Ausstieg aus ihrer traurigen Realität verhelfen wollen. Wer besonders religiös ist, kann eine Erfahrung der spirituellen Einkehr oder des kollektiven Gebets erleben. Unserem Geist wird außerdem eine eventuelle Teilnahme an Verbänden, Kongregationen, politischen Bewegungen, Gewerkschaften, usw. gut tun. Psychopharmaka könnten uns jetzt helfen, einen schwierigen Moment in unserem Leben zu überwinden. Eine Narkose in diesen wenigen Tagen des Monats wird uns keine Schwierigkeiten bereiten und dies könnte ein Faktor sein, um den Zeitpunkt für eine eventuell anstehende chirurgische Operation festzulegen.

Venus im disharmonischen Aspekt zu Neptun

Wenn Venus im schlechten Winkel zu unserem Geburtsneptun transitiert, erleben wir einen Moment der starken Obsessionen in der Liebe. Uns überkommen Zweifel und Ratlosigkeit zu unserer Paarbeziehung, wir verhalten uns so, als ob wir gerade dabei wären, die geliebte Person zu verlieren oder spüren eine starke Eifersucht. Auf alle Fälle wird unser Alltag von Albträumen verdunkelt und wir sind in unserer Beziehung nicht mehr ruhig. Manchmal ergeben sich merkwürdige Situationen, die unsere Zweifel und Eifersucht anpeitschen, aber oft bestehen keine äußeren Motive, die unser verängstigtes und unreifes Verhalten rechtfertigen würden. Das führt dann dazu, dass wir uns obsessiv verhalten und unseren Partner martern. Mit jeder vergehenden Stunde werden wir unerträglicher und entladen all unsere Ängste auf unseren Partner. Es kann auch vorkommen, dass tatsächlich ein realer Betrug unseres

Partners vorliegt und in diesem Fall werden unsere Qualen noch um ein Vielfaches gesteigert. Dieses Klima der Verwirrtheit, der Unklarheit, des Fischens in trüben Gewässern kann auch dazu führen, dass wir selbst die geliebte Person betrügen und eine außereheliche Beziehung eingehen. Beziehungen, die unter diesem Transit entstehen, haben kein leichtes und schönes Bestehen. Es kann auch sein, dass dieser Planetendurchgang unserem Partner religiöse Ängste oder ein unangenehmes Abenteuer mit einem Magier oder Astrologen beschert. Das Gleiche gilt für eine Schwester, Tochter oder liebe Freundin. Diese Frauen können uns Sorgen durch die Einnahme von psychedelischen Substanzen bereiten oder eine Behandlung mit Psychopharmaka aufgrund eines Nervenleidens benötigen. Wir sollten uns nicht in Beziehungen mit Drogenabhängigen, Religionsvertretern, Astrologen, Kartenlesern, usw. einlassen. Unserer Gesundheit könnte ein Umfeld schaden, in dem man gemeinsam, mit zuviel Nachdruck oder gar Fanatismus betet. Gleiches gilt für eine Teilnahme an spiritistischen Sitzungen, so genannten schwarzen Messen, usw. Von allen Reisen auf dem Meer ist abzuraten. Ein geschenktes Horoskop kann uns viele Ängste und Sorgen bereiten. Eine neue Behandlung mit Psychopharmaka führt dazu, dass es uns schlecht geht. Wir machen grauenvolle Erfahrungen mit Drogen.

Venus im harmonischen Aspekt zu Pluto

Wenn Venus im günstigen Winkel zu unserem Geburtspluto steht, verstärken sich unsere Gefühle in der geistigen Liebe und der körperlichen Leidenschaft. Wir fühlen uns stark zum Partner, aber auch zu anderen Personen hingezogen. Wir sind allgemein in der geistigen und der fleischlichen Liebe gefühlvoller. Unsere Persönlichkeit verströmt einen Zauber, den andere leicht spüren und wir haben eine Anziehungskraft, die uns anderen interessanter erscheinen lässt. Eigentlich verstärkt dieser Transit alle unsere Gefühle, nicht nur in der Liebe, sicherlich aber spüren wir seine Anwesenheit besonders in körperlich-sexueller Hinsicht. Unsere Lust auf Sex wird fordernder und wenn unser Partner unter den gleichen Bedingungen steht, können wir mit ihm einen unglaublich intensiven Tag erleben. Bei diesem Planetendurchgang könnten wir uns auch zu wichtigen Personen im Sozialleben oder zu plutonischen Persönlichkeiten, wie im Zeichen des Skorpion Geborenen, Polizisten, Gesetzlosen, Prostituierten, Menschen mit rätselhaftem Charakter, usw. hingezogen fühlen. Unsere Gefühle zu einer Schwester, Tochter oder einer lieben Freundin werden größer. Es kann auch sein, dass eine dieser Frauen eine Beziehung mit einer wie oben beschriebenen plutonischen Person beginnt. Außerdem kann der Transit eine besondere

Hingabe an Kriminal- und Gruselgeschichten, Erlebnisschilderungen von spiritistischen Sitzungen, Erzählungen mit Zombies oder Ähnliches mit sich bringen. Das Mysterium des Todes und der Totenkult faszinieren uns und wir können ruhige Stunden damit verbringen, unsere Toten zu besuchen. In diesen Stunden können wir auch selbst Pläne zu unserer eigenen letzten Ruhestätte fassen oder Gegenstände für das Grab unserer Lieben kaufen. Auch die unterirdische Suche nach Erdöl, Wasser oder bewusst vergrabenen Gütern interessiert uns. Geld kann aus einer Erbschaft oder kleinen Hinterlassenschaft, einer Abfindung oder einer Pension kommen. Unser Gesundheitszustand kann sich in Folge eines Todes verbessern, wie bei vielen Personen, die einen Schwerkranken auf seinem letzten Weg begleiten und dabei lange Zeit auf Schlaf verzichten oder nur sehr wenig schlafen und die sich körperlich und geistig erholen, wenn die geliebte Person aus dem Leben scheidet. Die Verbesserung des gesundheitlichen Zustandes kann auch auf die intensive Sexualität zurückzuführen sein.

Venus im disharmonischen Aspekt zu Pluto

Wenn Venus im disharmonischen Aspekt zu unserem Geburtspluto transitiert, haben wir in Liebe und Sexualität mehrere Unannehmlichkeiten. Wir befinden uns hier eine Oktave höher als beim disharmonischen Verhältnis zwischen Venus und Neptun. Unsere Seele ist von Sorgen und Ängsten im Gefühlsleben gepeinigt. Viele Gespenster toben in unserem Inneren und kehren diesen Tag ins Schlechte. Wir können unseren Partner nicht leiden oder fühlen uns krankhaft zu ihm hingezogen, in jedem Fall ist die Beziehung aus der Bahn geworfen und wir fühlen uns schlecht. Es kann passieren, dass wir krankhaft eifersüchtig oder davon überzeugt sind, dass unsere bessere Hälfte uns nicht liebt oder uns gar hasst. In den meisten Fällen geht es hierbei um krankhafte Einbildung, dennoch kann es hin und wieder vorkommen, dass unsere Eifersucht auf echten Tatsachen gründet und in diesem Fall werden unsere Qualen noch größer. Ein sadomasochistischer Zug ergreift von uns Besitz, wir spielen mit den Gefühlen des Anderen und tun uns dabei selber weh. Bei diesem Planetendurchgang laufen wir Gefahr, falsche Schritte zu unternehmen und unseren Partner tief zu verletzen, mit der Folge, dass unsere Beziehung für immer kaputt geht. Wir sollten jetzt unseren Verstand einsetzen und das Tier in uns im Zaum halten. Gleiches gilt für die sexuellen Triebe, die sich in diesem Zeitraum nicht immer im orthodoxen Bereich bewegen. Das Fehlen an innerem Gleichgewicht lässt uns unsere Sexualität falsch ausleben und nimmt düstere und krankhafte Züge an. Es geht hier nicht mehr um einen gesunden Ausdruck unserer Sinnlichkeit, sondern um übertriebene Erotik in ihrer höchsten Ausdrucksform, die oft Reize benötigt, welche in dem Ausmaß weder Teil unserer Kultur, noch unserer Erziehung sind. Wir müssen achtsam sein, damit uns dieser veränderte Gemütszustand nicht zu verwerflichen Handlungen führt, die wir später stark bereuen könnten. Das gilt sowohl für das Verhältnis zu unserem Partner, als auch in der Beziehung zu Dritten. Bei diesem Planetendurchgang können wir uns leicht auf die Suche nach Abenteuern oder Zufallsbekanntschaften begeben, die in diesem Fall auf der ganzen Linie riskant sind. Möglicherweise fühlen wir uns zu Prostituierten oder zu Menschen der niedrigsten sozialen Stufe mit zweifelhafter Moral und Rechtsauslegung hingezogen. Letzteres kann auch für unsere Schwester, Tochter oder liebe Freundin zutreffen. Es kann sein, dass wir Geld für Dinge ausgeben, die, wenn schon nicht pornographisch, so doch von zweifelhaftem Geschmack sind, von der ganz speziellen Intimwäsche bis hin zu irgendeinem unmöglichen Instrument für sadomasochistische Praktiken. Unser gesundheitlicher Zustand verschlechtert sich in Folge des veränderten inneren Gleichgewichts auf sexueller Ebene. Wir sollten uns von allem fernhalten, das direkt oder indirekt mit dem Tod zusammenhängt, wie von Friedhöfen, Gruselgeschichten oder spiritistischen Sitzungen. Es wäre auch gut, die Erforschung von Höhlen oder Grotten zu vermeiden.

Venus im Aspekt zum Aszendenten

Siehe Venus im ersten Haus.

Venus im Aspekt zum Medium Coeli

Siehe Venus im zehnten Haus.

Venus im Aspekt zum Deszendenten

Siehe Venus im siebten Haus.

Venus im Aspekt zum Imum Coeli

Siehe Venus im vierten Haus.

Venus im Transit durch das erste Haus

Wenn Venus in unserem ersten Radix-Haus transitiert, sind wir anderen gegenüber offener. Es ist, als ob wir die Friedenstaube wären, die anderen den Ölzweig überreicht. Wir sind zweifellos sehr viel duldsamer als sonst, wobei es aber nicht nur darum geht, dass wir eine dickere Haut gegen eventuelle Feindseligkeiten haben, sondern um wahre und ernst gemeinte Liebenswürdigkeit. Unser Verhalten ist sanft, bemüht, die Ecken abzurunden, unsere Bedürfnisse mit den Notwendigkeiten anderer zu vereinen. Wir sind sonst nie so demokratisch und sogar zärtlich - und dieses Verhalten ist ehrlich gemeint. Unser Gemütszustand ist von einer Gutmütigkeit gekennzeichnet, die keine Fassade, sondern objektiv nachprüfbar ist. Es geht hier nicht um einen fürsorglichen oder aufopfernden Trieb, sondern um ein Freundschaftsangebot, das wir unserem Nächsten unterbreiten und das eine Freundschaft betrifft, die zwar nicht an den Rand der persönlichen Aufopferung geht, aber doch ein großes Zeichen der Aufmerksamkeit ist. In dieser Zeit, die einige Wochen anhält, sind wir nicht voller Energie und Willenskraft, sondern eher faul und träge, neigen dazu, uns zu setzen und passiv all das zu verpulvern, das wir uns vorher aufgebaut haben. Unsere Libido ist auf Hedonismus ausgerichtet. Wir achten besonders auf unser eigenes Vergnügen, auch wenn wir anderen gerne ein Vergnügen bereiten. Wir erfreuen uns an allem Schönen, Niedlichen, Ästhetischen, Künstlerischen. Freude empfinden wir bei einem Museumsbesuch, bei einer Kunstgalerie, einer Ausstellung für Fotografie oder beim Besichtigen eines berühmten Denkmals. Wir möchten häufiger ins Kino, zu Versteigerungen von Antiquitäten oder auf Konzerte gehen. Auch wenn wir nichts kaufen wollen, spazieren wir gerne an den Schaufenstern entlang und halten besonders bei denen inne, die Schmuck oder Designerkleidung in der Auslage haben und auch für den Kauf dieser Dinge sind die Tage sehr gut geeignet, ebenso wie für Modeschmuck, Konfektionskleidung, Schuhe, Handschuhe, Hüte, usw. Geschenke, die wir in dieser Zeit für andere kaufen, zeigen viel Klasse und einen guten Geschmack. Es interessieren uns Bücher über Kunst und alle Bücher, die einen künstlerischen Einband haben. Andere bemerken unsere Offenheit und sind im Gegenzug liebenswürdiger, bereit uns zuzuhören, wovon wir profitieren können, um einen persönlichen Vorteil herauszuschlagen. Bei diesem Transit bemerken wir eine gesteigerte Aufmerksamkeit für unsere Sorgen von der Partnerin, von Schwestern, Töchtern oder Freundinnen. Wenn wir politisch aktiv sind, kann dieser Planetendurchgang die Verbindung zu anderen Gruppen innerhalb oder außerhalb unserer Partei begünstigen. Die Zeit ist außerdem gut für Verhandlungen. Wenn der Transit unter disharmonischen Bedingungen oder in Verbindung mit anderen dissonanten Durchgängen vorkommt, ist es wahrscheinlich, dass wir eine übermäßige Eitelkeit entwickeln, die uns wie die Pfauen Stunden vor dem Spiegel zubringen lässt. In diesem Fall könnten wir in Versuchung geraten, uns einer Schönheitsoperation zu unterziehen, wovon jedoch abgeraten wird. Wir sollten auch auf unser Gewicht achten.

Venus im Transit durch das zweite Haus

Wenn Venus durch das zweite Radix-Haus zieht, fällt uns das Geldverdienen leichter. Ohne groß die Ärmel hochkrempeln zu müssen, kommen wir eher durch Glück an Geld. Wir verdienen besser, unsere Ideen finden Zuspruch und wir bewegen uns auf einer leichten Steigung aufwärts. Natürlich können wir uns in diesen Wochen keine Wunder erwarten, wenn aber noch andere Transite und ein günstiges Solarhoroskop im Spiel sind, können wir auf eine bedeutende Steigerung unseres Vermögens hoffen. Geld kann in Form eines Darlehens eingehen (das uns in diesen Tagen leichter gewährt wird), eine gesteigerte Handelsaktivität oder beruflichen Einsatz. Wenn wir ein Festgehalt beziehen, könnte Geld aus einem Zweiteinkommen stammen. Wir verdienen mehr bei künstlerischer Arbeit, beim Entwerfen von Kleidungsstücken oder Schmuck, bei einer Arbeit als Visagisten oder Masseure, etc. Das Glück kann auch zu Spielgewinnen führen, wenn die astrale Gesamtsituation das rechtfertigt. Eine Frau, Freundin, Schwester, Tochter oder Partnerin könnten uns zur Hand gehen und unsere Einnahmen steigern. Auch aus der Musik, einem Vortrag, dem Schauspiel, der Fotografie oder Filmaufnahmen kann Geld auf uns zukommen. Wir sind fotogener und können jetzt professionelle Bilder von uns machen lassen. Neben den erwähnten Möglichkeiten darf auch ein spielerischer Aspekt des Transits nicht vergessen werden, wir könnten also Gefallen daran finden, uns beispielsweise mit Computergrafik zu beschäftigen, unabhängig davon, ob wir dafür Geld bekommen. Der Moment ist ideal, um eine neue Grafik-Software zu installieren und den Umgang mit ihr zu erlernen. Außerdem können wir jetzt gute Einkäufe in Bezug auf Foto- und Videokameras, Fernseher, Bildschirme mit hoher Auflösung, Videorecorder, usw. tätigen. Wenn der Durchgang disharmonisch ist, könnten die Ausgaben über unseren finanziellen Möglichkeiten liegen. Hier liegt die andere Seite der Medaille: eine zu große Entspannung oder ein mangelnder kritischer Sinn bei den Ausgaben kann uns bei diesem Planetendurchgang Schäden zufügen. Besonders aufpassen müssen wir bei den Käufen von Kleidung, Schmuck, Uhren oder Schönheitsartikeln. Ebenfalls viel Geld könnten wir für eine Frau ausgeben, entweder für Geschenke oder gar, um sie zu bezahlen. Unsere Eitelkeit stürzt uns in Schulden und wir könnten darüber nachdenken, viel Geld für eine Schönheitsoperation auszugeben. Vorsicht ist geboten vor Betrügereien bei unseren Einkäufen, wie beim Kauf eines Gemäldes aus zweifelhafter Quelle. Kompromittierende Fotos sind im Umlauf, die uns oder einer eng mit uns verbundenen weiblichen Figur schaden könnten.

Venus im Transit durch das dritte Haus

Wenn Venus durch unser drittes Radix-Haus zieht, reden wir gerne mit Allen, die uns umgeben, von uns lieben Menschen bis hin zum Sitznachbar im Bus. Wir sind geselliger und wollen unsere Gedanken und Phantasien nach außen tragen. Unsere kommunikativen Fähigkeiten verbessern sich und wir haben einen klaren Geist, auch für Beobachtungen. Unsere Überlegungen sind kohärent und wir verstehen besser, was wir tief in uns wollen. Den klareren Gedanken folgt eine selbstbewusste, solide, kohärente und präzise Ausdrucksweise. Wir sind sprachgewandter und überzeugen bei Diskussionen. Andere hören uns aufmerksam zu und wir verstehen besser, was die Anderen sagen. Die erhöhte kommunikative Kapazität wirkt sich auch auf den Schriftverkehr aus, wir können jetzt wichtige Briefe schreiben, die wir schon lange schreiben wollten. Insgesamt schreiben wir mehr und erhalten mehr Post, auch gute Nachrichten. Das Telefon klingelt häufiger und wir rufen auch mehr Leute an, auch solche, die sonst schwer zu erreichen sind. Der Tag ist gut für Ferngespräche und für eine Vorführung unserer Redegewandtheit in einer Fremdsprache. Wir surfen gerne im Internet und besuchen schöne Seiten zum Vergnügen, nicht für die Arbeit. Wir entdecken interessante Seiten über Kunst oder ästhetische Objekte. Besonders im Bereich der Telekommunikation können wir jetzt gute Käufe machen, zum Beispiel beim Kauf eines Handys oder schnurlosen Telefons, eines Faxgeräts oder Modems, einer Satellitenantenne oder -decoder oder eines Anrufbeantworters, Druckers usw. Außerdem haben wir große Lust, ein Auto oder Motorrad oder Kfz-Zubehör zu kaufen. Sehr wahrscheinlich unternehmen wir angenehme Reisen, vielleicht aus Liebe, um unseren Partner zu besuchen oder mit ihm ein Wochenende zu verbringen. Alle Reisen aus beruflichen und privaten Gründen verlaufen jetzt gut, Gleiches gilt für eine Fahrt mit dem Zug, Bus oder einen Flug. Wir stehen in angenehmer Verbindung zu einer Schwester, Tochter oder Freundin oder haben mehr Kontakt zu ihnen. Der Durchgang kann auch auf eine kurze Reise einer dieser Frauen hinweisen. Unsere kulturellen Aktivitäten und die der erwähnten Frauen steigern sich. Wir können jetzt studieren, einen Kurs abhalten oder als Kursteilnehmer besuchen, an Seminaren und Konferenzen teilnehmen oder eine Prüfung ablegen. Außerdem könnten wir jetzt einen wichtigen Vortrag oder einen Beitrag für einen Kongress vorbereiten und ein Kapitel für ein Buch ausarbeiten. Wenn der Transit von negativen Aspekten charakterisiert ist oder gleichzeitig andere dissonante Durchgänge vorkommen, ist es möglich, dass wir gezwungenermaßen eine Reise unternehmen oder mehr pendeln müssen - aus Liebe oder um einer Schwester, Tochter oder Freundin beizustehen. Es ist auch wahrscheinlich, dass wir viel Geld für eine Autoreparatur ausgeben oder im ungünstigsten Moment eines kaufen müssen. Auch könnten wir große Summen für Ferngespräche mit unserem Partner ausgeben oder bei einer Reise krank werden. Einer uns nahe stehenden weiblichen Figur könnte es gesundheitlich schlecht gehen.

Venus im Transit durch das vierte Haus

Wenn Venus durch unser viertes Haus zieht, wächst unser Wunsch nach einem Haus, Familie, dem heimischen Herd und dem Rückzug in die eigenen vier Wände. Wir wollen uns zusammentun und doch in einem gewissen Sinn isolieren. Die Lichter der Stadt üben keine Anziehungskraft auf uns aus, wir ziehen ein nettes Abendessen im engen Kreis vor. In diesen wenigen Wochen verbringen wir viel Zeit zu Hause und gehen nur selten aus. In der familiären Wärme, im schützenden Heim empfinden wir eine große Freude. Dies ist genau einer jener Momente, in denen wir darüber nachdenken, ein Haus zu kaufen und dementsprechend handeln. Auch die Gelegenheiten sind jetzt gut - möglicherweise wird uns ein Darlehen gewährt, um das Vorhaben in die Tat umzusetzen. Wenn wir schon einen Wohnsitz haben, werden wir keine Kosten scheuen, um ihn zu verschönern. Wir finden Gefallen an solchen Projekten und bewegen uns in diversen Geschäften, um Möbel, Einrichtungsgegenstände, neue Fliesen für das Bad oder die Küche, Haushaltsgeräte, Schiebetüren, usw. auszusuchen. Der Zeitraum ist ideal, um mit Renovierungsarbeiten zu beginnen oder einfach ein Zimmer neu zu streichen und unser Haus in einem neuen Licht erstrahlen zu sehen. Mit Sicherheit werden wir den einen oder anderen Einrichtungsgegenstand kaufen, wie einfach einen neuen Teppich oder ein Bild. Entsprechend unserer Finanzen werden wir uns vielleicht nur kleine Dinge zulegen, wie ein neues Besteckset oder Handtücher für das Bad. Wir besuchen jetzt unsere Eltern oder nehmen sie bei uns auf und verbringen mit ihnen angenehme Stunden. Ein gesundheitliches oder finanzielles Problem eines Elternteils könnte sich in diesen Tagen in Luft auflösen. Unter häuslicher Umgebung ist hier nicht nur der Ort zu verstehen, an dem wir schlafen, sondern auch der, an dem wir tagsüber tätig sind, wie das Büro, das Geschäft, die Werkstatt, usw. Alles bisher zu Renovierung und Verschönerung Gesagte gilt also auch in diesem Bereich. Neben dem Kauf einer Immobilie könnten wir auch daran denken, in eine neue Wohnung zur Miete zu ziehen oder das Ferienhaus oder Hotel für die Sommerferien zu buchen. In all diesen Fällen werden wir gute Ergebnisse erzielen. Das vierte Haus betrifft auch das Gedächtnis und den Speicher in unserem Rechner, wir können also bei diesem Planetendurchgang unseren Speicherplatz vergrößern, ein neues Medium für Sicherungskopien oder einen Massenspeicher kaufen, wie einen Brenner, eine externe Festplatte, einen neues Laufwerk für Speichermedien, usw. Wenn wir wichtige Daten abspeichern oder versenden müssen, ist der Transit ideal. Wenn sich in diesem Durchgang dissonante Winkel bilden, kommen wir wahrscheinlich aufgrund eines schwer abzuzahlenden Darlehens oder wegen umfangreicher Renovierungskosten in Schwierigkeiten, bemerken, dass wir beim Möbelkauf über die Stränge geschlagen haben oder erhalten eine hohe Gas- oder Stromrechnung. Eine unerwartet hohe Erbschaftssteuer könnte uns kalt erwischen. Unsere Eltern könnten in gesundheitlichen oder finanziellen Schwierigkeiten stecken. Wir geben viel Geld aus, um eine Schwester oder Tochter (mit Familie) oder eine Freundin bei uns wohnen zu lassen. Der Rechner geht kaputt und wir geben viel Geld für einen neuen Massenspeicher aus.

Venus im Transit durch das fünfte Haus

Wenn Venus durch unser fünftes Radix-Haus transitiert, haben wir mehr Lust auf Vergnügungen. Der Transit ist vielleicht der schönste von allen, um Spiel und Freizeit auf Höchste zu genießen. Wir fühlen uns richtig wohl, wollen die Arbeit liegen lassen und uns der Zerstreuung im weiteren Sinn widmen. Wir wollen uns ausruhen, an nichts denken, uns einfach mal lang machen und alles um uns genießen. Sich zu vergnügen heißt in diesen Tagen auch einkaufen oder spazieren zu gehen, Aufführungen, Restaurants, Ballsäle, Diskotheken, Nachtbars, Konzerte, Kasinos, usw. zu besuchen. Häufig gehen wir ins Kino oder Theater oder verleben ein oder mehrere schöne Wochenenden mit der geliebten Person. Unsere Paarbeziehung läuft jetzt besser und wir streiten weniger mit dem Partner. Auch in der Leidenschaft läuft es besser: unsere sexuelle Aktivität steigert sich sowohl in Häufigkeit als auch in Intensität. Sexualität und Vergnügen sind in dieser Zeit eins, es kann keinen besseren Moment für einen Liebesurlaub mit dem Partner oder auch einem oder einer Geliebten geben, um sich wie Frischvermählte zu fühlen. Der Zeitpunkt ist außerdem gut für eine Schwangerschaft, wenn wir wollen. Wir sind jetzt kreativer und wenn wir künstlerisch tätig sind, wirkt sich der Transit fruchtbar auf unsere Phantasien und auf unser Schaffen aus. Unsere Inspiration ermöglicht es uns, wichtige Werke entstehen zu lassen. Der Durchgang weist außerdem in den meisten Fällen auf einen glücklichen

Moment für unsere Tochter oder unseren Sohn hin, von denen gute Nachrichten kommen können, beispielsweise, dass sie eine Arbeitsstelle oder den richtigen Partner gefunden, endlich mit dem Studium begonnen oder ihre innere Unruhe abgelegt haben. Wir oder unsere Kinder vergnügen uns mit dem Computer, mit Videospielen oder mit der virtuellen Realität. Wenn der Planetendurchgang gemeinsam mit dissonanten Transiten auftritt, kann es passieren, dass wir zuviel Geld für Vergnügungen oder beim Spiel ausgeben. Beim Pokern, Roulette, im Lotto, Toto, an der Börse oder bei Wetten aller Art könnten wir hohe Summen verlieren. Die Laster können unsere Gesundheit gefährden; erinnern Sie sich jetzt stets an den weisen Spruch „ Wein, Weib und Gesang... " Wir müssen darauf achten, dass wir mit Essen und Sex nicht zu sehr übertreiben, da hier Ansteckungsgefahren lauern. Das Spiel und die Vergnügungen können unsere Kinder hauptsächlich in finanzielle Schwierigkeiten bringen. Große Ausgaben könnten wegen einer zu kostspieligen Reise oder Liebe auf uns zukommen. Wir sollten uns auch vor ungewollten Schwangerschaften in Acht nehmen.

Venus im Transit durch das sechste Haus

Wenn Venus durch unser sechstes Geburtshaus zieht, fühlen wir uns geistig und körperlich wohler. Der Stern des „kleinen Glückes" hilft uns, kleine gesundheitliche Probleme zu überwinden. Wir können mit Erfolg eine neue Behandlung beginnen, einen Spezialisten oder Dritte um Rat fragen, einen Physiotherapeuten, Chiropraktiker, Shiatsu-Masseur, Handaufleger oder Akupunkteur aufsuchen. Der Zustand unseres Körpers verbessert sich zusehends, wenn wir Schlammbäder nehmen, Saunen, Heilbäder oder Schönheitssalons aufsuchen und auch kleine Eingriffe der plastischen Chirurgie haben gute Aussichten auf Erfolg. Wir verstehen unsere Krankheiten besser, vielleicht durch einen schlichten Blick in eine medizinische Enzyklopädie oder Zeitschrift. Auch unser Geist fühlt sich wohler, vielleicht aufgrund einer neuen Liebe. Unsere berufliche Situation verbessert sich, wenn nicht aus finanzieller Sicht, so doch zumindest in den Beziehungen. Eine alte Reiberei mit einem Kollegen oder Vorgesetzten kann aus der Welt geschaffen werden. Um uns herum herrscht ein entspannteres Klima und wir fühlen uns mehr beachtet, können auf eine verantwortungsvollere Stelle hoffen oder mit einem sympathischeren Kollegen zusammenarbeiten. Eine Freundschaft entsteht am Arbeitsplatz oder wir könnten uns in jemanden verlieben, der in unserer Nähe arbeitet. Der Zeitpunkt ist wunderbar für die Suche nach einem Mitarbeiter, wie Haushaltshilfen, Sekretären oder Außendienstmitarbeitern. Ein Problem eines unserer Mitarbeiter kann sich plötzlich in Wohlgefallen auflösen. Mit Freuden nehmen wir zu Hause ein kleines Haustier auf. Wenn der Transit mit dissonanten Aspekten einhergeht, ist es möglich, dass wir uns eine Lebensmittel- oder Blutvergiftung holen, vielleicht aufgrund übermäßiger Nahrungsaufnahme oder Ausschweifungen im Allgemeinen. Besonders Acht geben sollten wir auf Alkohol, Nikotin, Drogen, aber auch auf Sex, da uns eine Geschlechtskrankheit treffen könnte. Wer an Hämorrhoiden leidet, wird diese jetzt stärker zu spüren bekommen, gerade wegen Übertreibungen beim Essen. Eine neue Behandlung bekommt uns schlecht, da wir womöglich die Medikamente nicht vertragen. Es wäre zu raten, jetzt keine neuen Behandlungsmethoden auszuprobieren und sich keinen chirurgischen Operationen zu unterziehen, besonders keiner Schönheitsoperation. Eine Schönheitsbehandlung kann uns schlecht bekommen und uns die Kopfhaut oder die Haut ruinieren. Auf eine Thermalkur reagieren wir allergisch. Wir haben wegen unserer Liebe Probleme im Job oder werden zu Darstellern in einem kleinen Liebes-Skandals am Arbeitsplatz. Einer unserer Angestellten hat eine etwas zu öffentliche Liebesaffäre oder wir könnten auf den Gedanken kommen, eine unmögliche Beziehung zu einem Angestellten oder einer Mitarbeiterin einzugehen.

Venus im Transit durch das siebte Haus

Wenn Venus durch unser siebtes Radix-Haus zieht, erleben wir einen sehr günstigen Moment für die Liebe. Wir fühlen uns nach außen gezogen und mischen uns voll Zuversicht unter die Anderen. Auch wenn wir sonst eher ruhig sind, sprechen wir gerne mit anderen und knüpfen freundschaftliche Beziehungen zur Außenwelt. Wir sind offener zu anderen und diese zu uns. Bei dieser Gegenseitigkeit entsteht eine Resonanz zwischen uns und den Personen, mit denen wir in Kontakt treten, auch wenn dies nur auf die Entfernung geschieht. Genau hier liegt der Zauber dieses Augenblickes - es ist kein körperlicher Kontakt nötig, um unsere Harmonie mit den Menschen zu bemerken, es genügt ein Telefonat oder ein Brief. Wenn wir nicht verheiratet sind, fühlen wir das Bedürfnis, den Bund der Ehe einzugehen und wenn noch andere, stärkere Transite dazukommen, kann die Gelegenheit hierfür wirklich gut sein. Auch wenn wir überzeugte Singles sind, stehen wir in diesen Tagen einer Ehe oder einem Zusammenleben positiver gegenüber und untersuchen die Vor- und Nachteile. Wenn wir in „wilder Ehe" leben, könnten wir jetzt über eine Heirat mit unserem Lebensgefährten nachdenken. Wenn wir aber bereits verheiratet sind, erleben wir jetzt mit unserem Ehepartner einen glücklichen Moment der Liebe, sind zärtlicher und verliebter und merken, dass es unserer anderen Hälfte ebenso geht. Wir haben ein

Bedürfnis, uns zusammenzuschließen und fassen den Gedanken, eine Firma zu gründen, uns einem Verein, einem Verband oder einer politischen Bewegung anzuschließen. Gerade für Politiker ist dieser Durchgang gut. Der Transit kann uns außerdem dabei helfen, alte Streitereien mit unserem Partner, einem Geschäftspartner und sogar mit erklärten Feinden und Kontrahenten auszuräumen. Auch eine Rechtsangelegenheit kommt jetzt zu einem guten Ende oder wir bewegen uns in einem langen und schweren Prozess vorwärts, Richter hören uns besser zu. Wenn wir einen Rechtsstreit beginnen wollen, ist der Moment ideal. Der Durchgang zeigt aber auch einen positiven Moment für unseren Partner an, der in diesen wenigen Wochen einen beruflichen Erfolg erzielt oder sich in einem besseren gesundheitlichen Zustand befindet. Wenn sich der Transit in Einheit mit negativen Durchgängen vollzieht, müssen wir darauf achten, dass uns ein übertriebenes Nach-außen-Gerichtetsein nicht in Aufreißer oder Vamps verwandelt, wir uns nicht zu leicht in jemandes Arme werfen und uns damit vermeidbare Schwierigkeiten einhandeln. Gleiches gilt für unseren Partner, der sich in dieser Zeit in jemand Anderes verlieben und uns großen Schmerz bereiten könnte. Gerede oder Verleumdungen sind über unseren Partner in Umlauf, gesundheitlich und beruflich geht es ihm schlecht.

Venus im Transit durch das achte Haus

Wenn sich Venus in unserem achten Radix-Haus bewegt, bemerken wir ein gesteigertes sexuelles Drängen. Unsere Sexualität erwacht aus ihrem Schlaf, unabhängig vom Zustand unseres Partners. Eher als von Geschlechtstrieb sollten wir hier jedoch von Erotik sprechen, also vom Geschlechtstrieb des Geistes, was uns aber dennoch eine gesteigerte sexuelle Aktivität bescheren kann. Wir entwickeln Phantasien mit offenen Augen und können jetzt neue Liebesspiele erfinden. Die sexuelle Befriedigung ist in diesem Zeitraum üblicherweise ausgeglichen, was zu einer Aussöhnung zwischen Eheleuten oder Liebenden führen kann. Wenn sich beispielsweise ein Liebespaar aus verschiedenen Gründen seit langer Zeit nicht gesehen hat und wir bei einer Betrachtung der Ephemeriden feststellen, dass einer von beiden in Kürze Venus im achten Radix-Haus haben wird, können wir ohne große Mühe vorhersagen, dass sie ihre sexuelle Aktivität wieder aufnehmen und sich in Folge auch häufiger treffen werden. Bei Jugendlichen könnte dieser Durchgang für die erste sexuelle Erfahrung stehen. Der Transit birgt auch eine ökonomische Komponente und kann einen höheren Geldfluss aus einer Gehaltserhöhung, einem kleinen Erbe, einer Schenkung, Abfindung, Prämie durch den Vorgesetzten, Spielgewinn oder gelungenen Spekulation, usw. bedeuten. Der Augenblick ist günstig für die Bitte um einen Kredit oder Darlehen von einer Bank oder einem anderen Finanzinstitut, aber auch von Freunden oder Angehörigen. Die verbesserte finanzielle Situation kann auch unseren Partner betreffen, der ebenfalls ein Erbe oder eine Abfertigung, usw. erhalten könnte. Wenn wir unterirdische Nachforschungen betreiben, wie beispielsweise auf der Suche nach einer Wasserader auf unserem Grund und Boden, ist der Planetendurchgang optimal. In diesem Zeitraum sind außerdem archäologische, geologische Grabungen oder Höhlenforschungen, usw. begünstigt. Wenn wir eine Psychoanalyse machen, können wir an diesen Tagen viel über unser tiefstes Ich erfahren und Wahrheiten ans Licht holen, die in den Tiefen unseres Herzens verschlossen waren. Wir können auch die Anderen aus psychologischer Sicht besser verstehen. Wir können von diesem Durchgang profitieren, um das Familiengrab herzurichten oder zu planen oder Arbeiten daran vornehmen zu lassen. Wir besuchen gerne unsere Verstorbenen und denken friedvoll an die lieben Menschen, die nicht mehr unter uns weilen. Empfindsamere Persönlichkeiten werden von den verstorbenen Eltern träumen und in ihren Träumen gute Ratschläge bekommen. Bei diesem Durchgang kann auch der friedvolle Tod von lieben Menschen oder gar unser eigener eintreten, wenn wir schwer krank sind und wenn das Zusammenspiel der anderen Transite dafür spricht. Wenn der Durchgang dissonant ist oder mit anderen negativen Transiten auftritt, ist es möglich, dass wir den Tod einer jungen Freundin oder einer Angehörigen betrauern müssen. Unsere Sexualität befindet sich in einem disharmonischen Moment und bringt uns dazu, uns dem Partner oder Neubekanntschaften gegenüber schlecht zu verhalten. Wir müssen beim Geschlechtsverkehr aufpassen, vor allem bei gelegentlichen Partnern, um uns keine Geschlechtskrankheiten einzufangen. Vor dem Glücksspiel oder allen ökonomischen Spekulationen sollten wir uns in Acht nehmen, da wir viel Geld verlieren könnten. Wir sollten kein Geld verleihen, da wir es nie wieder sehen könnten, sollten uns aber auch kein Geld leihen, da wir es eventuell nicht zurückgeben können. Vorsicht vor Diebstählen und übertriebene Ausgaben unseres Partners. In diesen Wochen sollten wir nicht um eine Gehaltserhöhung bitten.

Venus im Transit durch das neunte Haus

Wenn sich Venus in unserem neunten Radix-Haus befindet, fühlen wir uns stark zum Ausland und zu den Ausländern hingezogen. Genauer sollten wir sagen, wir fühlen uns in die Ferne gezogen, sowohl im geographisch-territorialen, als auch im metaphysisch-transzendentalen Sinn. Wir möchten viel reisen, unterwegs sein, lange Touren mit dem Auto machen, mit dem Flugzeug ins Ausland fliegen, zu entfernten lieben Menschen fahren, hauptsächlich zur Partnerin, Schwester, Tochter oder Freundin. Wir denken eher international und universell. Wir verstehen die Gründe fremder Völker besser oder auch einfach die unserer Nachbarn aus einer anderen Region. Die Planung einer Reise macht uns Freude und wir gehen in Reisebüros, sehen uns Landkarten an, besorgen uns eine CD-Rom mit einem Weltatlas, besorgen uns Zugfahrpläne oder Reisemagazine. Wir haben Lust, unseren Sommer- oder Winterurlaub lange im Voraus zu buchen. Auch der Kauf eines neuen Wagens oder Motorrades kommt uns in den Sinn. Wir spüren das Bedürfnis, uns in einen Sprachkurs oder einen Kurs für Programmiersprache einzuschreiben, was wir in den meisten Fällen auch in die Tat umsetzen. Der Zeitpunkt ist für Reisen, Ferien oder auch für die Arbeit fern von zu Hause, für ein Seminar im Ausland, einen Kongress in einer anderen Stadt optimal. Die Reise wird sicherlich sehr angenehm sein und wir können neue Menschen treffen, mit denen wir eventuell eine Liebesbeziehung aufbauen. Wir könnten auch einen Liebesurlaub mit unserem Partner verbringen oder reisen, um ihn oder sie zu treffen. Zur gleichen Zeit fühlen wir uns von höheren Studien angetan, von Fächern und Wissensbereichen, die über das alltägliche Wissen hinausgehen. Möglicherweise bilden wir uns jetzt in der Philosophie, Psychologie, Esoterik, Astrologie, Theologie, Yoga usw. weiter. Die Zeit ist sehr gut zum Studieren und für das Ablegen von Universitätsprüfungen, für die Einschreibung an der Universität, für den Beginn eines Zweitstudiums. Auch wenn wir in der Stadt bleiben, können wir in diesen Tagen sehr interessante Bekanntschaften mit Ausländern machen und vielleicht eine Liebe zu einem Auswärtigen beginnen. Gleiches kann auch beim Surfen im Internet passieren. Geld kommt von weither, zum Beispiel von einem Angehörigen, der in der Ferne lebt. Unsere Lebensgefährtin oder eine Schwester, Tochter oder gute Freundin fährt ins Ausland. Wenn der Transit mit dissonanten Winkeln erfolgt, kann dies auf übertriebene Ausgaben für eine Reise ins Ausland oder auch eine kürzere Reise hinweisen. Anstrengende Reisen für die Liebe, Reise ins Ausland zur Begleitung einer teuren Person in ein ausländisches Krankenhaus, Liebesabenteuer im Ausland mit einer nicht vertrauenswürdigen Person, kleiner Liebes-Skandal in einer anderen Stadt, eine Verwandte in einer anderen Stadt lässt sich scheiden oder trennt sich von ihrem Lebensgefährten.

Venus im Transit durch das zehnte Haus

Wenn Venus in unserem zehnten Haus transitiert, erleben wir einen kurzen, sehr glücklichen Moment unseres Lebens. Dies ist einer der besten Transite, die uns passieren können, auch wenn er um eine Oktave tiefer liegt als der von Jupiter in der gleichen Position. Normalerweise erreichen wir im Laufe dieses Durchgangs eine oder mehrere Unabhängigkeiten. Wir müssen nicht unbedingt an eine Gehaltserhöhung oder bessere Erträge in der Arbeit denken. Die Unabhängigkeiten, die wir in diesen Wochen erreichen können, müssen zu 360° und auf der ganzen Linie gelesen werden. Für den Einen kann es bedeuten, dass er seine Angst vor Hunden überwindet, für den Anderen, dass er die richtige Einnahme von bestimmten Medikamenten lernt, wieder ein anderer wird endlich frei vor Publikum sprechen können. Das Wachstum, das uns dieser Durchgang schenken kann, ist vielfältig und kann bei undenkbaren und scheinbar banalen Dingen beginnen, die aber dennoch wichtig sind. Es ist wahrscheinlich, dass wir uns in diesen Tagen von einer lästigen Person befreien oder den Mut finden, die Beziehung zu Leuten abzubrechen, die uns nicht gefallen. In jedem Fall machen wir einen Schritt nach vorne auf der Entwicklungsskala. Es ist auch möglich, dass wir durch das Eingreifen oder den Einfluss einer Frau wachsen. Eine Frau könnte ihren Charme einsetzen, um eine bessere berufliche Stellung zu erreichen. Wir könnten uns in unseren Vorgesetzten, in die Direktorin, eine Person, die uns leitet, usw. verlieben. Der Moment zeigt auch eine Verbesserung im Verhältnis zu unserer Mutter an oder eine glückliche Zeit für sie, die positive Auflösung eines ihrer gesundheitlichen Probleme. Wir sind ehrgeiziger und handeln, um in der Arbeit die besten Ergebnisse zu erzielen; andere bemerken unser Streben nach Erfolg und treiben ihn vorwärts. Unsere professionelle Tätigkeit wird mit künstlerischen Elementen angereichert oder wir beginnen, uns beruflich mit der Kunst und der Schönheit zu beschäftigen. Wenn der Durchgang mit disharmonischen Winkeln oder negativen Transiten einhergeht, kann uns ein Liebes-Skandal in der Arbeit oder eine schlecht gehende Beziehung zu einem Vorgesetzten beruflich schädigen. In Grenzfällen, wenn es andere negative Durchgänge rechtfertigen, könnten wir uns in diesem Zeitraum zu Karrierezwecken prostituieren. Unserer Mutter könnte es gesundheitlich schlecht gehen oder sie wird in einen Liebes-Skandal verwickelt. Wir könnten aufgrund einer Krise unserer Mutter in Geldschwierigkeiten stecken.

Venus im Transit durch das elfte Haus

Wenn sich Venus in unserem elften Radix-Haus bewegt, gedeihen unsere freundschaftlichen Gefühle im edelsten Sinn des Wortes. In diesen Tagen sind wir mit Sicherheit bessere Menschen, da wir die Welt und die Menschen mit einem ehrlichen, selbstlosen Geist betrachten, bis zu dem Maße, zu dem die

Natur eine solche Tendenz zulässt. Mit Sicherheit kümmern wir uns mehr um die Anderen, nehmen uns ihre Geschichten, Sorgen und Bedürfnisse zu Herzen, aber nicht im fürsorglichen, sondern eher im kameradschaftlichen Sinn. Wir fühlen uns einer Gruppe zugehörig und spüren die Notwendigkeit, im Einklang mit den Anderen zu handeln und uns nicht isolieren zu dürfen. Wir spüren jetzt auch die Freude, um etwas zu bitten, was uns der Stolz sonst verbietet. Um etwas zu bitten ist auch eine demokratische Form, uns mit anderen in Beziehung zu setzen. In dieser Zeit könnten wir unsere Liebe für einen Freund oder eine Freundin entdecken und es könnte hieraus eine Liebesbeziehung erwachsen. Einflussreiche und wichtige Persönlichkeiten können uns jetzt helfen und unterstützen, wir sollten also an ihre Türen klopfen, da wir das, was wir jetzt erreichen können, sonst nur schwer erreichen werden, außer in den Wochen, in denen Jupiter in der gleichen Konstellation unterwegs ist. Wir bemerken weniger Spannung um uns, beispielsweise könnte uns jemand in einer Schlange den Vortritt lassen, wenn wir ihn darum bitten oder ein Angestellter einen großen Geldschein wechseln, wie es sonst eher selten vorkommt. Eine liebe Person wird vor dem Tod gerettet oder scheidet friedvoll nach langem Leiden dahin. Geld könnt von einem Freund oder einer Freundin kommen, eine teure Bekanntschaft ein finanzielles oder gesundheitliches Problem überwinden. Wenn der Durchgang mit negativen Winkeln oder mit anderen dissonanten Transiten auftritt, ist es möglich, dass wir in eine Liebesgeschichte mit einem Freund oder einer Freundin verwickelt werden und es zu einem Liebes-Eklat kommt. Eine unserer Bekanntschaften ist aufgrund eines schlechten Wandels in der Liebe oder aufgrund großer gesundheitlicher oder finanzieller Probleme in aller Munde. Wir verlieren Geld, das wir Freunden geliehen hatten. Ein „Wohltäter" kommt wegen Korruption in die Zeitungen. Eine junge Freundin oder Angehörige schwebt in Lebensgefahr oder stirbt. Wir müssen Freunde finanziell unterstützen.

Venus im Transit durch das zwölfte Haus

Wenn Venus durch unser zwölftes Radix-Haus zieht, fühlen wir mehr Gemeinschaftssinn um uns herum. Ein Schutzengel scheint über uns zu wachen und uns aus kleinen Schwierigkeiten helfen (für die größeren Schwierigkeiten benötigen wir Jupiter). Es geht hier um einen Transit, der dezent unsere allgemeine Situation verbessert und Probleme aus der Welt schafft, die uns in diesem Augenblick in Atem halten. Ein bisschen Glück macht uns das Leben ein wenig einfacher. Wir werden durch schöne Worte, selbstlose Ratschläge, greifbare Unterstützung durch liebe Personen getröstet. Auch wir selbst wollen uns um andere kümmern und Freunden unsere Schulter zum Ausweinen, unser

Gehör für ihre Probleme am Telefon oder einfach moralische Unterstützung leihen. Manchmal steht der Durchgang aber auch für eine materielle Unterstützung unserer Lieben oder des Partners, mit Geld oder mit gutem Einsatz, beispielsweise durch das Beistehen in der Nacht im Krankenhaus und durch unser schlichtes Beistehen in einer schweren Krankheit. Unsere Hilfsbereitschaft gegenüber allen wächst und wir verspüren einen christlichen Impuls. Wir nähern uns der Religion an, wenn wir gläubig sind oder den Mysterien des Lebens, wenn wir es nicht sind. Wir könnten uns zu internationalen Bewegungen für Fürsorge und Solidarität hingezogen fühlen, wie dem Roten Kreuz, Caritas, UNICEF und uns hier einsetzen, um Gutes zu tun. Geldangebote in dieser Zeit geben uns ein gutes Gefühl, lassen uns zufrieden mit unseren Taten sein und stimmen uns heiter. Wir verstehen jetzt den Sinn des Ausspruches, dass Geben seliger ist denn Nehmen. Wir sind bereit, zu verzeihen und die andere Wange hinzuhalten. Es ist möglich, dass sich unsere finanzielle oder gesundheitliche Situation in dieser Zeit verbessert. Eine neue Behandlungsmethode ist viel versprechend. Die Zeit ist sehr gut, um eine neue Behandlung zu beginnen, auch eine psychoanalytische. Gut tun uns die Besuche bei Priestern, Psychologen, Astrologen, Handauflegern, Masseuren, Chiropraktikern, usw. Wir haben schöne Erfahrungen mit dem Paranormalen und der Welt der Mysterien. Wir erfahren ein Geheimnis einer geliebten Person und entwickeln so ein besseres Verhältnis zu ihr. Wenn der Transit disharmonisch ist oder mit anderen dissonanten Transiten vorkommt, kann es unserem Partner oder einer lieben Person schlecht gehen und das kann uns Sorgen bereiten. Gefahr oder finanziell kritische Situation für eine Schwester, Tochter oder liebe Freundin. Skandale, die uns selbst oder enge Angehörige betreffen, Krankenhaus oder Gefängnis für uns oder unsere Angehörigen. Eine uns nahe stehende weibliche Figur erlebt die negativen Folgen einer Beziehung zu einem Priester, Magier oder Kartenleger. Wir stecken in einer Religions- oder Existenzkrise. Wir erhalten anonyme Briefe und Verleumdungen oder haben den Antrieb, selbst Intrigen in die Welt zu setzen. Eine Freundin hegt Groll gegen uns und greift von hinten an. Eine neue Behandlungsmethode bekommt uns nicht oder wir machen negative Erfahrungen mit Drogen. Eine Narkose hat negative Folgen.

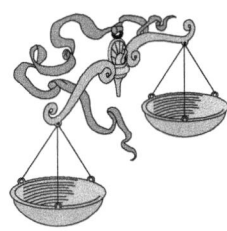

6.
Transite von Mars

Die Transite von Mars stehen zeitlich genau in der Mitte zwischen den so genannten langsamen und den schnellen Transiten. Von der Erde aus gesehen benötigt Mars ungefähr zwei Jahre, um die Tierkreiszeichen ganz zu durchlaufen. Er bleibt somit weniger als zwei Monate in jedem Zeichen stehen, manchmal aber kann sich seine Anwesenheit in einem bestimmten Sternzeichen stark ausdehnen. Früher nannte man ihn den „kleinen Bösewicht", um ihn von Saturn, dem „großen Bösewicht", zu unterscheiden. Wir müssen leider sagen - auch wenn es heute nicht üblich ist, über Dinge als rein negativ zu sprechen und es fast zur Regel geworden ist, aus allem etwas Positives herauszuholen - dass wir Mars bei fast allen schlimmen Schicksalsschlägen im Lauf eines Lebens antreffen. Der rote Planet begleitet wichtigere Transite in vielen menschlichen Tragödien, ein bisschen wie das Fieber bei einer Krankheit. Er handelt fast nie allein, oder wenn doch, dann fallen seine Schäden nur gering ins Gewicht. In Verbindung mit langsameren Planeten kann er dagegen viel Unheil anrichten. Meiner Meinung nach sind die Durchgänge von Mars und Saturn die beiden, die uns am ehesten dabei helfen, eine Geburtszeit zu korrigieren. Der Eintritt von Mars in ein Haus ist aufgrund der unmittelbaren Schäden, die er anrichtet, offensichtlich und so kann man mit ziemlicher Genauigkeit und unter Berücksichtigung anderer Faktoren feststellen, wo die Spitze eines Hauses anzusetzen ist. Meiner Ansicht nach ist er allerdings auch der zweite Signifikator der Triebe eines Geburtshoroskops nach der Sonne. Die Stellung des Zentralgestirns in einem Radixhaus gibt uns in den meisten Fällen Informationen zur geistigen Ausrichtung einer Person, also zum Beispiel ob sie Karten spielt, ein Verführer oder ein Workaholic ist. Gleich danach klärt uns die Stellung von Mars in den Häusern darüber auf, ob die Person hypochondrisch veranlagt ist, leidenschaftlicher liest oder ob sie jemand ist, dem die Freunde stark am Herzen liegen. Der fünfte Planet unseres Sonnensystems klärt uns also bei seinem Eintreten in ein Haus darüber auf, wo wir unsere Energien hinlenken und so bedeutet zum Beispiel sein Durchgang durch das vierte Haus nicht nur Ärgernisse in Bezug auf unseren Wohnraum, sondern steht auch für einen großen Einsatz unsererseits für dessen Instandsetzung, für Umbauten, für den Erhalt eines Darlehens, usw. Wir können also ohne große Mühe die Behauptung aufstellen, dass ein Transit des Herrschers der Widder und Skorpione in seinen Aspekten zu jedem anderen Stern und in seinem Durchgang durch jedes Radixhaus sowohl eine positive, als auch eine negative Seite mit sich bringt.

Mars im harmonischen Aspekt zur Sonne

Wenn Mars im harmonischen Aspekt an unserer Geburtssonne vorbeizieht, fühlen wir uns stärker und entschlossener. Es ist so, als ob wir einen Gang mehr und unser innerer Motor eine höhere Drehzahl hätte als sonst. Das Plus an Energie beginnt in diesem Fall bei der positiven Gedankenkraft - wir sind optimistischer, vertrauen auf unsere Projekte, glauben an uns selbst und an unsere Ideen. Im Lauf dieser Tage werden wir nur schwerlich an Depressionen leiden und vielmehr in der Lage sein, mutige Entscheidungen zu treffen, für die es einer großen inneren Kraft bedarf. Wir sehen Schwierigkeiten ruhig entgegen und sind davon überzeugt, dass wir jede Situation meistern können. Unsere allgemeine Geisteshaltung lässt uns Initiative zeigen und vorher gefasste Pläne beharrlich voranbringen. Wir lassen uns nicht leicht beeinflussen, sondern ziehen eher die Anderen auf unsere Seite. Das Pioniertum lockt uns und führt uns zu neuen, auch riskanten Wegen. Wir sind ungewohnt mutig oder zumindest mutiger, als es unser Geburtshoroskop eigentlich zulassen würde. Die positive Kraft der Gedanken drückt sich in Worten und Taten aus, die ohne ein Zaudern direkt auf das Ziel gerichtet werden. Daher sind wir jetzt direkter und ehrlicher, nehmen Abstand von Zweideutigkeiten und Heucheleien. In unseren Beziehungen zu anderen überwiegt die Primarität, das heißt wir reagieren schnell und zählen nicht erst bis drei, bevor wir handeln. Zwar fehlt es uns jetzt an Diplomatie, dafür sind wir spontaner und ehrlicher in den zwischenmenschlichen Beziehungen, was von unseren Gesprächspartnern hoch eingeschätzt wird. Unsere Art, an die Dinge heranzugehen, ist jetzt sehr direkt. Auch unsere körperliche Kraft wächst und so sind wir an diesen Tagen in der Lage, größere körperliche und geistige Anstrengungen auf uns zu nehmen. Die gesteigerte körperliche Kraft muss jedoch in die richtigen Bahnen gelenkt werden, um eine Zerstreuung der Energien in viele Richtungen oder, noch schlimmer, in die falsche Richtung, zu verhindern. Etwas sportliche Betätigung wird uns jetzt sicherlich gut tun, wobei fast alle

Sportarten geeignet sind, aber weniger gefährliche vorgezogen werden sollten, bei denen die Verletzungsgefahr nicht hoch ist - schwimmen, laufen oder Tennis sind wunderbar. Eine erhöhte körperliche Aktivität kann aber auch bei anstrengenden Aufgaben zu Hause stattfinden, wie Möbelrücken, Kistenschleppen, Reparatur an der Heizung oder am Fahrzeug, Holzhacken, usw. Der Zeitraum eignet sich besonders bei Männern gut für eine erhöhte sexuelle Aktivität. Es ist wahrscheinlich, dass unser Mann, Vater, Bruder oder Sohn gut in Form sind oder dass sie ein bestimmtes Ziel, hauptsächlich im sportlichen Bereich, erreichen.

Mars im disharmonischen Aspekt zur Sonne

Wenn Mars im dissonanten Winkel an der Sonne vorbeizieht, bewegen wir uns weit schneller als sonst und haben viel körperliche und geistige Kraft, die wir nicht immer unter Kontrolle haben. Wir verhalten uns wie ein überdrehter Motor, der einer höheren Spannung ausgesetzt ist, als der vom Hersteller vorgeschriebenen. Viel Energie steckt in unserem Körper, was sicherlich positiv sein kann, aber nur, wenn wir sie auch im Griff haben. Wir sollten nicht den Fehler machen, diesen Zustand zu unterschätzen, denn er könnte gefährlich werden. Bei Gesprächen sind wir direkt und offen, laufen aber auch Gefahr, von unseren Gesprächspartnern als aggressiv empfunden zu werden. Das gilt besonders in der Beziehung zu vertrauten Menschen, zu unserer Familie und in der Paarbeziehung. Allgemein sind wir zu Allen etwas aggressiver und streiten leicht wegen Kleinigkeiten. Das Plus an Energie lässt uns ungeduldig angesichts der Langsamkeit anderer und deren Unfähigkeit, unsere Konzepte schnell zu begreifen, werden. Wir sind jetzt weder duldsam noch nachsichtig zu anderen, wollen Alles und am liebsten sofort. Ein gewisses Maß an Überheblichkeit spricht aus unserem Verhalten, auch wenn das sonst nicht unsere Art ist. Wir wären gerne freundlicher und offener, aber es gelingt uns nicht. Ein besonders schlechtes Verhältnis haben wir zu allen Figuren, die uns an die väterliche Autorität erinnern - der Vorgesetzte bei der Arbeit, ein älterer Kollege, ein gesellschaftlich Höherstehender, der Lehrer in der Schule oder der Professor in der Universität, der Schulleiter, der Befehlshaber beim Militär, der Verkehrspolizist, der unseren Führerschein sehen will, usw. Bei Gesprächen mit solchen Personen können wir schnell aggressiv werden und uns in Schwierigkeiten bringen. Wir sollten unsere Zunge im Zaum halten und erst bis zehn zählen, bevor wir uns zu einer Reaktion entschließen. Durch viel Sport können wir unser kochendes Blut ein wenig abkühlen - wir sollten uns so stark verausgaben, dass keine Puste und keine Kraft mehr bleibt, um auf andere loszugehen. Dennoch sollten wir auch hier darauf achten, dass wir keine gefährlichen Sportarten betreiben. Wir könnten laufen, schwimmen, Tennis spielen und turnen und auf keinen Fall Ski-, Rollschuh-, Schlittschuh- oder Fahrrad fahren, bergsteigen oder boxen, usw. Wenn überhaupt, könnten wir mit Boxhandschuhen auf einen Sandsack eindreschen. Gute und gesunde Anstrengung bringt uns wieder in Form und macht uns im Umgang mit anderen erträglich. Wir sollten auf Verletzungen Acht geben, da das Risiko durch Schnittwunden beim Öffnen einer Kiste, durch einen Sturz auf der Treppe, einen Auffahrunfall jetzt sehr hoch ist. Arbeiten mit spitzen und scharfen Gegenständen, mit Feuer und flüssigen Brennstoffen, Feuerwaffen, Elektrizität und allen potentiell gefährlichen Stoffen sollten wir vermeiden. Bei Männern kann eine erhöhte sexuelle Aktivität zur Entladung der überschüssigen Energie hilfreich sein. Der Zeitraum eignet sich gut für Operationen jeder Art oder für einen Besuch beim Zahnarzt. Eine uns nahe stehende männliche Figur (Partner, Vater, Bruder, Sohn) wird in einen Unfall verwickelt, wird verletzt oder hat einen gewaltigen Streit mit irgendjemandem. An diesen Tagen kann es zu mechanischen und elektrischen Pannen kommen.

Mars im harmonischen Aspekt zum Mond

Wenn Mars im günstigen Winkel an unserem Geburtsmond vorbeizieht, dann träumen wir davon, die Helden in einem großartigen epischen Abenteuer zu sein. Der Gedanke und die Tat schreiten im Gleichmarsch voran, woraus sich ein entschlosseneres und eindringlicheres Verhalten ergibt. Wir werden von positiven Kräften angetrieben, die uns das Leben und unsere Mitmenschen optimistisch betrachten lassen, werden übermütig, was von anderen leicht bemerkt wird. Wir sind ehrlicher, direkter und glaubwürdiger, machen keine großen Worte, bevor wir zum Punkt kommen und reagieren unmittelbar, das heißt, wir handeln impulsiv. Wir sind kampfbereit, haben das Schwert stets zur Hand und nehmen kein Blatt vor den Mund, aber im positiven Sinn, also nicht aufsässig, sondern vielmehr leidenschaftlich. Leidenschaft ist wahrscheinlich das Schlüsselwort bei diesem Planetendurchgang. Mit viel Leidenschaft sind wir in der Lage, bedeutende Unternehmungen anzupacken und geistige Barrieren zu überwinden, die uns an der Ausführung eines wichtigen Projektes hindern. Wir können andere mitreißen und haben besonders auf Frauen eine anziehende Wirkung. Mit Sicherheit sind wir mutiger als sonst und damit in der Lage, schwierigen Situationen entgegenzutreten. Wenn wir ein offenes Wort mit unserem Vorgesetzten suchen, ist jetzt ein guter Zeitpunkt dafür gekommen, da wir unsere Gründe verständlich und überzeugend darlegen können, ohne aggressiv zu werden. Auch bei Problemen in der Familie oder der Paarbeziehung können wir tatkräftige Entscheidungen treffen, ohne etwas zu überstürzen. Das Gewicht liegt besonders auf zwei konkreten Dingen - der Frau und dem Haus. Diese Tage eignen sich gut, um verschiedene Schwierigkeiten in unserem Verhältnis zur Partnerin, zur Mutter, Schwester oder Tochter oder auch in Bezug auf unseren Wohnraum aus der Welt zu schaffen. Beispielsweise könnten wir jetzt den Mut finden, unser Geburtshaus zu verlassen oder einen Kredit aufzunehmen, der uns zwar tief in die Schulden stürzt, aber es ist der richtige Moment hierfür und wir sollten die Gelegenheit ohne Zaudern wahrnehmen. Wir können unseren Freunden oder Feinden alles sagen, was wir zu sagen haben - am richtigen Wort wird es uns nicht fehlen und wir schaffen es, ruhig zu bleiben. Auch wenn wir einer Frau unsere Liebe gestehen wollen, sollten wir jetzt handeln. Je nachdem, in welchem Haus sich der Mond bei unserer Geburt befand, werden wir wissen, in welche Richtung wir unseren gesteigerten Mut lenken sollten. Generell sollten wir uns jetzt trauen, Dinge zu tun, um verschiedene Ängste zu überwinden, vielleicht in Bezug auf die Führerscheinprüfung oder auf einen Sprung von einem Boot ins Meer. Eine uns nahe stehende weibliche Figur könnte ein wichtiges Ziel erreichen.

Mars im disharmonischen Aspekt zum Mond

Wenn sich Mars im dissonanten Winkel zu unserem Radix-Mond bewegt, sollten wir besser ein Beruhigungsmittel nehmen, vielleicht ein natürliches, homöopathisches oder einen einfachen Kamillentee. In diesem Moment (der einige Wochen andauern kann) sind wir stark gereizt, absolut nicht im Gleichgewicht und fühlen uns unzufrieden, hauptsächlich mit uns selbst. Wir sind allgemein ungeduldig, dulden keine Verzögerungen, sind intolerant und ertragen es nicht, wenn andere sich nicht gut ausdrücken können. Wir sind extrem unruhig, unduldsam, nervös und vor allem aggressiv, gehen wegen Kleinigkeiten in die Luft und streiten mit Allen, besonders aber mit vertrauten Menschen und der geliebten Person. Jeder, der mit uns in Berührung kommt, kann zur Zielscheibe unserer Wut werden, vom Fahrscheinverkäufer am Bahnhofsschalter bis hin zum Verkäufer im Geschäft. Unsere Nerven sind aufs Höchste gespannt und ein Kampfgeist auf der ganzen Linie führt uns in tausend verschiedene Schlachten. Wir graben das Kriegsbeil aus und sind davon überzeugt, dass jetzt der richtige Augenblick gekommen ist, um mit allen ungeklärten Situationen abzurechnen, die wir kurzfristig beiseite gelegt hatten. In diesen Tagen wird es sowohl zu Hause als auch in der Arbeit schwer, uns *nicht* zu streiten. Vielleicht wäre es das Beste, wenn wir uns einfach einen Sündenbock suchen, der uns am wenigsten schaden kann, und ihn als Ventil für unsere negative Ladung gebrauchen. Ein Bekannter, den wir überhaupt nicht leiden können und den wir gerne zum Teufel jagen würden, kann uns jetzt sehr gelegen kommen. Unsere Streitsucht entlädt sich besonders auf weibliche Figuren und verleiht uns zwar mehr Mut, lässt uns aber auch wagemutig und unvorsichtig werden. Gefährliche Sportarten, wie Fallschirm springen oder Motorrad fahren, sollten wir unterlassen, da der Transit in seinem physischen Ausdruck häufig auf einen Sturz, eine Verletzung oder einen Unfall hinweist. Wie beim dissonanten Transit Mars-Sonne sollten wir uns auch hier von spitzen und scharfen Gegenständen, gefährlichen Sportarten, Treppen und Leitern, aus Benzin entzündeten Feuern, Feuerwaffen, usw. fern halten. Uns nahe stehende Frauen sollten wir aus allen gefährlichen Situationen heraushalten. Häufig findet unsere Zerstörungswut ihren Ausdruck in den eigenen vier Wänden und wir könnten verschiedene Haushaltsgegenstände zerschlagen.

Mars im harmonischen Aspekt zu Merkur

Wenn Mars im günstigen Winkel zu unserem Geburtsmerkur transitiert, steigern sich unsere geistigen Fähigkeiten. Wir denken klarer und verstehen den Fluss unserer Gedanken besser, sind wacher, ohne dabei unruhig zu sein. Wir verstehen die Standpunkte der anderen leichter und machen uns selbst verständlicher. Unser rednerisches Geschick erreicht einen ungewöhnlichen Höhepunkt und es gefällt uns, vor Publikum, auf einer Konferenz oder vor der Kamera zu sprechen, bei einem Interview geben wir eine gute Figur ab. Wir können uns gewählt ausdrücken und die geeigneten Worte und Sätze auswählen. Die Wörter kommen uns leicht über die Lippen und nur selten werden wir uns verhaspeln oder stottern. Diese gesteigerte Kommunikationsfähigkeit lässt auch unseren Wunsch nach Kommunikation wachsen, wir werden also sehr viel häufiger telefonieren, dabei leichter die Verbindung herstellen können, Nummern wählen, die sonst meistens besetzt sind oder unter denen sich keiner meldet und werden auch selbst häufiger angerufen. Der ein- und ausgehende Briefwechsel wird reger, wir schreiben gerne und das Schreiben fällt uns leicht, auch bei Briefen an weit entfernte Personen, mit denen wir schon lange keinen Kontakt mehr hatten. Mit einem so gestärkten Merkur steigt unser Wunsch nach Reisen, wir wollen unterwegs sein, uns bewegen, unseren gewöhnlichen Aufenthaltsort verlassen, um eine lange Fahrt mit dem Auto oder eine Reise mit dem Zug oder Flugzeug zu unternehmen. Wir bewegen uns viel mehr als sonst, sei es aus Vergnügen oder aus Notwendigkeit. Alle Reisen, besonders aber die kurzen, machen uns in dieser Zeit viel Freude. Da sich unser Drängen verstärkt auf Reisen und Kommunikation im Allgemeinen richtet, ist es wahrscheinlich, dass wir Geräte zu diesem Zweck kaufen möchten. So könnten wir den Gedanken haben, uns ein neues Auto, ein Motorrad oder schlicht Kfz-Zubehör zu kaufen, aber auch ein Handy, ein schnurloses Telefon, einen Anrufbeantworter, ein Faxgerät, eine Satellitenantenne oder einen Drucker für den Rechner, usw. Das Surfen im Internet fällt uns leichter und wir können uns mit Seiten verbinden, die sonst schwer zu erreichen sind. Auch die ein- und ausgehenden E-Mails werden sich in diesen Tagen häufen. Mit einem so wachen Geist können wir uns in schweren Themenbereichen weiterbilden, anstrengende Bücher lesen oder einfach alles lesen, das uns zwischen die Finger kommt. Wir können schwierige Prüfungen vorbereiten oder Kurse und Seminare besuchen. Gleichzeitig können wir als Dozenten selbst Kurse abhalten oder eine Konferenz leiten. Der Zeitraum ist hervorragend für die Vorbereitung zu einem Vortrag auf einem Kongress, zum Verfassen des Lebenslaufes, eines Kapitels für ein Buch, eines Artikels für die Zeitung eines Freundes, usw. Mehr Energie widmen wir einem Bruder, einem Vetter, einem Schwager oder einem jungen Freund. An diesen Tagen ist es auch möglich, dass eine der genannten männlichen Figuren verreist oder mit den Prüfungsvorbereitungen beschäftigt ist.

Mars im disharmonischen Aspekt zu Merkur

Wenn Mars im dissonanten Winkel zu unserem Geburtsmerkur vorüberzieht, ist unsere Intelligenz auf dem Höhepunkt, hat aber auch das Bedürfnis, sich scharf, bissig und kritisch zu äußern. Wir sprechen sehr kritische Gedanken aus und sind nicht nachsichtig mit der Dummheit im Allgemeinen. Die Mittelmäßigkeit anderer können wir nicht verzeihen und wir sind bereit, jeden zu steinigen, dem das Reden nicht leicht fällt oder der Schwierigkeiten hat, sich klar auszudrücken. Überheblichkeit kennzeichnet unsere Gedanken, was sich darin äußert, dass wir in fast allen Gesprächen eine ungeduldige Haltung einnehmen. Uns wachsen Haare auf der Zunge und wenn wir unseren Gesprächpartner schon nicht beleidigen, so sind wir doch zumindest bissig, streng und ein bisschen unbarmherzig. altung HUnsere Ironie wächst und steigert sich manchmal zu einem Sarkasmus, den wir besser unter Kontrolle halten sollten. So setzen wir auch Freundschaftsbeziehungen aufs Spiel und zerstören das Vertrauen, das andere in uns gelegt haben. Wir sollten uns jetzt dazu zwingen, den Standpunkt des Anderen zu verstehen und uns vor Augen halten, dass wir selbst auch keinesfalls unfehlbar sind. Zweifellos erleben wir jetzt einen

Augenblick großer geistiger Klarheit, die uns in einem Wortgefecht sehr nützlich sein kann, ob wir nun Anwälte sind oder einfach mit Freunden in der Kneipe diskutieren. Wir entdecken einen großen Redner in uns, der sich leicht verständlich machen kann, aber unsere Gedanken sind so schnell, dass wir leicht nervös werden oder gar unter Schlaflosigkeit leiden. Die übermäßige Nervosität, eine Unfähigkeit, den Geist und die Beine still zu halten, eine geistige Unruhe bringen uns dazu, ständig zu telefonieren und Anrufe entgegenzunehmen. Dabei werden wir mehrere „Unfälle" in der Kommunikation erleben, wie zum Beispiel unsympathische oder gar feindselige Anrufer, ein Streit auf Entfernung, schlechte Nachrichten über das Telefon. Gleiches gilt für den Schriftverkehr per Post oder per E-Mail - es ist wahrscheinlich, dass wir einen Drohbrief oder schlechte Nachrichten im Allgemeinen erhalten. Nur selten werden wir jetzt freundliche und nette Nachrichten lesen und auch wir haben das Verlangen, „ätzende" Briefe oder zumindest polemische und herausfordernde Mitteilungen zu schreiben. Die übertriebene Elektrizität in allen Handlungen lässt uns Flüche ausstoßen, wenn wir einen Gesprächspartner per Telefon nicht erreichen oder es nicht schaffen, ein Fax zu verschicken. An diesen Tagen können das Telefon, das Faxgerät oder der Drucker kaputt gehen und wir tun gut daran, keines dieser Geräte bei dem Planetendurchgang zu kaufen. Wir bewegen uns mehr, was aber nicht angenehm ist, vielleicht sind wir wegen eines Notfalls gezwungen, zu pendeln. Aber auch wenn wir uns freiwillig bewegen, müssen wir mit verschiedenen Unannehmlichkeiten rechnen, von der Auto- oder Motorradpanne über Staus und verpasste Züge bis hin zu Auffahrunfällen, selbst verschuldet oder nicht. Es wäre also besser, wir bleiben einfach zu Hause oder unternehmen lange Spaziergänge zu Fuß. Wenn wir aber aus politischen, gewerkschaftlichen oder einfach beruflichen Gründen einen bissigen Artikel oder eine scharfzüngige Rede schreiben müssen, ist der Zeitraum wunderbar geeignet. Im Verlauf dieser Tage ist es wahrscheinlich, dass ein Bruder, Vetter, Schwager oder junger Freund Unannehmlichkeiten oder gar Unfälle auf einer Reise erlebt. Vorsicht vor exzessivem Rauchen aus Nervosität.

Mars im harmonischen Aspekt zu Venus

Wenn Mars im günstigen Winkel zu unserer Geburtsvenus unterwegs ist, fühlen wir uns stärker zu unserem Partner hingezogen, besonders in sexueller Hinsicht. Allgemein kann man sagen, dass unsere Leidenschaft und Sinnlichkeit steigt. Gut essen und trinken, ein wenig Ruhe am Nachmittag genießen oder ein angenehmes Bad im erfrischenden Meer sind jetzt eher Notwendigkeiten als einfache Bedürfnisse. Das Tier in uns kommt im positiven Sinn zum Vorschein und will voll ausgelebt werden. Eine der besten Möglichkeiten hierzu ist sicherlich eine gesteigerte sexuelle Aktivität, die auch durch eine erhöhte Bereitschaft unseres Partners gekennzeichnet ist. Unsere auf den Ehepartner oder Lebensgefährten gerichteten Energien wachsen im weiteren Sinn und wir werden uns in allen Gesichtspunkten mehr mit ihm beschäftigen, auch um ihm bei seinen alltäglichen Problemen beizustehen. Wir sind ihm gegenüber aufgeschlossen, nicht so sehr geistig, als vielmehr mit Taten, vielleicht indem wir ihm bei körperlich anstrengenden Dingen zur Hand gehen, wie beim Möbelrücken oder durch eine ausgedehnte Rückenmassage. Wir fühlen uns zu allem Schönen und Ästhetischen hingezogen, angefangen bei der Kunst. Die Symbologie von Mars setzt jedoch voraus, dass dieses Interesse nicht allein im geistigen Sinn ausgelebt wird, sondern auch ein Element der körperlichen Anstrengung, der Verausgabung und der Entladung von Energien beinhaltet. In diesem Sinn sollten wir uns jetzt anstrengen, um ausgedehnte Grabungsstätten, riesige Museen zu besichtigen oder ohne Aufzug auf hohe Denkmäler steigen, um die Aussicht genießen zu können, usw. Es ist auch wahrscheinlich, dass wir über weite Strecken eine auf einer Versteigerung erworbene Marmorbüste, einen orientalischen Teppich oder jeden anderen schweren und unhandlichen Einrichtungsgegenstand mit uns herumtragen. Zur Verschönerung unseres Körpers könnten wir joggen, eine körperliche Aktivität oder einen Sport ausgiebig betreiben, schwitzen und anschließend kalt duschen und uns allen anstrengenden und gleichzeitig gesunden Aktivitäten hingeben. Der Transit ist außerdem wunderbar geeignet, um uns einer Schönheitsoperation zu unterziehen und alle mehr oder weniger schmerzlichen Praktiken zur Verbesserung unseres physischen Aussehens über uns ergehen zu lassen. Eine Fettabsaugung kann jetzt mit der gebotenen Vorsicht besser gelingen. Auch unsere Bemühungen zur Steigerung unserer Verdienste wachsen und wir werden hart arbeiten. Der Transit kann auch darauf hinweisen, dass eine Schwester, Tochter, Freundin oder eine andere uns nahe stehende weibliche Figur in ausgezeichneter körperlicher Form ist. Der Zeitraum ist gut für den Beginn einer neuen Behandlungsmethode auf der Basis von Vitaminen, Nahrungsergänzungsmitteln, usw.

Mars im disharmonischen Aspekt zu Venus

Wenn sich Mars im disharmonischen Winkel zu unserer Geburtsvenus bewegt, können wir nur hoffen, dass sich unser Partner in einer ähnlichen Situation befindet - das sexuelle Drängen ist besonders stark und wenn unser Partner nicht in der gleichen Stimmung ist, bilden sich Gegensätze im sexuellen Verlangen oder übertriebene, unbefriedigte Bedürfnissen. Wir könnten jetzt zu fordernd sein, was zu Unstimmigkeiten führt. Auch die Art, unsere Sexualität auszuleben, ist für uns ungewöhnlich und drückt sich in einer Heftigkeit aus, die so wenig zu einer Geste passt, die eigentlich viel Poesie beinhalten sollte. Unsere gesamte Sinnlichkeit ist in Alarmbereitschaft und wir haben das Bedürfnis zu einem etwas tierischen Ausleben unserer Sinne, im schlechtesten Sinn des Wortes. Wir könnten nach übermäßigen körperlichen Gelüsten verlangen, zum Beispiel bei der Nahrungsaufnahme, mit dem Alkohol oder noch schlimmeren Dingen, wenn dies in unserer Grundnatur liegt. In jedem Fall sind gesundheitliche Schäden, Vergiftungen des Blutes oder des Körpers und geistige Obsessionen die Folge. Unser Verhältnis zum Partner leidet darunter und Streitereien scheinen in diesem Zeitraum fast unvermeidlich. Wir brauchen jetzt viel Selbstbeherrschung, um unsere Paarbeziehung nicht aufs Spiel zu setzen. Ein gesunder Abbau der überschüssigen Energie durch Sport kann uns dabei helfen, das kochende Gemüt abzukühlen. Dabei sollten wir aber auf gefährliche Sportarten verzichten und lieber durch den Wald oder am Wasser entlang laufen, Kniebeugen machen oder auf einen Sandsack einprügeln. Wenn es uns nicht gelingt, die Energien umzuleiten, sind wir aggressiver zu Frauen im Allgemeinen oder vielleicht zu einer Schwester, Tochter oder Freundin. Der Transit kann auch auf einen Streit mit dem Partner wegen einer der erwähnten Frauen hinweisen. Außerdem kann der Planetendurchgang für eine Zeit erhöhter Ausgaben stehen, zum Beispiel für den Kauf von Kleidungsstücken und persönlichem Schmuck. Die Neigung zu großen Ausgaben kann uns zum Kauf von unnützen oder übertreuerten Dingen bringen, wie Schmuck, Uhren und allen Dingen, die an die Kunst und das Schöne gebunden sind, wie Gemälde, Dekorationsgegenstände, Skulpturen, Teppiche. Auch zum Glücksspiel könnten wir uns hingezogen fühlen und viel Geld verlieren. Wir sollten jede Form von Spekulation, Kreditaufnahme oder das Unterzeichnen von Verträgen, die uns finanziell stark einbinden, vermeiden. Es kann außerdem passieren, dass wir aus Liebe zuviel ausgeben, zum Beispiel bei einer Kreuzfahrt oder einer Reise mit der geliebten Person oder indem wir ihn oder sie finanziell aushalten.

Mars im harmonischen Aspekt zu Mars

Wenn sich Mars im harmonischen Winkel zu unserem Geburtsmars bewegt, leben wir einen Moment großer geistiger wie körperlicher Stärke. Das alte Sprichwort *„Mens sana in corpore sano"* scheint für diesen Planetendurchgang erfunden. Geist und Körper gehen Hand in Hand und schenken uns ein paar ermüdende, sehr intensive Tage. Nur selten werden wir uns bei diesem Transit langweilen und eher merken, dass die Anderen mit unserem Schritt nicht mithalten können. Wir arbeiten so, als wäre unser Motor frisiert, leisten sehr viel mehr als sonst und sind entschlossen, unsere Projekte zu Ende zu führen. Unser Wille drückt sich klar und entschieden aus, wir wissen ganz genau, was wir wollen und wie wir es bekommen können. Wir nicht bereit, über Entbehrung oder Verzicht zu Gunsten Dritter zu sprechen, sind zwar nicht anmaßend und aggressiv, aber auch nicht im Entferntesten nachgiebig. Wir treffen den richtigen Ton, der aber etwas schärfer ist als sonst. Vitamine oder Nahrungsergänzungsmittel brauchen wir jetzt nicht, in uns haben wir all den nötigen Treibstoff, um unsere Fähigkeiten aufs Höchste einzusetzen. Selten fühlen wir uns so in Form, wie in diesen Tagen. Diesen Zustand sollten wir ein bisschen für Alles nutzen, angefangen bei konkreten Plänen für die Zukunft, die jetzt von keinerlei Ängsten gehemmt werden. Die bei früheren Gelegenheiten verlorene Zeit können wir nun aufholen und alte Pläne wieder aufnehmen. Die Zeit ist außerdem gut für die Aufnahme neuer, ehrgeiziger Projekte. In der Familie und in der Arbeit sagen wir alles, was wir sagen müssen, können überzeugen, ohne dabei aggressiv zu sein. Diese Tage eignen sich wunderbar für jeden Sport, der je nach Vorlieben ohne Gegenanzeigen ausgewählt werden kann. Sowohl ein Fußballspiel unter Kollegen, als auch ein Lauf durch den Wald oder am Wasser oder intensives Schwitzen mit anschließendem Duschen tun uns gut. Gleiches gilt für die sexuelle Aktivität, die jetzt bei Männern und Frauen gleichermaßen sehr intensiv sein kann. Mechanik und Handarbeit im Allgemeinen interessieren uns, wir könnten jetzt also etwas im Haus, am Auto oder Motorrad oder einen Haushaltsgegenstand reparieren, sägen, zuschneiden, Nägel einschlagen. Auch leicht anstrengende Arbeiten sind gut für diesen Planetendurchgang geeignet, was wir nutzen können, um ein Bücherregal zu verrücken, unseren Kleiderschrank auf die kommende Jahreszeit umzustellen, Vorräte einzukaufen, usw. Mehr Energien werden wir auf die uns nahe stehenden männlichen Figuren verwenden und allgemein fühlen wir uns zu ausgeprägt männlichen Figuren hingezogen, wie Männern in Uniform, Polizisten, autoritären Persönlichkeiten oder Beamten im Allgemeinen. Eine uns nahe stehende männliche Figur wird sehr intensive und positive Tage erleben.

Mars im disharmonischen Aspekt zu Mars

Wenn Mars im disharmonischen Winkel an unserem Geburtsmars vorbeizieht, zieht unsere Aura Streitereien an. Wir haben zuviel Energie, die wir nicht in positive Bahnen lenken können, sind nervös und angespannt, empfindlich und neigen zu Wutausbrüchen. Nicht einmal mit uns selbst sind wir zufrieden, besonders aber finden wir kein Gleichgewicht zu anderen und bemerken, dass wir in allen unseren Handlungen destruktiv sind. Es wäre gut, in diesen Tagen nichts Wichtiges zu beginnen und alles zu verschieben, das uns am Herzen liegt und das durch einen falschen Schritt in Frage gestellt werden könnte. Bei diesem Durchgang gehen wir wegen Kleinigkeiten in die Luft und riskieren Streitereien in der Familie und in der Arbeit. Wir sollten uns stark zusammennehmen, um keine mühsam und geduldig in Monaten und Jahren aufgebauten Beziehungen zu zerstören. Besonders achtsam sollten wir im Verhältnis zu unserem Vater, Bruder oder zu Partner sein oder zu Ersatzpersonen für diese. In der Arbeit tendieren wir dazu, uns mit dem Vorgesetzten und mit allen Figuren zu streiten, die für Autorität stehen. An diesen Tagen könnten wir ernsthafte Abmahnungen erhalten oder ein Disziplinarverfahren könnte gegen uns eingeleitet werden, wir sollten also lieber spuren, da sonst Geldstrafen, harte Kritik oder im schlimmsten Fall sogar eine Kündigung auf uns zukommen könnten, wenn andere Transite das rechtfertigen. Auch schlimme Begegnungen mit der Polizei, einem Ordnungshüter oder der Steuerbehörde, usw. sind jetzt möglich. Unser Verhältnis zu allen Uniformierten ist angespannt, angefangen beim Pförtner eines Gerichtsgebäudes. Unsere nervöse Anspannung entlädt sich am Schalter, wo wir von einem Angestellten Bescheinigungen, Urkunden oder Genehmigungen ausgestellt haben möchten. Wir sollten den Kontakt zu all diesen Personen meiden, um den nicht sehr langen, aber auch nicht besonders kurzen Zeitraum (in Sonderfällen kann der Transit auch einige Wochen anhalten) weniger schlecht zu verleben. Sport kann dabei helfen, das Plus an Energie in die richtigen Bahnen zu lenken, gefährliche Sportarten sind angesichts eines solchen Mars' allerdings zu vermeiden. Laufen an der frischen Luft, Gymnastik zu Hause oder im Fitnesszentrum, Tennis, Schwimmen sind jetzt gute Betätigungen, zu vermeiden sind Reiten, Motorrad fahren, Rollschuh- oder Schlittschuh laufen, Ski fahren und alle anderen potentiell gefährlichen Sportarten. Die Gefahr für Unfälle ist an diesen Tagen sehr hoch, sei es im Haushalt oder im Freien, sei es beim Umgang mit spitzen oder scharfen Gegenständen oder beim Auto fahren. Wir sollten kein Feuer mit Benzin entzünden, nicht mit Feuerwaffen hantieren, die Elektroanlage reparieren, auf Leitern steigen, uns weit aus dem Fenster lehnen oder irgendetwas potentiell Gefährliches tun. Geschlechtsverkehr kann dagegen ein optimales Ausdrucksmittel für den Überschuss an Energie sein, mit dem einzigen Vorbehalt, dass die übermäßige Leidenschaft zu Unfällen führen kann, wie einer ungewollten Schwangerschaft. Einer uns nahe stehenden männlichen Figur, wie Ehemann, Vater oder Bruder, könnte es schlecht gehen oder sie könnte in einen Unfall oder heftige Streitereien verwickelt sein.

Mars im harmonischen Aspekt zu Jupiter

Wenn Mars im günstigen Winkel zu unserem Geburtsjupiter passiert, sind wir in guter Form und dem Leben und den Mitmenschen gegenüber positiv eingestellt. Unsere Handlungen haben jetzt einen großen Einfluss. Wenn wir jemandem einen Schlag, beispielsweise einen Faustschlag versetzen, ist nicht so sehr die angewandte Kraft von Bedeutung, sondern eher die Genauigkeit, mit der wir das Ziel treffen. In diesem Sinn stellen wir jetzt fest, dass unsere „Faustschläge" direkt ins Schwarze treffen. Daraus ergibt sich, dass uns bei diesem Planetendurchgang das Glück begleitet. Unsere Bemühungen werden mit Erfolg belohnt und wir sollten uns bei allen Schritten vor Augen führen, dass jede unserer Handlungen von einem „guten Stern" begleitet wird. Besonders unser Unternehmergeist steht unter einem guten Zeichen, wir können also gerade im unternehmerischen Bereich mehr riskieren, wo es um Investitionen, Spekulationen, Pionierarbeit geht und darum, etwas aufs Spiel zu setzen, unternehmerisch und geschäftlich zu denken. Mit einem so guten Transit können wir auch eine neue Beschäftigung aufnehmen, wenn die Marktbedingungen das zulassen, und wir haben jetzt das Recht, etwas zu riskieren, da Jupiter unsere Handlungen mit wohlwollendem Auge begleitet. Besonders mutige und tatkräftige Aktionen werden entlohnt. Natürlich hängt auch viel von unserem Grundcharakter ab, wenn dieser es uns gestattet, etwas zu riskieren, wird uns der Transit auch bei der Umsetzung schwieriger Unternehmungen zur Hand gehen. Unter dem Einfluss eines gutartigen Planeten wie Jupiter können wir ehrgeizige Projekte angehen und unerreichbar scheinende Gipfel erklimmen. Viel hängt vom Glück ab, das zur Zeit auf unserer Seite steht, vieles lässt sich aber auch auf unseren starken Willen zurückführen, der jetzt um ein Vielfaches gestärkt ist. Besonders begünstigt sind alle körperlichen und athletischen Aktivitäten, wenn wir Sportler sind, stehen wir jetzt auf einem Höhepunkt, in dem wir wichtige Meilensteine für unsere sportliche Zukunft legen können. Wenn wir an einem Einzelwettkampf oder einem Mannschaftsspiel teilnehmen, können wir unser Bestes geben und eine gute Figur machen. Die Zeit ist auch hervorragend, um einen neuen Sport zu beginnen. Unsere Sexualität ist ausgeglichen und kann uns viele schöne Momente bescheren. Unser Organismus ist gesund und wir können eine neue Behandlung beginnen oder ermutigende Ergebnisse aus zuvor begonnenen Behandlungen erzielen. Eine uns nahe stehende männliche Figur, wie der Partner, Vater, Bruder, etc. könnte von Erfolg gekrönt sein. Das Verhältnis zu Autoritäten besonders in der Arbeit ist gut.

Mars im disharmonischen Aspekt zu Jupiter

Wenn Mars im dissonanten Winkel zu unserem Geburtsjupiter transitiert, sinkt unser kritischer Sinn auf den Tiefpunkt. Das gesunde Misstrauen, das uns je nach Persönlichkeit stärker oder schwächer begleitet, der stete Verdacht, der unsere Wachsamkeit aufrecht hält und uns oft dazu bringt, uns umzudrehen und über die Schulter nach hinten zu blicken, verlässt uns jetzt fast ganz und führt uns zu Gedanken der Allmacht oder zumindest der Unfehlbarkeit. Nichts könnte schädlicher sein: wir neigen dazu, Gefahren zu unterschätzen und in unserem Geist unsere Fähigkeit, Schwierigkeiten gegenüberzustehen und Hindernisse zu überwinden, überzubewerten. So aber riskieren wir schwerwiegende Fehler, wir könnten uns zum Beispiel in ein industrielles oder geschäftliches Wagnis stürzen, ohne die notwendigen Mittel zur Hand zu haben, vielleicht indem wir bei der Bank um einen hohen Kredit bitten, den wir nicht zurückzahlen können, und ihn im schlimmsten Fall auch erhalten. Jene Personen, die von Zeit zu Zeit die Zeitungsseiten mit ihren unglaublichen Geschichten füllen, weil sie Opfer eines kolossalen Betrugs durch skrupellose Geschäftemacher geworden sind, standen wahrscheinlich in dem Augenblick, in dem sie von der Aussicht auf wundersame Einnahmen geblendet wurden und all ihre Habe einem Kredithai anvertraut haben, unter dem Einfluss eines solchen Durchgangs. Wer sich beruflich oder privat ausgiebig mit der Astrologie beschäftigt, muss an diesen Tagen besonders achtsam sein und sich von allen riskanten Unternehmungen fernhalten. Das Problem besteht nicht beim Kauf eines Kleidungsstückes oder einer Handtasche, aber wir müssen jetzt aufmerksam auf unsere Absichten zu Geldanlagen, zur Gründung eines Unternehmens, zum Schließen eines finanziellen Bündnisses, usw. achten. An diesen Tagen ist es also vorzuziehen, keine wichtige Initiative in irgendeinem Sektor zu ergreifen und wichtige Entscheidungen auf bessere Tage zu verschieben. Es besteht das Risiko, dass wir uns aufblasen, auch im körperlichen Sinn. Wir könnten unsere körperliche Widerstandskraft überschätzen und uns in Situationen einlassen, die für unseren Organismus nicht geeignet sind. Wir sollten darauf achten, beim Essen, mit Alkohol, Nikotin und Sex nicht zu übertreiben - wir glauben zwar, dass wir stark sind, wir sind es aber nicht oder nicht in dem Ausmaß, in dem es uns unsere Allmachtsphantasien einreden wollen. Die geistige Überschwänglichkeit kann auch zum körperlichen Überschwang führen - wenn wir uns zu sehr aufregen, erweitert sich die Leber. Wir sollten auch bei Wutausbrüchen vorsichtig sein, die jetzt schwer zu kontrollieren sind. An diesen Tagen könnte eine uns nahe stehende männliche Person unvorsichtige Schritte wagen.

Mars im harmonischen Aspekt zu Saturn

Wenn Mars im harmonischen Winkel zu unserem Geburtssaturn zirkuliert, haben wir unsere Impulsivität gut unter Kontrolle. Wir können unsere Handlungen gut einteilen und alle unsere Kräfte dem Verstand unterwerfen. Unsere Energien können wir im Zaum halten, unsere Verstandeskraft funktioniert wie ein Kondensator, der alle ausgehende Energie aus unserem Körper ansammelt und in einen regelmäßigen Fluss nach außen lenkt, ohne plötzliche und spontane Energieschübe. Man muss sich das Bild eines alten Mannes vorstellen, der seine Leiden still erträgt, um sich eine Idee von einer solchen Kontrolle zu bilden. Unser Körper kennt an diesen wenigen Tagen die Bedeutung von Gefühlsausbruch, Energieentladung, unkontrollierte Freisetzung der inneren Kräfte nicht und ist mit großer Standhaftigkeit damit beschäftigt, den Fluss der ausgehenden Aktionen zu steuern. So erhält man eine großartige Kontrolle der Bewegung von Armen, Beinen und Händen. Hierbei geht es nicht um eine besondere Verbesserung der handwerklichen Fähigkeiten, sondern um eine bessere Kontrolle der äußeren und inneren Gliedmaßen durch den Geist. Daraus folgen gemäßigtere und wohl überlegte Handlungen, die bei einem Rennfahrer oder einem Chirurgen sehr nützlich sein können, aber auch für Handwerker, Metzger, Bauarbeiter, Bauern, Designer, Computertechniker, Bankangestellte, usw. hilfreich sind. Eine bessere Steuerung der inneren Kräfte hilft uns auch dabei, unsere Wut zu kontrollieren, was unseren zwischenmenschlichen Beziehungen bei diesem Planetendurchgang dient. Wir können schwierige Diskussionen zu Themen führen, die uns sonst erhitzen könnten, und dabei dennoch die Ruhe bewahren. Auf Provokationen gehen wir nicht ein und unsere Gefühlskälte lässt uns fast zynisch erscheinen. Ein solcher Geisteszustand ist sehr selten und wir haben jetzt die Möglichkeit, auf stachligen Angelegenheiten in der Familie oder in der Arbeit zu beharren, die uns schon lange beschäftigen. Zu ausgeprägt männlichen, reiferen Figuren, wie einen alten ehemaligen Soldaten, eine betagte Amtsperson, einen erfahrenen Polizeikommissar, usw. fühlen wir uns hingezogen. Da Saturn der Chronos der Mythologie und Mars Energie und Tatkraft ist, können wir jetzt langfristige Projekte eingehen, die viel Einsatz erfordern. Die so genannten zwanzigjährigen Pläne, die einst die Wirtschaft der Oststaaten gekennzeichnet haben, können jetzt zu einer guten Anwendung kommen und uns zu ausgezeichneten Architekten unserer Zukunft machen. Der Beginn einer mittel- oder langfristigen Aufgabe kann aber auch eine uns nahe stehende männliche Figur betreffen. Der Durchgang favorisiert zudem den Zusammenhalt der Knochen und eignet sich damit hervorragend für das Anlegen eines Gipses, wenn wir das genau in diesen Tagen benötigen sollten. Die Tage sind auch gut für Operationen an den Knochen und Zähnen im Allgemeinen.

Mars im disharmonischen Aspekt zu Saturn

Wenn Mars im ungünstigen Winkel an unserem Geburtssaturn vorbeizieht, fühlen wir uns ohnmächtig. Die Tatkraft (Mars) wird vom Verstand (Saturn) ausgeschaltet: das Über-Ich zensiert alle Versuche unseres Körpers zu physischem Ausdruck, sowohl in destruktiven, als auch ins Positive gelenkten Handlungen. Nur selten werden wir uns sonst so blockiert fühlen wie in diesem Zeitraum, der glücklicherweise nicht sehr lange anhält. Durch besondere Vorsicht wollen wir alle unsere spontanen Wünsche kontrollieren und selbst dem unschuldigsten Ausdruck der Freude oder des Übermuts einen Maulkorb anlegen. An diesem Tag können wir also in keiner Weise übermutig sein und haben zwei Möglichkeiten: entweder wir ersticken alle entstehenden Initiativen im Keim oder wir versuchen es, sie auszuleben und scheitern frustriert an unserer Unfähigkeit, den Maulkorb abzunehmen. Der häufig wiederkehrende Traum, in dem wir vor einer Gefahr davonlaufen, uns aber dabei keinen Zentimeter vom Fleck bewegen, kennzeichnet den Transit. Ein weiterer Traum, der unseren Geisteszustand ausreichend charakterisiert, ist der, in dem wir auf einen Feind schießen, dabei aber bemerken, dass ihn unsere Kugeln zwar treffen, ihm aber überhaupt keinen Schaden zufügen. Mit anderen Worten: unsere Machtlosigkeit führt entweder zu einem totalen Verzicht auf die Handlung oder zur Ausführung einer Handlung, die ins Leere zielt. In beiden Fällen ist die Frustration groß. Im Lauf einen solchen Planetendurchgangs werden wir so zynisch, wie es unser Geburtshimmel zulässt, wir wären jetzt sogar in der Lage, über die Leichen von teuren Menschen zu gehen, nur um ein wichtiges Ziel zu erreichen. Wir arbeiten kalt mit dem Verstand und das kann Handlungen begünstigen, bei denen Gefühle nur stören, wie zum Beispiel einen Kadaver zu sezieren, wenn wir Medizinstudenten sind. Im Paarleben bemerken wir, dass wir jetzt kalt in der Lage sind, herzlose und sogar grausame Entscheidungen zu treffen und einer vielleicht langjährigen Beziehung das Ende zu setzen. Wir können jetzt eiskalt mit unserem Partner sprechen und ihm fast ohne Bedauern oder eine Träne Lebewohl sagen. Zweifellos sind wir an diesen Tagen bösartiger, weniger einfühlsam, sehr viel praktischer und auch ein wenig unbarmherzig. Der Transit ist außerdem gefährlich im praktischen

Alltag und bringt häufig Stürze, Unfälle, Verletzungen und besonders Knochenbrüche mit sich. Manchmal bezieht er sich auf eine Operation, die wir genau in diesen Tagen durchstehen müssen oder auf die Operation oder einen Unfall einer uns nahe stehenden männlichen Figur. Er ist ein Anzeiger für allgemeines Pech und wir tun besser daran, in diesen Tagen keine Initiativen zu starten, besonders nicht in Bezug auf langfristige Pläne. Konflikte mit Autoritäten im Allgemeinen und besonders mit älteren Menschen sind möglich.

Mars im harmonischen Aspekt zu Uranus

Wenn Mars unseren Geburtsuranus im harmonischen Winkel passiert, fühlen wir, dass wir in unserem Leben eine Wende herbeiführen müssen. Mit Sicherheit kann eine solche Wende nicht in jedem zyklisch wiederkehrenden Durchgang dieser Art eintreten, zumal er im Lauf des Lebens relativ häufig vorkommt, aber in jedem Fall spüren wir ein starkes Bedürfnis nach Erneuerung, wenn auch nur in kleinen Dingen. Die Fenster weit aufreißen, die Luft erneuern, die wir atmen, uns von den Ketten befreien, ein kompliziertes Puzzle, das uns seit Stunden beschäftigt, einfach in die Luft werfen, eine Gewohnheit ablegen, die unsere Freiheit einschränkt: all das sind Gefühle, die wir im Lauf dieses Planetendurchgangs ausleben möchten. Eine angenehme und frische Brise umweht uns und führt uns weit nach vorne, zu neuen Unabhängigkeiten, die nur der Ermunterung des Willens bedürfen. Diese Ermunterung ist jetzt da und die vom Willen ausgeführte Tat ist fest und entschlossen. Wenn wir jemandem die Meinung sagen müssen, ist jetzt der richtige Augenblick gekommen. Wir können uns unseren Lebensraum zurückerobern, ohne dabei förmlich zu sein: es geht nicht um Rücksichtslosigkeit, sondern darum, dass wir es leid sind, dass andere unser Gebiet einnehmen. Wir sind klar und entschlossen, wissen genau, was wir wollen, handeln konsequent und fest und wollen bis zum Ende gehen. Wenn uns etwas unterdrückt, ist jetzt der Moment gekommen, die Ketten zu sprengen. Es gibt solche Momente im Leben, in denen wir mit der Faust auf den Tisch schlagen und schnell handeln müssen. Jetzt können wir das tun, ohne autoritär zu wirken. Das Urteil von anderen kann immer streng ausfallen, wie wir uns auch verhalten mögen, und man kann es nie allen Mitmenschen gleichzeitig recht machen. Alle stimmen wir darin überein, dass es wichtig ist, bestimmte Beziehungen zu erhalten, aber was genug ist, ist genug und bei diesem Durchgang läuft das Fass häufig über. Ebenso wichtig, wie die Phasen des Aufbaus sind im Leben auch die Augenblicke der Zerstörung. Aus der Asche erblüht häufig neues und in vielen Fällen besseres

Leben, als vorher. Ich spreche hierbei von Mut - mutig gilt es, baufällige Strukturen unserer Vergangenheit niederzureißen und die Fundamente für neue wichtige Konstrukte für die Zukunft zu legen. Eine hohe Entscheidungsschnelligkeit kennzeichnet diesen Transit. Besonders Personen mit einem schwachen Mars, wie Waagen oder Krebse, werden von diesem Durchgang begünstigt. Schnelligkeit und Entscheidungskraft bedeutet fliegende Finger für einen Pianisten und Gitarristen, aber auch Finger, die über die Tastatur fliegen, die eine Magenspiegelung perfekt ausführen oder die passgenau an einer Präzisionsmaschine arbeiten können. Unsere Energie richtet sich besonders auf alles Moderne und so widmen wir uns mit mehr Freude als sonst den Studien der Psychologie, Astrologie, Elektronik, Informatik, etc. Begünstigt sind außerdem alle Sportarten, bei denen es nicht so sehr auf Ausdauer ankommt, sondern vielmehr auf einen schnellen Spurt, wie beim Weit- oder Hochsprung oder beim 100-Meter-Lauf. Wunderbare Neuigkeiten können das Leben einer uns nahe stehenden männlichen Figur bereichern.

Mars im disharmonischen Aspekt zu Uranus

Wenn Mars im unharmonischen Winkel zu unserem Geburtsuranus transitiert, sind wir besonders radikal und unnachgiebig. Es gelingt uns einfach nicht, tolerant zu sein, nicht einmal mit uns selbst. Unser Instinkt lässt uns aufschnellen, reagieren, ohne zu überlegen, und uns in allen Bereichen extremistisch verhalten. Geduld ist ein Wort, dessen Bedeutung uns jetzt fremd ist. Wir wollen alles und am Besten sofort, ohne Schlange stehen zu müssen und ohne auf den Zuspruch von irgendjemandem warten zu müssen. Wir sind bereit, gegen jede Autorität zu rebellieren, verhalten uns aggressiv, besonders zu vertrauten Menschen und Kollegen in der Arbeit. Wir müssen achtsam sein, wenn wir schwere Zwischenfälle, wie einen Streit mit dem Vorgesetzten oder dem Partner, vermeiden wollen. Die Langsamkeit der Anderen, die Begriffsstutzigkeit unserer Zuhörer und die bürokratischen Hindernisse treiben uns in den Wahnsinn. An diesen Tagen erwacht in uns ein revolutionärer Geist, der uns sogar zu den Waffen greifen lässt, wenn die historischen und politischen Umstände unseres Landes das zulassen. Auch wenn wir gesittet, gebildet und wohl erzogen sind, könnten wir in Versuchung geraten, handgreiflich gegen jemanden zu werden, der uns im Weg steht. Was wir im Moment überhaupt nicht ertragen, ist eine Bahnschranke - im bildlichen Sinn. Unser innerer Trieb bringt uns dazu, alle Blockaden zu durchstoßen und Mitmenschen mit dem Ellbogen beiseite zu drängen, die sich uns in den Weg stellen. Wir sind jetzt so rücksichtslos wie sonst nie. Nur schwer gelingt es uns, die Beweggründe der Anderen zu verstehen und unsere Angriffslust lässt ein kindisches, launisches und ungeduldiges Wesen durchblicken. Wie bei den disharmonischen Durchgängen Mars-Mars, müssen wir auch hier ein positives Ventil zum Auslassen unserer Energien finden, nur noch um eine Oktave höher. Sport kann hierbei eine gute Lösung sein, aber Vorsicht: der Zeitraum ist gefährlich für Unfälle jeder Art, wir sollten also nur harmlose Sportarten ausüben, wie einen Lauf durch die Felder, Gymnastik zu Hause oder im Fitnesszentrum, das Einprügeln auf einen Sandsack, usw. Vorsicht beim Auto- und besonders beim Motorradfahren und bei allen potentiell gefährlichen Beschäftigungen, wie dem Anzünden von Feuer mit Benzin, Umgang mit Feuerwaffen, spitzen und scharfen Gegenständen, sich in nicht gut geschützten Bereichen zu weit nach vorne lehnen, auf Leitern steigen, Ski fahren, Roll- oder Schlittschuh laufen, reiten, usw. Es ist wahrscheinlich, dass wir uns bei einem solchen Planetendurchgang einer ärztlichen oder zahnärztlichen Behandlung unterziehen oder auch einen kleinen Eingriff vornehmen lassen müssen. Handwerklich sind wir jetzt nicht besonders geschickt, da Geschwindigkeit und Handlung nicht gut aufeinander abgestimmt sind, wir können zwar zum Beispiel viel schneller tippen, machen aber mehr Fehler und sollten Präzisionsarbeiten jeder Art jetzt meiden. Besonders Chirurgen und Zahnärzte sollten jetzt aufpassen. Ein Unfall oder eine Operation kann eine uns nahe stehende männliche Figur betreffen. Ein Wutausbruch im Beisein eines Soldaten, Polizisten oder einer Autorität im Allgemeinen könnte uns in Schwierigkeiten mit dem Gesetz bringen.

Mars im harmonischen Aspekt zu Neptun

Wenn Mars im günstigen Winkel an unserem Geburtsneptun vorbeizieht, werden unsere geistigen Kräfte aufgeladen. Wir fühlen uns jetzt vom Glauben getragen, hierbei muss aber nicht unbedingt eine Religion oder der katholische Glaube gemeint sein, sondern es kann auch um eine politische, gesellschaftliche oder um eine Art beruflicher, ernährungswissenschaftlicher, philosophischer Überzeugung, usw. gehen. Der Durchgang erhitzt unser Gemüt und schafft ein verändertes Bewusstsein. An diesen Tagen leben wir „mit dem Schwert in der Hand" oder „mit dem Herzen auf der Zunge", da heißt aus positiver Sicht, die Dinge mit großer Leidenschaft zu tun und aus negativer Sicht, sie mit einem Hauch an Fanatismus zu tun. Es geht dabei tatsächlich um das Gleiche und daher haben wir den Ausdruck „verändertes Bewusstsein" angewandt, der uns gut ein in jedem Fall begeistert-leidenschaftliches Verhalten zu umschreiben scheint. Die Emphase kennzeichnet diese im Jahresverlauf recht kurzen Augenblicke und kann uns auch zu bedeutenden Handlungen führen. Durch sie können wir unsere Ideen vorantreiben, sie in die Welt hinausschreien, die realen und symbolischen Fahnen hissen. In unseren Herzen brennt die Leidenschaft, in welche Richtung sie auch immer gehen mag. Wir wollen unsere tiefsten Überzeugungen konkret darstellen und setzen das mit dem gesprochenen oder geschriebenen Wort in die Tat um. Bei Transiten wie diesem ist es möglich, dass wir uns einem religiösen Glauben annähern und eine ganz spezielle Verzückung erleben, wenn wir bereits gläubig sind. Wir fühlen uns zu Priestern und Kirchen aller Religionen hingezogen. Wir könnten in Versuchung kommen, uns in eine politische Partei oder Gewerkschaft einzutragen und an Arbeiterversammlungen, Streiks, öffentlichen Demonstrationen, Protestzügen, usw. teilzunehmen. Das Zusammenspiel Glaube-(Menschen-)masse hat auf uns eine starke Anziehungskraft und ebenso alle Gruppen, die nach einem wahren Glaubenssatz handeln, wir könnten jetzt also sowohl an einem Kongress für überzeugte Makrobioten, als auch an einer öffentlichen Kundgebung der Grünen teilnehmen, uns vor dem Konsulat eines Landes anketten lassen, das Versuche mit Nuklearwaffen durchführt. Bei diesem Transit haben wir kurz gesagt das Bedürfnis, unsere Überzeugungen hinauszuschreien, sie der größtmöglichen Anzahl an Personen kundzutun oder, wenn wir unsere Gefühle privat ausleben wollen, zuzulassen, dass sich ihr Echo in uns wie ein Lauffeuer verbreitet. Im umgekehrten Fall könnten wir unsere Energien auch einsetzen, um eine Form der Sklaverei zu beenden, vielleicht in Bezug auf Drogen, Alkohol oder Psychopharmaka. Wenn wir abhängig sind, können wir den Transit nutzen, um uns von unserer Sucht zu befreien. Die geistig-körperliche Kraft kann in diesen Fällen das Laster besiegen. Die Zeit ist also für eine Entgiftung wunderbar geeignet. In einem etwas alltäglicheren Sinn können wir die Energien einsetzen, um beispielsweise ein Boot zu reparieren. Die Zeit ist gut für Fischfang und Tiefseetauchen. Wir haben interessante Begegnungen mit Priestern, Psychologen, Astrologen. Eine uns nahe stehende männliche Figur hat eine sehr intensive religiöse oder politische Erfahrung.

Mars im disharmonischen Aspekt zu Neptun

Wenn Mars im dissonanten Aspekt zu unserem Radix-Neptun steht, werden wir von Leidenschaften jeder Art geblendet. Unser Geisteszustand ist stark verändert, sicherlich zum Negativen. Wir können einen Augenblick der extremen Verzückung in unserem Glauben erleben und uns auf Kreuzzüge begeben, die weit ab von der Wirklichkeit sind. Es geht hier um Formen des Fanatismus, anderen erscheinen wir besessen, extremistisch und wir sind sofort bereit, uns für eine Idee, für eine religiöse, politische, soziale, gewerkschaftliche, ökologische, makrobiotische, philosophische Überzeugung, usw. übertrieben zu entzünden. Wir sehen rot, wie der Stier in einem Stierkampf und wollen auch andere auf Wegen mitschleifen, die nicht in einem solchen Zustand der Erregung beschritten werden sollten. Eine solche Blindheit kann endogen sein, das heißt, nur von unserem Geist ausgehen, oder auf die Einnahme von Medikamenten, viel Kaffee oder im schlimmsten Fall von Drogen zurückzuführen sein. Sicher ist, dass unser Verhalten in jedem Fall dem eines Drogensüchtigen im Rauschzustand gleicht. Wir schaffen es nicht, objektiv zu sein und wollen alle von unserer Sache überzeugen. Dieser Transit ist besonders gefährlich für Regierungschefs oder für alle, die sich an der Schaltstelle einer Vereinigung, politischen Gruppierung oder Ähnlichem befinden, da er uns zu Entscheidungen treiben kann, die in Richtung Rebellion gehen, die uns auf die Straße gehen, Kriege erklären lassen, usw. Das gilt besonders, wenn der/die Betroffene schon bei der Geburt einen dissonanten Aspekt zwischen Mars und Neptun oder zwischen Neptun und den Sternen oder schlicht einen dominanten Neptun hatte. Unter dem Einfluss des Herrschers der Fische könnte man zu den Waffen greifen, sich in die Menge stürzen, sich von den Anderen einnehmen lassen. Wer weiß, wie viele junge Terroristen in den Gefängnissen der Welt ihre Taten unter diesem Planetendurchgang begangen haben! Und wer weiß, wie viele Jugendliche bei diesem Planetendurchgang erst überhaupt zu Terroristen geworden sind. In anderen Fällen drückt sich der Durchgang bei neurotischen Grundcharakteren schlicht in einer Steigerung der Neurosen aus. Das kann zu einer Steigerung der Ängste, Panikzustände und Phobien führen und macht die Einnahme von stärkeren Beruhigungsmitteln und Antidepressiva nötig, welche wiederum ein verändertes Bewusstsein schaffen. Der Transit ist mit Sicherheit gefährlich und zerstörerisch und es sollte vorgebeugt werden, sei es durch Aufklärung oder durch Medikamente, vielleicht durch eine homöopathische Behandlung. Es wäre gut, an diesen Tagen an keinen öffentlichen Kundgebungen, Streiks, Protestzügen, Versammlungen, usw. teilzunehmen. Möglich sind auch schlimme Erfahrungen mit Drogenabhängigen oder Pseudomagiern. Neurotische Krisen oder Depressionen können in Folge einer schlimmen Vorhersage durch einen Astrologen oder Kartenleger eintreten. Einer uns nahe stehenden männlichen Figur geht es aus neurotischer Sicht oder nach der Einnahme von Drogen schlecht.

Mars im harmonischen Aspekt zu Pluto

Wenn Mars im günstigen Winkel zu unserem Geburtspluto passiert, steigern sich unsere Machtphantasien aufs Höchste, nicht nur bei auch sonst Besessenen, sondern auch bei stets gemäßigten Charakteren. Wir alle machen ab und zu ehrgeizige Pläne, jetzt ist einer dieser Momente. Wir denken nur in Superlativen und wollen großartige Projekte umsetzen. In einigen Fällen gelingt uns das, daher sollte der Transit nicht verteufelt werden. Außerdem verstärkt ein solcher Aspekt unseren Willen, unseren Unternehmergeist und gibt unseren Gefühlen ein Gerüst, kann der ausführende Arm für unsere Gedanken sein. Wir fühlen uns stark und motiviert, wie bei den harmonischen Durchgängen Mars-Neptun, nur um eine Oktave höher. Ein Sturm der starken Leidenschaften fegt über uns hinweg, die uns zu einem verstärkten Einsatz im politischen Bereich und in allen Bereichen führen kann, für die eine *Überzeugung* nötig ist. Auch unser sexuelles Verlangen steigt und wir können hier eine sehr wichtige Zeit mit unserem Partner verleben. Wenn unser Partner gleichermaßen motiviert ist, werden dies ganz spezielle Tage sein, die neben der geistigen Leidenschaft auch von großer körperlicher Leidenschaft gekennzeichnet sind. Wir können unvergessliche Tage erleben, allerdings unter dem Vorbehalt, dass unser Partner in diesem Punkt in der gleichen Stimmung ist. Das untermauert wiederum die Wichtigkeit, dass ein Paar die Planeten in den richtigen Winkeln zueinander aufweist. Den Planetendurchgang können wir auch nutzen, wenn wir ein psychologisches oder psychosexuelles Problem lösen müssen. In diesem Fall kann der Gang zu einem Psychologen, Sexualforscher, Andrologen oder Gynäkologen hilfreich sein. Bei Männern kann es um einen einfachen Einschnitt in den Penis gehen, bei Frauen um eine Wundheilung im Genitalbereich oder Ähnliches. Unserer Sexualität kann ein wenig erotische Literatur gut tun, wie *Wendekreis des Krebses* von Henry Miller oder *Lady Chatterleys Liebhaber* von David H. Lawrence. Gut sind jetzt auch thermale und andere Behandlungen des Genitalbereichs. Unsere gesteigerte Energie kann sich auf die Verschönerung des Familiengrabs richten oder auf andere Dinge, die mit dem Tod im Allgemeinen oder dem Tod von uns nahe stehenden Personen im Besonderen zu tun haben. Der Transit kann außerdem bedeuten, dass eine uns nahe stehende männliche Figur, wie unser Bruder oder guter Freund, eine Zeit sexueller Leidenschaften erlebt. Wenn wir eine Alarmanlage in unserem Haus oder Abhörmikrofone einbauen lassen wollen, aus welchem Grund auch immer, ist dies ein geeigneter Moment.

Mars im disharmonischen Aspekt zu Pluto

Wenn Mars im disharmonischen Winkel zu unserem Geburtspluto transitiert, kommen unsere negativen und tierischen Energien zum Vorschein. Zerstörerische und selbstzerstörerische Gefühle gehen in unser Bewusstsein ein und wollen sich konkret ausdrücken, was ihnen häufig auch gelingt. Gefühle der Wut, der Rache, aber auch Selbstverletzungen und masochistische Tendenzen ergreifen von uns Besitz und treiben uns zu Handlungen, die wir später bereuen könnten, wenn unser inneres Ungleichgewicht und unsere Erziehung das zulassen. Wir spüren einen starken sexuellen Trieb, der so stark ist, dass wir uns schlecht fühlen. Wenn sich unser Partner nicht in der gleichen Stimmung befindet oder sich uns verweigert, ist dies ein fürchterlicher Moment, in dem wir in Versuchung geraten könnten, uns Liebe zu erkaufen oder Schlimmeres. Wir sollten jetzt besonders achtsam sein, da wir uns neben einem besonders hohen Risiko für Infektionskrankheiten auch in verwerfliche Situationen verwickelt sehen könnten. Bei einem solchen Planetendurchgang ist es möglich, Verbindungen zu Kriminellen zu unterhalten oder sich in kriminellen Umgebungen zu bewegen. Wir könnten auch in Versuchung geraten, uns eine Feuerwaffe oder andere kriminelle Dinge zu besorgen. Wir fühlen uns zu der schlimmsten Sorte Mensch hingezogen oder zumindest zu Personen, die etwas mit dem Verbrechen zu tun haben, und zwar auf beiden Seiten: Polizisten, Mafiosi, Drogenabhängige, usw. Im Fall einer Infektion müssen wir nicht an den schlimmsten Fall denken, es kann auch um eine einfache, aber lästige Parasiteninfektion oder um Hämorrhoiden gehen. Eine solche Konstellation treibt uns oft zur Pornographie und auch das kann uns in Schwierigkeiten bringen. Starke Eifersuchtsgefühle überkommen uns und können uns dazu bringen, Dinge zu tun, an die wir unter normalen Umständen nicht einmal denken würden, wie das Anbringen von Abhörmikrofonen, eine Beschattung des Partners, die Einstellung eines Privatdetektivs, usw. Die Eifersucht verblendet unseren Geist und in diesen Tagen können wir von ihr besessen sein, woraus sich fürchterliche Wutausbrüche mit dem Partner oder gar Trennungen ergeben können. Das Gefühl, vor dem wir uns jetzt am meisten in Acht nehmen sollten, ist die Zerstörungswut, die jetzt noch stärker sein kann, als beim dissonanten Durchgang Mars-Neptun. Eine uns nahe stehende männliche Figur könnte in einen Sexskandal verwickelt sein.

Mars im Aspekt zum Aszendenten

Siehe Mars im Transit durch das erste Haus.

Mars im Aspekt zum Medium Coeli

Siehe Mars im Transit durch das zehnte Haus.

Mars im Aspekt zum Deszendenten

Siehe Mars im Transit durch das siebte Haus.

Mars im Aspekt zum Imum Coeli

Siehe Mars im Transit durch das vierte Haus.

Mars im Transit durch das erste Haus

Wenn Mars unser erstes Geburtshaus durchquert, sind wir voller Energie. Auf geistiger Ebene sind wir so klar und entschlossen wie nie. Wir neigen zu tatkräftigen, direkten und eindeutigen Entscheidungen. Alle, die ein solches Verhalten auch sonst gewohnt sind, werden die Schönheit des Transits nicht voll auskosten können, aber alle anderen, deren Natur keine spontanen Entscheidungen zulässt, werden sich von einer solchen Entschiedenheit und Willensstärke begünstigt fühlen. Wir fühlen jetzt den Rausch der Entscheidungen, die ohne Zaudern und ohne Nachdenken getroffen werden, die Ziele unseres Geistes sind unabwendbar und können weder behindert noch verzögert werden. Wir haben jetzt mehr Rückgrat für wichtige Entscheidungen und verhalten uns wie ein Befehlshaber, geben unseren Mitarbeitern klare Anweisungen, ohne dabei autoritär zu wirken. Wer uns in diesen Tagen erlebt, wird eine große Entschiedenheit in uns bemerken und die Klarheit in unserem Verhalten schätzen. Mit Mars „im Schlepptau" sind wir ehrlicher und direkter, weniger diplomatisch, entschiedener im Erreichen unserer Ziele. Wir leben jetzt in der Gegenwart und nur selten in der Vergangenheit oder Zukunft. Wie in dem alten römischen Ausdruck *Carpe diem* ergreifen wir jetzt die Gelegenheit, nutzen die Chance und sind bereit für unmittelbare Antworten. Unseren Vorgesetzten können wir unsere Gründe gut darlegen und Autorität fürchten wir nicht, da wir jetzt leichter vor ihr sprechen können. Auch in familiären Angelegenheiten können wir uns besser behaupten und sind standfest, aber nicht überheblich. Dies ist ein Augenblick der wahren inneren Stärke, die nicht nur äußerliche Fassade ist und die sich auch auf den Körper erstreckt und uns zu mehr Arbeit befähigt. Wir müssen den Moment nutzen, um frühere Verfehlungen nachzuholen und körperlich oder intellektuell viel zu arbeiten. Die gesteigerte geistig-körperliche Energie befähigt uns auch zu mehr Sport in allen Disziplinen, vom Fußball zum Tennis und vom Volleyball zum Tischtennis, der Zeitpunkt ist also gut für die Anmeldung in einem Fitnesszentrum, für die Aufnahme eines Leistungssports oder einfach für eine gesteigerte sportliche Aktivität. Für Bewegungsfaule eignen sich lange Spaziergänge oder ein Lauf im Wald oder am Wasser, ein Ausflug in die Berge oder Pilzesammeln. Eine gesteigerte sexuelle Aktivität entwickelt sich besonders bei Männern. Wenn der Transit mit dissonanten Winkeln oder gleichzeitig mit disharmonischen

Transiten vorkommt, sollten wir auf unsere Streitsucht und Überheblichkeit achten, die leicht ansteigen werden. Wir sind sehr viel streitsüchtiger und könnten mit unserer Ungeduld wichtige Beziehungen zerstören, neigen dazu, den Willen der Anderen zu übergehen und uns wie kleine Diktatoren zu gebärden. Die Bedürfnisse der Anderen interessieren uns nicht und wir streiten auch wegen Kleinigkeiten. Außerdem besteht das Risiko, dass wir uns ernsthaft verletzen, wenn wir mit spitzen oder scharfen Gegenständen arbeiten oder dass wir jemanden mit dem Auto anfahren. Der Zeitraum ist gefährlich für Motorradfahrer, Springer, Bergsteiger, beim Steigen auf Leitern und bei allen potentiell gefährlichen Handlungen, wie das Entzünden eines Feuers mit Benzin, dem Umgang mit Feuerwaffen, Sprüngen von den Klippen oder bei riskanten Sportarten. Eine gesteigerte sexuelle Aktivität kann dabei helfen, das Plus an Energien in die richtige Bahn zu lenken. Es ist wahrscheinlich, dass wir in diesem Zeitraum zum Zahnarzt gehen, uns einer Operation unterziehen müssen oder eine einfache Grippe haben.

Mars im Transit durch das zweite Haus

Wenn Mars in unserem zweiten Radix-Haus transitiert, sind wir stark auf den Verdienst ausgerichtet. Wir denken an unser Überleben und sind damit beschäftigt, aus unserem Umfeld den höchsten Profit zu schlagen. Wenn wir unternehmerisches Potential haben, kommt es in diesen Tagen ans Licht, wobei es aber nicht unbedingt um eine langfristige Aufgabe oder eine endgültige berufliche Umorientierung gehen muss - es kann sich einfach um einen kurzen Zeitraum handeln, in dem uns Ideen zum Aufstocken unserer Verdienste kommen, vielleicht einfach durch den Verkauf von Dingen, die wir nicht mehr benötigen. Mit großem Interesse lesen wir die Lokalanzeigen und werden womöglich selbst eine Anzeige schalten. Auch im Internet könnten wir gute Geschäfte machen. Selbst wenn wir sonst beruflich eher nicht materialistisch ausgerichtet sind, so sind wir es jetzt und werden uns bemühen, so viel Geld wie möglich nach Hause zu bringen. Wir wollen uns jetzt eine Kreditkarte oder eine neue Kreditkarte zulegen, eine Finanzierungshilfe oder einen Kredit bei einem Freund erbeten und sind uns dabei sicher, dass wir das Geld zurückzahlen können. Der Zeitraum ist optimal für eine Geschäftsgründung, die Aufnahme einer Handelstätigkeit, die Übernahme einer Vollmacht, die Eröffnung einer Kanzlei, usw. Gleichzeitig wollen wir unserem Aussehen im weiteren Sinn mehr Zeit widmen. Das kann heißen, dass wir uns um unser Auftreten kümmern, vielleicht durch eine Schlankheitskur, Bartrasur oder Änderungen an der Frisur. Häufig ändern wir die Art, uns zu kleiden. In anderen Fällen fühlen wir uns zu allen Bildern hingezogen, verstanden als Theater, Kino, Fotografie, Computergrafik, usw. In solchen Fällen könnten wir uns in einem Laientheater als Schauspieler versuchen, eine Foto- oder Videokamera kaufen, um ein wenig mit den Bildern zu spielen - in diesen Tagen kann eine neue Leidenschaft in dieser Richtung entstehen. Der Moment ist auch wunderbar geeignet zum Erlernen einer neuen Grafiksoftware für den Computer oder einfach für den Kauf eines neuen Fernsehers oder Computerbildschirms. Wenn der Transit mit dissonanten Winkeln oder gleichzeitig mit anderen disharmonischen Planetendurchgängen entsteht, müssen wir besonders auf unsere Ausgaben achten, die jetzt ziemlich hoch ausfallen könnten. Wir neigen auch bei Kleinigkeiten dazu, zuviel auszugeben, könnten Geld verlieren, indem wir es ohne ausreichende Garantien verleihen oder schlecht an der Börse investieren oder ausgeraubt werden. Acht geben sollten wir auf Einbrüche in unser Haus oder Auto und sogar auf Raubüberfälle. Es besteht auch das Risiko, dass wir einen ungedeckten Scheck annehmen oder auf irgendeine Art betrogen werden. In Entsprechung der Symbologie des roten Planeten könnten wir übertriebene Summen für Motoren, mechanische Ausrüstung, Waffen, usw. ausgeben. Schnitte oder Wunden könnten unser Aussehen verschlechtern. Möglich sind Eingriffe der plastischen Chirurgie.

Mars im Transit durch das dritte Haus

Wenn Mars durch unser drittes Radix-Haus zieht, werden wir unsere körperlich-geistigen Energien hauptsächlich in Richtung Kommunikation im weiteren Sinn lenken. Unser Wunsch, uns mit anderen in Verbindung zu setzen, steigt und wir bemerken die Kraft des Gedankens, die jetzt eindringlicher, zentrifugaler und nach außen gerichtet ist. Unser Geist kommt in Schwung und wir wundern uns selbst über unsere geistige Klarheit. Wir sind in der Lage, lineare, direkte, scharfsinnige und intelligente Überlegungen anzustellen und auch unsere rednerischen Fähigkeiten wachsen durch einen plötzlich verbesserten Wortschatz (selten gebrauchte Verben und Substantive kommen uns in den Sinn). Wir verwenden mehr Zeit für Telefonate, schrecken auch vor schwierigen Gesprächen am Telefon nicht zurück, schwierig aufgrund des Gesprächsthemas oder aufgrund des Gesprächspartners. Wir schreiben mehr Briefe, vielleicht ein Einladungsrundschreiben, das mehrere Stunden des Tages in Anspruch nimmt. Unser Wille und unsere Entschlossenheit in diesem Augenblick kommen besonders in Briefen und Telefonaten zum Ausdruck. Das Surfen im Internet hat jetzt einen ganz besonderen Reiz und wir verbringen viel Zeit damit. Auch das Reisen gefällt uns jetzt besonders, wir können mit dem Auto oder Motorrad lange Fahrten unternehmen. Selten macht uns das

Fahren so viel Spaß wie jetzt - wir können besonders bei langen Autobahnfahrten gut entspannen. Wir setzen mehr Energie für einen Bruder, Vetter, Schwager oder jungen Freund ein, vielleicht verreisen wir, um sie zu besuchen. Vielleicht müssen wir auch eine Arbeit im Bereich der Telekommunikation erledigen, wie das Einrichten eines Haustelefons im Büro oder das Montieren einer Satellitenantenne auf dem Dach. Die verbesserte geistige Klarheit hilft uns außerdem dabei, gewinnbringend einen Kurs, ein Seminar, Konferenz zu besuchen oder selbst abzuhalten. Wir wollen mehr lesen, studieren oder schreiben, können also einen wichtigen Vortrag, eine Rede, das Kapitel eines Buches oder einfach den Artikel für eine Zeitung schreiben. Wird der Transit von disharmonischen Aspekten oder bösartigen Transiten begleitet, kann er gefährlich für Verkehrsunfälle jeder Art sein, sei es, dass wir selbst am Steuer eines Autos oder Motorrads sitzen, sei es, dass wir die Straße überqueren oder aus dem Bus steigen. Leicht werden wir mit einem Schalterangestellten, einem Verkäufer oder einem Verkehrspolizisten in Streit geraten, ebenso mit einem Bruder, Vetter, Schwager oder jungen Freund oder schlechte Nachrichten in Bezug auf eine der erwähnten Personen erhalten. Möglicherweise erhalten wir aggressive Briefe oder Telefonate oder schlechte Nachrichten per Post oder per Telefon. Schäden an Übertragungsgeräten, wie dem Handy, schnurlosen Telefon, Modem, Faxgerät, Drucker, usw. sind möglich. Die Presse könnte sich im negativen Sinn mit uns beschäftigen oder wir könnten mit einem Verleger streiten. Schwierigkeiten auf Reisen, wie ein Bahnstreik, ein gestrichener Flug, eine Autopanne, Schäden von zu vielen Zigaretten.

Mars im Transit durch das vierte Haus

Wenn Mars unser viertes Geburtshaus passiert, richten wir viel Energie auf unser Habitat, verstanden im engeren Sinne des Heims oder Wohnraums, als auch im beruflichen Raum. Wir beschäftigen uns mehr mit unseren vier Wänden, planen einen Kauf oder einen Umzug, bitten um einen Kredit für den Kauf einer Immobilie oder einer Eigentumswohnung, ziehen wahrscheinlich mit dem Partner los, um Häuser zu besichtigen, die zum Verkauf oder zur Miete stehen. Wir könnten jetzt auch ein Ferienhaus oder ein Hotel für den Winterurlaub buchen. Sehr wahrscheinlich werden wir jetzt Renovierungsarbeiten am Haus, im Büro, in der Werkstatt, im Geschäft, usw. vornehmen, wollen mit unseren Händen arbeiten und sind wahrscheinlich in der Lage, die Wände zu streichen, den Teppichboden zu verlegen oder viele kleine und große Arbeiten selbst zu erledigen, die uns das Einstellen von Fachkräften ersparen. Es ist uns eine Freude, uns mit dem Haus zu beschäftigen und wir planen jetzt vielleicht nur zukünftige Änderungen oder die Umstellung der Möbel, entwerfen eine neue Küche oder begeben uns in Möbelgeschäfte. Auch einfache Wartungsarbeiten an unserem Haus, wie Fenster putzen, Vorhänge waschen, das Bücherregal ordentlich abstauben und einräumen sind jetzt wahrscheinlich. Sicherlich verwenden wir mehr Energien auf unsere Eltern, fahren sie besuchen, nehmen sie ein paar Tage bei uns auf, helfen ihnen bei Besorgungen, erledigen bürokratische Dinge für sie und vieles mehr. Wenn der Transit mit disharmonischen Winkeln vorkommt oder sich zur gleichen Zeit mit negativen Durchgängen gestaltet, müssen wir uns vor möglichen Schäden am Haus in Acht nehmen, wie einen Brand, defekte Haushaltsgeräte, zerbrochene Scheiben, Porzellangegenstände in Scherben, usw. Möglicherweise erhalten wir schlechte Nachrichten in Bezug auf unseren Lebensraum, wie eine Kündigung vom Vermieter, Briefe eines Mieters, der Schäden anzeigt, eine Benachrichtigung der Hausgemeinschaft, die uns zur Zahlung auffordert oder unvorhergesehene Steuern. Es geht also insgesamt um schlechte Nachrichten in Bezug auf eine Immobilie. Es kann auch passieren, dass wir einen Kredit nicht zurückzahlen können oder viel mehr Geld als vorgesehen für eine Renovierung bezahlen müssen. Wenn wir ein Wohnmobil oder Camper besitzen, können wir mit diesen in einen Unfall verwickelt werden. Unsere Eltern müssen operiert werden, fühlen sich schlecht oder wir haben einen Streit mit ihnen. Wir sind gezwungen, einige Tage in einer Krankenstation zu verbringen. Die Festplatte des Computers oder ein anderer Massenspeicher geht kaputt oder der Magen macht uns Schwierigkeiten, wenn wir auch sonst an Magenproblemen leiden.

Mars im Transit durch das fünfte Haus

Wenn Mars in unserem fünften Radix-Haus transitiert, bewegen sich unsere Triebe in Richtung Spiel und Erholung. Unser höchstes Streben ist es, uns zu vergnügen, glücklich zu sein, an nichts zu denken und so viel wie möglich zu genießen. Wir legen jetzt die Sorgen und die beruflichen Pflichten beiseite und verschieben sie auf später. Jetzt wollen wir eine Pause, Ferien. Der Zeitraum ist wunderbar für eine Reise geeignet oder einfach für ein Wochenende mit der geliebten Person oder allein, auf der Suche nach Abenteuern. Es kann auch passieren, dass wir in der Stadt bleiben, dann aber werden wir abends viel ausgehen, ins Kino, Theater, auf Konzerte, ins Restaurant, in die Diskothek, den Nachtclub, ins Kasino und was auch immer uns zusagt. Wir könnten die Freude entdecken oder wiederentdecken, einen Abend zu Hause bei einer Partie Skat oder Poker mit den Freunden zu verbringen. Wenn wir musikalisch sind, werden wir uns mit Freunden treffen, um zu musizieren und wenn wir sportlich sind, werden wir mit Freunden unseren Lieblingssport treiben. Das Wichtige hierbei ist aber nicht, was wir tun, sondern wie wir es tun. Wenn wir zum Beispiel gerne lesen, aber sonst nur Abhandlungen oder Fachbücher zu unserem Fachbereich in den Fingern haben, kann es sein, dass wir uns in diesen Tagen eine angenehme Pause mit der Lektüre von Fantasy-Romanen, Thrillern oder Liebesgeschichten gönnen. Auch in unserem Sexualleben steigt die Intensität und wir können jetzt einen starken Ausdruck in diesem Bereich erlangen. Der Zeitraum ist außerdem bei Männern und Frauen gleichermaßen gut für Kinderpläne. Manchmal kann man bei Personen in diesem Transit eine Zuwendung zum Spiel an der Börse beobachten, das neben dem Aspekt der Arbeit auch ein Spiel im engen Sinn ist. Zudem könnten wir an einer der unendlich vielen Gewinnshows im Fernsehen teilnehmen. Künstler werden in dieser Zeit kreativer sein und Lehrer werden der Didaktik mehr Energien widmen. Wenn der Transit mit dissonanten Winkeln zu den anderen Sternen oder in Begleitung von anderen, disharmonischen Planetendurchgängen vorkommt, kann er für mehrere Übertreibungen in unserem Verhalten stehen, um einen Überschuss an sinnlichen Trieben zu befriedigen. Es besteht ein allgemeines Risiko für Übertreibungen, um den Genuss des Körpers in allen Gesichtspunkten zu gewährleisten. Verschiedene Unfälle können beim Versuch, uns aufs Höchste zu vergnügen, passieren, zum Beispiel, indem wir uns bei einer gefährlichen Sportart verletzen oder uns nach einer durchzechten Nacht in der Diskothek ans Steuer setzen. Übertriebene Sinnlichkeit und ungebremste sexuelle Aktivität können außerdem zu einer ungewollten Mutter- oder Vaterschaft oder einer Geschlechtskrankheit führen. Die Beziehungen zu unseren Kindern neigen dazu, sich zu verschlechtern und können uns Streitereien oder Reibungen bescheren. Ein Sohn oder eine Tochter ist nicht gut drauf, hat einen Unfall oder erlebt eine Niederlage (Sitzen bleiben in der Schule, verlorener Wettkampf, zerbrochene Liebe, usw.).

Mars im Transit durch das sechste Haus

Wenn Mars unser sechstes Radix-Haus passiert, lenken wir mehr Energien in Richtung Schönheits- oder Heilbehandlungen unseres Körpers. Wir strengen uns an, um uns besser zu fühlen, mehr für unsere Person und geistig-körperliche Gesundheit zu tun. Es ist der richtige Moment, um sich in einem Fitnesszentrum einzuschreiben oder um einen Sport zu Hause oder auf einem Sportfeld auszuüben. Wir könnten ein Rudergerät oder ein Heimfahrrad kaufen und uns zu Hause bewegen. Auch eine Schlankheits- oder Entschlackungskur ist jetzt angezeigt. Gut wäre eine Entgiftung des Körpers, indem wir eine Zeit lang kein Fleisch essen, keinen Alkohol trinken oder unserem Körper kein Zucker zuführen. Die stärkste Willenskraft in dieser Richtung könnte sich auf das Rauchen oder auf andere Gifte, einschließlich Medikamente, beziehen. Bei diesem Planetendurchgang ist der lateinische Spruch *Mens sana in corpore sano* mehr denn je gültig, daher sollten wir soviel Sport wie möglich betreiben, viel schwitzen, in die Sauna gehen, duschen, Schlammbäder machen und alles, was unserer Haut, dem Gesicht, den Haaren gut tut. Wenn wir an Arthrose oder Rheumatismus leiden, können wir in dieser Zeit Gymnastik betreiben, aber auch Shiatsu-Massagen, Akupunktur, Handauflegen. Auch wir selbst können diese Dinge an anderen praktizieren, da sich der Planetendurchgang sowohl auf die Behandlung unseres eigenen Körpers, als auch auf den der Anderen bezieht. Wir könnten jetzt also Massagetechniken erlernen oder einen Kurs für Chiropraktik, Makrobiotik, rehabilitierende Physiotherapie, usw. besuchen. Außerdem können wir Schönheitsbehandlungen vornehmen lassen oder selbst an anderen vornehmen, uns mit UV-Lampen bräunen lassen oder eine elektrische Enthaarung vornehmen lassen. Ein kurzer Rückzug in eine Beauty- und Gesundheitsfarm mit langen Waldspaziergängen kann uns Form und Gesundheit zurückbringen. Es kann aber auch passieren, dass wir unsere Energien auf die Arbeit lenken. In diesem Fall können wir den Augenblick nutzen, um liegen gebliebene Arbeit aufzuholen, werden zu richtigen Arbeitstieren und sind zu einem wahren Arbeitsmarathon in der Lage. Handwerkliche Arbeiten, Heimwerkerei, Arbeiten mit Stricknadeln oder der Drehbank, dem Bohrer oder Keramik, usw. sind begünstigt. Wenn der Durchgang zur gleichen Zeit mit schlechten Planetendurchgängen vorkommt, kann es uns gesundheitlich schlecht gehen und wir könnten uns einem chirurgischen Eingriff unterziehen. Häufig geht es hierbei um Zahnarztbesuche. Möglich sind Fieber und Infektionen. Schäden aufgrund einer Behandlung, die nicht mit der notwendigen Professionalität durchgeführt wurde, Ohnmachtsanfälle aufgrund Blutdruckabfalls bei einem Schlammbad oder leichter Knochenbruch bei einer chiropraktischen Massage, Lebensmittelvergiftung, Medikamentenvergiftung und vieles mehr. Möglich sind auch Streitereien bei der Arbeit mit Kollegen und Vorgesetzten, Unfälle bei der Arbeit, Streit mit einem Mitarbeiter, Kündigung eines Hausangestellten, ein Hausangestellter verletzt sich oder ist krank, Verletzung oder Tod eines Haustieres.

Mars im Transit durch das siebte Haus

Wenn Mars unser siebtes Radix-Haus passiert, verwenden wir die meiste Energie auf unsere Kontakte zur Außenwelt. Unabhängig davon, ob wir intro- oder extrovertiert, egozentrisch sind oder den ehrlichen Wunsch haben, unser Ich mit den Anderen in Einklang zu bringen, tun wir jetzt alles, um mit dem Nächsten zusammenzulaufen, sei es der Partner oder eine Gesellschaft, Vereinigungen, Gruppen, Kongregationen, usw. Anstatt bei dem einfachen Wunsch zu bleiben, werden wir uns jetzt gemäß der Natur von Mars bewegen, um etwas aufzubauen, das uns von einem „wir" sprechen lässt. Wir gestehen unsere Liebe, um eine Beziehung, ein Zusammenleben oder eine Ehe zu beginnen. Unser Wunsch nach einer Beziehung sucht eine praktische Anwendung, ein konkretes Zusammenfließen. Wenn wir schon an einen Mann oder eine Frau gebunden sind, legen wir jetzt ein Datum für ein Zusammenleben oder eine Heirat fest oder regeln alle bürokratischen und praktischen Formalitäten zu deren Umsetzung, machen einen Termin für die Zeremonie beim Standesamt oder in der Kirche, bestellen das Catering oder einen Tisch im Restaurant, geben den Druck der Einladungen oder die Blumengestecke beim Floristen in Auftrag, usw. Kurz: wir krempeln die Ärmel hoch und regeln die konkrete Umsetzung unserer Pläne. Wir sollten uns also nicht wundern, wenn wir in diesen Tagen mit praktischen Angelegenheiten beschäftigt sind, die darauf abzielen, eine ernsthafte Beziehung zu zweit einzuleiten. Unsere Motivation ist riesig und nichts und niemand kann uns aufhalten. Wenn wir aber bereits privat glücklich oder weniger glücklich vereint sind und es jetzt darum geht, eine Gemeinschaft im Handel, im Studium oder in der Politik aufzubauen, bewegen wir uns zwar unter unterschiedlichen Umständen, aber immer mit dem einen konkreten Geist, uns zu vereinen. Wir sind bei diesem Transit davon überzeugt, dass der einzige Weg für ein Wachstum der ist, uns mit einer oder mehr Personen zusammenzutun. Wenn wir einen solchen Transit nicht von Zeit zu Zeit durchleben würden, würden sich womöglich nur die Luftzeichen mit anderen vereinen und alle anderen Tierkreiszeichen blieben für sich. Ganz offensichtlich aber hat die Natur, oder der Zodiak, wenn Sie so wollen, dafür gesorgt, dass wir alle in gewissen Zeitabständen so mitteilungsbedürftig oder dann wieder unerträglich werden, wie nötig ist, um die Kräfte des Lebens auszugleichen, ohne dabei in dem einen oder dem anderen Sinn das Gleichgewicht zu verlieren. Wir denken jetzt, dass es wichtig ist, uns in einer politischen Partei, einer philosophischen oder religiösen Vereinigung einzuschreiben, Teil eines Clubs zu sein, unseren Weg mit Kooperativen, Interessengemeinschaften oder verschiedenen Gruppierungen zu teilen. Ein solcher Planetendurchgang kann uns zum ersten Mal für die

Politik begeistern, im edelsten Sinn des Wortes. Ebenfalls viel Energie verwenden wir auf unseren Partner, der seinerseits sehr intensive Tage erleben wird oder in denen er sich gut zur Geltung bringen kann. Wir fühlen uns stark zu Uniformen und martialischen Rollen hingezogen. Wenn der Durchgang mit disharmonischen Aspekten oder dissonanten Transiten einhergeht, wird es für uns oder für den Partner viel amtlichen Papierkram geben. Allgemeiner sollten wir sagen, dass jetzt wahre Papierkriege ausbrechen, die von uns selbst oder von anderen eingeleitet werden. In den meisten Fällen wird es hierbei um Streitigkeiten mit dem Partner gehen, es kann sich aber auch um echte Konflikte mit anderen handeln, mit oder ohne amtliche Schreiben, Richter, Anwälte und Gerichte. Bei solchen Angelegenheiten können wir Kläger oder Angeklagte sein. Es kann auch passieren, dass sich das Gesetz für uns interessiert, im schlimmsten Fall könnten wir einen ungebetenen Besuch vom Finanzamt oder von der Polizei für eine einfache Überprüfung oder sogar für eine Festnahme bekommen. Wenn es andere wichtige Transite so vorsehen, sind sogar ein Attentat, eine Entführung, schwere Drohungen, eine Aggression oder mutmaßliche Beschädigung unserer Güter möglich. Mögliche Schwierigkeiten mit der Schnittstelle am Computer oder mit der Verbindung zwischen Rechner und Peripheriegeräten.

Mars im Transit durch das achte Haus

Wenn sich Mars im achten Radix-Haus befindet, stecken wir oft in Situationen, in denen wir um einen Kredit bitten oder Schritte einleiten müssen, die für die Gewährung eines Bankkredites nötig sind. Allgemein bewegen wir uns in Richtung einer Vermögenssteigerung durch Erbschaft, Liquidation, Pension, Schenkung, usw. Die wirtschaftlichen Interessen haben jetzt Vorrang vor allem Anderen und haben üblicherweise einen guten Ausgang. Wir blicken auf unsere Verdienste und schaffen es fast immer, sie zu steigern, holen unsere besten Möglichkeiten ans Tageslicht und handeln mit ungewohntem Pragmatismus, der jede unserer Handlungen in bares Geld verwandelt. In diesem Zeitraum haben wir möglicherweise mit Notaren zu tun, aber auch mit Anwälten, Bankdirektoren oder Finanzbeamten. Auf einer tieferen Ebene zeigen wir auch mehr Interesse für die Sexualität, in der unsere Aktivität eine Beschleunigung oder gar eine Explosion erfährt. Hierbei handelt es sich allerdings eher um einen erotischen Anreiz und nicht so sehr um sinnlichen Trieb, in dem Sinne, dass wir die Sexualität jetzt vor allem mit unserem Geist ausleben. Daher kann unsere Phantasie entfesselt werden und wir könnten unseren Partner um eine Komplizenschaft bei neuen sexuellen Entdeckungen bitten. Es ist außerdem möglich, dass wir mehr Energie auf die Symbolik des Todes verwenden: zum Beispiel, indem wir mit gutem Ergebnis gegen den Tod eines schwer kranken Angehörigen kämpfen oder indem wir uns schlicht dem Umbau der Familiengruft auf dem Friedhof widmen. Auch durch mediale und spiritistische Sitzungen, okkulte oder esoterische Nachforschungen könnten wir uns mit dem Tod beschäftigen. Wenn der Transit mit disharmonischen Winkeln an mehreren Stellen des Geburtshoroskops oder mit anderen dissonanten Planetendurchgängen auftritt, ist es möglich, dass wir vielen Schwierigkeiten entgegensehen, besonders in rechtlichen Angelegenheiten, bei der Zuweisung eines Erbes, der Aufteilung von Gütern mit unserem Partner oder nahen Angehörigen. Fast immer enden solche Fälle vor Gericht. Es können auch Schwierigkeiten bei einer Liquidation oder der Zuweisung einer Rente auftauchen. Wir kämpfen um die Vergabe eines Kredits, der uns am Ende nicht zugesprochen wird, haben Schwierigkeiten bei der Rückzahlung eines Darlehens, müssen unvorhergesehene Steuern bezahlen, bemerken, dass sich unser Konto in den roten Zahlen befindet, müssen Geld zurückzahlen, das wir nicht haben, müssen Fristen einhalten, was uns nicht gelingt, werden von Kredithaien bedroht, die uns Geld geliehen haben, streiten mit dem Partner wegen gemeinsamer Güter. Unser Partner könnte in finanziellen Schwierigkeiten stecken oder uns viel Geld verlieren lassen. Auf einer anderen Ebene erleben wir einen starken Sexualtrieb, den wir nicht befriedigen können oder den wir auf nicht ganz orthodoxe Weise befriedigen. Es besteht die Gefahr für hässliche Begegnungen bei der Suche nach Sex, sexuelle Begegnungen mit Verbrechern, Geschlechtskrankheiten, grauenvolle Erfahrungen mit dem Tod, Tod eines Angehörigen. In den schlimmsten Fällen kann dieser Durchgang eine Gefahr für unser Leben bedeuten, wenn andere Transite das rechtfertigen. Fürchterliche Erfahrungen bei spiritistischen Sitzungen oder in esoterischen Umgebungen. Schwierigkeiten in Bezug auf das Begräbnis eines Angehörigen oder der Umbettung seiner sterblichen Reste. Schäden an der Familiengruft oder große Ausgaben für ein Begräbnis.

Mars im Transit durch das neunte Haus

Wenn Mars durch unser neuntes Geburtshaus zieht, richten wir unsere Energien hauptsächlich in die Ferne, im geografisch-territorialen und metaphysisch-transzendenten Sinn. Unser Wunsch nach Reisen wächst und es ist bei diesem Transit schwierig, nicht zu verreisen. Mit Sicherheit werden wir uns wenigstens in eine andere Stadt begeben, wahrscheinlich gehen wir aber für ein paar Tage oder länger ins Ausland. Der Moment ist hierzu wunderbar geeignet, ebenso wie für das Erlernen oder Vertiefen einer Fremdsprache oder einer Programmiersprache für den Computer. Wir setzen uns in Bewegung, um unsere Verbindungen zur Ferne auszubauen oder zu verbessern, zum Beispiel durch das Einrichten einer High-Speed-Verbindung für das Internet. Mit Sicherheit werden wir viel Zeit mit Surfen im Internet verbringen, aber auch mit dem Auto oder dem Motorrad. Gleichzeitig wächst unser Interesse für die Philosophie, Theologie, Yoga, Astrologie, orientalische Kulturen, usw., indem wir Bücher kaufen, Studien betreiben, an Seminaren, Kursen und Kongressen teilnehmen, neue Techniken erlernen, uns mit Fachleuten in Verbindung setzen. Unser Briefwechsel in ferne Länder wächst. Wenn wir Studenten sind, legen wir jetzt wichtige Prüfungen ab. Wir begleiten eine uns nahe stehende Person ins Ausland, vielleicht aus ärztlichen Gründen. Außerdem möchten wir jetzt Sport treiben oder mehr Sport als sonst. Wir könnten ein besonderes Interesse für die Tierwelt entwickeln. Wenn der Transit unter disharmonischen Bedingungen stattfindet, könnte er auf einen Verkehrsunfall hinweisen, mit dem Auto, dem Motorrad, beim Überqueren einer Straße, durch einen Sturz beim Ein- oder Aussteigen in oder aus einem öffentlichen Verkehrsmittel oder in das oder aus dem Auto, usw. Manchmal ist der Unfall nicht nur an den Verkehr gebunden, sondern kann zu Hause passieren, während wir ein Zimmer betreten. Unser Fahrzeug hat einen Schaden, schlimme Nachrichten kommen aus der Ferne, ein enger Angehöriger hat ein schlimmes Abenteuer im Ausland oder muss für einen chirurgischen Eingriff verreisen. Wir haben einen ideologischen Streit mit anderen, führen Schlachten mit unsicherem Ausgang zu Prinzipienfragen oder in Bezug auf unsere tiefsten Überzeugungen, streiten mit Gegnern aus einer anderen Stadt oder bei einer Reise. Von Reisen oder kürzeren Fahrten ist allgemein abzuraten. Außerdem müssen wir beim Sport aufpassen, besonders wenn wir potentiell gefährliche Sportarten betreiben. Wir haben viel Stress im Studium oder bei der Darlegung unserer Gedanken. Wir könnten beim Umgang mit einem Tier verletzt werden, das Modem oder Handy könnten kaputt gehen.

Mars im Transit durch das zehnte Haus

Wenn Mars unser zehntes Haus passiert, zielen wir sehr weit nach oben. Mehr aber, als nach besseren Ergebnissen im Beruf oder sozialen Verbesserungen zu streben, bewegen wir uns konkret auf die Erreichung dieser Ziele hin, verwenden viel Energie auf die Erlangung von Unabhängigkeit in allen Gesichtspunkten. Wenn wir noch sehr jung sind, bekommen wir möglicherweise mehr Freiheiten von unserer Mutter, vielleicht einfach nur dadurch, dass wir abends etwas später nach Hause kommen dürfen. Wenn wir verheiratet sind, können wir dem Anderen unsere Beweggründe verständlich machen. Wir befreien uns von der Sklaverei allein durch unsere Willensstärke und Entschiedenheit, die in diesem Augenblick aufs Höchste ausgeprägt sind. Mit einer so starken körperlich-geistigen Kraft könnten wir mit dem Rauchen, mit dem Alkohol oder mit der Einnahme von Psychopharmaka aufhören. Viele Personen schaffen es bei diesem Planetendurchgang, eine Psychoanalyse abzubrechen. Das Gerichtetsein auf ein Ziel, die klare Vision dessen, was wir wollen, die Kraft, die uns stur geradeaus gehen lässt, können uns beruflich und sozial wachsen lassen. Der Moment ist gut, um nach einer Beförderung zu fragen oder für einen verantwortungsvolleren Posten in unserem beruflichen Umfeld zu kandidieren. Im Lauf dieses Transits ist es auch wahrscheinlich, dass es uns gelingt, uns beruflich selbständig zu machen und alle Ängste zu besiegen, die uns vorher davon abgehalten haben. Viele unternehmerische Aktivitäten in Industrie und Handel sind unter diesem Planetendurchgang geboren. Auch eventuelle politische Ambitionen können jetzt beachtlich steigen. Eine größere Unabhängigkeit können wir auch erlangen, indem wir den Umgang mit dem Computer erlernen, schwimmen lernen oder unsere Flugangst überwinden. Wir verwenden viel Energie auf unsere Mutter oder sie erlebt einen Moment großer Lebens- und Tatkraft. Wenn sich der Transit gleichzeitig mit anderen disharmonischen Transiten präsentiert, kann er auf einen harten Kampf mit ungewissem Ausgang hinweisen, den wir ausfechten, um eine neue Stelle zu bekommen oder in unserem Job bessere Bedingungen herauszuschlagen. Wir werden streng zurecht gewiesen oder von alten und neuen Gegnern angegriffen. Unsere Arbeitsstelle ist in Gefahr oder wir müssen einen Frontalangriff auf Dinge wagen, die uns am Wachsen hindern. Wir müssen uns jetzt hart schlagen, um einen Platz an der Sonne zu erlangen. Wir haben Streit mit unserer Mutter, es geht ihr schlecht oder sie muss operiert werden. Arbeitsunfälle.

Mars im Transit durch das elfte Haus

Wenn Mars durch unser elftes Geburtshaus zieht, lassen wir uns für unsere Freunde vierteilen, auch wenn wir sonst keine „Rudeltiere" sind. Wir spüren das Gefühl von Freundschaft und Solidarität stärker, ziehen konkret für einen Freund ins Feld und verhalten uns sehr kameradschaftlich. Wir haben jetzt ein sozialeres Leben und bleiben seltener alleine zu Hause. Absichtlich begeben wir uns vermehrt in Situationen, in denen wir andere Menschen treffen, die zu neuen Freunden werden könnten, aber wir merken gleichzeitig auch, dass sich diese Situationen unabhängig von unserem Zutun von alleine vermehren. Auch unsere Freunde bieten uns ihre Hilfe an und lassen uns spüren, wie wichtig sie für uns sind. Wir klopfen an verschiedene Türen mit der richtigen Einstellung: wir möchten etwas erreichen, ohne dabei anmaßend zu sein, wenden uns an einflussreiche Persönlichkeiten, die wir in der Vergangenheit kennen gelernt haben und die uns bei einer Schwierigkeit helfen könnten. Wir machen viele Projekte auf der ganzen Linie, von der Einrichtung eines neuen Hauses bis hin zum Entstehen einer neuen Beschäftigung. Wir geben uns Mühe, um einen Tod zu verhindern oder um ihn so lange wie möglich hinauszuzögern. Wenn der Durchgang mit disharmonischen Winkeln oder in Begleitung von weiteren negativen Transiten auf uns zukommt, zerbricht fast immer eine Freundschaft. Wir spüren Aggressivität von unseren Freunden oder ihnen gegenüber. Ein Freund unternimmt etwas gegen uns, ist krank oder wird in einen Unfall verwickelt. Eine einflussreiche Person behandelt uns schlecht. Projekte stoßen auf Schwierigkeiten bei ihrer Ausübung oder wir machen destruktive Projekte. Eine uns nahe stehende männliche Figur, wie der Partner, Bruder, Freund hat Streit mit den eigenen Freunden. Wir schließen Freundschaft zu Personen, die sich als verbrecherisch oder zumindest sozial gefährlich herausstellen. In den schlimmsten Fällen könnte ein Freund oder Angehöriger sterben oder, wenn viele andere Transite das rechtfertigen, könnten wir selbst in Lebensgefahr sein.

Mars im Transit durch das zwölfte Haus

Wenn Mars in unserem zwölften Haus transitiert, werden wir viele Energien in die Forschung investieren. Wenn wir im engeren Sinn Forscher sind, ist diese Zeit ausgezeichnet für unsere Arbeit. Wenn wir aber in einem ganz anderen Bereich tätig sind, fühlen wir in diesen Tagen das Bedürfnis nach einer verstärkten endopsychischen Suche. Wir könnten Tagebuch oder unsere Memoiren niederschreiben. Der Transit ist wunderbar für die Lektüre und für Studien, besonders im esoterischen, astrologischen, psychologischen, theologischen, etc. Bereich. Wenn wir religiös sind, könnten wir den Planetendurchgang für einen spirituellen Rückzug und ausgedehnte Gebete nutzen. Wenn nicht, dann können wir an astrologischen, psychologischen, philosophischen, etc. Kongressen und Seminaren teilnehmen. Der Zeitraum ist hervorragend für eine Tiefenanalyse. Der fürsorgliche und hilfsbereite Teil in uns wird schwach oder stark wachsen und bringt uns zu verschiedenen Formen der Solidarität mit anderen, die sich durch einen einfachen finanziellen Beitrag oder durch die aktive Teilnahme an freiwilligen Vereinigungen, wie der Caritas, dem Roten Kreuz oder Unicef ausdrücken kann. Auf einer etwas privateren Ebene stehen wir vertrauten Menschen jetzt sehr nahe. Eine starke innere Kraft hilft uns dabei, uns von Psychopharmaka zu befreien, wenn wir welche einnehmen, Gleiches gilt für Drogen. Unser politischer oder ideologischer Kampf bekommt mehr Farbe und wird konkreter. Wir sind in unseren Schlachten wirksamer und tun unsere Prinzipien mit Begeisterung kund. Wir kämpfen erfolgreicher als sonst gegen versteckte Feinde. Wenn der Transit mit disharmonischen Winkeln einhergeht oder gleichzeitig mit dissonanten Durchgängen vorkommt, handelt es sich um einen sehr negativen und auch gefährlichen astrologischen Faktor. Wir könnten schlimme Erfahrungen mit einem religiösen oder philosophischen Glauben machen, schlimme Folgen einer Begegnungen mit einem verführerischen Magier oder Astrologen zu spüren bekommen, mit einem Psychologen oder einem Priester streiten, von einem Drogenabhängigen angegriffen werden. Möglich sind auch chirurgische Eingriffe an uns selbst oder an unseren Lieben. Unser gesundheitlicher Zustand ist sehr schlecht und führt zu einer Einweisung. Zwangsweises Eingesperrtsein, wie durch die Notwendigkeit einer Quarantäne. In den schlimmsten Fällen ist auch eine Einlieferung ins Gefängnis möglich, wenn andere Elemente des Horoskops das rechtfertigen. Viele feindselige Akte von heimlichen Feinden, Gerede und Verleumdungen in Bezug auf unsere Person, Tage großer Unbeliebtheit für uns oder enge Angehörige, mögliche Unfälle mit dem Auto oder Motorrad, Unglück auf der ganzen Linie: in der Gesundheit, der Liebe, in der Paarbeziehung, in der Arbeit, mit dem Geld, mögliche Trauerfälle.

7.
Transite von Jupiter

Die Transite von Jupiter stehen auf der Beliebtheitsskala der Astrologiebegeisterten ganz vorne - seien sie nun Experten oder nicht. In der westlichen Gesellschaft bedeuten sie Überfluss, Reichtum, Prestige, materielle Befriedigung - all das, was einem Mann oder einer Frau unserer heutigen Zeit und Gesellschaft gefällt. Vergessen wir dabei aber nicht, dass all das dem Verb „haben" sehr viel näher steht als dem „sein". Es ist also offensichtlich, dass die jovianischen Bewegungen an den wichtigsten Punkten eines Geburtshoroskops sehnlichst erwartet werden. Zu Beginn jeden Jahres werden wir Zeugen des traurigen Schauspiels von Astrologen, die Hoffnungen säen und eine rosarote Zukunft für die Vertreter aller Tierkreiszeichen in aller Herren Länder voraussagen - oft natürlich vollkommen aus der Luft gegriffen - und Sie können sicher sein, dass die Erfolg versprechendsten Aussichten immer für das Zeichen getroffen werden, das in diesen zwölf Monaten von Jupiter durchkreuzt wird. Das mag bei einigen Personen zutreffen, bei vielen anderen aber wiederum nicht. Wir stehen aber nicht hier, um den Zeitungshoroskopen den Prozess zu machen, sondern möchten nur daran erinnern, dass sich der größte Planet unseres Sonnensystems oft ganz gegenteilig auswirkt und zwar neben der Tatsache, dass in jeder Situation für genaue Vorhersagen vor allem auch das Solarhoroskop betrachtet werden muss. Wir beziehen uns dabei nicht nur auf den Umstand, dass die Durchgänge des Jupiter mit disharmonischen Winkeln sogar noch mehr Schaden anrichten können als der Bösewicht Saturn, sondern auch darauf, dass der sechste Körper des Sonnensystems oft wie ein bistabiler Oszillator wirkt. Wir wollen versuchen, das besser zu erklären. In vielen Jahren der Praxis und der astrologischen Studien haben wir bemerkt, dass sein Eingang in ein Haus oft die vorher bestehende Situation ins Gegenteil verkehrt. Hier ein Beispiel. Jupiter tritt ins siebte Haus ein und wir erwarten den Beginn einer großen Liebe oder gar eine Eheschließung und den günstigen Ausgang von Rechtsangelegenheiten. Häufig geschieht genau das Gegenteil und ein von diesem Transit Betroffener, der vorher glücklich verheiratet gewesen ist, erlebt bei der Ankunft von Jupiter im siebten Haus unabhängig davon, ob dieser gute oder schlechte Aspekte zu den anderen Sternen formt, eine Verschlechterung in seiner Beziehung und manchmal sogar eine Trennung und hat mit amtlichen Schreiben zu kämpfen. Diesen Effekt könnte man mit einem bistabilen Oszillator vergleichen, der einen bestehenden Zustand bei jedem eingehenden Impuls ändert (ein erster Impuls bringt eine Glühbirne zum Leuchten, ein zweiter Impuls schaltet sie wieder aus, usw.). Dieser Effekt gilt für alle Häuser, wenn auch am offensichtlichsten für das zweite, siebte und achte Haus, wo er bemerkenswerte Schäden anrichten kann. Das gilt sowohl für die Transite, als auch für das Solarhoroskop und ist bei Letzterem noch weit auffälliger. Wer diesen Faktor nicht berücksichtigt, wird sich in den Vorhersagen für ein Jahr in den meisten Fällen irren. Nachfolgend beschreiben wir die wichtigsten Beobachtungen zu den Durchgängen.

Jupiter im harmonischen Aspekt zur Sonne

Wenn Jupiter im günstigen Winkel an unserer Geburtssonne vorbeizieht, werden wir vom Himmel verwöhnt. Je nach Gesamtbild der Transite und des Solarhoroskops erhalten wir kleinere oder größere Vergünstigungen. Besonders unser Optimismus wächst beachtlich - wir fühlen uns energiegeladen, selbstsicher und wissen, dass das Glück auf unserer Seite steht. Wenn wir selbst davon überzeugt sind, dass wir Glück haben, dann ziehen wir das Glück auch magnetisch an. Wir denken positiv und blicken dem Tag mit einem Lächeln entgegen, sehen die Schwierigkeiten nicht oder tun so, als würden wir sie nicht sehen. Wir zögern nicht, uns in das rechte Licht zu setzen und in unseren Augen sind Selbstvertrauen und Sicherheit zu lesen. Üblicherweise wird eine solche Haltung auch von realen Ereignissen begleitet. In diesen Zeiträumen, die von wenigen Tagen bis zu mehreren Monaten im Jahr dauern können, stellt sich häufig eine ganze Reihe an Beförderungen und Vergünstigungen ein, die jedoch in einer rein westlichen Logik zu verstehen sind. Für einen Tibeter kann es beispielsweise ein Erfolg sein, eine halbe Schüssel Reis am Tag zu essen, während es für einen Europäer oder Nordamerikaner eine Freude ist, sich ein neues Auto zu kaufen, beruflichen Erfolg zu haben, sich neu zu verlieben, Geld im Spiel zu gewinnen, zu haben, zu besitzen und den Besitz zu mehren. Wir werden hier natürlich nicht erörtern, welche Logik die Richtige ist, möchten aber unterstreichen, dass Jupiter in einer materialistisch orientierten Welt seine Funktion voll erfüllt. Man kann durch viele Beispiele belegen, dass die Durchgänge von Jupiter in großer Zahl Ehrungen, Kapitalsteigerungen, den Kauf von Luxusgütern und die materielle Realisierung in jeder Form begleiten. Es geht uns körperlich besser und dies könnte schon ein erster und wichtiger Analysefaktor sein. Wenn wir dann unser zurückliegendes Leben betrachten, sehen wir, dass Jupiter jedes Mal, wenn er in Konjunktion, im Sextil oder im Trigon zu unserer Geburtssonne stand, wichtige Etappen unseres Lebens gekennzeichnet hat, wie das Diplom, die erste Verlobung, die Ehe, Geburt eines Kindes, einen Augenblick großer Beliebtheit, einen rasanten Aufstieg im Beruf, usw. Es ist also augenscheinlich, dass Jupiter Gaben und Freuden bringt, die im Sinne der westlichen Logik zu verstehen sind. Hier darf es keine Zweifel geben: die Ephemeriden und die Biographie einer Person sprechen eine klare Sprache. Das gestattet uns die Vermutung, dass wir bei einem solchen Durchgang jedes Mal vor dem Beginn eines magischen Augenblickes in unserem Leben stehen. Je nachdem, in welche Richtung sich unsere Hoffnungen bewegen, stellen wir verschiedene Erfüllungen derselben fest. Wenn wir ein Haus suchen, werden wir jetzt leicht eines finden, wenn wir uns eine Verbesserung im Gefühlsleben erhoffen, wird uns auch das leichter gelingen. Natürlich sollten wir - außer in ganz seltenen Fällen - keine Wunder erwarten und auf den großen Erfolg hoffen, wenn wir bei einem Durchgang von Jupiter Heuschrecken in Afrika oder Kühlschränke in Alaska verkaufen wollen. Alle unsere Handlungen sollten gut durchdacht und die eigenen Hoffnungen nicht zu hoch geschraubt werden. Jenseits des theoretischen Wertes dieses Durchganges zählt auch seine jeweilige Wirkung auf den Betroffenen - es gibt Personen, die gefühlvoll und gut auf den Durchgang reagieren und wieder andere, die kaum Vorteile aus ihm ziehen können. Um die mehr oder weniger positive Reaktion des Durchganges auf einen Einzelnen zu überprüfen, muss sich der Betroffene fragen, was circa zwölf Jahre zuvor passiert ist, als der gleiche Durchgang stattgefunden hat. Unser Partner, Vater, Sohn oder Bruder könnte einen sehr schönen Augenblick erleben, im Beruf oder im persönlichen Ansehen wachsen.

Jupiter im disharmonischen Aspekt zur Sonne

Wenn Jupiter im dissonanten Winkel zu unserer Geburtssonne transitiert, ist die schlimmste Auswirkung die, dass unser kritischer Sinn dramatisch sinkt. Was man in einer anderen Situation die „Unschuld des Schützen" nennen könnte, ergreift von uns Besitz und bringt uns dazu, dass wir uns unbedarft und unüberlegt verhalten. So wie sich eine verrückt gewordene

Zelle von einem kranken Organismus abspaltet, neigen wir auch dazu, uns in fast vollständiger Ermangelung jeglichen kritischen Sinnes zu verhalten. Das gesunde Misstrauen, das unser ständiger Begleiter sein sollte, der Schutzschild, der uns in vielen Situationen verteidigt, die Wachsamkeit, die wir niemals ablegen sollten, wenn wir nicht vom Schicksal schwer getroffen werden wollen, sind bei diesem Planetendurchgang nur in unserer Erinnerung vorhanden und lassen Raum für ein leichtsinniges und waghalsiges Verhalten. Was uns schaden kann, ist der Gedanke, dass sich schon alles richten wird und dass nicht ausgerechnet wir auf einer Bananenschale ausrutschen werden. Dieser Gedanke führt dazu, dass wir uns bloß stellen und uns vielen Gefahren aussetzen. Besonders die Unterschätzung von Gefahren bringt uns dazu, dass wir die falsche Zeit abpassen und den falschen Umgangston wählen, beispielsweise wenn wir die Sympathie einer Person gewinnen oder mit einem Vorgesetzten über unsere berufliche Situation sprechen wollen. Unter diesen Umständen halten wir es für unnötig, eine Strategie auszuarbeiten und scheitern bei einem Versuch, der unter anderen Umständen von Erfolg gekrönt werden könnte. Das gilt sowohl für das Gefühlsleben, als auch im Beruf. Besonders bei der Arbeit kann die mangelnde Aufmerksamkeit zu schweren Unannehmlichkeiten führen, besonders wenn wir an der Kasse oder an einem Schalter arbeiten, wo wir das Geld falsch zählen, zu viel Geld herausgeben, zu wenig Geld einfordern oder andere formelle Fehler begehen könnten, die schwere Folgen nach sich ziehen. Der Transit wird sogar gefährlich, wenn wir in einer Position mit viel Verantwortung tätig sind, wie an der Radarkontrolle in einem Flughafen oder im Operationssaal. Ohne aber weiter solch extreme Beispiele bemühen zu wollen, gilt das Konzept, dass wir in jeder beruflichen Situation Risiken ausgesetzt sind, die sich aus einem Mangel an Aufmerksamkeit und aus der Unterschätzung von Gefahren ergeben. So können wir leicht Fehler bei einem technischen Gutachten begehen, je nach unserem Beruf, aber Fehler können sich auch ergeben, wenn wir zum Beispiel zu schnell in eine Kurve fahren. Die Schäden, die wir uns selbst und anderen zufügen können, reichen von der körperlichen Gesundheit bis zum Geld. Im ersten Fall kann es passieren, dass wir einer Störung keine Beachtung schenken, die ein Anzeichen für eine schwere Krankheit sein könnte und im zweiten Fall könnten wir unüberlegte Investitionen tätigen. Uns mit großem Optimismus nach vorne zu wagen, kann beispielsweise auch bedeuten, ein Darlehen aufzunehmen, dass wir später nicht zurückzahlen können oder zuviel auszugeben für etwas, das wir nicht wirklich benötigen. Eine nach einem solchen Planetendurchgang häufig vorkommende Geste, ist die, dass wir uns mit der flachen Hand gegen die Stirn schlagen und uns über uns selbst und unsere eigene Naivität wundern. Unser Partner, Vater, Sohn oder Bruder lebt einen schlechten Moment oder erlebt einen Absturz im Beruf oder im persönlichen Ansehen.

Jupiter im harmonischen Aspekt zum Mond

Wenn Jupiter im harmonischen Winkel zu unserem Radix-Mond passiert, fühlen wir uns leichter als sonst und unser Herz wird „weiter". Ein Hauch von Optimismus ergreift von uns Besitz und führt uns zu einem Gefühl der Entspannung. Der Haupteffekt dieses Transits ist es nicht, dass unser Ehrgeiz wächst, sondern - im Gegenteil - dass wir uns zu sehr entspannen. Eine allgemeine Trägheit überkommt uns und lässt uns in dieser Zeit nachsichtig mit uns selbst sein. Wir verzeihen uns selbst leicht und lehnen uns vor lauter Optimismus einfach zurück. Wir sagen uns selbst, dass wir das, was wir heute erledigen müssten, auch morgen noch besorgen können und dass es schön wäre, sich hin und wieder einen Urlaub zu gönnen. Wir genießen ein gutes Abendessen, sehen einen alten Film und schieben alle alltäglichen Sorgen beiseite. Es gibt immer eine Zeit, sich zu sorgen und jetzt haben wir dazu entschieden keine Lust. Die Natur sieht Tage wie diesen in gleichmäßigen Abständen vor, denn früher oder später werden auch wieder Tage kommen, die von den Sorgen gezeichnet sind. Ein Durchgang wie dieser wird oft von einer gesteigerten Beliebtheit im engen oder weiteren Sinn begleitet, je nach unserer Arbeit und der Anzahl an Personen, mit denen wir in Kontakt treten. Der Moment ist besonders günstig für öffentliche Persönlichkeiten, wie Politiker, Schauspieler, Künstler, usw. Die Sympathien sind auf unserer Seite und wir könnten den Augenblick nutzen, um eine Gehaltserhöhung oder eine verantwortlichere Stellung in der Arbeit zu fordern. Das soziale und/oder berufliche Wachstum wird von einer weiblichen Figur gefördert. In den Zuneigungen oder sogar in der Liebe läuft es eindeutig besser. Es ist leicht, sich bei diesem Durchgang zu verlieben und in den meisten Fällen tritt genau das ein und ist eine Folge des Sich-Gehen-Lassens, der Entspannung, die wir bereits angesprochen haben. Wenn wir die Wachsamkeit nicht hin und wieder ein wenig einstellen würden, wie bei diesem Durchgang, würden wir uns wahrscheinlich niemals verlieben. Der Transit fördert unsere Träume und alle Projektionen im psychologischen Bereich. Wir fühlen uns besonders stark zu Frauen hingezogen und besonders zu jenen aus unserer ursprünglichen und später erworbenen Familie. Der Augenblick ist günstig für unsere Partnerin, Mutter, Schwester oder Tochter. Sehr positive Zeit für das Haus in Bezug auf den Kauf, An- und Verkauf, Umzug, Umbau und bessere Wohnsituation.

Jupiter im disharmonischen Aspekt zum Mond

Wenn Jupiter im disharmonischen Winkel an unserem Geburtsmond vorbeizieht, entspannen wir uns aufgrund eines beachtlichen Mangels an kritischem Sinn zu sehr. Hier liegt in etwa der gleiche Wert vor, wie beim disharmonischen Durchgang Jupiter-Sonne. Das komplette Fehlen jeglichen Misstrauens kann zu beachtlichen Schäden in den zwischenmenschlichen Beziehungen oder im professionellen Bereich führen. Personen, die uns nahe stehen und Vorgesetzte in der Arbeit bekommen einen schlechten Eindruck von unserem Verhalten. Wir sollten uns jetzt dazu zwingen, achtsamer, aufmerksamer und kritischer zu sein. Wir neigen dazu, zuviel zu reden oder zu reden, ohne genug nachgedacht zu haben. Wir wagen uns zu weit nach vorne und sind nicht in der Lage, das selbst zu begreifen. Also träumen wir mit offenen Augen und neigen dazu, unsere eigenen Gedanken als die Gedanken der Anderen zu sehen. Gefährlicher Aspekt für alle, die viel Verantwortung haben. Der Durchgang kann zu Unfällen im Haushalt oder in der Arbeit führen. Das vollkommene Fehlen an kritischem Sinn wirkt sich besonders in der Liebe oder zu Hause aus. Wir fühlen uns so stark zu einem Mann oder einer Frau hingezogen, dass wir die rosarote Brille vor unseren Augen nicht bemerken und die negativen Eigenschaften derer nicht sehen, die vor uns stehen. Das kann zu einer übereilten Hochzeit oder einem zu schnellen Zusammenziehen führen, was wir sehr bald bereuen könnten. Gleichzeitig können wir schwere Fehler beim Kauf oder der Anmietung eines Hauses begehen. Der Durchgang führt außerdem häufig zu einer gesunkenen Achtsamkeit in Bezug auf eine eventuelle Gewichtszunahme und wir neigen dazu, ein paar Kilos zuzulegen, die wir später schwer wieder losswerden. Wir sollten im Bereich des Möglichen versuchen, unsere Zunge ein wenig im Zaum zu halten, die jetzt zu Geschwätzigkeit neigt. Ungünstiger Moment für unsere Partnerin, Mutter, Schwester oder Tochter oder für unsere Beziehung zu ihnen. Möglicher Skandal, der unsere Beliebtheit sinken lässt.

Jupiter im harmonischen Aspekt zu Merkur

Wenn Jupiter im harmonischen Aspekt zu unserem Geburtsmerkur passiert, leben wir einen Moment der intellektuellen Fruchtbarkeit und Lebhaftigkeit. Ganz so, als ob wir unser Gehirn mit Schwefel oder Vitaminen angereichert hätten, sind wir geistig wacher und frischer und können gut in allen Dingen arbeiten, die „Köpfchen" erfordern. Wir können unsere Gedanken und Projekte besser ausformulieren, verstehen besser, was andere sagen und haben allgemein ein besseres Verständnis für Ideen. In einer solchen Situation gelingt es uns auch besser, uns auszudrücken und unsere Kommunikation nach außen wächst. Wir können jetzt leicht vor Publikum reden, vielleicht bei einer Debatte, an einem runden Tisch, vor Fernsehkameras, gänzlich oder zumindest fast ohne Hemmungen. Spontan greifen wir zum Telefon und rufen alte Freunde und Bekannte an, von denen wir lange nichts gehört haben. Wir erhalten auch mehr Telefonate als sonst, die häufig gute Nachrichten bringen. Wir schreiben mehr Briefe und Nachrichten als sonst und auch per Post kommen gute Nachrichten. Wir möchten verreisen und machen einen schönen Ausflug mit dem Auto oder Motorrad. Diese Tage sind für Reisen aller Art - auch mit dem Zug oder dem Flugzeug - besonders günstig. Vielleicht verreisen wir, um einen Bruder, Vetter, Schwager oder jungen Freund zu besuchen. Wir können aber auch verreisen, indem wir einfach an unserem Schreibtisch sitzen bleiben, nämlich über das Internet, wo wir jetzt angenehme Stunden beim Surfen verbringen können. Wir haben den Wunsch, Objekte für die Kommunikation oder die Telekommunikation zu kaufen und der Zeitraum ist hierfür wunderbar geeignet. Eventuell möchten wir ein neues Auto erwerben oder ein Handy, schnurloses Telefon, Faxgerät, Modem, Satellitenantenne oder einen Drucker. Unser Verhandlungsgeschick wächst, unabhängig von unserem Beruf. Gute Geschäfte können wir durch eine Anzeige in der Lokalzeitung machen. Der Moment ist außerdem optimal zum Lernen, für die Vorbereitung auf eine Prüfung oder einen Wettbewerb, den Besuch in Kursen oder Seminaren, die Niederschrift einer Rede oder eines Lebenslaufs oder die Arbeit an dem Artikel für eine Zeitung oder dem Kapitel eines Buches. Ein Bruder, Vetter, Schwager oder Freund macht gute Geschäfte oder unternimmt eine angenehme Reise.

Jupiter im disharmonischen Aspekt zu Merkur

Wenn sich Jupiter in disharmonischen Winkeln zu unserem Geburtsmerkur bewegt, müssen wir besonders auf das aufpassen, was wir sagen, da wir unsere Gedanken und Worte nur schwer unter Kontrolle haben und Risiken leicht unterschätzen. Unsere Wachsamkeit und das allgemeine Misstrauen sinken und die Worte und Gedanken fließen fast völlig außer Kontrolle durch den Verstand. Im eingehenden oder ausgehenden Redefluss können einzelne Worte frei strömen. Wir sind unehrlicher als sonst, neigen ein wenig zur Lüge, fallen aber auch leichter auf die Lügen anderer herein. Wir greifen häufiger zum Telefon und werden öfter angerufen, es geht hierbei aber um Telefonate, die uns schlechte Nachrichten bringen. Indiskrete Augen oder Ohren könnten uns an diesen Tagen beobachten und auch wir selbst neigen dazu, andere auszuspionieren. Wir reisen mehr, haben auf unseren

Reisen aber auch mehr Unannehmlichkeiten, wie eine Autopanne, Staus, einen Bahnstreik, usw. Wir haben Lust, elektronische Geräte für die Telekommunikation zu erwerben, sollten das aber lieber bleiben lassen, da wir ein ungeeignetes Handy, ein nicht homologisiertes Telefon, ein schlecht funktionierendes Modem oder Drucker oder eine überteuerte Satellitenantenne kaufen könnten. Gleiches gilt für den Kauf eines Autos oder Motorrades. Vielleicht verreisen wir, um einem Bruder, Vetter, Schwager oder jungen Freund zu Hilfe zu eilen, der in Schwierigkeiten steckt. Nur schwer können wir uns auf eine Prüfung konzentrieren oder die Teilnahme an einem Kurs, einer Konferenz oder einer Debatte fällt uns schwer. Wir würden gerne etwas schreiben, aber das Ergebnis ist nicht ansprechend oder zufrieden stellend. Wir scheitern in geschäftlichen Verhandlungen. An diesen Tagen täten wir besser daran, den Kauf oder Verkauf von wichtigeren Gütern zu unterlassen. Beim Kauf einer Handtasche oder einer Krawatte müssen wir uns keine Sorgen machen, aber wenn wichtigere Dinge auf dem Spiel stehen, sollten die Geschäfte lieber auf bessere Transite verschoben werden. Ein Bruder, Vetter, Schwager oder junger Freund wird betrogen oder betrügt selbst jemanden. Eine übertriebene Nervosität oder Zigarettenkonsum schaden unserer Gesundheit.

Jupiter im harmonischen Aspekt zur Venus

Wenn Jupiter im harmonischen Winkel an unserer Geburtsvenus vorbeizieht, wächst unsere Bereitschaft für die Liebe. Wir sind motivierter, möchten neue freundschaftliche Beziehungen knüpfen und am Gruppenleben aktiv teilnehmen. Wir wirken sympathischer auf andere und auch die Anderen sind uns sympathischer. Der Moment ist günstig für eine Liebeserklärung. Unsere Absichten werden jetzt besser denn je aufgenommen und ein Erfolg in Herzensangelegenheiten ist mehr als wahrscheinlich. Viele Liebesbeziehungen beginnen unter diesem Transit, die Sterne raten uns ganz entschieden, den Schritt nach vorne zu wagen und unsere Gefühle zu offenbaren. Wenn wir gerade mit dem Partner gestritten haben, ist der Moment gut für eine Versöhnung und für den ersten Schritt. Wenn unsere Beziehung schon lange auf Eis liegt, können wir jetzt einen Friedensversuch starten. Ein allgemeines kleines, aber entschiedenes Glück hilft uns dabei. Betätigungen in Spiel und Freizeit wollen wir jetzt einen großen Raum zuweisen, was uns gut gelingt. Wir möchten uns vergnügen und das tun wir auch, unsere innere Zufriedenheit steigt und in der Regel haben wir mehr Sex. An diesen Tagen gehen wir häufiger ins Kino, Theater, auf Konzerte, ins Restaurant, in die Diskothek oder in Nachtclubs. Möglich ist ein romantisches Wochenende. Ein gesteigertes Empfinden für die schönen Dinge bringt uns dazu, Museen, Kunstgalerien, Fotografieausstellungen oder Auktionshäuser aufzusuchen. Wir bekommen Lust, ein Gemälde, einen Wandteppich, ein altes Möbelstück zu kaufen und wir könnten hier gute Geschäfte machen. Gleiches gilt für Kleidungsstücke, Uhren, Schmuck und Juwelen. Diesen Moment könnten wir nutzen, um der geliebten Person ein Geschenk zu machen. Wir fühlen uns gesundheitlich besser und entdecken neue Heilmethoden für eine langjährige Krankheit. Alle Behandlungsmethoden für die Schönheit des Körpers finden jetzt den besten Anklang, zum Beispiel Massagen, Schlammbäder, Badekuren, Thermalbäder, Anwendungen mit Heilkräutern, usw. Mit Erfolg können wir auch eine Diät zum Abnehmen oder zum Entschlacken beginnen, brauchen aber jetzt eine sehr viel stärkere Willenskraft, da der Transit eigentlich dem Genuss und der Nachlässigkeit entgegenstrebt und weniger dem Opfer bringen und der Entsagung. Der Transit begünstigt außerdem die guten Geschäftsabschlüsse oder das Eintreffen von zusätzlichen Geldern aus irgendeiner Quelle. Das unerwartete Eintreffen von Geldern ist für uns ein kurzzeitiger Rettungsanker. Der Zeitraum kündet einen ausgezeichneten Gesundheitszustand oder allgemeines Wohlbefinden der geliebten Person, der Schwester, Tochter oder einer lieben Freundin an.

Jupiter im disharmonischen Aspekt zur Venus

Wenn Jupiter im dissonanten Winkel an unserer Geburtsvenus vorbeizieht, könnten wir den Wunsch verspüren, eine außereheliche oder zumindest ungewöhnliche Liebesbeziehung auszuleben. Wir fühlen uns sexuell zu Personen hingezogen, die anderweitig gebunden sind oder die unsere eigene Beziehung gefährden können. Oft ist dieser Trieb so stark, dass wir ihn in die Praxis umsetzen und uns so in Schwierigkeiten bringen. Über uns schwebt die ständige Gefahr eines Skandals. Wahre oder unwahre Gerüchte sind über uns in Umlauf, besonders in Bezug auf die Sexualität und Liebesbeziehungen. Wenn wir öffentliche Persönlichkeiten sind, könnten in den Zeitungen verfängliche Fotografien von uns erscheinen. Gerüchte über uns behindern eine Versöhnung mit der geliebten Person oder eine Wiederannäherung an den Partner. Eine ungebremste Lust nach angenehmen Empfindungen bringt uns dazu, uns maßlos zu verhalten, Vergnügensexzesse aller Art zu suchen und uns das höchstmögliche Ausmaß an Spaß und Freizeit zu verschaffen. Der alte Spruch „Wein, Weib und Gesang..." ist jetzt wie auf uns zugeschnitten. Wir neigen zu Übertreibungen bei der Nahrungsaufnahme, beim Zigarettenkonsum, beim Sex, mit dem Alkohol und mit allem, das unserer Gesundheit und unserem Geldbeutel nicht gut tut. Im Verlauf dieses Planetendurchgangs könnten wir ein paar Kilos zulegen, die wir später nur schwer wieder loswerden. Auch Vergiftungen von der Lebensmittel- über die Arzneimittelvergiftung bis hin zu toxischen Substanzen jeder Art sind möglich. Die Qualität unseres Blutes verschlechtert sich. Man sollte meinen, dass die Schäden begrenzt seien, die ein schlechter Winkel zwischen den beiden gutartigsten Planeten des Zodiaks verursacht, aber genau das Gegenteil ist der Fall: nur selten wird es uns so schlecht ergehen, wie wenn diese beiden Planeten in einem dissonanten Winkel zueinander stehen. Im Verlauf dieses Transits steigt auch unsere Lust, schöne Dinge zu kaufen, wie Gemälde, antike Möbel, wertvolle Dekorationsgegenstände, Designermode, Schmuck oder Pelzmäntel. Wir sollten solche Einkäufe vermeiden, da wir es sonst riskieren, Fälschungen zu ersteigern oder zuviel auszugeben. Unser Geschmack ist in diesem Moment sicher nicht der Beste. Die Tendenz zu großen Ausgaben kann uns in finanzielle Schwierigkeiten bringen. In diesem Punkt müssen wir jetzt besonders achtsam sein, da wir uns stark verschulden könnten oder Darlehen aufnehmen, die wir später nicht zurückzahlen können. Unabhängig von unseren Ausgaben könnten jetzt verspätete Rechnungen, Zahlungseinstellungen, Steuern, Hypothekenraten auf uns zukommen, die wir nicht bezahlen können. Die Person, die wir lieben, oder eine Schwester, Tochter oder gute Freundin steckt in finanziellen Schwierigkeiten oder befindet sich in einem sehr schlechten Augenblick in Liebesdingen.

Jupiter im harmonischen Aspekt zu Mars

Wenn sich Jupiter im günstigen Winkel zu unserem Geburtsmars bewegt, bemerken wir ein entschiedenes Plus an Energie, die leicht durch unseren Körper fließt und ihn in konstruktive Bahnen lenkt. Der Moment ist gut, um Neues zu beginnen, ein ehrgeiziges Projekt in die Tat umzusetzen, alle unsere Kräfte zu sammeln und sie auf ein schwieriges Ziel auszurichten. Nichts, oder fast nichts, macht uns Angst. Diese innere Kraft äußert sich vor allem in einem gesteigerten Optimismus, der uns mutiger erscheinen lässt, als wir eigentlich sind. Wir wissen, dass wir jetzt auf alle innerlichen Ressourcen vertrauen können und bewegen uns vorwärts, wie wir es in anderen Situationen nur selten können. Die Energien in uns können wir gut kontrollieren und auf konkrete Ziele ausrichten. Jupiter ist, wie wir wissen, an das neunte Haus gebunden und das bedeutet, dass wir unsere gesteigerten Kräfte für den Beginn einer Reise einsetzen können, die uns in die Ferne führt - verstanden sowohl im geografisch-territorialen, als auch im metaphysisch-transzendentalen Sinn. Das bedeutet auch, dass wir besser

Handelsgeschäfte mit dem Ausland oder in einer anderen Region tätigen können, dass uns das Erlernen von Fremdsprachen leichter fällt, einschließlich dem Erlernen einer Programmiersprache, und dass wir uns zu Themenbereichen der Philosophie, Theologie, Parapsychologie, Astrologie, analytischen Psychologie, Yoga, Buddhismus, und allen universitären Fächern hingezogen fühlen. Außerdem verstärkt sich in uns der Wunsch, nach dem Gesetz zu handeln, mit dem wir während des gesamten Planetendurchgangs ein klares und angstfreies Verhältnis haben. Wir verhalten uns wie jene Schützen, die sich selbst anzeigen, wenn ihnen keine Zahlungsaufforderung für die Müllsteuer zugestellt wird. Dieser gesteigerte Gerechtigkeitssinn kann uns aber auch dazu bringen, andere anzuzeigen, dich sich in unseren Augen nicht korrekt uns gegenüber verhalten. Eventuelle Rechtsstreitereien, die in diesem Augenblick ihren Anfang nehmen, haben ein gutes Ende. Wir können den Planetendurchgang nutzen, um eine Rechtsangelegenheit zu einem guten Abschluss zu bringen. Der Durchgang fördert unsere Friedliebigkeit und so vermehren sich die Gelegenheiten, alte Streitigkeiten zu begraben. Auf einer etwas körperlicheren Ebene wird sich unsere Gesundheit bessern, wir fühlen uns stärker und bei Männern steigert sich die sexuelle Aktivität. Wenn wir sportlich aktiv sind, können wir jetzt bis an die Grenzen unserer Möglichkeiten gehen. Eine eventuelle chirurgische Operation hat sehr gute Aussichten auf Erfolg.

Jupiter im disharmonischen Aspekt zu Mars

Wenn Jupiter im disharmonischen Winkel zu unserem Geburtsmars transitiert, werden wir ein bisschen größenwahnsinnig. Unser Ich bläst sich durch übertriebene Selbstsicherheit auf. Wir verhalten uns so, als hätten wir die Welt erfunden und denken, dass nichts schief laufen wird und dass Kraft und Glück auf unserer Seite stehen. Der Transit kann sehr positiv für jene sein, die sich von einer schweren Krise erholen müssen. Nichts könnte besser sein, wenn wir am Boden sind und uns wieder aufrichten müssen. Ein bemerkenswerter Optimismus führt uns ganz entschieden nach vorne. Bei einem solchen Transit entstehen viele Handels- oder Industrieunternehmen. Das hängt vor allem mit dem Sinken unseres kritischen Sinnes zusammen. Das gesunde Misstrauen in jedem von uns fällt in schwindelerregende Tiefen. Mit einer rosaroten Brille vor den Augen stürzen wir uns ins Getümmel und sehen die Hindernisse nicht oder nur schwach. Gäbe es keine Transite wie diesen, würden wohl kaum neue Unternehmen gegründet werden. In diesem Moment neigen wir dazu, die Gefahren zu unterschätzen, was in vielen Bereichen gut ist, aber auch schlecht sein kann, wenn wir einen Posten mit viel Verantwortung innehaben. Es verhält sich wie mit dem Schmerz: wenn wir einer brennenden Kerze zu nahe kommen, warnen uns innere Sensoren vor der Gefahr und wir schrecken zurück. Stehen wir aber unter starken Arzneimitteln oder gar Drogen, sinkt das Schmerzgefühl und wir laufen Gefahr, uns zu verbrennen. Das gilt gleichermaßen, wenn wir im Kontrollturm eines Flughafens arbeiten oder Chirurgen sind, aber auch einfach, wenn wir Geld investieren wollen. Wir sollten jetzt also besonders achtsam und wachsam sein und uns dem kritischen Schutz und der Achtung eines Tutors anvertrauen. Die größten Schäden, die uns in diesem Moment heimsuchen können, stehen unter dem Zeichen der Hypertrophie: wir neigen dazu, in allem zu übertreiben, angefangen bei unserem Urteil. Unser gesunder Menschenverstand hat an diesen Tagen Urlaub. Auch unser Kampfgeist wächst und wir möchten Personen und Institutionen den Krieg erklären. Rechtsstreitigkeiten, die unter diesem Stern beginnen, nehmen aber kein gutes Ende. Jupiter verstärkt den Kriegsgeist von Mars und so haben wir keinerlei Absichten, mit unseren Feinden oder Gegnern Frieden zu schließen, sondern möchten im Gegenteil neue Kampffronten eröffnen. Wenn wir politisch oder gewerkschaftlich aktiv sind, kann uns der disharmonische Durchgang Mars-Jupiter dabei helfen, die Gemüter unserer Mitstreiter zu erhitzen. Möglicherweise treiben wir jetzt Sport oder mehr Sport als sonst, müssen aber auch hier aufpassen, da der Transit zu einem Sinken des kritischen Sinns führt und somit Unfälle verursachen kann. Es ist also geraten, nur ungefährliche Sportarten zu betreiben, wie Schwimmen, Tennis oder Laufen. Die Tollkühnheit in diesen Tagen könnte zu einem Streit mit einer Autoritätsperson führen, wie einem Vorgesetzten bei der Arbeit, einem Polizeibeamten oder einem Richter. Das Gesetz könnte sich für uns interessieren. Exzesse aller Art, besonders bei der Nahrungsaufnahme und mit dem Alkohol, gefährden die Gesundheit unserer Leber.

Jupiter im harmonischen Aspekt zu Jupiter

Wenn Jupiter im harmonischen Winkel an unserem Geburtsjupiter vorbeizieht, befinden wir uns in einem für uns „magischen" Moment. Wir sind optimistisch und in sehr guter geistig-körperlicher Verfassung. Wir sind ausgeglichen und die Dinge gehen uns gut von der Hand. Wir spüren, dass das Glück auf unserer Seite ist, was aber leider nicht lange vorhält. Die Geschäfte laufen gut und ebenso alles, was zu unserem Fortkommen im beruflichen und im sozialen Bereich beiträgt. Sowohl Männer als auch Frauen können sich jetzt mit einflussreichen und wichtigen Persönlichkeiten zusammentun. Wir spüren Wohlwollen und Sympathie um uns herum, ohne etwas dafür getan zu haben. Heute ist einer dieser Tage, an denen wir das große Los gezogen haben. Der Moment wäre ausgezeichnet, um die Ärmel hochzukrempeln und die Früchte unserer Arbeit zu ernten. Leider tendieren wir im Verlauf dieses Planetendurchgangs eher dazu, uns gehen zu lassen. Das Wohlgefühl bei diesem Transit wirkt verführerisch auf uns und lässt uns nachsichtig mit uns selbst werden und das Leben in vollen Zügen genießen. In diesem Zustand können wir offensichtlich mehr ernten als säen. Wenn wir für eine Wahl aufgestellt sind, haben wir die besten Möglichkeiten, diese jetzt zu gewinnen. Eine allgemeine Beliebtheit schwebt über uns und steigert unsere Glaubwürdigkeit. Wenn das Glück als wohlwollende Göttin existiert, so blickt sie gerade liebevoll auf uns herab. Der Zeitraum ist ausgezeichnet für Reisen an nah gelegene oder weit entfernte Ziele und für Erforschungen im territorialen und im kulturellen Sinn. Wir können uns jetzt gut in allen nicht alltäglichen Fächern weiterbilden. Auch die körperliche Erholung nach einer Krankheit geht gut vonstatten. Wir können jetzt ein paar Kilos zulegen, wenn wir zu dünn sind, sollten aber aufpassen, wenn unser Gewicht bereits zu hoch ist. Der Transit wirkt sich positiv auf Rechtsstreitereien aus, die schon seit Längerem bestehen oder die unter diesem Transit entstehen. Wenn wir mit jemandem im Streit liegen, haben wir jetzt eine gute Möglichkeit, alte Ärgernisse aus der Welt zu schaffen. Sehr gutes Verhältnis mit dem Gesetz im Allgemeinen und zu mächtigen Persönlichkeiten, wie Richtern, Politikern, Finanzleuten, usw.

Jupiter im disharmonischen Aspekt zu Jupiter

Wenn Jupiter im dissonanten Winkel zu unserem Geburtsjupiter transitiert, steigert sich unser Selbstvertrauen und drängt uns zu einem übertrieben optimistischen Verhalten. Wie bei den disharmonischen Transiten Jupiter–Mars, aber eine Oktave höher, sinkt unser kritischer Sinn und mit ihm auch das Misstrauen, das uns vor allen Gefahren beschützen sollte. Wir neigen dazu, die Anderen und verschiedene Situationen zu unter- oder zu überschätzen. Wir gehen über die Grenzen hinaus, die wir aus Vorsicht lieber nicht überschreiten sollten. Wir wagen zuviel, weil wir unsere Kräfte überschätzen oder die der Anderen unterschätzen. Daraus kann sich eine arrogante, überhebliche und sogar verächtliche Haltung ergeben. Wenn wir in riskanten Berufen tätig sind, wie in einem Analyselabor oder in einer Kommandozentrale jeder Art, müssen wir sehr achtsam sein, da wir für alle eine Gefahr darstellen. Wir sollten uns angefangen beim Geschlechtsverkehr bis hin zum Umgang mit infizierten Blutproben mit doppelten Handschuhen, Mundschutz, Spezialbrillen, vorbeugenden Maßnahmen, usw. schützen.

Es wäre besser, unter diesem Himmel keine Initiative im Handel oder in der Industrie zu starten. Wir sollten uns nicht von Trugbildern blenden lassen und jeden unserer Schritte mit der höchsten Verstandeskraft abwägen. Eine wichtige und einflussreiche Persönlichkeit kann uns zur Hand gehen, um Fehler zu vermeiden. Es scheint so, als lächle uns das Glück in diesem Augenblick zu, das aber ist nichts als trügerischer Schein. Ein negativer Jupiter stellt uns Fallen in den Weg, in die wir leicht tappen werden. Unsere freigesetzten Energien können auf Laster gelenkt werden, die uns mit Sicherheit gesundheitlich und finanziell schaden. Achtung vor Geldverlusten, Diebstählen, Krediten, die wir vergeben und niemals wieder sehen, vor übertriebenem Optimismus, der uns dazu bringen kann, Darlehen aufzunehmen, die wir selbst nicht zurückzahlen können. Unser moralisches Verhalten oder unser Ansehen könnten stark abfallen. Kleine Skandale in Bezug auf Korruption, Erpressung und andere Vergehen, zu denen wir jetzt eine lockere Einstellung haben, könnten uns betreffen. Die geistige und körperliche Gesundheit wird Schaden nehmen, hauptsächlich an der Leber, vielleicht durch Übertreibungen bei der Nahrungsaufnahme oder mit dem Alkohol.

Jupiter im harmonischen Aspekt zu Saturn

Wenn Jupiter im günstigen Winkel an unserem Geburtssaturn vorbeizieht, können wir viele alte und neue Wunden heilen. Die zarte Liebkosung von Jupiter lässt uns die nötigen Energien in und um uns finden, um Risse zu kitten, vom Schicksal geschlagene Furchen zu verschließen und Versöhnungsversuche zu starten. Kurz, der gutmütigste aller Planeten stellt sich uns zur Verfügung, um die Schäden des bösartigsten Planeten der alten Welt zu heilen. Gerade in solchen Situationen bekommen wir die beste Seite des Schütze-Herrschers zu spüren. In anderen Situationen kann er, wie wir bisher gesehen haben, sogar sehr schädlich sein, aber wenn es darum geht, eine Leere zu füllen und negative Situationen auszugleichen, dann arbeitet der sechste Planet des Zodiaks aufs Beste und zeigt uns, wie positiv er in Wahrheit sein kann. Auch im Geburtshoroskop weist er auf eine ausgezeichnete Fähigkeit hin, uns aus Schwierigkeiten herauszuholen, den Abhang wieder hinaufzuklettern, stets auf die Füße zu fallen oder einen Schutzengel zu haben, der uns immer wieder hochzieht. Vielleicht ist dieser bei genauer Betrachtung der beste Transit, der praktisch keine Gegenanzeigen hat. Wie eine Vitaminspritze nach einer Behandlung mit Antibiotika hilft er uns wieder hoch, lässt uns die Kraft des Neubeginns spüren, alle Krisen hinter uns lassen, dem Unglück entgegen treten. Der Planetendurchgang wirkt am Besten auf alte Wunden, auf chronische Leiden oder Leiden, die dazu tendieren, chronisch zu werden. Das geschieht gerade in der Verbindung mit Saturn, der in der Mythologie Chronos, den Alten, die Zeit darstellte. Die Symbologie ist in diesem Fall also ganz klar: eine entschiedene Hilfe, um alte negative Situationen zu kitten. Manchmal geht es nicht um eine Wunde, die wir heilen müssen, sondern um ein Hindernis, das sich zwischen uns und eines unserer Ziele stellt, ein Hindernis, das uns am „Fliegen" hindert und das Jupiter im harmonischen Aspekt zu Saturn aus dem Weg räumen kann. In anderen Fällen wirkt er sich auf ein chronisches Leiden aus, das vielleicht gar nicht schwerwiegend ist, uns aber seit Langem stört. In diesen Fällen kann es vorkommen, dass eine neue Behandlungsmethode, vielleicht durch Empfehlung von einem Freund oder Bekannten, anschlägt. Wir sollten also unsere Antennen in diesen Tagen des Transits gut ausrichten und unsere Energien auf die Lösung für langwierige Krankheiten richten. Auf Grund der bereits erwähnten Symbologie kann eine entscheidende Hilfe in einer schwierigen Situation von einer älteren Person kommen. Das kann zum Beispiel heißen, dass wir uns nicht an den jungen und brillanten Arzt wenden, den Avantgardisten mit seiner hochmodernen Technologie, der stets über alle Neuerungen der Wissenschaft via Internet informiert ist, sondern dass wir den guten alten Familienarzt aufsuchen, der noch immer mit seinem altbewährten Stethoskop an unseren Bronchien horcht, der aber viel Erfahrung auf dem Gebiet hat. Gleiches gilt für einen Anwalt, einen Finanzberater, Architekten, etc.

Jupiter im disharmonischen Aspekt zu Saturn

Wenn sich Jupiter im disharmonischen Winkel zu unserem Geburtssaturn bewegt, ist der richtige Moment gekommen, uns von materiellen Gütern zu trennen. Diese Güter sollen hier rein in westlicher Logik verstanden werden (das neue Auto, ein wertvolles Juwel, eine teure Uhr, usw.). Es wäre gut, wenn dieser Impuls von uns selbst ausginge, statt uns von den Umständen aufgezwungen zu werden. Im Lauf des Transits bemerken wir, dass das Glück nicht auf unserer Seite steht und sogar gegen uns arbeitet. Das süße Gefühl von Leichtigkeit, das uns bei den positiven Transiten von Jupiter zu Nachsicht mit uns selbst treibt, ist hier nicht mehr vorhanden und wird durch eine Art Zwang ersetzt, durch das hässliche Gefühl, das uns überkommt, wenn wir mit einer zu kurzen Bettdecke schlafen. Wir spüren, dass wir jetzt aus eigener Kraft handeln müssen, dabei aber sollten wir die Ärmel hochkrempeln und die Ellenbogen einsetzen. Es gibt so genannte fette Tage und wiederum magere Tage und genau die sind jetzt angebrochen.

Natürlich stellt sich der Transit nicht mit der Feindseligkeit anderer, viel bösartigerer Planeten gegen uns (zum Beispiel Saturn im Quadrat zur Sonne), wir sollten aber wissen und uns davon überzeugen, dass uns in diesen Tagen nichts geschenkt wird und dass wir starken Gegenwind haben. Der Transit weist auf einen Zeitraum hin, in dem es uns viel kostet, uns nach einem Sturz wieder auf die Beine zu stellen. Eine lange Durststrecke steht uns bevor und wir werden uns bewusst, dass nach dem Gewitter nicht notwendigerweise die Sonne scheint. An diesen Tagen müssen wir zurückstecken, nüchtern handeln und uns von den süßen Seiten des Lebens so streng wie möglich lossagen. Unnötiges und Verschwendung sind jetzt absolut nicht angebracht. Der Zeitraum ist außerdem sehr schlecht für geschäftliche Verhandlungen, für Unternehmungen im industriellen Bereich und für Geschäfte im Allgemeinen. Wir sollten wichtige Treffen und Verhandlungen an solchen Tagen vermeiden und alle Initiativen und Gespräche mit Personen, die über unsere Zukunft entscheiden könnten, auf bessere Zeiten verschieben. Nur selten werden wir uns bei einem solchen Planetendurchgang größerer Beliebtheit erfreuen und keine oder nur wenig einflussreiche Empfehlungen bekommen. An die Türen der Mächtigen sollten wir also jetzt nicht klopfen, um uns keine Chancen zu vergeben, die wir uns besser für später aufheben. Saturn ist die Zeit, der Alte, es ist also jetzt nicht geraten, alte Projekte wiederaufzunehmen.

Jupiter im harmonischen Aspekt zu Uranus

Wenn Jupiter im harmonischen Winkel an unserem Geburtsuranus vorbeizieht, erleben wir ein Wiederaufkochen unserer innovativsten Ideen. Wir möchten etwas ändern, uns selbst neu erfinden und die alte Haut abstreifen. Ein starker Druck nach außen führt uns in die Welt der Fakten. Anders als andere positive Transite lässt uns dieser nicht nur brillante Ideen haben, sondern sie auch in die Tat umsetzen. Das kleine Genie, das in jedem von uns steckt, wird von diesem Aspekt verstärkt und angetrieben. Wir haben also nicht nur das Bedürfnis, uns zu erneuern, sondern setzen das auch gut in die Tat um. Plötzliche Entscheidungen, die wir in diesen Tagen treffen müssen, sind von Erfolg gekrönt. Wir müssen jetzt empfänglich sein für alle Neuerungen, auch für solche, die unser Gleichgewicht bedrohen. Es ist bekannt, dass die Vergangenheit Sicherheit bietet und die Zukunft mit ihren vielen Unbekannten Angst einflößt, hier aber können wir auch mit verbundenen Augen von einer Klippe springen, denn Jupiter garantiert uns, das sich unter uns nur Wasser befindet. Natürlich ziehen uranische Persönlichkeiten die meisten Vorteile aus einem solchen Durchgang, nutzen kann ihn aber auch jeder, der ein wenig Mut hat. Man muss nur etwas riskieren und in kürzester Zeit Entscheidungen treffen, alle Möglichkeiten stehen zu unseren Gunsten. Vielleicht möchten wir gerne in eine andere Stadt ziehen oder den Arbeitsplatz wechseln. Jupiter flüstert uns jetzt ein, dass wir es einfach ausprobieren sollten. Sowohl die Geschäfte als auch unsere geistig-körperliche Gesundheit ziehen Vorteil aus Neuerungen, wie auf Forschung, Elektronik, Informatik oder vielen anderen Neuheiten basierende Technologien. Zum Beispiel könnten wir in der Arbeit von der Computerisierung unserer beruflichen Tätigkeit profitieren oder unsere Arthrose mit einer neuen Heilmethode behandeln. Fax, Modem, Internet und Videokonferenzen können der Schlüssel zum Erfolg werden. In manchen Fällen haben wir das Glück gar nicht gerufen und es kommt über uns wie ein segensreicher Regen vom Himmel. Ein Anruf, ein Telegramm oder eine Mail könnten gute Neuigkeiten bringen. Unter diesem Aspekt kann der Transit einer der Besten überhaupt sein, weil er es uns ermöglicht, zu wachsen, unsere Bedingungen zu verbessern, auch und nur durch gute Nachrichten, mit denen wir nicht gerechnet haben. In dieser Logik kann auch eine Erbschaft, ein Spielgewinn oder der Tod einer Person enthalten sein, die unsere Unabhängigkeit gebremst hatte.

Jupiter im disharmonischen Aspekt zu Uranus

Wenn Jupiter im dissonanten Winkel an unserem Geburtsuranus vorbeizieht, neigen die radikalsten Tendenzen unseres Charakters dazu, zu explodieren. Wir sind zwar entschiedener, aber auch zerstörerischer. Stockende Situationen und Längen in den Ausführungen unserer Gesprächspartner ertragen wir nicht. Wir werden unduldsam gegenüber charakterlosen und zögerlichen Menschen und neigen dazu, unsere Überzeugungen deutlich kund zu tun. In dieser Zeit gelingt es uns absolut nicht, diplomatisch zu sein. Aufrichtigkeit, Entscheidungskraft, Extremismus, über das Knie gebrochene Aktionen charakterisieren unser Verhalten in diesem Augenblick. Wir sollten uns am Riemen reißen und vorsichtig sein, da wir durch eine plötzliche Entscheidung Jahre der Opfer und des langsamen Aufbaus über den Haufen werfen könnten. Entscheidungen, oder übereilte Entscheidungen, sollten wir jetzt nicht treffen, vor jeder Reaktion müssen wir bis zehn zählen. Mit Sicherheit wird unser Verhalten aggressiver und wir könnten Freundschaften zerstören oder unsere Paarbeziehung in die Krise stürzen. Wir täten gut daran, uns immer wieder zu sagen, dass wir nicht unfehlbar sind und dass die Meinung der Anderen genauso viel wert ist, wie unsere eigene. Per Brief oder Telefon könnten wir schlechte

Nachrichten erhalten. Bei einem Jupiter im negativen Aspekt zum Radix-Uranus müssen wir wachsam sein, da die schlechten Neuigkeiten über unserem Kopf kreisen und jeden Augenblick auf uns herabstürzen könnten. Sowieso scheint alles abzustürzen und manchmal scheint es nicht nur so. Jede riskante Spekulation sollten wir bei diesem Planetendurchgang vermeiden und uns besonders vom Glücksspiel fern halten, da wir bedeutende Summen verlieren könnten. Alle technologischen Neuerungen können uns schaden und schlimme Folgen auf unsere Gesundheit oder auf die Geschäfte haben. Beispielsweise könnte ein wichtiges Dokument verloren gehen, weil sich die Festplatte verabschiedet oder weil sich ein Virus in unseren informatischen Speicher eingeschlichen hat. Besonders Acht geben sollten wir darauf, dass wir nicht zu Versuchskaninchen für neue Behandlungsmethoden werden, zum Beispiel für eine Therapie mit elektromagnetischen Wellen, die unsere Rheumaschmerzen erleichtern soll. Der Transit bringt auch ein gewisses Pech in allen Rechtsangelegenheiten mit sich, wie durch einen unbegründeten und plötzlichen Ermittlungsbescheid oder der überraschenden Auflösung einer Streitsache vor dem Richter, die für uns schlecht ausgeht. Amtliche Angelegenheiten jeder Art, die uns selbst betreffen, sollten wir jetzt ebenfalls nicht in die Wege leiten.

Jupiter im harmonischen Aspekt zu Neptun

Wenn Jupiter im harmonischen Winkel zu unserem Geburtsneptun zirkuliert, werden wir in mystischem oder transzendentalem Sinn angetrieben. Wir fühlen das Bedürfnis zu Spiritualität und wollen durch Träume, Mythen und magische Geschichten reisen. Carl Gustav Jung sagte, dass der Mensch nicht nur das Produkt der schlechten Erfahrungen der Vergangenheit sei, wie Freud behauptete, sondern auch ein Wesen, das sich auf etwas zubewegt, sich vorwärts bewegt, nach oben sieht und versucht, Ideale zu erreichen. Dieser Transit kann das alles symbolisch darstellen. Er erinnert uns daran, dass wir nicht nur für materielle Güter kämpfen müssen, die uns in der westlichen Logik das Leben versüßen und uns glücklich machen sollen. Bei diesem Planetendurchgang verstehen wir, dass um uns herum oder vor uns noch andere Dinge liegen, die wir hegen und pflegen sollten, unabhängig davon, ob sie materielle Früchte treiben. Auch Ungläubige unterliegen dem Zauber dieses Transits und lenken ihr Wollen nicht in religiöse Bahnen, sondern in Richtung politischer, gewerkschaftlicher, sozialer, ökologischer Ideale, usw. Alle, ob gläubig oder laizistisch, verspüren den Drang zu Fürsorge in ihren unterschiedlichsten Ausdrucksformen. Wir haben Lust auf freiwillige Arbeit, um so den Schwächsten beizustehen, anderen eine Hand zu geben oder auch einfach ein tröstendes Wort an jene zu richten, die weniger Glück gehabt haben als wir. Wir sind offener für humanitäre Initiativen, die uns um eine Spende für den Kampf gegen Aids, Krebs oder andere schlimme Krankheiten bitten. Irgendjemand hat einmal gesagt, dass Gutes zu tun vor allem dem hilft, der gibt und nicht dem, der empfängt. Während dieses Transits können wir in dieser Hinsicht besonders zufrieden mit uns sein. Es geht um ein Gefühl der Barmherzigkeit, ein christliches Gefühl im weiteren Sinn. Das ist aber nicht das Einzige, was dieser Transit in uns bewegt, sondern er zeigt uns außerdem ein Universum der nicht materiellen Dinge, in dem wir uns gerne verlieren. Wir entdecken jetzt ein neues oder wieder erwachtes Interesse für die Philosophie, Psychologie, Theologie, Astrologie, orientalische Kulturen, Yoga und andere nicht alltägliche Themen. In diesen Bereichen können wir uns selbst verbessern oder charismatische Persönlichkeiten treffen, die sich mit diesen Themen beschäftigen, wie Philosophen, Priester, Astrologen, Psychologen, usw. Vertrauensvoll können wir solche Beziehungen eingehen, denn der Durchgang von Jupiter im positiven Winkel zu unserem Geburtsneptun gibt uns eine gute Grundgarantie in diesem Hinblick. Wenn wir paranormale Fähigkeiten haben oder einfach ganz besonders sensibel sind, sollten wir jetzt unsere Fähigkeiten ausbauen. Der Transit bietet uns außerdem die Möglichkeit, uns in Gruppen, Kongregationen, Berufskammern, Pfarrgemeinden, usw. einzutragen. Wir fühlen uns stark zu anderen Menschen, zu Massenbewegungen, Vereinigungen im Allgemeinen und im Besonderen zu den oben genannten Themen hingezogen. Die Reise, die wir innerhalb des Universums der Esoterik unternehmen möchten, führt uns auch zu wirklichen Reisen über die Kontinente. Alle längeren Reisen, besonders aber die auf dem Meer und dabei vor allem Kreuzfahrten geben uns jetzt Befriedigung. Der Moment ist zudem stark von einer künstlerischen oder musikalischen Inspiration gekennzeichnet, wovon wir profitieren können, wenn wir in diesem Sektor tätig sind. Wir sollten an einem neuen Gemälde, an einem Buch oder an musikalischen Stücken arbeiten. Es muss jedoch noch einmal wiederholt werden, dass unsere Grundtendenz in diesen Tagen eher in Richtung Entspannung geht und nicht so sehr auf das Handeln gelenkt ist. Getragen von unseren Träumen und unserer Einbildungskraft möchten wir uns den abstraktesten Phantasien hingeben, die uns ein gutes Gefühl geben und uns in Frieden mit uns selbst sein lassen. Zuletzt bemerken wir, dass der besagte Transit unserer geistigen Gesundheit gut tut und uns aus dem Tunnel der Depressionen heraushilft oder uns dabei unterstützt, eine Behandlung mit Psychopharmaka zu unterbrechen oder ganz auszusetzen.

Jupiter im disharmonischen Aspekt zu Neptun

Wenn Jupiter im disharmonischen Aspekt zu unserem Geburtsneptun transitiert, fühlen wir die gleiche Trunkenheit, die uns überkommt, wenn wir ein Glas Wein auf nüchternen Magen trinken. Das ist auf der einen Seite positiv, da uns jegliche Form von Betäubung gegen zu viele Gedanken und Sorgen helfen kann, aber andererseits ist es sicherlich schädlich, da es uns der Gefahr aussetzt, jede Situation zu unter- oder zu überschätzen. Unser Bewusstsein und unser Denken sind nicht klar und schwanken stark. An diesen Tagen wissen wir nicht so genau, was zu tun ist, sind konfus, haben keine klaren Ideen, bewegen uns ohne ein bestimmtes Ziel. Die Engländer nennen das Ergebnis einer solchen Verwirrtheit „mistake" und man kann sich die daraus entstehenden Schäden gut vorstellen. Wenn wir etliche Stunden am Tag am Steuer eines Fahrzeugs verbringen, können wir uns auf Grund der genannten Verwirrtheit leicht in Gefahr bringen. Gleiches gilt aber für Vertragsabschlüsse, für die Auswertung von Fakten in unserem alltäglichen Beruf, für Entscheidungen in Liebes- und Gefühlsdingen. Wie beim Transit von Jupiter in positivem Winkel zu Neptun bemerken wir auch hier einen Schub in die mystisch-transzendentale Richtung, der Unterschied liegt jedoch im Ausmaß dieses Schubes. Wir neigen zu Übertreibungen und dazu, unser Handeln in eine atemlose und ein wenig fanatische Suche zu lenken, um die einmal gesteckten Ziele zu erreichen. Fanatismus ist vielleicht das Wort, das noch besser als „mistake" unseren Zustand in diesem Augenblick umschreibt. Unsere Vernunft hat Urlaub bei diesem Planetendurchgang und setzt uns den Gefahren des Radikalismus und des Extremismus aus, die sich in geringerem oder größerem Ausmaß immer in uns befinden. Wir müssen sehr wachsam sein, weil uns der Wind der religiösen, politischen, gewerkschaftlichen, sozialen und anderen Ideale buchstäblich umfegen kann. Man kann mit Sicherheit davon ausgehen, dass viele Extremisten oder gar Terroristen erst bei einem solchen Transit dazu geworden sind. Wir sollten uns von Massenbewegungen, politischen Versammlungen, Protestzügen, Kundgebungen jeder Art fern halten, da wir uns selbst oder anderen wehtun könnten. Der Moment ist ganz und gar nicht geeignet, um einer Vereinigung, einer Sekte oder dubiosen Zirkeln beizutreten. Fern halten sollten wir uns auch von der Astrologie, Psychologie, Theologie und ähnlichen Themen, nicht weil sie zu verurteilen oder zu verteufeln sind, sondern weil wir jetzt ein schlechtes Verhältnis zu ihnen haben und psychische Schäden davon tragen könnten. Leicht kann es zum Beispiel passieren, dass wir jetzt an einen unseriösen Astrologen geraten, der uns durch eine katastrophale Vorhersage in Panik versetzt. Wir sollten also fest mit den Füßen auf dem Boden bleiben und konkrete Ziele verfolgen. Den Umgang mit geistig gestörten Menschen oder Drogensüchtigen sollten wir meiden. Fern halten sollten wir uns auch selbst von

Drogen jeder Art, Arzneimitteln, Psychopharmaka, Alkohol, exzessivem Rauchen und vielen Tassen Kaffee. Von allen Reisen, besonders aber jenen zur See, ist abzuraten.

Jupiter im harmonischen Aspekt zu Pluto

Wenn Jupiter im harmonischen Winkel an unserem Geburtspluto vorbeizieht, denken wir nur in großen Begriffen. Wir verfolgen großartige und ehrgeizige Ziele und Projekte. Unsere menschlichen Möglichkeiten befinden sich auf ihrem Höhepunkt. Wir verhalten uns wie ein hochtouriger Motor und wagen uns über die Grenzen hinaus, die uns der gesunde Menschenverstand setzt. Wir wagen mehr und haben üblicherweise das Glück auf unserer Seite, besonders aber bei wichtigen Projekten, während wir bei kleinen Unternehmungen fast keinen Vorteil bemerken. Ausgehend von einem solchen Transit sollten unsere anspruchsvollsten Ideen in die Tat umgesetzt werden. Sicherlich sind wir jetzt auch ein bisschen größenwahnsinnig, das ist aber nicht unbedingt negativ zu sehen und führt uns weit nach vorne. In Augenblicken wie diesem können wir Handels- und Industriegeschäften, Forschungs- und Studienarbeiten Leben einhauchen, die uns eine Handbreit über den Anderen stehen lassen. Die Anderen bemerken unseren starken Willen und passen sich ihm an. Es ist wahrscheinlich, dass wir die Nachricht über einen Sieg, über ein Fortkommen im Beruf, einen günstigen Vertragsabschluss oder eine Anerkennung erhalten, die unser Ansehen wachsen lässt. Wenn wir an unterirdischen Grabungen beteiligt sind, sei es in der Geologie, Archäologie oder im übertragenen Sinn in der Psychologie, können wir jetzt fruchtbare Entdeckungen machen. Auch wenn wir selbst Patienten bei einer Tiefenanalyse sind, können wir Vorteile aus klärenden Träumen ziehen. Wir fühlen uns geistig und körperlich sehr gut und könnten ein Medikament absetzen, das wir bereits seit Langem einnehmen. Unsere Neurosen, Ängste und Phobien jeder Art werden schwächer. Die sexuelle Anziehungskraft wird verstärkt und unter diesem Aspekt können wir sehr schöne und intensive Tage verleben. Außerdem fühlen wir uns zu Krimis, Horrorgeschichten in allen Formen (Buch oder Film), Büchern über das Reich der Toten und zum Besuch von Friedhöfen und Kultstätten hingezogen.

Jupiter im disharmonischen Aspekt zu Pluto

Wenn sich Jupiter im disharmonischen Aspekt zu unserem Radix-Pluto bewegt, werden wir von starken zerstörerischen Trieben beeinflusst. Unser schändlichster, gewalttätiger und animalischer Teil kommt zum Vorschein. Natürlich können Erziehung, Zivilisiertheit und Kultur diesen Ausdruck bremsen, es ist aber nicht immer möglich, ihn vollständig unter Kontrolle zu halten und wenn der Transit gleichzeitig mit anderen destruktiven Durchgängen auftaucht, können wir wahrhaft tief sinken und Dinge tun, die wir später bereuen. Wir werden von sadistischen oder, im Gegenteil, von masochistischen Trieben gequält. So fühlen wir uns zu wenig Vertrauen erweckenden Personen hingezogen, mit denen wir besser nicht verkehren sollten. Das können Personen sein, die jenseits der Legalität leben oder die aggressive, gewalttätige, brutale Frauen und Männer sind. Komplizierte, kriminelle, Angst erregende Situationen verstören uns bei diesem Planetendurchgang. Wenn wir auch sonst einen eher gewalttätigen Grundcharakter haben, könnten wir ernsthaft die Menschen um uns herum angreifen und sogar eine Straftat begehen. Außerdem werden unsere sexuellen Triebe in dieser Richtung stärker und wenn unser Partner nicht dazu bereit ist, mit uns ein intensiveres Sexualleben auszuleben, könnten wir den starken Wunsch verspüren, uns einen Mann oder eine Frau für ein sexuelles Abenteuer zu suchen. In diesem Fall sollten wir besonders wachsam sein, denn neben den anderen Risiken laufen wir auch ernsthaft Gefahr, uns eine Geschlechtskrankheit einzuholen. Auch in unserer Paarbeziehung werden wir unseren Partner darum bitten, neue sexuelle Erfahrungen auszuprobieren, ungewöhnliche und wenig orthodoxe Phantasien auszuleben, die wir ohne große Überwindung wohl kaum einem Dritten erzählen würden. Medikamente, vielleicht auch homöopathische, können uns dabei helfen, diese leichte Form der „Lykanthropie" zu überwinden. Unser Geist ist verwirrt und wir können Phobien, Ängste und Neurosen entwickeln. Wir sollten uns von spiritistischen Sitzungen, von Magie und Esoterik in ihren niedrigsten Ausdrucksformen fern halten, da wir geistigen Schaden nehmen könnten. Auch gewalttätige Noir-Filme sollten wir jetzt meiden.

Jupiter im Aspekt zum Aszendenten

Siehe Jupiter im Transit durch das erste Haus

Jupiter im Aspekt zum Medium Coeli

Siehe Jupiter im Transit durch das zehnte Haus

Jupiter im Aspekt zum Deszendenten

Siehe Jupiter im Transit durch das siebte Haus

Jupiter im Aspekt zum Imum Coeli

Siehe Jupiter im Transit durch das vierte Haus

Jupiter im Transit durch das erste Haus

Wenn Jupiter unser erstes Radix-Haus passiert, fühlen wir unser Herz „weiter" werden, in dem Sinn, dass sich unser Optimismus, das Vertrauen in uns selbst und in die Anderen leicht steigert. Eine merkliche Gutmütigkeit ergreift von uns Besitz und drückt sich in unseren Handlungen aus. Wir sind mit der Welt in Frieden und möchten uns entspannen, gehen lassen, wie wir es üblicherweise nach einer schweren Anstrengung oder nach dramatisch gelebten Tagen tun. Wir bemerken, dass auch die Anderen positiv uns gegenüber eingestellt sind und dass wir mehr wagen können. Der Augenblick wäre wunderbar geeignet, um neue Initiativen im Handel oder in der Industrie zu starten, aber der Transit drängt uns, wie gesagt, eher zum Entspannen als zum Handeln. Es ist nur recht und billig, dass wir uns hin und wieder eine Auszeit gönnen und Ferien von der Verantwortung und allen Entscheidungen machen. Den Moment können wir nutzen, um unsere Wunden zu lecken und nach schweren Zeiten wieder auf die Füße zu kommen; später wird auch noch die Zeit kommen, in der wir uns anstrengen müssen. Jetzt sollten wir nachsichtig mit uns selbst und mit anderen sein. Unser Pflichtgefühl sinkt und so auch unser kritischer Sinn. Das ist der weniger gute Aspekt dieses Transits, denn bei einem gesunkenen Misstrauen setzen wir uns mehr Gefahren aus. Wir sollten es also vermeiden, uns zu sehr zu entspannen und uns ständig wiederholen, dass das alltägliche Spiel des Lebens es uns nicht gestattet, die Wachsamkeit komplett fahren zu lassen. Sicher ist es hin und wieder gut, positiv zu denken, zum Beispiel um neue Unternehmungen ins Leben zu rufen, die nicht stattfinden würden, wenn wir den Menschen und dem Schicksal zu argwöhnisch gegenüberstehen würden. Es sind aber zwei verschiedene Dinge, ob man die Wachsamkeit ein wenig herunterschraubt oder ob man niemals nach hinten über die Schulter blickt. Situationen zu über- oder zu unterschätzen kann uns teuer zu stehen kommen. Dennoch ist es wahr, dass uns jetzt ein nicht näher definierbares Glück zur Seite steht und die scharfen Kanten auf unserem Weg abrundet. An diesen Tagen ist es möglich, gute Nachrichten, eine Belobigung, finanzielle Gratifikationen oder Lobreden auf unser Werk zu erhalten. Der Durchgang ist optimal für das Auskurieren einer Krankheit, eines chirurgischen Eingriffs oder für eine Erholung von dem Stress. Der weniger gute Aspekt des Transits ist es, dass sich neben der „Erweiterung des Herzens" auch unsere körperlichen Ausmaße „erweitern". Wir sollten besonders auf unser Gewicht achten, da wir bei diesem Durchgang fünf oder sechs Kilo zulegen könnten, die wir später nur schwer wieder loswerden. Außerdem müssen wir darauf achten, unser Blut nicht durch Laster und Übertreibungen in der Nahrungsaufnahme, mit dem Alkohol, Rauchen, Kaffee, usw. zu vergiften.

Jupiter im Transit durch das zweite Haus

Auch wenn sich Jupiter durch das zweite Haus unseres Radix-Himmels bewegt, müssen wir wachsam sein. Es können sich solche Situationen ergeben, die wir bei Beginn des Kapitels erwähnt haben. Jupiter funktioniert wie ein bistabiler Oszillator und die Grunddeutung, die wir in diesem Fall vornehmen müssen, ist ein vermehrter Geldfluss. Das kann sich aber auf Grund der bistabilen Funktion Jupiters sowohl auf Geldeingänge, als auch auf Geldausgänge beziehen, also entweder wir verdienen mehr bzw. erhalten Gelder außerhalb unseres üblichen Einkommens oder wir haben sehr große Ausgaben zu bestreiten. Viele Astrologen übersehen diese Regel und sprechen von einer ausgezeichneten Zeit in Finanzfragen. In Wirklichkeit sollte man hier aber die Augen gut offen halten, um ein finanzielles Desaster zu vermeiden. Der klassische Fall ist der, dass wir mit gewissen Ausgaben rechnen, die sich dann verzehnfachen. Es wäre gut, jetzt keine größeren Ausgaben zu tätigen, wie den Kauf einer Immobilie oder den Umbau des Hauses. Zu oft haben wir die zerstörerische Wirkung eines solchen Durchganges auf das Bankkonto verschiedener armer und reicher Personen gesehen. Hier liegt einer der drei Sektoren vor (die anderen Beiden sind das siebte und das achte Haus), in denen der Leitstern des Schützen spektakuläre Ausmaße entweder im Guten oder im Schlechten erreichen kann und das ist nicht notwendigerweise an die Tatsache gebunden, ob er gute oder schlechte Aspekte mit den anderen Planeten des Geburtshoroskops formt. Anders gesagt, es ist schwer vorherzusagen, ob er hier zu unseren Gunsten oder gegen uns arbeitet. Das einzige System, das uns gültig erscheint, um das herauszufinden, besteht darin, die Person zu fragen, was im Verlauf des vorangegangenen gleichen Transits geschehen ist. Dieser hat etwa zwölf Jahre zuvor stattgefunden, man kann den Zeitraum also gut berechnen, oder für mehr Sicherheit in den Ephemeriden den genauen Zeitpunkt ablesen. Wenn es beim letzten Mal große Geldeingänge gegeben hat, ist es wahrscheinlicher, dass das auch diesmal der Fall sein wird und umgekehrt. Wenn wir die begründete Sorge haben, dass sich der Transit negativ auswirken könnte, sollten wir dem Ratsuchenden empfehlen, den Geldhahn für alle möglichen Ausgaben einfach rigoros zuzudrehen. Das soll heißen, dass der Betroffene keine Extra-Ausgabe für dieses Jahr einplanen sollte, angefangen bei dem Kauf eines neuen Autos bis hin zur Modernisierung des eigenen Hauses oder des Büros. Bei diesem Durchgang besteht außerdem die Gefahr, dass wir bestohlen werden, sei es im wahren Sinn des Wortes, sei es, dass wir einen ungedeckten Scheck, Schecks unter falschem Namen erhalten oder Geld nicht zurückbekommen, das wir vorher verliehen haben. Einbrüche, Überfälle auf der Straße, nicht vorgesehene Extra-Steuern, schlechte Investitionen können die direkten Auswirkungen des Transits sein. Im umgekehrten Fall können unsere Einnahmen durch solche Aktionen gesteigert werden. Ferner kann sich unser persönliches Aussehen verbessern, vielleicht durch eine Diät, plastische Chirurgie, einen anderen Haarschnitt, eine neue Art, uns zu kleiden, usw. Unser Bekanntheitsgrad könnte steigen, indem wir im Fernsehen auftreten oder ein Foto von uns in der Zeitung erscheint. Wenn wir im Theater oder Kino arbeiten, ist der Moment noch ertragreicher. Es ist möglich, dass wir eine neue Videokamera, einen Fotoapparat, einen neuen Fernseher, ein Videogerät oder einen Monitor für den Computer kaufen. Diese Anschaffungen stehen unter einem guten Stern und wir werden beim Kauf eine gute Wahl treffen. Wenn wir viel am Computer arbeiten, können wir den Moment nutzen, um den Umgang mit einer neuen Grafik-Software zu erlernen. Produktiv können auch Kurse für Werbegrafik oder Design jeder Art sein.

Jupiter im Transit durch das dritte Haus

Wenn Jupiter durch unser drittes Radix-Haus wandert, verursacht er nur selten Schäden und wenn doch, so nur geringe. Normalerweise verstärkt er jedoch unsere intellektuelle Aktivität auf der ganzen Linie. Wir sind wachsamer, selbstsicherer in unseren Handlungen und Aussagen. Es gelingt uns besser, uns auszudrücken und andere zu verstehen. Unser Wunsch nach Kommunikation wächst und häufiger als sonst führen wir angenehme Gespräche in der Familie, mit Freunden oder den Arbeitskollegen. Wir haben mehr Lust, zu telefonieren und führen viele nationale und internationale Telefongespräche. Außerdem versenden wir mehr Faxe und E-Mails. Auch die Anderen setzen sich vermehrt mit uns telefonisch oder per Post in Verbindung. Unsere oberflächlichen Beziehungen mit dem Schalterbeamten, dem Postboten oder dem Ladenverkäufer sind von einer stärkeren gegenseitigen Sympathie und Herzlichkeit geprägt. Gute Nachrichten kommen von außen zu uns. Wir haben Lust, zu reisen, jedoch eher auf kürzeren Strecken. Wir pendeln mehr und fühlen uns gut dabei. Mit dem Auto oder Motorrad fahren wir gerne und der Zeitraum ist gut, um den Führerschein oder Segelschein zu machen. Üblicherweise wird in diesem Zeitraum ein neues Auto gekauft, entweder von der betroffenen Person selbst oder von einem engen Familienangehörigen. Gleiches gilt für ein Moped oder Motorrad. Die besten Ergebnisse können wir jedoch bei Prüfungen erhalten, egal ob es sich um Prüfungen in der Schule oder an der Universität handelt. In diesen Monaten sind alle Prüfungsergebnisse eindeutig positiv. Wir können also von diesem Durchgang profitieren, um Kurse jeglicher Art vom Computer bis zur Malerei, Tiefseefischen oder Gärtnerei als Teilnehmer zu besuchen oder als Dozenten selbst abzuhalten. Mit gutem Erfolg kann jetzt auch an allen Konferenzen, Seminaren, runden Tischen, Debatten jeder Art als Redner oder aufmerksame Zuhörer teilgenommen werden. Es steigt unsere Lust am Lesen und wir sollten das nutzen, um einen schwierigen und wichtigen Text zu dem Thema, mit dem wir uns auch sonst beschäftigen, zu lesen. Wenn wir Journalisten oder Autoren sind, begünstigt der Durchgang das Erscheinen eines unserer Artikel oder eines Buches. Begünstigt ist auch der Kauf aller Geräte für die Kommunikation und Telekommunikation, wie Freisprechanlagen, Handys, schnurlose Telefone, Faxgeräte, Satellitenantennen, Drucker, usw. Der Durchgang von Jupiter durch das dritte Radix-Haus kündigt außerdem oft eine gute Zeit für einen Bruder oder eine Schwester, einen Vetter, Schwager oder jungen Freund an, die uns sehr am Herzen liegen. Unsere Beziehung zu diesen Personen verbessert sich. In den sehr seltenen Fällen, in denen sich der Planet in diesem Haus negativ ausdrückt, können wir mit einem Skandal für einen Bruder, Vetter, Schwager oder jungen Freund rechnen oder auch mit einem Verkehrsunfall unter Alkoholeinfluss. Eine Prüfung könnte schlecht laufen, da ihr Schwierigkeitsgrad unterschätzt wurde.

Jupiter im Transit durch das vierte Haus

Wenn sich Jupiter in unserem vierten Radix-Haus bewegt, erhalten wir einen Vergünstigung im Immobilienbereich. Das bedeutet, dass wir den An- und Verkauf einer Immobilie zu einem guten Ende führen, dass wir umziehen (das gilt für unser Habitat, also sowohl für den Wohnraum, als auch für das berufliche Umfeld) oder Renovierungsarbeiten am Haus oder im Büro beginnen. Es handelt sich in jedem Fall um eine Freude in Bezug auf eine Immobilie, sei es, dass sie aus einer Erbschaft oder Schenkung kommt oder in Beziehung zu einem Mietshaus. Gleiches gilt für den Kauf einer Garage, eines Grundstückes oder eines Wohnmobils. Dieser Durchgang wird häufig von der Anwesenheit von Jupiter oder Saturn im Transit oder im Solarhoroskop im zweiten oder achten Haus begleitet und weist so auf eine große finanzielle Aufwendung für einen so wichtigen Kauf hin. Wenn man gleichzeitig die Transite und die soeben beschriebenen Konstellationen in Betracht zieht, können sehr genaue Vorhersagen getroffen werden, die einen Ratsuchenden in Erstaunen versetzen werden. Aber ein Haus besteht auch aus Möbeln und so kann es auch häufig um den Kauf von neuen Einrichtungs- oder wertvollen Dekorationsgegenständen gehen. Bei Kindern und Jugendlichen weist der Transit oft auf ein größeres oder ein eigenes Zimmer hin, vielleicht nach dem Auszug eines Bruders oder einer Schwester. Bei anderen kann er darauf hinweisen, dass sie schöne Stunden zu Hause verleben, zum Beispiel bei jenen, die beruflich viel auf Reisen sind und lieber zu Hause wären. Auf einer anderen Ebene kann der Transit auf eine ausgezeichnete Zeit für unsere Eltern hinweisen, die vielleicht eine schwierige Situation überwinden oder denen es gesundheitlich besser geht. Gleichzeitig bessert sich auch unser Verhältnis zu ihnen. Dieser Durchgang drückt sich nur selten negativ aus. Er kann auch in direkte Verbindung mit dem Speichersystems unseres Rechners gebracht werden und somit könnten wir jetzt neue Speichermedien anschaffen oder einen neuen Massenspeicher, wie eine leistungsstärkere Festplatte, einen CD-Brenner, eine Aufnahmeeinheit, usw. Der Moment ist besonders gut geeignet, um eine Sicherheitskopie all unserer Daten anzufertigen. Wenn sich der Durchgang negativ auswirkt (nur in geringem Prozentsatz), kann er auf den Verlust unseres Eigentums auf Grund des mangelnden kritischen Sinnes bei Rechtsangelegenheiten, usw. hinweisen. Möglich sind hohe Ausgaben für das Haus. Ein Elternteil hat Probleme mit der Leber oder dem Blut.

Jupiter im Transit durch das fünfte Haus

Wenn Jupiter durch unser fünftes Radix-Haus zieht, steigert sich unsere Betätigung in den Bereichen Spiel und Freizeit. Üblicherweise bedeutet das, dass wir häufiger ins Kino gehen, das Theater besuchen, tanzen gehen, Nachtclubs und Konzerte besuchen oder am Wochenende wegfahren, Ausflüge oder schöne Spaziergänge machen. Es geht aber nicht nur darum, denn die Physiologie des Genusses ist zu 360° zu sehen und kann darin bestehen, dass man mit einem spitzen Messer in einen Kürbis sticht oder eine Abhandlung zum römischen Recht liest. Wir können auf jede Weise entspannen, manche spielen gerne Videospiele oder sitzen am Computer, surfen im Internet oder lesen einen guten Roman an Stelle der sonst üblichen Aufsätze für die Arbeit. Manche geben sich dem Glücksspiel hin, spielen Roulette oder spekulieren an der Börse. Der Zeitraum ist im Allgemeinen gut für die Liebe. Sehr oft verlieben wir uns unter diesem Einfluss und leben eine neue Liebe aus. Die Dinge laufen aber nicht immer so rund und das beste System, um herauszufinden, ob die betroffene Person gute

Chancen in der Liebe hat, besteht darin, sie zu fragen, was sie bei dem letzten Durchgang von Jupiter im gleichen Sektor etwa zwölf Jahre davor erlebt hat. Hat es bei dem Durchgang eine Liebe gegeben, so sind die Wahrscheinlichkeiten für eine neue Liebe auch diesmal gut. Aber eine schöne Zeit in der Liebe kann auch bei einem viele Jahre verheirateten Paar eintreten. Normalerweise haben wir in diesen Monaten mehr Sex und sehr häufig zeugen wir neues Leben. Bei schwangeren Frauen bedeutet der Planetendurchgang eine leichte Entbindung oder eine unkomplizierte Schwangerschaft. In anderen Fällen bessert sich das Verhältnis zu unseren Kindern oder wir erleben eine „Wiedergeburt" derselben. Sie beginnen, konzentriert zu lernen, tragen den Sieg bei einem sportlichen Wettbewerb davon, verlieben sich, erreichen eine Unabhängigkeit. Wenn wir unterrichten, begleitet der Transit nutzbringende Monate und Gleiches gilt für eine eventuelle künstlerische oder sportliche Tätigkeit, für den Tanz und das Schauspiel. Im Negativen kann sich dieser Transit in einer ungewollten Schwangerschaft äußern, die sich ergibt, weil wir nicht gut genug aufgepasst haben. Es ist auch möglich, dass wir eine außereheliche Beziehung eingehen oder zumindest eine, die zu einem Skandal führt. Dasselbe kann auch unseren Sohn oder Tochter betreffen. In den schlimmsten Fällen weist der Transit auf wenig orthodoxe Spiele oder Hobbys hin.

Jupiter im Transit durch das sechste Haus

Wenn Jupiter durch unser sechstes Radix-Haus zieht, ist es möglich, dass wir eine neue Arbeit beginnen. Kommt der Transit gleichzeitig mit anderen positiven Durchgängen und vor allem mit einem Solar-Aszendenten im zehnten Radix-Haus vor, steigert sich unsere Arbeitsleistung merklich. Das bedeutet nicht unbedingt mehr Verdienste, da es keinen direkten Zusammenhang mit dem zweiten oder dem achten Haus gibt, aber es bedeutet bessere Arbeitsbedingungen. Diese beziehen sich hauptsächlich auf ein angenehmes Klima mit den Kollegen, Mitarbeitern oder Vorgesetzten. Alte Reibereien oder Streitigkeiten können sich in den Monaten dieses Transits positiv lösen. Was wir soeben in Bezug zu den Verdiensten gesagt haben, soll nicht als ein Ausschluss der Möglichkeit zu einer Steigerung der Verdienste verstanden werden, sondern einfach ausdrücken, dass es keine enge und direkte Beziehung zwischen diesen beiden Dingen gibt. Dennoch kann es vorkommen, dass der Transit auch ein Fortkommen im Beruf fördert und in Folge ein erhöhtes Einkommen mit sich bringt. Der Zeitraum ist außerdem gut, um sich einen Mitarbeiter zu suchen, auch im Haushalt. Die Mitarbeiter, die wir in diesen Monaten einstellen, sind fast immer fähige und vertrauenswürdige Personen. In der Gesundheit, die auch einen Großteil des sechsten Hauses für sich beansprucht, bemerken wir eine Verbesserung unseres allgemeinen Befindens. Es ist möglich, dass wir in diesen Monaten hinter die unklaren Ursachen für eine Krankheit kommen oder dass wir eine Krankheit besser auskurieren können. Es wäre also optimal, unsere Anstrengungen bei diesem Planetendurchgang für die Heilung eines pathologischen Problems zu verwenden, das uns seit Langem in Atem hält und wenn wir es nicht schaffen sollten, es zu besiegen, so werden wir es jetzt zumindest lindern können. Das werden wir allerdings nicht durch einen chirurgischen Eingriff erreichen, denn der Transit begünstigt Operationen nicht und rechtfertigt sie auch nicht. Chirurgische Eingriffe werden in Bezug zum sechsten Haus vor allem von den Durchgängen von Mars und Uranus und denselben Konstellationen in Bezug zum Solarhoroskop eines bestimmten Jahres angekündigt. Hier geht es eher um Heilprozesse durch Arzneimittel bis hin zur alternativen Medizin, wie Massagen, Shiatsu, Schlammbäder, Schwitzkuren, Heilbäder, usw. Wenn der Durchgang bei einer Schwangerschaft eintritt, verspricht er fast immer einen guten und regulären Verlauf derselben. Ist der Transit negativ zu lesen, können wir verschiedene körperliche Beschwerden haben, besonders in Bezug auf die Leber und das Blut. Jupiter kann in diesem Fall sehr bösartig werden und ernste Vergiftungen oder Schäden wegen Übertreibungen bei der Nahrungsaufnahme, mit dem Alkohol, Medikamenten oder dem Rauchen, usw. hervorrufen. Dasselbe gilt für Schwangerschaften, die sich in dieser Zeit entwickeln. In der Arbeit kann er auf die Verwicklung eines unserer Mitarbeiter in einen Skandal hinweisen oder auf Schäden durch einen Mitarbeiter, dem wir zu sehr vertraut haben.

Jupiter im Transit durch das siebte Haus

Wenn sich Jupiter in unserem siebten Haus befindet, sehen wir anschaulich, was in der Einleitung zu diesem Kapitel gesagt wurde, nämlich, dass der Planet wie ein bistabiler Oszillator wirkt. Wir wollen versuchen, das näher zu erklären. Mit einem Mechanismus, dessen Ursprung nicht ganz klar, dessen Wirkung aber sehr einfach ist, wirkt der Leitstern des Schützen dort heilend, wo ein Heilungsbedarf besteht und dort zerstörend, wo die Dinge gut laufen. Das hängt nicht direkt mit den Aspekten zusammen, die der Planet mit den anderen Körpern unseres Sonnensystems bei der Durchquerung des siebten Hauses formt, also sagen wir vereinfachend, er wirkt positiv oder negativ und beziehen uns dabei nur auf die Endergebnisse. Wir sind in der Lage, dies mit vielen Beispielen zu beweisen, von denen wir in Folge einige anführen möchten. Wenn die betroffene Person Single, aber verzweifelt auf der Suche nach einem Partner ist, dann bringt der Transit in sehr vielen Fällen das Gewünschte und verhilft der Person zu einem Rendezvous oder gar zum Beginn einer Beziehung. Außerdem begünstigt er das Entstehen einer Gesellschaft, eines politischen Bündnisses, einer strategischen Allianz jeder Art. Ferner führt er zu einer entscheidenden Verbesserung in einer Rechtsangelegenheit. Das heißt, wenn wir in ein Strafverfahren jeder Art verwickelt sind, dann unterstützt uns die Ankunft von Jupiter in diesem Haus dabei, dass das Urteil für uns günstig ausfällt. Die hervorragendsten und positivsten Ergebnisse eines solchen Durchgangs haben wir bemerkt, wenn er sich im zehnten Geburtshaus mit einem Solaraszendenten verbindet. In diesem Fall können kleine Wunder geschehen, besonders in Bezug auf eine Ehe oder eine eheähnliche Verbindung. Wenn die betroffene Person im umgekehrten Fall glücklich verheiratet oder gebunden ist, verursacht der Planetendurchgang starke Spannungen in der Paarbeziehung und kann sogar in einer Trennung oder Scheidung enden. Wenn die betroffene Person bei Eintreten des Sterns in dieses Haus sicher ist, dass sie einen Sieg in einer Rechtsangelegenheit davontragen wird, so wird eine plötzliche, unerklärliche, aber sichere Wende eintreten und das Urteil zu ihren Ungunsten ausfallen. Das wird durch schlechte Konstellationen des Solarhoroskops noch verstärkt, besonders, wenn sich der Aszendent im zwölften, sechsten oder ersten Radix-Haus befindet. Unter diesen Umständen ist der negative Effekt unglaublich stark und es wundert uns, dass dies noch kein Kollege vor uns bemerkt hat. Die hier untersuchte Konstellation ist also vor allem für jene gefährlich, die das Gesetz zu fürchten haben, da sie sich haben bestechen lassen, Steuer hinterzogen oder sich anderer Vergehen schuldig gemacht haben. Häufig kündigt der Durchgang eine Überprüfung durch das Finanzamt an. In anderen Fällen weist der Transit auf einen Führerscheinentzug wegen Verletzung der Straßenverkehrsordnung, zahlreiche Strafen und Geldbußen, Streitigkeiten mit jedermann, von uns selbst angezettelte Kriege oder Anfeindungen von Familienangehörigen, Freunden, usw. In wenigen Worten ausgedrückt bringt der Durchgang sehr häufig amtliche Schreiben im weiteren Sinn mit sich. Befindet er sich in der Konstellation des Partners, weist er dagegen häufig auf einen Moment der Bestätigung, des Lichtes, der gesundheitlichen Besserung für den Partner hin. Selten verweist er dagegen auf die Verwicklung der geliebten Person in einen Skandal oder eine Rechtsangelegenheit.

Jupiter im Transit durch das achte Haus

Wenn Jupiter durch das achte Haus des Radix-Himmels wandert, liegt die dritte Form vor (die anderen beziehen sich auf das zweite und das siebte Haus), bei der sich der sechste Planet unseres Sonnensystems (in der Astrologie werden auch die Sonne und der Mond als Planeten bezeichnet) zweideutig verhalten kann. Hier betrifft das in neunzig Prozent der Fälle eine finanzielle Situation. Bei diesem Durchgang bemerken wir einen vermehrten und konsistenten Geldfluss (in Bezug auf die sonst üblichen Finanzen des Betroffenen), dieser kann sich aber entweder im Eingang oder im Ausgang befinden. Wie können wir also vorhersagen, ob er sich negativ oder positiv auswirkt? Die anderen Transite und das Solarhoroskop können hierbei behilflich sein. Wenn er beispielsweise mit einem Solaraszendenten im zwölften, ersten oder sechsten Haus auftritt, lauern Gefahren und es kann um erhebliche Geldausgaben gehen. Das ist aber nicht immer so, das einzige System, das uns gültig erscheint, um die wahre Natur des Durchganges zu verstehen, ist es, den Ratsuchenden nach dem vorhergehenden Zeitraum etwa zwölf Jahre früher zu befragen, bei dem der gleiche Transit schon einmal vorgekommen ist. Ob eine Person ein glückliches Händchen mit dem Geld hat oder nicht, bleibt im Lauf ihres Lebens mehr oder weniger gleich. Wenn also der letzte Durchgang des Sternes durch das achte Haus große Ausgaben mit sich gebracht hat, sollten wir uns auch jetzt auf eine ähnliche Situation gefasst machen. Wenn er dagegen für viele Einnahmen gestanden hat, können wir auch jetzt optimistisch bleiben. Große Ausgaben können von vielen Faktoren abhängen, wie dem Kauf einer Eigentumswohnung oder eines Hauses mit der dafür notwendigen Darlehensaufnahme oder den Kauf anderer kostspieliger Güter, wie eines Neuwagens. Es kann sich aber auch um Steuern drehen, um falsche Spekulationen an der Börse, um geliehenes Geld, das wir nicht mehr zurückbekommen, um Raub, massive Ausgaben des Partners (wir möchten daran erinnern, dass bei den abgeleiteten Häusern das achte Haus das zweite vom siebten ist). Dieser Durchgang kann für alle gefährlich sein, aber sogar tödlich für Unternehmer, die bereits bis zum Hals in Schulden stecken. In diesem Fall ist ein Bankrott sehr wahrscheinlich. Aus positiver Sicht hingegen kann Geld aus einer Erbschaft kommen, aus einem Extra-Verdienst des Partners, aus einer Abfindung, einer Pension, verspätetem Lohn, vom Spiel und aus einer Steigerung des Nettoeinkommens durch mehr beruflichen Erfolg. Ansonsten gibt es noch Auswirkungen in Bezug auf den Tod. Wenn für uns der Zeitpunkt gekommen ist, dass wir selbst aus diesem Leben scheiden, dann kann uns der Durchgang dabei helfen, diese Welt auf die bestmögliche Weise zu verlassen. Wenn es einem Familienangehörigen oder einer lieben Person sehr schlecht geht und sie schon seit Langem leidet, kann der Eintritt des Jupiter in das achte Haus die Erlösung von den Qualen bringen. Außerdem begünstigt der Transit unser Sexualleben und ist ein wichtiger Anzeigefaktor dafür, ob sich beispielsweise ein Paar nach einer Trennung wieder vereint (wenn wir diese Konstellation bei einem von beiden vorfinden, kann eine Wiederaufnahme der sexuellen Aktivität gemeint sein, woraus wir logisch schließen können - aber nur unter genauer Berechnung und wenn andere Transite das rechtfertigen - dass die Beiden wieder zusammenkommen). Zum Schluss möchten wir noch auf die angenehme Auswirkung eines solchen Transits auf unterirdische Grabungen im Allgemeinen hinweisen, von der Geologie zur Archäologie und ohne dabei die Tiefenanalyse auszuschließen. Der Moment ist gut, um ein Testament aufzusetzen oder um uns unsere letzte Ruhestätte auszusuchen.

Jupiter im Transit durch das neunte Haus

Wenn Jupiter unser neuntes Radix-Haus durchquert, ist die Interpretation ziemlich eindeutig. Normalerweise werden uns Vergünstigungen geboten, die etwas mit der Ferne zu tun haben. In vielen Fällen handelt es sich hier ganz banal um eine lange Reise. In diesem Zeitraum ist eine solche Reise nicht nur möglich, sondern wir sollten auch selbst alles daransetzen, dass die Reise stattfinden kann. Wir können uns so einen angenehmen Urlaub gönnen und fremde Orte, Kulturen, Sprachen und Traditionen kennenlernen. Das Gleiche gilt auch für Reisen aus beruflichen Gründen. Die Gelegenheit kann außerordentlich günstig sein, um Personen, Einrichtungen oder Firmen zu finden, die uns in allen Gesichtspunkten nützlich werden könnten. Erinnern Sie sich daran, dass sich das neunte Haus nicht nur auf das Ausland bezieht, sondern auf alle Gegenden außerhalb unserer Eigenen und an denen ein Dialekt gesprochen wird, der nicht dem Unseren entspricht. In diesem Sinne kann die Vergünstigung darin bestehen, dass wir mit Erfolg für einen Antrag in die Hauptstadt unseres Landes fahren, eine Universität in einer anderen Stadt besuchen und so unsere Bildung verbessern, an Kongressen und Konferenzen teilnehmen, eine namhafte Schule für eine Weiterbildung besuchen, usw. Die Vergünstigungen, die an diesen Transit geknüpft sind, sehen nicht notwendigerweise vor, dass wir uns an ferne Orte begeben, sondern könnten sich zum Beispiel auch auf Gelegenheiten beziehen, die aus der Ferne zu uns kommen, wie eine Ehrung unserer Werke im Ausland, eine Lobrede auf unsere Arbeit, die in der Zeitung einer anderen Stadt erscheint, ein Arbeitsangebot aus einer anderen Region, usw. In all diesen Fällen können wir aus dem Planetendurchgang Vorteile ziehen. Das bestmögliche Ergebnis lässt sich immer erzielen, wenn wir uns einen Ort „gezielt aussuchen", der für uns besonders günstig sein könnte und der in Synergie mit diesem Transit steht, was wir wiederum aus einer astro-geographischen Landkarte ersehen können. Das aber soll nicht an dieser Stelle besprochen werden. Aus der Ferne können auch neue Lösungsansätze für eine langwierige Krankheit kommen: Arzneimittel, die in unserem Land nicht verkauft werden, Fachärzte, die uns behandeln oder gar operieren, Thermalbäder, die uns sehr gut tun können, usw. Außerdem begünstigt der Durchgang die höheren Studien oder Studien zu Themen, die nicht zu unserer gewöhnlichen Ausbildung gehören. Besonders begünstigt sind hierbei die Studien der Philosophie, Theologie, Astrologie, orientalischen Kulturen, Yoga, Buddhismus, Parapsychologie, etc. Auch das Erlernen einer Fremdsprache wird jetzt außerordentlich gute Früchte bringen, wobei unter Sprachen auch eine Programmiersprache für den Computer zu verstehen ist.

Jupiter im Transit durch das zehnte Haus

Wenn Jupiter durch unser zehntes Geburtshaus zieht, können wir auf der ganzen Linie wachsen. Dieser ist sicherlich einer der besten Transite, die uns passieren können. Viele alte Träume können sich verwirklichen und wir fühlen, anders als sonst, das Glück in unserer Nähe. Ohne Glück könnte es auch der beruflich talentiertesten Person nicht gelingen, sich über die Anderen zu erheben. Wir verspüren ein Gefühl von Leichtigkeit und Freude, wenn wir bemerken, dass wir uns fast ohne Gegenwind, mit einem zusätzlichen Gang und geölten Rädern auf der Abfahrtspiste befinden. In einem solchen Zeitraum könnten wir auch vom Fliegen träumen - und dieser Traum käme tatsächlich der Realität sehr nahe. Wenn wir alle Transite unseres Lebens im Nachhinein analysieren, werden wir bemerken, dass dieser Durchgang einige der besten Momente unseres Lebens gekennzeichnet hat: vom Schulabschluss zum Doktortitel, von der Eheschließung zur ersten Anstellung, von der Geburt eines unserer Kinder zur Gründung eines Unternehmens, vom Kauf eines Ateliers zum Erlernen einer Fremdsprache, usw. Das Schlüsselwort bei diesem Durchgang heißt *Emanzipation* zu 360°, was bedeutet, dass wir im Alter von 50 Jahren endlich schwimmen lernen, zum ersten Mal fliegen oder den Umgang mit dem Computer erlernen, uns von einer lästigen Person oder von einem Tabu befreien, eine Tiefenanalyse abschließen oder eine langwierige Krankheit auskurieren und die Beispiele könnten noch endlos fortgesetzt werden. Viele Ratsuchenden und Astrologie-Laien verwechseln diese Verbesserungen mit einer finanziellen Verbesserung. Das sind allerdings zwei vollkommen unterschiedliche Paar

Schuhe, die nicht durcheinander gebracht werden sollten. Wenn eine junge Frau mit sehr strengen Eltern beispielsweise heiratet, erlangt sie wenigstens im Augenblick eine gewisse Emanzipation, wird aber gleichzeitig viel Geld für die Hochzeit ausgeben. Im Lauf dieses Durchgangs sind Beförderungen oder ehrenvolle Ämter möglich. Was jetzt beginnt, steht mit Sicherheit unter einem guten Stern. Der Transit kann außerdem für eine erfolgreiche Zeit stehen oder für eine gesundheitliche Besserung unserer Mutter sowie einem verbesserten Verhältnis zu ihr.

Jupiter im Transit durch das elfte Haus

Wenn Jupiter durch unser elftes Haus zieht, erleben wir eine fast ebenso fruchtbare Zeit, wie beim Durchgang von Jupiter durch das zehnte Haus. Wir können auf die Unterstützung von Bekannten oder einflussreichen, mächtigen Persönlichkeiten mit gutem Ruf zählen. Der Moment ist gut, um an verschiedene Türen zu klopfen, da uns ein kleines, aber nicht zu verachtendes Glück begleitet. Man wird uns jetzt viel eher anhören, als wenn wir nicht unter dem Einfluss dieses Planetendurchganges stünden. Wir sollten jetzt den größtmöglichen Vorteil aus unseren Bekanntschaften ziehen, uns daran erinnern, dass wir einmal mit jenem Richter, Parlamentarier oder Verleger zu Abend gegessen haben. Alle könnten sie uns ein wenig dabei weiterhelfen, beruflich weiterzukommen. Wenn die entfernte Möglichkeit besteht, dass wir durch Beziehungen und Empfehlungen an eine gute Arbeit kommen, dann ist jetzt der Moment gekommen, das auszunutzen, wenn man einer solchen Logik beipflichtet. In anderen Fällen können wir den Transit nutzen, um beim Arzt eine kürzere Wartezeit zu haben, den Preis für Umbauarbeiten neu zu verhandeln oder für das Fernsehen vorzusprechen, usw. In verschiedenen Ländern haben erst vor kurzem die höchsten Gerichtshöfe beschlossen, dass es kein Verbrechen ist, einem Bekannten eine Empfehlung auszustellen. Wie bereits erwähnt können wir uns bei diesem Durchgang aber nicht nur in finanzieller oder beruflicher Richtung fortbewegen. Die gute Stimmung der Anderen uns gegenüber kann sich auch auf eine besondere Aufmerksamkeit unseres Mechanikers beziehen, der unser Auto repariert, oder eine etwas längere Sitzung bei einem Astrologen oder Psychologen. Allgemein bemerken wir eine erhöhte Bereitschaft der Anderen uns gegenüber, vielleicht auch einfach, wenn wir darum bitten, in einer Warteschlange vorgelassen zu werden, um den Angestellten am Schalter nur eben nach einer Information zu fragen. Der Transit ermöglicht es uns zudem, neue Freundschaften zu schließen, wunderschöne Bande zu knüpfen, die auf Zusammenarbeit und Kameradschaft im besten Sinn des Wortes gründen. Alte Freundschaften könnten jetzt wiederaufleben. Außerdem sind diese Monate fruchtbar für fast alle Projekte, die uns jetzt in den Sinn kommen oder die wir schon von langer Hand geplant haben. In seinem negativen Aspekt kann der Transit einen Skandal betreffen, in den ein Freund oder eine einflussreiche Persönlichkeit verwickelt ist, mit der wir in Kontakt stehen. Auch kann es bedeuten, dass wir zuviel Vertrauen in einen Freund gelegt haben und davon Schaden nehmen.

Jupiter im Transit durch das zwölfte Haus

Wenn Jupiter das zwölfte Radix-Haus durchquert, gibt er uns eine Hand beim Lösen aller bestehender Schwierigkeiten. Es ist so, als ob unser Schutzengel auf die Erde herabsteigt und uns aus allen Schwierigkeiten heraushilft. Verwickelte Situationen lösen sich wie durch ein Wunder in Wohlgefallen auf und wir sind stark, um verschiedene Prüfungen auf der ganzen Linie zu überstehen. Der Planetendurchgang kann uns bei Schwierigkeiten finanzieller, gesundheitlicher, gefühlstechnischer oder juristischer Art helfen. In dem Augenblick, in dem wir den Himmel auf uns herabstürzen sehen, erscheint eine helfende Hand und hilft uns dabei, uns wieder aufzurichten, zeigt uns den Weg aus dem Abgrund, gibt uns einen Halt. Solche Hilfe kann von allen Seiten kommen: von Familienangehörigen, Freunden oder einflussreichen Personen. Astrologen, Priester und Psychologen könnten uns jetzt außergewöhnlich nützlich werden. Auch die Religion oder die Astrologie selbst können uns dabei helfen, an der Oberfläche zu bleiben, ob das nun ein Placebo-Effekt sein mag oder nicht. In jedem Fall werden wir eine Wende erleben und sehen ein Licht am Ende des dunklen Tunnels, der vor uns liegt. Außerdem begünstigt der Transit die Suche im Allgemeinen und die esoterische Suche im Besonderen. Das könnten wir nutzen, um zum Beispiel eine neue Voraussage-Technik zu erlernen. Körperlich und geistig geht es uns besser, wenn wir uns für wohltätige Zwecke jeder Art engagieren oder eine freiwillige Arbeit aufnehmen. Wir sind besser gewappnet gegen heimliche Feindschaften oder Gerüchte, die über uns im Umlauf sind. Wenn sich der Durchgang negativ ausdrückt, ist es wahrscheinlich, dass wir in einen Skandal geraten oder einfach zum Opfer übler Nachrede werden. Unsere Gesundheit könnte Schaden nehmen, besonders in Bezug auf Leber und Blut. Eine etwas zu optimistische und vertrauensselige Haltung kann uns schwere Schäden zufügen.

8.
Transite von Saturn

Die Transite von Saturn sind sehr wichtig. Sie beziehen sich auf ganz bestimmte Etappen in unserem Leben, die in der großen Mehrheit der Fälle wichtige Prüfungen für uns waren. Manche Autoren mit teilweise vielen Anhängern stellen die These auf, dass die Durchgänge des Saturn positiv zu lesen seien, weil sie uns wachsen, unseren Geist sich erheben, weiser werden und uns selbst bessere Menschen werden ließen. Wir wollen diesen Aspekt gar nicht abstreiten, uns aber dennoch fragen: Wird sich ein Mensch einen Magentumor, den Verlust der geliebten Person oder den Zusammensturz der eigenen finanziellen Situation wünschen, wenn er weiß, dass er dadurch wachsen und ein besserer Mensch werden kann? Und wird sich das der Autor wünschen, der eine solche These aufstellt? Sind solche Autoren nicht eher reine Volksverführer, die lieber der Mode folgen, dass Alles heutzutage positiv zu sehen sei, als sich der Schwarzseherei bezichtigen zu lassen oder zu riskieren, dass ihre Warnungen gleich Kassandrarufen ungehört verhallen? Wir sind davon überzeugt, dass der Mensch an den Peitschenhieben des siebten Planeten der alten Welt wächst und an Weisheit gewinnt. Ebenfalls überzeugt sind wir aber davon, dass alle Astrologen oder Astrologiebegeisterten seine Durchgänge wie eine schlimme Krankheit fürchten. Daher verlassen wir jetzt das Feld der Heuchelei und begeben uns auf die Wege der Aufrichtigkeit. Saturn ist Saturn, der „große Bösewicht" in der traditionellen Astrologie, Chronos, der Gott in der Mythologie, der seine Kinder verschlang, der Stern, der in der Ikonographie der Renaissance als heruntergekommener Alter dargestellt wurde, gebrechlich und mit Wundverbänden an vielen Stellen, mit einer Krücke in der rechten Hand und einer Sense in der Linken. Sense, das bedeutet Vergänglichkeit, Tod. Wollen wir jetzt überprüfen, wie häufig Saturn bei den Unglücksfällen eines ganzen Lebens irgendeiner beliebigen

Person anwesend war? Seine Durchgänge, die in Bezug zu jedem Punkt unseres Geburtshimmels (Sonne, Mond, Aszendent, Medium Coeli, etc.) etwa alle sieben Jahre in Konjunktion, Opposition und Quadrat stattfinden (wobei wir an dieser Stelle die ebenso wichtigen Semiquadrate und Sesquiquadrate beiseite lassen), begleiten immer existentielle Krisen. Diese Krisen drücken sich primär in vier verschiedene Hauptrichtungen aus, nämlich: Krankheit, Trauerfälle, berufliche/finanzielle Schwierigkeiten und Krisen in Gefühls- und Liebesdingen. Wir können beschwören, dass sie grundsätzlich nicht über diese Themen hinausgehen. Im Unterschied aber zu den Durchgängen des Uranus können die des Saturns zwar erhebliche Schäden anrichten, lassen aber nach beendetem Transit eine Rückkehr zur vorherigen Situation zu, wenn auch mit einigen „gebrochenen Knochen". Es stimmt wohl, dass seine Durchgänge nicht notwendigerweise negativ zu lesen sind (wir sprechen natürlich von dissonanten Aspekten), aber es sollte hier zu keinen Missverständnissen kommen. Sie können sich günstig auswirken im Sinne einer Anstrengung, eines Leidens, durch das wir eine bessere Stellung erlangen. Wir wollen zur Verdeutlichung einige Beispiele nennen. Wenn der Planet durch unser viertes Haus zieht, ist es wahrscheinlich, dass wir uns bis zum Hals verschulden, um ein Haus zu kaufen. Das aber ist notwendig und unausweichlich, damit das Ergebnis überhaupt eintreffen kann. Auf die gleiche Weise können wir bei einem Durchgang von Saturn durch das zehnte Haus all unsere Kraft einsetzen, um einen Wettbewerb zu gewinnen, das wird aber nur unter sehr großen Anstrengungen passieren. Wir werden Nächte über unseren Büchern verbringen, uns von allen Vergnügungen lossagen, usw. Es ist also nicht das Gleiche, zu sagen, dass seine Durchgänge positiv seien: unter dem Strich finden wir tiefe Qualen vor und glauben, dass das das eigentliche Hauptthema ist, welches wir nie aus dem Blick verlieren dürfen. Erinnern wir uns daran, dass es zwei Arten von Transiten gibt: einfache Transite oder dreifache Transite. Erstere betrachten den direktläufigen Durchgang des Sterns an einem genauen Punkt des Geburtshimmels. Der Durchgang findet statt, Saturn umschifft zum Beispiel unsere Sonne und setzt seinen Weg fort, ohne jemals zurückzublicken. Im anderen Fall dagegen bewegt sich der „große Bösewicht" ein erstes Mal direktläufig auf einen Punkt zu, dann setzt er seinen Weg rückläufig fort und kehrt an denselben Punkt zurück und schließlich zieht er ein drittes und letztes Mal vorbei, da er sich wieder vorwärts bewegt. Im Fall von multiplen Transiten und stationären Planeten an den wichtigen Punkten eines Geburtshimmels sind die Auswirkungen natürlich schädlicher. Wir möchten noch anmerken, dass der Durchgang von Saturn in den Häusern einer der wichtigsten Hinweise bei der Suche nach der genauen Geburtszeit einer Person ist. Wir sind davon so überzeugt, dass wir, wenn wir ein einziges System zur Untersuchung eines Lebens auswählen müssten zwischen Transiten, Solarhoroskopen, Lunarhoroskopen, Direktionen, Progressionen, usw., wir uns mit Sicherheit für den Durchgang der Planeten durch die Häuser (nicht der Planeten im Aspekt untereinander) entscheiden würden, so hoch ist die Nachprüfbarkeit dieser Durchgänge im Leben eines Individuums. Wenn dieser „Felsbrocken" beispielsweise in das dritte Haus eintritt, können wir fast im gleichen Moment mit Problemen mit dem Wagen, den Geschwistern, Vettern und Schwägern und im Studium rechnen. Wenn man in den Ephemeriden nachliest, auf wie viel Grad sich die Häuserspitze befindet, könnten wir einen ersten wichtigen Hinweis bei der Suche nach der wahren Geburtszeit einer Person erhalten. Dem müssen weitere Proben und Gegenproben folgen, es ist aber bereits ein hervorragender Ausgangspunkt.

Saturn im harmonischen Aspekt zur Sonne

Wenn Saturn im günstigen Winkel zu unserer Sonne transitiert, leben wir unser Leben bewusster. Wenn wir das, was Jung den „Prozess der Individualisierung" nannte, auf einen Transit beziehen müssten, dann wäre er genau hier zu verorten. Wir können jetzt realistische Bilanzen in unserem Leben ziehen und das, was wir tun, heiter und objektiv betrachten. Wir werden verantwortungsvoller, vorsichtiger, maßvoller, weiser und begreifen, dass von unserem Verhalten wichtige Dinge abhängen können. Manchmal folgt dieser Transit auf den Tod einer lieben Person und einem Anwachsen unserer Verantwortung gegenüber Dritten. In solchen Fällen krempeln wir die Ärmel hoch und handeln, wohl wissend, dass die Strecke sehr steil ist, aber dass wir Schritt für Schritt vorwärts kommen. Eben in solchen Augenblicken entstehen die so genannten „zwanzigjährigen" Pläne, wie sie einst in den kommunistischen Ländern gefasst wurden. Wir sind in der Lage, von langer Hand zu planen und haben die Kraft, unsere Projekte in die Tat umzusetzen. Es geht hier nicht um eine schnelle Energie, die in einer Stichflamme sofort verbrennt, sondern die aus der Asche einer Verbrennung entstehende Energie, die langsam, aber lang anhaltend wirkt. Es ist möglich, dass wir bei diesem Planetendurchgang eine verantwortungsvolle Stellung, Belobigungen, Beförderungen erhalten. Die Ergebnisse eines solchen Transits sind niemals sehr offensichtlich, aber dafür gehaltvoll und dauerhaft. In den so gekennzeichneten Tagen und Wochen können wir einen harten Schicksalsschlag überstehen, uns eine schwere Last von den Schultern schaffen, die uns am Weiterkommen hindert. In anderen Fällen steht der Durchgang für einen wichtigen Augenblick für unseren Vater, Sohn, Bruder oder Partner.

Saturn im disharmonischen Aspekt zur Sonne

Wenn sich Saturn im dissonanten Winkel zu unserer Geburtssonne bewegt, steht uns eine der regelmäßig wiederkehrenden existentiellen Krisen der schlimmsten Sorte bevor. Fast immer handelt es sich um Krisen in einem der vier Bereiche, die schon im Vorwort zu diesem Kapitel angesprochen wurden: gesundheitliche Probleme, Trauerfälle, berufliche oder finanzielle Schwierigkeiten und Krisen in Gefühls-/Liebesdingen. Nur selten wird es um etwas Anderes gehen. Die Analyse der anderen Transite und vor allem des Solarhimmels können uns weitere wichtige Hinweise für genaue Vorhersagen geben. Wenn der Durchgang mit einem schlechten Solarhoroskop einhergeht, können die Folgen schwerwiegend sein. Besonders zu fürchten wäre die Konstellation mit dem Aszendenten, der Sonne oder einem Stellium im zwölften, ersten oder sechsten Haus. Wenn wir an einer solchen Station auf unserer Reise Halt machen, handelt es sich immer um einen bedeutenden Halt, der je nach Fall vorübergehend oder endgültig ist und mit Sicherheit für uns ein großes Hindernis darstellt. Wenn es das Pech als solches als abstrakte und eigenständige Tatsache gibt, dann ist dieser Transit eines seiner wichtigsten Symbole. Wir bemerken, dass das Glück ganz und gar nicht auf unserer Seite steht, dass unser Weg steil ist, dass wir nur unter Einsatz von Krallen und Zähnen etwas erobern können und dass wir ebenfalls mit Krallen und Zähnen das verteidigen müssen, was wir uns bereits erkämpft haben. Wir müssen reißende Ströme an Stelle von sprudelnden Bächen durchqueren und verstehen in jedem Augenblick, was der Ausdruck „im Schweiße seines Angesichts" bedeutet. Die Anderen werfen uns keinen Rettungsring zu und manche treten sogar mit ihren Füßen auf unsere Finger, um uns den Abgrund hinabstürzen zu lassen. Der augenscheinlichste Effekt des Planetendurchganges ist das Wegfallen von jeglichem Enthusiasmus, das Ausgelaugtsein, Erschöpfung und Depression. Wir haben ein starkes Bedürfnis nach Schlichtheit und Wesentlichkeit. Wir schaffen es nicht, uns zu vergnügen und drei Farbfernseher vor unserer Nase könnten nicht die tiefe Schwärze in unserem Herzen auslöschen. Uns überkommen Gedanken an den Tod und an die Niederlage, ein Gefühl der Ohnmacht und der Frustration, Abgründe der Einsamkeit und der Prüfungen. Die Zeit scheint stillzustehen und die in unserer Unruhe unendlich vorbeiziehenden Minuten zu skandieren. Wir sind versucht, aufzugeben, uns gehen zu lassen, die Flinte ins Korn zu werfen. Hier steckt auch der diabolische Teil des Transits, die Versuchung, aufzugeben, uns eine Freude oder eine geliebte Person zu versagen. Wir sollten all unsere inneren Kräfte zusammennehmen und uns daran erinnern, dass auch die schwärzeste Stunde stets genau sechzig Minuten dauert. Sollten versuchen, uns selbst davon zu überzeugen, dass wir nur eine Schlacht und nicht den ganzen Krieg verlieren. Wir müssen Saturn etwas überlassen und das tun wir auch, aber das bedeutet nicht endgültige Niederlage. Bessere Zeiten werden kommen, auch wenn wir in diesem Augenblick glauben, dass unsere ganze Zukunft immer so schwarz bleiben wird. Ob wir wollen oder nicht, müssen wir uns von etwas lösen, sei es ein überflüssiges Gut oder die geliebte Person. Der Wegezoll, den wir bei diesem Transit zahlen, ist nicht gering, aber er ist immer noch kleiner als der, den wir an Uranus zu zahlen haben. Das mag kein wirklicher Trost sein, hilft uns aber dabei, zu verstehen, dass das Ende der Welt nicht gekommen ist. Es kann leicht vorkommen, dass wir in diesem Zeitraum an Gewicht verlieren, weil wir uns nicht zu Nahrungs- oder Genussmitteln hingezogen fühlen und weil wir die Schlichtheit und die Askese bevorzugen. Sicherlich werden wir uns nur wenig oder gar nicht vergnügen. Wir gehen selten aus und sind lieber allein. Ein plötzlicher akuter Altersschub befällt uns und wird in einer besseren Kontrolle der eigenen Bewegungen und einer kontrollierteren Gesichtsdynamik sichtbar, neben der geistigen Ebene. Die ersten grauen Haare oder mehr graue Haare und Probleme an den Knochen und Zähnen können dazukommen (Chronos ist die Zeit und diese drückt sich im menschlichen Körper durch Calcium aus, also dem Hauptbestandteil von Knochen und Zähnen). Schließlich kann dieser Durchgang auch auf einen Zeitraum schwerer Prüfungen für unseren Partner, Vater, Bruder oder Sohn hinweisen.

Saturn im harmonischen Aspekt zum Mond

Wenn Saturn im harmonischen Winkel am Geburtsmond vorbeizieht, fühlen wir uns stabiler, ausgeglichener und verantwortungsvoller. Eine gute Portion Weisheit zeigt uns den Weg zu sicheren, kontrollierten und überlegten Entscheidungen, vielleicht ohne Leidenschaft, aber sicher zuverlässiger als sonst. Wir handeln so, als ob wir viel älter wären und legen eine Reife an den Tag, wie sie üblicherweise nur ältere Menschen haben - in Wahrheit sind wir jetzt auch alt, nicht im körperlichen, aber im geistigen Sinn. Mit einem solchen Transit fällt es schwer, sich zu verlieben, da man sich gehen lassen und den kritischen Sinn abstellen muss, um solche

Gefühle zu entwickeln. Jetzt übt unser Verstand dagegen eine konstante Kontrolle auf unsere Gefühle aus. Es ist dennoch im Verlauf dieses Planetendurchganges möglich, dass wir uns mit jemandem vereinen. Ist das der Fall, dann geht es um eine wohl überlegte Handlung, die nicht im Herzen entsteht, die aber mit Sicherheit sehr konstruktiv und dauerhaft sein wird. In eine solche Entscheidung können wir die ganze Kraft unserer Reife und den Eifer langfristiger Pläne legen, die für die Durchgänge des Saturns in Bezug zu den Sternen charakteristisch sind. An Leidenschaft wird es uns mangeln, aber im Gegenzug werden wir genau wissen, wo unser Weg hinführt und wir werden ohne eine rosarote Brille auf Nase nur schwer enttäuscht. Üblicherweise treten die Verbindungen, die unter diesem Durchgang entstehen, in einem Alter ein, in dem wir nicht mehr die Jüngsten sind oder wenn sich ein ähnlicher astrologischer Aspekt auch in unserem Geburtshoroskop vorfinden lässt. Möglicherweise kann man in solchen Fällen von einer Vernunftehe sprechen, was auch meistens zutrifft, das aber wird die Verbindung nicht daran hindern, mit starken und tiefen Wurzeln zu beginnen. Häufig wenden wir uns älteren, geistig reiferen Menschen oder auch Personen mit einem „schweren" Charakter zu. Auf alle Fälle wird jede Wahl, die wir in diesem Moment treffen, in Richtung Schlichtheit, Wesentlichkeit, Strenge, Lossagung von jedem Genuss, Härte mit uns selbst und mit anderen, höchster innerer Disziplin, starkem Pflichtgefühl gehen, die jede unserer Handlungen leiten und uns in der Arbeit unentbehrlich machen. Skrupel ist eines der Schlüsselworte dieses Transits. Aus diesem Gesichtspunkt sind wir extrem zuverlässig, arbeitswütig, ernst, loyal, ehrlich. Wir lassen die Illusionen zurück und das Leben führt uns in eine anstrengende Zeit, in der wir mehr Sorgen haben und in der es keinen Raum für kindliche Anwandlungen und die Verhaltensweisen aus der Vergangenheit gibt. Dieser Prozess ist nicht umkehrbar und lässt uns nicht mehr zurück. Es ist möglich, dass wir auch in Zukunft noch Optimismus spüren, beispielsweise bei einem harmonischen Transit Jupiter-Mond, aber es wird nie wieder so wie vorher sein. Die Anderen sehen in uns eine sehr viel reifere und kontrolliertere Persönlichkeit. Von außen betrachtet kann der Transit auf eine reife Handlung hinweisen, wie den Kauf oder den Umbau eines Hauses oder der endgültigen Sesshaftigkeit nach verschiedenen Wechseln. Unsere Partnerin, Mutter, Tochter oder Schwester könnten in dieser Zeit stark wachsen.

Saturn im disharmonischen Aspekt zum Mond

Wenn sich Saturn im disharmonischen Winkel zu unserem Geburtsmond bewegt, sind wir kaum begeisterungsfähig. Es überkommen uns Traurigkeit, Melancholie, und oft auch Depressionen. Wir können uns nicht vergnügen, lösen uns von materiellen Dingen, können ein gutes Essen nicht genießen und uns über ein neues Kleidungsstück nicht freuen. Unser Verhalten geht in Richtung Schlichtheit und Wesentlichkeit. Wir möchten allein sein und uns von den Anderen isolieren. Unsere Kleidung ist jetzt eher dunkel und in einem gewissen Sinn haben wir den „Tod im Herzen". Pessimismus ergreift von uns Besitz und wir fühlen uns vom Pech verfolgt. Es ist auch möglich, dass wir nach der Regel zur subjektiven und objektiven Realität von Carl Gustav Jung in dieser Zeit mehr Pech haben: wenn wir negativ denken, ist die Wahrscheinlichkeit viel größer, dass wir auf einer Bananenschale ausrutschen. Unsere Grundhaltung ist streng, besonders mit uns selbst und danach mit den Anderen. Eine strenge Kontrolle des Über-Ichs erstickt alle jugendlichen Regungen im Keim, die tief aus unserem Innersten kommen könnten. Eine Art innerer Schwiegermutter wacht über uns und darauf, dass wir uns wohlgesittet, korrekt, ehrlich und anständig verhalten, genau wie beim harmonischen Aspekt Saturn-Mond, nur um ein paar Oktaven höher. Ein erstickendes, ins Extreme gesteigertes Pflichtgefühl ist in uns und lenkt unsere Handlungen. Wir haben Skrupel bei Allem, was wir tun. Unsere Arbeitsleistung steigert sich auf Höchste und artet beinahe in Arbeitswut aus. Kreativ sind wir jetzt überhaupt nicht, dafür aber hervorragende „Macher". Wir haben keine Lust, zu reden und möchten uns lieber isolieren. Alle Vergnügungen möchten wir uns jetzt versagen. Spiel und Freizeit befinden sich auf dem Tiefpunkt. Ein tiefer Pessimismus leitet alle unsere Entscheidungen. Dieser ist sicherlich einer der schwersten Transite, unserer Meinung nach noch schwerer als der Durchgang Saturn-Sonne. Die tiefe Schwärze in unserer Seele kann aus objektiven Gründen von außen entstehen, kann aber auch grundsätzlich sein, also nicht von irgendeinem äußerlichen Motiv herrühren. Im ersten Fall wird es zu fast hundert Prozent um eine Enttäuschung der Gefühle oder um ein Leid in der Liebe gehen, wie beim Tod eines Angehörigen oder der Krankheit eines Kindes. Es kann sich aber auch um eine Zeit der Unbeliebtheit drehen (bei Politikern oder Prominenten) oder um eine Sorge in Bezug auf die eigene berufliche/finanzielle Situation. Viele Liebes- und Ehebande werden unter einem solchen Himmel zerstört. Wir sollten also so verantwortungsbewusst sein, zu verstehen, dass es nur um den „Willen Saturns" ginge, wenn wir jetzt eine Entscheidung in dieser Richtung treffen würden. Wenn der siebte Planet der alten Welt über unsere Person (den Mond) zieht, wirft er einen Schleier aus Eis auf sie, der uns in Abgründe des Pessimismus und der Trauer stürzt. In solchen Situationen könnten wir auch Unsinn machen, gerade dann, wenn noch andere negative Transite dazukommen. Dieser Planetendurchgang wird tödlich, wenn er sich mit einem schlimmen Solarhoroskop vereint, wie bei einem Solaraszendenten, Solarsonne oder Solarstellium im zwölften, ersten oder sechsten Haus. Manchmal, aber weniger häufig, weist der Transit auf eine rein physische Krankheit hin. Auf äußerer Ebene deutet der Durchgang häufig Probleme mit dem Haus an, zum Beispiel im Fall einer Mietkündigung oder einer bedeutenden finanziellen Belastung für einen Kauf oder einen Umbau, die uns schwer zu schaffen macht. Unsere Mutter, Partnerin, Tochter oder Schwester ist krank oder depressiv.

Saturn im harmonischen Aspekt zu Merkur

Wenn Saturn im günstigen Winkel an unserem Geburtsmerkur vorbeizieht, erleben wir einen Moment höchster geistiger Klarheit. Wir stehen auf dem Gipfel der Rationalität und der absoluten Kontrolle des Geistes. Nur selten können wir so kontrolliert und sicher sein. Geistig sind wir zwar nicht so wach und genial, wie beim Durchgang Uranus-Merkur, haben aber die Kraft, langwierige und geistig anstrengende Aufgaben in Angriff zu nehmen. Die Kraft dieses Transits liegt in der Kontinuität und der (Aus-)Dauer, nicht in der Geschwindigkeit. Unsere Ideen sind klar gegliedert, wir verstehen leicht und sind in der Lage, über unsere eigene Situation nachzudenken wie sonst nie. Unsere Gedanken sind kohärent, klar, logisch. Das bemerken wir, wenn wir mit anderen sprechen und feststellen, dass wir uns bestens ausdrücken, dass wir uns verständlich machen können und auch selbst die Anderen sehr gut verstehen. Wir können jetzt unsere Beziehung zu anderen ein wenig ordnen, an Menschen schreiben, die wir aus dem Blickfeld verloren hatten, an alte Freunde, an ältere Menschen, die unsere Lehrer sind oder waren. Wir könnten uns damit beschäftigen, alte Briefe zu ordnen und einen regen Schriftverkehr aus alten Zeiten rational zu betrachten. Eine alte Leidenschaft als Funkamateure (wenn es sie jemals gab) kehrt zurück und schenkt uns vergessen geglaubte Freuden. Die Kommunikationsinstrumente können wir jetzt besser verwalten, zum Beispiel, indem wir einen neuen Briefkopf entwerfen, der jetzt eher nüchtern und schlicht ausfallen wird. In uns kann auch der weniger enthusiastische, dafür aber um so bestimmtere Wunsch entstehen, uns ein Handy, ein schnurloses Telefon, eine Satellitenantenne, Faxgerät, eine Telefonzentrale, einen Anrufbeantworter oder einen Drucker zu kaufen. Wir könnten auch etwas später als die Anderen das Internet und die Lust am Surfen entdecken und uns eine E-Mail-Adresse zulegen.

Der Wunsch kann in uns keimen, unser altes Auto loszuwerden und durch ein neues zu ersetzen. In diesem Fall wird unsere Wahl auf ein solides, nüchternes, nicht besonders schnelles oder auffälliges Fahrzeug in wenig lebhaften Farben fallen, möglicherweise ein gebrauchter und schon älterer Wagen. Anspruchsvolle Reisen auf geistiger Ebene könnten auf uns zukommen. Es ist wahrscheinlich, dass wir vorübergehend in eine andere Stadt müssen, um an einer Fortbildung, einem Kongress, Seminar, usw. teilzunehmen. Der Augenblick ist ausgezeichnet, um uns auf eine besonders schwierige und anspruchsvolle Prüfung an der Universität vorzubereiten. Gleiches gilt für den Umgang mit dem Computer oder mit einer neuen Software. Ausgezeichnete Möglichkeiten, um mit dem Schreiben eines Buches zu beginnen oder einfach um an einem Artikel, einer Rede oder einem Lebenslauf zu schreiben. Ein Bruder, Vetter, Schwager oder Sohn erlebt einen Augenblick der persönlichen Bestätigung oder wächst an Verantwortung (hier ist zu beachten, dass Merkur in der Astrologie immer auch dem Sohn zugesprochen werden kann, aber der größte Bedeutungsträger für die Söhne die Sonne und für die Töchter der Mond und die Venus ist. In allen vorangegangenen und nachfolgenden Kapiteln und Absätzen haben wir es vorgezogen, nur von Brüdern, Vettern, Schwägern und jungen Freunden zu sprechen, um uns nicht zu sehr zu wiederholen).

Saturn im disharmonischen Aspekt zu Merkur

Wenn Saturn im disharmonischen Winkel zu unserem Geburtsmerkur zirkuliert, haben wir Schwierigkeiten in der Kommunikation mit den Anderen. Das drückt sich vor allem darin aus, dass wir keine besonders klaren Gedanken fassen und so unsere Gedanken auch anderen nicht begreiflich machen können. Es fällt uns schwer, uns Dinge zu merken und uns zu konzentrieren. In Gesprächen können wir uns nicht gut ausdrücken und könnten auch ein wenig stottern. Wir sind blockiert, wenn wir vor Publikum, im Fernsehen oder vor einer Versammlung sprechen müssen. Große Schwierigkeiten haben wir am Telefon. Eine Telefonnummer, die wir häufig wählen, ist ständig besetzt oder es hebt niemand ab. Die Verbindung wird unterbrochen oder das Telefon geht kaputt. Aber nicht nur das Telefon, sondern auch das Faxgerät, die Satellitenantenne, die Gegensprechanlage, das Modem oder der Drucker sind betroffen. Wir telefonieren seltener als sonst und werden seltener angerufen. Über das Telefon oder per Post müssen wir schlechte Nachrichten erwarten. Bei diesem Planetendurchgang sollten wir keine Päckchen mit kostbarem Inhalt verschicken: sie könnten verloren oder auf dem Weg kaputt gehen. Die verspätete Übergabe eines Paketes kann uns beruflich schaden. Gleichzeitig haben wir ein gewisses Pech bei Reisen. Wir verreisen nur wenig oder unsere Reisen sind schmerzhaft, anstrengend, unangenehm, wie in dem Fall, dass wir häufig hin- und herfahren müssen, um uns einer ärztlichen Behandlung zu unterziehen oder einen kranken Angehörigen zu besuchen. Dabei kann es sich um einen Bruder, Vetter, Schwager oder jungen Freund drehen. Schwierigkeiten können sich auch mit dem Auto ergeben. Wir müssen zum Mechaniker, weil wir in einen Auffahrunfall verwickelt sind. Es ist möglich, dass unser Auto oder Handy gestohlen wird. Ärger mit einem Bruder, Vetter, Schwager oder jungen Freund steht bevor oder wir müssen ihnen aus Schwierigkeiten helfen. Der Moment ist schlecht für alle Studien, die jetzt verzögert oder unterbrochen werden könnten. Eine schwierige Prüfung blockiert uns und verhindert unser Fortkommen an der Universität. Es fällt uns schwer, uns zu konzentrieren und ein wichtiges Buch zu Ende zu lesen. Der Zeitraum ist absolut ungeeignet für Kurse, die wir als Schüler besuchen oder als Dozenten selbst abhalten müssen. An runden Tischen, Seminaren, Debatten, Tagungen, usw. sollten wir nicht teilnehmen. Wir stellen fest, dass wir nicht so schreiben können, wie wir gerne würden und sollten das Schreiben verschieben. Besser wäre auch, jetzt keine größeren finanziellen Projekte in Angriff zu nehmen, da wir bei diesem Transit keinen guten Geschäftssinn haben.

Saturn im harmonischen Aspekt zur Venus

Wenn Saturn im positiven Winkel zu unserer Geburtsvenus zirkuliert, werden unsere Gefühle reifer und wir fühlen uns im täglichen Familienleben erwachsener. Wir zeigen uns gegenüber unserem Partner weniger aggressiv und oberflächlich. Wir haben das Bedürfnis, die Beziehung genau zu analysieren, und stellen fest, dass diese so weit gereift ist, um ihr einen endgültigen Platz einzuräumen, zum Beispiel indem wir heiraten oder zusammenziehen. Vor Leidenschaft werden wir eher nicht brennen, sondern lange über alle Dinge nachdenken, die uns der Verstand diktiert. Die Tendenz geht dazu, langsame und langfristige Pläne mit unserem Partner zu schmieden. In uns reift der Wunsch, eine Liebesbeziehung zu beginnen, nachdem wir lange darüber nachgedacht haben. Wir fühlen uns zu älteren Menschen hingezogen. Angesichts der gesteigerten Reife unter vielen Gesichtspunkten, reift auch unser ästhetischer Geschmack, der jetzt nüchterner und weniger schillernd ist, aber auch ein Ausdruck für unsere „Alterung". Es ist unausweichlich, dass wir uns jetzt an hochgelobten, eleganten und stilvollen Modellen erfreuen. In Folge werden sich auch unsere Entscheidungen in Bezug auf die Kunst ändern: wenn wir ein Gemälde oder eine Zeichnung oder ein wertvolles Möbelstück ersteigern, wird uns eher das Antike als das Moderne reizen. Beispielsweise fühlen wir uns zur klassischen Kunst hingezogen und besuchen Museen, Kunstgalerien, Antiquitätenhandlungen, usw. Unsere Geschäfte orientieren sich jetzt nach sicheren Parametern. Wir haben zwar keine großen Einnahmen, aber sehr wahrscheinlich werden wir unsere Einnahmen festigen, auch wenn das etwas länger dauert. So könnten wir langfristige Projekte planen. Auch unsere Gesundheit profitiert von der wohltätigen Wirkung des Planetendurchganges. Es geht uns besser und wahrscheinlich finden wir jetzt gute Heilmethoden, die für uns geeignet sind. Die größten Vorteile können wir bei Behandlungen an den Knochen und Zähnen erleben. Eine uns nahe stehende, weibliche Figur, zum Beispiel unsere Partnerin, Tochter oder Schwester erleben einen Zeitraum der gesteigerten Stabilität und des psychologischen Wachstums.

Saturn im disharmonischen Aspekt zur Venus

Wenn Saturn im dissonanten Winkel an unserer Geburtsvenus vorbeizieht, erleben wir eine Gefühlskrise. Wir sollten uns keine Illusionen machen, dass der Transit nur schwach ausfallen könnte - die Krise wird es mit Sicherheit geben. Das muss aber nicht notwendigerweise das Ende unserer Beziehung bedeuten. Saturn legt die Liebe auf Eis, aber dieses Einfrieren kann auch nur einen einzigen Aspekt unserer Beziehung zum Partner betreffen. Sehr häufig weist der Transit auf einen Zeitraum gesteigerter Kälte zwischen den beiden Parteien einer Liebesbeziehung hin. Es kann eine unangenehme Zeit innerhalb der Paarbeziehung kommen, die aber nicht unbedingt in einer Katastrophe enden muss. Häufig wird hierbei auf Wochen oder Tage hingewiesen, in denen wir nur wenig Aufmerksamkeit vom Partner bekommen und eigentlich gerne viel davon hätten. Das kann sich auch rein formal ausdrücken, durch wenig Zärtlichkeiten, wenig Aufmerksamkeit, keine zärtlichen Berührungen und kein großes Interesse des Partners für unsere Belange. In anderen Fällen begleitet der Transit einen Zeitraum der sexuellen Abstinenz, welche vielleicht auch der universellste Bedeutungsträger des Durchganges ist, so wie das Fieber in kleinerem oder größerem Ausmaß alle Krankheiten begleitet. Zu glauben, dass wir jetzt ein erfülltes Sexualleben haben könnten, ist eine Illusion und so ist es besser, alle Reisen zu vermeiden, die für ein romantisches Treffen zu zweit unternommen werden. Es gibt eine Zeit für die Liebe und eine Zeit zum Nachdenken. In Folge unseres härter ausfallenden oder auch weniger trügerischen Urteils wird die geliebte Person etwas entmystifiziert. Vielleicht sehen wir sie zum ersten Mal in einem etwas kälteren, realistischeren Licht und vielleicht denken wir darüber nach, ob wir die Beziehung überhaupt weiterführen sollen oder nicht. Aus diesem Gesichtspunkt ist der Transit sehr nützlich, da er uns zum Nachdenken bringt. Wenn wir uns noch nicht für eine Ehe oder ein Zusammenleben entschieden haben, kann er uns dabei helfen, keine übereilten Entscheidungen zu treffen. Es ist nicht immer schlecht, die „Falten der Liebe" zu sehen. Wenn wir unsere Liebesbeziehungen immer so weise und objektiv betrachten könnten, würden wir uns seltener in Affären ohne jede Basis stürzen. Es könnte eine gute Regel für ein Paar sein, erst einmal einen solchen Durchgang abzuwarten, bevor man sich für ein langes, gemeinsames Leben entscheidet. In den schlimmsten Ausdrucksformen von Saturn-Venus steht eine Trennung auf dem Plan, die auch endgültig sein kann. In diesem Fall könnten wir sie auf der falschen Seite erleben, das heißt, dass wir von der geliebten Person verlassen werden. In anderen Fällen kommen wir dahinter, dass uns der Partner untreu ist und in jedem Fall werden wir leiden. Im Gegensatz zu den Transiten Uranus-Venus bieten uns die von Saturn im disharmonischen Winkel zu unserer Geburtsvenus jedoch die Möglichkeit zu einer Berufung, in dem Sinne, dass nach Abklingen des Durchganges eine Versöhnung möglich ist. Häufig weist der Transit nur auf eine mehr oder weniger lange Trennungsphase hin, die auch aus Motiven der Arbeit oder des Studiums eines der beiden Partner stattfinden kann. In anderen Fällen kann die sexuelle Abstinenz mit einem schlechten Gesundheitszustand eines der Beiden zusammenhängen. Nur selten wird der Transit eine Schwangerschaft begleiten, eine solche ist aber nicht völlig auszuschließen. Im finanziellen Bereich bezieht sich der Transit auf eine Zeit der mageren Kühe, der finanziellen Schwierigkeiten, der größeren Geldeingänge oder der größeren Geldausgänge. Auch unser gesundheitlicher, geistiger und körperlicher Zustand ist nicht gut. Zuletzt kann der Transit auf einen schlechten Gesundheitszustand oder eine Gefühlskrise einer uns nahe stehenden, weiblichen Figur hinweisen.

Saturn im harmonischen Aspekt zu Mars

Wenn Saturn im harmonischen Winkel an unserem Geburtsmars vorbeizieht, gelingt es uns wunderbar, all unsere Kraft dem Verstand zu unterwerfen. Wir haben jeden aggressiven Impuls gut unter Kontrolle und disziplinieren die tief in unserem Inneren verborgenen, unreifen Triebe. In diesem Licht ist der Zeitraum ausgezeichnet für alle Arbeiten, für die eine kühle Kontrolle der Bewegung nötig ist. Für Künstler und Handwerker ist der Zeitraum sehr fruchtbar, aber auch für alle Anderen, die eine schwierige Arbeit zu Ende führen müssen, vom Bau eines Schiffsmodells bis zur Reparatur einer Uhr. Chirurgen gelingt es, mit ruhiger Hand wichtige und schwierige Eingriffe vorzunehmen. Aber auch Flugzeugpiloten, Lastwagen- oder Rennwagenfahrer können ihre Fähigkeiten aufs Beste zur Geltung bringen. Wenn wir eine lange Reise mit dem Auto unternehmen müssen, gibt es keinen besseren Transit als diesen. Saturn hält die destruktiven Impulse unseres Geistes im Zaum. Wir sind bei diesem Planetendurchgang in der Lage, kühl nach vorne zu blicken und auch schwierige Situationen mit Abstand und Reife zu überstehen, die uns emotional stark betreffen. In manchen Fällen wirken wir etwas zynisch und unbarmherzig, aber das ist die andere Seite der Medaille. Wir lassen uns nicht von den Gefühlen beeindrucken und können harte, aber notwendige Entscheidungen treffen. Wenn wir Eltern sind, sind wir jetzt strenger zu unseren Kindern. Wir sind auch in der Lage, „trockenes Laub" aus unserem Herzen zu entfernen. Unser Einsatz in wichtigen Projekten ist auf Höchste gesteigert. Unser Wille schwankt nicht und wir können jedes Ziel mit dem richtigen Standbein beginnen. Unsere Kraft ist weder besonders schnell, noch außergewöhnlich groß, aber konstant und ausdauernd. Die gute Unterstützung von Saturn kann uns beim Bestehen verschiedener Hindernisse nützlich sein, die gerade von Mars kommen. Ein langwieriger Streit kann endlich zum Ende kommen. Möglich ist das Ausheilen alter Verletzungen im engeren und weiteren Sinn, wie ein Knochenbruch.

Saturn im disharmonischen Aspekt zu Mars

Wenn Saturn im disharmonischen Winkel an unserem Geburtsmars vorbeizieht, stehen wir inmitten einer konfliktreichen Zeit. Sicherlich sind wir aggressiver und streitsüchtiger. Unsere Entscheidungen werden radikaler und unsere Laune kann als geschlossene Faust beschrieben werden, die auf den Tisch haut. Alles Extreme, Gewalttätige und Überhebliche in uns kommt jetzt zum Vorschein. Nur schwer können wir unsere wildesten Instinkte kontrollieren. Wir könnten jegliche Kontrolle verlieren und anderen und uns selbst wehtun. Wir sind jetzt härter und fast grausam. Ein merklicher Zynismus führt uns zu objektiv schlechten Entscheidungen, die gar nicht zu unserem Wesen passen. Andere beurteilen wir zu streng. Wir schaffen es nicht, mit den Schwächen anderer nachsichtig zu sein und wollen es auch nicht. Wenn wir Richter sind, werden wir jetzt harte Urteile aussprechen.

Wir folgen allen Gefühlen, außer den christlichen und sind absolut nicht bereit, die zweite Wange hinzuhalten. Die einzige gültige Regel ist „Auge um Auge, Zahn um Zahn". Der Zynismus, der bei diesem Durchgang über uns herrscht, könnte im schlimmsten Fall so weit gehen, dass wir über die Leichen unserer eigenen Eltern steigen, um ein Ziel zu erreichen. Der Zeitraum ist schlecht für Chirurgen, Fahrer, Piloten und für alle, die Präzisionsarbeiten bewerkstelligen müssen. Freiwillig oder unfreiwillig neigen wir zu Destruktivität. Um uns herum gehen auf Grund der destruktiven Resonanz Objekte zu Bruch. Wichtige Präzisionsarbeiten sollten wir verschieben und keine längeren Autofahrten in Angriff nehmen. Ein gewisses Maß an Pech trifft uns objektiv und lässt viele Dinge schief gehen. Kälte und Feindseligkeit uns gegenüber spüren wir auch bei anderen. Dies ist der Zeitraum, in dem alte Streitigkeiten wieder aufleben und uns zu Zank mit den Obrigkeiten führen können, wie einem Polizisten, Richter, Vorgesetzten, usw. Zudem ist der Durchgang auch in Bezug auf uns selbst zerstörerisch und wir müssen achtsam sein, wenn wir uns nicht verletzen wollen. Gefährliche Sportarten jeder Art und das Führen von Fahrzeugen oder Motorrädern in gefährlichen Situationen, wie bei Nebel, Eis, Unwetter, usw. sollten wir jetzt unterlassen. Die Gefahr für Unfälle, Knochenbrüche und Operationen ist sehr hoch. Wenn andere schlechte Elemente des Geburtshimmels, der Transite oder des Geburtshoroskops einwirken, ist der Zeitraum stark negativ. Wenn möglich, sollten wir versuchen, wichtige und riskante Untersuchungen zu verschieben, wie eine Untersuchung unseres Blutkreislaufes. Verschieben sollten wir auch eventuelle Fettabsaugungen oder ähnliche Eingriffe. Alle Überflusskrankheiten sollten wir vermeiden, also gemäßigt essen und trinken.

Saturn im harmonischen Aspekt zu Jupiter

Wenn Saturn im harmonischen Winkel an Jupiter vorbeizieht, können sich verschiedene Situationen verbessern und zu einem guten Ende kommen. Dieser Transit ist vielleicht der Beste für die Erholung nach einem Sturz jeder Art. Das Aufstehen geht weder leicht noch schnell, aber positive Ergebnisse sind gewiss. Wir haben ein besseres allgemeines Gleichgewicht und können uns in Richtung eines Wachstums bewegen, sei es in Bezug auf die persönliche Psychologie oder auf die Karriere. Es ist nicht unüblich, dass wir während dieses Planetendurchganges Preise, öffentliches Lob, Ehrungen für unsere Arbeit erhalten. Die Karriere, die wir uns bisher aufgebaut haben, festigt sich in diesem Zeitraum und das gibt uns die Sicherheit, uns noch weiter nach vorne zu bewegen. Die

Personen, die uns jetzt am meisten behilflich sein können, sind die Mächtigen, wie Richter, Politiker, höhere Würdenträger, öffentliche Beamte, Kulturattachés, usw. Das wird noch verstärkt, wenn diese Personen älter sind. Wenn wir daran denken, eine große Reise zu unternehmen, ist dies sicher die beste Zeit dafür. Besonders die Reisen in weit entfernte Länder sind begünstigt, aber auch einfache Aufenthalte im Ausland oder in einer anderen Stadt. Eine Arbeit, die viel Zeit und Geduld gekostet hat, hat Erfolg im Ausland. Höhere Studien an der Universität erhalten einen positiven Einfluss, der gute Früchte trägt. Auch das Studium aller nicht alltäglicher Disziplinen wie Astrologie, Philosophie, Theologie, Esoterik, Yoga, Taoismus, usw. wird für uns befriedigend sein. Wenn wir Rechtsstreitigkeiten am Laufen und lange und enge Beziehungen mit Richtern und Anwälten haben, verspricht der Transit einen guten Ausgang für uns. Auch in den Geschäften sollten wir mehr bewegen, weil der Moment unter diesem Aspekt gut ist. Außerdem könnten wir mit gutem Erfolg eine Entgiftungskur oder eine Kur für die Leber oder die Qualität des Blutes machen.

Saturn im disharmonischen Aspekt zu Jupiter

Wenn Saturn im bösen Winkel zu unserem Geburtsjupiter transitiert, fühlen wir, dass wir uns nach einem Sturz stark anstrengen müssen, um wieder hochzukommen. Unsere Fähigkeit zur Verteidigung ist ganz unten. Wir bemerken, dass die Zeit nicht günstig für die Überwindung alter Krisen ist und je mehr diese Krisen verzweigt sind, desto schwieriger wird eine Verbesserung. Schon ein kleines Maß an Spürsinn sagt uns, dass wir die Ausbesserung von erlittenen Schäden besser verschieben sollten. Ohne das Problem zu sehr zu umkreisen, können wir ehrlich sagen, dass wir jetzt vom Pech verfolgt sind. An dieser Stelle entfernen wir uns von anderen Autoren, die davon ausgehen, dass das Unglück etwas ist, das allein aus einer negativen Haltung dem Leben gegenüber entsteht. Nein, gerade dieser Transit gibt uns eine Idee für das objektive Pech, das nicht von unserem Gemütszustand abhängt, ein Pech, das aus eigener Kraft lebt. In den Geschäften spüren wir dieses Pech mehr als in anderen Bereichen. Wir müssen besonders vorsichtig sein, um keine Schäden an unserem Vermögen zu erleiden, so klein oder groß es auch sein mag. Aus diesem Gesichtspunkt ist der Transit überhaupt nicht geeignet für eventuelle Spekulationen jeder Art. Wir sollten uns also von der Börse oder von allen Transaktionen fern halten, die großen Gewinn versprechen, aber sehr wenig Sicherheiten bieten. Verhandlungen, von denen ein Teil oder unsere gesamte Zukunft abhängt, sollten wir verschieben. Wenn wir Studenten an der Universität sind, haben wir im Studium mehr Schwierigkeiten. Gleiches gilt für die Vertiefung von Themenbereichen, die etwas mit der Ferne im kulturellen Sinn zu tun haben, wie Theologie, Philosophie, Astrologie, Parapsychologie, Ufologie, usw. und auch für das Erlernen einer Fremdsprache, einschließlich der Programmiersprachen. Reisen - besonders lange und anstrengende Reisen - sollten wir wenn möglich vermeiden. Es kann passieren, dass wir Reisen unternehmen müssen, die etwas mit einem Schicksalsschlag zu tun haben, die uns direkt oder indirekt betrifft, wie im Fall eines chirurgischen Eingriffes an uns selbst oder an einem Angehörigen im Ausland. Harte Zeit für Aufenthalte fern von zu Hause, vielleicht aus Arbeitsmotiven. Einflussreiche und wichtige Persönlichkeiten, wie Richter, Politiker, höhere Würdenträger gehen uns in diesem Moment nicht zur Hand. Wenn eine Klage auf ihren Ausgang wartet, werden wir nur schwer ein für uns günstiges Urteil erreichen. Alle Rechtsstreitigkeiten sollten wir verschieben. Unsere Gesundheit verschlechtert sich, vor allem in Bezug auf Blut und Leber.

Saturn im harmonischen Aspekt zu Saturn

Wenn sich Saturn im harmonischen Winkel zu unserem Geburtssaturn bewegt, können wir viel aufbauen, solange es sich um langfristige Pläne handelt. Saturn lässt uns verstehen, dass man die guten Dinge nicht mit Eile erreicht, sondern mit konstantem und ausdauerndem Einsatz. Es gelingt uns langsam, in lange zurückliegenden, schweren Schicksalsschlägen zu unserem Recht zu kommen, die uns seit Jahren oder Jahrzehnten zu schaffen gemacht haben. Eine neue und stärkere Reife lässt uns weise, nachdenklich werden und unsere Handlungen kontrollieren. Hilfe bekommen wir besonders von älteren Menschen. Die Geschäfte können gut gehen, wenn es sich um langfristige Projekte handelt. Wir müssen weit in die Zukunft blicken. Der Zeitraum ist optimal, um ausdauernde Pläne zu schmieden. Wir können fast unsere gesamte Zukunft bewusst planen. In Zeiträumen wie diesem könnten wir uns für einen Doktortitel an der Universität einschreiben oder in ein Fachgebiet einsteigen, von dem wir schon vorher wissen, dass der Weg anstrengend sein wird. Ein Hausbau oder der Beginn der Abzahlung einer großen Hypothek stehen unter einem guten Stern. Jedes unserer Werke, das aus einem Talent geboren wird - von der musikalischen Komposition bis zum Roman - wird gut gelingen. Der Planetendurchgang lässt unseren Eifer wachsen und so können wir uns auch auf schwierige Wege begeben. Schicksalsschläge schrecken uns jetzt nicht. Es liegt uns mehr, Opfer zu geben, als uns gehen zu lassen. Wir verspüren ein Bedürfnis nach Nüchternheit, Wesentlichkeit, Schlichtheit. Das wirkt sich auch auf unseren Körper aus und begünstigt eventuelle Diäten oder Schlankheitskuren. Vom Theater bis zu den Büchern, vom Fernsehen bis zum Radio interessieren uns eher ernste Themen und wir entfernen uns von Spaß und Freizeitbeschäftigungen, die sonst unseren Alltag bestimmen. Das kann man auch an unserer Kleidung sehen, die jetzt nüchterner oder klassischer ist, hauptsächlich in dunklen oder wenig fröhlichen Farben. Der Zeitraum ist gut, um unsere Kräfte auf unsere Gesundheit zu lenken, besonders in Bezug auf Zähne und Knochen.

Saturn im disharmonischen Aspekt zu Saturn

Wenn Saturn im dissonanten Winkel zu unserem Geburtssaturn transitiert, werden unsere Aktionen nur unter starkem Widerstand von Erfolg gekrönt. Ein gewisses Misstrauen begleitet jede Unternehmung, die wir in Angriff nehmen. Unser Weg ist steil und auch die möglichen Hilfen, nach denen wir uns umsehen, sind nicht einfach zu erreichen. Die Zeit arbeitet nicht für uns und verschiedene Schlachten gehen ungünstig für uns aus. Wir sollten uns vor allen Dingen in Acht nehmen, die mit dem Begriff „alt" gekennzeichnet werden können. Bei diesem Planetendurchgang schließen sich Kreise und Wirklichkeiten, die uns betreffen, können für immer zu Ende gehen. Es ist mit Sicherheit ein harter Moment, wenn auch in geringerem Ausmaß als der dissonante Winkel Saturn-Mars. Wir sollten jetzt nicht langfristig planen und keine langwierigen Kredite aufnehmen, die wir später nicht werden tilgen können. Unsere Anstrengungen sollten allein auf zeitnahe und leicht erreichbare Ziele ausgerichtet werden. Ältere Menschen können uns im Allgemeinen behindern oder schaden. Bei diesem Durchgang ist es besser, nichts Wichtiges, wie eine Geschäftätigkeit, eine Ehe, eine Gesellschaft mit Dritten anzufangen. Schwierigkeiten im Finanziellen und im Beruflichen. Unser Ehrgeiz wächst, wird aber durch die Ereignisse in diesen Wochen enttäuscht. Unabhängig von unserem guten Willen sind wir gezwungen zu Trübsinn, Nüchternheit, Verzicht. Nur schwer können wir uns vergnügen und wir gehen seltener aus am Abend, ins Kino, Theater, auf Konzerte oder in die Diskothek. Wahrscheinlich verlieren wir an Gewicht, das kann aber auch die Folge eines schlechten Gesundheitszustandes sein. Wir haben keinen Appetit und isolieren uns. Unter gewissen Gesichtspunkten bemerken wir, dass wir den „Tod im Herzen" haben, dass uns das Leben schwer fällt, dass wir traurig, melancholisch und auch ein wenig depressiv sind. Unser äußeres Erscheinungsbild trägt dem Rechnung, indem wir uns etwas gehen lassen und in der Kleidung zu grauen, dunklen und überhaupt nicht fröhlichen Farben neigen. Da Saturn die Zeit ist und diese sich in unserem Körper durch Calcium ausdrückt, ist es möglich, dass wir bei diesem Planetendurchgang Probleme mit den Zähnen oder den Knochen haben. Immer wiederkehrende Krankheiten neigen jetzt dazu, chronisch zu werden.

Saturn im harmonischen Aspekt zu Uranus

Wenn Saturn im günstigen Winkel zu unserem Geburtsuranus zirkuliert, können wir rationell und ausgeglichen alle Erneuerungsprojekte umsetzen, die wir bisher in unserem Kopf ausgearbeitet haben. Wir fühlen, dass wir unser Leben in vielen Gesichtspunkten verbessern können, wissen aber auch, dass dies in konstruktiver Weise geschehen muss und dass intensive und kurze Stichflammen dem Ziel nicht dienlich sind. Wir sind offen für Neuheiten, auch wenn diese innerhalb eines allgemeinen Programms unter der strengen Kontrolle des Verstandes stattfinden. In diesem Zeitraum regeln sich auch große Veränderungen, die in den vorangegangenen Jahren stattgefunden haben und die jetzt endlich einen stabilen Ausgleich finden. Die Studien neuer Themenbereiche sind begünstigt, begonnen bei der Elektronik über die Informatik, Fotografie, Astrologie, usw. Weise akzeptieren wir kleine und große Revolutionen, in die wir verwickelt sind, unabhängig davon, ob sie von uns gewollt waren oder nicht. In dieser Logik kann uns alles Ultramoderne gut tun, zum Beispiel Heilmethoden auf der Basis von Hyperthermie oder Laserstrahlen, die Einnahme von neuen Produkten, die getestet wurden und deren Wirkung von den Gesundheitsbehörden unseres Landes anerkannt ist. Wenn wir in der Arbeit noch niemals den Computer eingesetzt haben, dann sollten wir jetzt damit beginnen. Das wird uns in kleinen Schritten, langsam, progressiv gelingen, wir werden jeden Tag mit Ruhe und Geduld etwas Neues dazulernen. Das ist die Summe der kombinierten und synergischen Aktion zwischen Saturn und Uranus: das Neue in kleinen Schritten. Es ist unwichtig, dass wir nicht lernen, wie ein Computer innen aufgebaut ist und wie er in Wahrheit funktioniert. Wichtig ist nur, dass wir die Grundanwendungen verstehen und Texte schreiben, eine Datenbank für die Verwaltung unserer Termine oder unser Kundenverzeichnis erstellen, usw. Eine alte Freundschaft wird im Lauf des Planetendurchgangs gefestigt. Wir schließen neue, wertvolle Freundschaften, besonders mit Wassermännern oder stark uranischen Persönlichkeiten. Wir machen gute Projekte für die Zukunft mit innovativem Inhalt, aber verwaltet mit Verstand und Urteilsvermögen. Es gelingt uns, die Unterstützung von wichtigen Personen zu erhalten.

Saturn im disharmonischen Aspekt zu Uranus

Wenn Saturn im negativen Winkel an unserem Geburtsuranus vorbeizieht, bemerken wir an uns ein radikales, brüskes und zerstörerisches Verhalten. Es gelingt uns nicht, das rechte Maß zu finden, geduldig mit den Menschen zu sein, die unsere Konzepte nicht sofort begreifen. Es ärgert uns, wenn unser Gesprächspartner zögert oder Zeit braucht und wünschen uns, dass sich alle ohne Wartezeiten oder Längen jeder Art in „Echtzeit" ausdrücken. Unsere politischen Ideen blenden uns so stark, dass wir die Ideen der Anderen nicht mehr sehen können. Mit Sicherheit werden wir bei diesem Planetendurchgang überheblicher und fast ein wenig diktatorisch zu Personen, die uns umgeben und die unsere Launen aushalten müssen. Ein solches Verhalten um eine Oktave höher als beim disharmonischen Durchgang Saturn-Mars kann uns viele Sympathien kosten und alte Freundschaften zerstören oder sogar unsere Paarbeziehung gefährden. Wir müssen uns in jeder Situation dazu zwingen, bis zehn zu zählen, bevor wir antworten und reagieren. Unsere brüske Art führt auch zu Destruktivität, besonders bei Arbeiten mit den Händen. Gegenstände fallen uns aus der Hand, wir verletzen uns mit Messern oder spitzen und scharfen Gegenständen, machen Dinge kaputt, weil wir sie nicht vorsichtig behandelt haben oder weil wir in diesen Wochen zwei linke Hände haben. Besonders aber schaden uns Neuerungen aus allen Gesichtspunkten. Sowohl in der Gesundheit, als auch in der Arbeit sollten wir uns von allen neuen Dingen fernhalten. Letzte Neuheiten auf dem Gebiet der Technik können uns schaden, zum Beispiel, wenn wir die neueste und modernste Festplatte für den Rechner kaufen und zu Vorreitern von Dingen werden, die noch nicht ordnungsgemäß geprüft wurden. So könnten alle unsere Daten wegen eines Fehlers am Massenspeicher verloren gehen. Wir sollten jetzt auf den altbekannten Wegen bleiben und nur das Altbewährte einsetzen, für Neuerungen sollten wir bessere Transite abwarten. Aber auch wenn wir im Alltag sehr vorsichtig sind, werden schlechte Nachrichten eintreffen. Unter diesem Aspekt können wir ruhig behaupten, dass wir jetzt in den Geschäften und in der Liebe vom Pech verfolgt sind. Die schlechten Nachrichten brechen über uns herein, wie aus heiterem Himmel, wenn wir es am wenigsten erwarten. Freundschaften mit Wassermännern oder stark uranischen Persönlichkeiten schaden uns. Alte Freundschaften zerbrechen. Projekte sind in diesem Zeitraum zum Scheitern verurteilt. Wir verlieren plötzlich einen wichtigen Schutz und die Unterstützung von einflussreichen Personen. Unsere Gesundheit wird durch nicht ausreichend getestete Heilmethoden gefährdet.

Saturn im harmonischen Aspekt zu Neptun

Wenn Saturn im positiven Winkel zu unserem Geburtsneptun zirkuliert, fühlen wir, dass sich unser innerer spiritueller Trieb festigt. Unabhängig davon, ob wir gläubig sind oder nicht und ob wir unseren Glauben praktizieren oder nicht, haben wir das Gefühl, dass die langen Reifungsprozesse des Übernatürlichen in unserem Geist in weiterem Sinne abgeschlossen sind. Etwas ist langsam in uns gewachsen und endlich können wir unserem inneren Drängen nachgehen, das bisher in unserem Herzen keine Aufenthaltsgenehmigung hatte. Wir erreichen ein Gleichgewicht, einen Kompromiss zwischen dem Verstand und dem Mystizismus, der aus unserem Inneren kommt. Wir begreifen, was Carl Gustav Jung meinte, als er sagte, dass der Mensch nicht nur das Produkt seiner unglücklichen Kindheitserlebnisse sei (wie Freud betonte), sondern auch ein Wesen, das nach oben blickt, das den Geist erhebt und im mystischen Sinn auf die Geheimnisse von Leben und Tod ausgerichtet ist. Unsere Inspiration in diesem Moment ist aber nicht rein religiöser Natur, sondern kann sich auch in fruchtbare poetische, erzählerische, künstlerische, musikalische Kreativität verwandeln. Wir sind empfänglicher für alle Eingebungen, mit denen wir in Berührung kommen. Außerdem haben wir das Bedürfnis, Gutes zu tun, den Bedürftigen zu helfen und auch hier reifen in uns barmherzige Gefühle und der Wunsch nach gemeinnütziger Arbeit jeder Art. Wir bemerken, dass Gutes zu tun besonders uns selbst gut tut. Wir finden Gefallen daran, Almosen zu geben und bemerken, dass diese neue Empfänglichkeit für die Dauer ausgelegt ist, dass sie in Zukunft ein fester Bestandteil von uns bleiben wird, da sie unter dem Einfluss von Saturn geboren wurde. Es ist wahrscheinlich, dass wir uns jetzt eines kranken Angehörigen annehmen, besonders einer älteren Person. Wir erhalten spirituellen Reichtum, Nahrung für den Geist von Priestern, Psychologen, Astrologen, usw. All unsere Sympathien für die Welt des Glaubens, der Psychologie, der Parapsychologie, der Astrologie gelangen an eine wichtige Station unserer Reise auf Erden. Die Suche in diesen Bereichen kann bei dem Planetendurchgang wunderbare Früchte tragen. Auch Spionagetätigkeiten sind begünstigt, zum Beispiel, wenn wir herausfinden wollen, ob uns jemand betrügt. Endlich können wir nach langer Zeit versteckte Feinde ausfindig machen, die uns schaden wollen. Alte Schicksalsschläge werden überwunden. Wir können lange Reisen unternehmen, besonders auf dem Meer. Der mäßigende Einfluss von Saturn kann uns dabei helfen, uns von einer Abhängigkeit von Alkohol, Medikamenten, Giften im Allgemeinen (einschließlich Drogen) zu lösen.

Manche könnten bei diesem Transit eine Begeisterung für das Mönchsleben oder für ein zurückgezogenes Leben entdecken.

Saturn im disharmonischen Aspekt zu Neptun

Wenn Saturn im dissonanten Winkel zu unserem Geburtsneptun zirkuliert, beunruhigt uns ein innerer, nicht näher definierbarer Druck. Alte Rückgangs- oder Entwicklungsprozesse zu unserer Herangehensweise an das Übernatürliche gelangen an ein Ziel. Der Schlüsselbegriff in diesem Augenblick ist „veränderter Bewusstseinszustand". Das ist aber nicht akut, wie beim disharmonischen Aspekt Mars-Neptun, sondern es geht hier um einen langen Prozess, der an der Endstation angekommen ist. In diesem Licht kann das Ganze als Glaube betrachtet werden, der jetzt mit großer Begeisterung und mit dem Schwert in der Hand gelebt wird oder als Neurose, Angst, Panik, Phobie in Bezug auf ein Credo, das wir vor kurzem angenommen haben. Wir fühlen uns erregt und verwirrt, können keine Klarheit in uns schaffen, haben Angst, wissen aber nicht so genau, wovor. Unsere Psyche ist gestört und wir verhalten uns, als stünden wir unter dem Einfluss von Medikamenten oder Drogen. Unsere politischen Ideen oder unser religiöser Glaube jeder Art steigert sich in militanten Aktivismus, in dem wir bedeutende Schritte unternehmen, wie den Eintritt in eine religiöse Ordensgemeinschaft oder in eine Partei, in die wir die ganze Begeisterung dieses Augenblickes mit einbringen. Die Schlachten und Kriege aber, die wir schlagen wollen, gehen nicht nur in die Richtung großer Ideale, sondern auch in Richtung einer Überzeugung, die jetzt die Schwere des Fanatismus erreicht und die beispielsweise eine makrobiotische Ernährungsweise, den Kampf gegen Umweltverschmutzung, die Verfechtung einer alten chirurgischen Methode oder zivilen und sozialen Einsatz betreffen kann. Im Lauf dieses Planetendurchganges könnten wir unangenehm mit Priestern, Psychologen, verführerischen Magiern oder Astrologen, usw. aufeinandertreffen. Damit wollen wir die aufgelisteten Personen keinesfalls verurteilen, sondern einfach sagen, dass sich unser derzeitiger veränderter Bewusstseinszustand durch die Gegenwart von Vertretern eines Credos noch verschlimmern kann. Es ist möglich, dass wir jetzt Medikamente einnehmen müssen, um unsere Erregung in diesen Wochen abzumildern, dabei sollten wir uns aber vor Augen führen, dass wir anfälliger sind für Vergiftungen jeder Art, auch durch Medikamente. Wir sollten weitere Vergiftungen durch übermäßigen Kaffee-, Alkohol- oder Zigarettenkonsum vermeiden. Eine alte Vergiftung, der wir uns über die Jahre ausgesetzt haben, kommt jetzt nach oben und fordert die Rechnung. Neurotische oder psychotische Personen verstören uns, bedrohen uns oder bringen Probleme mit sich. Wir fühlen uns von versteckten Feinden angegriffen und auch hier kann die geistige Ebene im Negativen eine wichtige Rolle spielen. Diese Feinde können tatsächlich existieren, aber sie könnten auch das Produkt unserer Einbildung sein. Möglich ist eine Inhaftierung oder ein Zwangsaufenthalt, zum Beispiel in einem Krankenhaus wegen eines Problems, das wir schon lange mit uns herumtragen. Lange Reisen sollten wir vermeiden, besonders die zur See.

Saturn im harmonischen Aspekt zu Pluto

Wenn Saturn im harmonischen Winkel zu unserem Geburtspluto zirkuliert, haben wir unsere inneren und in gewissem Sinn wilden Kräfte besser unter der Kontrolle des Verstandes. Es geht um einen Qualitätssprung, einen Reifungsprozess, der es uns ermöglicht, unsere animalischen Triebe besser zu kontrollieren. Augenscheinlich ist dies ein Moment des Wachstums für uns. Es ist aber auch wahr, dass wir, wenn wir mehr unter der Kontrolle des Geistes stehen als unter dem Druck der Gefühle, ein wenig an Spontaneität und jugendlichem Schwung verlieren. Dafür erlangen wir mehr Reife und Weisheit. Auch unsere Sexualität haben wir besser unter Kontrolle und können sie unserem Willen unterwerfen. Männer könnten das als Verlust an Männlichkeit werten, aber auf der anderen Seite kann es eine neue und bessere Etappe für die eigene Sexualität mit sich bringen (zum Beispiel bei Männern, die an vorzeitiger Ejakulation leiden). Auf äußerer und weniger psychologischer Ebene kann der Transit auf eine endgültige Regelung in Bezug auf ein Erbe, eine Abfertigung, Schenkung oder Eigentumsübernahme hindeuten. Das erfolgt normalerweise nach einem Todesfall und weist auf das Ende von Familienstreitigkeiten oder Streitigkeiten mit Dritten hin. Der gleiche Planetendurchgang kann auch auf die Einnahme von Zinsen aus lange gesperrten Fonds hinweisen, also Festgelder, die einen hohen Gewinn ausmachen und in deren Besitz wir endlich kommen. Ein Todesfall kann uns nicht nur finanziell gute Früchte bringen, sondern uns auch viele andere Dinge geben, beispielsweise kulturell, durch eine Weitergabe der Gedanken von einem Meister, einem geistigen Führer oder einer wichtigen Bezugsperson in unserem Leben. Saturn im harmonischen Winkel zu Pluto weist häufig auf das Erreichen von langwierigen Zielen bei der Suche nach allem Tiefen und Vergrabenen, wie zum Beispiel einer Wasserader, Erdöl oder seltener Objekte, die von entfernten Angehörigen vergraben wurden, usw. hin. Erfolge bei geologischen, aber auch psychologischen Nachforschungen, zum Beispiel bei einer Tiefenanalyse. Ein Tod kann nach langem Todeskampf eintreten und so für eine Befreiung stehen. Unsere Interessen richten sich auf das Mysterium des Todes, über den wir vorher nicht oder wenig nachgedacht haben.

Saturn im disharmonischen Aspekt zu Pluto

Wenn Saturn im dissonanten Aspekt an unserem Geburtspluto vorbeizieht, bekommen wir die Folgen eines unzivilisierten Verhaltens zu spüren, wenn wir den wildesten Trieben unserer Natur zuviel Raum gelassen haben. Wir können unsere Instinkte nicht bremsen und das führt zu Rissen in den zwischenmenschlichen Beziehungen zu Angehörigen oder zu Dritten. In der Sexualität kann der Transit auf eine oder mehrere Krankheiten auf Grund unseres fortschreitenden Alters hinweisen, wie zum Beispiel vorübergehende oder endgültige Impotenz bei Männern oder Frigidität bei Frauen, schlechte Sexualität wegen einer Operation an der Prostata oder eine Gebärmutterentfernung mit daraus resultierenden Hormonschwankungen. In jedem Fall weist der Transit bei Männern und Frauen auf Schwierigkeiten mit der Sexualität hin. In anderen Fällen kann er auch von Krankheiten sprechen, die nicht direkt mit der Sexualität zu tun haben, sondern beispielsweise auf Probleme mit Hämorrhoiden, Zysten an der Gebärmutter, Vorfälle im Vaginalbereich, usw. Auf äußerer Ebene ist dies ein feindseliger Transit für Güter aus einem Erbe, Abfertigung, Pension, Schenkung oder Eigentumsübertragung. In vielen Fällen weist er auf das Ende langwieriger, friedlicher Verhandlungen hin und es beginnt eine neue Zeit der Schlachten und der Risse. Unser Ehepartner erleidet einen großen Geldverlust oder wird betrogen. Wir oder unser Partner oder beide werden ausgeraubt oder verlieren geliehenes Geld. Kürzlich aufgenommene Schulden bereiten uns große Schwierigkeiten bei der Rückzahlung. Wir erhalten endlich eine Finanzspritze und freuen uns, geraten aber in eine Sackgasse, da wir den Kredit nicht zurückzahlen werden können. Alte Schulden, die eventuell seit langer Zeit bestehen, haben sich in der Zeit angehäuft und eine Summe erreicht, die für unsere Finanzen nicht tragbar ist. In diesen Wochen können wir einen schmerzhaften oder bedeutenden Trauerfall erleben. Der Tod eines Menschen schadet uns schwer. Wir könnten einen Lehrer, einen spirituellen Führer, eine kulturelle Bezugsperson verlieren. In Folge eines Todes, beispielsweise dem eines Elternteiles, denken wir zum ersten Mal sorgenvoll an unseren eigenen nahenden Tod. Vergrabene Wirklichkeiten schaden uns, wie das Auffinden antiker Zeugnisse auf unserem Besitz mit der Folge, dass laufende Arbeiten unterbrochen werden. Durch das Schürfen in unseren eigenen inneren Tiefen, zum Beispiel durch eine Tiefenanalyse, kommen Wahrheiten ans Licht, die besser begraben geblieben wären.

Saturn im Aspekt zum Aszendenten

Siehe Saturn im ersten Haus

Saturn im Aspekt zum Medium Coeli

Siehe Saturn im zehnten Haus

Saturn im Aspekt zum Deszendenten

Siehe Saturn im siebten Haus

Saturn im Aspekt zum Imum Coeli

Siehe Saturn im vierten Haus

Saturn im Transit durch das erste Haus

Wenn Saturn durch unser erstes Radixhaus zieht, erleben wir eine ähnliche Situation wie beim Durchgang Saturn–Sonne. Ein Schleier aus Melancholie beherrscht uns und wir verhalten uns wie ein Motor mit einer zu geringen Drehzahl. Die allgemeine Wirkung des Transits in fast allen Situationen kann man als *Rückgang der Enthusiasmen* bezeichnen. Ein Verlust unseres Interesses für alles Überflüssige, Mondäne, Oberflächliche, Flüchtige führt uns auf Wege der Wesentlichkeit, Schlichtheit und der Isolation. Positiv gelesen weist der Transit auf ein bedeutendes Wachstum auf psychologischer Ebene hin, eine Reife, die wir bei anderen Transiten nur schwer erreichen werden. Wir bemerken, dass wir mit jeder Situation besser umgehen können, haben unsere Gesichtsmimik besser unter Kontrolle, können unsere Körperbewegungen besser beherrschen und weniger impulsiv gestikulieren. Der Verstand kontrolliert unsere Handlungen und wir zählen spontan bis drei, bevor wir antworten. Mit Weisheit wägen wir alle neuen Situationen ab. Unsere Aufmerksamkeit lenken wir auf primäre, wichtige Dinge und lassen die Unwichtigen beiseite. Wir achten wenig auf die Form und sehr auf den Gehalt. Zwischenmenschliche Beziehungen können wir besser handhaben, da wir mit dem Geist handeln und nicht mit den Instinkten. Wir fühlen uns gut in Gesellschaft älterer Menschen und entfernen uns von jugendlichen und/oder Spaßbekanntschaften. Freizeit und Spaß interessiert uns nicht, sondern wir richten unser ganzes Sein nach vorne, auf konstruktive und langfristige Projekte. Andere bemerken unser inneres Wachstum und bringen uns mehr Achtung oder Respekt entgegen. Es kann zum ersten Mal vorkommen, dass uns junge Leute im Bus ihren Sitzplatz anbieten, auch wenn das heutzutage immer seltener vorkommt. Dieser Durchgang aber, der ein deutliches Wachstum unserer Persönlichkeit mit sich bringt, kommt häufig mit Schicksalsschlägen und Opfern daher, denen wir uns stellen müssen. Hierin liegt die weniger positive Seite des Durchganges. Wie bei den Transiten Saturn-Sonne kann auch dieser Durchgang eine existentielle Krise begleiten, die sich auf eines der folgenden vier Probleme bezieht: schlechter Gesundheitszustand, Trauerfall, Schwierigkeiten in den Gefühlen / der Liebe und professioneller/finanzieller Absturz. Wir sollten uns keinen Illusionen zur guten Seite des Transits hingeben, da es fast sicher ist, dass wir den Preis für die erreichte Reife bezahlen müssen. Wenn wir öffentliche Persönlichkeiten sind, erleben wir jetzt einen Augenblick der Unpopularität. Eine persönliche Niederlage kann uns in der Arbeit oder in der Liebe treffen. Die Endauswirkung ist etwas mehr als der oben genannte Rückgang der Enthusiasmen und kann in einer ausgewachsenen Depression enden, die umso größer ausfällt, je empfänglicher wir für Probleme sind, das heißt, an erster Stelle stehen Fische, Krebse und Stiere. Die Alterung des Geistes und des Charakters, von der oben die Rede war, nimmt hier die Schwere einer körperlichen Alterung durch Haarausfall, Haarergrauung, Arthrose, Rheuma, Probleme an den Zähnen an. Unsere Kräfte gehen zurück und wir verstehen, dass uns jugendliche „Verrücktheiten" körperlich nicht mehr zustehen. Vielleicht ist eine der guten Seiten des Transits die, dass wir zu Gewichtsverlust neigen, was in einer opulenten Gesellschaft wie der unseren (natürlich in der westlichen, industrialisierten Welt) nicht das Schlechteste ist. Das Solarhoroskop und die anderen Transite können uns dabei helfen, die Gründe für unser Abnehmen oder für die geistig-körperliche Ermattung zu verstehen. Der schlimmste Fall tritt ein, wenn wir zusätzlich zu diesem Durchgang Werte des zwölften, ersten und sechsten Hauses im Solarhoroskop haben. Der Charakter der Alterung ist nicht umkehrbar und zeigt unsere zukünftige Haltung zum Leben.

Saturn im Transit durch das zweite Haus

Wenn Saturn durch unser zweites Radixhaus zieht, werden wir

vorsichtiger im Umgang mit dem Geld. Wir erkennen reif und verantwortungsbewusst den wahren Wert von Vermögensgütern. Von jetzt an werden wir unsere Finanzen umsichtiger und weiser verwalten. Wir schmieden langfristige Pläne und treffen weitsichtige Entscheidungen für unsere finanzielle Zukunft. Sehr wahrscheinlich werden wir sichere und langatmige Investitionen tätigen. Wenn in unserer Persönlichkeit ein unvorsichtiger Bestandteil existiert, wird dieser in diesen Jahren (üblicherweise zwei oder drei) durch sehr wohlüberlegte Verhaltensweisen und Entscheidungen niedergedrückt. Der langsame Aufbau und Investitionen mit auf Jahre gesperrten Fonds sind jetzt begünstigt. Nur selten fühlen wir uns von riskanten Spekulationen angezogen. Es ist außerdem möglich, dass sich unser Verhältnis zum Geld bei diesem Durchgang verhärtet und wir sparsamer oder gar geiziger werden. Das kann man paradoxerweise besonders häufig bei Personen beobachten, die plötzlich zu Reichtum gelangt sind und die sich plötzlich im Umgang mit Geld konservativ geben. Die Bedeutung des zweiten Hauses in Bezug auf alles Bildliche (nicht zu verwechseln mit der Sicht, die eher dem sechsten und zwölften Haus zugeschrieben wird) bewirkt oft eine gänzlich neue Ausrichtung der Person, beispielsweise beim persönlichen Aussehen. Personen kleiden sich im Lauf dieses Transits plötzlich klassisch und überhaupt nicht mehr sportlich. Männer, die vorher niemals Anzug und Krawatte getragen haben und Frauen, die nie im Kostüm erschienen sind, entscheiden sich plötzlich von diesem Augenblick an, das zu tun. Gleiches gilt für den Haarschnitt, die Frisur, Form und Farbe der Haare, bei Männern für einen Bart oder Schnurrbart. Manchmal geht der Transit mit einer gewollten oder unfreiwilligen Gewichtsabnahme einher. In anderen Fällen entwickelt sich ein Interesse für die Fotografie, Videokameras, Auftritte in Fernsehshows, Computergrafik, Handwerk, Laientheater, usw. Häufig kaufen wir nach langem Abwägen einen großen und recht teuren Bildschirm, einen Fernseher mit interessanten Funktionen, ein hochmodernes Videoaufnahmegerät, eine professionelle Videokamera, eine CAD-Software, usw. Wenn der Transit mit negativen Aspekten zu den anderen Punkten des Geburtshimmels oder mit einem schweren Solarhoroskop zusammentrifft, weist er auf schwerwiegende finanzielle Schwierigkeiten hin, die sich entweder aus geringeren Geldeingängen oder aus vermehrten Geldausgängen ergeben. In jedem Fall befinden wir uns in einer schwierigen Lage, die dazu führt, dass wir einen Kredit aufnehmen müssen oder unsere Ausgaben einschränken müssen. Manchmal hängt das mit negativen Durchgängen im vierten Haus oder mit Signalen des Solarhoroskops aus dem vierten Sektor zusammen, die somit leicht als finanzielle Aufwendungen für Immobilieninvestitionen gedeutet werden können, also als Kauf von Eigentumswohnungen, Erneuerungen am Haus oder Büro, Umzug, usw. Mit Sicherheit sind wir jetzt nicht so liquide, was sich aber bereits Jahre vorher ankündigt und uns so die Zeit lässt, bei der Bank einen Kredit mit guten Ratenbedingungen aufzunehmen. Wenn wir jetzt Arbeiten in Auftrag geben, sollten wir bedenken, dass wir das Dreifache des Vorgesehenen ausgeben werden. Auf einer anderen Ebene bedeutet der Transit den Abbruch eines Hobbys, beispielsweise der Fotografie oder allen Dingen, die etwas mit Bildern zu tun haben. Unser Look ist eher düster. Wenn wir öffentliche Persönlichkeiten sind, sind wir jetzt im Fernsehen und in der Presse weniger präsent. Es ist wahrscheinlich, dass wir in diesen Jahren Probleme mit dem Oralen entwickeln, wie vielleicht eine kleine Bulimie oder Magersucht oder eine Schilddrüsenerkrankung.

Saturn im Transit durch das dritte Haus

Wenn Saturn durch unser drittes Geburtshaus zieht, befinden wir uns in einer Zeit, in der wir uns selbst analysieren und viel über uns nachdenken. Die Kommunikation mit der Außenwelt wird gehaltvoller und weniger oberflächlich. Wir knüpfen Kontakte und könnten Geld für eine bessere Kommunikation und Ausrüstung ausgeben, zum Beispiel durch ein Handy oder schnurloses Telefon, aber auch ein Faxgerät, Modem, Satellitenantenne oder Drucker für den Rechner. Es kann auch sein, dass wir lernen, im Internet zu surfen oder einen Wordprozessor anzuwenden. In anderen Fällen könnten wir uns ein Auto oder ein Motorrad kaufen. Für all diese Dinge nehmen wir finanzielle Opfer auf uns, die durch die graue Färbung des Herrschers des Steinbockes ausgedrückt werden. Ein alter Briefwechsel, den wir in der Zeit angehäuft haben, beschäftigt uns. Wir unternehmen konstruktive, aber anstrengende und aufwendige Reisen, in den meisten Fällen müssen wir vermehrt pendeln. Wir beginnen das Studium schwerer Themenbereiche oder bereiten uns auf eine besonders anspruchsvolle Universitätsprüfung vor. Wenn der Durchgang auf Grund seiner Aspekte oder der Gesamtheit der Transite und des Solarhoroskopes negativ gesehen werden, ist eine Verzögerung oder gar eine Unterbrechung im Studium möglich. Verschiedene Schwierigkeiten machen jede intellektuelle Arbeit zu einer Anstrengung und wir könnten eine Zeit erleben, in der wir sehr wenig lesen und noch weniger schreiben. Die Wahrscheinlichkeit ist hoch, dass unser Auto gestohlen wird oder kostspielige Reparaturen nötig sind. Im schlimmsten Fall können wir mit dem Auto oder zu Fuß in einen Verkehrsunfall verwickelt werden. In anderen

Fällen geht es darum, dass wir wegen unangenehmer Aufgaben viel reisen müssen, wie wegen eines Umzugs aus unserem gewohnten Arbeitsumfeld, wegen eines Angehörigen, dem wir beistehen müssen und der weit weg wohnt, wegen einer medizinischen Behandlung weit entfernt von zu Hause, usw. Der Moment ist denkbar ungeeignet für Reisen und wir täten besser daran, zu Hause zu bleiben. Andernfalls können unangenehme Folgen eintreten, wie stundenlanges Festsitzen am Flughafen, ein Bahnstreik oder unangenehme Abenteuer in einer fremden Stadt. Auch alle Mittel zur Telekommunikation können uns Sorgen bereiten, zum Beispiel durch den Verlust eines Handys, Schäden am Faxgerät oder an der Telefonstation, am Drucker, hohe Telefonrechnungen, deren Ursprung wir nicht verstehen, usw. Aus der Ferne kommen schlechte Nachrichten per Telefon oder per Post. Ein Paket, das wir versandt haben oder das wir erwarten, ist auf dem Weg verloren gegangen. Wir haben tagelang keine Telefonleitung oder verlieren einen wichtigen Brief. Es ist auch möglich, dass wir einem Bruder, Vetter, Schwager oder jungen Freund zu Hilfe eilen müssen, die in Schwierigkeiten stecken. Dabei kann es um kleine Probleme gehen, aber auch um richtige Unglücksfälle. Unser Verhältnis zu einer der genannten Personen verschlechtert sich oder wir haben weniger Kontakt zu ihnen. In anderen Fällen kann es auch passieren, dass wir schlechte Erfahrungen mit der Presse oder mit einem Verleger machen, der ein Buch von uns veröffentlichen soll. Gleiches gilt für Visitenkarten, die wir in Druck gegeben haben. Zuletzt können wir noch schwere Gesundheitsschäden in Folge des Rauchens oder anderer Erkrankungen der Atemwege davon tragen.

Saturn im Transit durch das vierte Haus

Wenn Saturn durch das vierte Haus unseres Geburtshimmels zieht, ist es wahrscheinlich, dass wir langfristige Pläne für einen Häuserkauf oder einen Umzug schmieden. Fast unsere gesamten Energien richten sich auf grundsätzlich drei Arten von Immobiliengeschäften: An- und Verkauf von Immobilien (einschließlich der Grundstücke), Umzug oder Umbauarbeiten in unserem Habitat, also entweder in dem Haus, in dem wir schlafen oder am Arbeitsplatz (Atelier, Büro, Praxis, Kanzlei, Werkstatt, Labor, usw.). Die Wahrscheinlichkeit wird noch erhöht, wenn wir Jupiter im Durchgang durch das zweite oder achte Haus haben oder Jupiter und Mars in den gleichen Häusern im Solarhoroskop des entsprechenden Jahres. Saturn bedeutet Leid, aber auch Einsatz und so kann uns der Durchgang zu einer besseren Wohnsituation führen, zum Beispiel durch monatelange Arbeiten an unserem Haus, in denen wir gezwungen sind, die Arbeiter und die

Bauarbeiten tagtäglich zu ertragen. Der Durchgang kann auch auf einen größeren Einsatz für unsere Eltern hinweisen, die uns aus irgendeinem Grund brauchen. In diesem Sinn ist es möglich, dass unser Vater oder unsere Mutter, aber auch der Schwiegervater oder die Schwiegermutter bei uns einziehen. Wenn der Transit dagegen negativ ist, sei es, dass er schlechte Aspekte formt, sei es, dass er von anderen, besonders schweren Durchgängen begleitet wird, kann er auf große Schwierigkeiten mit den Eltern hinweisen oder im schlimmsten Fall auf den Tod eines Elternteiles. Das Vorkommen einer so negativen Variable steht - ganz offensichtlich - in Beziehung zu unserem Alter und so können wir statistisch sagen, dass die Wahrscheinlichkeit beim ersten Auftreten des Durchganges relativ gering ist, also wenn wir so um die 29 Jahre alt sind. Beim zweiten Auftreten des Durchganges dagegen, also wenn wir so um die 58 Jahre alt sind, ist die Wahrscheinlichkeit, dass ein Elternteil oder beide sterben ziemlich hoch, besonders, wenn der Transit in Begleitung von schlechten Aspekten von Uranus zu unserer Radix-Sonne oder zum Mond oder Aszendenten auftritt. In Bezug auf das Haus geht es fast immer um große Summen, die wir für eine Hypothek oder für Umbauarbeiten oder einen Umzug bezahlen müssen. Diese Bedingung finden wir häufig im Geburtshimmel eines Ehemannes oder einer Ehefrau im Fall einer Trennung, wenn einer der Partner das Haus verlässt. Außerdem kann der Planetendurchgang auf Schäden am Haus hinweisen, zum Beispiel durch Naturereignisse, wie Erdbeben, Überschwemmungen, Brände, usw. Wir könnten vom Vermieter ein Kündigungsschreiben erhalten oder Probleme mit den Mietern einer unserer Immobilien haben. Zudem kann der Transit auf einen Zwangsaufenthalt hinweisen, wie bei einem von einem Richter angeordneten Hausarrest oder einer Krankheit, die uns ans Bett fesselt. In anderen Fällen kann sich der gleiche Transit auf einen Krankenhausaufenthalt beziehen, aber nur, wenn auch andere Aspekte des Solarhoroskopes darauf hinweisen, zum Beispiel bei starken Werten im zwölften, ersten oder sechsten Haus. Krebse oder Personen mit starken Krebswerten täten gut daran, sich medizinisch untersuchen zu lassen, um herauszufinden, ob sie eine Helicobacter pylori-Infektion haben, also einen Keim im Magen, der Gastritis, Magengeschwüre und Magentumore verursacht. Am Computer könnten wir jetzt wichtige Daten verlieren.

Saturn im Transit durch das fünfte Haus

Wenn Saturn im fünften Haus unseres Geburtshimmels transitiert, nähern wir uns einem eher ernsten Hobby an, wie Bridge oder dem Schachspiel, aber auch dem Studium der großen Schlachten in der Geschichte oder der klassischen Literatur. Wir lenken unsere Aufmerksamkeit in unserer Freizeit auf schwierige, ernste Themen, aber das ist genau das, was wir wollen. Es ist auch möglich, dass wir uns ältere oder seriöse Persönlichkeiten als Gefährten suchen. Ein altes Hobby könnte zu unserem Beruf werden und mit mehr Verantwortung und Strenge ausgelebt werden. Es kann außerdem passieren, dass wir Unterricht in einem Bereich geben, in dem wir besonders gute Kenntnisse haben. Ein Sohn oder eine Tochter wächst und erreicht einen Abschluss. Wenn der Transit negativ zu lesen ist, verweist er fast sicher auf einen starken Niedergang aller Aktivitäten in Spiel und Freizeit, wenn nicht gar eine vollkommene Unterbrechung derselben. Mit großer Wahrscheinlichkeit erleben wir eine Krise in Gefühlen und Sexualität. Wir vergnügen uns sehr wenig und haben vorläufige oder endgültige Blockaden im Liebesleben mit unserem derzeitigen Partner. Unter bestimmten Aspekten werden wir zu Einsiedlern. Das tritt häufig bei großen Sorgen ein, deren Auftauchen uns von anderen Transiten oder der Gesamtheit des Solarhoroskopes angekündigt wird, wenn wir die Zeichen lesen können. In jedem Fall ist die Wahrscheinlichkeit für eine Trennung in diesen Monaten sehr hoch, im besten Fall geht es um eine längere Beziehungspause. Auch die Hypothese eines schlechten Gesundheitszustandes des Partners lässt sich aufstellen, aber mit geringerer Wahrscheinlichkeit als die soeben beschriebenen Zustände. Im Verlauf dieser Monate gehen wir nur selten aus und weniger ins Restaurant, Kino, Theater, auf Konzerte oder in die Diskothek. Oft geht es um Probleme mit einem unserer Kinder: ein Kind zieht aus und wohnt weit weg oder steckt aus unterschiedlichen Gründen in einer Krise. Außerdem kommt der Transit in vielen Fällen vor, in denen wir uns Sorgen in Bezug auf eine Vater- oder Mutterschaft machen, beispielsweise, wenn wir lange versuchen, Kinder zu bekommen und merken, dass es unmöglich ist. Viele Paare bemerken bei diesem Transit, dass sie unfruchtbar sind und dass sie einen langen Leidensweg vor sich haben in der Hoffnung, vielleicht doch ein Kind zur Welt zu bringen. Manchmal tritt genau das Gegenteil ein und wir werden im ungünstigsten Augenblick schwanger. Frauen, die so etwas erleben und Saturn im fünften Haus haben, müssen sich auf eine schwere Schwangerschaft und vielleicht eine Fehlgeburt oder einen Kaiserschnitt einstellen. Wenn wir Lehrer sind, sind wir jetzt in unserer Arbeit behindert, da unsere Beziehungen zu Kindern und Jugendlichen ungünstig sind. Gleiches gilt, wenn wir öffentliche Persönlichkeiten sind und unsere Beliebtheit sinkt. Alle kreativen Tätigkeiten geraten ins Stocken. Möglich sind zudem Probleme an der Prostata oder gynäkologische Probleme.

Sexuelle Gelegenheitsbegegnungen sollten wir vermeiden und diese Regel, die eine allgemeine Regel sein sollte, wird jetzt noch dringlicher. Von Börsenspekulationen und vom Glücksspiel im Allgemeinen sollten wir uns fernhalten, da wir große finanzielle Verluste davontragen könnten. Wir sollten bei Vergnügungen auf unsere Ausgaben achten, da wir leicht übertreiben könnten. Von allen Reisen wird abgeraten.

Saturn im Transit durch das sechste Haus

Wenn Saturn durch unser sechstes Geburtshaus passiert, interessieren wir uns mehr für den Körper, sei es aus ästhetischer als auch aus gesundheitlicher Sicht. Wir denken, dass der richtige Moment gekommen ist, uns mehr um uns selbst zu kümmern und das tun wir durch Arztbesuche, den Beginn neuer Behandlungsmethoden, Besuch in Fitnesszentren, Thermalbädern, Schlammbehandlungen, Wassertherapien, Massagen, Physiotherapie, Shiat-su-Eingriffe oder Akupunktur, Schlankheits- oder Entschlackungskuren, homöopathische Behandlungen, Saunagänge, Balneotherapien oder Heliotherapien, usw. Manchmal kommen wir nach Jahren einem Problem auf die Spur, dessen Ursprung wir nicht kannten. Wir machen eine Kur, deren Wirkung lange anhält, wie bei einer Tiefenreinigung der Zähne, bei der das Zahnfleisch eingeschnitten wird. Wir bekommen ein Gebiss und werden uns unseres Alters bewusst und lösen uns gleichzeitig von einem Zahnproblem, das wir lange mit uns herumgetragen haben. Es wird uns bewusst, dass wir mit unseren Energien haushalten müssen und dass wir langsam alt werden. Der Zeitraum ist außerdem gut für eine Festigung unserer Arbeitsstellung, beispielsweise könnten wir nach Jahren des Prekariats einen festen Arbeitsvertrag unterzeichnen, eine Gehaltserhöhung nach Dienstjahren zuerkannt bekommen, eine hohe Stellung innerhalb der Hierarchie unseres Arbeitsumfeldes erreichen oder endlich die Aufgaben zugesprochen bekommen, auf die wir schon lange gehofft haben. Wenn wir selbst Arbeitgeber sind, könnte sich das Verhältnis zu einem Angestellten festigen, zum Beispiel im Fall, dass uns ein wertvoller Mitarbeiter, der nur in Teilzeit für uns arbeiten konnte, jetzt seine volle Verfügbarkeit mitteilt. Einer unserer Mitarbeiter erhält eine Anerkennung von Dritten. Nach langer Zeit könnten wir uns entscheiden, uns einen Hundewelpen oder ein Katzenbaby zu holen. Wenn der Durchgang negativ ist, weist er ziemlich sicher auf eine Krankheit hin. In diesem Fall sollte die Einleitung zu diesem Kapitel über die Suche nach der wahren Geburtsstunde noch einmal gelesen werden. Sehr häufig geht es um Probleme an den Zähnen oder Knochen, aber die Krankheit kann auch jeden anderen Bereich betreffen. In anderen Fällen bezeugt der Planetendurchgang die Verschlimmerung einer Krankheit ins Chronische, wie eine Arthrose, Rheumatismus, Allergien, usw. Wir sollten Anzeichen nicht unterschätzen, da es hierbei nicht um leichte Krankheiten geht. Die Schäden hängen aber auch von anderen Transiten ab und wie immer auch vom Solarhoroskop. Die Paarung Saturn/sechstes Haus und die Werte des zwölften, ersten und sechsten Hauses im Solarhoroskop ist tödlich. Wenn andere Analyseelemente das rechtfertigen, ist ein chirurgischer Eingriff möglich. An anderer Front können wir in der Arbeit stark eingespannt werden und leiden an Stress oder an einem schlechten Verhältnis zu den Kollegen, Mitarbeitern und Vorgesetzten. Ein Arbeitsumfeld wird plötzlich anstrengender und drückend und wir würden gerne kündigen. In vielen Fällen tritt auch genau das ein. In diesen Monaten ist es also möglich, dass wir ein Kündigungsschreiben aufsetzen, aber auch, dass wir entlassen werden. Wenn wir selbst Arbeitgeber sind, müssen wir mit Sicherheit mit dem vorübergehenden Ausbleiben oder der endgültigen Kündigung eines Mitarbeiters rechnen. Häufig ist dies eine Zeit, in der wir häufig die Hausangestellten wechseln, weil sie uns verlassen oder seltener, weil wir sie entlassen müssen. Wir müssen uns auch erwarten, dass wir von ehemaligen Angestellten verklagt werden oder gar ein für uns negatives Urteil gesprochen wird.

Saturn im Transit durch das siebte Haus

Wenn Saturn durch unser siebtes Geburtshaus zieht, fühlen wir das Bedürfnis, mit anderen ein engeres Verhältnis zu schließen, besonders wenn wir sonst eher introvertiert oder egozentrisch sind. Eine Arbeitsinitiative beispielsweise zwingt uns dazu, unsere Telefonnummer in der Zeitung zu veröffentlichen und so müssen wir viele, auch lästige Anrufe entgegen nehmen. Gleichzeitig aber werden wir feststellen, dass uns das menschlich bereichert. Es wird uns bewusst, dass eine alte Beziehung, die wir seit Längerem schleifen lassen, einer definitiven Lösung bedarf. Es ist also wahrscheinlich, dass wir heiraten, aber nicht leichtfertig und hoffnungsvoll wie Zwanzigjährige, sondern nach reiflicher Überlegung, die alle Sorgen einer so wichtigen Entscheidung in einem nicht mehr ganz grünen Alter mit sich bringt. Rechtsangelegenheiten kommen endlich zu einer Lösung. Nach Jahren der Streitigkeiten und der Kontroversen einigt man sich auf einen Kompromiss. Eine Gesellschaft, die wir vor langer Zeit gegründet haben, wächst und festigt sich. Die berufliche, körperliche oder finanzielle Kondition unseres Partners verbessert sich. Unser Partner nimmt an

Wichtigkeit zu und wird auch fordernder. Wenn der Durchgang unter negativen Bedingungen erfolgt, kündigt er ohne Zweifel das Eintreffen von amtlichen Schreiben an, die wir entweder selbst in die Wege leiten oder in die wir verwickelt werden. Amtliche Schreiben können auch im weiteren Sinn die Beziehung zu unserem Partner betreffen. Mit Sicherheit erwarten uns Monate der Spannungen, der Konflikte, der von uns ausgehenden oder erlittenen Aggressivität. Es ist ein wenig wie bei den Durchgängen von Mars im gleichen Sektor, aber um eine Oktave höher, so stark, dass eine Beziehung auch für immer auseinander brechen kann. Wenn wir Politiker sind, haben wir Probleme in unseren persönlichen oder parteilichen Bündnissen und wenn wir irgendeine Leiche im Keller haben, können wir vom Gesetz belangt werden. Probleme mit dem Gesetz sind in jeder Richtung möglich, Führerscheinentzug wegen schweren Verstoßes gegen die Straßenverkehrsordnung, Untersuchung des Finanzamtes in unserem Arbeitsumfeld, Klagen seitens eines Arbeitgebers, usw. Eine alte Gesellschaft geht in die Brüche oder läuft Gefahr, zu zerbrechen. Einem Geschäftspartner geht es schlecht oder er hat Probleme. Unser Partner durchlebt eine sehr negative Zeit und hat Gesundheitsprobleme. Unsere bessere Hälfte wird wichtiger, aber auch eitel und/oder aggressiv. Unser tägliches Zusammenleben kühlt deutlich ab. In diesen Monaten können die Feindseligkeiten von anderen offen zu Tage treten und so erleben wir um uns herum ein kriegerisches Klima. In den schlimmsten Fällen, wenn viele andere Faktoren dafür sprechen, könnten wir die geliebte Person verlieren. Wenn wir anfällig sind für Nieren- oder Blasenerkrankungen, kann genau das jetzt eintreffen.

Saturn im Transit durch das achte Haus

Wenn Saturn durch das achte Haus zieht, bemerken wir einen deutlichen Einschnitt in den Geldeingängen oder große Ausgaben. Anders als gemeinhin angenommen steht der Durchgang des „Großen Bösewichtes" durch das achte Haus des Geburtshimmels fast immer für Geldschwierigkeiten und nur in ganz wenigen Fällen für Todesfälle. Letztere werden eher durch das elfte Haus angedeutet. Natürlich können diese Geldschwierigkeiten auch für Immobilieninvestitionen oder Handels- und Industrietätigkeiten stehen und in diesen Fällen sind die Schwierigkeiten eher positiv als negativ zu lesen. Der Planetendurchgang ist das Symbol des Geldflusses in diesen Monaten. Es fließt mehr Geld, was sich aber eben auch auf Ausgaben beziehen kann. In diesem Zeitraum ist es möglich, dass wir etwas erben oder eine Schenkung erhalten, vielleicht von den

Eltern oder vom Partner (wir erinnern daran, dass bei den abgeleiteten Häusern das achte Haus auch das zweite des siebten ist). Unser Partner steigert sein Vermögen in Immobilien oder erbt bewegliche Güter. Eine schwierige Situation in Bezug auf die Sexualität löst sich endlich. Wir führen anstrengende, aber erfolgreiche Arbeiten zu Ende, beispielsweise zum Auffinden von Wasseradern oder Brennstoffen oder die unterirdische Suche verstanden als Erforschungen unseres Unterbewussten mit Hilfe eines Psychoanalytikers. Wenn der Durchgang unter ungünstigen Bedingungen stattfindet, bedeutet das, dass es uns an Geld fehlt. Das kann das Ergebnis einer nicht wohl überlegten Investition unsererseits in der näheren Vergangenheit sein. Es kann sich aber auch auf eine plötzliche, unerwartete Steuer beziehen, hohe Ausgaben für notwendige Arbeiten, Bezahlung einer chirurgischen Operation oder einer kostspieligen Behandlung, die Rückzahlung von Schulden unseres Partners, ein negatives Erbe von einem Elternteil, usw. In manchen Fällen scheint der Durchgang gut zu sein, beispielsweise wenn wir um ein Darlehen bitten und es auch erhalten, aber eine sehr harte Zeit zur Folge haben, in der wir mit der Rückzahlung hoher Raten kämpfen. Der Verlust einer Person kann uns in eine schwierige Lage bringen, beispielsweise indem wir für einen älteren Angehörigen sorgen müssen, der allein geblieben ist. In anderen Fällen weist der Durchgang schlicht und ergreifend auf das Versterben eines lieben Menschen, eines Freundes oder einer Person hin, der wir zugetan waren. Aber das achte Haus steht auch für das Ende der Dinge: sehr häufig kündigt es eine endgültige Trennung zwischen zwei Personen, zum Beispiel zwei Liebenden an. Bei Ankunft von Saturn im achten Haus können wir einen Zeitraum der sexuellen Abstinenz vorhersehen, wenn andere Elemente das rechtfertigen, die wiederum zu einer Beziehungskrise führen könnte. Auf pathologischer Ebene kann der Durchgang Probleme mit den Genitalien oder dem Anus ankündigen (zum Beispiel Hämorrhoiden). Wenn wir in Frührente gehen wollen oder eine Abfindung aushandeln, werden wir leicht benachteiligt und Gleiches gilt für ein Erbe, das wir mit Geschwistern teilen müssen. Chronos, der durch das Haus des Skorpions zieht, kann außerdem zu depressiven Gedanken zum Thema Tod führen. Auch eine Gefahr für unser Leib und Leben kann hier enthalten sein, dann aber müssen viele Elemente unseres Geburtshimmels und der Himmel unserer Lieben aufeinandertreffen. Mögliche Ausgaben für Beerdigungen. Kostspielige Arbeiten an der Familiengruft. Schlechte Ergebnisse bei unterirdischen Nachforschungen jeder Art, einschließlich psychologischer Natur. Geldverluste beim Spiel. Möglicher Raub, auch im Haus.

Saturn im Transit durch das neunte Haus

Wenn Saturn durch unser neuntes Geburtshaus reist, ist dies eine wirklich gute Zeit für eine Annäherung zu allen nicht alltäglichen Themen wie Theologie, Philosophie, Astrologie, Yoga, orientalische Kulturen, Buddhismus, Zen, alternative Medizin, usw. Es geht hier um Monate, in denen wir schwierige Prüfungen, Fortbildungskurse und Seminare angehen können, bei denen wir viel lernen. Wir leben einen Moment großer Nüchternheit, Wesentlichkeit, Loslösung von der Materie in Richtung Übernatürlichkeit. Die Mysterien des Lebens und des Menschen begeistern uns, wir nähern uns einem Glauben an, was sich auch auf einen „marxistischen" oder insgesamt politischen, sozialen, gewerkschaftlichen, umweltschützenden, usw. Glauben beziehen kann. Wir verreisen tatsächlich oder im Geist und kommen mit dem Höheren, Erhabenen oder einfach mit höherem Wissen in Berührung. Wir besuchen einen Angehörigen im Ausland oder zumindest weit weg (in der Astrologie sind alle Orte, in denen eine andere Sprache oder Dialekt gesprochen wird, Gebiete des neunten Hauses). Wir pilgern an eine Kultstätte, schreiben uns an einer Universität im Ausland ein, verreisen für eine medizinische Behandlung oder zur Verbesserung unseres gesundheitlichen Zustandes. Wenn der Durchgang unter disharmonischen Bedingungen erfolgt, können wir eine oder mehrere schlechte Nachrichten aus dem Ausland, der Ferne erhalten: ein Angehöriger stirbt oder ist in einem schlechten gesundheitlichen Zustand, ein geistiger Führer im Ausland verschwindet, unser Partner hat ein Verhältnis mit einer ausländischen Person, usw. Der Planetendurchgang kann auch für ein hässliches Abenteuer im Ausland stehen, zum Beispiel einen Raub oder eine Krankheit auf Reisen. Ungemütliche, anstrengende, auslaugende, kostspielige Reisen, die uns kein Vergnügen bereiten. Das neunte Haus steht auch für die Straße und den Verkehr im Allgemeinen, also müssen wir uns auf Probleme mit dem Auto gefasst machen, wie einen Unfall, einen schlimmen Schaden am Auto oder Autodiebstahl. Wir sind gezwungen, zu verreisen, um eine schwere Krankheit in einer ausländischen Fachklinik behandeln zu lassen. Unser Partner befindet sich weit weg und wir leiden. Wir würden gerne verreisen, sehen uns aber verhindert. Da der Durchgang entweder auf weniger Reisen oder auf mehr Probleme beim Reisen hindeutet, können wir uns selbst entscheiden, wie wir ihn lieber ausleben wollen. Verzögerungen oder Unterbrechungen im Studium. Die Vorbereitung auf eine wichtige Prüfung stellt uns auf eine schwere Probe. Möglicherweise haben wir eine spirituelle Krise nach der Lektüre eines Buches. Unser Gleichgewicht gerät nach dem Besuch bei einem Priester,

Psychologen, Astrologen, usw. durcheinander. Der Kontakt zu ausländischen Personen schadet unseren Geschäften.

Saturn im Transit durch das zehnte Haus

Wenn Saturn das zehnte Geburtshaus passiert, bewegen wir uns in Richtung großer beruflicher Ziele. Wir finden diesen Transit bei vielen Person vor, die an einem Wettbewerb teilnehmen, um die eigene Karriere voranzutreiben, Lehrer, die Studienräte werden oder einen höheren Ausbildungsgrad erreichen wollen oder an dem Posten des Direktors interessiert sind, öffentliche Angestellte, die nach einer höheren Position streben, Anwälte, die sich als Notare oder Richter aufstellen lassen, usw. Der gesteigerte Ehrgeiz kann dazu führen, dass wir stark leiden, vielleicht durch ein ausgedehntes Studium für das Erreichen eines Zieles. Unsere Anstrengungen richten sich aber nicht immer auf verbesserte berufliche Bedingungen, sondern können jedes Wachstum oder jede Unabhängigkeit betreffen. Ein Boxer könnte sich dazu verleiten lassen, den Weltmeister herauszufordern, ein Musiker kann sich unter großen Opfern auf ein wichtiges Konzert vorbereiten, Mädchen können sich mit viel Leid und Kontinuität einer Schlankheitskur unterziehen, um ein bestimmtes Gewicht zu erreichen, Kranke können unter zahlreichen körperlichen Anstrengungen die Funktionstauglichkeit von gebrochenen Gliedmaßen wiederherstellen, usw. In dieser Logik drückt sich das Saturn-Leiden aufs Beste aus und trägt besondere Früchte, die sich nicht in jeder Zeit im Jahr erreichen lassen. Das zehnte Haus betrifft vor allem die zahlreichen Emanzipationen auf der ganzen Linie, die aber nicht notwendigerweise etwas mit Geld zu tun haben müssen: Geld ist ein Werkzeug für die Emanzipation, aber nicht das Einzige. Häufig erhoffen wir uns ein berufliches Fortkommen und bemerken gar nicht, dass wir unsere Angst vor der Dunkelheit oder vor dem Meer überwunden haben, dass wir uns von einer feindlich gesinnten Person befreit haben, dass es uns gesundheitlich besser geht, usw. Der Planetentransit stabilisiert unsere berufliche und soziale Stellung (in vielen Fällen geht es bei der Letzteren um eine Ehe). Unsere Projekte in diesem Zeitraum sind ehrgeizig und gut strukturiert, mit dem entschiedenen Willen, weit entfernte Ziele zu erreichen. In anderen Fällen bezieht sich der Durchgang auf ein Wachstum unserer Mutter in vielen Gesichtspunkten. Wenn sich der Transit aber negativ ausdrückt, müssen wir uns um ihre Gesundheit und ihr Allgemeinbefinden sorgen. In den schlimmsten Fällen, wenn andere wichtige Punkte des Geburtshimmels und des Solarhoroskopes dafür sprechen, ist es möglich, dass wir sie verlieren oder mit ihr streiten, uns von ihr entfernen oder trennen. Auf beruflicher Ebene ist der disharmonische Transit von Saturn im zehnten Haus eher gefährlich, da er auf einen Absturz und dabei auch einen tiefen Sturz hindeuten kann. Alles hängt natürlich von der Gesamtheit der Situation ab und durch eine Gesamtbetrachtung können wir gültige Hinweise darüber erhalten, wie sich die Dinge entwickeln werden. Wenn der Transit bei einem Arbeiter in Kurzzeitarbeit eintritt, ist es wahrscheinlich, dass er seinen Job verliert. Politiker, Prominente, Showmaster oder Moderatoren werden einen Hauch an Unpopularität spüren. Wenn die kalte Sichel des Chronos auf nicht vollkommen stabile Konstellationen trifft, fügt sie uns üblicherweise tödliche Schläge zu, die auch einen Napoleon zu Boden werfen würden. Wenn man die Karriere von berühmten Persönlichkeiten betrachtet, sieht man, dass sie an den dunkelsten Punkten ihrer öffentlichen Geschichte von der kalten Hand des siebten Planeten der alten Welt berührt worden sind. Viele lassen sich bei diesem Durchgang pensionieren, ziehen sich aus der Arbeitswelt oder der Öffentlichkeit zurück und haben ein starkes Bedürfnis nach Isolation, Frieden, Wesentlichkeit, Schlichtheit und Abschied von dem trügerischen Schloss aus Spaß und Freizeit, das einem oberflächlichen Leben angehört. Das Leben setzt uns Schach und in einigen Fällen Schach Matt. Häufig müssen wir nach einem schweren Schlag von vorne beginnen, hier aber reicht uns Saturn die Hand und bereitet uns auf einen langsamen und langwierigen, geduldigen und schicksalsergebenen Wiederaufbauprozess vor. Es wäre gut, in diesen Monaten keinerlei Initiativen zu starten.

Saturn im Transit durch das elfte Haus

Wenn Saturn durch unser elftes Haus zieht, schmieden wir die ehrgeizigsten Projekte. Unsere Bewegungen sind auf großartige Dinge ausgerichtet und wir legen die Grundsteine für langatmige Unternehmungen. Wir beschränken uns nicht darauf, hinter die Kulissen des kommenden Tages zu blicken, sondern blicken mit dem Fernglas in die weit vor uns liegende Zukunft. Nach langer Arbeit sind wir in der Lage, unsere Träume zu verwirklichen. Diese Träume bringen wir unter dem Einfluss eines so mächtigen Mentors bestimmt und zäh voran. Einflussreiche Freunde geben uns eine Hand. Der Moment ist gekommen, um dort an Türen zu klopfen, wo wir glauben, dass uns aufgetan wird. Besonders auf ältere Menschen können wir zählen, mögen das Angehörige, Freunde oder Bekannte sein. Die Sympathie von wichtigen Personen ist uns sicher, zwar ohne große Begeisterung und Lebendigkeit, dafür aber konkret und solide. Es gelingt uns, eine Freundschaft zu schließen, an Personen zu glauben, die sich unsere Freunde nennen. Ein alter Freund reicht uns eine Hand für die Lösung alter Probleme. Wenn der Durchgang dagegen wegen negativer Aspekte oder schlechten Konstellationen anderer Transite oder des Solarhoroskopes negativ ausfällt, müssen wir den Verlust eines guten

Freundes fürchten, vielleicht wegen eines Streites, eines Todesfalles oder aus anderen Gründen. Dieser Durchgang steht häufiger für Trauerfälle in der Familie als die gleiche Konstellation im achten Haus. Das lässt sich auch bei einer kleinen Analyse von vielleicht zwanzig uns bekannten Fällen belegen. Es kann auch vorkommen, dass wir den Beistand einer einflussreichen Persönlichkeit verlieren, da sie sich zum Beispiel aus der Politik des Landes zurückzieht oder mit Aufgaben betraut wird, die nichts mehr mit unserer Problematik zu tun haben. Das elfte Haus unterstreicht die Wichtigkeit der Unterstützung durch andere und so kann der Transit im weiteren Sinne auch auf den Verlust unseres Behandlungsarztes, eines Mechanikers, dem wir vertrauen, unseres Steuerberaters, usw. hinweisen. Solche Verluste müssen nicht unbedingt durch den Tod dieser Personen eintreten, sondern können auch bedeuten, dass sie die Arbeit wechseln. Ein Streit mit einem alten Freund tut uns persönlich weh und schadet uns bei der Arbeit. Freunde fehlen uns und das schmerzt uns.

Saturn im Transit durch das zwölfte Haus

Wenn Saturn durch unser zwölftes Haus zieht, sind wir besonders nachdenklich und haben das Bedürfnis, alleine zu sein. Wir möchten uns isolieren, um über uns und das Leben besser nachdenken zu können. Wir könnten den Wunsch verspüren, ein Tagebuch oder sogar ein Buch über unsere jüngsten Erfahrungen zu schreiben. Wir versuchen, aus allen negativen Erfahrungen etwas Positives zu ziehen. Die Lichter der Stadt reizen uns nicht und wir ziehen die Dunkelheit eines alleinstehenden Hauses vor, die Intimität eines einsamen Ortes, den großen Zauber von Orten wie einem Kloster. Wir täten gut daran, unseren Träumen nachzugehen und uns einen Raum fern von der Welt zu schaffen, um nachzudenken oder zu beten, wenn wir gläubig sind. Der von Diözesen organisierte spirituelle Rückzug kann uns einen solchen Traum erfüllen, auch wenn die vielen anwesenden Menschen hierbei ein Störfaktor sind. Der Zeitraum ist wunderbar geeignet für eine Suche im weiteren Sinn. Wir können wachsen, zu besseren Menschen werden, die Welt ein wenig in „tibetischer Logik" betrachten. Das Leben besteht nicht nur aus Haben, sondern auch aus Sein. Wir wundern uns darüber, dass wir bis vor einigen Wochen so sehr an Werten gehangen haben, die uns jetzt vollkommen überflüssig, unbedeutend und unbefriedigend scheinen. Zum Glück sieht die Natur solche in regelmäßigen Abständen auftauchenden Zeiträume vor, so dass wir unterschiedliche Jahreszeiten erleben können, ohne dabei den Kontakt mit der Wirklichkeit zu verlieren. Wer sich religiös ausrichten möchte, wird in diesem Durchgang einen wunderbaren Mentor finden. Gleiches gilt für einen Rückzug in das Private, in die Bücher, das Schreiben und Meditieren. Die Zeit, die viele

Wunden heilt, hilft uns aus einem Problem, das uns lange gequält hat. Wir entdecken endlich versteckte Feinde, die hinter unserem Rücken agieren. Wenn der Transit negativ wirkt, müssen wir mit feindseligen, heimlichen Akten gegen uns rechnen. Außerdem müssen wir uns zu 360° auf eine harte Zeit einstellen. Saturn im Transit durch dieses Haus kann unsere Gefühle der Zuneigung, der Liebe oder die Arbeit, die Gesundheit und die Finanzen betreffen. Der Transit ist hinterhältig und bösartig und kann einige der schwersten Prüfungen unseres Lebens für uns bereithalten, besonders wenn er sich mit einem Solarhoroskop mit starken Werten des zwölften, ersten oder sechsten Hauses vereint. Die oben genannte Abgeschiedenheit, die in ihrer positiven Ausdrucksform auf einen freiwilligen Rückzug hinweisen kann, bekommt hier das hässliche Antlitz eines Eingesperrtseins, eines Zwangsaufenthaltes jeder Art vom Hausarrest bis zum Krankenhausaufenthalt. In diesen Monaten ist unser Weg steil und wir verstehen, dass die Party vorbei ist und dass bis zur nächsten sehr viel Arbeit vor uns liegt. Wir müssen uns Alles mit Krallen und Zähnen erkämpfen und es danach ebenso hart verteidigen. Nichts wird uns geschenkt, für Alles müssen wir den vollen Preis bezahlen. Die Worte in der Bibel, wenn sie uns vom Schweiße unseres Angesichtes spricht, verstehen wir besser. Wir brauchen starke Schultern, um diesen Transit unbeschadet zu überstehen. Es geht hier aber eher um chronisches Leiden, als um akute Schicksalsschläge, so als ob der „Große Bösewicht" die Freundlichkeit besäße, uns in kleinen, homöopathischen Dosen und nicht durch einen einzigen festen Schlag auf den Kopf niederzuknüppeln. In diesem Fall wären wir besser in der Lage, die Schläge auszuhalten, denn um nicht anderes als um Schläge geht es. Es wurde aber auch gesagt, dass uns Gott niemals mehr Prüfungen schickt, als wir aushalten können und für alle Gläubigen mag das eine Hilfe sein. Den Nicht-Gläubigen können wir nur sagen, dass auch die schwärzeste Stunde stets aus genau sechzig Minuten besteht.

9.
Transite von Uranus

Die Transite von Uranus könnten als Beweis für die Gültigkeit der Astrologie herangezogen werden, so hoch ist ihre Nachprüfbarkeit in allen menschlichen und allen anderen Belangen. Immer wieder hört man von Personen den Ausspruch: „Das wird mir niemals passieren!" und beim Durchgang von Uranus an einer empfindlichen Stelle ihres Geburtshimmels geschieht dann doch das „Unmögliche". Um die gesamte Leistungsstärke dieser Durchgänge in einen Satz zu fassen, könnte man sagen, der achte Planet unseres Sonnensystems *versetzt Berge*. Seine Durchgänge sind spektakulär wie ein Feuerwerk, sensationell wie eine Schlagzeile auf der Titelseite. Dieser Stern, der während der französischen Revolution entdeckt worden ist, bringt den gesamten revolutionären Nährboden der Epoche mit sich und ist ein guter Ratgeber in allen wichtigen Wendungen unseres Lebens. Wenn er an uns vorbeizieht, wissen wir, dass wir viel oder alles ändern müssen und dass wir nicht im Sinne von Tomasi di Lampedusa sagen können, dass man alles ändern muss, um nichts zu ändern. In diesen Fällen treten tatsächlich sichtbare Änderungen ein und zwar nicht nur Änderungen der Form, sondern Änderungen in der Substanz. Uranus kennzeichnet die wichtigsten Etappen unseres Lebens und der Wegzoll, den wir an ihn zu zahlen haben, gibt keine Rabatte. Sein Preis ist hoch und lässt sich nicht in Raten abzahlen. Das bedeutet Alles und zwar sofort. Natürlich sind nicht alle seine Durchgänge negativ und zerstörerisch, taucht er doch in der Biographie von vielen Menschen auf, die eine existentielle Änderung erlebt haben, indem sie zu Spielmilliardären geworden sind oder „wundersam" von einer schweren Krankheit genesen oder grundlegende Dinge herausfinden. Er ändert unser Leben im Guten oder im Schlechten, wir müssen aber dennoch anmerken, dass auf einen Glücklichen, der die richtigen Zahlen auf einem Lottoschein ankreuzt, wenigstens tausend Personen folgen, die einen chirurgischen Eingriff an sich vornehmen lassen müssen, einen Verkehrsunfall erleiden, verhaftet werden, usw. Wenn Sie die Seiten mit den hundert Beispielen in diesem Buch durchblättern, werden Sie bemerken, dass es reine Volksverblendung wäre, den Transit positiv lesen zu wollen. So sehr wir auch an etwas anderes glauben wollen, ist und bleibt es Realität, dass Uranus in den großen menschlichen Tragödien fast immer zugegen ist. Nicht alle seine Auswirkungen sind unvermeidlich und es gibt Methoden, um ihn zu besänftigen, dann aber würden wir uns in den Bereich der Aktiven Astrologie begeben, die nicht das Thema dieses Buches ist und die in anderen Büchern, wie dem *Neuen Wörterbuch der Astrologie* oder in der *Praktischen Abhandlung zu den Solar-Revolutionen* nachgelesen werden kann. Hier müssen wir uns darauf beschränken, zu verstehen oder das zu versuchen, welche Auswirkungen er in Ermangelung geeigneter „Prothesen" zum Schutz gegen seine Durchgänge haben kann. Wassermänner und uranische Persönlichkeiten können seine Transite am Besten verkraften, da sie charakterlich gut auch mit totalitären Veränderungen umgehen können. Konservativere Zeichen wie Stier, Steinbock und Krebs dagegen haben mehr Grund, sie zu fürchten, da sie Veränderungen zu neunzig Grad oder gar rückläufige Entwicklungen zu hundertachtzig Grad hassen. Wenn Uranus an unseren Geburtsplaneten vorbeizieht, begleitet er immer wichtige Ereignisse im beruflichen, finanziellen Leben einer Person oder in ihren Zuneigungen, Gefühlen und in der Gesundheit. Wandel ist der Schlüsselbegriff, der alle wichtigen Etappen unseres Lebens kennzeichnet, von der Hochzeit bis zur ersten Arbeit, von der Geburt eines Kindes bis zur schweren Finanzkrise. Der Wind, mit dem uns Uranus umweht, ist voller Versprechungen und Drohungen. Besonders zu fürchten sind seine Durchgänge in Einheit mit einem schlechten Solarhoroskop, beispielsweise mit starken Werten des zwölften, ersten und sechsten Hauses. Wenn Sie einmal genau darauf achten, werden Sie sehen, dass ein Durchgang des Herrschers des Wassermannes im Aspekt zur Sonne, der ungefähr zwei Jahre andauert, in Einheit mit wenigstens einem der genannten Solarhoroskope fürchterliche Folgen hat. Es ist schwer, diese Wirklichkeit näher zu erklären und sie scheint aus der Feder eines übernatürlichen Alchimisten zu stammen, aber es ist genau so. Wenn der Planetendurchgang dagegen in Einheit mit positiven Transiten und einem guten Solarhoroskop auftritt (zum Beispiel mit Jupiter im zehnten Haus und Solaraszendent im gleichen Haus), kann er den Beginn einer außergewöhnlich guten Wende in unserem Leben ankündigen. In unseren Gesprächen mit Tausenden von Ratsuchenden ist es uns einmal untergekommen, dass unserem Patienten nach eigenen Worten bei diesem Durchgang in Bezug zu seiner Geburtssonne absolut gar nichts zugestoßen ist. Wir aber glauben, dass er gelogen oder die Geschehnisse verdrängt hat. Wir sollten immer daran denken, was auf den ersten Seiten dieses Buches steht, nämlich dass Trigone und Sextile in diesem Fall nicht automatisch positive Transite sind, sondern uns im Gegenteil schwere Schläge auf Kopf und Rücken auch bei so genannten harmonischen Durchgängen geben können.

Uranus im harmonischen Aspekt zur Sonne

Wenn Uranus im positiven Winkel an unserer Geburtssonne vorbeizieht, wird unser Leben rundum erneuert. Wir müssen hier allerdings unterscheiden, in welchem Zeitraum er im Laufe unseres Lebens vorkommt. Wenn der Durchgang eintritt, solange wir noch Kinder sind, kann er auf große Veränderungen für unsere Familienangehörigen hinweisen, vor allem für den Vater. Dasselbe gilt bei einem Vorkommen des Transits in sehr fortgeschrittenem Alter, in diesem Fall könnte er vor allem unsere männlichen Söhne betreffen. Wenn er aber in unserer Lebensmitte vorkommt, also zwischen dem 15. und dem 70. Lebensjahr, so werden wir ihn stark auf uns selbst lasten fühlen. Es ist unmöglich, dass wir nach diesem Transit noch dieselben bleiben wie vorher. Wir werden uns mit Sicherheit stark verändern, sei es aus praktischer und objektiver Sicht oder im Sinne eines innerlichen Sturmes, der uns psychisch mitnimmt. Die betroffenen Häuser, die anderen gleichzeitig auftretenden Transite und vor allem das Solarhoroskop können uns darüber aufklären, wo uns der Transit hinführen möchte. Menschen mit geringer Willenskraft, vielleicht aufgrund eines Mars' in Waage oder Krebs, könnten eine gewisse Euphorie empfinden, da sie vielleicht zum ersten Mal in ihrem Leben in der Lage sind, schnelle Entscheidungen zu treffen, den Zauber der Erinnerungen aus der Vergangenheit zu brechen und entschlossen zu handeln. Aus diesem Gesichtspunkt steht der Durchgang unter den positiven Transiten an erster Stelle. Ein lange andauernder Stillstand geht über Nacht zu Ende, wie beim Fall der Berliner Mauer, der höchstwahrscheinlich unter dem Transit von Uranus stattgefunden hat (leider kennen wir die genauen Geburtsdaten der Bundesrepublik Deutschland nicht). Mit viel Kraft im Gepäck gelingen uns Unternehmungen, die wir bis vor wenigen Tagen als unmögliches Unterfangen betrachtet hätten. Es beginnt alles mit einem starken Drängen nach außen, das uns mit anderen in Beziehung setzt und eine Begierde nach Veränderungen, Erneuerungen, totalem Wandel wach werden lässt. Man kann hier eine Analogie zu den Durchgängen von Mars zur Sonne finden, aber hier befinden wir uns um etliche Oktaven höher. Nur schwer kann das, was in diesen Monaten passiert, wieder rückgängig gemacht werden. Wenn wir wichtige Träume in der Schublade haben, wie einen Berufswechsel oder den Umzug in eine andere Stadt oder den Beginn einer Liebesbeziehung, so ist der richtige Moment dafür gekommen. Die radikale Haltung, die diesen Zeitraum charakterisiert, ermöglicht uns ein Loslösen von den Konventionen und Heucheleien und ein absolut innovatives Handeln.

Uranus im disharmonischen Aspekt zur Sonne

Wenn Uranus im disharmonischen Winkel an unserer Radixsonne vorbeizieht, müssen wir in allen Gesichtspunkten sehr wachsam sein. Wir sind aufgeregt und unruhig, denken und handeln auf radikale Weise, ertragen den Stillstand bei anderen nicht, stellen uns dem Leben aggressiv entgegen. Unsere Lebhaftigkeit erreicht ein stark übersteigertes Ausmaß. In einem solchen Klima können wir verschiedene Dummheiten begehen und schwere Schäden für unser Leben in allen Gesichtspunkten erleiden. Wir unterscheiden zwischen zwei Situationen. Die Erste bezieht sich auf eine direkte Verantwortung unsererseits, zum Beispiel, wenn wir Chirurgen sind und eine Leichtfertigkeit begehen, die einem Patienten das Leben kosten kann. Dasselbe gilt, wenn wir im Kontrollturm eines Flughafens arbeiten oder Flugzeugpiloten sind und voreilige Entscheidungen treffen, die in einer Katastrophe enden. Es handelt sich hierbei nicht um einen Fehler aus Zerstreuung, der eher den Durchgängen von Neptun zugesprochen werden könnte, wie wir später sehen werden, sondern um brüske Gesten und falsche Entscheidungen, die sich nicht wieder rückgängig machen lassen. Das gilt auf der ganzen Linie und bezieht sich auf jede Arbeit und jede Verantwortung unsererseits, von der Arbeit als Babysitter bis zu der des Kochs und wir könnten noch eine ganze Reihe an Beispielen aufzählen. Die zweite Situation bezieht sich auf schwere Prüfungen, die nicht von einer mehr oder weniger großen Schuldigkeit abhängen. In diesem Fall müssen wir mit Trauerfällen, Betrug der geliebten Person, finanziellen Schwierigkeiten durch die Schuld Dritter, Raubüberfällen, plötzlicher Krankheit, usw. rechnen. Bei solchen Geschehnissen können wir nicht von einer Eigenverantwortung sprechen. Wenn wir das täten, würden wir eine Theorie der Unschuld des Transits aufstellen und die gesamte Verantwortung auf unsere eigenen Schultern laden. In Wahrheit verhält sich Uranus aber häufig wie ein Wilder, eine Art Monster, das sich nicht zähmen lässt. Seine Peitschenhiebe treffen uns so hart, wie ein Dachziegel, der uns auf offener Straße auf den Kopf fällt. Wir wollen das Verzeichnis all der Dinge unterschlagen, die er anrichten kann, einmal, weil es unendlich lang wäre und den Rahmen des Buches sprengen würde und auch, weil wir keine Angst schüren wollen bei jenen, die geistig nicht gut auf solche Dinge vorbereitet sind. Wir wollen nicht übertreiben, aber es ist wahr, dass die Chroniken zu diesem Thema umfassend sind und eine Liste an Kummer und Tragödien enthalten, die wir nicht einfach ignorieren können. Nach seinem Durchgang zur Sonne hinterlässt der Herrscher des Wassermannes komplett veränderte Menschen. Unser Leben ändert sich in einem oder mehreren Punkten. Sein Wegzoll kann auch in einer einzigen Episode bestehen, in der wir die Hauptrolle spielen. Das sind die besten, aber nicht häufigsten Fälle. In der Mehrheit der Fälle müssen wir diesen Durchgang mit dem Bewusstsein bewältigen, dass wir in den zwei Jahren seiner Dauer viel geben müssen. Je mehr wir freiwillig abgeben, desto weniger wird er sich nehmen. Wenn sich der Planetendurchgang nicht direkt auf uns bezieht, dann auf einen nahen Angehörigen, vor allem den Vater, Sohn oder eine männliche Figur.

Uranus im harmonischen Aspekt zum Mond

Wenn Uranus im harmonischen Aspekt an unserem Geburtsmond vorbeizieht, spüren wir einen starken Trieb nach Erneuerung. Es ist so, als ob wir mehr Mut hätten, da wir uns der Zukunft positiv entgegen stellen. Wir haben viele Pläne und Träume, die wir für realisierbar halten. In diesen Monaten bewegt sich unser Drängen auf die Gemeinschaft hin. Unsere Konzentration richtet sich nach außen und wir möchten nie befahrene Gewässer umschiffen. Ein Hauch an Originalität und auch Exzentrik wird unser äußeres Erscheinungsbild bestimmen. Ein starker Wunsch nach Emanzipation und Unabhängigkeit treibt uns. Wir werden uns für mehr Freiheit entscheiden oder es zumindest versuchen. Es ist aber anzumerken, dass die Transite zum Mond eher eine potentielle als eine reale Natur haben, wie auch im Fall der Transite des ersten Himmelskörpers. Wir stellen aber dennoch eine ganze Reihe an Ereignissen fest, durch die sich unser Leben effektiv ändert oder ändern könnte. In diesem Sinne können starke Veränderungen im Berufsleben, aber auch und besonders in den Gefühlen und der Liebe eintreten. Es ist mehr als wahrscheinlich, dass wir uns im Lauf dieses Durchganges verlieben. Wir denken darüber nach, unserem Liebes- und Gefühlsleben eine andere Richtung zu geben und somit könnten wir uns auch aus einer Verbindung lösen, die uns erstickt und die zum Scheitern verurteilt ist, wir aber bisher nicht den Mut gefunden haben, sie zu beenden. Ein ganz neuer Mann oder eine ganz neue Frau gehen aus diesem Durchgang von Uranus zum Mond hervor. Vielleicht werden wir das Schicksal herausfordern, normalerweise bereuen wir aber nichts, was unter solchem Drängen entsteht. Auch das Verhältnis zu unserer Mutter wird sich stark verändern, was in den meisten Fällen bedeuten kann, dass wir das Elternhaus verlassen oder von den Eltern unabhängig werden. Der Mond ist auch das Haus und weist somit mit großer Wahrscheinlichkeit auch auf bedeutende Veränderungen in diesem Sektor hin. Das kann sich auf einen Umzug oder den An- und Verkauf einer Immobilie oder auch auf den Umbau des Ortes, an dem wir wohnen oder arbeiten beziehen. Der Mond steht aber auch für den Schlaf und auch hierbei können sich Veränderungen ergeben, in dem Sinn, dass wir mehr oder weniger schlafen. Die starken Veränderungen könnten nicht uns selbst, sondern unsere Mutter, Schwester oder Tochter betreffen. In dieser Zeit entstehen zahlreiche Mutter- oder Vaterschaften.

Uranus im disharmonischen Aspekt zum Mond

Wenn Uranus im dissonanten Winkel zu unserem Geburtsmond passiert, befinden wir uns in einer Zeit der Sorgen und der Unzufriedenheit. Wir wissen selbst nicht, was wir wollen, erkennen aber, dass uns das Leben, das wir führen, nicht mehr gefällt. Eine starke Unruhe weist uns darauf hin, dass wir etwas unternehmen müssen und nicht länger am Fenster stehen und die Ereignisse abwarten sollten. Unser Verhalten nimmt radikale Aspekte an und das kann zu einem Bruch in wichtigen familiären oder beruflichen Beziehungen führen. Unter diesem extremistischen Druck könnten wir auch manche Handlung begehen, die wir später bereuen. Wir sind uns aber auch selbst dessen bewusst, dass wir bei diesem Planetendurchgang überhaupt nicht diplomatisch sind. Stark sollten wir auf Fehler bei der Arbeit achten, besonders wenn unsere Arbeit für uns selbst oder andere ein Risiko darstellen könnte. Fluggesellschaften sollten ihre Piloten beurlauben, wenn sie unter dem Einfluss eines solchen Transits stehen und Gleiches gilt auch für die Transite Uranus–Sonne, Uranus–Merkur und Uranus–Mars. Das Risiko für Fehler bei der Arbeit aufgrund übertriebener Eile oder Unachtsamkeit, Überschätzung der eigenen Fähigkeiten oder Unterschätzung der Gefahren besteht aber in allen Berufsbereichen. Wir sind zu euphorisch und verhalten uns so, als ob wir literweise Kaffee getrunken hätten. Wir müssen uns zu großer Achtsamkeit zwingen, denn unter dem Druck von Uranus neigen wir dazu, impulsive, voreilige, nicht genügend abgewogene Entscheidungen zu treffen und könnten uns beispielsweise in eine neue Arbeit stürzen, ohne vorher die Risiken abgeschätzt zu haben. Die schlimmsten Auswirkungen dieses Durchganges beziehen sich auf das Liebesleben, bei dem wir uns einen wahren Sturm erwarten können. Ehen gehen zu Bruch, Paare trennen sich, Menschen verlieben sich plötzlich und stürmisch, Seitensprünge kommen ans Tageslicht, unerwünschte Vater- oder Mutterschaften treten ein, usw.

Wir können sicher davon ausgehen, dass sich unser Liebesleben nach dem Transit von Uranus stark verändert. Die Dinge werden nicht mehr wie vorher sein, auch nicht nach einer Versöhnung. Eine solche ist auch weniger wahrscheinlich, als bei einer Dissonanz Saturn–Mond. Während wir in diesem letzten Fall zwar eine harte Zeit durchstehen mussten, nach dem Ende des Transits aber die Möglichkeit für eine Rückkehr zur vorherigen Situation bestand, geschieht das im Fall von Uranus nicht sehr oft und eine endgültige Trennung ist wahrscheinlicher. Aber wie immer müssen wir einen Blick auf die übrigen Transite und das Solarhoroskop werfen. Das Solarhoroskop kann außerordentlich bösartig werden, wenn es uns einen Aszendenten, die Sonne oder ein Stellium im siebten Haus zeigt. In diesem Fall ist die Wahrscheinlichkeit für eine Scheidung mehr als gegeben. Auf einer anderen Ebene könnten wir verschiedene Abenteuer mit unserem Wohnbereich oder Büro, Praxis, Laboratorium, usw. erleben. Es handelt sich in vielen Fällen um einen Umzug oder einen Umbau. In anderen Fällen geht es um ein Immobiliengeschäft, wie den Kauf eines Grundstückes, den Verkauf einer Wohnung, den Kauf einer Eigentumswohnung. Unsere Schlafgewohnheiten könnten sich wegen der Erregung in diesen Monaten ändern und die Erregung könnte auch zu Magenproblemen führen. Der Transit kann neben uns selbst auch eine uns nahe stehende weibliche Figur, wie die Mutter, die Schwester, Tochter oder eine Freundin betreffen.

Uranus im harmonischen Aspekt zu Merkur

Wenn Uranus im günstigen Winkel zu unserem Geburtsmerkur steht, befinden wir uns in einem Moment der außergewöhnlichen geistigen Klarheit und Intelligenz. Die Datenverarbeitung in unserem Gehirn arbeitet aufs Schnellste und wir sind in der Lage, in kürzester Zeit Konzepte und Analogien zu erfassen. Wir wundern uns über diesen magischen Moment und können von ihm profitieren, um mehrere Feuer gleichzeitig zu schüren. Unsere Sicht ist so klar wie nie. Wir verstehen uns selbst und andere besser und können besser kommunizieren. Es macht uns Spaß, uns zu unterhalten und unsere Ideen mit anderen auszutauschen. Das Telefon zu Hause klingelt häufiger und bringt uns mehr Neuigkeiten als in den vorangegangenen Monaten. Wir haben das Bedürfnis, unsere Kommunikationsinstrumente zu erneuern und kaufen uns das neueste Handy oder schnurlose Telefon, ein neues Faxgerät oder Satellitenantenne, Modem, Drucker. Es ist auch möglich, dass wir jetzt beginnen, das Internet einzusetzen, wenn wir es vorher noch nie verwendet haben oder den Umgang mit einer neuen Software zur Datenübertragung erlernen. Außerdem informieren wir uns über alle Dinge, die unsere aktuellen

Kommunikationssysteme aufwerten können. Wir haben große Lust, zu reisen oder uns wenigstens zu bewegen. So könnten wir in dieser Zeit vermehrt pendeln. Wenn wir noch nie geflogen sind, ist jetzt der richtige Augenblick dafür gekommen. Es könnte uns auch der Gedanke kommen, ein neues Auto zu kaufen, möglicherweise ein sehr innovatives Modell oder mit hochmoderner Ausstattung. Gleiches gilt für ein Motorrad. In dieser Zeit stehen wir unseren Brüdern, Schwägern, Vettern und jungen Freunden näher. Es ist auch möglich, dass einer von ihnen eine wichtige Reise unternimmt, schwierige Prüfungen bewältigt oder etwas schreibt, um es zu veröffentlichen. Wir selbst haben Lust, mehr zu lernen oder zu lesen und können das nutzen, um an Kursen, Wettbewerben, Seminaren, Konferenzen, Praktika, runden Tischen, usw. teilzunehmen. Es ist auch möglich, dass wir etwas schreiben, wie einen Vortrag für einen Kongress, einen Lebenslauf, einen Artikel für eine Zeitung oder ein Buch. Wenn wir bereits schreiben, kann der Transit bedeuten, dass wir uns einen anderen Schreibstil zulegen, vielleicht indem wir zu einem fast futuristischen Thema schreiben.

Uranus im disharmonischen Aspekt zu Merkur

Wenn Uranus im ungünstigen Winkel an unserem Geburtsmerkur vorbeizieht, vermindert sich nicht unsere Denkfähigkeit und auch nicht die intellektuelle Schärfe auf der ganzen Linie, sondern der Unterschied zum harmonischen Transit besteht darin, dass wir bei den Längen oder Schwächen anderer massiv ungeduldig werden. Unsere Aufmerksamkeit ist hellwach, unsere geistige Schnelligkeit in allen Dingen ist außergewöhnlich, wir ertragen es aber nicht, wenn andere nicht mit unserem Schritt mithalten können. Eine starke Nervosität charakterisiert unser Vorgehen in diesen Monaten der geistigen Superlative, der Ausflüge in die Welt des Wissens mit hohem intellektuellen Charakter. Wir haben große Lust für Kommunikation jeder Art und werden das an der später folgenden Telefonrechnung zu spüren bekommen. Wir möchten ein wenig mit Allen sprechen und werden viele Anrufe an Freunde, Angehörige, Bekannte und auch Bezugspersonen in der Arbeit tätigen. Auch die Anderen rufen uns häufiger an, als sonst. Es ist sehr wahrscheinlich, dass wir schlechte und plötzliche Nachrichten per Telefon oder Post bekommen. Alle neuen Technologien für die Kommunikation und die Fernverbindung ziehen uns an. So könnten wir das neueste Modell unter den Handys oder schnurlosen Telefonen, eine Telefonstation, ein Faxgerät, Modem, Satellitenantenne, usw. kaufen. Solche Käufe bringen uns aber wahrscheinlich in Schwierigkeiten wegen der hochkomplizierten Funktionen der Geräte, die einer langen Einführung für einen guten Gebrauch bedürfen.

Es kann also passieren, dass wir den letzten Schrei der Technik besitzen, aber nicht in der Lage sind, ihn einzusetzen und ohne Kommunikationsmöglichkeiten dasitzen. Auch körperlich wächst unser Wunsch, mit anderen in Berührung zu kommen und so reisen wir viel mit dem Auto, dem Zug und jedem anderen Beförderungsmittel. Hier sollten wir mehr aufpassen, auch wenn unsere Reflexe gut und schnell funktionieren, da die erhöhte Selbstsicherheit zu Unvorsichtigkeiten führen kann, zum Beispiel indem wir einfach viel zu schnell fahren. Unser Verhältnis zu einem Bruder, Vetter, Schwager oder Freund wird enger und einer von ihnen könnte vermehrt pendeln. Auf einer anderen Ebene kann der Planetendurchgang sehr positiv sein. Unsere Lernfähigkeit steigert sich und wir können uns in komplexe Themenbereiche einarbeiten, uns auf schwierige Universitätsprüfungen vorbereiten, an Fachseminaren oder Intensivkursen, Kongressen, usw. teilnehmen. Auch das Schreiben gelingt uns besser und wir können klar und deutlich zum Punkt kommen, wie sonst nie. Das können wir nutzen, um einen wichtigen beruflichen Vortrag, eine Rede für einen Kongress, einen Artikel für eine Zeitung oder das Kapitel für ein Buch vorzubereiten. Wir können uns auch geschäftlich betätigen, müssen hierbei aber aufpassen, dass wir keine unüberlegten und übereilten Entscheidungen treffen, die uns schaden könnten. Schlaflosigkeit und Rauchen könnten unserer Gesundheit in dieser Zeit sehr schaden.

Uranus im harmonischen Aspekt zur Venus

Wenn Uranus im harmonischen Winkel zu unserer Geburtsvenus passiert, haben wir einen besonders innovativen Impuls in unserem Liebesleben. Wir fühlen das Bedürfnis, in unserer Beziehung wichtige Wendungen herbeizuführen und stellen fest, dass die Dinge nicht so weitergehen können wie bisher. Unserem Liebesleben wollen wir jetzt eine vollkommen neue Richtung geben. Der Transit kann hierfür außerordentlich günstig sein, da er uns in die Lage versetzt, einen langen, qualvollen Stillstand und Entscheidungsunfähigkeit zu unterbrechen. Das kann im Positiven auf ein Zusammenleben, eine Ehe hinweisen oder darauf, dass wir von zu Hause ausziehen, um mit der geliebten Person zu leben. Wir merken, dass wir nicht mehr zweigleisig fahren können und müssen uns notwendigerweise für eine Richtung entscheiden. Der Radikalismus in unseren Handlungen führt uns bei diesem Planetendurchgang zu extremen Lösungswegen und das kann endlich zu geklärten, unidirektionalen Verhältnissen führen. Es ist aber auch möglich, dass uns dieser als „harmonisch" eingestufte Durchgang einfach zu einer Trennung und zu nichts weiter bringt. Er steht also nicht nur für das

Ende einer doppelten, gleichzeitigen Bindung, sondern auch für das einfache Ende einer monogamen Beziehung. In vielen Fällen kann das anhand der Ephemeriden im Leben von Freunden, Angehörigen und Bekannten überprüft werden. Wie bereits erwähnt, werden wir auch bei den so genannten positiven Transiten zu Zeugen für kleine und große Tragödien. Alle, die das nicht glauben wollen, sind gehalten, es zu überprüfen. Wenn man die Ereignisse unbedingt positiv deuten möchte, könnte man die Interpretation ein wenig verändern und sagen, dass wir uns durch das Ende einer Liebe besser fühlen, dass die Beziehung falsch war oder wir auf verlorenem Posten gekämpft haben, dass sie uns die Flügel gestutzt hat und das wir durch ihr Ende einen großen Schritt nach vorne für eine größere Unabhängigkeit getan haben. Das aber kann uns nur teilweise trösten und gehört in den meisten Fällen einer etwas erzwungenen Deutung der Realität an. Die Wahrheit ist, dass der Durchgang ebenso viele Schäden wie Gutes bewirken kann. In anderen Fällen führt er uns direkt in die Arme einer anderen Person, auch wenn wir in einer „glücklichen" Beziehung leben. Es ist schwer, sich im Lauf dieses Transits Amors Pfeilen zu entziehen und häufig verknallen wir uns bis über beide Ohren. In diesen Fällen nimmt der Sprung unserer Herzen die Merkmale einer wahren Explosion mit einer Neigung zum Skandal an mit viel Öffentlichkeit und Darstellung unsererseits an ein gieriges Publikum. Wenn wir hören, dass ein Mann mit einer Tänzerin aus Brasilien durchgebrannt ist oder eine Frau ihre Familie verlassen hat, um mit dem Liebhaber zu fliehen, dann können wir darauf wetten, dass ein solcher Durchgang im Spiel war. Der Transit ist so stark, dass er auch das einzige Abenteuer der Gefühle oder der Leidenschaften im Leben einer bestimmten Person begleiten kann. Verschiedene Fälle sind uns bekannt, in denen Menschen die einzige sexuelle Erfahrung ihres Lebens unter dem Einfluss dieses Durchganges erlebt haben. Männer oder Frauen, die bereits mit dem Kapitel abgeschlossen haben, vielleicht weil sie im fortgeschrittenen Alter sind oder ihren Partner verloren haben, erleben plötzlich einen zweiten Frühling und finden jemanden, der sie liebevoll empfängt. Wir dürfen nicht vergessen, dass Uranus Berge versetzen kann. Diese voraussehbare Revolution der Gefühle kann auch eine Schwester, die eigene Mutter, Tochter oder eine liebe Freundin betreffen. Auf finanzieller Ebene kann der Transit auf eine unerwartete und plötzliche Einnahme aus verschiedenen Gründen, wie ein Erbe, eine Schenkung, verspätete Lohnzahlung oder bei besonders Glücklichen gar einen Gewinn im Spiel hindeuten. Auch in der Gesundheit kann der Transit auf eine gute Zeit verweisen, in der es möglich ist, sich von verschiedenen Krankheiten zu erholen und vielleicht ein neues Medikament zu entdecken, dass alte Probleme lösen kann.

Uranus im disharmonischen Aspekt zur Venus

Wenn Uranus im disharmonischen Winkel an unserer Geburtsvenus vorbeizieht, steigern sich die oben beschriebenen Auswirkungen desselben Transits im harmonischen Winkel ins Unermessliche. Der Wunsch nach Erneuerungen im Liebesleben wird zu einer wahren Wut, die von uns Besitz ergreift und uns dazu bringt, langjährige und wichtige Beziehungen zu zerstören. Die Zerstörungswut im Liebesleben ist so stark, dass sie in den meisten Fällen auch konkret zum Ausdruck kommt. Die Zeit bringt häufig eine Trennung, eine Scheidung oder einen endgültigen Bruch mit sich. Hier können sehr viel häufiger als bei einer Dissonanz Saturn–Venus Beziehungen für immer auseinanderbrechen, die auf Beton gebaut schienen. Unsere Verwundbarkeit in den Gefühlen und in der Liebe ist in diesen Monaten auf Höchste gesteigert. Die Gefahr, eine Beziehung für immer zu zerstören ist so hoch, dass sich jede Versicherungsgesellschaft weigern würde, mit uns eine Police abzuschließen. Dieser Transit ist Teil der kleinen Gruppe der Planetendurchgänge, durch die ein Astrologe spektakuläre Vorhersagen machen kann, so hoch ist seine reale, objektive und von jedem nachprüfbare Zielsicherheit. Es stimmt wohl, dass er sich manchmal nur im Herzen eines Mannes oder einer Frau zeigt, das aber ist nur in einer sehr begrenzten Anzahl der Fall. Meistens sind die Auswirkungen für alle sichtbar. Der Bruch in einer Liebesbeziehung steht bei diesem Transit an erster Stelle, ist aber nicht das einzige Ereignis. In anderen Fällen kann der Durchgang auf einen Vorfall im Leben unseres Partners hinweisen, der fast immer negativ und bedeutend ist. Im Geburtshimmel einer Person können wir in der Tat sehen, wann der Partner eine große Liebe erlebt, wovon die betroffene Person womöglich gar nichts weiß und niemals wissen wird. In einigen Fällen ist es möglich, eine Krankheit des Partners zu sehen und in den extremen Fällen, wenn viele andere Punkte des Geburtshimmels und des Solarhorskops das bestätigen, sogar dessen Tod. In allen beschriebenen Fällen ist eine Rückkehr zu der Situation, die vor Eintreten des Transits bestanden hat, höchst unwahrscheinlich. Uranus steht für drastische und endgültige Entscheidungen. Die Wiedervereinigung eines von einem solchen Torpedo betroffenen Paares ist aber möglich, wenn sich die Trennung über viele Monate hinzieht. Aber auch dann wird es niemals mehr so wie vorher werden, da der Herrscher des Wassermannes in seinen Handlungen fordernd und drastisch ist. Angesehene und hochgeschätzte Kollegen, ganz normale Menschen, Bürger der so genannten stillen Mehrheit, Individuen, die üblicherweise ein einfaches und tadelloses Leben in allen Gesichtspunkten führen, verhalten sich so, als ob sie nicht mehr alle Tassen im Schrank hätten und erleben eklatante Abenteuer, wie mit einer Person, die sie einen Tag zuvor kennengelernt haben, ins Ausland zu flüchten. Erinnern Sie sich an den „Blauen Engel"? Ein Gymnasialprofessor verfällt einer Varieté-Tänzerin (Marlene Dietrich)? Die Leinwandverfilmung kann uns ein Bild der Dissonanz Uranus–Venus geben. Bei jungen Leuten kann der Durchgang auf „das erste Mal" hinweisen und bei älteren Personen die unvorhergesehene und unwahrscheinliche Rückkehr zur Sexualität. Der gleiche Durchgang kann Männer und Frauen zu neuen sexuellen Erfahrungen bewegen, wie homosexuelle Beziehungen oder Gruppensex, usw. Er kann aber auch für eine neue Phase in der Beziehung mit dem Partner stehen, in dem Sinne, dass sich die Sexualität mit mehr Phantasie ausdrückt oder durch Praktiken, die man als nicht ganz orthodox bezeichnen könnte. Alles Beschriebene kann neben der betroffenen Person auch eine mit ihr verbundene weibliche Figur betreffen, wie Mutter, Tochter, Schwester, Freundin. Auf gesundheitlicher Ebene ist der Transit eher negativ, da er plötzliche Krankheiten mit sich bringen kann, die je nach astrologischer Gesamtsituation auch schwer sein können. Auch in Bezug auf Geld ist der Transit gefährlich - in diesen Monaten ist es möglich, dass wir im Spiel oder wegen falscher Investitionen oder verliehenem Geld, das wir nicht zurückbekommen, bedeutende Summen verlieren.

Uranus im harmonischen Aspekt zu Mars

Wenn Uranus im günstigen Winkel zu unserem Geburtsmars zirkuliert, fühlen wir uns mehr angetrieben. Wir sind voller Energien und empfinden einen inneren Druck zu handeln, mehr zu tun, manchmal auch zu übertreiben. Wir fühlen uns selten so gut in Form. In diesem Zustand sind wir bereit, schwierige Unternehmungen zu starten, die viel Mut und Initiative fordern. Letztere könnte auch das Symbol des Planetendurchganges sein. Wir werden unternehmungslustig und, wenn wir es bereits waren, können wir andere mit unserem Mut und der Bestimmtheit, mit der wir alle Dinge angehen, in Erstaunen versetzen. Unsere Willenskraft befindet sich jetzt auf ihrem höchsten Punkt. Wir verhalten uns so, als wären wir kleine Löwen. Fast nichts kann uns schrecken und Schwierigkeiten schüchtern uns nicht ein, sondern reizen uns. Eine Aura an jugendlichem Enthusiasmus ist um uns und auch andere nehmen unsere ausgezeichnete körperlich-geistige Form wahr. Es ist der richtige Moment, um alle unsere Projekte in die Praxis umzusetzen. Wir wagen mehr und müssen jetzt auch mehr wagen. In der Arbeit und in allen anderen Umständen sollten wir uns an die Spitze stellen, da wir nur selten so überzeugend sind wie jetzt. Es gelingt uns, wichtige Entscheidungen in kürzester Zeit zu treffen, sind kurz und bündig, wesentlich, direkt, praktisch und hocheffizient. Wir bewegen uns, als hätten wir einen zweiten Motor, der uns zu Höchstleistungen antreibt. Der Zeitraum ist unter vielen Gesichtspunkten ausgezeichnet, besonders aber für Sportler, die im Lauf des Durchganges Uranus–Mars Rekorde brechen können. Wir fühlen uns stark zu Motoren, Autos und schnellen Motorrädern und Flugzeugen hingezogen. Möglicherweise verspüren wir den Wunsch, den Flugschein oder eine Fallschirmausbildung zu machen. Auch beim Fahren legen wir unsere gesamte Entschlossenheit an den Tag. Aber wie bei den Durchgängen Uranus–Venus zeigen sich auch hier Ausdrucksformen des Transits, die an einen disharmonischen Aspekt denken lassen. Häufig können wir, wie bei den schlechten Winkeln zwischen dem Herrscher des Wassermannes und dem des Widders, zu Opfern von Unfällen jeder Art im Verkehr, beim Bergsteigen, mit dem Fahrrad, usw. werden. Die letzten Neuerungen der Technik können uns dabei helfen, unseren Körper zu stärken und unsere sportliche und sexuelle Leistung (bei Männern) zu verbessern.

Uranus im disharmonischen Aspekt zu Mars

Wenn Uranus im disharmonischen Winkel zu unserem Geburtsmars steht, nehmen wir radikale und unnachgiebige Verhaltensweisen gegenüber allen Personen und Dingen an. Der revolutionäre und extremistische Teil ins uns kommt zum Vorschein und drängt uns zu extremen Entscheidungen. Es gelingt uns nicht, in Ruhe nachzudenken, diplomatisch oder tolerant zu sein. Wir ärgern uns über den Mangel an Willen und Bereitschaft anderer und agieren eher in schnellen Spurts, als auf Ausdauer fordernden Langstrecken. In allen Bereichen des Lebens - von der Liebe zur Arbeit - tendieren wir dazu, radikale Änderungen um neunzig Grad vorzunehmen, plötzliche und wichtige Wendungen herbeizuführen. Wir müssen stark aufpassen, da wir während dieses Durchganges oft wichtige Beziehungen abbrechen, besonders in der Arbeit, wo wir die Intoleranz dieser Monate am ehesten ausdrücken werden. In wenigen Minuten könnten wir jahrelange, geduldige Arbeit in die Wüste jagen. Wenn es aber frustrierende Situationen gibt, die wir seit Jahren mit uns herumschleppen, dann kann der Transit auch positiv sein, da er uns die Möglichkeit gibt, uns wie Löwen und nicht länger wie Schafe zu verhalten. Wir möchten all das sagen, was wir in uns tragen und das tun wir auch, koste es was es wolle. Wir sind nicht mehr bereit, zu vermitteln und in der Lage, unsere Stimme gegen Personen zu erheben, die wir bis gestern noch gefürchtet haben. Man kann ruhig annehmen, dass viele Jugendliche im Verlauf eines Transits dieser Art in die Reihen der Extremisten, Terroristen, Rechtsradikalen eingestiegen sind. Auch wenn wir angesehene Bürger sind, bekommen wir Lust, mit den Studenten auf die Straßen zu gehen, Häuser zu besetzen, lautstark zu demonstrieren und ähnliche Dinge. Es ist in dieser Zeit sehr riskant, Auto oder Motorrad zu fahren, Ski, Roll- oder Schlittschuh zu laufen, von einer Klippe zu springen, Feuer mit Benzin zu machen, mit Feuerwaffen zu hantieren, auf Leitern zu steigen oder in den Bergen zu klettern und alles zu tun, was gefährlich sein könnte. Das Risiko für Unfälle oder Verletzungen ist jetzt sehr hoch. Keine Versicherungsgesellschaft dürfte uns in diesem Zeitraum eine Versicherung verkaufen. Wenn wir Busfahrer oder Flugzeugpiloten sind, müssten wir in dieser Zeit von der Arbeit freigestellt werden, bis der Transit vorübergezogen ist, sonst besteht das Risiko für Kollektivunfälle. Wir müssen ebenso darauf achten, dass wir mit anderen nicht aneinandergeraten, auch wenn das eine allgemeine Regel im Leben von uns allen sein sollte. Wenn wir überfallen werden oder einfach bei einem Überfall anwesend sind, zum Beispiel in einer Bank, besteht das Risiko, dass die erste Kugel für uns bestimmt ist. Von Demonstrationen, Protestaktionen, Tribünen neben einer Formel-1-Rennbahn, Feuersbrünsten, usw. sollten wir uns fernhalten. Besonders in Acht nehmen müssen wir uns vor Kurzschlüssen und Explosionen, wenn wir Umgang mit explosiven Arbeitsmitteln haben. Auch meiden sollten wir das Feuerwerk, besonders das als gefährlich eingestufte. Unsere Hände verwandeln sich in potentielle Zerstörungswaffen und nicht selten zerstören wir in diesen Monaten mit zwei linken Händen wertvolle Gegenstände. Wir sollten versuchen, uns auch bei der Arbeit aufs Höchste zu konzentrieren, da wir schwerwiegende Fehler begehen könnten, besonders wenn wir Chirurgen, Narkoseärzte sind, usw. Bei diesem Transit sind chirurgische Operationen möglich. Wir können uns plötzlich in einer Situation befinden, in der ein Kampf gefordert ist, ein Streit mit einer Person oder Institution. Unser Auto hat eine Panne und alle Geräte um uns herum neigen dazu, kaputtzugehen, angefangen beim Computer.

Uranus im harmonischen Aspekt zu Jupiter

Wenn Uranus im günstigen Winkel zu unserem Geburtsjupiter zirkuliert, fühlen wir uns so, als ob wir das Glück mit Händen greifen könnten. Der Himmel geht uns zur Hand und wenn auch wir unseren Teil beitragen, kann der Planetendurchgang eine oder mehrere siegreiche Situationen in den unterschiedlichsten Bereichen unseres Lebens herbeiführen. Alle Formen des kleinen oder großen Glückes können uns in diesen Monaten zustoßen und es wäre nicht übertrieben, an einen Spielgewinn zu denken, auch wenn ein solcher eine Variable ist, die jeder Interpretation entwischt, auch in der Astrologie. Wir können trotzdem sagen, dass alle, die schon von Geburt aus vom Glück verfolgt sind, zahlreiche Möglichkeiten für das große Los haben. Das plötzliche, unerwartete Glück kann uns in den verschiedensten Formen treffen. Einer unserer Feinde kann plötzlich und für immer aufhören, uns zu schaden, eine liebe Person, die uns sehr am Herzen liegt, kann plötzlich aus Schwierigkeiten herauskommen. Eine neue Heilmethode befreit uns endlich von einer langjährigen medizinischen Sklaverei. Eine „geniale" Eingebung gibt uns von einem Moment auf den nächsten den Schlüssel für ein Rätsel, das uns lange beschäftigt hat. Wenn wir es uns am wenigsten erwarten, sehen wir die Ausschreibung für einen Wettbewerb, den wir gewinnen könnten. Wie die alten Römer sagten, „Carpe Diem" oder „Nutze den Tag". Die guten Gelegenheiten stellen sich ohne Vorankündigung ein und wir müssen bereit sein, sie im Flug aufzufangen. Die modernsten Kommunikations- und Informationsmittel können eine wichtige Rolle dabei spielen, uns über die ausgezeichneten Gelegenheiten zu informieren, an erster Stelle das Internet. Wir sollten also jeden Tag ein bisschen im Internet surfen, oder noch besser, jede Nacht und unsere Antennen gut ausfahren, um uns keine Gelegenheit in diesen Monaten entgehen zu lassen. Unser Wohlbefinden kann von der Ferne abhängen und somit sollten wir lange Reisen planen, um unsere Gesundheit, Arbeit und Finanzen zu verbessern. Das Ausland und Ausländer können uns behilflich sein, vor allem in Bereichen, in denen sie die Vorreiter sind. Ein Freund aus der Ferne lässt uns eine gute Nachricht zukommen. Lange Reisen tun uns aus neurologischem Gesichtspunkt gut. Dasselbe gilt für Sport oder Tiere, die unsere Schmerzen lindern oder eine Krankheit erleichtern. Wir beginnen mit Hilfe von Internet oder anderen multimedialen Mitteln das Studium ungewöhnlicher Themenbereiche, wie Philosophie, Theologie, Astrologie oder Esoterik. Unser Studium an der Universität oder andere höhere Studien werden durch den Gebrauch des Computers vereinfacht. Eine Klage vor Gericht ändert sich plötzlich zu unseren Gunsten.

Uranus im disharmonischen Aspekt zu Jupiter

Wenn Uranus mit dissonanten Aspekten an unserem Geburtsjupiter vorbeizieht, müssen wir uns vor möglichen Unfällen sowie Schwierigkeiten mit der Elektronik, Informatik, Heilmethoden auf der Basis von Bestrahlungen und allem Modernen in Acht nehmen. Es erreichen uns plötzlich schlechte Nachrichten. Über das Telefon oder das Fernsehen erfahren wir schmerzliche Dinge. Der Einsatz von hochmodernen und komplizierten Geräten bereitet uns schwere finanzielle oder gesundheitliche Schäden. Wir sollten bei diesem Planetendurchgang also den Kauf und den Gebrauch von komplizierten Geräten, den letzten Neuheiten der Technik und hohen Technologien im

Allgemeinen vermeiden. Ein gewisses Pech trifft uns unerwartet und kann uns verschiedene Schäden zufügen, vor allem auf finanzieller Ebene. Es kann passieren, dass wir vor allem auf langen Reisen, aber auch allgemein auf allen Reisen, Schlimmes erleben. Die Ferne und das Ausland können neurologische Schäden verursachen. Wenn wir weit weg von zu Hause wohnen, macht uns das unglücklich und führt zu Ängsten und Schlaflosigkeit. Wir sind gezwungen, für eine Behandlungsmethode plötzlich ins Ausland zu fahren, die in unserem Land noch nicht angewandt wird. Eine schlechte Nachricht kommt aus der Ferne über das Internet oder über die Satellitenantenne. Fahrten mit Auto und Motorrad sollten vermieden werden, da ein Risiko für Unfälle besteht. Dasselbe gilt auch für Reisen im Flugzeug, vor allem wenn wir die Piloten sind. Das Solarhoroskop kann Aufklärung über die genaue Gefahr geben, der wir ausgesetzt sind. Wenn sich das Solarhoroskop in diesem Augenblick auf das dritte und neunte Haus stützt, dann ist die Gefahr größer und wir sollten es uns gut überlegen, ob wir das Auto nicht besser in der Garage lassen sollten. Noch riskanter ist es, wenn wir durch dichten Nebel, auf vereisten Straßen oder bei Unwetter und schlechter Sicht fahren müssen. Unsere universitären oder höheren Studien werden vorübergehend oder endgültig unterbrochen. Eine übertriebene Nervosität macht sich bei Studien der Philosophie, Theologie, Yoga, Buddhismus, Astrologie, usw. in uns breit. Wir sollten uns jetzt nicht an Richter, Anwälte oder das Gericht wenden, da uns das Gesetz in diesem Moment feindlich gesinnt ist und sich durch eine wichtige und unerwartete Zeugenaussage gegen uns wenden kann.

Uranus im harmonischen Aspekt zu Saturn

Wenn Uranus im harmonischen Winkel an unserem Geburtssaturn vorbeizieht, fühlen wir plötzlich ein ehrgeiziges Drängen, das uns zu möglichen Erfolgen in der Arbeit oder einfach zu mehr Ruhm führen kann. Wir stellen fest, dass wir jahrelang demütig und vielleicht zu nachgiebig mit unseren Vorgesetzen waren und wünschen uns jetzt, dass unsere Professionalität und unser Wert anerkannt wird. So bewegen wir uns mit Bestimmtheit und in einem Spurt vorwärts, den wir eigentlich nur jungen Leuten zugetraut hatten. In diesem Licht können wir auch eine Annäherung an die letzten Neuerungen der Technik und der Wissenschaft sehen, die für unser ehrgeiziges Projekt nützlich sind. Eine unerwartete Nachricht informiert uns darüber, dass wir einen wichtigen Karrieresprung gemacht haben. Ältere Menschen helfen uns ganz unerwartet in unserem beruflichen Wachstum weiter. Mit zunehmendem Selbstbewusstsein leben wir die Erfahrung von mehr Reife, Weisheit und

Verstandeskraft und bewegen uns mit einem anderen Bewusstsein nach vorne. Eine neue Disziplin in der Psychologie oder der alternativen Medizin ermöglicht es uns, ein besseres Gleichgewicht zu finden. Über das Internet können wir neue Technologien für die Behandlung von Zähnen oder Knochen finden, sei es, dass wir direkt betroffen sind oder dass wir einem Angehörigen helfen wollen, besonders einem älteren Elternteil. Dasselbe gilt für Medikamente, welche unseren Altersprozess verlangsamen können. Gute Zeit für die Restauration von antiken Gegenständen und Möbeln in unserem Haus mit neuen Techniken. Wir bewältigen plötzlich ganz unerwartet einen alten Schicksalsschlag. Ein altes Problem löst sich automatisch im Zuge der Erneuerung unserer Person oder des gesamten Landes. Unser Blutkreislauf verbessert sich durch neue Techniken.

Uranus im disharmonischen Aspekt zu Saturn

Wenn Uranus im disharmonischen Winkel zu unserem Geburtssaturn zirkuliert, müssen wir einen reißenden Fluss überqueren. Wir müssen aufpassen, da die Zerstörungswut in und um uns hoch ist. In uns haben wir aggressive und zerstörerische Impulse und könnten Gefahr laufen, den jahrelangen und geduldigen Aufbau unserer finanziellen, beruflichen Arbeit sowie in den Gefühlen und der Gesundheit in die Wüste zu jagen. Voreilige und unüberlegte Entscheidungen können uns auf der Entwicklungsskala stark zurückwerfen. Neuheiten in der Wissenschaft und der Technik fügen unserer Karriere Schaden zu, vielleicht weil unsere gesamte Ausrüstung plötzlich veraltet ist. Wir strengen uns an, um unsere Kenntnisse auf dem neuesten Stand und mit den wissenschaftlichen Entwicklungen Schritt zu halten, aber es gelingt uns nicht und wir verlieren an Ansehen. Schäden können aus alten Situationen, alten Freundschafts-, Arbeits- oder Liebesbeziehungen entstehen. Alles Alte schadet uns. Im Lauf dieses Durchganges müssen wir aufpassen, dass wir keine von alten Strukturen im Haus oder im Büro verursachten Schäden erleiden, wie bei Gasflaschen für eine veraltete Küche, überholten Elektroanlagen, nicht mehr gut funktionierenden Warmwasserboilern, usw. Ein mehr oder weniger großes Maß an Pech rät uns allgemein zu Achtsamkeit, angefangen bei allen riskanten körperlichen Betätigungen und gefährlichen Sportarten. Sportarten wie Skifahren, Motorrad- oder Automobilsport sowie Bergsteigen sind in diesen Monaten zu gefährlich. Eine der Gefahren des Transits sind Unfälle und Knochenbrüche. Neue Behandlungstechniken für Zähne und Knochen können uns schwere Schäden zufügen. Dasselbe gilt für neue Bestrahlungsmethoden. Schäden durch längere Bestrahlung sind vor allem bei denen festzustellen, die in der Nähe von Hochspannungslinien wohnen oder die von elektronischen Geräten jeder Art umgeben sind.

Uranus im harmonischen Aspekt zu Uranus

Wenn Uranus im harmonischen Winkel zu unserem Geburtsuranus transitiert, umweht uns ein starker Wind der Erneuerungen. Unser Geist richtet sich nach vorne und möchte so viele Neuerungen wie möglich verarbeiten. Wir blicken zurück und sehen, dass wir vor der Pensionierung noch viel tun müssen, egal ob es sich um den ersten oder den letzten Durchgang Uranus–Uranus in unserem Leben handelt. Der Transit steht zu unserer Person wie der Frühling zur Natur - ein Aufkeimen von Ideen, Projekten, Initiativen, Experimenten und Nachforschungen. Innen und außen wünschen wir uns eine Runderneuerung, die auf die Zukunft und auf den Umgang mit anderen ausgerichtet ist. Wir spüren das Bedürfnis, uns mit den anderen auseinanderzusetzen, inmitten der Anderen zu arbeiten und jeden Widerstand individualistischer Natur zu unterdrücken. An der Gemeinschaft teilzuhaben, das eigene Ich innerhalb eines strategischen, kollektiven Entwurfes zu unterdrücken, in der Masse unterzutauchen sind einige der Gefühle, die uns aus unserer schützenden und egozentrischen Schale nach außen führen. Wir sind davon überzeugt, dass wir handeln müssen und uns nicht in uns selbst vergraben dürfen. Die Lösung vieler unserer Probleme könnte darin liegen, uns optimistisch in die Masse zu stürzen. Tabus werden gebrochen, konservative Widerstände werden abgebaut und es gärt in uns ein Geist der universellen Freundschaft und Brüderlichkeit. Unser Denken erlebt eine brillante Phase und entwickelt Ideen und Projekte, die uns auf menschlicher Ebene verbessern können und die uns auch beruflich oder sozial wachsen lassen. Wir haben Lust, neue Freundschaften zu suchen und unsere Freundschaftsbeziehungen komplett zu erneuern. Es ist eine ausgezeichnete Zeit für alle, die in ihrem Beruf viele Projekte machen, wie Architekten und Ingenieure. Aber auch alle anderen können von diesem Durchgang profitieren, da er uns die nötige Kraft für alle für die Zukunft angelegten Pläne gibt. Es geht wie gesagt darum, ein neues Kapitel zu beginnen, uns konstruktiv nach vorne zu bewegen, alte Gewohnheiten abzulegen, die Pantoffeln und den Morgenmantel an den Haken zu hängen, frische Luft zu atmen, die festgefahrene Plattheit unserer konservativsten Gefühle zu durchbrechen. Das Bewusstsein unseres Älterwerdens und ein Gefühl der Nutzlosigkeit gibt uns die Kraft, uns in der Arbeit und in den persönlichen Beziehungen neu zu präsentieren. Aus allen Neuerungen können wir Profit schlagen, einschließlich der Wissenschaften, der High-Technology, der neuen Entdeckungen im medizinischen, psychologischen, astrologischen Bereich. Die richtige Lösung für unsere alltäglichen Problemen können wir gerade in der neuesten Heilmethode, neuen beruflichen Möglichkeiten und neuen Bekannten finden, vielleicht durch moderne Mittel wie dem Internet. Wir sollten alle Widerstände fahren lassen und uns einfach dem Wirbel der Veränderungen hingeben. Die Nostalgie sollten wir hinter uns lassen und uns nach vorne bewegen. Uranus wird uns mit seiner mitreißenden Kraft zur Hand gehen, um unser Sein ins Positive zu kehren. Wir müssen diesen Transit ausnutzen, um alle verstaubten Ecken unseres Herzens auszumisten und ein für allemal einen neuen Abschnitt zu beginnen.

Uranus im disharmonischen Aspekt zu Uranus

Wenn Uranus im disharmonischen Winkel an unserem Geburtsuranus vorbeizieht, laufen wir Gefahr, von den Neuheiten überrollt zu werden. Was für Wassermänner oder uranische Persönlichkeiten im Allgemeinen eine gute Gelegenheit für Erneuerung und Verjüngung sein könnte, wird für alle anderen zum Albtraum, zu einem hässlichen Monster, das unsere hart erkämpfte Ruhe und Stabilität bedroht. Wir dachten, dass wir unsere Angelegenheiten in trockenen Tüchern hätten oder dass wir zumindest an einer wichtigen Station in unserer Reise auf Erden angekommen wären, bis wir plötzlich merken, dass der Boden unter unseren Füßen zu wackeln beginnt. Es verwirrt uns, dass wir uns wieder in die stürmische See des Lebens stürzen müssen (so zumindest fühlen wir uns). Wir haben uns in Träumen der Ruhe gewiegt und stehen plötzlich vor einem zähnefletschenden Monster, das uns zerreißen möchte. Das Monster heißt Zukunft und wir fürchten es, wie es auch sein soll, aber vielleicht ein wenig zu sehr. Wir sind nicht bereit, alles in Frage zu stellen, was wir uns aufgebaut haben und widersetzen uns den Änderungen. Das Leben aber hat an unsere Tür geklopft und verlangt, dass wir uns voll und uneingeschränkt in Bewegung setzen. Alle Neuerungen schrecken uns und wir würden gerne zurückgehen, das aber wird uns nicht gestattet und so müssen wir wohl oder übel das akzeptieren, was uns das Schicksal bereithält. Wahrscheinlich sind wir gezwungen, viele Dinge zu ändern, begonnen bei der Arbeit, den Gefühlen, der Freizeit, unserer medizinischen Behandlung, usw. Wir müssen uns eingestehen, dass unsere Verteidigungsstellung mit dem modernen Leben nicht gut Schritt hält und dass wir einen Teil unseres Ichs aufgeben und uns in die unbekannten Gewässer stürzen müssen. Inmitten der Anderen müssen wir kämpfen, haben so aber auch die Möglichkeit, dem Blut in unseren Adern einen neuen Schwung zu geben. Ein Windhauch an frischer Luft wird uns schließlich nicht schaden. Um die frische Luft zu atmen, müssen wir aber vorher den Sturm bewältigen und das gefällt uns überhaupt nicht. Es gibt zwei Möglichkeiten: entweder wir ändern spontan etwas oder Uranus wird etwas verändern. Die letzten Neuheiten der Technik und der Wissenschaft können uns schaden und ebenso Freunde, denen wir vertraut haben. Alte Projekte zerbrechen endgültig. Der Planetendurchgang kann neben Neuerungen auch Trauerfälle mit sich bringen.

Uranus im harmonischen Aspekt zu Neptun

Wenn Uranus im harmonischen Winkel zu unserem Geburtsneptun zirkuliert, rühren uns esoterische, übernatürliche, philosophische, religiöse oder astrologische Interessen auf. Wir entdecken plötzlich eine Neugierde für Welten, über die wir bisher nicht näher nachgedacht hatten. Wir fühlen uns von Mysterien im weiteren Sinn angezogen: das Leben, der Tod, alle Dinge, die größer sind als wir. Diese Interessen werden uns dazu bringen, Bücher zu lesen, Konferenzen zu besuchen, Reportagen im Fernsehen zu verfolgen oder Priester, Psychologen, Astrologen, Esoteriker, charismatische Persönlichkeiten, geistige Führer für viele Menschen, die wie wir ihren Durst an der Quelle des Wissens stillen möchten, aufzusuchen. Wir erkennen plötzlich, wie leer es um uns war und fragen uns selbst, wie wir bisher mit verbundenen Augen leben konnten. Es geht hierbei um sehr starke und totalitäre Interessen, die unsere Gedanken beherrschen und die zukünftige Ausrichtung unseres Geistes bestimmen. Wir spüren ein Fieber und möchten schnell vorankommen, um zu höheren Kenntnissen zu gelangen und einen Teil der verlorenen Zeit aufzuholen. Gleichzeitig fühlen wir uns im christlichen Sinn zum Nächsten hingezogen. Neue oder ungewohnte Gefühle von Brüderlichkeit und ein Geist des Opferns, den wir an uns nicht kannten, bringen uns dazu, uns anderen in Fürsorge und Beistand zuzuwenden. Wir möchten am Leid des Nächsten teilhaben und uns ehrenamtlich und barmherzig in verschiedenen Formen engagieren. Wenn wir nicht gläubig sind, fühlen wir einen starken inneren Druck, der ein Vorbote eines neu in uns erwachten Glaubens sein könnte. Wir fühlen uns zu Menschenmassen, Massenbewegungen und religiösen Gruppen hingezogen. Die Zeit ist sehr gut, um an einem spirituellen Gruppenrückzug teilzunehmen oder eine Ausbildung in so genannten alternativen Disziplinen zu machen, wie Yoga, Makrobiotik, Shiatsu, Astrologie, usw. Durch neue Behandlungsmethoden können wir uns von der Abhängigkeit von Arzneimitteln befreien oder uns von einer Sucht lösen, wie Rauchen, Alkohol, Drogen. Unerwartete Energien geben uns plötzlich die Möglichkeit, alte Probleme zu überwinden, uns ein richtiges Kreuz von den Schultern zu laden. Eine lange Reise auf dem Meer gibt uns neue

Energie und beruhigt unser Nervensystem. Vielleicht ziehen wir unerwartet in ein Haus in Wassernähe an einem Fluss, See oder am Meer.

Uranus im disharmonischen Aspekt zu Neptun

Wenn Uranus im disharmonischen Winkel zu unserem Geburtsneptun zirkuliert, wird unser Gleichgewicht von Glaubensschüben oder anderen Interessen für alles Unbekannte oder Esoterische gestört. Eine Anziehung zu Astrologie, Tiefenpsychologie, Parapsychologie, Yoga, orientalischen Kulturen, Philosophie oder Religionsstudien bekommt uns nicht. Diese plötzliche Strömung versetzt uns in eine Welt voller Geister und Symbole, die uns verstören. Unser Nervensystem reagiert empfindlich auf diese Gefühle. Wenn wir auch sonst eher neurotisch sind, dann werden wir es jetzt noch mehr. Wir möchten zurück, das aber ist schwer. Wir fühlen uns gleichzeitig angezogen und abgestoßen. Vielleicht haben uns ein Priester, ein so genannter Magier oder ein Psychologe mit ihren Ideen und Worten in eine Krise gestürzt und wir glauben, für eine solche Erfahrung nicht ausreichend gerüstet zu sein. Viele Ängste, Phobien, fixe Ideen ergreifen uns und treffen unsere scheinbar starke Schutzhülle, die vielleicht aus einer Skepsis bestand, zu der wir uns immer bekannt, die wir aber niemals wirklich nachgeprüft haben. Die Nähe zu Menschenansammlungen, Massenbewegungen und Sekten kann uns sehr schaden und es wäre gut, uns von jeglichen kleinen oder großen Menschengruppen fernzuhalten, die einer Idee folgen, welche sich um jeden Preis mit dem Schwert in der Faust durchsetzen will. Der Planetendurchgang kann zum Sammelbecken für extremistische, radikale oder gar terroristische Ideen werden. Wir sind im Laufe dieser Monate überhaupt nicht ruhig und riskieren so vielleicht, von jeder besonders charismatischen Figur oder geistigem Führer abhängig zu werden. Ein plötzliches Ereignis bereitet uns eine schwierige Prüfung, ein Kreuz für die Zukunft. Unser allgemeines Gleichgewicht wird durch übertriebenen Zigaretten-, Kaffee-, Alkohol- oder Drogenkonsum gestört. Ein Unfall zu Hause kann zu Hochwasser oder schweren Schäden an den Wasserrohren führen. Wir sind gezwungen, die Heizung zu überholen. Wir erleben eine schlimmes Abenteuer auf dem Meer oder laufen Gefahr, Schiffbruch zu erleiden. Eine Begegnung mit Drogenabhängigen auf der Straße hat schlimme Folgen.

Uranus im harmonischen Aspekt zu Pluto

Wenn Uranus im harmonischen Winkel zu unserem Geburtspluto zirkuliert, kommen unsere tief verborgenen Kräfte ans Tageslicht. Man könnte auch sagen, dass unsere tierischen Instinkte jetzt an die Oberfläche kommen, aber im besten Sinn des Wortes. Diese Kräfte kommen aus den Tiefen unseres Unterbewusstseins und ermöglichen uns eine kämpferische, lebensfrohe Einstellung und geben uns die Fähigkeit, zu leiden und die grundlegenden Gefühle unserer Natur auszuleben, wie die Erhaltung des Lebens, die Instinkte, die Paarung zur Erhaltung der Rasse, die Notwendigkeit, uns zu vereinen. Es geht hier um die ursprünglichen Grundinstinkte, die wir alle in uns tragen, die aber in der Ernüchterung des alltäglichen Lebens betäubt werden. Mit der starken Brise der Erneuerung von Uranus kommen diese Anreize wieder hervor und richten uns positiv in die Zukunft. Der Planetendurchgang kann uns so dabei helfen, nach einem Sturz oder einem dramatischen Stillstand im Beruf oder im Liebesleben wieder aufzustehen. Wir verstehen, dass wir auf die eigenen Kräfte und auf unseren Überlebensinstinkt zählen können, den jedes lebende Wesen auf der Erde in sich trägt, angefangen in der Tierwelt. Wir Menschen aber machen uns unter anderen Umständen eine Barbarisierung dieser positiven tierischen Instinkte zueigen und bewegen uns auf vorgefertigten und künstlichen Pfaden, die mit unserer wahren Natur nichts gemeinsam haben. Uranus im harmonischen Winkel zu unserem Geburtspluto kann ein sexuelles Verlangen nach langer Lethargie wiedererwecken. Die Anziehungskraft unseres Partners steigt in unseren Augen und wir werden in der Sexualität fordernder. Durch einen Todesfall könnten wir in den unerwarteten Besitz von Geld oder Immobilien gelangen, die wir uns niemals oder zumindest nicht in naher Zukunft hätten träumen lassen. Durch einen plötzlichen Trauerfall könnten wir aber auch beruflich aufsteigen oder Wissen oder inneren Reichtum erlangen. Der Zeitraum ist gut für die unterirdische Suche jeder Art, zum Beispiel für das Auffinden von Wasseradern oder anderen wertvollen Rohstoffen auf unserem Grundstück. Auch die Grabungen im metaphorischen Sinn bei einer Psychoanalyse haben mit diesem Planetendurchgang zu tun. In diesen Monaten können wir in unserer Entwicklung große Schritte machen. Wir interessieren uns plötzlich für den Tod oder für mediale Fähigkeiten und könnten hier interessante Erfahrungen machen. Die Noir-Literatur oder das Noir-Kino begeistern uns. Das Phänomen der Verbrechen interessiert uns stärker. Wir haben das Bedürfnis, unser zukünftiges Begräbnis zu planen.

Uranus im disharmonischen Aspekt zu Pluto

Wenn Uranus im disharmonischen Winkel an unserem Geburtspluto vorbeizieht, ist es so, als kämen die tierischsten und zerstörerischsten Instinkte in uns gleichzeitig ans Tageslicht. Der Serienmörder Landru, der ein wenig in uns allen steckt, will hervorkommen und sich einen Platz in unserem Leben erobern. Es handelt sich um eine schlimme Zeit, in der wir bemerken, dass wir nicht die nötigen Instrumente haben, um den wenig gesitteten und kultivierten Teil in uns durch unsere Erziehung und Kultur zu bremsen oder zu unterdrücken. Der stärkste Impuls in uns ist der zum Kampf und zur Zerstörung, einschließlich der Zerstörung unserer eigenen Person. Somit könnten wir bei diesem Planetendurchgang unbewusste masochistische oder selbstverstümmelnde Tendenzen entwickeln, vielleicht durch starkes Rauchen oder Trinken, Medikamenten- oder Drogenmissbrauch, wenig Schlaf und zuviel Sex. Die größte Gefahr aber liegt in unseren Gefühlen gegenüber anderen, Gefühle der Unterdrückung. Wenn sich zu diesen der erhöhte Sexualtrieb in diesem Zeitraum gesellt, könnten wir grobe oder schamlose Taten begehen. Natürlich kann unsere Grunderziehung und die Gesamtheit der Transite Auskunft darüber geben, wie hoch das Ausmaß solcher Taten ausfallen wird. Allerdings werden wir feststellen, dass der Mr. Hyde, der auch in den Ruhigeren unter uns steckt, genau bei diesem Transit plötzlich hervorkommen kann. Wir können schlechte Begegnungen machen und ein sexuelles Abenteuer ohne ausreichenden Schutz kann zu schweren Infektionskrankheiten führen. Durch eine nicht wohl überlegte und impulsive Handlung verlieren wir hohe Geldsummen oder ein Erbe, eine Schenkung, Eigentum unseres Partners. Wir könnten hohe Summe im Spiel oder bei falschen Spekulationen verlieren. Gefährliche Zeit für Diebstähle und Raubüberfälle. Schlimme psychische Erfahrungen in Bezug auf den Tod oder mit so genannten spiritistischen Sitzungen. Begeisterung für die morbide Literatur, für Neo-Noir-Filme oder für Verbrechen und Kriminelle. Mögliche Begegnungen mit Letzteren. Bei Grabungsarbeiten auf unserem Grundstück könnten Geheimnisse ans Tageslicht kommen, die besser verborgen geblieben wären. In anderen Fällen kann die innere Erregung bei dem Transit in Frauen eine sexuelle Blockade oder in Männern Impotenz hervorrufen. Besessene Gedanken an den Tod. Angst vor dem Sterben.

Uranus im Aspekt zum Aszendenten

Siehe Uranus im ersten Haus

Uranus im Aspekt zum Medium Coeli

Siehe Uranus im zehnten Haus

Uranus im Aspekt zum Deszendenten

Siehe Uranus im siebten Haus

Uranus im Aspekt zum Imum Coeli

Siehe Uranus im vierten Haus

Uranus im Transit durch das erste Haus

Wenn Uranus durch unser erstes Haus zieht, haben wir den starken Wunsch nach Neuerungen in unserem Leben. Die Situationen des Stillstandes der letzten Jahre drohen zu explodieren. Genauso verhalten uns auch wir, wie ein explodierender Vulkan oder ein Champagnerkorken, der an die Decke schießt. Wir sind nicht mehr bereit, abzuwarten, sondern wollen alles und zwar sofort. Wir verhalten uns wie Gefangene, die nach langer Zeit das Tageslicht erblicken und die Freude am Lachen, Singen und Rennen wiederentdecken. Rennen ist genau das richtige Wort für unseren Gemütszustand in diesen Jahren (der Durchgang dauert im Durchschnitt mindestens sieben Jahre). Wir haben keine Lust mehr zu warten und nachzugeben, können vorsichtige und diplomatische Lösungen nicht mehr leiden. Wir wollen ganz und gar nicht vorsichtig sein und drücken einen starken Radikalismus aus, der vielleicht schon vorher ins uns war, aber unterdrückt wurde, oder der erst bei diesem Planetendurchgang entstanden ist. Wenn wir offen für alles Neue und bereit für regelmäßig wiederkehrende Änderungen in unserem Leben, positiv gegenüber den kleinen und großen Revolutionen in unserer Existenz eingestellt sind, dann wird der Transit sehr positiv sein und uns in ein besonderes Universum aus tatkräftigem Willen, direkten und wichtigen Entscheidungen, Einheit zwischen Gedanken und Handlungen, Verjüngung der alten Strukturen, Mut und Kraft versetzen. Das gilt bei Personen mit einem schwachen Willen (wie im Fall von Mars in Waage oder Krebs). Diese werden den Reiz der schnellen Entscheidungen empfinden, die durch einen Faustschlag auf den Tisch bekräftigt werden - für sie ein einzigartiges Erlebnis. Wassermänner, uranische Persönlichkeiten sowie Schützen, Löwen und Widder können den Transit am Besten ausleben. Die Anderen dagegen könnten ihn mit Terror und Angst erleben. Alle, die ihre Festung verteidigen und die Stabilität in ihrem Leben erhalten wollen, fühlen die Grundmauern einstürzen, bemerken die Gefahr des herannahenden Zyklons, der alles umreißt, die eigene Zukunft gefährdet und Hypotheken auf die Sicherheiten im Kern der Familie erhebt. Außer *Rennen* ist ein weiteres Schlüsselwort *Ändern*, und das im Guten wie im Schlechten. Entweder wir ändern selbst spontan etwas oder Uranus erledigt das für uns und in diesem Fall können wir nicht absehen, wohin er zielen wird. Es ist nicht möglich, dem Hindernis auszuweichen oder sein Aktionsprogramm aufzuschieben. In diesen Jahren können sich viele Dinge unseres Seins ändern, von der Arbeit zu den Gefühlen und der Liebe, von der Gesundheit zu den kulturellen Interessen. Wir könnten mit einer Sportart beginnen oder uns dort bewegen, wo wir immer sesshaft waren oder wir könnten uns von diesem Augenblick an entscheiden, uns nur nach ganz bestimmten Regeln zu ernähren und nicht wie bisher ohne einen genauen Ernährungsplan. Manchmal stellen wir auch bedeutende körperliche Änderungen fest, wie eine starke Gewichtszunahme oder -abnahme. Unser Körper verändert sich in irgendeiner Art. Auch unsere Persönlichkeit wird vom Durchgang des Uranus' beeinflusst und wir könnten offener, gesprächsbereiter, origineller und auch ein wenig exzentrischer werden und bereit sein, die sich bietenden Gelegenheiten zu ergreifen. Wenn wir auch instabile Situationen akzeptieren, in denen wir täglich für unser Schicksal kämpfen müssen, können wir den größten Nutzen aus dem Transit ziehen. Ist das Gegenteil der Fall, können wir einen instabilen geistig-körperlichen Zustand und auch mehr oder weniger schwere Krankheiten erleben, besonders wenn sich in diesem Moment andere bösartige Transite oder ein schlechtes Solarhoroskop mit Werten des zwölften, ersten oder sechsten Hauses hinzugesellen. In den schlimmsten Fällen kann es auch um chirurgische Operationen oder Unfälle jeder Art gehen.

Uranus im Transit durch das zweite Haus

Wenn Uranus durch unser zweites Haus zieht, empfinden wir das Bedürfnis, neue Quellen für unseren Lebensunterhalt, für Einnahmen und finanzielle Realisierung zu suchen. Wir sehen ein, dass wir nicht so weitermachen können wie bisher. Wir müssen die alten Tabus über Bord werfen und die Ärmel hochkrempeln, um unsere Politik in den Finanzen, im Persönlichen oder Familiären zu ändern. Wir werden neue Lösungen suchen, Fachzeitschriften lesen, Bewerbungen schreiben oder eine Handels- und/ oder Industrietätigkeit aufnehmen. Wenn es nicht regelmäßig solche Transite gäben, könnten keine neuen Unternehmen gegründet werden. Im Lauf dieses Planetendurchganges nimmt die Angst stark ab, die uns sonst in unseren unternehmerischen Vorhaben abbremst, und es wird uns ermöglicht, den Schritt ins Ungewisse zu wagen. Manchmal landen wir weich, aber manchmal auch auf der harten Straße. Das hängt von der Gesamtheit der Transite in dieser Zeit, von unserem Geburts- und dem Solarhoroskop ab, die wie immer eine große Rolle spielen. Der Transit von Uranus im zweiten Haus bringt viel Geld in Bewegung, natürlich im Rahmen unserer Möglichkeiten im Sinne von Ausgaben oder Einnahmen. Wir werden in dieser Zeit nur selten finanziell still stehen, sondern das Kapital bewegen, investieren, etwas riskieren, kaufen und verkaufen. Es ist auch möglich, dass sich etwas Wichtiges an unserem Aussehen ändert, angefangen beim Haarschnitt über den Bartwuchs bis zu chirurgischen Schönheitsoperationen, die unser Aussehen stark verändern. Manchmal bezieht sich dieser Aspekt auch auf drastische Schlankheitskuren oder eine starke Gewichtszunahme aus verschiedenen Gründen, einschließlich einer Schwangerschaft. In anderen Fällen geht es um die Art, uns zu kleiden und wir geben uns plötzlich sportlich, wenn wir sonst einen klassischen Look vorgezogen haben. Es kann auch vorkommen, dass wir uns ganz unerwartet mit Fotografie, Kino, Theater, Werbe- und Computergrafik beschäftigen. Das Bild im Allgemeinen kann in diesen Jahren für uns zum Mittelpunkt werden und uns dazu bringen, riesige Fernsehbildschirme für unser Heim, professionelle Foto- und Videokameras, hochauflösende Monitore für den Rechner, komplizierte Videoaufnahmegeräte, usw. zu kaufen. Es kann auch sein, dass wir auf plötzliche und angenehme Weise sichtbarer werden, vielleicht indem wir an einer Fernsehshow teilnehmen oder in den Zeitungen und im Internet erscheinen. Wenn sich der Transit negativ ausdrückt, müssen wir auf große Geldverluste aufpassen, die wir aufgrund Diebstahls, Betrugs oder schlechter Investitionen, Schäden an unserem Besitztum aufgrund eines Brandes oder anderer Naturkatastrophen, große Verluste im Spiel, usw. erleiden könnten. Wir laufen auch Gefahr, dass uns eine schlecht durchgeführte Operation oder ein Unfall, Brand oder eine Verletzung entstellt. Schäden an allen Geräten, die etwas mit Fernsehen oder Kino, Fotografie oder Informatik zu tun haben.

Uranus im Transit durch das dritte Haus

Wenn Uranus durch unser drittes Geburtshaus zieht, haben wir das Bedürfnis, unsere Mittel und Systeme zur Kommunikation und Telekommunikation zu erneuern. Eine kleine oder große Revolte in diesem Sinne könnten wir machen, indem wir einen Diktionskurs besuchen, wo wir lernen, besser zu sprechen und uns ohne Komplexe auch vor Publikum auszudrücken. Außerdem fühlen wir uns gedrängt, uns alle Neuheiten im High-Tech-Bereich bei Handys, schnurlosen Telefonen, Faxgeräten, Modem oder Internet, Satellitenantennen, Kabelfernsehen, usw. zuzulegen. Dies sind Jahre, in denen wir aus diesem Gesichtspunkt wachsen und viel Geld und Energie investieren. Möglicherweise werden sich auch unsere Fahrgewohnheiten ändern, im Sinne von täglichem, wöchentlichem oder monatlichem Pendeln. Es kann zum Beispiel passieren, dass wir für eine verbesserte Lebensqualität aufs Land ziehen, auch wenn wir dadurch hundert oder zweihundert Kilometer täglich fahren müssen. Wir werden mehr kurze oder lange Reisen aus Motiven der Arbeit oder der Freizeit unternehmen. Vielleicht bewegen wir uns mit Verkehrsmitteln, an die wir vorher gar nicht gedacht hätten, wie dem Motorrad, dem Motorboot oder dem Zug. Die Revolte, von der wir sprechen, kann aber auch ganz einfach unser Studium betreffen und die Einschreibung in universitäre oder außerschulische Kurse, Seminare oder die Anmeldung für ein Praktikum ankündigen. Es kann auch passieren, dass wir etwas schreiben und der Transit kann uns in die Welt der Schriftsteller und der Presse bringen (hierbei kann es um die Druckpresse gehen oder um Fernsehen, Radio, usw.). Ein Bruder, Schwager, Vetter oder junger Freund erlebt eine totale und positive Revolte im Leben. Wir machen gute Erfahrungen im Handel. Im Fall eines negativen Transits wegen dissonanter Aspekte oder gleichzeitigem Auftreten anderer negativer Transite oder eines negativen Solarhoroskops müssen wir vor allem auf Verkehrsunfälle mit dem Auto und Motorrad oder beim Überqueren einer Straße achten. Dasselbe gilt auch für unsere Brüder, Schwäger, Vettern und jungen Freunden, die in einen Unfall verwickelt werden oder auch Probleme jeder Art, wie Krankheit, Operationen, eine Trennung, Schwierigkeiten mit dem Gesetz, usw. haben könnten. Die Presse könnte sich plötzlich für uns interessieren und das gefällt uns überhaupt nicht. Es wäre besser, Daten am Computer häufig abzuspeichern, da wir sie sonst verlieren könnten, zum Beispiel ein Buch, an dem wir gerade schreiben. In diesem Zeitraum können viele Schäden oder Defekte an den Mitteln zur Kommunikation und Telekommunikation eintreten, keiner ausgenommen. Unsere Beziehungen zu den oben genannten Personen verschlechtern sich. Wir brechen den Kontakt zu einem Verleger oder zu einer Zeitung ab, für die wir gearbeitet haben. Wir brechen plötzlich das Studium ab und beschließen, die Hochschule oder Oberschule zu verlassen. Geschäftsverhandlungen enden in einer Katastrophe. Möglich sind Erkrankungen des Nervensystems oder Schäden durch das Rauchen.

Uranus im Transit durch das vierte Haus

Wenn Uranus durch unser viertes Geburtshaus zieht, verspüren wir den starken Wunsch, unsere Wohnsituation zu ändern. Wenn wir kein Haus besitzen, ist es mehr als wahrscheinlich, dass wir uns jetzt eines kaufen. Es geht hierbei nicht nur um den Wunsch, sondern um eine Wirklichkeit und wir werden in jedem Fall das Haus wechseln, sei es, dass wir eines kaufen, sei es, dass wir in eine andere Mietwohnung ziehen. Es könnte auch um große Umbauarbeiten an der Wohnung oder am Arbeitsplatz gehen. Häufig weist der Transit einen Arbeitsplatzwechsel oder auf Änderungen in der Arbeit hin, wie wenn wir in eine andere Abteilung oder Geschäftsstelle versetzt werden. Ein Haus könnten wir nicht nur kaufen, sondern auch erben oder durch Schenkung von einem Elternteil oder von unserem getrennten Partner erhalten. Der Planetendurchgang kann sich auf große Änderungen für unsere Eltern beziehen, wie ein öffentlicher Erfolg oder eine wichtige Aufgabe, das Auskurieren einer Krankheit oder die Wiederherstellung nach einer Operation. Wenn sich der Transit dagegen eher negativ ausdrückt, kann sich der Gesundheitszustand eines Elternteils verschlechtern oder er könnte sogar sterben. Beim Haus müssen wir besonders aufpassen, da ein Feuer ausbrechen könnte oder das Haus zur Zielscheibe für das organisierte Verbrechen werden könnte (in diesem Fall geht es nicht nur um den Wohnbereich, sondern auch um ein Lokal, Büro, einen Laden, usw.). Das Haus könnte auch beschlagnahmt werden, vielleicht wegen nicht bezahlter Schulden oder durch Schwierigkeiten bei einer Eigentumsübertragung. Manchmal wird der Transit zum Spiegel für eine Trennung, wenn der Partner, in dessen Himmel der Transit vorkommt, das Haus verlassen muss. Auch ein Hauseinsturz oder Schäden nach einem Erdbeben, Erdrutsch oder anderen Naturkatastrophen können sich ereignen. Der Transit kann in seinen schlimmsten Ausdrucksformen auch auf einen Gefängnisaufenthalt (Hauswechsel) oder Krankenhausaufenthalt hinweisen. Natürlich müssen auch die anderen Transite und das Solarhoroskop dafür sprechen. Acht geben sollten wir auf den Massenspeicher des Rechners und alle Speichermedien, die beschädigt werden und uns in Schwierigkeiten bringen könnten. Mögliche Unfälle bei einer Fahrt mit Anhänger oder Wohnwagen. In den eigenen vier Wänden herrscht ein unerträgliches Klima mit Streitigkeiten und Spannungen. Zwangsräumung aufgrund eines gerichtlichen Urteiles.

Uranus im Transit durch das fünfte Haus

Wenn Uranus in unserem fünften Haus steht, sind wir plötzlich stark auf Spiel und Freizeit ausgerichtet. Nach etwa sieben Jahren, in denen wir nur an das Haus und die Familie gedacht, unsere Energien einseitig in endopsychische Richtung gelenkt und das Private der Öffentlichkeit vorgezogen haben, fühlen wir das Bedürfnis, uns wieder nach außen zu richten, abends auszugehen, das Kino oder das Theater zu besuchen, uns ein schönes Wochenende, Reisen, Konzerte, Diskothekbesuche und Spiel in allen Formen zu gönnen. Wir haben große Lust, uns zu vergnügen. Neue Hobbys entstehen und - da Uranus die Ursache für diese Wendung ist - wird es in diesem Fall hauptsächlich um Hobbys in den Bereichen Elektronik, Informatik, Fotografie, Psychologie, Astrologie, usw. gehen. Für viele ist es der Computer, für andere Videospiele und für wieder andere das Glücksspiel mit Karten oder am Roulettetisch. Aber der Genuss ist eine subjektive Realität und mit dieser Eigenschaft kann er sich zu 360 Grad in alle Richtungen bewegen, zum Beispiel in die Richtung des Studiums der großen Schlachten der Geschichte oder den Beginn einer Briefmarkensammlung. Es ist aber sicher, dass wir mehr Zeit in unsere Freizeit investieren. Möglich ist außerdem, dass der Planetendurchgang für uns den Beginn einer neuen Liebe bedeutet. Wir verlieben uns wieder neu in die Person an unserer Seite oder in eine andere Person. Unter diesem Gesichtspunkt kommt eine hitzige Zeit auf uns zu, die mehr als eine Überraschung für uns bereithält. Bei vielen Personen bezieht sich der Transit auch auf eine Vater- oder Mutterschaft. Das gilt auch für Paare, die sich für unfruchtbar hielten. Es geschieht häufig, dass es bei einem Mann oder einer Frau, die alle Hoffnungen bereits fahren gelassen haben, in der Natur des Herrschers des Wassermannes plötzlich und unerwartet doch zu einer Befruchtung kommt. Wenn der Durchgang als dissonant zu betrachten ist, da er mit anderen Planeten schlechte Aspekte formt, weil gleichzeitig andere negative Transite oder ein unangenehmes Solarhoroskop vorkommen (wobei die Jahre einzeln betrachtet werden müssen), ist es möglich, dass wir ungewollt Vater oder Mutter werden, was zu vielen Problemen führt. In diesem Sinne könnte man als Beispiel Frauen anführen, die trotz Einsatzes der Spirale oder anderer, angeblich sicherer Verhütungsmittel schwanger werden. Das Gleiche gilt für Männer, die trotz Kondom zu Erzeugern werden. Uranus versetzt Berge und wird sich in seinem revolutionären und manchmal diabolischen Willen sicher nicht durch eine dünne Schicht Latex aufhalten lassen. Hier darf auch die Möglichkeit einer Fehlgeburt oder Abtreibung nicht ausgeschlossen werden, wenn der Transit im Himmel der betroffenen Frau vorkommt. Auch auf Geschlechtskrankheiten sollte achtgegeben werden. Der Zeitraum wird häufig von einem oder mehreren drastischen Brüchen im Liebesleben einer Person gezeichnet. Es ist mehr als wahrscheinlich, dass scheinbar feste Bindungen zu Ende gehen, dass sich Männer oder Frauen in eine andere Person verlieben und den Partner verlassen, dass scheinbar ruhige Menschen plötzlich zum Mittelpunkt eines kleinen Skandals im Freundes- und Bekanntenkreis werden. Erste Erfahrungen in der Liebe und mit dem Sex, eine Liebe, die zurückkehrt, Beziehungen, die zu Ende gehen, wiedererwachte Sexualität sind einige der klassischen Situationen bei einem Durchgang von Uranus im fünften Radixhaus eines Mannes oder einer Frau. In den schlimmsten Fällen und nur, wenn es viele andere Punkte der astrologischen Analyse bestätigen, kann der Transit auf den Verlust des Partners durch Tod hindeuten. In anderen Fällen steht der Durchgang für große Verluste im Spiel oder an der Börse (es geht ja auch hierbei um Spiel, Spekulationen). Mögliche Krankheiten an den Geschlechtsorganen.

Uranus im Transit durch das sechste Haus

Wenn Uranus durch unser sechstes Radixhaus zieht, entschließen wir uns oft zu neuen Heilmethoden. Wir erleben eine Änderung in der Zeit, die wir unserer eigenen Person für mehr Schönheit oder Gesundheit widmen. Es kann vorkommen, dass wir uns in einem Fitnesszentrum anmelden, mit einer Sportart beginnen, unsere Muskeln trainieren oder täglich eine Stunde joggen. Manchmal kaufen wir uns einen Hometrainer oder schreiben uns in dem Tennisclub um die Ecke ein. Wir beginnen mit einer Ernährungsberatung, nehmen Schlammbäder, machen Thermalbäder, Behandlungen für die Haut, Gesichtspflege, entspannende Massagen, Shiatsu oder chiropraktische Sitzungen, Akupunktur-Anwendungen, eine Strahlenkur, UV-Licht-Bestrahlung, usw. Die Aufmerksamkeit für uns selbst nimmt stark zu. Wir kaufen Zeitschriften oder verfolgen Sendungen im Fernsehen zum Thema Gesundheit, gehen häufiger zum Arzt und in die Apotheke. Wir haben plötzlich ein stärkeres Bedürfnis nach Hygiene und Gesundheit, aus welchem Grund auch immer. Ein Grund könnte sein, dass wir nach sieben Jahren des Transits von Uranus im fünften Radixhaus, also nach sieben Jahren des Genießens und der Laster, das Bedürfnis haben, unser Äußeres zu „reparieren". Es kann aber auch sein, dass nach Jahren der Unbeweglichkeit aufgrund einer chronischen Krankheit, die wir für unüberwindbar hielten, der Wind der Erneuerung von Uranus um uns weht und uns dazu bringt, die Situation und deren Lösung ganz entschieden in die Hand zu nehmen. Nichts ist resoluter, als der Wille von Uranus. Wir informieren uns, stellen Fragen, surfen im Internet auf der Suche nach Erleuchtung und tun vieles, bis wir die wertvollen Informationen gefunden haben. In der Arbeit kann der Planetendurchgang auf eine wichtige und positive Wendung hindeuten. Wir könnten uns endlich entscheiden, etwas zu versuchen, zu wagen, das Schicksal in die Hand zu nehmen und aus dem Stillstand auszubrechen, in dem wir bisher gefangen waren. Wir stehen so vor einem bedeutenden Wendepunkt, der unser Arbeitsleben stark im Positiven verändern kann. Es ist möglich, dass wir einen neuen Mitarbeiter einstellen oder dass wir neue Geschäftsbeziehungen eingehen, die auf Dynamik und Kraft basieren. Wenn sich der Transit negativ ausdrückt, kann er für unsere Gesundheit ziemlich gefährlich sein und auf den Beginn einer ernsten Krankheit hinweisen. In diesem Fall wird es im Gegensatz zum Durchgang von Saturn im gleichen Haus nicht um eine chronische, sondern um eine akute Krankheit gehen. Wenn es andere Punkte der astrologischen Analyse bestätigen, müssen wir in diesen ca. sieben Jahren mit einer oder mehreren chirurgischen Operationen rechnen. Mögliche Strahlentherapie mit zerstörerischen Folgen. Plötzliche und unangenehme Wendung in der Arbeit. Gefahr für Entlassungen oder ungewollte Versetzungen. Brüske Unterbrechungen in Arbeitsbeziehungen. Streitigkeiten mit Kollegen, Mitarbeitern oder Vorgesetzten. Ein Mitarbeiter, auch ein Hausangestellter, geht ohne Vorankündigung. Wir werden von einem Angestellten angezeigt.

Uranus im Transit durch das siebte Haus

Wenn Uranus durch unser siebtes Radixhaus zieht, verändern sich unsere Beziehungen zu den Anderen stark. Wenn wir alleinstehend sind, haben wir den großen Wunsch, uns zu binden, eine Paarbeziehung einzugehen, eine Allianz, Gesellschaft aufzubauen und Initiativen der Zusammenarbeit zu starten. In vielen Fällen geht es um eine Hochzeit oder der Beginn eines Zusammenlebens, dem Beginn einer großen Liebe, die eher auf die Ehe als auf ein Abenteuer ausgerichtet ist (dieser Bereich gehört eher dem fünften Haus an). Auch überzeugte Singles können bei diesem Durchgang ihre Meinung ändern und sich dem Paarleben zuwenden. In anderen Fällen liegt die Aufmerksamkeit in der Arbeit und dann kann der Transit auf die Gründung einer Gesellschaft hinweisen. In wiederum anderen Fällen kann es um den Beginn einer politischen Karriere gehen (dieses Haus ist stark mit der Politik verbunden). Es ist leicht möglich, dass wir in diesen Jahren einen wichtigen Rechtsstreit beginnen. Der Transit kann außerdem auf große Veränderungen im Leben unseres Partners hinweisen. In diesen Jahren erzielt unser Partner Erfolge, erhält Bestätigung und streift die passiven und nachdenklichen Verhaltensweisen ab. Auch in unserem Paarleben ändert sich viel. Wenn der Durchgang negativ zu lesen ist, dann ist die Möglichkeit einer Scheidung oder Trennung sehr hoch. Hierbei hat der Transit leider einen hohen Grad an Nachprüfbarkeit. Uranus kann viel besser zerstören als aufbauen. Im Übrigen erfolgt ja auch in der Natur und in den von Menschenhand geschaffenen Werken eine Zerstörung viel schneller und leichter als ein Aufbau. Der Druck nach außen und für Trennungen ist sehr hoch und macht uns besonders unduldsam angesichts der Verfehlungen oder angeblichen Verfehlungen unseres Partners. Wir sind nicht länger bereit, einzustecken und verhalten uns aggressiver. Uranus handelt vor allem für eine Beendigung jeglicher Unentschlossenheit und lädt eine betroffene Person mit Energie für direkte, plötzliche, einseitige, gezielte und künstliche Entscheidungen. In dieser Logik ist also auch eine wichtige Trennung möglich, aber der gleiche Durchgang kann auch darauf hinweisen, dass unser Partner stürmische Jahre voller Überraschungen, Trauerfälle, Prüfungen, existentieller Krisen in der Arbeit, der Gesundheit, usw. erlebt. Häufig brechen Gesellschaften, eine Kooperation oder die Arbeit in Teams auseinander. Unser Wunsch nach Trennungen in jeder Form steigt, besonders in der Politik. Wir müssen uns vor amtlichen Schreiben in Acht nehmen. Häufig geht es auch hierbei um Trennungen, es kann aber auch etwas ganz Anderes betroffen sein. Möglicherweise erhebt die Finanzbehörde oder jede andere Behörde Klage gegen uns. Unternehmer und Politiker müssen eine Klage wegen Korruption, Amtsmissbrauchs, usw. fürchten. Wir müssen uns auch vor möglichen Attentaten in Acht nehmen, nicht nur aus politischen Motiven, sondern auch von Seiten des organisierten Verbrechens.

Uranus im Transit durch das achte Haus

Wenn Uranus durch unser achtes Haus zieht, kann es passieren, dass nach einem Todesfall eine positive Wendung in unserem Leben eintritt. Es kann sich hierbei um das Verschwinden eines unserer Feinde oder um das eines Vorgesetzen handeln, der uns so die freigewordene Stelle überlässt. In den besten Fällen geht es um den Tod eines entfernten Angehörigen, der uns ein Erbe hinterlässt. In anderen Fällen stirbt auch eine uns nahestehende Person, zum Beispiel ein Elternteil, aber hier ist der Tod als eine Befreiung nach einem langen Leidensweg zu sehen. Solche Überlegungen heben sich von einer ethischen oder christlichen Logik ab und wollen schlicht die Fakten ohne Heucheleien darstellen. Das Ende eines Menschen setzt in uns einen Erneuerungsmechanismus in Gang, der uns zu innerem und äußerem Wachstum bringt. Es kann auch passieren, dass wir im Lotto, im Toto oder bei anderen Spielen gewinnen (wenn es das Geburtshoroskop, die anderen Transite und das Solarhoroskop vorsehen). Wir erhalten Geld durch Schenkung, Abfertigung, Pension, Lohnrückstände oder durch unseren Partner. Wir verdienen mit unserer Arbeit unerwartete Summen. Unsere Sexualität erwacht neu oder verändert sich stark. Plötzlich interessieren wir uns für den Tod und beginnen, uns mit dem Gedanken an ihn anzufreunden. Arbeiten an der Familiengruft oder dem Ort, an dem wir gerne begraben werden wollen. Vor einem Notar unterzeichnen wir unser Testament oder geben unseren Angehörigen Anweisungen für unsere Beerdigung. Grabungsarbeiten auf der Suche nach Wasseradern oder wertvollen Gegenständen auf einem unserer Grundstücke beginnen. Eine Tiefenanalyse mit einem Psychoanalytiker beginnt. In uns erwacht eine Leidenschaft für Kriminal- und Noir-Romane. Im Fall eines negativen Durchganges könnte uns der plötzliche und unerwartete Tod eines lieben Menschen hart treffen. Ein Todesfall verursacht indirekt ein Unglück, wie im Fall von Angestellten, die nach dem Tod ihres Vorgesetzten arbeitslos werden. Das achte Haus ist nicht nur das Haus des Todes, sondern auch das Haus vom Ende der Dinge, so könnten wir uns auch das Ende einer langjährigen Beziehung erwarten. Viele Liebespaare trennen sich bei diesem Planetendurchgang. Wir erleiden große und unerwartete Geldverluste wegen falscher Spekulationen, Betrug, geliehenem Geld, das uns nicht zurückgezahlt wird, unerwartete Steuern, gesalzene Bußgelder, Einbrüche in unser Haus oder einen Überfall auf der Straße. In diesem Moment geht die Tendenz in Richtung Ausgaben, vielleicht durch den Kauf einer Immobilie, deren Preis unsere finanziellen Möglichkeiten unerwarteterweise übersteigt. Es ist in dieser Zeit sehr einfach, sich zu verschulden oder bei der Bank um Kredite zu ersuchen, deren Zinssätze stark auf unseren monatlichen und jährlichen Bilanzen lasten. Wir befinden uns in einem schlimmen Moment für finanzielle Ausgaben und es muss uns gelingen, alle Geldhähne drastisch zuzudrehen, wenigstens im Hinblick auf überflüssige oder verschiebbare Dinge. Wir entdecken, dass sich unser Partner ohne unser Wissen bis zum Hals verschuldet hat. Wir begehen Verrücktheiten oder gar Straftaten, um an Geld zu kommen. Sehr schlechte Zeit für Spiele. Bei Grabungsarbeiten auf unserem Grund und Boden kommen Dinge ans Tageslicht, die uns unter allen Gesichtspunkten stark schaden. Eine Tiefenanalyse wird plötzlich abgebrochen und wir fühlen uns so, als könnten wir nicht wachsen. Unerwartete Kosten in Bezug auf die Familiengruft oder die Beerdigung eines Angehörigen kommen auf uns zu. Wir erleiden einen nervösen Schock nach so genannten spiritistischen Sitzungen oder bei der Beschäftigung mit dem Tod. Unsere Sexualität ist blockiert. Ein übermäßiger Sexualtrieb führt uns zu käuflicher Liebe. Mögliche Geschlechtskrankheiten. Möglich sind plötzliche Krankheiten an den Geschlechtsorganen oder am Anus (in den meisten Fällen Hämorrhoiden).

Uranus im Transit durch das neunte Haus

Wenn Uranus durch unser neuntes Radixhaus zieht, richten sich unsere Gedanken in die Ferne, sei es im geographisch-territorialen, als auch im metaphysisch-transzendentalen Sinn. Plötzlich haben wir eine unstillbare Sehnsucht nach der Ferne. Wir möchten viel und weit weg verreisen und setzen den Wunsch in den meisten Fällen in die Praxis um. In vielen Fällen bewegen wir uns, unternehmen lange Reisen oder gar längere Auslandsaufenthalte. Das neunte Haus steht für die Ferne, verstanden als jedes Land oder jede Region, in denen eine andere Sprache der ein anderer

Dialekt gesprochen wird. So ist es also auch möglich, dass es sich nicht um wirkliche Fernreisen, sondern auch um eine Fahrt von einigen hundert Kilometern handelt, die dennoch unser Leben und unsere Gewohnheiten stark verändert. Es kann dabei um Vergnügungsreisen, aber auch um längere Aufenthalte für die Arbeit oder das Studium gehen. In anderen Fällen ist es gar nicht nötig, dass wir persönlich und effektiv verreisen, sondern es geht einfach um eine Verbindung zu fernen Städten. Ein Beispiel wäre ein Importeur, der in geschäftliche Beziehungen zu einem Nachbarland tritt, ohne dafür umziehen zu müssen, oder ein Forscher, welcher der Schule eines fernen Meisters folgt, dabei aber zu Hause über den Büchern seines geistigen Führers bleibt. Wenn das Interesse für die Ferne an Bereiche, wie Philosophie, Theologie, Yoga, Buddhismus, Astrologie, Parapsychologie, usw. gebunden ist, handelt es sich um Erforschungen mit dem Gedanken, dem Geist und nicht mit dem Körper. Alle Studien an der Universität oder nach der Schule sind begünstigt und verschiedene Menschen entschließen sich für eine Immatrikulation an der Universität, vielleicht im fortgeschrittenen Alter. In anderen Fällen erklärt der Transit ein plötzliches Interesse für den Sport, vielleicht bei Bewegungsfaulen, die sich nie aus dem Büro hinausbewegt haben. Wenn sich der Transit negativ ausdrückt, müssen wir besonders einen Verkehrsunfall mit dem Auto, dem Motorrad, beim Überqueren einer Straße oder sogar beim Betreten eines Zimmers in unserem Haus fürchten. Die Liste der Fälle, die man als Beweis anbringen könnte, ist unendlich lang. In anderen Fällen handelt es sich um schlimme Nachrichten, die unerwartet aus der Ferne kommen: ein Angehöriger ist im Ausland gestorben, einer kulturellen Bezugsperson aus einer anderen Stadt geht es schlecht, ein Land, mit dem wir geschäftliche Beziehungen unterhalten, schließt die Grenzen oder erlebt einen Bürgerkrieg, usw. Es ist auch möglich, dass wir aufgrund ärztlicher Untersuchungen oder Operationen zum Reisen gezwungen sind. Dasselbe gilt, wenn wir einen lieben Menschen aus dem gleichen Grund begleiten müssen. Es kann auch passieren, dass wir die Untreue unseres Partners mit einer weit entfernten Person aufdecken. Es besteht die Gefahr für unangenehme Abenteuer auf Reisen, wie eine Verhaftung aus nichtigem Grund, eine Beschlagnahmung unseres Reisepasses wegen formaler Unregelmäßigkeiten, eine Erkrankung auf einer Spedition oder ein Unfall bei einer Forschungsreise. Wenn der Durchgang von bösen Aspekten zwischen Uranus und Mars begleitet wird, diese Sterne bei der Geburt dissonant zueinander sind und das Solarhoroskop auch dafür spricht, ist auch ein Flugzeugunglück möglich, aber die Wahrscheinlichkeit, dass so viele Konstellationen gleichzeitig eintreffen ist wirklich sehr gering, auch unter Erwägung der Tatsache, dass Flugzeugunglücke die seltensten Unfälle überhaupt sind. Wenn die betroffene Person selbst der Flugzeugpilot ist, dann steigt diese Wahrscheinlichkeit um ein Vielfaches.

Uranus im Transit durch das zehnte Haus

Wenn Uranus durch unser zehntes Geburtshaus zieht, möchten wir uns auf sozialer und beruflicher Ebene stark erneuern. Fast alle Autoren der Astrologie unterdrücken das bemerkenswerte Gewicht des Hauses unter sozialem Aspekt, um sich dagegen nur auf den beruflichen Aspekt zu konzentrieren. Oft sind aber die Transite in der ersten Bedeutung zu lesen. Sehr häufig heiratet eine Frau - bei Männern kommt das hier seltener vor - und ändert damit ihre soziale Stellung, besonders wenn der Ehepartner berühmt, angesehen oder sehr reich ist. Wenn der Durchgang auf diese Weise zu lesen ist, kommt er häufig in Verbindung mit einem Jupiter im siebten Haus oder mit Jupiter im siebten Haus des Solarhoroskopes in diesem Jahr vor. In anderen Fällen geht es dagegen wirklich um berufliche Veränderungen. Menschen entschließen sich radikal zu einem Arbeitsplatzwechsel, andere ändern ihre Arbeitsweise, bleiben aber im gleichen Sektor tätig, wieder andere legen den Grundstein für eine neue Arbeit in der Zukunft. Wenn der Betroffene diese Änderungen befürwortet, können die Transite außerordentlich positiv und produktiv sein. Weniger leicht ist es für die konservativen Zeichen, wie Stier, Jungfrau, Krebs und Steinbock. In einigen Fällen betrifft der Planetendurchgang unsere Mutter und weist auf große Neuerungen in ihrem Leben hin, wie eine Hochzeit, eine neue Arbeit oder ein Umzug in eine andere Stadt. Wenn der Transit negativ zu lesen ist, liegen professionelle Gefahren vor. Politiker verlieren das Vertrauen ihrer Wähler und werden des Amtes enthoben, Unternehmer scheitern, Arbeiter in Kurzzeitarbeit werden entlassen, usw. Es handelt sich immer um dramatische und plötzliche Kehrtwendungen. Der gleiche Durchgang im Himmel des schwächeren Partners in einer Beziehung kann auf eine Scheidung oder eine Trennung hindeuten, wobei der Schwächere eine gute soziale Stellung, einen angesehenen, reichen oder berühmten Partner verliert. All das aber muss sich durch schlimme Hinweise im Solarhoroskop des Jahres bestätigt finden (in den Kapiteln zum Solarhoroskop werden wir näher auf die Gefahren des zehnten Hauses in Einheit mit den Durchgängen von Saturn und Uranus eingehen). Derselbe Transit kann eine dramatische Entwicklung im Leben unserer Mutter bedeuten, wie den Verlust ihres zweiten Ehemannes oder Gefährten, Krankheit, Arbeitsplatzverlust oder im schlimmsten Fall ihren Tod. Man kann auch nicht ausschließen, dass sich unsere Beziehung zu ihr drastisch verschlimmert.

Uranus im Transit durch das elfte Haus

Wenn Uranus durch unser elftes Geburtshaus zieht, sprießen unsere Ideen, Projekte und Pläne für die Zukunft, unsere Programme auf kurze oder auf lange Sicht. Unsere Phantasie wird von der Frische des Durchgangs von Uranus im eigenen Haus beflügelt und kann originelle und vielleicht ein wenig extravagante und bizarre Ideen hervorbringen, die uns neue Möglichkeiten für die Arbeit, kulturelle Interessen, Freizeit oder Liebe bieten. Der Durchgang ist besonders positiv für alle, die kreativ tätig sind, wie Architekten, Künstler, Musiker, Dichter, Schriftsteller, usw. Ein unerwartetes musikalisches Interesse bringt uns dazu, Musik zu studieren oder auf eigene Faust den Umgang mit einem Instrument zu lernen. Gleichzeitig wächst unser Wunsch nach Freundschaft und zur Erweiterung unseres Bekanntenkreises. Getrieben von diesem Willen werden wir sicher viele neue Freundschaften und Bekanntschaften schließen und könnten von ihnen profitieren, um eine Hilfe oder eine Protektion zu erhalten (im besten Sinne des Wortes und nicht im Sinne von Schutzgeldern). Eine wichtige Persönlichkeit, die uns ihre Hilfe zugesagt hatte, löst ihr Versprechen endlich ein. Es ist möglich und sogar wahrscheinlich, dass wir im Laufe dieser Jahre einen oder mehrere Trauerfälle erleben, aber es handelt sich hierbei um Todesfälle, die uns in irgendeiner Weise helfen können, auch wenn wir sie überhaupt nicht herbeigewünscht haben. Im Falle eines disharmonischen Transits dagegen müssen wir uns auf einen oder mehrere schmerzhafte und wichtige Trauerfälle oder eine ernste Gefahr für das Leben eines lieben Menschen einstellen. Es ist auch gut möglich, dass alte oder neue Freundschaften beendet werden. Wir werden die Beziehung zu einigen Menschen abbrechen, mit denen wir Freud und Leid geteilt haben, nicht nur Freunde, sondern auch Angehörige (nicht enge Angehörige, wie Eltern, Kinder, Geschwister, sondern Tanten und Onkel, Cousins uns Cousinen oder andere). Projekte, die wir seit längerer Zeit verfolgen, werden plötzlich abgebrochen oder ein Projekt, das bei diesem Planetendurchgang entstanden ist, bringt uns nur Schwierigkeiten und Probleme jeder Art. Ein Freund ist die Ursache für ein plötzliches Unglück. Wir verlieren den Schutz einer Persönlichkeit, die uns helfen sollte durch deren Tod oder weil sie andere Arbeit antritt, in der sie uns nicht mehr behilflich sein kann. Wir müssen gezwungenermaßen mit dem Spielen eines Instrumentes aufhören.

Uranus im Transit durch das zwölfte Haus

Wenn Uranus durch unser zwölftes Geburtshaus zieht, spüren wir plötzlich ein starkes Drängen in Richtung eines ehrenamtlichen Einsatzes jeder Art, eines Beistandes für die Bedürftigen, Armen und Kranken. Das Gefühl der Fürsorge und des Beistandes kann das Ergebnis der Reifung von Ideen sein, die schon lange in uns sind und die wir erst jetzt erkennen oder ausleben, es kann aber auch um eine Neuorientierung unserer Person zum Leben, der Welt und den Anderen gehen. Wir fühlen, dass wir die Ärmel hochkrempeln und uns aktiv, konstruktiv in die Bemühungen dieser stillen Armee an edlen Seelen einbringen müssen, die sich in jeder Form von Freiwilligenarbeit für andere einsetzen. Wir besuchen Krankenhäuser, Kinderheime, Organisationen wie Caritas, Unicef oder das Rote Kreuz. In geringerem oder höherem Ausmaß leben wir unsere Beziehungen zu anderen auf unterschiedliche Weise. In uns gedeiht ein mystisches, religiöses, nicht unbedingt christliches oder katholisches Gefühl, sondern das auch einen politischen, gewerkschaftlichen, umweltschützenden „Glauben" betreffen kann. Im Lauf dieser Jahre werden wir mit großer Wahrscheinlichkeit Priester, Psychologen, Astrologen, Lebenskünstler und geistige Meister aufsuchen. Der Zeitraum ist auch gut für Nachforschungen jeder Art. Unerwartete Ereignisse befreien uns von einer alten Last, einer Sklaverei, die unser Wachstum verhinderte. Wenn der Durchgang dagegen negativ zu lesen ist, dann ist er sehr gefährlich und kann einen Zeitraum von ungefähr sieben Jahren betreffen, in dem wir wichtige Prüfungen, existentielle Krisen und unangekündigte Schicksalsschläge bewältigen müssen. Es sind vor allem Krankheiten und Operationen zu fürchten, aber man muss auch mit Unfällen, Krisen in der Arbeit, den Gefühlen oder in der Liebe und Problemen mit dem Gesetz rechnen. Wenn sich der Transit mit anderen besorgniserregenden Elementen der Geburtshimmels und mit schlechten Transiten und einem negativen Solarhoroskop vereint, dann ist er wirklich sehr gefährlich und kann dramatische Wendungen in unserem Leben anzeigen. Wir machen schlechte Erfahrungen mit dem Glauben, unser geistig-körperliches Gleichgewicht wird von starken religiösen Gefühlen oder einem Fanatismus gestört, der uns in schlechte Beziehungen zu jeder Art von politischem, gewerkschaftlichem oder religiösem Credo setzt. Ein Priester, Psychologe, Astrologe, Magier, geistiger Führer schadet uns durch eine zu starke „Bekehrung". Unerwartete Prüfungen werfen unser Leben um. Wir machen Erfahrungen mit Drogen oder vergiften uns durch zu viele Medikamente, Kaffee, Alkohol. Wir erleben eine Zeit der Neurosen, Ängste, Sorgen und Phobien. Ein Drogensüchtiger stellt uns eine oder mehrere Prüfungen. Die plötzliche Feindseligkeit anderer trifft uns kalt und unvorbereitet. Neue heimliche Feindschaften erschweren uns das Leben. Es kommt eine weitere große Last auf uns zu, die wir tragen müssen. Ein Angehöriger wird schwer krank, ein anderer verliert seine Selbständigkeit und benötigt unseren Beistand, unser Partner verliert seine Arbeit, usw.

10.
Transite von Neptun

Die Transite von Neptun sind sehr langsam und können mehrere Jahre lang im selben Haus bleiben, sei es mit harmonischen als mit disharmonischen Winkeln. Die Schlüsselwörter sind: Phantasie, Inspiration, Poesie, Einbildungskraft, Entspannung, aber auch Verwirrtheit, Fehler, Vernebelung, Extremismus, Fanatismus, geistige Störungen, Sorgen, Ängste, Neurosen, Phobien und Panik. Die harmonischen Transite sind besonders günstig für Künstler, Musiker, Dichter und Schriftsteller. Sie markieren diese Zeiten, in denen wir unsere Aufmerksamkeit gen Himmel richten, sei es im religiösen Sinne als im allgemeineren Sinn der Faszination für die Mysterien des Lebens. Sie geben das Maß für die Auferstehung unserer Libido, die Anerkennung der Spiritualität in uns, die Veredelung unserer Instinkte. Sie betreffen uns, wenn wir uns zu Formen des sozialen Beistandes, der Freiwilligenarbeit und der Hilfe für die Ärmeren und Leidenden getrieben fühlen. Sie machen aus uns mögliche Ärzte und Krankenpfleger. Wir reihen uns an vorderster Front in die großen religiösen, politischen, gewerkschaftlichen und ökologischen Schlachten ein. Registriert wird auch ein Interesse für Esoterik, Astrologie und Psychologie. Wenn diese Transite jedoch negativ sind, vertreten sie einen veränderten Bewusstseinszustand, wie bei Drogen-, Alkohol- oder Medikamentenabhängigen, politischen Schwärmern, Extremisten aller Couleurs, Fanatikern jeder Doktrin und Disziplin, geistigen Störungen, starken Neurosen, Ängsten, Depressionen, neurotischen Paranoia oder gar Psychosen. Sie können die Seele blind machen, uns dazu bringen, die Waffe in die Hand zu nehmen, jede Art von Extremismus anzunehmen, diktatorische Verhaltensweisen bei Politikern an der Macht auslösen. Der Vater aller heiligen Kriege - wenn wir die Kreuzzüge im Mittelalter außer Acht lassen - ist in unserer Zeit der islamische Extremismus, der mit Sicherheit unter Neptun geboren wurde. Niemand kann fanatischer und blinder sein als jene, die unter dem dissonanten Transit von Neptun zur eigenen Sonne, zum Mond, zum Aszendenten oder zu Mars stehen. In anderen Fällen sind diese Planetendurchgänge als Entmündigung der Person zu verstehen, als Verbot, irgendetwas zu tun, das aus der starken Verwirrtheit entsteht, die Neptun mit sich bringt. Es können nun Jahre der großen Unentschlossenheit folgen, in der große Fehler vom Beruflichen bis hin zum Autofahren mit allen Konsequenzen begangen werden.

Neptun im harmonischen Aspekt zur Sonne

Wenn Neptun im günstigen Winkel zu unserer Geburtssonne transitiert, machen wir uns eine starke Inspiration zu Nutze, die umso wichtiger ist, je mehr Phantasie in unserer Arbeit nötig ist. Wir geraten in einen Strudel der Vergessenheit, in dem sich unsere unterbewusste Wahrnehmung verstärkt und uns einzigartige Eingebungen schenkt. Die Aktivität des Unterbewusstseins ist an ihrem höchsten Punkt und die Rationalität auf dem niedrigsten, was jegliche kreative Betätigung begünstigt. Wir können den Moment nutzen, um zu schreiben, zu zeichnen, zu dichten und zu musizieren. Auch wenn wir dafür nicht besonders empfänglich sind und keinen sechsten Sinn haben wie die Fische oder jene, die bei der Geburt die Sonne oder starke Werte im achten Haus haben, wundern wir uns darüber, dass wir in diesen Monaten fruchtbare Träume über uns selbst und unser Leben haben und dass wir intuitiv alles aufnehmen, das uns umgibt und das sich nicht über das Wort ausdrückt. Wir bemerken zudem ein starkes Drängen im mystischen und transzendentalen Sinn. Wir nähern uns den Mysterien in jeder Form: Religion, Christentum, Buddhismus, Islam und auch Esoterik, Astrologie, Parapsychologie, Philosophie, Yoga, usw. Wir wundern uns über unsere Empfänglichkeit für diese Dinge, auch wenn wir sonst das Leben im Zeichen der strengsten Vernunft leben. In diesem Moment interessieren uns alle Fragen zur Haushaltsbilanz oder die gewöhnliche Organisation unseres Berufslebens wenig oder gar nicht und wir richten unsere Gedanken und unser Streben in höhere Sphären. Wir verstehen, dass der Mensch nicht nur das Produkt der Erfahrungen in der Vergangenheit ist, sondern auch ein in die Zukunft und über die Grenzen des Verstandes hinaus gerichtetes Wesen. Ein Wesen, das sich auch der Seele und nicht nur dem Körper zuwenden muss. Dieser inneren Aufforderung müssen wir in angemessener Weise nachkommen und fühlen uns so zur Kirche und zu jeder Form der Gemeinschaft in den oben beschriebenen Themenbereichen hingezogen. Sehr wahrscheinlich werden wir Priester oder religiöse Persönlichkeiten im Allgemeinen wie Rabbiner, buddhistische Mönche oder einfach inspirierte Menschen, aber auch Philosophen, Astrologen und Meister der orientalischen Disziplinen aufsuchen. Womöglich schließen wir uns einer Bewegung an, die auch politischer oder gewerkschaftlicher Natur sein könnte, denn auch diese Sektoren können mit „Mystizismus" und „Glauben" betrieben werden. Man kann auch einen starken Glauben ausleben, indem man Ideen des Umwelt- und des Tierschutzes verfolgt. Eine Flagge kann mit derselben Heiligkeit getragen werden wie ein Kreuz. Wir fühlen außerdem ein starkes Drängen in Richtung Beistand für die Armen, Kranken und Bedürftigen. In unserer Familie oder in Organisationen wie dem Roten Kreuz, Caritas oder UNICEF engagieren wir uns, um edle Ziele zu verfolgen und etwas zu bewegen. Unser Beitrag könnte auch rein finanzieller Natur sein, aber auch das lässt uns in Frieden mit unserem Gewissen stehen. Aus der Lektüre zu diesen Themen können wir großen Nutzen ziehen und wir werden uns über Alles informieren, was in dieser Welt getan werden kann, um den Bedürftigen zu helfen. Es ist sehr wahrscheinlich, dass wir uns im Laufe dieses Durchgangs einer ehrenamtlichen Tätigkeit widmen. Eine neurotische Störung kann auf der Basis von Psychopharmaka, besonders von natürlichen (Melatonin, Kräuteraufgüsse, homöopathische Arzneimittel) oder anderen Antidepressiva behandelt werden. Der Konsum leichter „Drogen" wie Kaffee kann uns dabei helfen, einen schwierigen Moment zu überwinden. Wir fühlen uns stark zum Meer hingezogen und könnten viel Freude bei einer langen Kreuzfahrt zur See haben. Gute Monate auch für Wassersport wie Wasserski, Segeln und Tauchen.

Neptun im disharmonischen Aspekt zur Sonne

Wenn sich Neptun im dissonanten Winkel zu unserer Geburtssonne bewegt, erleben wir eine sehr schwere und harte Zeit. Unabhängig davon, ob es um monatliche Transite geht, die von mehr oder weniger langen Verschnaufpausen unterbrochen werden, oder ob es sich um jährliche Transite handelt, deren Aspekt ununterbrochen wirkt, stehen wir unter einer starken Belastung, die unser geistig-körperliches Gleichgewicht auf die Probe stellt. Feuer- und Luftzeichen vertragen den Transit besser als die Anderen, vor allem von Krebsen, Fischen und Stieren wird er ziemlich übel verlebt. Eine Reihe an Ängsten, Phobien, Depressionen und Besorgnissen überkommt uns und wirkt sich schlecht auf unser Erleben aus. Es geht häufig um nicht reale und unwahrscheinliche Geister, wer aber sagt uns, dass wir deswegen weniger leiden? Man kann sich zu Tode fürchten angesichts der Gefahr, von Außerirdischen entführt zu werden und nichts und niemand auf der Welt kann uns diese Angst nehmen. Panik und Angst sind absolut subjektive Gemütszustände und niemand kann uns vorschreiben, wovor wir Angst haben sollen und wovor nicht. Häufig aber haben unsere Phobien auch einen kleinen Bezug zur Wirklichkeit und können sich auf eine Krankheit von uns selbst oder einer teuren Person, auf eine schwierige finanzielle Situation, auf Schulden, die wir nicht zurückerstatten können, auf eine Prüfung, für die wir nicht ausreichend vorbereitet sind, beziehen. Es scheint uns so, als ob wir in einem Albtraum leben würden und wir wünschen uns nichts sehnlicher als aufzuwachen und von jemandem umarmt zu werden. Leider vergeht viel Zeit, bis dieser jemand kommt und somit können wir einige der schlimmsten Monate unseres Lebens erleben. Wir sind vor allem verwirrt, können die Dinge nicht richtig bewerten und verhalten uns wie Betrunkene am Steuer. Unsere Verwirrtheit kann viel Schaden anrichten und wir könnten Fehler mit großen Auswirkungen auf unsere Finanzen, Beruf, Gefühle begehen. In Zeiträumen wie diesem können uns die größten Fehler unseres Lebens passieren. Auch sehr einfache Situationen, die uns unter normalen Bedingungen keinerlei Probleme bereiten, werden jetzt vor der Prüfung durch unseren Geist rätselhaft. Aber unabhängig davon, ob es um Verwirrtheit oder um Ängste geht, ist das Ergebnis dasselbe und die Schäden sind üblicherweise hoch. In anderen Fällen kommen unsere Qualen aus der Einnahme von Medikamenten, besonders von Psychopharmaka, von zuviel Kaffee, Zigaretten, Alkohol oder gar Drogen. Viele Jugendlichen reihen sich unter dem Einfluss dieses Transits in die Liste der Drogenabhängigen ein und haben später Schwierigkeiten, wieder herauszukommen. Die Linearität und der solare Aspekt, die unser Leben sonst kennzeichnen, erleben hier einen deutlichen Rückgang und wir neigen zu einem wenig loyalen, wenig ehrlichen und wenig orthodoxen Verhalten. Stattdessen neigen wir zur Lüge und zu unklaren Situationen in der Arbeit und in unserer Beziehung. Außerdem könnten wir durch ein Gespräch mit Priestern, Magiern, schlechten Astrologen sowie durch Bekanntschaften mit politischen Extremisten, Hooligans, militanten Sektenanhängern, Psychopathen und Drogenabhängigen starken Schaden davontragen. Alles bisher Gesagte kann auch eine für die betroffene Person wichtige, männliche Figur betreffen wie den Vater, Partner, einen Bruder oder Sohn. Im Laufe des Planetendurchganges sollten wir Narkosen und Reisen auf dem Meer meiden. Risiko beim Tauchen und von Flüssigkeiten jeder Art geht Gefahr aus. Übertriebene Entspannung und Neigung zu Gewichtszunahme, besonders durch die Einbehaltung von Flüssigkeiten. Gefahr einer Erstickung oder Gasvergiftung.

Neptun im harmonischen Aspekt zum Mond

Wenn sich Neptun zu unserem Geburtsmond im positiven Winkel bewegt (wir sind uns bewusst, dass diese Terminologie vielen nicht gefällt, die eine verschwommenere und heuchlerische Sprache vorziehen, glauben aber, dass wir so genau den Sinn erfassen, ohne uns zu sehr im Kreis zu drehen), dann erleben wir sehr viel stärker als im Fall Neptun–Sonne einen ausgezeichneten Moment für unser künstlerisches Schaffen, eine poetische und literarische sowie musikalische Inspiration, das Sich-Gehen-Lassen in der Welt der Träume. Es ist ein schöner Transit, bei dem wir uns auch verlieben können, der jener Sphäre angehört, die es uns glücklicherweise einige Monate oder Jahre lang ermöglicht, die Maschen der Vernunft und des Über-Ichs ein wenig zu lösen, um die Welt und das Leben ohne die Einschränkungen irgendeiner Zensur betrachten zu können. Unsere Handlungen können wir steuern, unsere Träume aber nicht. Und im Laufe dieses Planetendurchganges werden wir sehr viele Träume mit offenen oder geschlossenen Augen haben. Diejenigen, die eine Tiefenanalyse machen, können im Verlauf dieser Monate eine riesige Menge an Traummaterial verarbeiten und daraus Vorteile für ein besseres Verständnis der eigenen unbewussten Kräfte ziehen. Mit Sicherheit sind die Künstler, Schriftsteller und Musiker unter uns diejenigen, die am meisten Gewinn aus diesem Transit ziehen. Unser Grundimpuls ist es, den Geist und die Libido zu erheben. Wir blicken weit nach oben, spüren die Faszination des religiösen Gedankens im weiteren Sinn, sind fasziniert - vielleicht zum ersten Mal - von heiligen Inhalten, den Mysterien des Lebens und des Todes, von Disziplinen wie Philosophie, analytischer Psychologie, Astrologie, orientalischen Kulturen und Yoga. Wir möchten an religiöser Andacht, an Begegnungen unter Gläubigen, an Kongressen, Tagungen und Seminaren zu den soeben genannten Themen teilhaben und suchen Priester, Astrologen und Psychologen auf. Menschenansammlungen ziehen uns an und es ist wahrscheinlich, dass wir uns im Lauf dieser Monate einer Bewegung jeder Art anschließen. Auch die Politik, Gewerkschaften oder Umweltschutzorganisationen, um nur einige Beispiele zu nennen, sind würdig, unsere Aufmerksamkeit in dieser Zeit auf sich zu ziehen. Wir erleben eine Zeit der großen Ideale und unsere Absicht in dieser Zeit ist es, richtig und loyal nach gesunden, ehrlichen und ehrwürdigen Prinzipien zu handeln. Wir fühlen das Bedürfnis, uns für das Wohl der Menschen einzusetzen und unserem Nächsten beizustehen. Unseren Einsatz möchten wir konkret zeigen und anderen Beistand und Hilfe geben, besonders den Bedürftigen. Es ist allerdings anzumerken, dass die Rede hier im Gegensatz zum gleichen Transit von Neptun zur Sonne eher von den Möglichkeiten ist als von den Tatsachen.

Der Mond steht für die Gewässer, die wir gerne umsegeln wollen und die wir in den meisten Fällen nicht umsegeln. Die Transite der Sonne dagegen verweisen auf das praktische, objektive Handeln. Dennoch ist es nicht ausgeschlossen, dass wir uns in dieser Zeit für eine ehrenamtliche Arbeit melden. Viele Menschen werden unter dem Einfluss dieses Durchganges gläubig und religiös. Dasselbe kann natürlich auch eine weibliche und in unserem Leben wichtige Figur betreffen wie die Partnerin, Mutter, Schwester oder Tochter. Starke Hingezogenheit zum Meer, zu Schiffsreisen, Wassersport, Tiefseetauchen. Hingezogenheit auch zu neptunischen Persönlichkeiten oder zu Personen mit starken Fische-Werten.

Neptun im disharmonischen Aspekt zum Mond

Wenn Neptun im disharmonischen Winkel an unserem Geburtsmond vorbeizieht, erleben wir dieselben Schwierigkeiten des Durchganges Neptun–Sonne, nur um einige Oktaven höher. Wir könnten sogar sagen, dass dieser Transit der härteste von allen aus der Sicht der Ängste, Neurosen, Phobien und fixen Ideen ist. Auch geistig vollkommen ausgeglichene Personen leiden sehr unter der Wirkung eines solchen Planetendurchganges. Viele Monster schleichen sich in unser Bewusstsein und in unseren Alltag ein. Die unglaublichsten Ängste können in uns entstehen und uns das Leben unmöglich machen. Wie beim Aspekt Neptun–Sonne kann es auch hier um auf logischer Ebene absolut unberechtigte Phobien gehen, aber niemand hat das Recht, die Albträume seiner Mitmenschen herunterzuspielen. Wenn unser Partner vor dem Schlafengehen noch zehnmal nachsieht, ob der Herd auch ausgeschaltet ist, haben wir kein Recht, sein Verhalten zu missbilligen oder eine solche Neurose zu verurteilen. Manche haben das Bedürfnis, sich ständig die Hände zu waschen, andere haben Angst vor Räubern, wieder andere vor Krankheiten, es geht dabei aber immer um Ängste, die uns auslaugen, uns unsere Begeisterungsfähigkeit nehmen und uns in eine Welt der Panik und der Unsicherheiten versetzen. Jeder Versuch, uns zur Vernunft zu rufen und solche Verhaltensweisen abzulegen, ist vergebens. Die „Monster" in diesem Moment könnten nur in unser Einbildung existieren und überhaupt keine Verbindung zur Realität haben. Es liegen aber häufig tatsächliche Gründe für unseren Zustand vor, dabei kann es zum Beispiel um Schulden, die tatsächliche Krankheit eines lieben Menschen, Todesfälle, Arbeitsplatzverlust, Untreue des Partners, usw. gehen. Wenn ein solcher Geier (Neptun) über uns seine Kreise zieht, könnten uns sogar Selbstmordgedanken kommen und wenn es die Gesamtheit der Transite, das Geburts- und das Solarhoroskop gestatten, kann ein Selbstmordversuch auch tatsächlich eintreten. Jemand hat einmal gesagt, dass wir dann Selbstmord begehen, wenn wir davon überzeugt sind, die nächsten fünf Minuten nicht durchstehen zu können. Unter der Dissonanz Neptun–Mond könnte genau das eintreten. Auch Personen, die mit beiden Beinen fest im Leben verankert sind, schwanken bei diesem Transit und fühlen sich schwach und unvorbereitet. Bereits vorher stark neurotische Personen dagegen können in diesem Moment einen vertikalen Sturz nach unten erleben und in den extremen und glücklicherweise nicht sehr häufig vorkommenden Fällen ein psychotisches Verhalten an den Tag legen. Neptun heißt auch Verwirrtheit und davon haben wir momentan viel. Wir können mit der Wirklichkeit nicht gut umgehen, machen Fehler in unseren Einschätzungen und Handlungen. Wir laufen Gefahr, Geld oder Ansehen zu verlieren aufgrund des Nebels, der unsere Gedanken einhüllt. Gefährliche Konstellation für Flugzeugpiloten, Chirurgen, Flugzeuglotsen und für alle, die das Schicksal vieler Menschen in Händen halten. Manchmal sind die Ängste eine Folge von Drogen-, Medikamenten-, Kaffee- oder Alkoholmissbrauch. Vergiftungen jeder Art. Ängste nach Gesprächen mit Priestern, Psychologen, schlechten Astrologen oder Magiern. Gefährlich ist auch der Umgang mit allen Personen, die an diese Themenbereiche gebunden sind. Gefahren kommen vom Meer. Abgeraten sind alle Schiffsreisen.

Neptun im harmonischen Aspekt zu Merkur

Wenn Neptun im harmonischen Winkel an unserem Geburtsmerkur vorbeizieht, finden unsere Gedanken, unsere Phantasie und Einbildungskraft einen guten Weg zu einem Miteinander und wir können zur gleichen Zeit fruchtbar, kreativ und rational sein. Es geht um eine Zeit der ausgezeichneten geistigen Einbildungskraft, die dabei nicht in Antithese zu unseren logischen Fähigkeiten steht, sondern sich zu ihnen gesellt. Wir können jetzt sowohl kreativ als auch wahre „Macher" sein, ohne dass eine der beiden Eigenschaften dabei überwiegen würde. In unseren Diskussionen mit anderen geben wir eine gute Figur ab, da wir genau verstehen, was unser Gesprächspartner uns sagen will und wir selbst unsere Gedanken gut ausformulieren können. Unser Bedürfnis nach Kommunikation wächst, besonders mit Brüdern, Schwestern, Schwägern, Vettern und jungen Freunden. Wir wollen auch mehr verreisen und wahrscheinlich werden wir mehr pendeln, besonders auf dem Meer oder einem See. Das Wasser und die Reisen ziehen uns gleichermaßen an, aber es geht hier eher um viele kurze Fahrten, als um lange Reisen. Es ist wahrscheinlicher, dass eine der oben genannten Person in diesem Zeitraum eine lange Reise auf dem Meer oder eine Kreuzfahrt unternimmt. Wir fühlen uns zu esoterischen Themen, zur Lektüre der Philosophie, Psychologie, Theologie, Astrologie, Yoga, usw. hingezogen. Es interessieren uns Vorträge, Diskussionen und Seminare zu diesen Themen. Wir könnten junge Menschen kennenlernen, die sich stark mit den Themen beschäftigen. Auch selbst könnten wir etwas dazu schreiben. Da unsere Einbildungskraft auf ihrem Höchstpunkt steht und ebenso die Fähigkeit, unsere Gedanken rational zu ordnen, könnten wir bei diesem Planetendurchgang an einem Roman schreiben. Wahrscheinlich kaufen wir uns einen Rechner zur Unterstützung für unsere astrologischen Studien und wenn wir schon einen besitzen, könnte es auch ein Drucker sein, um bessere Astralkarten erstellen zu können. Gute Geschäfte sind in diesen Monaten in Bezug auf das Meer, auf Flüssigkeiten oder auf die oben genannten Bereiche möglich. Ein Angehöriger nähert sich der Astrologie, Theologie, Philosophie, usw. an.

Neptun im disharmonischen Aspekt zu Merkur

Wenn Neptun im dissonanten Winkel an unserem Geburtsmerkur vorbeizieht, stellen wir eine starke Verringerung der geistigen Klarheit fest. Unsere mentalen Fähigkeiten stehen auf ihrem Tiefstpunkt und arbeiten schlecht. Wir neigen dazu, uns zu irren und die Realität aus dem falschen Winkel zu betrachten. Schon in uns sehen wir die Dinge nicht auf normale Weise und unterschätzen oder überschätzen alle Dinge. Das führt dazu, dass unsere Kommunikation nach außen gestört ist, da wir die Anderen schlechter verstehen und uns auch selbst schlechter ausdrücken können. Auch wenn wir gute Redner sind, haben wir in den Monaten dieses Planetendurchganges Schwierigkeiten, vor Publikum zu sprechen, uns am Telefon oder schriftlich mitzuteilen. Unsere Beziehung zu Brüdern, Schwägern, Vettern und jungen Freunden entwickeln sich im Sinne der Verwirrtheit oder einer mangelnden Ehrlichkeit von deren oder von unserer Seite. Wir neigen jetzt ein wenig zur Lüge, auch wenn das sonst ganz und gar nicht unsere Art ist. Die Zeit ist schlecht für Reisen im Allgemeinen, da sich unsere Wachsamkeit auf dem Tiefstpunkt befindet und wir leicht mit dem Auto, Motorrad oder Fahrrad einen Unfall verursachen könnten. Auch vor Reisen auf dem Meer sollten wir uns in Acht nehmen. Unser Studium wird unterbrochen oder ruft in uns starke Ängste und Albträume wach. Dasselbe gilt für die Lektüre zu Themenbereichen wie Astrologie, Psychologie, Esoterik, Parapsychologie, Yoga, Theologie, usw. Wir könnten schlechte Erfahrungen mit jungen Psychologen, jungen Astrologen oder jungen Magiern machen. Eine schriftliche Prüfung raubt uns den Schlaf und gönnt uns keinen Frieden. Ein Bruder, Vetter, Schwager oder junger Freund macht eine Zeit der Neurosen oder gar des geistigen Ungleichgewichtes durch. Wir machen schlechte Erfahrungen mit stark geistig Gestörten oder Drogenabhängigen auf kurzen Reisen. Schlechte Geschäfte tätigen wir im Handelsbereich. Schäden an Transportmitteln durch Wasser (Überschwemmungen, Hochwasser, starker Regen, usw.). Wir machen schlechte Erfahrungen beim Versuch, Gras zu rauchen.

Neptun im harmonischen Aspekt zu Venus

Wenn Neptun im harmonischen Winkel zu unserer Geburtsvenus reist, kommt der große oder kleine künstlerische Teil hervor, der in uns allen steckt. Wir fühlen uns stark zu Kunst, Musik, Poesie angezogen. Auch selbst achten wir mehr auf die Form und nicht mehr nur auf den Inhalt. Wir fühlen uns positiv auf andere ausgerichtet und neigen zu „Sanftheit" mit der Außenwelt. Auf unser Aussehen achten wir mehr, wir kleiden uns besser, wählen die Farbzusammenstellung und Form unserer Kleidung sorgfältig aus, gehen häufiger zum Friseur oder in den Schönheitssalon, achten auf unser Gewicht und die Gesundheit unserer Haut. Es ist gut möglich, dass wir einen Teil unserer Freizeit in Museen, Foto- und Kunstausstellungen, Kinovorstellungen, Kunstgalerien, archäologischen Grabungen, usw. verbringen. Es ist außerdem sehr wahrscheinlich, dass wir uns verlieben. Hierauf möchten wir etwas genauer eingehen. Die Transite von Neptun bringen ebenso wie die von Uranus häufig Trennungen oder andere unangenehme Dinge mit sich, auch wenn sie sich durch ein Trigon oder Sextil ausdrücken. Diese Logik verstehen wir nicht gut, sie ist aber sicherlich von allen leicht nachprüfbar. Viele Personen trennen sich auch nach jahrzehntelangem Zusammenleben oder enger Beziehung unter dem Einfluss eines Trigons Neptun–Venus und diese Wahrheit wird noch offensichtlicher, wenn die Gesamtsituation des betroffenen Himmels disharmonisch ist. Mit anderen Worten können wir sagen, dass wenn sich die Planetendurchgänge mit bösen Aspekten anderer Planeten, schlechten gleichzeitigen Aspekten und einem schlechten Solarhoroskop vereinen, dann sind die Wahrscheinlichkeiten für einen Bruch in einer Beziehung sehr viel höher, als die für eine neue Liebe. Das kann sich aber nicht nur auf die betroffene Person beziehen, sondern auch auf eine ihr nahestehende weibliche Figur: Mutter, Tochter, Schwester und Ehefrau (in diesem Fall kann es bedeuten, dass sich die eigene Partnerin in einen anderen Mann verliebt). Im Hinblick auf die Gesundheit müssen wir anmerken, dass dieser Transit bei einer Genesung, bei den Nachwirkungen einer Krankheit oder eines Schmerzes besonders durch Psychopharmaka oder auch Antidepressiva auf natürlicher Basis wie Melatonin helfen kann. Im Hinblick auf das Geld kann der Transit auf Träume hinweisen, die zu einem Spielgewinn führen, aber das gilt nur, wenn die Person bei der Geburt eine Konstellation hat, die ein solches Ereignis rechtfertigt.

Neptun im disharmonischen Aspekt zu Venus

Wenn Neptun im dissonanten Winkel zu unserer Radix-Venus zirkuliert, werden wir in den meisten Fällen eine harte Zeit für die Gefühle durchleben. Sorgen und Verwirrtheit könnten die Schlüsselwörter für diesen Durchgang sein. Wir können realistisch sagen, dass es in jeder Paarbeziehung ein Opfer und einen Täter gibt und wenn wir in diesem Moment der Täter sind, dann leben wir eine heimliche Beziehung, einen Seitensprung, einen Betrug an der geliebten Person aus. Wenn wir dagegen Opfer sind, dann heißt es, dass wir aufgrund der Untreue unseres Partners stark leiden. Nur selten bedeutet der Transit, dass unser Partner untreu ist und wir es nicht wissen. Es wird in der Mehrheit der Fälle um großes Leid, Qualen und Ängste gehen, da der Grund für unser Leid offen zutage tritt und sich in seiner ganzen Dramatik manifestiert. Dieser Transit ist ziemlich bösartig und es wird uns sehr schlecht gehen, welche auch immer unsere Rolle sein mag, die des Opfers oder die des Täters. Liebeskummer ist vielleicht eines der härtesten um am schwersten zu ertragenden Leiden. Man fühlt sich so, als ob die Welt zusammenbricht, hat keine Lust mehr, zu leben, das Aufstehen am Morgen wird schwer und in vielen Fällen müssen wir zu Antidepressiva greifen. Was jedoch noch schlimmer ist, ist, dass der Transit sehr lange andauert und uns auch zwei-drei Jahre in Folge in Atem halten kann. Ein so langer Zeitraum erscheint uns ewig, wenn wir leiden. Wenn wir selbst einen Seitensprung begangen haben, fühlen wir uns wirr und können uns nicht entscheiden, was zu tun ist. Die alte Beziehung abbrechen? Mit dem neuen Partner leben? Oder zweigleisig fahren? Wir werden täglich von Zweifeln und Sorgen geplagt. Das alles kann sich auch auf eine Schwester, unsere Mutter oder Tochter beziehen. Aus sexueller Sicht kann der Durchgang auf eine Hinwendung zur Pornographie, zur käuflichen Liebe und zu einem wenig orthodoxen Verhalten hinweisen. Im Hinblick auf das Geld ist der Zeitraum gefährlich für eventuelle Spielverluste, falsche Investitionen, Raubüberfälle, usw. Gleiches gilt für die Gesundheit, die in diesem Fall vor allem mental gefährdet ist, im Sinn einer existentiellen Krise oder Depression. Der Transit kann zudem auf Ängste und Neurosen einer uns nahestehenden weiblichen Figur hindeuten.

Neptun im harmonischen Aspekt zu Mars

Wenn Neptun im positiven Winkel zu unserem Geburtsmars zirkuliert, werden unsere Ideen, unsere Leidenschaften und unser Glaube stark betont. Wir fühlen uns vom Wind der Kreuzzüge jeder Art und in jede Richtung getragen. Unser Gemütszustand ist positiv bewegt. Das, was wir tun und das, was wir gerne tun würden ruft starke Gefühle in uns hervor. Unsere Ideen begeistern uns und wir möchten sie auch allen Anderen näher bringen, Anhänger für unsere Sache gewinnen, die Skeptiker überzeugen. Wir fühlen, dass wir endlich in die richtige Richtung gehen und wundern uns, dass die Anderen nicht dasselbe denken, oder zumindest ein Teil von ihnen. Unser Herz schlägt nicht nur für den religiösen Glauben stark. Intensive Gefühle können wir auch auf politischer, gewerkschaftlicher, ökologischer Ebene oder bei der Befürwortung einer bestimmten beruflichen Lehre, usw. empfinden. Bei diesem Planetendurchgang können sowohl jene „entflammen", die für eine Legalisierung von Drogen kämpfen, als auch Fußballfans oder Schachbegeisterte. In dieser Zeit können wir in unserem Fachbereich große Schritte nach vorne machen und herausragende Ergebnisse erzielen. Die Ergebnisse sind noch besser, wenn wir in Bereichen der Philosophie, Theologie, Psychologie, Astrologie, Esoterik, Parapsychologie, usw. tätig sind. Wir haben große Lust, an einer Gruppe teilzuhaben, Teil eines Verbandes, einer politischen Gruppierung, Kooperative, Gewerkschaft, Pfarrgemeinde, usw. zu sein. Auch unser humanitäres Bestreben wächst im Sinne von Beistand und Pflege. Verschiedene Formen der ehrenamtlichen Arbeit ziehen uns an. Wir sind bereit, unseren Mitmenschen nicht nur durch Worte, sondern auch durch militante, konkrete Handlungen zu helfen. Die Arbeit von Organisationen wie dem Roten Kreuz, Caritas oder UNICEF fasziniert uns. Die spirituellen Vergünstigungen, die uns dieser Planetendurchgang bescheren kann, sind uns mehr wert, als die materiellen. Alle Initiativen in Bezug auf das Meer, Seen, Flüsse, das Wasser im Allgemeinen sind begünstigt, wie beispielsweise eine neue Heizungsanlage in unserem Haus, die Einrichtung eines artesischen Brunnens in unserem Büro, Ausbesserung der Wasserleitungen in der Küche, Renovierung eines Bootes für den Sommer, Kauf von Geräten für eine Wassersportart. In dieser Zeit können wir eine Leidenschaft für das Angeln oder das Tiefseefischen entwickeln. Ausgezeichnete Monate für den Beginn einer Handelstätigkeit in Bezug auf Flüssigkeiten, Alkohol, Medikamente, Kräuter. Wir beschließen, eine Krankheit mit Hilfe von Medikamenten oder Psychopharmaka zu behandeln. Eine gezielte Handlung befreit uns von der Sklaverei einer Neurose, der Ängste oder Phobien. Unsere Willenskraft ermöglicht es uns, das Rauchen und den Alkohol aufzugeben.

Neptun im disharmonischen Aspekt zu Mars

Wenn Neptun im disharmonischen Aspekt zu unserem Geburtsmars transitiert, ist unser inneres Gleichgewicht gestört. Wir fühlen uns getrieben von inflationärem Drängen in alle Richtungen, sind unruhig, erschüttert, verstört, aber wissen nicht warum. Wir merken, dass wir in Allem übertreiben, können aber nicht anders. In diesen Monaten oder Jahren ist unser Bewusstsein verändert und bringt uns dazu, Dinge zu tun, die wir sonst verurteilen. Unsere Triebe gehen in Richtung des Extremismus und Radikalismus. Wir bewegen uns wie unter Drogeneinfluss, mit einer sehr schwachen Kontrolle des rationalen Ichs über unsere primitivsten Impulse. Unser erschütterter Gemütszustand bewegt uns besonders in Richtung der extremsten Ausdrucksformen in Politik, Gewerkschaften, Religion, Umweltschutz, Tierschutz, usw. Im Lauf dieses Transits besteht das Risiko, dass uns Priester, Yogis, schlechte Astrologen, Magier, Psychologen oder Philosophen verstören. Unser Nervensystem kann auch durch eine einfache Vorhersage verstört werden, die uns vor einen monatelang andauernden Abgrund aus Ängsten, Sorgen, Phobien und Neurosen stellt. In dieser Zeit sollten wir nur fröhliche Menschen ohne viele Probleme treffen, die vielleicht auch ein bisschen dumm, aber vor allem nicht neurotisch sind, da wir sehr sensibel auf alle Einflüsse von außen reagieren. Der Transit ist vor allem für Politiker gefährlich und für all jene, welche die Hebel der Macht einer Organisation, Bewegung oder eines Heeres in den Händen halten. Ein potentieller Diktator kann bei diesem Durchgang zu einem tatsächlichen Diktator werden. Ein Polizeikommissar, der seinen Untergebenen die Anweisung gibt, auf eine Menge von Demonstranten zu schießen, ein Kommandant der Grenzwache, der aus nichtigem Grund schießt oder Schießbefehle erteilt, ein Politiker, der sich aus seiner Partei löst und eine Regierungskrise mit allen Folgen auslöst, sind nur einige Beispiele für die Schädlichkeit und Zerstörungswut eines solchen Transits. Viele persönliche Gefahren können auch durch Medikamente und besonders Psychopharmaka sowie durch Kaffee, Alkohol oder schlimmstenfalls Drogen entstehen. Unter diesem Gesichtspunkt ist der Durchgang absolut gefährlich, da er junge Menschen mit allen Folgen in die Drogenabhängigkeit führen kann. Weitere Gefahren liegen in allen Menschenansammlungen. Es wäre gut, uns von Demonstrationen, Protestaktionen, Besetzungen von Universitätsgebäuden, Streiks im Allgemeinen, Versammlungen von Nostalgikern, Kollektivversammlungen von Sportfans fernzuhalten. Viele Gefahren stehen in Bezug zum Meer oder zum Wasser im Allgemeinen. Der Transit ist hochgefährlich für Tiefseefischer, Wassersportler, Arbeiter, die mit Wasser zu tun haben. Gefahren auch durch entweichendes Gas oder daraus resultierende Brände. Wir können zudem Monate in großer Angst und Neurose erleben, auch ohne einen wirklichen Grund.

Neptun im harmonischen Aspekt zu Jupiter

Wenn Neptun im günstigen Winkel zu unserem Radix-Jupiter steht, neigen wir dazu, uns zu entspannen und von den bereits erzielten Gewinnen unserer Arbeit zu leben. Wir fühlen uns im Frieden mit der Welt und unser Gedanke ist positiv ausgerichtet. Sicherlich sind wir optimistischer als sonst und wollen glauben, dass sich die Dinge ins Gute verkehren. Unser verbesserter geistiger Zustand ermöglicht es uns, möglicherweise interessante berufliche Möglichkeiten auszunutzen. Unser Gleichgewicht wird auch von anderen bemerkt, die uns für eine Beförderung oder ein professionelles Wachstum vorschlagen könnten. Die größten materiellen Vorteile kommen aus Bereichen der Esoterik, Parapsychologie, Astrologie, Philosophie, Religion, orientalischen Kulturen, usw. Das kann zum Beispiel bedeuten, dass wir nach jahrelanger kostenloser astrologischer Praxis nun Geld für unsere Ratschläge erhalten, in einem Fitnesszentrum Yoga lehren und sich unsere Studien nach langer Zeit auszahlen. Bedeutende Vorteile könnten auch aus Menschenansammlungen, aus Bewegungen, Arbeiterorganisationen, Glaubensgemeinschaften kommen, zum Beispiel wenn sich unser Handelsgeschäft an einem Ort befindet, der zur Pilgerstätte wird. Wir können mit großem Vorteil Geschäfte mit Priestern, Magiern, Kartenlesern, aber auch Musikern und Künstlern im Allgemeinen machen. Unsere künstlerische Inspiration erreicht ein hohes Niveau und erzielt konkrete Ergebnisse für unsere Karriere, wenn wir in diesem Bereich tätig sind. Wir können zudem sehr gute Geschäfte mit Reisen auf dem Meer, in Bezug auf alle Wasseraktivitäten oder mit Flüssigkeiten machen, zum Beispiel indem wir eine Gesellschaft für Schiffstransporte gründen, eine Bar eröffnen oder eine Firma für Heizungsanlagen ins Leben rufen. Es gelingt uns, ein Parfum oder einen selbst erfundenen Duftstoff auf den Markt zu bringen oder wir gründen eine eigene Lieferantenfirma für Gas an Krankenhäuser. Eine lange Kreuzfahrt tut uns gut, auch aus psychologischer Sicht. Aufgrund einer besseren Kenntnis unserer eigenen Person durch Psychologie oder die Lektüre unseres Geburtshimmels geht es uns besser. Ein Priester oder ein anderer hoher Würdenträger oder ein Richter helfen uns dabei, wichtige Angelegenheiten zu regeln. Eine glückliche Eingebung verhilft uns zu einem positiven Ausgang in einem Rechtsstreit. Ausgezeichnete Zeit für alle Arten von Reisen.

Neptun in disharmonischen Aspekt zu Jupiter

Wenn Neptun im disharmonischen Winkel an unserem Geburtsjupiter vorbeizieht, haben wir unsere Handlungen nur schwer unter Kontrolle und sie erscheinen häufig aufgeblasen und übertrieben. Ein Mangel an kritischem Sinn führt zu unklaren, nebulösen, verzerrten Situationen. Wir leben in einem Klima des Betrugs, der Täuschung, des Schwindels, das von uns selbst oder von anderen ausgeht. Es besteht die Gefahr für finanzielle und materielle Schäden durch Menschenansammlungen, Demonstrationen, Extremisten, politische Fanatiker oder Hooligans. Auch einzelne Individuen wie Magier und schlechte Astrologen können uns Schaden zufügen, indem sie übertriebene Geldsummen fordern und sich dabei unsere Ängste oder unseren gestörten Gemütszustand zunutze machen. Geld können wir auch durch Priester, Psychologen oder Richter verlieren, die uns feindlich gesinnt sind oder durch einen Raubüberfall durch Drogenabhängige, Wahnsinnige oder geistig gestörte Menschen. Ein Krankenhausaufenthalt nach einer Depression oder einem Nervenzusammenbruch kann zu finanziellen Verlusten führen. Mögliche Schäden durch Wasser im Fall einer Überschwemmung, Hochwasser, kaputten Warmwasserboilers oder Heizungsanlagen. Große Ausgaben für eine Reparatur an der Hydraulikanlage zu Hause oder im Büro. In Acht nehmen sollten wir uns vor allen Formen der Vergiftung von einem einfachen Besäufnis bis hin zu Schlimmerem. Daraus entstehende Schäden könnten finanzieller Natur sein, beispielsweise, wenn wir jemanden mit dem Auto anfahren, oder körperlicher Natur im Fall einer Blutvergiftung. Medikamente, die uns eigentlich helfen sollten, schaden uns. Eine Explosion fügt uns großen Schaden zu. Gepanschte Lebensmittel bringen uns in Schwierigkeiten mit dem Gesetz. Hohes Bußgeld für den Verkauf verfallener Lebensmittel. Gefahr von Schadstoffen in unseren Lebensmitteln und anderen Lebensmittelvergiftungen. Gefahr von Tumorbildung - in diesem Zeitraum ist es besonders gefährlich, zu rauchen, rohes Fleisch zu essen oder Spirituosen zu trinken. Es besteht das Risiko für den Diebstahl eines Bootes oder mit hohen Kosten verbundene Bootsunfälle.

Neptun im harmonischen Aspekt zu Saturn

Wenn Neptun im harmonischen Winkel zu unserem Radix-Saturn zirkuliert, ist das die beste Voraussetzung, um den religiösen und mystischen Teil in uns zu entwickeln. Die Strenge von Saturn zwingt uns zu Härte, Wesentlichkeit, Schlichtheit und löst uns somit von den materiellen Gütern, von den Versuchungen der Sinne und begünstigt eine Erhebung unserer Libido. Wir fühlen uns stark zu allen Dingen hingezogen, die mit dem Geist, dem Bewusstsein im höheren Sinn, der Kontrolle unserer weniger edlen Gefühle in unserem weniger entwickelten Teil zu tun haben. Das Mysterium reizt uns in all seiner Größe und wir suchen um uns die Zeichen für eine göttliche Existenz. Wir verreisen auf der Suche nach dem Unbekannten, um die Mauer zu durchbrechen, die uns von den Geheimnissen des Todes, des Jenseits' und der Gottesexistenz trennt. Wir interessieren uns stark für Religion, Philosophie, orientalische Kulturen, Yoga, Buddhismus, Astrologie, Parapsychologie und Esoterik. Häufig entsteht unter diesem Planetendurchgang eine religiöse Berufung, wenn auch das Geburtshoroskop darauf hinweist. In jedem Fall wird der Transit - auch wenn er uns nicht für die gesamte Zukunft in eine vollkommen andere Richtung führt - zumindest den Effekt haben, dass wir verstehen, wie wichtig der spirituelle Teil ist, der sich in größerem oder kleinerem Ausmaß in uns befindet und der uns von den Tieren unterscheidet. Auch überzeugte Materialisten werden bei diesem Transit in ihrer Überzeugung erschüttert und müssen zugeben, dass sie ein starkes mystisches und transzendentales Drängen empfinden. Manchmal geht es um spirituelle Erhebung in Folge eines Schicksalsschlages, eines schwer zu überwindenden Hindernisses, das uns vom „Großen Bösewicht" der alten Welt auferlegt wurde. Viele Menschen verstehen erst durch den Verlust einer lieben Person oder durch schwere Krankheit, dass das Leben nicht nur aus Besitz besteht, sondern dass das Sein ebenso wichtig ist wie das Haben. In anderen Fällen steht der Transit für eine verspätete Berufung im fortgeschrittenen Alter. Menschen entschließen sich im Alter von 50 Jahren, die Mönchsgelübde abzulegen oder ihren Arbeitsplatz zu kündigen, um als Missionare in Afrika zu arbeiten. Ohne aber solche extremen Beispiele bemühen zu müssen, kann der Durchgang schlicht bedeuten, dass man spät erkennt, eine Berufung zu Beistand und Pflege zu haben und sich ehrenamtlichen Tätigkeiten widmet, zum Beispiel beim Roten Kreuz, Caritas oder UNICEF. Sehr wahrscheinlich werden wir das Bedürfnis haben, unsere Energien und unsere Kraft auf ältere Menschen zu richten, die häufig vollkommen allein sind und niemanden auf der Welt haben. In anderen Fällen kann der Transit bedeuten, dass unser mystischer oder religiöser oder transzendentaler Teil uns dazu bringt, eine höhere Rolle innerhalb der Organisation zu besetzen, deren Glaubensrichtung wir anhängen. Ein Beispiel wäre ein Priester, der Bischof wird, ein Yogi, der sich nicht mehr mit Hata Yoga (die erste, körperliche Stufe) beschäftigt und in die Lehre einer höheren Stufe überwechselt, ein Astrologe, der zum Sprecher einer nationalen, regionalen oder städtischen Organisation wird. Ebenfalls passieren kann es, dass unsere Spiritualität im Lauf dieser Monate oder Jahre eine genaue Forme annimmt, aufhört, eine spontane und unkontrollierte Regung unserer

Seele zu sein und innerhalb unserer Verstandeskraft nach genauen Vorgaben und einer verschlüsselten Disziplin geregelt wird. Das kann bedeuten, dass wir streng und methodisch studieren, um den spontanen Regungen unseres Unterbewusstseins eine kohärente Form zu geben. Wir entschließen uns, immer höhere spirituelle Ebenen zu erreichen und bemühen uns sehr, indem wir auf alles Überflüssige im Leben verzichten. Ältere Menschen lehren uns viel Positives und ermöglichen uns, zu wachsen. Wir entdecken im hohen Alter oder zumindest spät die Leidenschaft für das Meer. Medikamente ermöglichen uns im Alter einen besseren gesundheitlichen Zustand.

Neptun im disharmonischen Aspekt zu Saturn

Wenn Neptun im disharmonischen Winkel an unserem Geburtssaturn vorbeizieht, erleben wir eine harte Zeit aus psychologischer Sicht. Die Angst oder die Depression und allgemeine Sorgen und Phobien legen die Grenzen eines Territoriums fest, innerhalb dessen wir leben müssen. Es handelt sich um einen wirklich harten Transit aus Sicht der mentalen Gesundheit. Es geht uns überhaupt nicht gut und es ist nicht wichtig, ob die Ungeheuer in uns tatsächlich vorhanden oder eingebildet sind. Das von ihnen ausgehende Leid wird in beiden Fällen gleich hoch sein. Die Gründe dafür können sehr unterschiedlich sein, aber das Ergebnis ist immer das Gleiche. Eine oder mehrere Ängste quälen uns in dieser Zeit und bremsen den lebendigen Teil in uns. Wir sind mental ganz und gar nicht ausgeglichen. Oft geht es um einen Nervenzusammenbruch, aber wir können ruhig von Neurosen sprechen, die sich aus einer harten Prüfung entwickeln, welche uns das Schicksal bereithält. Der Verlust einer lieben Person, schlimme Krankheit, schwierige finanzielle Lage wegen eines Kredits, den wir nicht zurückzahlen können, führen dazu, dass wir uns schlecht fühlen und grauenvolle Geister um uns sehen. Ein paranoides Verhalten ergreift von uns Besitz und führt uns zu dem Glauben, dass das Leben böse, die Welt uns feindlich gesinnt und alle gegen uns sind. Unser mentales Gleichgewicht ist auf dem Tiefstpunkt, unsere innere Ruhe liegt in Scherben. Reale oder eingebildete Albträume bringen uns in eine Welt der Ängste und Phobien. Manchmal stehen diese Albträume in Verbindung mit einer plötzlichen Alterung, die aus verschiedenen Gründen eintritt und uns traurig an alle Dinge denken lässt, die uns im Lauf der vor uns liegenden Jahre und der Annäherung an den Tod geschehen können. Unser eigenes Älterwerden oder das unserer Lieben bereitet uns Sorgen. Schäden gehen von älteren Menschen aus, wir müssen uns um die geistige Gesundheit unserer Eltern sorgen. Unsere Spiritualität möchte hervorkommen, aber wir erleben das sehr schlecht und leiden darunter. Wir geraten mit unseren mystischen Teil in Konflikt, da wir ihn mit unserem Verstand „auslöschen" wollen. Wir müssen Prüfungen in Folge unserer mystischen Orientierung überstehen, indem wir auf Komfort verzichten, die Isolation und Klausur akzeptieren, uns alle Bequemlichkeiten und Annehmlichkeiten des modernen Lebens und jegliche Vergnügung versagen. Nach langer Meditation entschließen wir uns, unseren christlichen Glauben militant, aktiv und aufopferungsvoll zu leben. Unser Drang nach Beistand und Pflege quält uns in dem Augenblick, in dem wir ihn konkret und nicht länger nur durch Worte ausleben möchten. Schäden durch die Alterung einer Rohrleitung, des Warmwasserboilers, der Heizung. Ein altes Boot bedarf teurer Reparaturen oder erleidet Schiffbruch. Nicht wieder gut zu machende Schäden an unserem Organismus aufgrund der Langzeittherapie mit einem Arzneimittel. Eine unklare Situation quält uns. Der Betrug einer lieben Person macht uns niedergeschlagen. Das Aufsuchen eines Magiers, schlechten Astrologen oder angeblichen Mystikers bereitet uns Stress und Verzweiflung. Wir sind von einer katastrophalen Vorhersage besessen.

Neptun im harmonischen Aspekt zu Uranus

Wenn Neptun in harmonischem Winkel zu unserem Radix-Uranus zirkuliert, können plötzlich die inneren Kräfte erwachen, die uns in Richtung eines spirituellen Lebens führen. Wir kommen den Modellen des inneren Wachstums und der Aufgabe alles Überflüssigem im weiteren Sinn näher. Für viele bedeutet dieser Transit, sich über den Balkon hinauszulehnen und auf die esoterische, mystische und paranormale Welt hinabzublicken. Wir haben ein ganzes Leben lang in dem Glauben verbracht, dass wir das Übernatürliche nicht bräuchten und dass wir allein auf den Pfaden der Vernunft wandeln könnten, bis wir plötzlich entdecken, dass sich unser Unterbewusstsein zur Vernunft verhält, wie bei einem Eisberg der Teil unter Wasser zum Teil über der Wasseroberfläche. Carl Gustav Jung entdeckte im zweiten Teil seines Lebens, dass der Keller mit den uralten Möbeln aus seinen Träumen nur ein Sinnbild für sein Interesse für die Welt der Alchemie, der Astrologie und der orientalischen Religionen war, und genau so können auch wir durch das Lesen von Büchern wie dem „Aufbruch ins dritte Jahrtausend" von Pauwels und Bergier entdecken, dass es ein Universum jenseits des Bewusstseins und unseres Wissens gibt, das wir noch nicht erforscht haben und das wir jetzt so tief wie möglich kennenlernen wollen. Viele, einschließlich dessen, der diese Zeilen schreibt, haben sich unter einem solchen Transit zum ersten Mal in Yoga, homöopathischer Medizin, Akupunktur, Makrobiotik, analytischer Psychologie, Astrologie und Philosophie versucht. All das kann unser Leben komplett umwerfen und ihm eine vollkommen neue Richtung in Bezug auf unser aktuelles Sein geben. Häufig tritt das ganz plötzlich durch ein völlig zufälliges Ereignis ein, aber wir Astrologen glauben nicht an Zufälle und wissen, dass alle Dinge Teil eines komplexen Planes sind, innerhalb dessen wir uns bewegen. Ein Traum, die Begegnung mit einem Priester, Psychologen, einem Freund, der sich mit Astrologie beschäftigt, einem Yogi oder einem Meister für orientalische Themen kann unser Leben für immer verändern. Es geht fast immer um aufwühlende Begegnungen, die eine Veränderung zu 90 Grad, wenn nicht gar Inversionen zu 180 Grad herbeiführen. In den meisten Fällen findet das in einem angenehmen Kontext statt, der unser Leben positiv verändern und unseren Horizont erweitern wird. Der Planetendurchgang kann uns die Tür zu einem neuen Bewusstsein öffnen, an dem wir uns niemals satt sehen werden. Plötzlich merken wir, dass diese Interessen schon immer in uns waren und dass wir sie nur noch nie bemerkt haben, jetzt aber wollen wir die verlorene Zeit aufholen und so viel und so schnell wie möglich lernen. Durch die Einnahme eines neuen Medikamentes gelingt es uns, am Ende eines dunklen Tunnels aus Qualen wieder Licht zu sehen. Der Beginn einer Tiefenanalyse hilft uns dabei, uns besser zu fühlen. Wir kaufen einen Computer oder andere Geräte, die uns das Studium und die Praxis der Astrologie erleichtern. Wir versuchen, unsere Arbeit im esoterischen Bereich auf den Computer umzustellen.

Neptun im disharmonischen Aspekt zu Uranus

Wenn Neptun im dissonanten Winkel an unserem Geburtsuranus vorbeizieht, laufen wir aufgrund einer starken Verwirrtheit Gefahr, voreilige und anfechtbare Entscheidungen zu treffen. Wir können in diesem Moment nicht klar denken und aus mangelnder geistiger Klarheit viele Schäden davontragen. Besonders vor Unfällen jeder Art müssen wir uns hüten. Gefahren lauern beim Autofahren, auf dem Motorrad, beim Überqueren einer Straße, beim Schlittschuhlaufen, mit dem Fahrrad, mit den Skiern und bei jeder gefährlichen Sportart. Wir sollten es vermeiden, Feuer mit Benzin zu machen, mit Feuerwaffen zu hantieren, uns in die Gesellschaft von Freunden zu begeben, die mit Waffen spielen, mit elektrischem Strom zu arbeiten, ein Flugzeug zu führen oder an einem Autorennen teilzunehmen. Das größte Risiko liegt darin, dass wir Fehler begehen und so ein großes oder kleines Unglück herbeiführen, besonders bei Menschen, in deren Händen das Schicksal vieler anderer Menschen liegt wie im Fall von Chirurgen, Anästhesisten oder Flugzeuglotsen, usw. Unglücksfälle können aufgrund unseres erregten Gemütszustandes eintreten, vielleicht in Folge einer schlimmen Vorhersage eines Astrologen, Magiers oder Kartenlegers. Unser psychischer Zustand könnte von einem kürzlich stattgefundenen Vorfall angegriffen sein und wir könnten Fehler begehen, die in eine Katastrophe münden. Materielle Schäden können uns selbst oder die Gegenstände betreffen, die uns gehören, vielleicht durch das Verhalten einer geistig gestörten Person oder eines Drogenabhängigen. Eine Person kann uns unter Drogeneinfluss wehtun oder ausrauben. Wir erleiden eine Vergiftung nach der Einnahme von Medikamenten. Wenn wir drogenabhängig sind, laufen wir Gefahr, eine Überdosis zu uns zu nehmen und unser Leben zu gefährden. Viel Alkohol kann zu einem Unfall führen. Unheil kann sich aufs Meer oder aufs Wasser allgemein beziehen. Gefahr beim Tiefseetauchen. Geistige Erschütterung durch plötzliches Unheil. Diesen Planetendurchgang stellen wir häufig bei Menschen fest, die durch den plötzlichen Verlust eines lieben Menschen Zeichen für geistige Instabilität geben. Die Durchgänge sind das auslösende Element von vielen Psychosen, der klassische Tropfen, der das volle Fass der Ängste und Neurosen zum Überlaufen bringt und uns in eine Psychose führen kann. Wir entdecken plötzlich die Existenz versteckter Feinde oder Geheimnisse uns nahe stehender Menschen. Ein Betrug unseres Partners führt uns in einen Zustand starker Verzweiflung und Depressionen. Es besteht die Gefahr, dass wir von Menschenmassen, politischen Gruppierungen oder Hooligans geschädigt werden.

Neptun im harmonischen Aspekt zu Neptun

Wenn Neptun im harmonischen Winkel an unserem Radix-Neptun vorbeizieht, erleben unsere Einbildungskraft und unsere künstlerische Ader, so klein oder groß sie auch sein mögen, eine entschiedene Betonung. Wir fühlen uns stark inspiriert, phantasievoll, wollen unserer Einbildung und den Träumen freien Lauf lassen und sind weniger von der Vernunft und der inneren Zensur beeinflusst. Wir können mit Sicherheit sagen, dass wir einen magischen, einzigartigen Moment durchleben. Wir sind es leid, immer wachsam sein zu müssen, unsere Antennen immer in Habachtstellung zu haben und misstrauisch zu sein, möchten uns lieber gehen lassen und frei träumen, Pläne schmieden, uns unseren Phantasien hingeben. Es ist eine ausgezeichnete Zeit für kreative Köpfe und Künstler. In jedem Fall tun uns solche Pausen gut, wenn wir die Wachsamkeit nicht ganz ablegen und immer einen kurzen Blick über die Schulter werfen, um zu sehen, was sich hinter unserem Rücken abspielt. Ein positives Gefühl richtet uns auf die Anderen aus und wir haben christliche Grundsätze im besten Sinn des Wortes. Wir wollen uns für die Schwächeren einsetzen und alle Gefühle des Beistandes und der Pflege in uns ausleben, wollen Kranken und Armen beistehen, ehrenamtlich tätig sein und es ist nicht ausgeschlossen, dass wir uns in diesen Monaten in die Reihen der Freiwilligen bei der Caritas, dem Roten Kreuz oder UNICEF begeben. Wir haben starkes Mitleid mit allen Schwachen und wenn wir das schon nicht nach außen ausleben, so werden wir uns zumindest für die Bedürftigen in unserer Familie einsetzen. In uns wächst ein religiöses Gefühl, das nicht unbedingt christlich oder katholisch sein muss, sondern sich auf den Buddhismus, Islam oder ganz einfach auf die Mysterien im weiteren Sinn beziehen kann. Die Wissenschaften in Bezug auf den Menschen, das Leben und den Tod, orientalische Kulturen, Philosophie, Theologie, Astrologie, Parapsychologie, usw. ziehen uns an. Wir wollen Kultstätten und Menschen aufsuchen, die den Kult repräsentieren. Die Nähe von Priestern, philosophischen Meistern und Astrologen tut uns gut. Auch Menschenmassen faszinieren uns und wir suchen Orte für das kollektive Gebet, Begegnungen mit mystisch inspirierten Menschen, Kongresse und Versammlungen zu den oben genannten Themenbereichen. Mit einem solchen Transit können starke esoterische Interessen entstehen und viele könnten in sich einen unbekannten Teil entdecken, den zu erforschen sich lohnt. Die Zeit ist ausgezeichnet für Reisen auf dem Meer oder Reisen in Länder, in denen die oben genannten Disziplinen sinnbildlich sind, wie zum Beispiel Indien. Eine Behandlung, auch durch Psychopharmaka, kann uns dabei helfen, einen schwierigen Moment zu überwinden. Eine „kleine" Droge wie Kaffee hilft uns in stressigen Situationen, wenn wir ihn noch nie vorher getrunken haben.

Neptun im disharmonischen Aspekt zu Neptun

Wenn Neptun im disharmonischen Winkel zu seiner eigenen Geburtskonstellation zirkuliert, erleben wir aus psychologischer Sicht eine sehr schwierige Zeit. Wir bei den Dissonanzen Leuchtkörper-Neptun und Mars–Neptun, werden wir auch hier wegen eines oder mehrerer unangenehmer Ereignisse oder ohne offensichtlichen Grund Ängste, Sorgen und Neurosen haben. Unser geistig-körperliches Gleichgewicht ist gestört und das Leben erscheint uns hart und voller nicht näher bestimmbarer Geister. Im Lauf dieses Transits stellen wir fest, wie subjektiv das Konzept des Leidens wirklich sein kann. Die Anderen um uns könnten angesichts unserer Ängste schmunzeln und sie als Dummheiten abtun, vor unseren Augen aber nehmen sie riesige Dimensionen an. Wir können Angst angesichts der scheinbar kleinsten und unwahrscheinlichsten Dinge haben, wie die Angst vor einem Erdbeben oder vor dem Tod unserer Eltern, wenn es ihnen doch gerade sehr gut geht. Wir leiden, es geht uns schlecht, wir sehen alles schwarz, fühlen uns vom Leben und dem Schicksal angegriffen, sehen die Wirklichkeit wie ein Ungeheuer mit gefletschten Zähnen, das jederzeit bereit ist, uns zu verschlingen. Im Lauf dieser Monate leben wir unter einer Haube aus Blei und denken, dass alle gegen uns sind, uns Schlechtes wollen, uns das Leben feindlich gesinnt ist, wir vom Pech verfolgt sind und dass uns alles misslingen wird. Manchmal wird dieser negative geistige Zustand durch die Einnahme von Medikamenten oder Psychopharmaka hervorgerufen. In anderen Fällen geht es uns schlecht, weil wir Kaffee, Alkohol und sogar härtere Drogen zu uns nehmen. Wir müssen stark aufpassen und allen Menschen fern bleiben, die an die negativsten Merkmale des Neptun gebunden sind wie Drogenabhängige, psychotische und überspannte Menschen, politische oder religiöse Fanatiker, Extremisten jeder Sekte und sozialen Gruppierung, Prediger, die davon besessen sind, die Massen zu bekehren, usw. Eine schlimme Vorhersage von Seiten eines Astrologen oder Magiers lässt uns albtraumhafte Monate oder Jahre verleben. Wenn dieser Planetendurchgang gleichzeitig mit anderen schweren und bösartigen Transiten oder mit einem negativen Solarhoroskop vorkommt, dann ist dies wirklich ein kritischer Moment und wir sollten Medikamente zu Hilfe ziehen oder uns in die Hände eines erfahrenen Psychologen begeben, um uns aus einem solchen mentalen Käfig zu befreien. Aufpassen sollten wir auch bei Reisen auf dem Meer und allen Gefahren in Bezug auf Wasser und Gas. Gefahren durch eine Narkose. Wenn möglich, sollten chirurgische Operationen besser verschoben werden.

Neptun im harmonischen Aspekt zu Pluto

Wenn Neptun im günstigen Winkel an unserem Geburtspluto vorbeizieht, kann uns unsere künstlerische Inspiration zur Vollendung wichtiger Werke führen, die ein Zeichen für unsere Existenz in diesem Leben hinterlassen können. Es geht um einen mächtigen Transit und wenn er von anderen harmonischen Durchgängen und einem besonders gutmütigen Solarhoroskop begleitet wird, kann er uns reich beschenken. Unser religiöses Gefühl, das bisher vielleicht in uns geschlummert hat, zeigt sich jetzt mit all seiner Kraft und trägt uns in Dimensionen, die wir bisher nicht kannten. Gleichzeitig kann Neptun die Wirkungen von Pluto verstärken, in dem Sinn, dass unsere Religiosität, unser Mystizismus und die Bereitschaft zu Beistand und Pflege uns zu einer verantwortungsvollen Position in Organisationen, wohltätigen Verbänden oder freiwilligen Gruppen, usw. führen. Das passiert auch, wenn wir die Macht gar nicht gesucht haben, sondern nur unserer transzendentalen Ausrichtung in dieser Zeit gefolgt sind. Es ist auch möglich, dass wir uns mit mächtigen Personen in der Hierarchie einer dieser Gruppen in Verbindung setzen. Auf irgendeine Weise wächst also unser Aktivismus, auch wenn wir gar keine „Medaillen" auf dem Gebiet verdienen wollten. Aus einem anderen Gesichtspunkt heraus wächst unsere Ausrichtung auf Beistand und Pflege unter diesem Transit. Unsere Art, die Sexualität zu leben wird von esoterischem Drängen beeinflusst, das uns dazu bringt, Neues auszuprobieren. Das Mysterium des Todes fasziniert uns und durch einen Trauerfall können wir spirituell wachsen. Bei Grabungsarbeiten auf unserem Grundstück könnten wir eine Wasserader entdecken. Eine besondere Inspiration leitet uns bei der inneren Suche und lässt uns wichtige Schritte bei einer Analyse unserer selbst unter der Führung einen Psychoanalytikers machen. Bedeutungsvolle Träume könnten zu einem Spielgewinn im Lotto führen.

Neptun im disharmonischen Aspekt zu Pluto

Wenn Neptun im disharmonischen Winkel zu unserem Geburtspluto zirkuliert, erleben wir die für eine Dissonanz Neptun-Neptun typischen Ängste, Neurosen und Phobien um eine Oktave höher. Wir müssen unsere gesamte innere Harmonie sammeln, unser inneres Gleichgewicht, um nicht in die Tiefen der Angst, der Albträume, der Phobien zu 360 Grad abzugleiten. Objektive oder subjektive Monster aus einer rauen Wirklichkeit oder aus unserer Einbildung peinigen und quälen uns. Mutlosigkeit überkommt uns, paranoide Gedanken, wir sind davon überzeugt, dass die Welt und das Leben gegen uns sind, die Mitmenschen uns feindlich gesinnt sind und dass sogar uns liebe Menschen uns nicht mögen. Jeder Versuch, diese Phobien mit dem Verstand niederzudrücken und auf ihr rechtes Maß zu bringen, ist zum Scheitern verurteilt und nur medizinische Hilfe oder der Beistand eines erfahrenen Psychologen können uns von diesen Qualen befreien. Wenn die Gesamtheit der Transite und des Solarhoroskops in diesen Monaten und Jahren sehr schlecht ist, müssen wir uns auf harte Zeiten im Beruflichen und in der Sexualität einstellen. Kurzzeitige oder endgültige sexuelle Blockaden können diesen Planetendurchgang begleiten. Es ist unmöglich, an eine normale Sexualität zu denken, wenn solche Ungeheuer in unserem Herzen oder in unserem Geist wohnen. Besonders an die Religion oder an Sekten jeder Art gebundene Figuren, Astrologen oder schlechte Magier, überspannte Menschen, Drogenabhängige, politische Fanatiker, Extremisten jeder Bewegung verstören uns. Sexuelle Abenteuer mit den soeben beschriebenen Figuren. Wenig orthodoxe Sexualität,

Zuwendung zur Pornographie, käuflichen Liebe, gelegentliche Abenteuer mit dem Risiko von Infektionskrankheiten. Eine spezifische Angst oder ein neurotisches Verhalten schaden uns beruflich und wir verlieren eine angesehene Stellung. Geistige Verwirrtheit kann uns aus finanzieller Sicht schaden, zum Beispiel durch einen Betrug, eine Leihgabe an absolut nicht vertrauenswürdige Subjekte. In einem Moment der Verwirrung bitten wir um ein Darlehen und erhalten es auch und merken zu spät, dass wir es nicht werden zurückzahlen können. Wir leben in Angst aus Sorge um den Verlust eines unserer Lieben, wie eines Elternteiles oder des Partners. Ein Todesfall stürzt uns in tiefe Verzweiflung. Wir machen negative Erfahrungen mit Orten, an denen „Spiritismus" praktiziert wird. Starke Schäden an unserem Vermögen durch Überschwemmungen oder ein verborgenes Wasserleck.

Neptun im Aspekt zum Aszendenten

Siehe Neptun im ersten Haus.

Neptun im Aspekt zum Medium Coeli

Siehe Neptun im zehnten Haus.

Neptun im Aspekt zum Deszendenten

Siehe Neptun im siebten Haus.

Neptun im Aspekt zum Imum Coeli

Siehe Neptun im vierten Haus.

Neptun im ersten Haus

Wenn Neptun durch unser erstes Haus zieht, empfinden wir eine starke transzendentale und religiöse Inspiration. Wir könnten uns für Themen wie Theologie, orientalische Kulturen, Yoga, Buddhismus, Philosophie, Astrologie, Esoterik, Parapsychologie interessieren. Man muss hier natürlich wie immer auch das Alter des Betroffenen und die Gesamtheit der anderen Transite sowie das Solarhoroskop betrachten, häufig aber betrifft der Transit eine radikale Veränderung des eigenen religiösen Glaubens. Wir haben mehr als einmal beobachtet, dass Katholiken mit diesem Durchgang nah am Aszendenten zu Buddhisten geworden sind oder leicht religiöse Menschen die Gelübde abgelegt haben und in ein Kloster eingetreten sind. Das Interesse für alle Themen in Bezug auf den Geist ist sehr stark und steht vor allen anderen Dingen. Eine starke humanitäre, christliche im weiteren Sinn, barmherzige Strömung kann dazu führen, dass wir uns stark für die Leidenden und Bedürftigen einsetzen. Es ist wahrscheinlich, dass wir eine ehrenamtliche Tätigkeit aufnehmen und Institutionen wie das Rote Kreuz, Caritas oder UNICEF aufsuchen. Wir empfinden starkes Erbarmen für alte Menschen, Waisenkinder, verlassene kranke Menschen, Obdachlose, Asylbewerber ohne Rechte und ohne Schutz. In diesem Sinn bemühen wir uns aktiv, nicht nur durch Almosen. Der kleine oder große hilfsbereite Teil in jedem von uns, der bisher vielleicht einfach geschlummert hat, kommt jetzt hervor und führt uns mit Begeisterung zu Nächstenliebe und zu einem Gefühl der Brüderlichkeit mit der gesamten Menschheit. Wir verstehen im Lauf dieses Planetendurchganges, dass uns die überflüssigen Dinge des Lebens nicht befriedigen können und dass man nicht nur für materielle Güter lebt. In anderen Fällen geht es nicht um ein spezifisches Bedürfnis nach Beistand und Pflege, sondern um ein Erwachen unseres spirituellen Potentials im weiteren Sinn, das uns dazu bringt, uns mit allen Themen zu beschäftigen, die sich vom Alltäglichen abheben. Begegnungen mit Astrologen, Magiern, Yogis, Erleuchteten, Lebenskünstlern und weisen Menschen faszinieren uns. Wir neigen dazu, uns auszuruhen, uns gehen zu lassen, nicht mehr so wachsam zu sein. Besondere Gefühle der Nächstenliebe beflügeln uns. Menschenmassen ziehen uns an und möglicherweise schreiben wir uns bei einer politischen, gewerkschaftlichen, ökologischen Bewegung ein. Wenn der Transit dagegen unter generell disharmonischen Bedingungen erfolgt, könnten wir von Ängsten, Phobien, kleinen und großen Neurosen jeder Art verstört werden. Wenn diese Neurosen endogen sind, also nicht durch offensichtliche Probleme verursacht werden, kann sich Alles im Guten auflösen. Wenn sie aber einer großen existentiellen Krise zugrunde liegen, wie dem Tod eines Angehörigen oder einer schweren Krankheit oder schweren finanziellen und beruflichen Krise, dann ist auch ein Abgleiten in eine Psychose möglich, aber in diesem Fall müssten wir bereits im Geburtshimmel der Person und im Solarhoroskop offensichtliche Hinweise finden (der Transit kann einige Jahre andauern). Im besten Fall handelt es sich um vorübergehende Ängste und Phobien. Gefahr durch die Einnahme von Psychopharmaka, Giften wie Kaffee, Rauchen, Alkohol und Drogen. Viele Jugendliche werden im Lauf dieses Transits drogenabhängig. In jedem Fall sind wir geistig verwirrt, wenig entschlossen, zögerlich und haben keine genaue Richtung. Gefahr durch eine Begegnung mit Astrologen, Magiern, Priestern, politischen und religiösen Fanatikern, Extremisten jeder Art und Drogenabhängigen. Neigung zur Gewichtszunahme, zum Aufblähen, auch durch die Einbehaltung von Flüssigkeiten. Verzweiflung. Aufgeblähte Verhaltensweisen, extremistische Tendenzen. Veränderter Bewusstseinszustand.

Neptun im zweiten Haus

Wenn Neptun durch unser zweites Radix-Haus zieht, entwickeln wir einen ausgezeichneten Spürsinn in den Geschäften und möchten neue unternehmerische und/oder kommerzielle Initiativen starten. Unser Gefühl für Gelegenheiten verstärkt sich und wir sind in der Lage, Unternehmungen zu planen, die uns gute Rendite bringen könnten. Gute Geschäfte können nicht nur durch gute Projekte entstehen, sondern hängen auch von einem sechsten Sinn ab, der uns jetzt sehr gut berät. Gute Ideen führen uns zu gewinnbringenden Investitionen. Besonders begünstigt sind alle Initiativen, die etwas mit Esoterik, orientalischen Kulturen, Religion, Astrologie, Parapsychologie, Yoga, Makrobiotik, Heilkräutern, Akupunktur, homöopathischen Heilmethoden, Shiatsu, usw. zu tun haben. In diesem Sinne könnten wir Kurse abhalten oder ein Fitnesszentrum mit diesen Disziplinen im Angebot eröffnen. Wir sind in der Lage, unser Wissen in so genannten grenzwertigen, wenig üblichen Disziplinen in die Praxis umzusetzen. Für manche wird dieser Transit bedeuten, sich beruflich als Astrologen zu betätigen, für andere könnte es sich um den Beginn eines Import-/Exporthandels in Fernost drehen, für wieder andere geht es um die Eröffnung einer Apotheke, usw. Im Fall des negativen Transits spüren wir dagegen eine starke Verwirrtheit in geschäftlichen Dingen, die zu einem Desaster in unser finanziellen Situation führen. Schäden an unserem Vermögen aufgrund grober Fehler bei dessen Verwaltung. Gefahr von Betrug, Schwindel, Täuschung. Wir befinden uns in einem Zustand, in dem wir zum idealen Opfer für skrupellose und unmoralische Spekulanten werden. Hin und wieder lesen wir in den Zeitungen von Personen, welche die gesamten Ersparnisse eines ganzen Lebens aufgrund von Versprechungen für großartige Verdienste einem Menschen anvertraut haben, der dann mit dem Geld von der Bildfläche verschwunden ist. Niemand sollte sich hier für unverwundbar halten, da auch der wachsamste und misstrauischste Geschäftsmann Neptun in die Falle gehen kann. Geld kann man nicht einfach so vermehren, außer durch Drogenhandel oder durch Wuchertum zum Schaden der Armen. Misstrauen Sie also in diesen Jahren allen besonders verlockenden Angeboten, die Reichtum ohne Anstrengungen versprechen. Neptun ist tückisch und kann unseren Verstand und unsere Fähigkeit zu klarem Denken in finanziellen Belangen in einen dichten Nebel hüllen. Gefahr von gefälschten oder ungedeckten Schecks. Mit einem dissonanten Neptun in unserem zweiten Haus könnten wir auch selbst nach wenig orthodoxen Verdiensten Ausschau halten und durch Betrug an Geld kommen. Große Verluste durch den Betrug eines Magiers, Pseudohexers oder Exorzisten, Personen mit zweifelhafter Moral, Menschen, die sich den Schmerz der Anderen zunutze machen und uns eine Liebe versprechen, die niemals zu uns zurückkehrt oder angeblich Krankheiten heilen. Ausgaben für Laster jeder Art, einschließlich Drogen. Verdienste durch Drogen oder Täuschungen. Finanzielle Verluste durch Unfälle auf dem Meer, beispielsweise durch ein sinkendes Boot, eine durch Feuchtigkeit verdorbene Ware, usw. Hohe Ausgaben für Arzneimittel. Große Geldsorgen. Angst vor der Armut oder davor, einen Kredit nicht zurückzahlen zu können.

Neptun im dritten Haus

Wenn Neptun in unserem dritten Radixhaus zirkuliert, können wir uns die gute Inspiration zum Schreiben und zum Lernen zunutze machen. Die besten Bedingungen für alle intellektuellen Tätigkeiten in Schule/Hochschule oder im freien Schaffen liegen vor. Schöner Transit für Künstler und Dichter, Musiker und Komponisten. Ausgezeichneter Gemütszustand für die Kommunikation mit unseren Mitmenschen und einen Ausbau der Telekommunikationskanäle. Journalisten und Werbefachleute können besser kommunizieren. Viele kurze Reisen oder einfache Fahrten für die Liebe oder aus religiösen, astrologischen, philosophischen, esoterischen Motiven. Romantische Inspiration für die Arbeit an einem Roman. Ein Bruder, Vetter, Schwager oder junger Freund nähert sich einer Religion an oder wird Astrologe, politischer oder humanitärer Aktivist, freiwilliger Helfer oder Missionar im Ausland. Zeit, in der sich ein Interesse für das Meer entwickelt und in der wir ein Boot kaufen, um häufig auf dem Meer oder auf einem See zu fahren. Wenn der Transit dissonant zu betrachten ist, dann ist es möglich, dass eine der oben genannten Personen drogenabhängig wird oder starke Probleme mit Neurosen, Angst, Depression hat. Unklare oder neurotische Beziehung zu Angehörigen. Starke Ängste in Bezug auf das Studium, vielleicht aus Sorge, sie abbrechen zu müssen. Studenten an der Universität oder alle, die eine Prüfung ablegen müssen, vielleicht für die Einschreibung in ein Berufsverzeichnis, haben in dieser Zeit starke Versagensängste. Das Studium esoterischer Themen kann zu einer Störung des psychischen Gleichgewichtes führen. Starkes Pendeln oder viele Reisen aus religiösen Motiven, politischer Begeisterung, zur Teilnahme an esoterischen, astrologischen, philosophischen Begegnungen. Gefahr von Verkehrsunfällen.

Der Zeitraum ist sehr lang (er kann auch viele Jahre andauern) und somit hat ein Aufruf zur Wachsamkeit am Steuer wenig Sinn, wenn nicht eine grundlegende Strategie ausgearbeitet wird, zum Beispiel die Entscheidung, dass es in diesen Jahren besser wäre, nicht Auto zu fahren, sondern lieber den Zug zu nehmen. Es wäre angebracht, beim Kauf von Gebrauchtwägen aufzupassen. Leicht könnten wir ein gestohlenes Fahrzeug mit gefälschten Papieren erwerben. Ausgedehntes Pendeln auf dem Meer, beispielsweise im Fall eines Lehrers, der auf einer Insel unterrichtet und sich entschließt, täglich zum Arbeitsort zu pendeln. Gefahren bei Reisen auf dem Meer. Schlechte Erfahrungen mit dem Rauchen und leichten Drogen. Negative Erfahrungen im Handel, auf den wir uns ohne Erfahrung einlassen. Kommerzieller Betrug, den wir erleiden oder den wir zum Schaden Dritter begehen. Angst vor Überwachung unseres Telefons. Nach langer Zeit stellen wir fest, dass unser Telefon überwacht wurde. Anonyme Anrufe oder Nachrichten stürzen uns in eine Depression.

Neptun im vierten Haus

Wenn Neptun in unserem vierten Radixhaus zirkuliert, wünschen wir uns, in ein Haus am Meer oder an einem See zu ziehen. Wir erleben die Urbedeutung des Hauses in seiner besten Form: das Haus als Ort des Rückzuges, des Schutzes, als künstliche Gebärmutter. Wir spüren eine neue romantische Beziehung zu unserem Haus und neigen dazu, es zu idealisieren. Gleiches gilt für die Familie, die wir vielleicht zum ersten Mal mit idealistischen und romantischen Augen betrachten. Wir haben Sinn für das Private. Der Mythos der Großen Mutter drückt sich mit seiner ganzen Kraft und Suggestion aus. Ein entschiedenes Drängen in Richtung einer höheren Vision des Lebens macht sich in uns breit, wir bewerten das Private im Gegensatz zum Öffentlichen neu und brauchen jetzt die ganze familiäre Wärme. Zu unseren Eltern stellen wir eine neue, schöne Beziehung her. Unsere Eltern könnten sich im Laufe dieses Planetendurchganges dem religiösen Kult nähern oder sich mit esoterischen Themen, Astrologie, Parapsychologie, Yoga und Allem beschäftigen, das mit dem Etikett „New Age" versehen werden könnte. Wenn sich der Transit negativ zeigt, ist es möglich, dass unsere Eltern eine Zeit der Neurosen, Ängste, Phobien, fixen Ideen jeder Art, geistigen Ungleichgewichtes verleben. In den schlimmsten Fällen sind auch psychotische Symptome bei unseren Eltern möglich. In anderen Fällen ist es möglich, dass sie ständig zu Medikamenten, Psychopharmaka oder anderen Giften greifen, einschließlich Alkohol und Drogen. Drogen könnten sie beispielsweise einnehmen, um die Symptome einer schlimmen Krankheit zu lindern. Es ist auch möglich, dass wir große Ängste aus Sorge um unsere Lieben ausstehen oder dass ihnen etwas Schlimmes zustößt. Viele Sorgen um das Haus. Angst vor einem Verlust des Hauses, vor einer Zwangsräumung aufgrund alter Schulden, vor der Unfähigkeit, eine Hypothek zu bezahlen, Ängste wegen einer notwendigen Renovierung, die wir nicht bezahlen können. Gefahr einer Kündigung durch den Vermieter. Schäden durch Überschwemmung oder ein Wasserleck. Kostspielige Arbeiten an den Rohrleitungen oder der Heizung im Haus oder im Büro. Ängste, weil wir in ein Haus gezogen sind, in dem einer unserer Lieben gestorben ist. Unklare und wirre Situation in Bezug auf ein mit anderen Familienangehörigen geerbtes Haus. Zweifel an einer Vaterschaft. Angst vor dem Gefängnis oder dem Krankenhaus. Krankenhausaufenthalt wegen Depressionen und geistigen Störungen im Allgemeinen. Gefahr, das Haus durch Klauseln im Vertrag oder durch Eigentumsübertragung zu verlieren. Unbegründete Angst vor Ritualen der schwarzen Magie, von denen wir glauben, dass sie auf unser Haus angewandt worden sind. Depressive Krise, die uns zum kurzzeitigen oder endgültigen Rückzug bewegt, vielleicht in einem Kloster. Gefahr des Verlustes wichtiger Daten durch ein Virus.

Neptun im fünften Haus

Wenn Neptun in unserem fünften Geburtshaus transitiert, drücken wir uns romantischer aus als sonst. Wir fühlen uns von Gefühlen der Liebe, der Verliebtheit, starker Hinziehung zu einem möglichen Partner oder dem aktuellen Partner an unserer Seite getragen. Wir achten mehr auf die Bedürfnisse unseres Partners, umsorgen ihn und stehen ihm bei. Mehr Aufmerksamkeit widmen wir auch dem Aspekt Spiel und Freizeit in unserem Leben. Neue Interessen in Bezug auf esoterische Themen, Parapsychologe, Astrologie, Magie, Ufologie, usw. bringen uns neue Erkenntnisse und neigen dazu, zu einem Hobby fürs Leben zu werden. Wassersportarten wie Segeln, Schwimmen, Tiefseefischen, Tauchen, Wasserski werden zu unserer liebsten Freizeitbeschäftigung. Wir kaufen ein Boot, um vergnügliche Wochenenden auf dem Wasser zu verbringen. Wir empfinden den starken Wunsch nach einer Vater- oder Mutterschaft. Unser Partner oder eines unserer Kinder interessiert sich für Theologie, Philosophie, Astrologie. Im Fall des dissonanten Durchganges des Sterns in unserem fünften Haus erleben wir eine konfuse oder mysteriöse Zeit in der Liebe. In der absoluten Mehrheit der Fälle handelt es sich um außereheliche Beziehungen, die wir lange Zeit mit den entsprechenden Schwierigkeiten aufrechterhalten. Gleiches gilt für den Fall, dass wir hinter eine heimliche Liebe unseres Partners kommen.

Viele Ängste um die Liebe. Besessenheit im Liebesleben, Angst vor dem Verlassenwerden, Angst vor dem Tod oder Krankheit des Partners, Angst vor zu starker Nähe. Angst auch vor Geschlechtskrankheiten. Sorge um eine Schwangerschaft. Große Verwirrung in unserem Liebesleben im Hinblick auf die Zukunft. Unser Partner oder ein Kind lebt in einer Zeit der Ängste und Depressionen. Gefahr von Drogen für die genannten Figuren. Eigene Erfahrungen mit Drogen, die als Zeitvertreib begonnen haben. Umgang in Diskotheken, in denen Drogen im Umlauf sind und in denen wir in Kontakt zu Drogenabhängigen kommen. Neigung zur Pornographie. Gefahr von Geschlechtskrankheiten. Mutter- oder Vaterschaft außerhalb unserer Beziehung. Starke Ängste um ein Kind, dem es schlecht geht oder das uns aus irgendeinem Grund Sorgen bereitet. Vom Meer ausgehende Gefahren für unser Kind. Beginnender Alkoholismus. Besessenheit für das Spiel. Liebesbeziehung zu Drogenabhängigen, politischen Fanatikern sowie Extremisten jeder Art.

Neptun im sechsten Haus

Wenn Neptun durch unser sechstes Haus reist, bringt uns das Arbeitsumfeld und der Umgang mit den Kollegen einen Nutzen im Hinblick auf unsere geistige Gesundheit. Wir haben wieder Selbstvertrauen und empfinden wahre Freundschaft für die Arbeitskollegen. Wir wollen jenen Gutes tun, mit denen wir den Arbeitsalltag verbringen, wie Vorgesetzte, Kollegen oder Untergebene. Unser kleiner oder großer Drang nach Beistand und Pflege richtet sich auf das Arbeitsumfeld. Wir entdecken die richtige Heilbehandlung oder wirkungsvolle Medikamente, die unsere Schmerzen lindern, besonders die geistiger Natur. Wir greifen zur Homöopathie, Akupunktur, Makrobiotik, Shiatsu und anderen Formen der alternativen Medizin und erzielen hervorragende Ergebnisse. Eine bessere Kenntnis unserer selbst durch ein Studium der Astrologie und ähnlicher Bereiche hilft uns dabei, psychologische Probleme zu überwinden. Auf dem Weg zum inneren Gleichgewicht machen wir große Schritte nach vorne. Wir beginnen eine Arbeit im astrologischen Bereich, geben Yoga-Kurse, praktizieren Shiatsu, eröffnen ein makrobiotisches Restaurant, usw. Wir stellen eine in diesen Bereichen erfahrene Person ein. Wenn sich der Durchgang dissonant ausdrückt, ist es wahrscheinlich, dass wir eine lange Zeit voller Ängste, Depressionen, Sorgen und Neurosen im Allgemeinen durchleben. Unsere geistige Gesundheit macht uns Sorgen oder wir befürchten, dass wir eine schlimme Krankheit haben könnten. Mögliche Infektionen jeder Art. Einnahme von Psychopharmaka zur Behandlung einer

Depression. Vergiftungen durch Medikamente, Alkohol und Drogen. Gefahren bei einer Narkose. Das Arbeitsklima ist gespannt und macht uns Angst. Unser Vorgesetzter verhält sich neurotisch oder wir tun dasselbe mit einem Angestellten. Obsessive Gedanken, die uns den Alltag nur schwer durchstehen lassen. Durch unsere Arbeit kommen wir mit der Welt der Drogen, mit geistig gestörten Menschen, Fanatikern oder Extremisten einer Sekte, Religion oder politischen Gruppierung in Verbindung. Aufnahme einer gefährlichen Arbeit, die uns unsere Ruhe nimmt. Durcheinander in der Arbeit. Die Arbeit zwingt uns zu langen Reisen auf dem Meer. Angst vor unlauteren Aktionen von ehemaligen Angestellten. Heimliche oder unklare Verhältnisse in der Arbeit. Doppeltes Spiel in der Arbeit, bei dem wir zu Handlungsträgern eines wenig loyalen Verhaltens werden, das sonst nicht zu unserer Vorgehensweise gehört.

Neptun im siebten Haus

Wenn Neptun durch unser siebtes Haus zieht, fühlen wir uns zu idealistischen Vereinigungen im politischen, religiösen, ökologischen, humanitären und fürsorgerischen Bereich im Allgemeinen hingezogen. Es ist wahrscheinlich, das wir uns in einer Partei oder bei Caritas, dem Roten Kreuz, UNICEF oder jeder Organisation einschreiben, deren Ziele sich so weit wie möglich vom Profit und den materialistischen Aspekten des Lebens weg bewegen. Während dieses Planetendurchganges glauben wir an Werte wie die Ehe, das Paarleben, das Zusammenleben mit anderen im Gegensatz zu jeder Form von Egoismus, von Rückzug ins Private und Isolation. Wir glauben an unseren Partner und vertrauen auf seine Fähigkeiten. Wenn wir nicht verheiratet sind, denken wir jetzt über eine Ehe nach und sehen die Ehe als edles Ziel im Leben. Im Laufe dieser Jahr könnten wir einer Veränderung im Leben unseres Partner in Richtung Mystizismus und Esoterik beiwohnen. Unser Partner beschäftigt sich ernsthaft mit Astrologie, Yoga, orientalischen Religionen oder es geht im in Folge einer alternativen Behandlung geistig besser. Eine richtige Eingebung ermöglicht es uns, einen Rechtsstreit zu unseren Gunsten zu wenden. Durch Ratschläge oder die Unterstützung eines hohen Würdenträgers, eines Lebenskünstlers oder Astrologen kommen wir zur Politik. Wenn der Transit dissonant ist, da er verschiedene schlechte Aspekte formt oder weil er gleichzeitig mit anderen negativen Durchgängen vorkommt, ist es sehr wahrscheinlich, dass wir eine Zeit der großen Wirrungen in unserer Ehe oder Beziehung erleben. Wir laufen Gefahr, zweigleisig zu fahren und über lange Jahre zweifelhafte, konfuse, unklare Situationen schleifen zu lassen. Es ist auch möglich, dass wir die Untreue der geliebten Person entdecken und so bestürzt darüber sind, dass wir jahrelange Ängste, Neurosen, Depressionen oder gar Psychosen ausstehen werden. Unklare Situation des Partners, Erlebnisse des Partners, die niemand kennt. Beginn einer Beziehung zu Drogenabhängigen, politischen oder religiösen Fanatikern, überspannten Menschen, schlechten Astrologen und Magiern. Viele Ängste und Besorgnisse im Hinblick auf die Politik unseres Landes und die Gesellschaft, in der wir leben. Wir werden zu unserem Unglück Teil einer geheimen Sekte in der Hoffnung, daraus einen praktischen oder finanziellen Nutzen schlagen zu können. Großer Stress für einen Geschäftspartner. Angst vor dem Gesetz. Angst vor einer Verhaftung. Angst vor Attentaten. Diese Konstellation findet sich bei Personen, die gegen das organisierte Verbrechen kämpfen, sich weigern, Schutzgelder zu zahlen oder es wagen, einer kriminellen Vereinigung die Stirn zu bieten. Angst vor gewalttätigen Reaktionen unserer Partners. Wirre Situation im unternehmerischen Bereich. Unkorrektes Verhalten gegenüber Geschäftspartnern. Einnahme von Medikamenten, Psychopharmaka, giftigen Substanzen wie viel Kaffee oder Drogen beschert uns ein destruktives Zusammenleben mit dem Partner. Durch den Fehler eines Richters werden wir unschuldig angeklagt. Rechtsangelegenheiten wegen Überschwemmungen, Hochwasser, usw. Führerscheinentzug wegen Alkohol am Steuer. Angst vor einer Überprüfung durch das Finanzamt.

Neptun im achten Haus

Wenn Neptun durch unser achtes Geburtshaus zieht, können wir hervorragende Eingebungen im Spiel haben. Spezielle Träume könnten uns Glückszahlen verraten. Die Intuition leitet uns siegreich auf der Straße möglicher Investitionen. Wir haben ein gutes Gespür für Geschäfte und sind in der Lage, finanziell rentable Unternehmungen zu planen. Gute Ratschläge von Glaubensvertretern, Psychologen, Lebenskünstlern, Astrologen bescheren uns unerwartete Verdienste. Wir sollten den Gefühlen und der Phantasie in unserer Arbeit mehr Raum zugestehen. Verdienste im religiösen, esoterischen und astrologischen Bereich. Unsere sexuelle Aktivität wird durch die Phantasie bereichert und wir probieren Neues. Wir leben religiöser und haben größeren Respekt vor dem Tod. Der Tod eines Angehörigen oder Freundes hilft uns bei unserem spirituellen Wachstum. Wir nähern uns durch den Schmerz eines Trauerfalles Gott an. Ausgezeichnete Intuition bei einer Tiefenanalyse führt uns große Schritte nach vorne. Bei Grabungsarbeiten finden wir Wasser oder andere wertvolle Flüssigkeiten. Wenn sich der Durchgang hauptsächlich dissonant ausdrückt, dann besteht die Gefahr tiefer Krisen im Sinne des geistigen Ungleichgewichtes nach einem Todesfall. Wir verlieren eine teure Person und erleiden einen Schock, der so stark ist, dass wir einen Psychiater oder Neurologen aufsuchen müssen. Behandlungen auf der Basis von Psychopharmaka nach dem Tod eines teuren Menschen. Ängste und Phobien aus Sorge um eine liebe Person oder vor dem eigenen Tod. Schlechte Erfahrung im spirituellen Bereich. Die Angst vor dem Tod gedeiht in uns nach einer Begegnung oder der Rede eines Priesters, Astrologen, Psychologen, Magiers. Albträume zum Thema Tod in der Nacht, aber auch am Tag. Unsere sexuelle Aktivität wird stark von Ängsten, Phobien und Neurosen jeder Art und aus jedem Grund gestört. Irrwege in der Sexualität. Krankhafte Sexualität. Käufliche Liebe. Rückgriff auf die Pornographie, um das sexuelle Verlangen wiederzuerwecken. Sexuelle Beziehung zu Drogenabhängigen oder geistig stark gestörten Personen. Traumatisierende sexuelle Erfahrungen (bei Kindern). Durcheinander in den Geschäften und mögliche Verluste aufgrund falscher Investitionen. Betrug, Raub, Überfall. Verwirrtheit und daraus resultierende falsche Spekulationen. Angst und Sorgen wegen Geldmangels. Sorgen wegen eines Darlehens, das wir zurückzahlen müssen. Wir sind vom Geld besessen und begehen sogar kriminelle Taten. Wirre Situation in Bezug auf ein Erbe, das wir mit engen Angehörigen teilen müssen. Angst vor der Streichung aus einem Testament. Lebensgefahr durch Ertrinken. Vermögensschäden durch Überschwemmungen und Hochwasser. Eindringen von Wasser in unseren Besitz.

Neptun im neunten Haus

Wenn Neptun durch unser neuntes Haus transitiert, erhebt sich unsere Libido in ungeahnte Höhen. Die Ferne im geographisch-territorialen und im transzendental-philosophischen Sinn drängt uns nach außen. Dies ist der Moment, in dem wir uns am Liebsten von der Erde trennen und gen Himmel fliegen würden, auf den wir unsere Energien auf die erhabenste Weise richten. Ein religiöses Gefühl bewegt uns, eine Sehnsucht nach dem Übernatürlichen, ein Wunsch nach Göttlichkeit. In allen Richtungen suchen wir Gott oder zumindest etwas, das größer ist als der Mensch, sind begeistert von Philosophie, Theologie, Islam-Studien, Buddhismus, orientalischen Kulturen im Allgemeinen. Alle Disziplinen, die das Mysterium des Lebens und des Todes entschlüsseln wollen, faszinieren uns. Wir wollen mehr lernen, forschen, vertiefen, das Geheimnis der Wissenschaften wie Astrologie, Parapsychologie, Traumdeutung durchdringen. Wir verstehen, dass das Leben nicht nur aus Materie und Materialismus besteht und glauben an eine Transzendenz des Menschen, an seinen Wunsch, die fleischliche Lust zu erheben, daran, dass er auf etwas gerichtet ist und nicht nur aus einer Vergangenheit voller negativer Ereignisse besteht. Die Idee des Schicksals, das Karma, die göttlichen Gesetze faszinieren uns. Wir möchten die Gebiete unserer Forschungen so weit wie möglich ausdehnen. Wir nähern uns einem tieferen Wissen, weit weg vom Alltäglichen und den Banalitäten, die uns umgeben. Der Moment ist wirklich ausgezeichnet für eine Vertiefung aller Themen und Disziplinen, die uns mit dem Glauben oder dem Gedanken weit nach vorne bringen. Gute Jahre auch für das Universitätsstudium im Allgemeinen. Wichtige Reisen aus religiösen Motiven oder lange Kreuzfahrten auf dem Meer. Wallfahrten an Kultstätten. Reisen, die uns aus religiöser Sicht tief bewegen. Mystische Erfahrungen auf Reisen. Begegnungen mit Priestern, Gurus, Predigern, Astrologen, Mystikern, Yogis auf Reisen. Studium der esoterischen Disziplinen bei einem Auslandsaufenthalt. Wohnsitz am Meer bei einem Aufenthalt weit weg. Bei einem disharmonischen Transit müssen wir mit negativen psychischen Erfahrungen bei Reisen rechnen. Ein mögliches Trauma im Ausland. Schlechte Erfahrungen mit Drogenabhängigen, psychotischen Menschen, Politik- oder Religionsfanatikern bei einem Aufenthalt fern von zu Hause. Wir gehen für eine Zeit weit weg, um eine Depression oder einen kritischen Geisteszustand zu kurieren. Besorgnisse und Ängste auf Reisen oder ausländische Person, die in unseren Albträumen auftaucht (zum Beispiel, wenn wir eine Beziehung unseres Partners mit einer Person aus einem anderen Land oder einer anderen Region entdecken). Gefahr von Verkehrsunfällen. Gefahr bei Reisen auf dem Meer oder gar Schiffbruch. Schäden durch Menschenmassen oder Extremistengruppen bei einer Abwesenheit von zu Hause. Hoffnungsvolle Reisen in Bezug auf eine Krankheit. Schäden an unserer geistigen Gesundheit durch esoterische Literatur oder Studium esoterischer Disziplinen. Religiöser oder politischer Fanatismus, der unser geistig-körperliches Gleichgewicht bedroht.

Neptun im zehnten Haus

Wenn sich Neptun in unserem zehnten Haus bewegt, können wir eine wichtige Aufgabe, eine Beförderung oder besondere Wertschätzung erhalten. Günstiger Transit vor allem für Politiker oder öffentliche Persönlichkeiten. Magischer Moment für die Karriere, besonders wenn der Stern sehr nah am Medium Coeli steht. Plötzliche Möglichkeiten tun sich auf, die uns in eine brillante berufliche Zukunft führen können. Hervorragende Eingebungen, durch die wir unserer Arbeit mehr Wert geben können. Ausgezeichnete Entwicklungsprojekte in der Arbeit. Unsere Tätigkeit könnte sich auf eine der Leitlinien der neptunischen Symbolik beziehen, wie Psychoanalyse, Astrologie, Magie, Yoga, Theologie, Philosophie, alternative Medizin, usw. Tiefe Inspiration, die unsere Produktivität steigert und verbessert, besonders im künstlerischen, literarischen, poetischen und musischen Bereich. Zeit der hervorragenden Inspiration bei Regisseuren, Musikern, Schriftstellern und Dichtern. Verschiebung unserer Tätigkeiten in Bezug auf das Meer oder Wasser, zum Beispiel Investitionen in den Sektoren Reederei, Fischerei, Meerestourismus, Weinhandel, Arzneimittelvermarktung, Handel mit Drogen (im medizinischen Sinn), Gase für Haushalt oder Medizin, Parfums. Der Planetendurchgang kann sich auch auf eine Zeit des mystischen Wachstums oder der Weihe unserer Mutter beziehen, ihre Annäherung an die verschiedenen Wahrsagetechniken, ihre Entdeckung einer außersinnlichen Wahrnehmung an sich, ihre plötzliche Ausrichtung in Richtung Beistand und Pflege. Wenn der Transit eher von disharmonischen als von harmonischen Aspekten gekennzeichnet ist, ist es hingegen möglich, dass wir eine Zeit voller Ängste, Sorgen, Befürchtungen, Unruhe in Bezug auf die Arbeit, auf unseren beruflichen, aber auch sozialen Stand verleben (in diesem Fall beziehen wir uns auf den Partner innerhalb einer Paarbeziehung, der eine Trennung von einem angesehenen Partner fürchtet, durch die er auf der sozialen Skala absteigen könnte), die auch einige Jahre andauern kann. Für viele Arbeiter oder Angestellten in prekären Arbeitsverhältnissen kann sich der Planetendurchgang auf die in Angst vor einer endgültigen Kündigung verlebten Jahre beziehen. Eine Ausschreibung, berufliche Prüfung, ehrgeiziges Arbeitsprojekt bereiten uns Sorgen und Angst. Unklare berufliche Situation. Mangelnde Kohärenz und Mangel an einer Strategie bei der Entwicklung unserer Professionalität. Ein großer Fehler aus Verwirrtheit kann uns im Ansehen sinken lassen oder uns große Schwierigkeiten bei der Arbeit bescheren (wie bei einem Chirurgen, der durch einen Irrtum den Tod eines Patienten verschuldet). Die Ausübung unseres Berufes wird gefährlich und beschert uns Alpträume, zum Beispiel im Fall eines Polizisten, der in die Abteilung zur Bekämpfung des organisierten Verbrechens versetzt wird. Ein Nervenzusammenbruch und körperlich-geistiges Ungleichgewicht schaden unserer Karriere. Die schlimme Vorhersage eines Astrologen oder Magiers lässt uns um unsere Arbeit bangen. Beruflich haben wir mit Verbrechern oder Drogenhändlern zu tun. Starke Neurosen oder Psychosen unserer Mutter. Ungleichgewicht der Mutter, auch aufgrund der Einnahme von toxischen Substanzen, Alkohol oder Drogen. Medikamentenmissbrauch unserer Mutter. Ängste und Befürchtungen der Mutter. Gefahr des Ertrinkens der Mutter. Schwere religiöse Krise der Mutter.

Neptun im elften Haus

Wenn Neptun in unserem elften Haus zirkuliert, haben wir die Möglichkeit, faszinierende und besondere Menschen kennenzulernen. Unser Freundeskreis wird durch Künstler, Dichter, Schriftsteller, Musiker und wirklich außergewöhnliche Menschen bereichert. Wir kommen mit sehr charismatischen, geweihten Personen mit starker transzendentaler Kraft in Kontakt, mit Priestern, Mystikern, Philosophen, Yogis, Astrologen, Psychoanalytikern, mitreißenden Persönlichkeiten, Propheten, Personen mit unwiderstehlichem Charme, welche die Massen zu verzücken verstehen. Diese Persönlichkeiten könnten sich für uns einsetzen, nicht nur im Bereich der Bekanntschaften oder der Erweiterung unseres geistigen Horizonts, sondern auch durch materielle Unterstützung bei einer Verbesserung unserer beruflichen oder gesundheitlichen Situation. Wir sind in der besten Verfassung, um die Art von Hilfe aufzuspüren, die wir benötigen. Klar erkennen wir, aus welcher Richtung Hilfe kommen muss. Wir erweitern unsere Projekte aufs Höchste und es entwickelt sich unsere kreative Seite weiter. Wir sind in der Lage, langfristige Pläne und vor allem siegreiche Projekte in esoterischer Richtung zu machen. Kommt der Transit dissonant vor, müssen wir uns vor schlechten Bekanntschaften und besonders vor Beziehungen zu geistig gestörten Menschen, religiösen und politischen Fanatikern, Besessenen, in konstantem Delirium vernebelten oder durch Alkohol, Drogen, Arzneimittel geistig getrübten Menschen in Acht nehmen. Pseudomagier und Pseudoastrologen sind ebenso gefährlich wie Psychopathen. Wenig Vertrauen erweckende Personen könnten uns auf einen falschen Weg führen oder uns mental aus der Bahn werfen. Existenzielle und religiöse Krisen durch den schlechten Einfluss von Freunden, die sich plötzlich als schädlich und gefährlich erweisen. Eine schlimme Erfahrung durch einen Trauerfall stürzt uns in einen Zustand der psychischen Verzweiflung. Der Verlust eines Freundes oder einer lieben Person lässt uns verzweifeln. Wir greifen zu Psychopharmaka oder toxischen Substanzen, um uns der lähmenden Gedanken an einen Tod zu entziehen, den wir nicht akzeptieren können. Wir durchleiden eine schwere nervliche Krise wegen einer lebensgefährlichen Situation, in der wir oder einer unserer Lieben knapp dem Tod entronnen sind. Gedanken an den Tod quälen uns. Gefahr für einen Tod durch Ertrinken oder durch Medikamentenvergiftung. Gedanken an Selbstmord.

Neptun im zwölften Haus

Wenn Neptun durch unser zwölftes Radixhaus zieht, müssen wir der Suche im Allgemeinen viel Zeit einräumen. Der Zeitraum ist hervorragend, um das vor uns liegende, unbekannte Terrain zu erkunden, sei es in der Esoterik als in den Wissenschaften. Wir fühlen uns stark zu territorialen oder gedanklichen Erkundungen getrieben. Eine tiefe innere Stimme richtet uns vor allem auf die Gebiete aus, die üblicherweise Neptun angehören, wie Religionsgeschichte, orientalische Studien, Philosophie, Theologie, Astrologie, Yoga, Psychoanalyse und allen Dingen, die mit dem Etikett Esoterik versehen werden könnten. Im Laufe dieses Planetendurchgangs kommt unser bester Teil zum Vorschein, der sich in Richtung Beistand und Pflege des Nächsten ausdrückt und der sich besonders auf einem spirituellen Standpunkt bewegt. Wir möchten uns um die Anderen, um die Alten, Kinder, Kranken, Immigranten, Völker der Dritten Welt und um alle Leidenden kümmern. Wir möchten konkret mit Fakten und nicht nur mit Worten etwas bewegen, unsere christliche Gesinnung auf die Probe stellen. Wir haben das Bedürfnis zu freiwilliger Arbeit bei einer Organisation wie Caritas, dem Roten Kreuz oder UNICEF. Wir tun Gutes, geben mehr Almosen, setzen uns für den Nächsten ein, vielleicht auch ohne dabei aus dem Haus zu gehen, da wir einen alten und kranken Angehörigen pflegen. Durch den Glauben finden wir das Gleichgewicht wieder und befreien uns von einer Medikamentenabhängigkeit. Ein Psychologe, Priester oder Astrologe können uns dabei helfen, dass es uns aus geistiger Sicht besser geht. Durch Überwindung einer schwierigen Prüfung erlangen wir unsere Ausgeglichenheit zurück und die Albträume der letzten Jahre finden ein Ende. Durch den Besuch in einem religiösen und esoterischen Ambiente fühlen wir uns besser. Wenn sich der Transit unter dissonanten Umständen zeigt, dann müssen wir das Aufkommen oder eine Verschlimmerung von geistigen Störungen, Ängsten oder Neurosen befürchten. Im schlimmsten Fall könnten wir auch eine Psychose entwickeln, wenn es das Zusammenspiel der Transite rechtfertigt und sich der Planetendurchgang zu mehr als einem besonders schlechten Solarhoroskop summiert. Starke Neigung zu Paranoia. Wir könnten davon überzeugt sein, dass die Anderen uns nicht mögen, dass das Schicksal unser Feind und das Leben gegen uns ist. So laufen wir Gefahr, in eine tiefe Depression zu stürzen oder zu Psychopharmaka oder gar Drogen zu greifen. Sehr gefährlicher und düsterer Zeitraum in unserem Leben, in dem wir riskieren, uns in einem langen, dunklen Tunnel zu verlieren. Existentielle Prüfungen, die uns mental stark schaden. Begegnungen mit Drogenabhängigen, Religionsfanatikern, politisch Überspannten, Extremisten jeder Art, die unserer geistigen Gesundheit schweren Schaden zufügen. Panik in Folge einer katastrophalen Vorhersage eines Astrologen oder Magiers. Schäden und Schicksalsschläge durch Menschenmassen, revoltierende Demonstranten, Hooligans. Versteckte Feinde intrigieren gegen uns. Gefahren vom Wasser, Gas und Narkosen. Ängste in Bezug auf chirurgische Operationen. Skandal aufgrund eines Geheimnisses in unserem Leben. Mögliche Inhaftierung oder Krankenhausaufenthalt. Prüfungen jeder Art.

11.
Transite von Pluto

Die Transite von Pluto sind wie eine Dampfwalze, die alles zerstören oder verschieben kann. Ein kompletter Zyklus des letzten bekannten Planeten unseres Sonnensystems kann ein Vierteljahrtausend - also etwa 250 Jahre - andauern und so kann sein Durchgang an einem genauen Punkt des Geburtshoroskops einer Person auch viele Jahre anhalten und sich nur um wenige Grad auf der Umlaufbahn nach vorne oder nach hinten verschieben. Seine Auswirkungen sind verheerend, aber auch spektakulär im Positiven, wenn man sie beim Lesen von den schnelleren gleichzeitigen Planeten unterscheiden kann. Pluto steht in Beziehung zu unseren primitivsten Kräften und kennzeichnet die unglaublichsten Veränderungen, die ein Mann oder eine Frau im Leben durchlaufen können. Wenn er positiv wirkt, kann er die herrlichste Metamorphose eines menschlichen Wesens darstellen, das die nötigen Energien und Kräfte in sich findet, um sein Leben im Positiven komplett zu verändern. Wenn er aber dagegen negativ handelt, setzt er seine gesamten primitiven, animalischen und zerstörerischen Kräfte frei. So können seine Durchgänge einerseits wahre Wiedergeburten und Wiederauferstehungen jeder Art begleiten. Sie können aber auch hinter der totalen Zerstörung eines menschlichen Wesens stehen. Wenn seine Durchgänge gleichzeitig mit einem besonders schlechten Solarhoroskop vorkommen, können sie wie bei den Transiten von Uranus und Pluto, etwas weniger auch die von Saturn, wirklich dramatische Momente im Leben einer Person anzeigen. Auf psychischer Ebene können sie sogar noch fürchterlicher sein als die von Neptun. Die allgemeinen Bezugspunkte des Planeten stehen in Beziehung zum Zeichen des Skorpions und zum achten Haus.

Pluto im harmonischen Aspekt zur Sonne

Wenn sich Pluto im harmonischen Winkel zu unserer Radix-Sonne bewegt, werden wir dazu gebracht, uns auf die grundlegenden Probleme unseres Lebens zu konzentrieren und die zweitrangigen wegzulassen. Das ist in jedem Bereich bemerkbar und kann zum Beispiel bedeuten, dass wir nur große Geschäfte abschließen wollen, wenn wir im Handel tätig sind, und den Verkauf von kleinerem Zubehör einzustellen, der uns mehr Verdienst bringen könnte. Unsere Aufmerksamkeit ist auf alles „Grandiose", Spektakuläre, Riesige gerichtet. Das gilt sowohl im Handel als auch in der Industrie sowie in jedem handwerklichen oder künstlerischen Schaffen. Inflationistisches und hypertrophisches Drängen ergreift von uns Besitz und richtet uns nur auf großartige Ziele aus. Bescheidene Probleme interessieren uns nicht und wir zielen stur geradeaus, um Superlative zu erreichen. Das kann natürlich zu positiven Ergebnissen führen, da wir jetzt Ziele erreichen können, an die wir unter anderen Umständen nicht einmal denken würden, aber es lenkt uns auch stur in eine einzige Richtung. Kommen wir zum soeben genannten Beispiel aus dem Handel zurück: ein Zulieferer von Krankenhausgeräten könnte sich weigern, mit der Krankenhausverwaltung über die Lieferung von Einwegspritzen aus Plastik zu verhandeln, welche 30 Prozent seiner Verdienste ausmachen könnten, und zielt dagegen darauf, ein hochentwickeltes Strahlengerät zu verkaufen, wobei er, wenn alles gut geht, 100 Prozent seines Einkaufspreises erzielen könnte. Im Endeffekt ist sein Verdienst bei Erhalt des Zuschlages weit niedriger, als wenn er die Einwegspritzen aus Plastik geliefert hätte, auch wenn die zweite Lieferung Gesamteinnahmen mit mehreren Nullen einbringt. Genau das ist aber der Punkt: sein Wollen, seine ganze Aufmerksamkeit ist auf all das gerichtet, was man als grandios, fantastisch oder riesig bezeichnen könnte. Wenn wir das Prinzip auf alle anderen Bereiche anwenden, werden wir sehen, dass der Kinoregisseur einen Monumentalfilm drehen, der Schriftsteller ein zweites *Krieg und Frieden* verfassen und der Architekt am liebsten Manhattan neu gestalten möchte, usw. Wie bereits gesagt, befinden wir uns in einer von Größenwahn gekennzeichneten Zeit, die uns aber dennoch gut dabei unterstützen kann, schwierige Ziele zu erreichen. Unsere Willensstärke ist bei diesem Planetendurchgang außerordentlich hoch und ermöglicht es uns, unsere Kräfte und unser Talent bestmöglich einzusetzen. Wir haben jetzt einen Löwenmut und können mit dem richtigen Schwung jede Schwierigkeit bewältigen, die sich zwischen uns und jede unserer Unternehmungen stellt. Ausgezeichneter Transit für die Erholung nach einem Sturz und den Neubeginn nach einer Tragödie. Viel Mut für die Bewältigung aller Probleme.

Pluto im disharmonischen Aspekt zur Sonne

Wenn Pluto im disharmonischen Winkel an unserer Geburtssonne vorbeizieht, befinden wir uns in einer Zeit, in der die Dissonanz Neptun–Sonne erneut auftritt, nur um einige Oktaven höher. Es handelt sich hierbei um Jahre, in denen wir eine besonders starke neurotische Basis entwickeln mit Ängsten, Phobien und fixen Ideen jeder Art. Besonders paranoide Gedanken können uns jetzt zu schaffen machen, die uns glauben lassen, dass alle uns feindlich gesinnt sind, dass das Leben gegen uns ist, dass uns das Schicksal als beliebte Zielscheibe auserkoren hat und dass alles dazu verdammt ist, schief zu laufen. Wir fühlen uns so, als würden wir unter einer Haube aus Depressionen leben und alles scheint uns dunkel, schwarz, unabwendbar. Hinzu kommt eine Tendenz zur Selbstverstümmelung und zum Masochismus auf der ganzen Linie. Im Lauf dieses Planetendurchganges können wir in Versuchung geraten, uns offen selbst wehzutun, vielleicht durch übertriebene und zerstörerische Verhaltensweisen wie zu starkes Rauchen, den Genuss zu kalter Getränke, Alkoholmissbrauch, wenig oder gar keinen Schlaf, übertriebene Sexualität, usw. Unser Sexualtrieb ist jetzt sehr stark ausgeprägt, es geht dabei aber mehr um Erotik, als um Sinnlichkeit. Das kann unser Sexualverhalten zwar erheblich verbessern, kann auf der anderen Seite aber auch Blockaden hervorrufen, da zuviel Kopfarbeit in diesen Dingen niemals nur gut ist. Außerdem könnten wir uns neue und verrückte Erfahrungen suchen, wie Gruppensexualität, homosexuelle Beziehungen, wenig orthodoxe Verbindungen. Wir könnten uns auch zu Pornographie und käuflicher Liebe hingezogen fühlen. In diesen Jahren kommt also der im negativen Sinn animalischste Teil in uns zum Vorschein und wir laufen Gefahr, anderen und uns selbst wehzutun. Das Risiko, auch gewalttätig zu werden, ist nicht ausgeschlossen. Wenn wir im Lauf unseres Lebens kriminell werden können, dann ist dies der wahrscheinlichste Moment dafür. Sexualität und Gewalt scheinen in diesen Jahren Hand in Hand zu gehen. Gefühle des Hasses und der Rache beherrschen uns und wir müssen unsere gesamte Zivilisation und gute Erziehung zusammennehmen, wenn wir nicht zu Werkzeugen in den bösartigen Händen von Pluto werden wollen. Dies sind Jahre, in denen wir sehr tief fallen und die dramatischsten Erfahrungen unseres Lebens machen könnten, vom Krankenhausaufenthalt bis hin zur Gefängnishaft. Wir müssen all unsere Energien zusammennehmen, wenn wir unbeschadet aus einem solchen Transit wieder hervorkommen wollen. Neid, Hass, Ärger sind Gefühle, die uns in diesen Jahren des disharmonischen Durchganges Pluto-Sonne in hohem Ausmaß begleiten können. Mögliche schwere Streitigkeiten in der Familie oder am Arbeitsplatz. Alle aufgelisteten Verhaltensweisen könnten nicht uns selbst, sondern unseren Partner, Vater, Sohn oder Bruder betreffen.

Pluto im harmonischen Aspekt zum Mond

Wenn Pluto im harmonischen Winkel zu unserem Geburtsmond steht, fühlen wir uns stark zu allem hingezogen, das man als esoterisch bezeichnen könnte und das vom Alltäglichen abweicht. Wir entwickeln ein Interesse für den Orient, die Religionen, Philosophie, Astrologie, Parapsychologie, Ufologie und besonders Spiritismus, die Welt der Toten, Kriminalität, Noir-Literatur und Neo-Noir-Kino und Sexualität. Solche Interessen stellen sich jetzt heftig und übertrieben dar. Wir sind in der Lage, diese Themenbereiche zu vertiefen und sogar Experten zu werden. Im Laufe des Planetendurchganges werden wir von großen Leidenschaften geschüttelt, die auf eine Liebe oder einfach auf eine komplette Wandlung im Liebesleben hindeuten und in vielen Fällen auch für eine Mutterschaft stehen. Aus diesem Gesichtspunkt können die Auswirkungen spektakulär sein und auch Frauen, die sich unfruchtbar glaubten, könnten die Freuden einer Schwangerschaft erleben. Gleiches ist auch bei Männern möglich, allerdings um einige Oktaven tiefer. Außerdem kann der Planetendurchgang gegensätzliche und sehr starke Gefühle zu den uns nahe stehenden weiblichen Figuren wach werden lassen, zum Beispiel zur Mutter, einer Schwester, Tochter oder einer lieben Freundin. Die gleichen Frauen könnten die oben beschriebenen Auswirkungen zu spüren bekommen und es könnte beispielsweise passieren, dass unsere Mutter im fortgeschrittenen Alter wieder heiratet oder dass sie ein Kind bekommt, wenn wir schon erwachsen sind. Üblicherweise geht es um einen Sturm der Gefühle, aber im positiven Sinne. Ferner kann es um neu entstehende oder schwindende Leidenschaften in den verschiedensten Bereichen gehen, z.B. in Bezug auf ein Hobby, ein kulturelles Interesse, die Freizeitgestaltung, usw. Unser innerer Antrieb wächst und wir können unsere Passionen für edle Ziele, für positive Kreuzzüge jeder Art einsetzen. Wichtige Projekte in Bezug auf das Haus wie Kauf, Verkauf, Umzug, Umbau. Grabungsarbeiten auf unserem Grundstück oder Entdeckungsreise in unserem Unterbewusstsein mit der Hilfe eines Psychoanalytikers. Wir können reifer über das Mysterium des Todes nachdenken.

Pluto im disharmonischen Aspekt zum Mond

Wenn Pluto in disharmonischem Winkel zu unserem Geburtsmond zirkuliert, werden wir von starken zerstörerischen und selbstzerstörerischen

Trieben geleitet. Wir befinden uns in einer Zeit, die von bedeutenden psychischen Problemen charakterisiert ist und neigen stark zu Depression, Ängsten und zu einer negativen Sicht des Lebens. Es vergeht uns jede Lebenslust und das morgendliche Aufstehen fällt und schwer. Alles ist schwarz und wir sind davon überzeugt, dass das immer so bleiben wird. Ein chronischer Pessimismus herrscht über uns und bringt uns dazu, uns wie Versager zu verhalten, da wir viel zu früh die Flinte ins Korn werfen. Ein starkes Misstrauen gegen uns selbst und gegen die Anderen ergreift uns. Wir haben keine Lust, etwas aufzubauen oder uns in irgendeiner Sache zu bemühen. Der Tod von jemandem verpasst uns einen harten Schlag und lässt eine unbegründete Angst vor dem Tod in uns wachsen. Eine richtiggehende Phobie zu dem Thema kann uns stark beeinträchtigen und uns glauben lassen, dass unser eigenes Ende naht. Häufig kann der Planetendurchgang auch verantwortlich sein für Selbstmordgedanken. Das Aufsuchen von Orten, an denen Spiritismus gelehrt oder praktiziert wird, kann uns stark schaden. Es wäre besser, wenn wir uns in diesen Jahren von der Magie, der Astrologie, Theologie, Esoterik und Parapsychologie im Allgemeinen fernhielten. Auch in den Freundschaften sollten wir vorsichtig sein, da wir in intimen Kontakt zu Verbrechern, Kriminellen, Drogenabhängigen, Psychopathen und Fanatikern jeder Art kommen könnten. Unsere Art, die Sexualität zu leben ist gestört und könnte zu Blockaden in diesem Bereich führen. In anderen Fällen könnte es sich dagegen um einen übertriebenen Sexualtrieb handeln, die uns zu käuflicher Liebe und zu wenig orthodoxen Formen der Liebe führt, die unser sowieso schon gestörtes mentales Gleichgewicht noch mehr aus der Fassung bringen können. Alles bisher Gesagte könnte sich nicht auf uns, sondern auf eine uns nahe stehende weibliche Figur beziehen wie die Mutter, Partnerin, Tochter, Schwester oder eine liebe Freundin. In diesen Jahren sind schwere Schäden an unserem Wohnbereich möglich oder es besteht die Wahrscheinlichkeit für eine große Dummheit in Bezug auf unser Immobilienvermögen, zum Beispiel ein gewagter Verkauf, vielleicht an Personen, die uns keine Garantien für ihre Zahlungsfähigkeit geben. Es wäre jetzt angebracht, jeden Handel mit Immobilien zu unterlassen. Mögliche Krankheiten in Bezug auf den Magen und die Brust. Versehentlicher Verlust des gesamten Inhaltes auf der Festplatte unseres Computers.

Pluto im harmonischen Aspekt zu Merkur

Wenn Pluto im harmonischen Winkel an unserem Geburtsmerkur vorbeizieht, verstärken sich unsere mentalen Fähigkeiten. Wir fühlen uns klar und fähig, mit dem Geist aufs Höchste zu arbeiten. Unsere Gedanken sind eindeutig und wir können uns wunderbar verständlich machen. Gleichzeitig verstehen wir auch die Ausführungen unserer Gesprächspartner besser. Wir möchten unsere Kommunikationen und Telekommunikationen erweitern. In diesem Sinne werden wir gezielte Einkäufe tätigen, die uns Kommunikationen auf dem höchsten Stand der Technik ermöglichen, also den letzten Schrei bei Handys, Lichtwellenleitern für die Internetverbindung oder Satellitenantennen, usw. Es ist auch wahrscheinlich, dass wir ein leistungsstarkes und teures Auto, Motorrad, Wohnmobil oder einen Privatjet kaufen (wenn wir der kleinen Gruppe von Menschen angehören, die sich das leisten können). Unsere täglichen, wöchentlichen, monatlichen Fahrten und der Pendelverkehr nehmen zu. Wenn wir noch keinen Führerschein besitzen, werden wir jetzt die entsprechende Prüfung ablegen, das Gleiche gilt für einen Motorrad- oder Bootsführerschein oder für den Flugschein. Die Zeit ist wirklich gut, um zu lernen, Nachforschungen zu betreiben, zu schreiben und zu lesen. Wenn wir Studenten an der Universität sind, werden wir im Laufe des Planetendurchganges viele Prüfungen ablegen können. Die Lektüre, das Studium oder das Schreiben zu polizeilichen und okkulten Themen reizt uns. Wir nehmen diesbezüglich an Kongressen, Seminaren und Konferenzen teil. Im Laufe dieser Jahre ist es sehr wahrscheinlich, dass ein Bruder, Schwager, Vetter oder junger Freund einen großen Erfolg erleben oder eine wichtige und angesehene Stellung erreichen. Gleichzeitig wird unser Verhältnis zu ihnen enger. Wenn wir Schriftsteller sind, ist es sehr wahrscheinlich, dass wir ein außergewöhnliches und wichtiges Buch schreiben, das uns berühmt machen kann. Gleiches gilt für Journalisten. Aus einem anderen Gesichtspunkt sind wir in der Lage, uns im Handel zu bewegen und großartige Geschäfte abzuschließen, auch wenn das nicht unser Beruf ist. Wir können wichtige Schritte nach vorne im Kampf gegen eine schlimme Atemwegserkrankung machen. Wenn wir uns sehr bemühen, sind wir auch in der Lage, mit dem Rauchen aufzuhören.

Pluto im disharmonischen Aspekt zu Merkur

Wenn Pluto im disharmonischen Winkel zu unserem Geburtsmerkur zirkuliert, erleben wir Jahre der geistigen Verwirrtheit. Nur schwer können wir unsere Gedanken sortieren und wir sind nicht in der Lage, klare und glaubhafte Programme und Pläne zu schmieden. Wir haben Schwierigkeiten dabei, uns auszudrücken und können auch die Rede der Anderen nicht so gut verstehen. Das Klima um uns herum besteht bestenfalls aus Verwirrtheit, wenn nicht gar aus Intrigen, Misstrauen, heimlichen Machenschaften.

Verleumdung, Gerede und Intrigen sehen uns bei diesem Planetendurchgang als Opfer oder als Täter. Loyal sind wir jetzt ganz und gar nicht und auch von anderen dürfen wir uns keine Loyalität erwarten. Anonyme Briefe oder ein anonymer Anrufer könnten uns oder unser Umfeld peinigen. Die Lüge scheint ein gemeinsamer Nenner für alle Personen zu sein, die den Planetendurchgang erleben. Es ist nicht ausgeschlossen, dass unser Telefon abgehört wird und wir können auch die Möglichkeit nicht ausschließen, dass wir selbst das Telefon eines lieben Menschen abhören werden. Wenn es andere wichtige negative Transite, das Solarhoroskop und das Geburtshoroskop rechtfertigen, könnten wir in einen schweren Verkehrsunfall verwickelt werden. Unser Auto wird gestohlen oder erleidet Totalschaden bei einem Unfall, unabhängig davon, ob wir dabei verletzt werden oder nicht. Wir bemerken, dass unser Satellitentelefon angezapft wurde und müssen astronomisch hohe Rechnungen bezahlen. Briefe, Telegramme oder Telefonate verändern unser Leben. Unser Bruder, Vetter, Schwager oder junger Freund sind Mittelpunkt in einem Skandal, einem Prozess oder in einem Verbrechen, in das sie als Opfer oder als Täter verwickelt sind. Das Verhältnis zu einer dieser Personen wird unterbrochen. Wir sind gezwungen, uns stark für einen von ihnen einzusetzen oder unsere Beziehung zu ihnen leidet stark. Die Versetzung an einen anderen Arbeitsplatz zwingt uns zu jahrelangem, schmerzlichem und unerträglichem Pendeln. Die Schließung einer Bahnstrecke führt zu mehr Anstrengungen im täglichen Berufsverkehr. Ein Handelsversuch führt zu großen finanziellen Verlusten. Es wird eine schwere Lungenerkrankung festgestellt oder wir rauchen mehr Zigaretten am Tag als sonst.

Pluto im harmonischen Aspekt zur Venus

Wenn Pluto im harmonischen Winkel an unserer Geburtsvenus vorbeizieht, werden wir eine große, angenehme Leidenschaft erleben. Es ist mehr als wahrscheinlich, dass wir uns wahnsinnig verlieben. Auch wenn wir gesetzte Personen mittleren Alters sind, werden wir von der Leidenschaft ergriffen wie Odysseus von den Sirenen und es wird nicht genügen, uns am Schiffsmast festzubinden. Es geht um eine Leidenschaft, die auch mehrere Jahre andauern kann, und die uns früher oder später dazu bringt, eine ungeheure Tat zu begehen. Ruhige Männer mit schlohweißem Haar, welche die eigene Familie und ihre Arbeit verlassen, um mit der Haushälterin oder der Sekretärin nach Brasilien durchzubrennen, könnten die Opfer (oder die glücklichen Auserwählten) des Planetendurchganges sein. Dasselbe gilt auch für Frauen. In jedem Fall geht es um eine blinde, wahnsinnige, bedingungslose

Liebe, die noch stärker ist, als eine unter dem Transit von Uranus geborene. Wenn wir noch nicht verheiratet sind, kann uns der Transit in den Hafen der Ehe führen. Gleichermaßen möglich wäre eine Mutter- oder Vaterschaft in diesen Jahren. Auf einer anderen Ebene kann es sein, dass wir eine große künstlerische Leidenschaft für die Poesie, das Theater, Gesang, Musik im Allgemeinen, Malerei, Fotografie entwickeln. Viele Menschen werden in dieser Zeit zu Kunstsammlern. Wir beginnen vielleicht zum ersten Mal in unserem Leben, Museen, Kunstgalerien, Fotografieausstellungen oder archäologische Grabungen zu besuchen. Wir studieren Kunstgeschichte und kaufen eine CD-Rom mit den größten Kunstsammlungen der Museen. Wir könnten auch leidenschaftliche Sammler von Kunstobjekten oder Möbelstücken, Antiquitäten, Teppichen oder Porzellan werden. In diesem Fall besuchen wir Auktionshäuser, Antiquitätenläden, kaufen Fachzeitschriften. Es ist sehr wahrscheinlich, dass wir sehr auf unser Äußeres, also auf Kleidung, Schmuck, Schminke, Frisur achten. Wir besuchen Schönheitssalons, Thermalbäder für die Pflege der Haut, Masseure und Visagisten, usw. In vielen Fällen entschließen sich Menschen unter diesem Planetendurchgang zu einer Schönheitsoperation oder zu einer strengen Diät, um an Gewicht zu verlieren. Unser Aussehen wird nach diesem Durchgang fast nie gleich bleiben. Im Laufe des Transits kann es passieren, dass unsere Schwester, Mutter, Partnerin oder eine teure Freundin einen großen Moment der Beliebtheit, der persönlichen Erfolge, des öffentlichen Ansehens durchleben. Wenn zwischen ihnen und uns ein leichter Groll besteht, können wir jetzt ziemlich sicher alte Wunden verschließen und den Groll aus der Welt schaffen. Mögliche Geldeinnahmen, die uns unerwartet zufließen. Große Verdienste und Spielgewinne. Sanierung unserer Finanzen. Erhalt eines wichtigen Krediltes oder Darlehens, mit dem wir nicht gerechnet hatten. Wiederherstellung der Gesundheit. Wirksame Heilmethode, die uns aus einem langen Tunnel der Krankheit herausführt.

Pluto im disharmonischen Aspekt zur Venus

Wenn Pluto im disharmonischen Winkel zu unserer Geburtsvenus reist, laufen wir Gefahr, von ungesunden Leidenschaften überrollt zu werden, die uns in eine Richtung wenig empfehlenswerter Beziehungen schieben. Wir könnten von einer unmöglichen Liebe besessen sein. Beginn eines außerehelichen Verhältnisses, Beziehung zu Kriminellen, zu jungen oder zu alten Personen. Hingezogenheit zu wenig orthodoxen Formen der Sexualität. Beginn einer homosexuellen Beziehung. Gefahr eines Skandals im Liebesleben. Suche nach käuflicher Liebe. Hohe Gefahr für

Geschlechtskrankheiten. Absturz in die Pornographie oder in schändliche Beziehungen. Besondere sexuelle Praktiken, Zeit der Impotenz oder Frigidität. Sexuelle Probleme im Allgemeinen. Chirurgische Operationen an Sexualorganen oder -funktionen. Mutter- oder Vaterschaft, die unbedingt vermieden hätte werden sollen. Gefahr für die Geburt kranker oder behinderter Kinder. Vorherrschaft der Leidenschaften über den Verstand. Liebesdramen. Kriminelle Handlungen aus so genannten „Ehrengründen". Mord oder tätlicher Angriff aus Leidenschaft. Besessene Eifersucht bringt uns dazu, das Telefon zu überwachen oder einen Privatdetektiv auf unseren Partner anzusetzen. Entdeckung eines Doppellebens unseres Partners. Eine skandalöse Situation betrifft unsere Mutter, Schwester, Partnerin oder eine junge Freundin. Mögliche kriminelle Taten einer dieser weiblichen Figuren oder schwere Krankheit derselben. Mögliche schwere Krankheiten auch für uns sowie psychische Probleme einer Angehörigen. Leidenschaften, die uns in eine Neurose oder gar Psychose führen. Gefahr, viel Geld zu verlieren, vor allem aus Liebe, aber auch in Bezug auf das Spiel und Laster im Allgemeinen. Verschuldung wegen eines Mannes oder einer Frau. Blutkrankheiten oder Vergiftungen aufgrund Missbrauchs jeglicher Art. Übertriebene Ausgaben für Kunstobjekte. Betrug beim Kauf eines Bildes, von Juwelen, Teppichen oder Antiquitäten. Diebstahl im Haus oder im Büro von wertvollen Gemälden, Porzellan, Kunstobjekten im Allgemeinen. Prozess gegen uns wegen des Besitzes archäologischer Gegenstände.

Pluto im harmonischen Aspekt zu Mars

Wenn Pluto im harmonischen Winkel zu unserem Geburtsmars zirkuliert, fühlen wir uns gut in Form und in der Lage, die härtesten und anstrengendsten Unternehmungen zu bewältigen. Der Spruch *Mens sana in Corpore sano* ist jetzt so aktuell wie nie. Unser innerer Motor läuft aufs Höchste und unserem Organismus können wir mehr abverlangen als sonst. Auch unsere Willenskraft bewegt sich auf ungewohnten Breitengraden und das lässt uns ehrgeiziger werden, mehr verlangen, mehr wagen. Das Plus an Willen bei diesem Planetendurchgang macht uns zwar nicht arrogant, aber man merkt in unserem Verhalten genau, dass wir uns von niemandem übergehen oder auf die Seite stellen lassen. Wir sind etwas anmaßend, was aus unserer Selbstsicherheit kommt und aus dem Bewusstsein, dass wir Höchstleistungen erbringen und klar denken können. Mit wachem Geist und einem Körper in Topform können wir weit gehen und ehrgeizigen Zielen entgegenstreben. Wir sind uns dessen bewusst und wagen daher mehr als gewöhnlich. Aus körperlicher Sicht könnte es uns nicht besser gehen. Wenn wir sportlich sind, ist dies der ideale Moment, um einen Rekord aufzustellen. Wenn wir dagegen sonst keinen Sport treiben, ist jetzt der richtige Moment, um damit zu beginnen. Auch auf sexueller Ebene läuft es entschieden besser aus männlicher Sicht. Männer können diesbezüglich die meisten Vorteile aus dem Transit ziehen. Auf einer eher geistigen und intellektuellen Ebene können wir ein gesteigertes Interesse in den den beiden Sternen zugeordneten Bereichen vorfinden, und zwar polizeilicher und okkulter Literatur und Spielfilmen, Neugierde für das Verbrechen und zum Thema Tod im Allgemeinen, Besuch in Zirkeln oder Umfeldern, in denen Spiritismus praktiziert wird oder etwas, das man so definieren möchte, Höhlenerkundungen, archäologischen Grabungen, Suche nach unterirdischen Flüssigkeiten oder Mineralien. In Zeiten wie diesen könnte sich in jungen Leuten ein starkes Interesse für die Tätigkeit des Notars, Geologen, Psychologen, Psychoanalytikers oder Rechtsmediziners zeigen. Mögliche Arbeiten an der Familiengruft. Mit unserer Fertigkeit und dem gesteigerten Selbstbewusstsein können wir Erbschaftsfragen, Pensionen, Abfindungen oder Arbeitsprämien regeln.

Pluto im disharmonischen Aspekt zu Mars

Wenn Pluto im disharmonischen Winkel zu unserem Geburtsmars reist, zeigt sich der animalischste Teil in uns in seinem schlechtesten Sinn, unser wilder Teil nach dem alten Spruch *Homo homini lupus* (der Mensch ist der Wolf des Menschen). Es geht um primitive Energien, um lange überwundene Triebe aus einer Zeit, als der Mensch noch den Tieren ähnlich war, die ihn fressen wollten. Unsere geheimsten Instinkte, der am wenigsten edle Teil in uns, der Anteil an Tierischem, den wir aus psychologischer Projektion heraus immer nur den Anderen zugesprochen haben - je nach Zeitalter den Ungläubigen bei den Kreuzzügen, den Rothäuten und primitiven Völkern in vergangenen Jahrhunderten und schließlich den Nazis - ist auch ein Teil unserer Persönlichkeit, der gerade bei diesen Planetendurchgängen hervorkommt und uns an den Rand eines Abgrundes führt, in dem wir auch ein kriminelles Verhalten entdecken könnten, das wir nie an uns vermutet hätten. Natürlich muss sich auch eine Spur hierfür in unserem Geburtshoroskop finden lassen, aber genau bei diesen Transiten kann der Mr. Hyde in uns zum Vorschein kommen. Wir könnten ohne große Übertreibungen sagen, dass dieser Durchgang ein Beweis für die Existenz Satans ist, so negativ sind die Kräfte, die in diesen Augenblicken im Spiel sind. Sie können dazu führen, dass wir Freveltaten, kriminelle Akte der schlimmsten Sorte und aus jedem Motiv begehen. Eines der Hauptmotive könnte der Sex sein, als Mischung zwischen zerstörerischem und tödlichem Trieb und Unzucht als schlimmster Ausdrucksform für die Sexualität. Unnötig zu sagen, dass sich das fast ausschließlich bei Männern zeigt, wie uns die Geschichte der Vergewaltigungen, von Anbeginn der Zivilisation bis heute uns lehrt. Vielleicht kann kein Begriff unseren Gemütszustand in diesem Augenblick besser beschreiben, als der der Vergewaltigung. Der Transit kommt mit Sicherheit in der Anthologie der schändlichsten Verbrechen der Menschheit am häufigsten vor. Dazu gesellt sich parallel das Geld, der Besitz, die Macht, aber auch hier entfernen wir uns nicht weit von den soeben beschriebenen Gräueltaten. Unter dem Schatten einer solchen „Flagge" haben sich so genannte menschliche Wesen der schlimmsten Vergehen schuldig gemacht und werden sich ihrer auch weiterhin schuldig machen. Wir möchten diesen Transit so neutral wie möglich untersuchen, uns dabei nicht von der Moral leiten lassen, sondern ganz einfach die Natur des Durchganges beschreiben und nichts weiter. Dieser aber bleibt, was er ist, ob er nun durch eine Reihe von Adjektiven und Eigenschaften anschaulich gemacht wird oder nicht: die barbarische Manifestation der schlimmsten Dinge, derer ein Mensch fähig ist, an anderen Menschen, an Tieren und an Dingen zu begehen. Pluto im bösen Aspekt zu Mars heißt Zerstörung, aber auch Selbstzerstörung und wir können in den dramatischsten Grenzfällen, wenn es viele andere Aspekte des Geburtshoroskops und des Solarhoroskopes zulassen, ebenso viele Selbstmorde wie Morde zählen. In den weniger schlimmen Fällen finden wir schlichte Verhaltensweisen, die uns durch ihre Aggressivität oder ihre Gewalt nicht zur Ehre gereichen und die wir nach beendetem Transit so schnell wie möglich wieder vergessen wollen. Am entgegen gesetzten Punkt zur sexuellen Tobsucht der Vergewaltigung können wir auch einen vorübergehenden Zustand der Impotenz oder der sexuellen Blockade bei Frauen vorfinden. Gefahr für Geschlechtskrankheiten, Fehlgeburten, gynäkologische Krankheiten sowie chirurgische Operationen an den Genitalien. Phobien, Besessenheit, Ängste, fixe Idee und Neurosen in Bezug auf den Tod. Angst vor dem Tod. Ein schwerer Trauerfall stürzt uns in eine tiefe Krise. Lebensgefahr für uns oder eine liebe Person. Gefahr für hohe Geldverluste durch falsche Investitionen, Betrug, Raub, Überfall, Diebstahl, verliehenes Geld, das nie zurückgegeben wird, Glücksspiel, Spekulationen an der Börse. Verlust einer Erbschaft. Die finanzielle Situation des Partners bricht zusammen. Schuldenberg des Partners. Krankhafte Besessenheit von kriminellen Themen und der Noir-Literatur im Allgemeinen. Unfälle oder

Lebensgefahr bei unterirdischen Erkundungen oder Grabungen.

Pluto im harmonischen Aspekt zu Jupiter

Wenn Pluto im harmonischen Winkel zu unserem Geburtsjupiter zirkuliert, werden wir von einem starken Optimismus übermannt und blicken vertrauensvoll nach vorne, da wir vor allem an unsere eigenen Kräfte glauben. Wir befinden uns mit Sicherheit in einer positiven Phase unseres Lebens. Wir möchten etwas aufbauen, vorwärts kommen, große Unternehmungen in Angriff nehmen. Unter diesem Himmel können tatsächlich großartige Projekte entstehen, sei es im Handel als auch im industriellen oder handwerklichen Bereich. Eine Prise Glück - auch ein bisschen mehr als eine Prise - steht auf unserer Seite und wir sind so in der Lage, die Herausforderungen zu meistern, die wir uns selbst stellen oder die uns von anderen gestellt werden. Möglicher Aufstieg auf der Karriereleiter, Gehaltserhöhung und verschiedene Gratifikationen in der Arbeit. Mögliche Bestätigung im sozialen oder beruflichen Umfeld. Mögliches Wachstum durch einen Zusammenschluss, eine Ehe oder einen Verband. Aufstellung neuer Rekorde bei Athleten oder Preise jeder Art in der Literatur, den Wissenschaften, den Künsten. Zeit der Popularität, die wir besonders auf politischer Ebene nutzen können. Ausgezeichnetes Bestehen einer wichtigen Prüfung. Wiederaufrichten nach einem harten Sturz im Finanziellen, Beruflichen, usw. Diplomatische Lösung nach einem langen „Krieg". Positive Auflösung einer Rechtsangelegenheit. Hilfe jeder Art auf juristischer Ebene. Freispruch in einem Prozess. Einführung eines neuen Gesetzes, das uns aus Schwierigkeiten heraushilft. Möglicher Erlass, der uns aus einer üblen Situation herausholt. Unterstützung von einem wichtigen Politiker oder Juristen. Außerordentlich wichtige Reisen. Langer positiver Auslandsaufenthalt. Lösung eines Problems im Ausland oder weit weg von zu Hause (zum Beispiel in einer anderen Stadt). Erlernen einer Fremdsprache, auch einer Computersprache oder Umgang mit einer neuen Software. Heirat oder Liebesbeziehung mit einem Ausländer oder einer Person aus einer anderen Stadt. Annäherung an esoterische Disziplinen, Theologie, Psychologie, Philosophie, Astrologie, Yoga, orientalische Kulturen. Erforschungen der Ferne, verstanden im transzendentalen und metaphysischen Sinn.

Pluto im disharmonischen Aspekt zu Jupiter

Wenn Pluto im disharmonischen Winkel zu Jupiter zirkuliert, neigen wir dazu, in Allem ein wenig zu übertreiben, sei es im mentalen, als auch im physischen Sinn. Übertreibungen in unseren Gedanken oder übertriebene Leichtigkeit. Drastisches Sinken unseres kritischen Sinnes. Übertriebenes Vertrauen in die Welt, das Leben und die Anderen. Gefahr für große Schäden durch Naivität. Das Vertrauen ist so groß wie nie und setzt uns jeder Art von Risiko aus, besonders im Finanziellen, im Handel, im Beruf, im Unternehmertum. Unterschätzung von Problemen, die uns dazu bringen kann, uns ohne ausreichende Rückendeckung in ein Geschäft in Handel, Industrie oder Handwerk zu stürzen. Start mit dem falschen Fuß. Hohe Schulden durch zuviel Vertrauen in unsere Mittel und in das Glück. Übertriebene Hoffnung auf Hilfe von Angehörigen, Freunden, Bekannten, Sponsoren. Von den tatsächlichen Umständen nicht gerechtfertigter Größenwahn. Der Hang zu Übertreibungen kann auch unser körperliches Aussehen betreffen und sich in einer schnellen und starken Gewichtszunahme äußern oder in dem abnormen Wachstum eines Organs oder schlimmstenfalls in einem Tumor. Mögliche Schäden durch eine Blut- oder Lebervergiftung. Starke Belastung durch Gifte, die eine schlimme Krankheit verursachen könnten. Probleme mit der Justiz. Mögliches für uns ungünstiges Urteil. Wir verlieren eine wichtige Klage. Ein Richter oder Anwalt ist uns gegenüber negativ eingestellt. Mögliche hohe Geldverluste durch Betrug, Diebstahl, Raubüberfall, verliehenes Geld, das uns nie zurückgezahlt wird, falsche Spekulationen an der Börse, Glücksspiel, Verschuldung des Partners, usw. Schlechte Vermögensverwaltung. Schäden an unserem Vermögen. Benachteiligung in einer Erbengemeinschaft. Rechtliche Probleme wegen einer Abfindung, Pension oder Zahlung rückständigen Lohnes. Bewilligung eines umfangreichen Darlehens, das wir nur schwer wieder zurückzahlen werden können. Eine wichtige Steuer trifft uns unerwartet. Negatives Erbe. Rechtliche Probleme in Folge eines Todes. Mögliche Geschlechtskrankheiten. Übertriebene Ausgaben für eine Beerdigung oder Grabungen auf unserem Grund und Boden.

Pluto im harmonischen Aspekt zu Saturn

Wenn sich Pluto im harmonischen Winkel zu unserem Geburtssaturn bewegt, sind wir in der Lage, unsere innere Energie besser zu kontrollieren. Man könnte sagen, dass wir uns am entgegen gesetzten Punkt der Dissonanz Pluto–Mars befinden, in der wir nicht mehr fähig waren, unsere instinktiven und brutalen Kräfte unter Kontrolle zu halten. Hier dagegen ist die Kontrolle der Instinkte durch den Verstand aufs Höchste ausgeprägt. Weisheit, Erfahrung und Reife zusammen ermöglichen es uns, denkende Wesen und nicht Tiere in bürgerlicher Erscheinung zu sein. Auf einer etwas äußerlicheren und objektiven Ebene könnte man sagen, dass uns die Sterne dabei helfen, auf brillante Weise eine harte Prüfung zu überstehen, dass es uns Pluto im harmonischen Winkel zu Saturn ermöglicht, uns ein schweres Problem, das lange Zeit bestanden hatte und nicht leicht zu lösen war, von den Schultern zu laden. Es kann dabei um ein Problem in der Arbeit oder in der Gesundheit oder im Liebesleben gehen. Außerordentliche Kräfte eilen uns zu Hilfe und helfen uns aus einer schwierigen Lage. Diese Kräfte können entweder von uns selbst ausgehen, indem wir besser auf die Alltagsschwierigkeiten reagieren, oder aus unserer Umgebung kommen, aus dem Himmel, der sich bei diesem Planetendurchgang über uns befindet. Ein bisschen Glück steht auf unserer Seite, kein akutes Glück, das wie ein Feuerwerk wirkt, sondern ein etwas dumpferes, langsameres, aber dennoch gleichwohl positives Glück. Das kann sich durch das Erscheinen einer alten Person, einer wichtigen und mit uns verglichen sehr viel reiferen Persönlichkeit ausdrücken. Mögliche gute und wichtige Ergebnisse bei der Behandlung einer Krankheit an den Knochen oder den Zähnen. Wirksame Behandlung für eine Verbesserung unserer Haut. Nachwachsen der Haare durch unterschiedliche Mittel oder Zahnprothese, die uns verjüngt. Karrieresprung. Übertragung einer besonderen Aufgabe in der Arbeit oder eine künstlerische, literarische, poetische Anerkennung, usw. Eines unserer Werke erhält eine historische, dauerhafte und endgültige Auszeichnung. Wichtige Beziehung zu einer älteren Person. Ein älteres Mitglied unserer Familie oder ein Freund erleben einen Moment der großen Popularität oder werden in ein wichtiges Amt eingesetzt.

Pluto im disharmonischen Aspekt zu Saturn

Wenn Pluto im disharmonischen Winkel zu unserem Geburtssaturn zirkuliert, fühlen wir uns entmutigt und deprimiert. Es scheint uns so, als ob alles in die falsche Richtung geht, als ob das Schicksal gegen uns, das Leben unser Feind ist und niemand uns gerne mag. Es ist ein Gefühl der Niedergeschlagenheit, der Wunsch, das Handtuch zu werfen, ein wirklich schwieriger Moment, Moment natürlich verstanden in dem Sinne, dass der Zeitraum auch einige Jahre andauern kann. Wir haben keine Lust, neue Wege auszuprobieren und fürchten uns vor den Dingen, die uns zustoßen könnten. Mit einem solchen Pessimismus können wir nur schwer Investitionen tätigen, Kraft und Kapital für eine Tätigkeit im Handel, in der Industrie oder im Handwerk einsetzen. Und genau diese innere Stimme, die uns jetzt sagt, lieber nichts zu wagen, kommt im richtigen Moment, da wir mit einer Prise an „objektivem Pech" zu kämpfen haben. Schicksalsprüfungen stehen jetzt unter dem bösartigen Gigantismus des Pluto und neigen dazu, in jedem

Sinn groß zu sein. Wenn uns das Schicksal einen Schlag auf den Kopf bereithält, dann wird es ein schwerer Schlag sein. Leider betrifft dieser Planetendurchgang niemals zweitrangige oder unbedeutende Aspekte unseres Lebens. Wenn sich der Transit zu anderen negativen Durchgängen oder einem oder mehr kritischen Solarhoroskopen dazugesellt, laufen wir Gefahr, hart auf dem Asphalt zu landen. Meistens geht es um finanzielle Probleme, aber nicht nur darum. Mögliche bedeutende Geldverluste durch Raubüberfall, Diebstahl, verliehenes Geld, das nicht zurückgezahlt wird, Verlust eines Erbes, negatives Erbe, unvorhergesehene Steuern, vom Partner verursachte finanzielle Schäden, Glücksspiel, falsche Spekulationen, usw. Es ist auch möglich, dass wir ein Darlehen erhalten, das wir aber nicht zurückzahlen können. Aus gesundheitlichem Gesichtspunkt können wir psychische und physische Probleme haben, Neurosen, Ängste, Phobien, fixe Ideen. Psychosexuelle Probleme, vorübergehende Impotenz oder Frigidität, Geschlechtskrankheiten, Operationen an den Geschlechtsorganen oder Hämorrhoiden. Gefahr für Tumorbildung. Existentielle Krise aufgrund eines Todesfalls. Schwere Schäden, auch finanzieller Natur in Folge eines Trauerfalles. Obsessionen in Bezug auf den Tod. Schlechte Erfahrungen mit Okkultismus und Spiritismus. Krankhaftes Interesse für schwarze Chroniken und Verbrechen. Schäden an unserem Besitz nach Grabungsarbeiten.

Pluto im harmonischen Aspekt zu Uranus

Wenn Pluto im harmonischen Winkel zu unserem Geburtsuranus zirkuliert, empfinden wir eine starke regenerative Strömung in uns und blicken nach vorne, um wichtige Änderungen in unserem Leben vorzunehmen. Der Geist der Erneuerung erfasst uns vollkommen und lenkt uns in eine Richtung der starken Umwälzungen, zunächst im geistigen und dann auch im materiellen, schicksalhaften Sinn. Wir blicken optimistisch nach vorne und sind uns dessen bewusst, dass die Lösung für viele unserer Probleme in der Erneuerung aller Dinge liegt. Aber Erneuerung ist nicht gleich Zerstörung und wir sollten das Ganze nicht wie eine Art Vorkammer für schwarze Tage sehen, in denen wir Wirklichkeiten verlieren, die uns am Herzen liegen. Mehr als alles andere geht es darum, die Zukunft wenigstens in der Form neu zu planen, wenn nicht auch in der Substanz. Alles, was in Verbindung zur Zukunft, High-Tech, den neuesten Entdeckungen der Wissenschaft steht, ist unvermeidlich. Die Lösung zu unseren Problemen, und besonders zu den großen Problemen, kommt aus allen Neuheiten, den abrupten Veränderungen, den Umkehrungen zu 90 Grad, dem Gewittergrollen am heiteren Himmel. Wir sollten uns gut ausrüsten, um die Zukunft dynamisch und vor allem offen ohne Schutzschilder zu gestalten und es vermeiden, um uns eine Linie zu ziehen und uns mit unserer eigenen Angst einzuschließen. Wir müssen viel wagen. Die Lösung für unsere größten Probleme kann von uranischen Persönlichkeiten kommen, zum Beispiel von Wassermännern, Künstlern, originellen und auch exzentrischen Persönlichkeiten. Ein plötzliches und unerwartetes Ereignis kommt uns zu Hilfe und unterstützt uns bei der Lösung einer schwierigen Situation. Eine neue Behandlung auf der Basis von elektromagnetischen Wellen oder Strahlen hilft uns dabei, eine Krankheit zu überwinden, die uns seit langer Zeit plagte. Wir müssen die Gelegenheiten nutzen, schnelle Reflexe haben, da das Schicksal nicht langsamer wird, wenn es an uns vorbeizieht. Im Lauf dieses Planetendurchganges können wir sehr bedeutende und wertvolle Freundschaften schließen, berühmte oder mächtige Persönlichkeiten kennenlernen, die uns überall ein wenig weiterhelfen können. Dies ist die Zeit, in der wir die Freundschaften suchen. Viele ehrgeizige und weniger wichtige Projekte können verwirklicht werden. Monate- oder jahrelange geistige Frische, klare Ideen und Projekte, Fähigkeit, neue Techniken in allen Bereichen zu erlernen. Wichtige Hilfe von informatischen Geräten in der Arbeit. Unabhängige und nicht qualvolle Sichtweise des Todes. Ein plötzlicher Trauerfall bringt uns Vorteile. Unerwartetes Erbe. Mögliche Spielgewinne oder Spekulationen an der Börse. Die finanzielle Situation des Partners ändert sich auf positive Weise. Wir oder eine liebe Person entkommen plötzlich einer lebensgefährlichen Situation. Wichtige Errungenschaften bei Grabungsarbeiten. Fruchtbare Reise in unserem Unterbewusstsein. Plötzliches Interesse für Okkultismus oder Spiritismus und Noir-Literatur.

Pluto im disharmonischen Aspekt zu Uranus

Wenn Pluto im disharmonischen Winkel zu unserem Geburtsuranus reist, fühlen wir uns unruhig und möchten unser Leben um jeden Preis stark verändern. Es handelt sich aber mehr um ein Gefühl der Unzufriedenheit mit zerstörerischen Absichten, als um den Willen zur Verbesserung im Zeichen einer Erneuerung. Das richtige Wort für unseren Gemütszustand in dieser Zeit ist: Zerschlagen. Im Laufe dieses Planetendurchganges empfinden wir eine starke Ungeduld gegenüber allem, das unser Leben zum Stocken bringt und blockiert, trotz der Neuheiten, die wir als Überbringerinnen einer positiveren Realität empfinden, die das aber keinesfalls auch sein müssen. Ganz im Gegenteil werden uns die Neuheiten dieser Jahre in den meisten

Fällen schwere Schläge versetzen und uns in existenzielle Krisen stürzen. Wahrhafte Gewitter aus heiterem Himmel können sich über uns entladen und uns existenzielle Prüfungen bereithalten. Wichtige Schicksalsschläge treffen uns plötzlich. Mögliche hohe Geldverluste durch Diebstahl, Überfall, Betrug, Schwindel, Verlust eines Erbes, negatives Erbe, Glücksspiel, falsche Spekulationen an der Börse, starke Verschuldung des Partners, usw. Ein plötzlicher Tod bringt uns in eine negative Wirklichkeit. Unerwarteter Verlust eines wichtigen Bezugspunktes in unserem Leben aus finanzieller Sicht oder in den Gefühlen. Plötzliche schwere Erkrankung. Merkwürdigkeiten oder sexuelle Probleme. Mögliche operative Eingriffe an den Genitalien oder Hämorrhoiden. Psychische Krisen verschiedener Natur. Besorgnis um unseren Tod oder den unserer Angehörigen. Gefahr für einen Todesfall. Psychisches Trauma nach Besuchen bei okkulten oder spiritistischen Zirkeln. Negative Abenteuer mit Kriminellen. Starkes Interesse für das Verbrechen und für die Noir-Literatur im Allgemeinen. Schäden an unserem Vermögen durch Grabungsarbeiten. Unterbrechung der Arbeiten wegen überraschenden Funden. Gewaltsamer Tod einer lieben Person. Das Risiko eines gewaltsamen Todes gilt auch für uns, wenn alle Transite und die entsprechenden Solarhoroskope in diese Richtung gehen. Risiko für eine Inhaftierung und Gefängnisaufenthalt.

Pluto im harmonischen Aspekt zu Neptun

Wenn Pluto im harmonischen Winkel zu unserem Geburtsneptun zirkuliert, erleben wir ein Wiedererwachen unserer Spiritualität, wenn sie jemals in uns Bestand hatte, und andernfalls um ein erstes Entstehen solcher Gefühle. Nur selten werden die Gemütszustände, die eine wahre mystische Inspiration, ein Bedürfnis für das Übernatürliche zeigen, unbemerkt bleiben. Wenn wir absolut nicht gläubig sind und es mit diesem Planetendurchgang auch nicht werden, dann geht es zumindest um eine starke künstlerische, poetische und träumerische Inspiration. Wir werden eine positive Erweiterung unseres Unterbewusstseins feststellen, das über die Kräfte des Ichs waltet und die allgegenwärtige Vernunft ein wenig beiseite stellt, um unseren inneren Kräften mehr Raum zu lassen. Ausgezeichnete Zeit für Komponisten, Künstler im Allgemeinen, Schriftsteller und Dichter. Gute Erholung nach einer Erfahrung mit Drogen oder nach einem kritischen psychischen Zustand, Neurosen oder schwachen Formen von Psychosen. Wenn wir eine Zeit durchlebt haben, in der die nächtlichen Gespenster unseres Gewissens die Überhand über die Kraft des Verstandes gewonnen haben, dann haben wir jetzt alle Mittel, um aus diesem Sumpf wieder aufzuerstehen und zu einem normalen

Leben zurückzukehren. In anderen Fällen kann genau das Gegenteil passieren, in dem Sinn, dass wir durch eine religiöse Krise, eine Zeit der starken mystischen Inspiration, eine wichtige Schicksalsprüfung überwinden können wie den Verlust einer geliebten Person, ein schweres Problem in der Arbeit oder mit dem Geld, eine Krankheit. Beste Möglichkeit, uns mit Leidenschaft oder Fanatismus in eine Bewegung einzufügen, die für eine Sache kämpft, die wir für richtig befinden und den Wind der „Kreuzzüge" zu genießen, um höhere Ideale zu erreichen. In diesen Monaten und Jahren sind wir in der Lage, uns vollkommen einem Ideal zu verschreiben, sei es politischer, religiöser, gewerkschaftlicher, ökologischer, beruflicher Natur, im Tierschutz, usw. Wir fühlen uns zu allem hingezogen, das man als esoterisch bezeichnen könnte und können uns in die Themen der Astrologie, Philosophie, Theologie, Yoga, Buddhismus, usw. einarbeiten. Wenn wir uns einer Menschenmenge, einer Massenbewegung, kollektiven Bewegungen allgemein anschließen, kann sich unsere Persönlichkeit voll entfalten und uns auch ein öffentliches Amt und große Verantwortung bescheren. Die Nähe eines hohen Würdenträgers, eines berühmten Astrologen, eines wichtigen Psychologen verschafft uns höchste Vorteile und ein außerordentliches Wachstum. Weite Reisen mit den Gedanken, aber auch im engeren Sinn, besonders auf dem Meer. Gute Erholung nach einem Schicksalsschlag durch die Einnahme von Psychopharmaka. Alkohol oder Kaffee können uns in mäßigen Dosen aus einer Krise helfen.

Pluto im disharmonischen Aspekt zu Neptun

Wenn Pluto im disharmonischen Winkel zu unserem Geburtsneptun zirkuliert, spüren wir einen veränderten Gemütszustand, der uns in Richtung schwerer Prüfungen in unserem Leben führen kann. Wir fühlen uns tief bewegt und bemerken einen tiefen Zustand der inneren Erregung. Wir müssten uns sehr anstrengen, um uns selbst davon zu überzeugen, dass es nur um innere Gespenster geht und nicht um reale Geister. Die Wirklichkeit ist in erster Linie subjektiv und erst danach objektiv und so sind die Monster, die wir sehen, Monster aus „Fleisch und Blut" und der gute Rat eines Psychologen wird uns nicht aufheitern. Ein Gemisch aus Ängsten, Besorgnissen, fixen Ideen ergreift von uns Besitz und errichtet eine Mauer aus Neurosen um uns, die sich nur schwer niederreißen lässt. Niemals haben wir stärker als in diesem Moment eine medizinische und menschliche Hilfe nötig. Wir verleben die Tage wie unter Drogeneinfluss, mit vielen Gespenstern in und um uns. Es gelingt uns nicht, die Wirklichkeit gelassen zu sehen und die Ereignisse des Lebens verstärken unsere hohe psychische Anspannung.

In einigen Fällen bezieht sie sich tatsächlich auf den starken Konsum von Giften wie Kaffee, Nikotin oder Alkohol und in den schlimmsten Fällen auf Rauschgift. In den Jahren dieses Planetendurchganges könnten wir uns den Drogen und der Drogenabhängigkeit verschreiben. In anderen Fällen kann es um die Folgen einer langen Einnahme von Arzneimitteln oder Psychopharmaka gehen. Die Chemie spielt bei diesem Durchgang eine entscheidende Rolle in unserem Schicksal. In anderen Fällen können wir nach einer Begegnung mit einem Priester, Astrologen, Magier oder Psychologen geistige Schäden und Ängste feststellen. In wieder anderen Fällen führt das Thema, mit dem wir uns üblicherweise beschäftigen, zu Ängsten und Besorgnissen. Beispielsweise könnten Personen beim Lesen der Ephemeriden Angst durch die Betrachtung der zukünftigen Transite empfinden, wenn sie schon vorher in keinem guten Gleichgewicht waren. Gleiches gilt für beängstigende Träume oder grauenvolle Fernsehbeiträge, die wir zufällig sehen. Solche Dinge richten ganz offensichtlich bei gesunden Personen, die nicht unter dem Einfluss des Transits stehen, keinerlei Schaden an, hier aber können sie verheerend werden. In den schlimmsten Fällen kann es auch um psychotische Erlebnisse gehen. Gefahren gehen von Menschenmassen, Bewegungen, der Teilnahme an Protestaktionen, Streiks, usw. aus. Gefahren auf dem Meer, Schiffbruch. Starke Besorgnis und Angst zum Thema Tod nach einem Trauerfall oder ganz einfach durch den Gedanken an unseren eigenen Tod oder den unserer Angehörigen. Hochwasser in unterirdischen Räumlichkeiten. Ängste wegen Geldmangels oder wegen Geldverlusten beim Spiel, an der Börse, nach einem Überfall oder Raub.

Pluto im harmonischen Aspekt zu Pluto

Wenn Pluto im harmonischen Winkel zu unserem Geburtspluto zirkuliert, wundern wir uns selbst über unseren Willen, zu leben, wichtige Dinge aufzubauen, neue Projekte zu schmieden und um jeden Preis zu gewinnen. Es geht sicherlich auch um ein wenig mehr Aggressivität und Eitelkeit, die aber die Grundzutaten beispielsweise für jeden Unternehmer sind. Wenn sich der Unternehmer nämlich nicht wenigstens ein bisschen für etwas Besonderes halten würde, wie sollte er dann die ganzen Schwierigkeiten überstehen, die sich bei einem Projekt im Handel, in der Industrie, im Handwerk ergeben? Der gesteigerte Wille ermöglicht es uns, alte Hindernisse zu bewältigen, von denen viele nur aus einem mangelndem Einsatz unsererseits bestehen. Jetzt aber verfügen wir über alle Energien und Mittel, um uns ihnen entgegenzustellen und sie zu überwinden. Es geht aber nicht nur um einen größeren Willen, sondern auch um eine Hilfe, die von oben kommt, vom Himmel, ob wir das nun im mystischen oder im weltlichen (astrologischen) Sinn verstehen wollen. Es ist wahrscheinlich, dass wir in diesen Monaten oder Jahren besondere Anerkennung für unsere Arbeit erhalten, eine Gehaltserhöhung, eine Beförderung, eine besondere Aufgabe, eine Prämie oder eine Vertrauensbekundung. Dieser Planetendurchgang könnte einen der wichtigsten Momente in unserem Leben aus Sicht des Wachstums im Beruf oder im Ansehen markieren. Die Kraft des Pluto als Dampfwalze kann sowohl im negativen, als auch im positiven Sinn verstanden werden. Der letzte bekannte Planet des Sonnensystems könnte zum Symbol für wichtige Ziele werden, die uns gelingen. Diese hervorragenden Ziele können auch im Bereich der Gefühle oder der Heilung einer Krankheit liegen, die anderen Transite des Geburtshoroskops und die Prüfung der gleichzeitig stattfindenden Solarhoroskope können klären, in welchen Bereichen wir Nutzen aus dem Durchgang ziehen werden. Besserung auch unserer körperlichen Kondition und unserer Stärke im athletischen und sportlichen Bereich. Ausgezeichneter Transit für Sportler, die jetzt Rekorde aufstellen könnten. Ebenso ausgezeichneter Durchgang aus sexueller Sicht durch ein Wiedererwachen der Interessen in diesem Bereich (eher bei Männern als bei Frauen). Hilfe von berühmten Persönlichkeiten. Mögliche Vermögenssteigerung durch eine Erbschaft, einen Spielgewinn, eine Abfindung, eine Bereicherung des Partners, usw. Starkes Interesse für polizeiliche Themen, für Verbrechen und schwarze Literatur im Allgemeinen. Ein Trauerfall ändert unser Leben im Positiven. Große Arbeit der inneren Suche bei einer Tiefenanalyse. Grabungsarbeiten könnten uns reich beschenken.

Pluto im disharmonischem Aspekt zu Pluto

Wenn Pluto im disharmonischen Winkel an unserem Geburtspluto vorbeizieht, erleben wir eine schwere Zeit, in der wir uns bemühen, mit den Kräften des Verstandes, unserer Erziehung und Zivilisation den wildesten und animalischsten Teil in uns zum Schweigen zu bringen. Primitive Kräfte in uns, das Erbe lang zurückliegender tierischer Instinkte, die uns betrafen, als wir noch Säugetiere auf der Suche nach Nahrung waren, möchten hervorkommen und wir müssen all unsere Kräfte zusammennehmen, um sie zu kontrollieren und zu blockieren. Es geht hierbei besonders um zerstörerische und selbstzerstörerische Instinkte, sadistische oder masochistische Ausdrucksweisen unserer Persönlichkeit. Der Wolf in uns wird wach und möchte wieder Wolf sein. Wenn es im Lauf unseres Lebens geschieht, dass wir kriminelle Handlungen begehen, dann ist es sehr wahrscheinlich, dass wir unter dem Einfluss dieses Planetendurchganges oder dem sehr ähnlichen Durchgang Pluto-Mars stehen. Der Mister Hyde, der in uns steckt und normalerweise schlummert, kommt ähnlich dem Erwachen eines Werwolfes in seiner ganzen Dramatik zum Vorschein und kann uns dazu bringen, wenn es andere Elemente der Transite und der gleichzeitig auftretenden Solarhoroskope rechtfertigen, dass wir Handlungen begehen, die wir später bereuen oder derer wir uns schämen. Im Lauf dieser Monate oder Jahre kommt der unedelste Teil in uns hervor und unsere Verhaltensweisen unterstehen dem Hass, der Aggressivität. Mit Sicherheit werden wir jetzt nicht von christlichen Gedanken geleitet und wir denken nicht im Entferntesten darüber nach, uns ehrenamtlich zu betätigen. Starke sexuelle Triebe lenken uns und lassen uns die Sexualität mehr unter dem Gesichtspunkt der Erotik, der Pornographie, der Ablenkung sehen, statt als Ergänzung zur Liebe. Mit anderen Worten sind wir eher zur Vergewaltigung geneigt als zur Umarmung und Liebkosung. Bei Frauen ist das natürlich anders und der Durchgang könnte schlicht auf eine starke Neugierde in der Sexualität, Wunsch nach Verletzung der Konventionen, Suche nach sexuellen Abenteuern hindeuten. Es ist aber auch möglich, dass der Transit bei Männern Impotenz oder bei Frauen sexuelle Blockaden mit sich bringt. Gefahr für Geschlechtskrankheiten oder Eingriffe an den Geschlechtsorganen oder am Anus (zum Beispiel bei Hämorrhoiden). Abenteuer mit käuflicher Liebe oder mit nicht vertrauenswürdigen Personen. Umgang in kriminellem Umfeld oder mit Verbrechern. Starke Phobien in Bezug auf den Tod oder auf Todesgedanken. Trauerfälle, die uns zu Boden werfen oder zumindest ernste Probleme mit sich bringen. Negative Erbschaften (ein verstorbener Angehöriger hinterlässt uns hohe Schulden). Verluste beim Spiel oder an der Börse, Gefahr für Diebstähle, Überfälle oder Betrüge. Hohe Steuern. Gewährte Kredite, die wir niemals zurückbekommen. Verschuldung des Partners kommt ans Licht. Streitigkeiten wegen Erbschaftsfragen. Neurosen durch das Aufsuchen eines okkulten oder spiritistischen Umfeldes. Schäden durch Grabungsarbeiten (zum Beispiel der Einsturz eines Gebäudes bei Umbauarbeiten am Keller).

Pluto im Aspekt zum Aszendenten

Siehe Pluto im ersten Haus

Pluto im Aspekt zum Medium Coeli

Siehe Pluto im zehnten Haus

Pluto im Aspekt zum Deszendenten

Siehe Pluto im siebten Haus

Pluto im Aspekt zum Imum Coeli

Siehe Pluto im vierten Haus

Pluto im Transit durch das erste Haus

Wenn Pluto durch unser erstes Haus reist, werden wir von großen Leidenschaften übermannt. Ein Überschwang an Energie treibt uns auf Wege des Erlebens auf hohen Frequenzen. Wir fühlen uns stärker und selbstsicherer, möchten mehr wagen, mehr riskieren und mehr unternehmen. Wir laden uns diesen kleinen oder großen Teil an Untätigkeit von den Schultern, der uns bis dahin charakterisiert hatte und entschließen uns, bedeutende Dinge in der Arbeit oder in der Liebe oder für die Gesundheit zu tun. Eine solche Energie kann uns besonders bei allen unternehmerisch riskanten Betätigungen behilflich sein, um aus dem Nichts ein Handels-, Industrie- oder Handwerksunternehmen zu errichten. Hierzu müssen wir davon überzeugt sein, einen Gang mehr als sonst zur Verfügung zu haben und tatsächlich sind wir bei diesem Planetendurchgang etwas überheblicher, was bei solchen Gelegenheiten jedoch nicht schadet. Auch unsere Energie gedeiht im Lauf dieser Jahre und wir könnten versuchen, Rekorde zu schlagen, wenn wir Leistungssportler sind. Gleichzeitig verstärkt sich unsere Potenz (bei Männern) oder unser Wunsch nach Sexualität (bei Frauen). Natürlich muss der Transit in Abhängigkeit vom Alter des Betroffenen gelesen werden, ohne dabei zu vergessen, dass ein Transit dieser Art dreißig, vierzig oder mehr Jahre dauern kann. Wenn er also erst in der Lebensmitte eintritt, ändern sich die genannten Bezugspunkte und müssen dem jeweiligen Alter der Person angepasst werden. Vollkommen altersunabhängig aber kann der Transit einen Zeitraum begleiten, in dem wir uns zu allen Themenbereichen des Okkulten, des Spirituellen, der Kriminalität und der Noir-Literatur hingezogen fühlen. Mögliche Erfahrungen mit außersinnlicher Wahrnehmung bei sensiblen Persönlichkeiten wie Vorahnungen, Telepathie, Visionen, usw. Wenn der Durchgang unter disharmonischen oder negativen (wir sollten uns nicht vor diesem Wort fürchten, auch wenn in unserer heutigen Zeit die Blinden Nichtsehende, die Behinderten Menschen mit Behinderungen, die Diebe Personen mit mangelnder Ehrlichkeit, usw. heißen) Bedingungen stattfindet, dann können uns harte Jahre erwarten, die von Ängsten, Obsessionen, Sorgen, Neurosen jeder Art, Selbstverstümmelung,

Masochismus, Zerstörung und Selbstzerstörung gekennzeichnet sind. Die schwärzesten Gedanken können von uns Besitz ergreifen und auch dazu führen, dass wir uns selbst zerstören. Mehr oder weniger bewusste Gedanken an Selbstmord. Unterdrückung des Liebeslebens. Bruch mit Angehörigen, Freunden, teuren Personen. Sturz in einen ausweglosen Tunnel im Zusammenhang mit Drogen, Sexualität, Verbrechen. Ausrichtung auf Prostitution, Pornografie, sexuelle Verirrungen, Laster jeder Art. Gefahr für unseren geistigen Gesundheitszustand. Begegnungen mit nicht empfehlenswerten Persönlichkeiten. Ängste in Bezug auf das Thema Tod aufgrund eines Trauerfalles oder allgemeine Gedanken an den Tod. Schädigung unseres Gleichgewichtes durch Umgang in Umfeldern, an denen Spiritismus, Okkultismus, schwarze Magie, Dämonologie, usw. praktiziert wird. Krankhafte Hingezogenheit zu Themen des Verbrechens. Gefährliche unterirdische Suche (auch im psychologischen Sinn). Hass, Rache, Krieg.

Pluto im Transit durch das zweite Haus

Wenn Pluto im unserem zweiten Haus zirkuliert, schmieden wir großartige finanzielle Projekte. Nur die auf finanzieller Ebene großen Unternehmungen reizen uns und wir neigen dazu, die kleineren außer Acht zu lassen. In uns gedeiht ein unternehmerisches Potential, das in kleinerem oder größeren Ausmaß in jedem von uns steckt. Wir beschäftigen uns ernsthaft mit Finanzfragen, indem wir Fachzeitschriften lesen, dem Gang der Börse folgen, Fachleute zu Rate ziehen, uns im Internet informieren und uns auf alle möglichen Arten Informationsmaterial beschaffen. Auch wenn wir nur Kleingeld investieren, tun wir das mit der Würde eines Wall-Street-Magnaten. Unsere Aufmerksamkeit ist voll dem Thema Geld gewidmet und wir werden uns selten so wie in diesem Moment so stark dafür interessieren. Wenn das Geburtshoroskop in diesem Sinne gut ist, können wir von einem starken Wollen getrieben wirklich ein Vermögen aufbauen. Es ist möglich, dass wir in diesem Augenblick unabhängig von unserem Beruf eine Kehrtwendung machen und uns unternehmerisch betätigen, vielleicht indem wir klein beginnen und hoch über uns hinauswachsen. In anderen Fällen kann eine erhebliche Geldsumme ohne irgendeine Anstrengung unsererseits zu uns kommen, beispielsweise durch eine Erbschaft, die unser Leben verändert. Auf einer anderen Ebene ist es möglich, dass eine Anfrage an uns gestellt wird in Richtung irgendeiner Betätigung, die etwas mit dem Theater, dem Kino, dem Fernsehen, der Fotografie, der Grafik, Design, Werbegrafik, usw. zu tun hat. Viele Schauspieler beginnen hier ihre künstlerische Laufbahn. Gleiches gilt für Regisseure, Drehbuchautoren, Bühnenbildner,

Fernsehautoren, usw. Unabhängig von unserem Beruf ist es auch wahrscheinlich, dass wir bekannter werden, vielleicht durch Auftritte in Fernsehsendungen, öffentlichen Kundgebungen, runden Tischen, Konferenzen, usw. Manchmal könnten wir das Bedürfnis haben, unser Aussehen stark zu verändern und beginnen eine strenge Diät, treiben Sport, unterziehen uns einer Schönheits-OP, ändern unseren Haarschnitt und die Farbe, kleiden uns komplett anders als zuvor (beispielsweise mit Sakko und Krawatte, wenn wir bis dahin Jeans und T-Shirt getragen haben). Wenn sich der Transit dissonant ausdrückt, besteht ein hohes Risiko für einen finanziellen Absturz oder zumindest für starke Geldverluste. Eine solche Möglichkeit muss aber bereits in unserem Geburtshimmel abzulesen sein und von anderen in dieser Richtung vielsagenden Transiten sowie von bösartigen Solarhoroskopen begleitet werden. Es kann auch sein, dass wir dazu getrieben werden, kriminelle oder wenig orthodoxe Handlungen zu begehen, um an Geld zu kommen. Mögliche Beziehungen zur Welt des Verbrechens wegen des Geldes. Die möglichen Zusammenspiele bei diesem Planetendurchgang sind Geld-Sexualität, Geld-Verbrechen, Geld-Drogen, Geld-Tod (Mord, aber auch Selbstmord), Geld-Prostitution, Geld-Pornographie, usw. Ein Geldproblem kann uns in eine tiefe Depression stürzen. Starke Verschuldung bei Banken oder Kredithaien. Lebensgefahr wegen Schulden, die wir nicht zurückzahlen können. Spielschulden. Falsche Spekulationen. Verluste wegen finanzieller Allmachtsphantasien. Größenwahn, der zur Vernichtung führt. Wir dürfen nicht vergessen, dass alles sehr subjektiv ist und daher ein bescheidener Handwerker auch an relativ kleinen Schulden zugrunde gehen und an Selbstmord denken könnte, da ihm das der einzige Ausweg aus der Misere scheint. Auf einer anderen Ebene kann der Planetendurchgang bedeuten, dass wir an negativer Bekanntheit dazu gewinnen, zum Beispiel durch einen Skandal, oder dass sich unser Aussehen durch starke Gewichtszunahme oder eine Verletzung, eine Operation oder Krankheit drastisch verschlimmert. Hingezogenheit zum Hardcore-Kino. Verwicklung in erotische Aufnahmen. Diebstahl wichtiger Geräte in Bezug auf Fotografie, Kino, Computergrafik, usw.

Pluto im Transit durch das dritte Haus

Wenn Pluto durch unser drittes Geburtshaus wandert, vertiefen wir uns in wichtige Studien zu verschiedenen Themenbereichen. Unabhängig davon, ob es um Prüfungen an der Universität oder um ein Selbststudium geht, können wir durch unsere gesteigerte Konzentration die höchsten Ergebnisse erzielen. Unser Geist ist klar, wach und bereit, Informationen aufs Schnellste zu verarbeiten. Wir können uns in einfachen Sprachkursen bis hin zu spezialisierten Studien beweisen, die uns kulturell und in unserem Beruf stark bereichern können. Gleiches gilt für das Schreiben und in diesen Jahren könnten wir einen Text verfassen, der uns Ruhm bringt. Diejenigen, die sich mehr für Autos als für Bücher interessieren, könnten sich ein wertvolles, teures, leistungsstarkes und schnelles Auto kaufen. Dasselbe gilt auch für ein Motorrad, einen Lieferwagen, Lastwagen oder Autobus. Außerdem kann der Transit auf einen Augenblick der Bestätigung im Sozialen, Beruflichen oder in der Liebe für einen Bruder, Vetter, Schwager oder jungen Freund hinweisen. Gesteigerte Geschäftsfähigkeit, auch wenn unsere Arbeit nichts mit dem Handel zu tun hat. Wenn sich der Durchgang negativ ausdrückt, ist es wahrscheinlich, dass wir durch ein wichtiges Ereignis, wie einen Trauerfall, das Studium abbrechen müssen oder stark in Verzug kommen. Neurosen, Ängste, Phobien wegen einer Prüfung, die wir ablegen müssen oder eines Wettbewerbs, an dem wir teilnehmen wollen, einer Konferenz, die wir halten sollen, ein Buch, das wir in kurzer Zeit fertig stellen sollen. Studien des Okkultismus', Spiritismus' und schwarzer Magie, die unser geistig-körperliches Gleichgewicht durcheinander bringen. Ein Bruder, Vetter, Schwager oder junger Freund werden zu Protagonisten in einem Verbrechen, einem sexuellen Skandal oder erleiden einen Nervenzusammenbruch. Das Verhältnis zu ihnen kühlt deutlich ab. Schwerer Verkehrsunfall mit dem Auto oder Motorrad oder beim Überqueren einer Straße für eine der oben genannten Personen oder uns selbst. Diebstahl eines teuren Automobils. Tod eines Angehörigen durch Verkehrsunfall. Die Presse greift uns an. In der Buchhandlung erscheint eine Schmähschrift über uns. Eines unserer Bücher ist in einen Skandal verwickelt oder wird zur Zielscheibe unserer Feinde. Gefahr für Betrug in den Geschäften oder betrügerisches Verhalten unsererseits. Mögliche schwere Lungen- oder Atemwegserkrankungen, besonders durch Rauchen. Schäden am Drucker.

Pluto im Transit durch das vierte Haus

Wenn Pluto in unserem vierten Radixhaus transitiert, denken wir über den Kauf eines Hauses nach. Wenn wir auch sonst schon an den Kauf einer Immobilie gedacht haben, dann tun wir in diesem Zeitraum das Gleiche, gehen dabei aber ein wenig weiter in der Größe, Bedeutung, Luxus, Standort oder Lage des Heimes. Unsere Pläne gehen in Richtung des Großartigen, das fast immer über unseren Möglichkeiten liegt, aber dennoch mit viel Anstrengung realisierbar ist. Bei diesem Transit ist es fast sicher, dass der Traum Wirklichkeit wird. Wenn wir von einem Haus sprechen, kann eventuell auch unser Arbeitsplatz oder eine Ferienwohnung, ein Anteil an einem Mehrfamilienhaus oder ein Wohnwagen gemeint sein. Wenn wir jedoch nicht mit der Idee spielen, eine Immobilie zu kaufen, kann es um einen umfangreichen Umbau, Sanierung oder Wartungsarbeiten an unserem Habitat gehen. Auch in diesem Fall werden wir nur in Superlativen und sicher nicht ans Sparen denken. Der Transit dauert, wie wir wissen, viele Jahre und so können wir in dieser Zeit die Arbeiten aufteilen, unterbrechen und wieder aufnehmen, in Etappen mit mehr oder weniger langen Unterbrechungen, aber das Endergebnis wird ein neues, schöneres, gemütlicheres Haus sein, das uns viel Freude machen wird. Es ist außerdem möglich, dass es sich nur um einen Umzug handelt und nicht um einen Hauskauf oder einen Umbau und auch in diesem Fall werden wir nicht ans Sparen denken. Daneben ist in dieser Zeit eine Steigerung an Ruhm, Ansehen und beruflichem Erfolg unserer Eltern möglich, besonders des Vaters. Ein Elternteil erhält einen verantwortungsvollen Posten, verfasst ein bedeutendes Werk, wird berühmt oder erlebt einfach einen privaten Erfolg in der Liebe oder erholt sich gut nach einer Krankheit. Das Verhältnis zu den Eltern nimmt an Bedeutung und Beständigkeit zu. Häufig bezieht sich das Haus auch auf die Schwiegereltern, also gelten alle vorgenannten Überlegungen auch für sie. Wenn der Transit eine disharmonische Bedeutung annimmt, müssen wir mit großen Schwierigkeiten in unserem Habitat rechnen, von der Mietkündigung aus den verschiedensten Gründen, bis zu seiner Zerstörung durch Erdbeben, Brand, Überschwemmung, fahrlässige Explosion oder Gas. Manchmal können wir das Haus aus rechtlichen Motiven verlieren, z.B. wegen rechtlicher Verfehlungen beim Kauf, da wir zu spät bemerken, dass auf dem Haus eine Hypothek lastete oder weil ein neuer Erbe erscheint, von dem wir nichts wussten. Das Haus könnte uns auch weggenommen werden, weil wir einen Kredit nicht zahlen können oder weil es ein Angehöriger beim Kartenspiel verzockt hat. Ein Hauskauf lastet schwer auf unseren finanziellen Möglichkeiten. Hohe Verschuldung für den Kauf eines Hauses. Unerlaubte oder gar kriminelle Taten, um in den Besitz eines Hauses zu kommen. Das Problem eines Hauses, das wir nicht besitzen, führt zu einem Nervenzusammenbruch. Wir kaufen das Haus von einem Verbrecher. In unserem Mietshaus finden illegale Dinge statt, in die auch wir verwickelt werden könnten. Schlechter Einfluss eines Hauses, das uns in eine Neurose oder Psychose stürzt. Ängste, Sorgen und Phobien in Bezug auf das Habitat, also unseren Wohn- und Arbeitsbereich. Versagen und große finanzielle Verluste durch einen An- und Verkauf im Immobilienbereich. Wir werden beim Kauf einer Eigentumswohnung betrogen oder betrügen selbst. Schwere Streitigkeiten mit unseren Eltern oder Schwiegereltern wegen eines Hauses. Wir werden von dem Erbe einer Immobilie ausgeschlossen, die uns unserer Meinung nach rechtlich zustand. Eine Entdeckung bei Grabungsarbeiten auf unserem Grund und Boden stellt uns einer dramatischen, kriminellen, erschreckenden Wahrheit entgegen. Ein Elternteil, besonders unser Vater, begeht ein schweres Strafvergehen oder durchlebt eine Zeit der geistigen Störungen, großen Ängste, Sorgen, Neurosen, Verhaltensweisen am Rande der Psychose. Sexueller Skandal eines Elternteiles. Der Tod eines Elternteiles versetzt uns in Panik und stürzt uns in eine schwer zu überwindende Krise. Gewaltsamer Tod unseres Vaters oder unserer Mutter.

Pluto im Transit durch das fünfte Haus

Wenn Pluto durch unser fünftes Haus zieht, fühlen wir einen bemerkenswerten kreativen Drang im weiteren Sinn. Wenn wir Künstler sind, sind wir jetzt sehr produktiv und können im malerischen, filmischen, musikalischen, literarischen Bereich, usw. Werke erschaffen, die in die Geschichte eingehen. Aber auch, wenn wir keine Künstler sind, sind wir jetzt sehr kreativ und könnten ein neues Hobby im künstlerischen oder in anderen Bereichen entdecken. Manchmal richtet sich der Wunsch, etwas zu erschaffen auf seine natürlichste Ausdrucksform und materialisiert sich durch eine Mutter- oder Vaterschaft. Angesichts des speziellen Charakters dieses Planeten müssen wir annehmen, dass es dabei um eine Schwangerschaft geht, die einen besonderen Moment unseres Lebens kennzeichnet, wie im Fall eines Erben, der unseren Namen trägt, der neuen Wind in unsere Paarbeziehung bringt, der eine neue Phase der großen Verantwortung in unserem Leben einleitet. Es ist bei diesem Planetendurchgang auch möglich, dass wir unser Wollen auf die Liebe ausrichten und eine Zeit der vielen Abenteuer, gelegentlichen Begegnungen, aber auch der tiefen Liebe zu einem Partner in den Gefühlen oder der Sexualität erleben. Explosion der Gefühle und starker Sexualtrieb. Ausrichtung auf Spiel und Freizeit. Beginn einer neuen Leidenschaft im Sinne eines Hobbys. Viel Zeit für die Hobbys, Sport, Kino, Theater, Konzerte, Musik im Allgemeinen, Tanz, Kartenspiel, Casino, Börsenspekulationen, Hunde- und Pferderennen, Wetten, neue Interessen in Bezug auf den Computer, das Studium der griechischen Klassiker, Kochen oder Gartenarbeit. Es ist möglich, dass das Verhältnis zu unserem Sohn oder Tochter enger wird oder dass sich diese durch einen Rekord, einen Preis, einen verantwortungsvollen und ehrbaren Posten hervortun, von einer schlimmen Krankheit genesen, heiraten oder mit ihrem Partner zusammenziehen. Das fünfte Haus steht auch für die Lehre und so kann dieser Durchgang für uns den Beginn einer Lehrtätigkeit bedeuten. Wenn sich der Transit dissonant zeigt, müssen wir die Aufnahme für unsere Gesundheit, unseren Ruf oder unseren Geldbeutel schädlicher Laster befürchten. Gefahr, dem Kartenspiel zu verfallen oder Stammgäste im Casino zu werden. Hohe Spielverluste beim Pokern, bei Spekulationen an der Börse, bei Pferderennen. Ungebremste Sexualität. Gefahr für Geschlechtskrankheiten und ungewollte Schwangerschaften. Sexskandal oder Vater-/Mutterschaft außerhalb unserer Beziehung. Hingezogenheit zur Pornografie, Prostitution, Sexualität in ihren verderblichsten und zerstörerischsten Ausdrucksformen. Verbrechen oder Straftaten in Bezug auf die Sexualität oder das Laster im Allgemeinen. Intime Beziehung zu gefährlichen Personen und Verbrechern. Impotenz bei Männern und sexuelle Blockade bei Frauen. Gefahr einer Fehlgeburt oder Geburt eines behinderten oder stark missgebildeten Kindes. Der Sohn oder die Tochter werden in einen Skandal verwickelt, begehen eine Straftat oder bewegen sich in kriminellem Umfeld. Aggressive Beziehung oder Bruch im Verhältnis zu einem unserer Kinder. Gewaltsamer Tod oder Lebensgefahr eines Kindes. Neurotische Zustände aufgrund der Sorge um eines unserer Kinder. Übertriebene Furcht um ein Kind.

Pluto im Transit durch das sechste Haus

Wenn Pluto in unserem sechsten Haus zirkuliert, denken wir im großen Stil an die Arbeit. Wir schmieden Pläne der Erweiterung, des Wachstums, der Überholung unserer beruflichen Tätigkeit und es gibt gute Möglichkeiten für eine interessante Steigerung derselben. Andernfalls kann es um die Einstellung eines wichtigen Mitarbeiters gehen, der entweder einen wichtigen Posten übernimmt oder uns auch bei einfachen Aufgaben sehr nützlich ist. Es kann hierbei um eine Fachperson gehen, einen Experten oder eine Person mit Hochschulabschluss oder um einen Hausangestellten, der uns zu mehr Unabhängigkeit und mehr Freizeit verhilft. Wir haben bei diesem Planetendurchgang die Möglichkeit, jemanden einzustellen, der sich als sehr wertvoll, zuverlässig, nützlich, treu und ausdauernd erweist. Es kann auch sein, dass einer unserer Angestellten, ein Kollege oder ein Vorgesetzter Ansehen, Wichtigkeit, Bekanntheit oder Berühmtheit erlangt. Außerdem kann sich der Transit auf unsere Gesundheit beziehen und in diesem Fall steht er für eine für unmöglich befundene Heilung, die Erholung nach einer schweren Krankheit, die Lösung eines gesundheitlichen Problems. Hier können wir all unsere Kräfte und Energien einsetzen und uns voll auf unsere Gesundheit konzentrieren, vielleicht durch die Einhaltung einer strengen Diät, durch körperliche Betätigung, Thermalbäder, traditionelle Massagen und Shiatsu, Akupunktur, homöopathische Medizin, Schlammbäder, elektromagnetische Wellen und allen Dingen, die zu unserem Wohlgefühl beitragen können. In diesem Fall geht es weniger um ein wundersames Heilmittel, als vielmehr um die gemeinschaftliche Wirkung vieler Therapien, die sich gegenseitig ergänzen. Wenn sich der Durchgang dagegen negativ ausdrückt, müssen wir eine ernste Krankheit jeder Art befürchten. Diese kann im somatischen Bereich oder auch im psychischen Bereich auftreten und könnte sich auf eine große psychische Verzweiflung, Ängste, Depressionen, mehr oder weniger schwere Neurosen, auch in Folge eines Todesfalles beziehen. Auf beruflicher Ebene kann der Transit auf ein Verbrechen jeder Art eines unserer Mitarbeiter oder einen Skandal, auch sexueller Art, eines Angestellten hinweisen. Wir selbst stehen neben einem Mitarbeiter inmitten eines Verbrechens oder eines sexuellen Skandals. Ein Angestellter wird schwer krank. Arbeitsplatzverlust. Kündigung. Besessenheit, die uns in Verzweiflung stürzt aus Angst, unseren Arbeitsplatz zu verlieren. Kündigung durch einen Todesfall. Schwerer Arbeitsunfall. Die Justiz befasst sich mit unserer Arbeit.

Pluto im Transit durch das siebte Haus

Wenn Pluto in unserem siebten Haus transitiert, ist es sehr wahrscheinlich, dass wir große Lust zum Heiraten bekommen, aber wie bei allen Transiten von Pluto wird es nicht nur um einen abstrakten Wunsch gehen, sondern um eine objektive Wirklichkeit und wenn wir noch nicht oder nicht mehr verheiratet sind, werden wir den Schritt wahrscheinlich wagen. Auch überzeugte Junggesellen können bei diesem Planetendurchgang Kurs ändern und ein Paarleben beginnen, mit oder ohne Jawort im Standesamt oder in der Kirche. Der Transit kann also auch auf den Beginn eines Zusammenlebens verweisen. In diesen Jahren glauben wir, dass es nützlich ist, wenn wir uns verbinden, sei es im Privatleben, als auch im Beruf, auf der kulturellen Ebene, im Handel, in der Politik, aus religiösen Motiven oder aus einem Ideal heraus. Viele Personen beginnen ihre politische Laufbahn. Unter einem anderen Aspekt kann der Durchgang auf eine Zeit des Ansehens, des Ruhmes, der Anerkennung für unseren Partner, einen Geschäftspartner oder einen wichtigen kulturellen Mentor hinweisen. Es trifft auch häufig zu, dass wir im Laufe dieses Durchgangs Pluto/siebtes Haus eine wichtige Rechtsklage zu Ende führen, in einem umfangreichen Prozess freigesprochen werden, ein Verfahren zu einem Ende kommt, das uns jahrelang in Atem gehalten hatte oder uns in nicht wünschenswerter Weise in den Mittelpunkt der öffentlichen

Aufmerksamkeit gestellt hatte. Wenn sich der Transit dagegen hauptsächlich mit dissonanten Aspekten ausdrückt, kann er für eine Scheidung, die endgültige Trennung von unserem Partner oder den Abbruch einer langjährigen Beziehung stehen. Mit einem solchen Transit lösen sich Gesellschaften auf, die für die Ewigkeit gemacht schienen, politische, kulturelle, ideelle Bündnisse, die scheinbar unvergänglich waren. Gleichzeitig müssen wir ernste Probleme mit dem Gesetz befürchten, Überprüfungen durch das Finanzamt, Polizeikontrollen oder schwere Prozesse gegen uns. Mögliche Gefängnishaft. Verurteilung wegen wichtiger Vergehen am Besitz oder am Leib Dritter. Skandal, durch den wir in die schwarzen Chroniken kommen. Skandal unseres Partners oder eines Geschäftspartners. Anklage dieser Personen wegen schwerer Vergehen. Gefahr für einen Angriff auf Leib und Leben oder durch eine Schmähschrift gegen uns selbst oder unseren Partner. Attentat auf unsere Besitztümer. Politische Attacken gegen uns.

Pluto im Transit durch das achte Haus

Wenn Pluto durch unser achtes Haus wandert, können wir hohe Zusatzverdienste erzielen. Wir können hier einem einzigartigen Transit beiwohnen, einem Planetendurchgang, der uns mit einem Schlag durch wichtige Geschäftsverhandlungen reich machen könnte, beispielsweise als Mittler in einem kolossalen Geschäft, durch Gewinn eines Wettbewerbs mit internationaler Tragweite oder durch eine Wertsteigerung eines unserer Güter, das nicht dazu bestimmt schien, unser Leben zu verändern, wie im Fall eines Grundstückes, dessen Wert sich durch die vorteilhafte städtebauliche Planung verzehnfacht. Es kann auch um direkte Verdienste in der Arbeit gehen, das aber weit seltener, da wir uns hier eher auf Gelder beziehen, die in einem gewissen Sinn auf uns herabregnen, wie im Fall eines Millionengewinnes beim Spiel, einer mehr oder weniger unvorhergesehenen Erbschaft, Vermögen durch Heirat oder jeder andere glückliche Umstand, der sich in Form von Banknoten auszahlt. Gelder können auch aus dem Kauf einer Immobilie oder eines anderen wertvollen Gutes kommen. Der Transit könnte auch auf die unerwartete und spektakuläre Bereicherung unseres Partners hindeuten. Erwachen unserer sexuellen Begierde und Steigerung der Lust. Möglicher sozialer Aufstieg durch einen Tod. Ein Trauerfall öffnet neue Wege zu beruflicher Anerkennung oder bringt uns zu einem ehrwürdigen Posten, der uns vorher verwehrt war. Spirituelles Erbe. Tiefe Annäherung an das Mysterium des Todes. Rehabilitierung durch einen Trauerfall. Leidenschaft für Okkultismus, Magie und Spiritismus. Entdeckung von medialen Fähigkeiten. Phantastische Erfahrungen mit Telepathie,

Vorhersagen, außersinnlichen Wahrnehmungen. Umfangreiche unterirdische Erforschungen, fruchtbare Grabungsarbeiten auf unserem Besitz. Wichtige Erforschung unseres Unterbewusstseins mit Hilfe eines Analytikers. Negativ gesehen kann der Planetendurchgang dagegen auf große finanzielle Verluste durch Diebstahl, Raub, Betrug, verliehenes Geld, dass uns nie zurückgegeben wird, Aberkennung von einem Titel, Schiffbruch in Handel, Industrie oder Handwerk, Hilfeleistungen für unseren Partner, hohe Ausgaben für einen Angehörigen, Verschuldung jeder Art hindeuten. Bei diesem Transit ist es fast gefährlicher, Geld zu erhalten als es auszugeben, da es sich zum Beispiel um eine bedeutende Finanzspritze handeln kann, die unseren Ruin bedeutet. Gefährliche Verschuldung bei kriminellen Geldverleihern oder anderen Kredithaien. Möglich ist auch, dass wir selbst zu Wucherern werden, wenn wir in unserem Geburtshimmel bereits solche Neigungen haben. Verdienste durch Straftaten. Bereicherung durch Prostitution oder andere unzulässige Handlungen. Verbrechen aus Habgier. Verachtenswerte Taten gegenüber Angehörigen wegen des Geldes. Tod eines Angehörigen, der uns in den Ruin stürzt. Negative Erbschaft. Tod des Partners, der uns in die Schuldenfalle stürzt. Gedanken an Mord oder Selbstmord wegen finanzieller Schwierigkeiten. Sexuelle Beziehungen mit Prostituierten. Käufliche Liebe. Sexuelle Verirrungen jeder Art. Sexualverbrechen. Vergewaltigungsversuche, bei denen wir zu Opfern oder zu Tätern werden. Impotenz bei Männern und sexuelle Blockade oder Frigidität bei Frauen. Verbindung zwischen Sexualität und Tod. Nekrophile Tendenzen oder Ähnliches. Starkes geistiges Ungleichgewicht aufgrund eines Todes oder Angst vor dem Tod. Schlimme Erfahrungen und Neurosen in Bezug auf Okkultismus, Spiritismus, schwarze Magie. Angst vor dem Satan. Fixe Ideen wegen vermeintlicher Rechnungen. Umgang an kriminellen Orten oder mit kriminellen Personen. Gefahr für Geschlechtskrankheiten oder Operationen an den Geschlechtsorganen oder am Anus. Erschreckende Entdeckungen bei Grabungsarbeiten. Aufdeckung gefährlicher Zonen in unserem Unterbewusstsein. Schlechte Erfahrung bei der Psychoanalyse. Tod eines Angehörigen, der uns in Panik versetzt. Schäden am Familiengrab. Hohe Ausgaben für ein Begräbnis.

Pluto im Transit durch das neunte Haus

Wenn Pluto durch das neunte Haus zieht, richtet sich unser ganzes Wollen in die Ferne im geographisch-territorialen, als auch im metaphysisch-transzendenten Sinn. Wenn wir bereits in der Vergangenheit darüber nachgedacht haben, in die Ferne zu ziehen, im Ausland oder vielleicht in einer anderen Stadt oder Region zu leben, dann nimmt diese Idee jetzt konkrete, reale, endgültige und unabwendbare Formen an. Wir können nicht länger warten und treten in die ausführende Phase ein, koste es was es wolle. Üblicherweise wird uns ein solches Vorhaben bereichern, bessern, wachsen lassen aus allen Gesichtspunkten, Macht oder Geld nicht ausgeschlossen. Unsere soziale/berufliche Lage, unser Ansehen, das Bild, das die Anderen von uns haben, all das kann bei einem Tapetenwechsel oder einer Auswanderung positiv gedeihen. In anderen Fällen kann der Planetendurchgang bedeuten, dass ein Erfolg oder unsere Popularität von einer langen Reise abhängen, vielleicht nach Jahren der physischen Unbeweglichkeit. Neue Horizonte tun sich in der Ferne auf. Die Ferne soll hier aber auch metaphorisch verstanden werden und kann bedeuten, dass wir die Gewässer umsegeln, die wir schon immer umsegeln wollten, uns aber nie getraut haben, wie im Fall einer Beschäftigung mit überholten Bereichen der Philosophie, Theologie, Esoterik, Parapsychologie, Astrologie, Yoga, orientalischen Kulturen, New Age im weiteren Sinn. Ein neuer und wichtiger Lebensabschnitt beginnt mit der Einschreibung an einer Universität, dem Erlernen einer Fremdsprache (auch einer Programmiersprache), Aufnahme eines Praktikums, Seminare, usw. Ein Preis oder eine Anerkennung für unsere Arbeit oder eine wunderbare Gelegenheit für ein Wachstum wird uns aus dem Ausland oder von einem Ausländer zuteil. Geld kommt von einem weit entfernt lebenden Angehörigen, vielleicht durch eine Erbschaft. Starke sexuelle Leidenschaft mit einer Person, die im Ausland lebt oder mit unserem Partner auf einer Reise oder einem Aufenthalt fern von zu Hause. Wenn sich der Transit von seiner schlimmen Seite zeigt, besteht das Risiko, im Ausland ein schlimmes Abenteuer zu erleben, wie eine Verhaftung, eine Anklage, einen Skandal, einen schweren Unfall oder Lebensgefahr. Der Tod eines Angehörigen, der weit weg lebte, stürzt uns in eine tiefe Krise. Starke Depressionen fern von zu Hause. Phobien, Ängste und Depressionen auf einer Reise. Schmerzliche und dramatische Reisen wegen der eigenen Gesundheit oder der eines Angehörigen. Schlimme Erfahrungen mit wenig empfehlenswerten Subjekten auf Reisen. Sexuelle Erfahrungen mit einem hohen Risikofaktor auf Reisen oder mit einem Ausländer. Psychologische Krise nach dem Studium von Bereichen wie Astrologie, schwarzer Magie, Okkultismus, Spiritismus. Schlechter Einfluss auf unser Nervensystem von Personen, die von weit her kommen. Mögliche schwerwiegende Probleme mit dem Gesetz.

Pluto im Transit durch das zehnte Haus

Wenn Pluto durch unser zehntes Haus wandert, bewegen sich all unsere

Energien in ehrgeizige Richtungen. Wir wollen mehr tun, mehr gelten, unsere Macht in der Gesellschaft steigern, ob wir nun öffentliche Personen sind oder der so genannten stillen Mehrheit angehören. Es geht hierbei aber nicht nur um einen Ehrgeiz, der sich auf die Eitelkeit stützt, sondern um eine reelle Einschätzung unserer Möglichkeiten in diesem Augenblick. Das bemerken auch die Anderen und es ist nicht selten, dass wir genau in dieser Zeit wichtige Schritte für unser berufliches Wachstum unternehmen. Mit guter Wahrscheinlichkeit könnten wir ehrenvolle Aufgaben, Beförderungen, einen verantwortungsvollen Posten, Prämien jeder Art erhalten. Gleiches gilt für unsere Mutter, für die unsere Sterne einen beruflichen Aufstieg, eine Besserung in der Liebe oder die Erholung nach einer Krankheit anzeigen. Es ist auch wahrscheinlich, dass wir eine neue und wichtige Beziehung zu ihr aufbauen. Wenn sich der Transit negativ ausdrückt, müssen wir mit Schwierigkeiten in der Arbeit rechnen, umso mehr, je instabiler das Gleichgewicht in unserem Beruf ist. In dieser Logik müssen wir also zwischen einem Beamten - der nur selten in der Gefahr steht, entlassen zu werden - und einem Unternehmer, einem freien Mitarbeiter, einem Handwerker, Politiker, Schauspieler, Künstler, Musiker, Schriftsteller unterscheiden, die von einem Moment auf den nächsten tief fallen können. Ein Arzt muss stark darauf achten, keine Fehler zu begehen, die ihn auch ins Gefängnis bringen könnten und das Gleiche gilt für Politiker im Hinblick auf Korruption oder Ingenieure, die ihre Unterschrift unter ein waghalsiges und wenig glaubhaftes Projekt setzen. Wir alle, oder zumindest fast alle mit Ausnahme der bereits erwähnten Kategorie, laufen große Gefahr im Beruf und auch diejenigen, bei denen nicht direkt der Arbeitsplatz auf dem Spiel steht, müssen wenigstens eine drastische Verschlechterung ihres Rufes fürchten, vielleicht durch die Medien oder auch einfach nur in ihrem begrenzten Arbeitsbereich. Skandale, die uns bei der Arbeit schaden. Mögliche kriminelle Wendung in unserer Tätigkeit. Möglicher beruflicher Kontakt zu Verbrechern, Prostituierten, wenig empfehlenswerten Subjekten. Straftaten für eine Besserung unseres sozialen Standes. Todesfall, der uns beruflich stark schadet. Verwicklung unserer Mutter in einen Skandal oder schlimmer geistiger Zustand der Mutter. In den schlimmsten Fällen, wenn es viele andere Aspekte des Geburtshoroskops und der Solarhoroskope gestatten, Lebensgefahr oder Selbstmord der Mutter.

Pluto im Transit durch das elfte Haus

Wenn Pluto durch unser elftes Haus reist, schmieden wir großartige Pläne. Unsere Pläne in dieser Zeit gleichen an Größe und Schönheit denen, die

Ludwig der Vierzehnte, der Sonnenkönig, seinen Architekten für die Gestaltung der Gärten und Brunnen in seinem Königreich in Auftrag gegeben hat. Wir können nicht im Kleinen denken und ein Hang zur Übertreibung, der sehr nah am Größenwahn steht, nimmt uns jeglichen kritischen Sinn und führt uns nur zu großartigen Unternehmungen. Das ist natürlich nicht notwendigerweise schlecht, sondern könnte uns im Gegenteil sehr zum Vorteil gereichen. Der Ingenieur wird eine neue Brooklyn-Bridge planen, der Künstler eine Sixtinische Kapelle und der Schriftsteller eine zweite *Göttliche Komödie*. Sie alle werden sich nicht für den Bau des neuen Katasteramtes, die Planung eines neuen Ampelsystems für die Stadtrandgebiete, den Entwurf eines Handwurfzettels für eine Veranstaltung in der Bibliothek interessieren. Im Unterschied zum im vorhergehenden Abschnitt beschriebenen Transit sieht dieser hier nicht notwendigerweise die Umsetzung oder die sofortige Umsetzung der Ideen vor, sondern könnte den Grundstein für etwas sehr Wichtiges legen, das wir vielleicht zwanzig oder dreißig Jahre später in die Tat umsetzen. Im Lauf dieses Planetendurchganges ist es auch möglich, dass wir die Unterstützung von einflussreichen Persönlichkeiten, wichtigen Freunden oder mächtigen Bekannten erhalten. Es können sich Türen auftun, aber nur die von den wirklichen Schaltzentralen und nicht die der einfachen Sekretäre (was bei kleineren Transiten eintreten kann, zum Beispiel bei einem schnellen Durchgang von Jupiter). Wir haben auch die Möglichkeit, interessante und nützliche Bekanntschaften zu machen, die sich später in Freundschaften verwandeln. Ein Freund oder eine Freundin werden berühmt, erhalten einen wichtigen Posten, erreichen einen unvergleichlichen Erfolg. Wenn der Durchgang in dissonanter Logik auftritt, dann ist es möglich, dass einer unserer Freunde in einen Skandal verwickelt oder gar angeklagt oder verhaftet wird oder in Lebensgefahr gerät. Diesen Transit finden wir häufig - sehr viel häufiger als im achten Haus - im Zusammenhang mit wichtigen Trauerfällen, die uns psychisch in ein Tief stürzen, tödlich für die Finanzen und dramatisch in ihren Umständen sind. Möglicher Selbstmord oder Mord, in die eine uns liebe Person verwickelt ist. Freunde, die dem Laster verfallen, Umgang mit Verbrechern, Prostituierten, Perversen oder Pädophilen haben. Schwere psychische Krise von Personen, die wir sehr gerne mögen, auch wenn es nicht um unseren Partner geht. Kriminelle Vorhaben. Schutz von Verbrechern, die wir später nicht wieder loswerden. Zu zahlende Schutzgelder treiben uns in die Arme von Kredithaien, Kredite, die uns finanziell ruinieren.

Pluto im Transit durch das zwölfte Haus

Wenn Pluto in unserem zwölften Haus transitiert, könnten sich für uns die

Fenster zu grenzenlosen Gebieten öffnen, wie im Buch *Aufbruch ins dritte Jahrtausend* von Pauwels und Bergier. Starkes Interesse für Esoterik, Parapsychologie, Okkultismus, Astrologie, Theologie, Philosophie. Das Gefühl der Menschlichkeit und Hilfsbereitschaft in uns zeigt sich in all seiner Kraft durch Taten und nicht nur durch Worte. Große Taten, die unsere Spiritualität hervorheben. Hilfe für die Armen, die Alten, die Kranken und die Einwanderer aus der Dritten Welt. Starker Mystizismus, der auch zu endgültigen und absoluten Entscheidungen führen kann, wie der, einem religiösen Orden beizutreten oder als Missionar in die ärmsten Gegenden der Erde zu fahren. Außerordentliche Begegnung mit einem Lebensmeister, einem charismatischen Priester, einem Heiligen, Apostel, Astrologen, Wahrsager oder einem Menschen mit einem unendlich weiten Horizont. Erleuchtete Entscheidung für die Einsiedelei, die Armut, den Rückzug in die Meditation. Okkulte Suche jeder Art, auch unverhoffter Erfolg in polizeilichen Ermittlungen. Befreiendes Erkennen heimlicher Feinde. Wenn sich der Durchgang dagegen negativ ausdrückt, ist ein Abstieg in die schlimmste Hölle möglich. Laster, Drogen, Verbrechen, sexuelle Verirrungen, wie Pädophilie, zerstörerische Neurosen und sogar Psychosen. Je nach Schwere des Transits und der anderen Planetendurchgänge, aber auch der Solarhoroskope, ist ein senkrechter Sturz nach unten mit ganz wenig Möglichkeiten für einen Wiederaufstieg möglich. Diejenigen, die es schaffen, wieder aufzutauchen, können von sich behaupten, in der Hölle gewesen und wieder ans Licht zurückgekehrt zu sein, das Fegefeuer und eine Wiederauferstehung erlebt zu haben, von der Schlange zum Adler geworden zu sein. Die grauenerregenden Szenen, die Victor Hugo in *Les Misérables* beschreibt (Gefängnis, Krankenhaus, Kloaken, Elend, Krankheiten, Bruderhass, das Böse in all seinen Ausdrucksformen) könnten das Hintergrundbild dieses Transits sein, der vielleicht der absolut Schlechteste oder einer der Schlechtesten von allen Transiten sein kann. Die Zerstörung, die von der Dampfwalze Pluto verursacht wird, der alles unter ihm liegende auch jahrzehntelang zerquetscht, ist nur schwer mit den von jedem anderen Transit verursachten Schäden vergleichbar. Selbstmord und Mord können weitere wichtige Zutaten des Transits sein und auch auf die Wege der Romane wie *Schuld und Sühne* und ähnlichen Werken der russischen Literatur führen. Starke geheime Feinde richten sich gegen uns. Im besten Fall handelt es sich um anonyme Briefe, die zu einem Skandal führen, in den wir verwickelt sind. Mögliche Anklage oder Gefängnishaft. Krankenhausaufenthalt. Erholung in einer Nervenheilanstalt. Starke Neurosen oder Psychosen. Hartes Trauma wegen eines Trauerfalles. Psychotische Episoden nach einer Begegnung mit Magiern, schlechten Astrologen oder Satansanbetern. Obsessionen zum Thema Tod. Tiefe Depression.

12.
Die Solarhäuser

Solaraszendent im ersten Radix-Haus oder Stellium oder Sonne im ersten Solarhaus

Hier bedarf es einer guten Erklärung. Bereits in anderen Veröffentlichungen, vor allem in der *Praktischen Abhandlung über das Solarhoroskop*, habe ich einen Erklärungsversuch gewagt, bin aber entweder nicht ganz klar gewesen oder meine Leser haben mich nicht gut verstanden. Also versuche ich es nun erneut und hoffe, verstanden und auch gehört zu werden, wenn ich die Stimme jetzt ein wenig mehr erhebe. Meiner Erfahrung nach sind das zwölfte, das erste und das sechste Haus drei sehr gefährliche und schädliche Sektoren im Solarhoroskop und befinden sich nahezu auf einer Ebene. „Nahezu auf einer Ebene" soll heißen, dass wenn das zwölfte Haus hundert Punkte auf einer negativen Skala zählt, dann zählen das erste und das sechste Haus achtundneunzig. So und nicht anders stehen die Dinge. In der Vergangenheit bin ich jedoch so stark missverstanden worden, dass mir Schüler oder Leser anvertraut haben, wie froh sie darüber sind, einem Aszendenten im zwölften Haus ausgewichen zu sein, der sich stattdessen so im ersten Haus befunden hatte. Ich versichere Ihnen, dass auf praktischer Ebene absolut kein Unterschied zwischen der Bösartigkeit des zwölften Hauses und der des ersten oder sechsten Hauses besteht. Alle drei sind verheerend, tödlich und zutiefst negativ. Ich werde mich jetzt nicht zu Überlegungen hinreißen lassen, solche Augenblicke brächten ein angebliches Wachstum unserer Persönlichkeit mit sich und trügen damit wiederum etwas Gutes in sich, da ich bereits an anderer Stelle dieses Buches und in anderen Texten darüber gesprochen habe. Stattdessen möchte ich gerne einige Gedanken zur Bedeutung einer solchen Bösartigkeit loswerden. Da nun also die negative und gefährliche Wirkung dieser Häuser klar ist, möchte ich nun in der Hoffnung, dieses Mal deutlich gewesen zu sein, ein weiteres schweres Missverständnis aus der Welt schaffen. Mehrfach habe ich nämlich betont, dass sich die negativen Effekte dieses Sektors unter dem Einfluss des Aszendenten oder eines Stelliums oder der Solarsonne besonders auf gesundheitliche Probleme bezögen. Häufig hat sich daraufhin ein Ratsuchender darüber gewundert, dass er in dem genauen Jahr meiner Vorhersage kein gesundheitliches Problem zu bekämpfen hatte, sondern an dessen Stelle den fürchterlichen Zustand des „Verlassenwerdens oder Betrugs durch die eigene Frau". Worum geht es denn aber hierbei, wenn nicht um die Gesundheit, wie fühlen sich ein Mann oder eine Frau, die von der geliebten Person verlassen worden sind? Wie in einer Hölle. Und genau das bringt dieses Haus mit sich, egal, ob es um darum geht, dass wir verlassen werden, um einen Politiker, der seine Macht verliert, um einen Unternehmer, der in ein finanzielles Fiasko schlittert, Schüler, die sitzen bleiben, Sportler, die bei einem Unfall verletzt werden, Personen, die an einem Tumor oder einem Infarkt leiden, usw. Wo liegt der Unterschied? Unter dem Strich ist das Ergebnis großes Leid. Ich möchte es also noch einmal wiederholen und hoffe, verstanden zu werden: das erste Haus ist genau wie das zwölfte und das sechste Haus ein Kaleidoskop für alle Unglücksfälle zu 360°, auf der ganzen Linie, ohne irgendeine Ausnahme, die einer Person nur zustoßen können, von Schwierigkeiten in der Liebe über finanzielle Probleme, Probleme mit der Justiz und dem Gefängnis, Skandale, physische Krankheit, schwere Depressionen, usw. Das Konzept der Gesundheit ist hier sowohl körperlich als auch geistig zu verstehen und Depressionen sind nicht weniger schädlich als ein Krebsgeschwür. Die Gründe für das Leiden können unterschiedlicher Natur sein und neigen dazu, das gesamte Universum menschlicher Qualen zu umfassen, ohne dabei auch nur eine einzige Schwierigkeit auszulassen, vom Rheumatismus bis hin zur Verzweiflung, die in den Selbstmord mündet. Aus diesem Grund sollte niemand sagen: „Ich mache mir keine Sorgen, denn ich habe eine eiserne Gesundheit!". Mit Gesundheit hat es hier nur bis zu einem gewissen Punkt zu tun, da bei allen großen Enttäuschungen des Lebens die persönliche Verzweiflung zu weit größeren Schäden führen kann, als zuviel Cholesterin oder ein erhöhter Blutzuckerspiegel. In der Mehrheit der Fälle wird es sich sicher um ein leichtes körperliches Problem drehen, wie um eine fortschreitende Arthrose, Zahnschmerzen, Nierensteine, Hepatitis, Herzrasen oder um jedes andere gesundheitliche Problem. Manchmal - und gar nicht selten - bezieht sich diese Konstellation auf einen chirurgischen Eingriff zwischen einem Geburtstag und dem nächsten, der ein Routineeingriff sein kann, wie eine Operation an der Nasenscheidewand, oder etwas wichtigeres, wie eine Bypass-Operation am Herzen, eine Leber- und Nierentransplantation, das Entfernen eines Krebsgeschwürs. Auch längere Krankheitsfälle werden hier angesprochen, wie die Erholung nach einer Chemotherapie, die sich über mehrere Wochen hinzieht. Wenn sich das erste Haus positiv ausdrückt, was aber sehr selten vorkommt, kann es um eine Schwangerschaft gehen, die den Körper ebenfalls stark verändert. Gleiches gilt für ein starkes Zunehmen oder Abnehmen, eine starke Veränderung nach einer Schönheitsoperation oder eine Veränderung im Aussehen in Bezug auf den Bart, die Haarlänge und -farbe, einen Schnurrbart oder die Bräunung der Haut. Zum Schluss muss man auch den Charakter einer Person betrachten, nämlich ob sie mehr oder weniger introvertiert ist, offener oder griesgrämiger, pessimistischer oder hypochondrischer, aggressiver, usw. Ich möchte aber darauf bestehen, dass all diese leichten Ausdrucksformen des ersten Hauses nichts daran ändern, dass dieses Haus doch stark negativ und brandgefährlich zu nennen ist. Natürlich gilt auch hier eine grundlegende Regel, nämlich, dass die Wahrscheinlichkeit für einen Tumor oder einen Infarkt bei einem Fünfzehnjährigen eher gering ist und bei einem Vierzigjährigen exponentiell anwächst - und genauso verhält es sich mit den Gefahren. Hieraus leite ich eine Regel ab: je älter wir werden, desto verheerender wirken sich Aszendent oder Stellium oder Sonne im ersten Solarhaus aus.

Solaraszendent im zweiten Radix-Haus oder Stellium oder Sonne im zweiten Solarhaus

Hier ist die Bedeutung hauptsächlich finanzieller Natur. Die Konstellation weist in wenigen Worten auf einen höheren Geldfluss hin, der sich aber sowohl auf Geldausgänge, als auch auf Geldeingänge beziehen kann. Das heißt, dass der Betroffene sehr viel mehr verdienen oder mehr Güter zur Verfügung, Zugang zu größeren Geldquellen haben kann oder dass er sich andererseits in einem richtigen Geldloch befindet. Meistens trifft leider der letzte Fall zu und auch hier werden viele Leser protestieren und sagen: „Wieso müssen wir immer vom Negativen ausgehen und nie vom Positiven?" Das aber ist wirklich nicht meine Schuld - versuchen Sie einmal, eine kleine Statistik aufzustellen und dabei alle Personen, die im Lotto gewonnen haben denen gegenüberzustellen, die Schulden bei der Bank, bei den Angehörigen, Freunden oder bei einem Kredithai haben. Ist es vielleicht meine Erfindung, dass für jede Person, die von etwas profitiert, tausend andere Personen etwas zu beklagen haben? Sollten wir uns also jetzt wie der Vogel Strauß verhalten und den Kopf in den Sand stecken, oder uns einfach immer wieder sagen, wie schön und herrlich das Leben doch ist? Das können wir ruhig sagen, nicht vergessen sollten wir dabei aber, dass die Zahl der Unglücksfälle, die uns jeden Tag und jedes Jahr zustoßen, bei Weitem höher ist, als die aller schönen Dinge. Ob das nun Pessimismus oder einfach Realismus zu nennen wäre, interessiert mich hierbei herzlich wenig - ich möchte einfach meine Leser nicht anlügen und wenn ich dabei als Pessimist verschrien werde, berührt mich das kaum. Ich sagte also, dass es mit Sicherheit sehr viel mehr Geldausgänge als -eingänge geben wird, natürlich mit den gebührenden Ausnahmen, welche bekanntermaßen die Regel bestätigen. Welche Ausnahmen sind das? Es gibt solche Personen mit einem besonders günstigen Geburtshimmel, die wie König Midas alles zu Gold machen, was sie berühren, die sogar in Afrika Heuschrecken und in Alaska Kühlschränke verkaufen könnten und die ihre Millionen auf jede nur erdenkliche Art machen können. Für alle, die in der Vergangenheit schon bemerkt haben, dass sie unter einem glücklichen Stern stehen und die jede Krise überstehen, kann ein hervorgehobenes zweites Haus im Solarhoroskop sicherlich für viel Geld im Eingang stehen. Aber auch für alle, die begleitend sehr gute Transite und ein positives Gesamtbild der Werte im Solarhoroskop haben. Oder für solche, die sichere Geldeingänge erwarten, zum Beispiel weil sie eine Eigentumswohnung zum Verkauf ausgeschrieben haben, und die somit einen Geldregen erwarten dürfen, auch wenn dieser geringer ausfällt, als wenn er unter einem anderen Einfluss stattfinden würde. Gleiches gilt für alle, die eine Abfindung, ein Erbe, eine Schenkung, usw. erwarten. In allen anderen Fällen kann man nicht vorsichtig genug sein. Wenn Sie bei einer solchen Konstellation beispielsweise Arbeiten am Haus beginnen und mit Ausgaben in einer bestimmten Höhe rechnen, werden Sie leicht das Fünf- oder Zehnfache zahlen. Wenn es einen objektiven Anlass für Befürchtungen gibt, ist das einzige System, sich vor diesem Transit zu schützen, den Geldhahn für alle überflüssigen Käufe einfach rigoros zuzudrehen. Aber die Vorgehensweisen bei bestimmten Transiten und Konstellationen im Solarhoroskop sind nicht das Thema dieses Buches, das sich besonders an alle richtet, die mir in der *Aktiven Astrologie* folgen. Mehr Informationen hierzu lassen sich anderen meiner Bücher nachlesen, wie „Das Salz in der Astrologie" (*Il sale dell'astrologia*), der „Praktischen Abhandlung über das Solarhoroskop" (*Trattato pratico di Rivoluzioni solari*) und den „Übungen zum gezielten Solarhoroskop" (*Esercizi sulle Rivoluzioni solari mirate*). In anderen Fällen kommt es in diesem Sektor vor, dass der Betroffene stark sein Aussehen, sein Erscheinungsbild verändert. Es kann zum Beispiel passieren, dass man in diesem Jahr bekannter wird, indem man an einer oder an mehreren TV-Sendungen teilnimmt oder das eigene Foto in den Zeitungen auftaucht. Manchmal verändert der Betroffene sein Aussehen und kleidet sich von nun an klassisch mit Sakko und Krawatte anstatt sportlich oder umgekehrt, lässt sich einen Bart wachsen, den Schnurrbart stutzen, das Haar aufhellen oder schneiden, eine plastische Chirurgie am Gesicht vornehmen, nimmt stark ab oder zu, betreibt Sport und entwickelt Muskeln, trägt eine Brille oder trägt keine Brille oder Kontaktlinsen mehr, usw. In weiteren Fällen geht es um den Beginn einer neuen Leidenschaft in Bezug auf Fotografie oder Kino, den Kauf eines neuen Fernsehers, eines hoch auflösenden Bildschirms für den Computer, eines teuren Videoaufnahmegerätes, Ausrüstung für die Dunkelkammer, Ausrüstung für die Computergrafik. Die Person belegt einen CAD-Kurs (Computer Aided Design) oder Design und Werbegrafik, Stilistik, usw. Wieder andere Male nähert sich der Betroffene dem Theater, Kino, Regie, Bühnengestaltung an, beginnt eine umfangreiche Videosammlung, meldet sich bei einem Newsletter für das Kino an, besorgt sich sämtliche Kinozeitschriften, liest die Biographien von Schauspielern. Vorsicht ist geboten vor Diebstählen, Betrug, Raub, ungedeckten Schecks, Taschendiebstahl, geliehenem Geld, das nicht zurückgegeben wird und Darlehen, die wir nicht zurückzahlen können.

Solaraszendent im dritten Radix-Haus oder Stellium oder Sonne im dritten Solarhaus

Es mag etwas simpel erscheinen, aber es ist so: das Wahrscheinlichste zwischen einem und dem anderen Geburtstag in dieser Konstellation ist der Kauf oder der Diebstahl eines Autos, Motorrads, Lieferwagens, Lkws oder Busses. Es kann auch um wichtige Reparaturarbeiten gehen, um Pannen auf einer Reise, mögliche Auffahrunfälle und schlimmstenfalls, sofern es andere Elemente erlauben, auch um ernstere Unfälle. Wir werden uns fast immer auf Reisen befinden oder ständig kleinere Fahrten im Lauf des Jahres unternehmen, wir pendeln sehr viel mehr aus den unterschiedlichsten Gründen, wie Studium, Arbeit, medizinische Behandlung, aus Liebe, usw. Sehr wahrscheinlich sind Kurse oder Studien als Studierende oder Dozenten, wie Sprachkurse, Universitätsexamen, Seminare, Praktika, Führerscheinkurse, Computerkurse, usw. Das Hauptthema zwischen dem einen Geburtstag und dem nächsten wird mit Sicherheit unsere Brüder, Schwestern, Vetter und Schwager betreffen, die entweder im Positiven oder im Negativen zu den Hauptfiguren des Jahres werden. Alles hängt von den Grundtransiten und der Gesamtheit des Solarhoroskops ab. Fällt beispielsweise der Solaraszendent ins dritte und die Sonne ins zwölfte Haus, müssen wir in diesem Bereich mit Schwierigkeiten rechnen, wie einer Krankheit einer der erwähnten Personen, einer finanziellen Krise oder Problemen in der Liebe, aber auch einem Streit mit ihnen. In jedem Fall sind sie im Guten oder im Schlechten die Hauptdarsteller. Haben wir dagegen zum Beispiel eine Sonne im dritten Solarhaus und einen Aszendenten im fünften Radixhaus, kann es sich um eine Mutter- oder Vaterschaft eines uns nahe stehenden Menschen drehen. Wir sollten allerdings nicht vergessen, dass die einzelnen Konstellationen im Geburtshoroskop Klarheit zu den wichtigsten Etappen unseres Lebens und auch zu einem einzelnen Solarhoroskop geben können (wenn Sie meine Methode für sinnvoll erachten, rate ich Ihnen, auch meinen „Leitfaden zur Astrologie" [*Guida all'astrologia*] zu lesen, der auch erfahrenen Astrologen dabei helfen kann, die Konstellationen des Geburtshimmels besser zu verstehen und alle Themen zu vertiefen, in denen sie zu Recht gut unterrichtet zu sein meinen, die sie aber unter dem Licht dessen, was man als meine Schule bezeichnen könnte, neu überdenken könnten: die Wichtigkeit des elften Hauses bei Todesfällen, die Beziehung zwischen dem zwölftem, dem sechsten Haus und der Blindheit, das Zusammenspiel Krebs/Informatik, das Thema der Libido, die Wichtigkeit des herrschenden Hauses, usw.). Im Jahresverlauf ist es außerdem möglich, dass wir etwas schreiben oder uns die Mitarbeit bei einer Zeitung, einem Fernseh- oder Radiosender angeboten wird. Wir könnten es mit Poesie oder Prosa versuchen, aber auch mit einem Aufsatz zu den Themen, von denen wir am meisten verstehen. Es ist auch möglich, dass wir einen wichtigen Kauf im Bereich der Telekommunikation tätigen, vom Handy zum schnurlosen Telefon, Faxgerät, Ausrüstung für das Internet, Satellitenantenne. In schlimmen Fällen kann es ein, dass sich die Presse in diesen zwölf Monaten auf unangenehme Art mit uns beschäftigt, zum Beispiel aufgrund eines Skandals, der Attacke durch eine Zeitung, einer Verleumdungskampagne in einem Blog, usw. Mögliche Käufe oder Schäden von Druckern. Neues Software-Anwendungsprogramm.

Solaraszendent im vierten Radix-Haus oder Stellium oder Sonne im vierten Solarhaus

Eines der wahrscheinlichsten Ereignisse im Laufe dieser zwölf Monate ist eine hervorstechende Betätigung im Immobilienbereich, die sich hauptsächlich auf eine der folgenden Arten ausdrücken kann: An- und Verkauf einer Immobilie, Umzug in ein anderes Umfeld oder Umbauarbeiten in unserem Umfeld. Hier kann es sich um den Wohnbereich drehen, als auch um das Arbeitsumfeld, wie Büro, Labor, Werkstatt, sei es im Eigenbesitz als ein öffentliches Büro, beispielsweise könnten wir versetzt werden. Es ist unwahrscheinlich, dass sich keine dieser drei Möglichkeiten ergibt, auch wenn sie absolut nicht geplant sind. Gleiches gilt für eine Eigentumswohnung, einen Wohnwagen, Camper, Ferienhaus auf dem Land, Garage und allem, das direkt oder indirekt mit dem Konzept des Heims in Verbindung steht. In den einfachsten Fällen kann es schlicht darum gehen, dass die Küche oder das Bad neu gestrichen, die Jalousien ausgewechselt werden, eine neue Heizung oder ein Mezzanin eingebaut, die Wohnzimmereinrichtung geändert wird, usw. Wenn nichts von alledem eintritt, ist es auch möglich, dass wir einen Kündigungsbrief von unserem Vermieter erhalten oder dass wir Schwierigkeiten mit einem unserer Mieter haben. Es können auch Arbeiten an einem Gebäude gemeint sein, in dem wir eine Eigentumswohnung haben, um Steuern für das Haus oder um Schäden am Haus durch Überschwemmung, Brand und andere natürliche oder unnatürliche Katastrophen, Schwierigkeiten mit anderen Mietern, Streitigkeiten mit dem Hausmeister oder einem Nachbarn, einen neuen Nachbarn, der uns stört. Wenn die Gesamtheit der Transite und des Solarhoroskops stark negativ ist, ist die Konstellation ziemlich gefährlich, da sie auf einen Krankenhaus- oder gar einen Gefängnisaufenthalt hinweisen könnte (letzterer ist aber eher wahrscheinlich bei einem achten oder einem zwölften Haus). Wenn die Konstellation in Verbindung mit Werten des dritten oder besonders des neunten Hauses auftritt, ist es auch möglich, dass wir kurzzeitig oder langfristig in eine andere Stadt ziehen. Bei öffentlichen Angestellten, Lehrern, Bankangestellten, usw. kann die Konstellation indirekt auf einen Karrieresprung hindeuten. Möglicher Kauf einer Festplatte oder eines neuen Massenspeichermediums für unseren Computer oder Beschädigungen mit bedeutendem Datenverlust. Mögliche starke Zuwendung zu unseren Eltern im Allgemeinen und unserem Vater im Besonderen. Wenn die Gesamtkonstellation günstig ist, kann dies ein besonders magischer Moment sein, und zwar in der Liebe, bei einer Genesung, einem beruflichen Erfolg, usw. Im umgekehrten Fall und besonders, wenn unsere Eltern schon älter sind, müssen wir befürchten, dass es ihnen schlecht geht oder dass sie im schlimmsten Fall sogar von uns gehen. Manchmal zeigt die Konstellation einen Streit oder ein gespanntes Verhältnis zu unseren Eltern an. Alle letztgenannten Betrachtungen können auch die Schwiegereltern betreffen. Alle Bezüge zu den Immobilien können auch für unsere Eltern gelten. Zuletzt ist es möglich, dass wir im Jahresverlauf eine Immobilie erben.

Solaraszendent im fünften Radix-Haus oder Stellium oder Sonne im fünften Solarhaus

Sehr oft geht es hierbei um den Beginn oder das Ende einer Liebe. Der Hauptaspekt in diesem Jahr betrifft die Gefühle im Positiven oder im Negativen und wie immer kann nur die Gesamtheit der Transite und des Solarhoroskops

Klarheit bringen. Das aber soll uns nicht zu einer übertriebenen Relativierung des Problems führen, die jede Möglichkeit zur Lösung ausschließt. Die Dinge liegen ziemlich klar, denn wenn wir zusätzlich Werte des ersten, zwölften und sechsten, aber auch des achten Hauses antreffen, bedeutet dies, dass wir aus Liebe leiden werden, dass uns der Partner verlässt oder betrügt. Im entgegen gesetzten Fall handelt es sich um sehr angenehme Ereignisse, wie Verliebtheit, Liebe, eine neue Liebe oder mehrere Liebesgeschichten zur gleichen Zeit (für alle, denen das gefällt), usw. In ganz schlimmen Fällen kann auch der Tod des Partners eintreten. Im Allgemeinen weist das Haus auf eine verstärkte Aktivität in Spiel und Freizeit hin, also mehr Kino, Theater, Konzerte, Diskotheken, Abendessen außer Haus, Wochenendausflüge, mehr Sex und Reisen, Kartenspiele, Roulette und Spekulationen an der Börse. Je nach Alter, kulturellem Niveau, sozialem Status, finanziellen Möglichkeiten, usw. der betroffenen Person können wir erahnen, in welche Richtung sich die Spiel- und Freizeitaktivität bewegen wird. Das Vergnügen ist hier praktisch ohne Einschränkungen zu verstehen, wie wir aus gewissen Theorien zur „Physiologie des Vergnügens" wissen - man kann Genuss empfinden, wenn man mit einem spitzen Messer einen Kürbis einschneidet, griechische Philosophie studiert, Videospiele spielt, das Telefon abhört, mit dem Computer arbeitet, mit Rennautos oder Schach spielt, reitet, Sport im Allgemeinen betreibt und sogar, indem man Steinchen auf vorbeifahrende Autos wirft. Dem Vergnügen sind so gut wie keine Grenzen gesetzt und der einzige gemeinsame Nenner ist der Genuss, den wir dabei empfinden, denn über Geschmack lässt sich nicht streiten. Auch hier kann sich die Tendenz positiv oder negativ auswirken und es ist klar, dass wenn die betroffene Person zum Beispiel ein offenkundiges zweites oder achtes Haus in ihrem Solarhoroskop hat, wird sie viel Geld für Vergnügungen ausgeben oder in verkehrten Börsenspekulationen verlieren. Der Aspekt kann auch eine Geburt betreffen, wir könnten also zum ersten Mal Vater oder Mutter werden oder noch ein Kind bekommen. Auch das lässt sich negativ oder positiv lesen, je nachdem, ob ein Kind gewünscht ist, ob es sich um einen „Unfall" handelt, ob eine Schwangerschaft gesundheitliche Schwierigkeiten mit sich bringt, usw. Es ist auch möglich, dass dieses Solarhoroskop eine Abtreibung, Fehlgeburt oder ein mehr oder weniger schwerwiegendes Problem für einen Sohn oder eine Tochter birgt, was sich in einem Sitzen bleiben, einer Krankheit, einer glücklichen oder unglücklichen Liebe, schlechter Gesellschaft, dem Entdecken von gerauchten Joints, finanziellen Problemen, die uns unsere Kinder bereiten können, einem Erziehungsproblem, usw. ausdrücken kann. Viele Eltern schaudern angesichts dieses Hauses in Verbindung mit dem Solarhoroskop, dem Aszendenten, der Sonne oder einem Stellium. In Wirklichkeit stehen die Dinge eigentlich nie so dramatisch, wenn man bedenkt, dass die Energien der Kleinen unermesslich sind und die gesundheitlichen Gefahren bei ihnen eigentlich nie so groß sind. In den meisten Fällen geht es hier um leichte Krankheiten, Stürze oder Unfälle, aber fast nie um wirklich schwerwiegende Dinge. Für einen Politiker kann das fünfte Haus auch für eine neue politische Aufstellung, einen Zusammenschluss oder eine Ernennung stehen.

Solaraszendent im sechsten Radix-Haus oder Stellium oder Sonne im sechsten Solarhaus

Alles zum ersten Haus Gesagte gilt fast zu 100% auch für das sechste Haus. Vergessen Sie, dass dies das Haus der Gesundheit ist, bzw. vergessen Sie, dass hier nur gesundheitliche Probleme angesprochen werden. Mit Sicherheit werden Sie im Lauf dieses Jahres auch gesundheitliche Probleme antreffen, aber nicht nur die allein. Das Konzept ist bereits erläutert worden - ein sechstes Haus kündigt wie das erste oder zwölfte Haus Unglücksfälle und Probleme jeder Art, Schäden auf der ganzen Linie an. Wenn Sie einen Aszendenten, die Sonne oder ein Stellium im sechsten Radixhaus haben, müssen Sie sich auf ein sehr hartes Jahr in allen Gesichtspunkten einstellen - Trennung vom Partner, Entlassung, Jobverlust, Probleme mit dem Gesetz und vielleicht Gefängnis, Tod eines nahen Angehörigen, Sie stehen im Mittelpunkt eines Skandals, leichte oder schwere Krankheit, Unfälle, chirurgische Operationen uns so weiter und so fort. Am Schluss stehen auch gesundheitliche Probleme, die aber sowohl körperlicher Natur als auch psychologischer Natur sein können - starke Depressionen, Ängste, Phobien, Panikzustände, schwer zu überwindende Niedergeschlagenheit aus irgendeinem Grund, der nicht direkt mit der Gesundheit in Verbindung stehen muss, sondern mit der Arbeit, der Liebe, dem Gesetz, usw. zusammenhängen kann. Ich möchte es noch einmal wiederholen und hoffe, dass es das letzte Mal sein wird: ein offenkundiges sechstes Haus im Solarhoroskop bedeutet zu fast dem gleichen Wert, wie ein erstes oder zwölftes Haus Prüfungen, Schäden, Unglücksfälle jeder Art. Es handelt sich um ein bösartiges Haus und nichts anderes, ohne näher auf die Details der Schäden einzugehen, die das Haus mit sich bringt. Nur selten äußert es sich in den spezifischen Werten, die ihm zugeschrieben werden - Probleme in den Arbeitsbeziehungen, Streitigkeiten mit Arbeitskollegen, Vorgesetzten und Mitarbeitern. Natürlich kann es um einen Berufswechsel, den Wechsel in ein anderes Büro oder einen Wechsel der Arbeitskollegen gehen, aber nur in seltenen Fällen und auch in diesen wird das Endergebnis immer das Gleiche sein: viel Aufregung, Leid und Schmerz jeder Art. Sicher kann auch wie laut Handbuch eine leichte Krankheit gemeint sein und nur in diesem Fall können wir sagen, dass das Haus nützlich ist, da es den Betreffenden auf eine versteckte Krankheit hinweist, die jetzt offen gelegt wird und geheilt werden kann. Bei jungen Leuten ist das Haus nicht besonders gefährlich, es kann aber auf ein Sitzen bleiben in der Schule, auf Liebeskummer oder auf einen Trauerfall für den Jungen oder das Mädchen, usw. hinweisen. Wie ich aber bereits an anderer Stelle geschrieben habe, wird diese Konstellation bei jungen Leuten nur schwerlich auf schwere Krankheiten, wie einen Tumor hinweisen, während sie bei über Vierzigjährigen tödlich und gefährlich werden kann. In einigen Fällen kann man diesem Sektor durch eine einfache Operation an den Mandeln, am Blinddarm, der Gallenblase, ein einfaches Lifting oder eine Konkrementfernung „die Luft nehmen". Dieser zuletzt genannte Eingriff, bei dem das Zahnfleisch eingeschnitten wird, um den darunter liegenden Zahnstein zu entfernen, ist besonders lästig und eindrucksvoll, auch wenn er nicht gefährlich und bei Personen über vierzig häufig nötig ist. Im Lauf eines solchen Jahres ist es ferner möglich, dass wir einen neuen Mitarbeiter einstellen oder verlieren, von einem ehemaligen Angestellten angezeigt werden oder große Schwierigkeiten mit einem Angestellten haben.

Solaraszendent im siebten Radix-Haus oder Stellium oder Sonne im siebten Solarhaus

Hier geht es fast immer um rechtliche Streitigkeiten jeder Art. Das geht vom Streit mit dem Partner über Trennung oder Scheidung und endet in Ärger mit dem Gesetz in jeder Form. Personen, die sich niemals hätten vorstellen können, es einmal mit Richtern oder mit dem Gerichtshof zu tun zu bekommen, erhalten plötzlich amtliche Schreiben und müssen sich einen Anwalt suchen. Meiner Ansicht nach sind die bösartigsten Häuser das zwölfte, das sechste und das erste Haus, die fast auf einer Ebene stehen, und danach kommt das achte Haus, das mir üblicherweise keine große Angst macht, das aber dennoch finanzielle Schwierigkeiten und das Ende einer Beziehung oder einer Situation mit sich bringen kann. Gleich nach dem achten Haus und fast auf der gleichen Ebene würde ich das siebte Haus verorten, dessen Ausdrucksformen von einem einfachen Familienstreit bis hin zu einem terroristischen Anschlag reichen können. Das siebte Haus ist das Haus der erklärten Feindschaften, die sich in Form des Gesetzes im Gewand des Staatsanwaltes präsentieren oder in Form einer Terrorgruppe, deren Gesandte sich durch Bomben, mutwillige Zerstörung, Attentate, Einschüchterung, Verwundungen und sogar Mord ausdrücken. Wenn sich also zwischen einem Geburtstag und dem nächsten ein siebtes Haus bemerkbar macht, können wir sicher davon ausgehen, dass wir es mit Anfeindungen zu tun haben werden. Wie ich schon erwähnt habe, ist in sehr vielen Fällen das Wahrscheinlichste ein Streit mit dem Partner, eine Trennung oder Scheidung, es kann aber auch um eine Überprüfung durch die Steuerbehörde gehen, um Führerscheinentzug wegen Verletzung der Straßenverkehrsordnung, um eine Anzeige seitens einer öffentlichen Behörde, darum, dass wir beschattet werden, weil wir mit einem Kriminellen in Verbindung gebracht werden, usw. In vielen Fällen sind wir es jedoch selbst, die den Rechtsweg einschlagen und zwar in dem Sinne, dass uns dieser Sektor streitlustig macht, unabhängig davon, ob wir sonst friedfertige Gesellen sind oder nicht. Wir fühlen uns mehr zur Politik hingezogen, zur militanten Beteiligung an einer Vereinigung, einer Partei, einer ökologischen Bewegung, einer Glaubensgruppe, usw. Wir haben auch mehr Lust, uns mit anderen zusammenzutun, zum Beispiel mit einem Handelspartner für die Gründung einer Firma. Unter diesem Himmel können sich Finanz-, Unternehmens-, Handwerksgesellschaften, Studienvereinigungen oder politische Allianzen bilden oder auflösen. Es ist auch möglich, dass wir einen Betrug unseres Partners aufdecken oder uns entschließen, zu heiraten, eine neue Beziehung einzugehen, ein Zusammenleben oder eine heimliche Affäre zu beginnen.

Solaraszendent im achten Radix-Haus oder Stellium oder Sonne im achten Solarhaus

Diese Konstellation bedeutet eine erhöhte Geldzirkulation, zu verstehen als Geld im Eingang, als auch im Ausgang. Wie beim zweiten Haus zeigt auch hier die Gesamtheit der Transite die Richtung des Geldflusses an. Wenn zum Beispiel der Solaraszendent im vierten und ein Stellium im achten Haus liegt, dann gibt es zwei Möglichkeiten: der Betroffene verkauft ein Haus und in diesem Fall geht Geld ein, oder er kauft eine Immobilie, zieht um, verrichtet Arbeiten am Heim und dann fließt das Geld nach außen. Meistens handelt es sich aus den genannten Gründen um große Geldausgänge. Die Ursachen können unterschiedlicher Natur sein und reichen vom Kauf, der Miete oder dem Umbau einer Immobilie, über die Zahlung von Steuern, Ratenzahlung eines Kredits bis zum Kauf eines Fahrzeugs, usw. Geld im Eingang kann sich auf eine Erbschaft, Spielgewinne, Lohnnachzahlungen, Abfindung, Pension, Gehaltserhöhung, Schenkung, usw. beziehen. Viele Leute fürchten dieses Haus, auch mit Schrecken. Ich kann dem nicht ganz zustimmen, besonders da das elfte Haus in Bezug auf

Trauerfälle weit gefährlicher ist und weil es hier in 99 Prozent der Fälle um wirtschaftliche und finanzielle Angelegenheiten geht und nur zu einem Prozent um Trauerfälle. Aber auch bei diesem einen Prozent kann es in der Mehrheit der Fälle um einen indirekten Trauerfall gehen (ein Freund, Vetter, Schwager), selten um einen schweren Verlust und in ganz seltenen Fällen um unseren eigenen Tod, wenn andere Analyseelemente darauf hinweisen (besonders eine Überprüfung aller Geburtshimmel und Solarhoroskope der nahen Angehörigen). Wir können aber mit Sicherheit sagen, dass das achte Haus das Haus vom Ende der Dinge ist und dass es das Ende einer Liebe, einer Verlobung, eines Zusammenlebens, einer außerehelichen Beziehung, einer Ehe anzeigt. In diesem Sinn kann das Haus zwar schwer wiegen, meiner Meinung nach aber weniger schwer, als die bereits erwähnten Häuser. In einigen Fällen kann das achte Haus auch das Gefängnis betreffen, jedoch auch das wiederum sehr selten. Möglich sind Krankheiten im sexuellen und/oder gynäkologischen Bereich. Lebensgefahr für uns selbst oder einen Angehörigen (es kann nur bei der Gefahr bleiben). Wichtiges Jahr in sexueller Hinsicht, durch gesteigerte Aktivität oder durch eine Unterbrechung derselben (diese Möglichkeit weist häufig auf die Wiederaufnahme oder das Ende einer Beziehung hin). Mögliche Ängste und Phobien in Bezug auf den Tod, Interesse für Kriminalität, Okkultismus, Magie oder Spiritismus, Möglichkeit für einen Kredit oder eine Finanzierung, Schwierigkeiten bei der Rückzahlung eines Kredits, Vermögensschäden bei Immobilien, Aktien, etc., Gefahr von Diebstahl oder Überfall.

Solaraszendent im neunten Radix-Haus oder Stellium oder Sonne im neunten Solarhaus

Fast immer wird hier auf eine oder mehrere wichtige Reisen im Lauf des Jahres hingewiesen. In einer Zeit, in der uns auch interkontinentale Reisen nicht mehr schrecken, geht es in den meisten Fällen um längere Reisen für einen Urlaub, aus beruflichen Gründen, für die Gesundheit, das Studium, etc. Es ist auch möglich, dass wir wichtige Beziehungen mit Ausländern oder Personen aus einer anderen Stadt oder Region unterhalten. Eines unserer Werke (Literatur, Journalismus, Musik oder beruflich im weiteren Sinn) wird außerhalb unseres üblichen Wirkungsumfelds gut aufgenommen. Es ist auch möglich, dass die Ferne, die von diesem Haus angesprochen wird, nicht im geographischen und territorialen Sinn, sondern metaphysisch, transzendental und kulturell gemeint ist. In diesem Sinn ist es ziemlich wahrscheinlich, dass wir in den zwölf Monaten dieses Solarhoroskops intensive Studien der Astrologie, Philosophie, Religionsgeschichte, Yoga, orientalischen Kulturen, Esoterik oder Parapsychologie betreiben. In anderen Fällen geht es einfach um Universitätskurse, Weiterbildungskurse, Fortbildungen für Angestellte, Intensivkurse, Sprach- oder Computerkurse. Wir haben jetzt mit Sicherheit Zugang zu höherem Wissen, auch in dem Fachbereich, mit dem wir uns üblicherweise beschäftigen. Das möchte ich gerne mit einem Beispiel erläutern. Wenn wir uns mit Astrologie befassen und der Aszendent, ein Stellium oder die Sonne in das neunte Haus fallen, dann werden wir uns in diesem Jahr mit dem Solarhoroskop, den Primärdirektionen, den harmonischen Horoskopen oder anderen schwierigen Techniken des Faches beschäftigen. In anderen Fällen kann sich das Haus in einer starken Hinwendung zur Religion im Positiven oder im Negativen zeigen, zum Beispiel durch eine tiefe Krise, in der wir den Alltag nicht mehr meistern können. Nicht selten habe ich beobachten können, wie eine Person bei dieser Konstellation zum Buddhismus gekommen ist oder wegen eines Unglücksfalles den Glauben an Gott verloren hat. In anderen Fällen kann im Laufe des Jahres (von einem Geburtstag zum nächsten) ein Unfall passieren, wobei es meistens um Verkehrsunfälle mit dem Auto, Motorrad, Fahrrad oder beim Überqueren einer Straße geht. In einigen Fällen kann sie sich aber auch ganz banal auf einen Sturz mit leichten oder schweren Folgen beim Eintreten in ein Zimmer des Hauses oder beim Steigen auf eine Leiter beziehen. Auch möglich ist der Beginn oder die Vertiefung einer sportlichen Aktivität oder eine ganz spezielle Beziehung zu Tieren.

Solaraszendent im zehnten Radix-Haus oder Stellium oder Sonne im zehnten Solarhaus

Dieses ist mit Sicherheit das Schönste aller Häuser. Wenn die Konstellation auftritt, erleben wir eine oder mehrere Emanzipationen, erhalten Preise, Befriedigungen, Wachstum, Verbesserungen im Leben. Einige der besten Dinge, die uns im Laufe eines Lebens zustoßen können, stehen in sicherer Verbindung mit der Konstellation. Die Empfänglichkeit jedes einzelnen für dieses Thema wird in der Zeit gemessen, was heißen soll, dass sie über die subjektive Wahrnehmung hinaus von Person zu Person unterschiedliche Werte hat und nur die direkte Analyse einer Person sagen kann, wie sehr der Betreffende in der Lage ist, Positives aus der Situation herauszuholen. Für manche ist die Wirkung des Hauses spektakulär, wie ein Feuerwerk und fast wie ein Wunder. Für andere wird es um weniger überwältigende aber dennoch gleich positive Ergebnisse gehen. Nicht alle sind aber in der Lage, die Vorteile zu erkennen, die dieses Haus bietet und das liegt daran, dass unsere Erwartungen oft in eine bestimmte Richtung gehen und keinen Raum lassen, um die positiven Ergebnisse des zehnten Hauses in den folgenden zwölf Monaten klar zu lesen. Hierzu einige Beispiele. Ein Gelehrter, der Auszeichnungen für sein Lebenswerk erhält, wird diese nur bedingt positiv bewerten, wenn er Geld erwartet hatte. Eine Frau, die Glück im Beruf und in der Liebe erwartet hatte, misst dem Umstand keine Bedeutung bei, dass sie dreißig Kilo abgenommen hat und so von der Fettleibigkeit zu einem Normalgewicht gekommen ist. Ein Berufstätiger, der sich bedeutende Geschäftsabschlüsse erwartet hatte, bemerkt nicht einmal, dass es ihm zum ersten Mal gelungen ist, mit dem Computer zu arbeiten und dass er so Zugang zu einer weit unabhängigeren Welt erlangt hat. Eine Frau, die mit ihren Kindern in Streit liegt und diesen gerne aus dem Weg räumen würde, lernt im Alter von fünfzig Jahren zu schwimmen oder fliegt zum ersten Mal und befreit sich so mit einem Schlag von schweren Fesseln an ihren Beinen. Eine Person erkennt den Ursprung für ihre Krankheit und setzt nach Jahrzehnten ein Medikament ab, während sie sich finanzielle Gewinne erwartet hatte. Eine depressive und ängstliche Frau bricht nach langer Zeit eine Psychoanalyse ab und begreift diese Emanzipation nicht in ihrem vollen Umfang. Der seit dreißig Jahren an den Rollstuhl gefesselte Angehörige einer älteren Frau stirbt, nachdem sie ihn in all diesen Jahren betreut hatte. Ein Berufstätiger, dessen Eltern alt und krank sind und seit Jahren darauf bestehen, weiterhin alleine zu wohnen, erhält die Nachricht, dass sie sich entschlossen haben, in ein Altersheim zu gehen. Ein Computerbesitzer mit einem alten Betriebssystem, auf dem nur wenige Anwendungen möglich sind, besorgt sich ein neues Betriebssystem, auf dem er fast unendlich viele Programme abspielen kann. Diese Liste könnte noch ewig fortgesetzt werden und dass ich jetzt so viele Beispiele genannt habe, liegt daran, dass die meisten Menschen nicht in der Lage sind, die hervorragenden Ergebnisse dieses Hauses zu erkennen. In anderen Fällen rührt das Missverständnis zwischen Erwartungen und realen Tatsachen daher, dass sich der Betreffende eine ganze Reihe an wunderschönen Ereignissen erwartet, sich im Laufe des Jahres aber nur eines von der Art der soeben beschriebenen einstellt und wenn er objektiv wäre, könnte er es sicherlich als Träger von herausragenden und positiven Ergebnissen anerkennen. Bei vielen Menschen, besonders bei Frauen, kann dieses Haus auf eine wichtige Liebe oder sogar eine Heirat oder den Beginn eines Zusammenlebens hinweisen. Auch hier ist es vorgekommen, dass ich mit verschiedenen Personen gesprochen habe, die das Positive dieses Ereignisses nicht anerkennen konnten (was natürlich nicht heißen soll, dass eine Ehe, die in diesem Haus zustande kommt, bis in alle Ewigkeit hält. Der hier betrachtete astrologische Aspekt gilt nur für dieses eine Jahr und wenn in diesen zwölf

Monaten die Hochzeitsglocken geläutet haben, dann ist nur dieses Ereignis wichtig). Die Konstellation wird noch unterstrichen, wenn der Betroffene im entsprechenden Jahr auch ausgezeichnete Transite erhält, wie Jupiter über der Sonne oder in gutem Aspekt zum MC. In diesem Fall verstärkt sich der Wert des zehnten Hauses um ein Vielfaches und er kann ein von mir so genanntes *märchenhaftes Solarhoroskop* erleben. In solchen Fällen sind die Ergebnisse noch weit überwältigender, aber auch dann sollte man sich nicht treiben lassen und Machtphantasien entwickeln, an den Jackpot in der Lotterie oder einen Abgeordnetenposten denken. Manchmal kann es einfach bedeuten, dass ein neuer und wichtiger Kunde gewonnen wird, der uns mit der Zeit eine große Ernte einbringen wird. Wenn dagegen im Lauf des Jahres negative Transite vorkommen, besonders von Saturn und Uranus zur Sonne, dem Mond, dem Aszendenten und dem MC, sollten die Dinge ganz anders gelesen werden. In diesem Fall kann es zu einem richtigen Absturz im finanziellen, beruflichen, politischen, physischen, psychologischen Bereich, im Ansehen, usw. kommen. Wie Sie an den Beispielen in diesem Buch und in anderen meiner Bücher sehen können, kann die Kombination zwischen bösen Transiten und dem zehnten Haus sogar noch schlimmer sein, als ein zwölftes Haus. Es gibt aber noch einen dritten Fall, nämlich wenn mit den Werten des zehnten Hauses gleichzeitig positive *und* negative Transite vorliegen. Unter solchen Umständen muss vor Allem der Beruf der Person in Betracht gezogen werden, denn für einen Politiker ist beispielsweise ein negativer Transit Saturn in Konjunktion mit dem Mond sehr gefährlich, da er eine starke Unbeliebtheit und einen gewaltigen Machtverfall mit sich bringt. Für einen selbständigen Architekten kann der gleiche dissonante Transit in Verbindung mit dem zehnten Haus aber nicht so schlimm sein, wenn beispielsweise ein ausgezeichneter Transit, wie Jupiter im MC, hinzukommt. Es gibt hier keine genaue, allgemein gültige Regel und die Erfahrung des Astrologen ist gefragt. Wenn der Astrologe erfahren ist, kann er relativ leicht verstehen, in welche Richtung sich die Situation entwickelt.

Solaraszendent im elften Radix-Haus oder Stellium oder Sonne im elften Solarhaus

Sehr viel häufiger, als gemeinhin angenommen, kündigt dieses Haus in Verbindung mit dem Aszendenten, der Sonne oder einem Stellium einen Trauerfall im Laufe des Jahres an, viel häufiger noch als das achte Haus. Ein solcher Trauerfall kann nahe Angehörige des Untersuchten oder Freunde, Bekannte und sonst nahe stehende Personen betreffen. In anderen Fällen kann es hier um eine Lebensgefahr für Angehörige oder Freunde gehen. Der Beweis ist leicht zu erbringen - man muss nur die Horoskope der Angehörigen, nicht die der Opfer, untersuchen und feststellen, mit welcher Häufigkeit das elfte Haus und mit welcher Häufigkeit dagegen das achte Haus bei Todesfällen vorkommt. Schnell bemerkt man so ein starkes Überwiegen des elften Hauses und es wird klar, was ich an anderer Stelle dieses Buches und in anderen Texten geschrieben habe. Ich kann es mir nicht erklären, dass kein Kollege vor mir diese erdrückende Beweislast hat feststellen können. Wenn das Haus in den zwölf Monaten für keinen Trauerfall steht, so bedeutet es eine große Umwälzung in unserem Freundeskreis, dass Freunde von uns gehen und sich neue Freunde einstellen. Mit Sicherheit wird das Jahr in Bezug auf die Freundschaften kein gewöhnliches Jahr sein. Wir können auch Unterstützung von Bekannten und einflussreichen Personen erfahren, um an eine Arbeit oder an Fördermittel für unsere Firma, usw. zu kommen. Das elfte Haus ist außerdem das Haus der Projekte und davon werden wir in diesem Jahr mehrere in Angriff nehmen. Obwohl dieser Sektor den Tod zum Thema hat, muss er meiner Ansicht nach nicht unbedingt negativ gesehen werden, besonders, weil der Tod in meinen Augen etwas Unausweichliches ist und daher nichts Katastrophales. Und auch, weil der Aszendent, die Sonne oder das Stellium in einem anderen Haus nicht hieße, dass der Todesfall nicht stattfinden würde, sondern nur, dass er von der betreffenden Person weniger dramatisch erlebt würde. Glauben Sie mir aber, dass ein Aszendent im zwölften, ersten oder sechsten Haus sehr viel schlimmer ist. Dieses Haus kann dagegen auch auf ein gesteigertes kurzzeitiges oder endgültiges Interesse für die Musik hinweisen.

Solaraszendent im zwölften Radix-Haus oder Stellium oder Sonne im zwölften Solarhaus

Dieses Haus straft alle scheinbar weisen Bemerkungen solcher Autoren Lügen, die ihre eigenen Leser oder Schüler davon überzeugen wollen, dass dieses Haus nicht bösartig sei und dass es sogar das Wachstum und die Weisheit in den Personen fördere, die es intensiv leben. Ich wiederhole noch einmal, dass ich es gar nicht bezweifeln will, dass ein Betroffener an diesem Haus wächst und es ihn auf geistiger Ebene weiter bringt, aber die Frage ist doch, ob die Person einen Tumor, eine Inhaftierung, den Tod des eigenen Kindes oder ein Verlassenwerden vom Partner vorzieht, um daran zu wachsen, oder ob sie lieber nicht wachsen und all das vermeiden würde. Es scheint in solchen Fällen ganz so, als ob die genannten Autoren es nicht mit irdischen Wesen zu tun hätten, sondern mit Gesprächspartnern vom Mars oder zumindest aus einer anderen Welt. Denken Sie ernsthaft, dass ein Ratsuchender die Theorie gutheißen würde, dieses Haus sei nicht bösartig, wenn er nach einem Jahr zu Ihnen kommt und Ihnen mitteilt, dass er im Beruf gescheitert ist, von den Gläubigern verfolgt wird, eine Chemotherapie über sich ergehen lassen muss und herausgefunden hat, dass das eigene Kind Drogen nimmt? Ich denke nicht und halte dieses Haus für das Bösartigste überhaupt, wenn auch nur geringfügig bösartiger als das erste und sechste Haus. Wenn Sie mir die Bemerkung gestatten, sollten Sie genau hier meine Schule mit der von anderen Autoren messen, angefangen bei der Volguines. Meiner Ansicht nach reicht es nicht aus, bei jedem Haus Alarm zu schlagen, um zu dem Schluss zu gelangen, dass überall nur Terror herrscht. Viel ehrlicher ist es, ohne Netz und doppelten Boden vorzugehen, Verantwortung zu übernehmen, Klassifizierungen aufzustellen und Ausrufungszeichen zu setzen. Interpretieren Sie nun die Transite und das Solarhoroskop nach der Schule Volguines oder jeder anderen anerkannten Schule Ihrer Wahl und dann noch einmal nach meinen Lehren und lassen Sie mich wissen, welche Genauigkeit Sie mit beiden Methoden in Prozent erhalten. Ich verteufle dieses Haus nicht, weil ich ein Pessimist bin - genau das Gegenteil ist der Fall, die Bösartigkeit dieses Sektors nämlich macht mich erst zum Pessimisten und seine Heftigkeit in der Realität verstärkt diesen Pessimismus noch. Wenn ich eine Liste aufstellen wollte von allen Dingen, die Tausenden und Abertausenden von Ratsuchenden unter dem Einfluss dieses Hauses zugestoßen sind, so wäre ein ganzes Buch noch zu kurz und es würde erst ab 18 Jahren freigegeben, da es Grauen erregender wäre, als ein Film von Dario Argento. Das zwölfte Haus werden Sie bei allen Unglücksfällen der schlimmsten Sorte in Ihrem Leben antreffen. Bei der Anwesenheit eines starken zwölften Hauses Voraussagen zu treffen, ist ein Kinderspiel - Sie müssen nur sagen, dass alle Missgeschicke der Welt eintreten werden, zu 360 Grad und auf der ganzen Linie, von der Liebe, zu Schwierigkeiten mit dem Gesetz, Krankheit, Operationen, schwerwiegenden finanziellen Problemen, Trauerfällen und so weiter und so fort. Natürlich sollten Sie zu einem Ratsuchenden nicht so sprechen, sondern gültige Systeme anwenden, um ihn zu beruhigen und ihm dabei zu helfen, einem solchen Unglück entgegenzutreten oder es zu neutralisieren. Das aber ist nicht das Thema dieses Buches und alle, die meine *Aktive Astrologie* aufmerksam verfolgen, werden hierzu in anderen Büchern nachlesen, wie in der *Praktischen Abhandlung über das Solarhoroskop*. Hier möchte ich Sie nur warnen und darauf hinweisen, dass einer Person, die ein offenkundiges zwölftes Haus im Horoskop stehen hat, eine ganze Reihe an Missgeschicken zustoßen werden, von einer Niederlage bei einem wichtigen Wettbewerb bis zur schweren Krankheit eines nahen

Angehörigen, und dass es auf der Skala der Unglücksfälle, die einem Normalsterblichen zustoßen können, keine einzige Ausnahme gibt. Es ist unnötig festzulegen, worum es genau geht - in der Mehrheit der Fälle handelt es sich um Prüfungen auf der ganzen Linie oder um eine einzige, besonders harte Prüfung. Der zweite Fall ist der schlimmste, denn das Haus kennt keine leichte Dosierung, sondern bricht konzentriert und hart über uns herein. Wenn Sie das Haus gut kennen, werden Sie es auch Ihren Feinden nicht an den Hals wünschen. Bei einem Aszendenten mit einem langen Aufstieg, wie Krebs, Löwe, Jungfrau und Waage, kann die Konstellation sehr häufig eintreten - alle vier Jahre - was schwer zu ertragen wäre. Kein großer Unterschied besteht zwischen dem Aszendenten in diesem Sektor und der Sonne oder einem Stellium. Manchmal befindet sich die Sonne nur zwei-drei Grad über der Spitze zwischen dem elften und dem zwölften Haus. Das ist besonders riskant, da viele Geburtszeiten auf-/abgerundet werden und die Person eigentlich zehn-fünfzehn Minuten früher geboren wurde. Viele Personen haben die Sonne im zwölften Haus und denken, sie wäre im elften Haus, dann aber werden sie von der Bösartigkeit des Jahres eines Besseren belehrt, was ihnen für die Zukunft nützt.

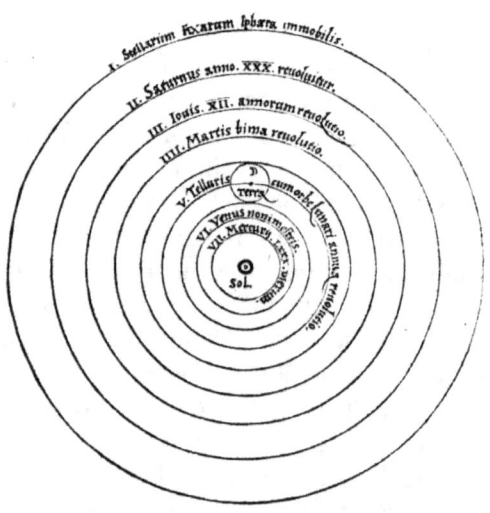

13.
Die Sterne in den Solarhäusern

An dieser Stelle muss zunächst Eines wiederholt werden, nämlich dass der „Durst" nach einem Erklärungsversuch für jedes einzelne Detail des Solarhoroskops nicht nur für eine klarere Sicht der Dinge unnötig ist, sondern sie sogar verkompliziert und undurchsichtiger macht. Erinnern Sie sich daran, dass man besonders drei Dinge beachten muss, und zwar, wohin der Solar-Aszendent in Bezug auf die Geburtshäuser fällt, wohin ein Stellium in Bezug auf die Solarhäuser fällt und schließlich, wohin die Sonne in Bezug auf die Solarhäuser fällt. Hier möchte ich die Hinweise erörtern, die sich aus der Stellung der bösen Planeten, besonders von Mars, in den Solarhäusern und der Stellung von Jupiter und Venus in den Solarhäusern ergeben. Ich rate Ihnen davon ab, die in Ihrem Besitz befindlichen wertvollen und genauen Informationen nachträglich durch zu umfangreiche Analysen zu verdrehen: wenn Sie jetzt feststellen, dass ein Planet rückläufig ist, dass er in schlechtem Aspekt zu diesem anderen Planeten steht, dass er Herrscher über dieses gewisse Haus ist, usw., haben Sie am Ende eine so hohe Anzahl an Variablen, dass das Ergebnis vergleichbar wäre mit einer Realität der letzten Jahre. Die künstlichen Satelliten, die von den Raumbehörden in das All geschleudert wurden, haben uns eine solche Menge an Informationen zugesandt, dass, selbst wenn wir den Informationsfluss von heute an stoppen würden, die nächsten zwei- oder dreihundert Jahre nicht ausreichen würden, um sie alle auszuwerten und es ist nicht gesagt, dass eine solche Masse an Information uns dabei hilft, die himmlische Situation zu klären. Ich will damit nicht sagen, dass es keinen Sinn hat, zu erfahren, ob ein Planet gute oder schlechte Aspekte formt, sondern möchte unterstreichen, dass der Wert nur gering sein kann: Um die Aussage mit konkreten Zahlen zu untermauern, ohne dabei aber zu sehr auf den genauen Wert zu achten, könnten wir beispielsweise sagen, dass die Wertigkeit gleichwertig ist mit 0,1 in Bezug zu den anderen wichtigen Stellungen, die eine Wertigkeit von 70, 85 oder 92, etc. erreichen. Wenn Sie diese Werteskala in Erinnerung behalten, bemerken sie schnell die Unnötigkeit einer Feststellung, wie beispielsweise ob Mars im ersten Haus eines Siebzigjährigen gut oder schlecht steht: die Auswirkungen sind auf jeden Fall verheerend.

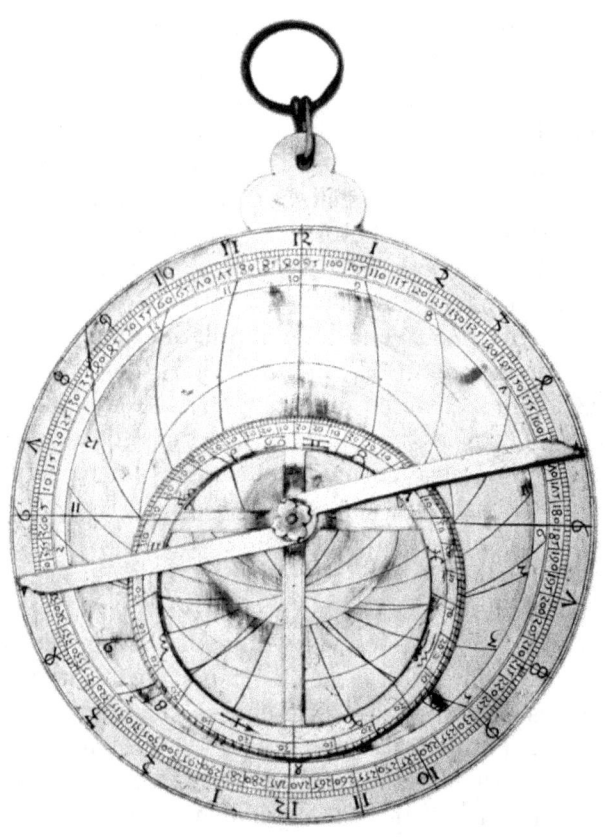

14.
Solarmond in den Häusern

Besonders der Mond ist nur von geringer Wichtigkeit im Gesamtbild eines Solarhoroskops und liefert uns, wenn überhaupt, Informationen zu einem Gemütszustand, einer besonderen Tendenz oder zu etwas, das wir gerne tun würden, aber nicht tun. Auf einer globalen Werteskala würde ich ihn auf einen der letzten Plätze setzen, anders als bei einem Geburtshoroskop.

Im ersten Haus stellt er eine wechselhafte Launenhaftigkeit im Jahresverlauf fest, ein ständiges Schwanken zwischen starkem und flüchtigem Willen. Häufig wechselnde Ideen in den zwölf Monaten des Solarhoroskops. Passive, wenig standfeste, beeinflussbare, sensible Haltung. Allgemein gesteigerte Sensibilität. Launisches und unschlüssiges Verhalten. Unzuverlässigkeit bei der Durchführung wichtiger Projekte.

Im zweiten Haus bringt er uns eine sehr instabile finanzielle Situation in Zyklen, die im Laufe des Jahres in unterschiedlichen Intervallen negativ oder positiv sein können. Gefühlsbetontheit beeinflusst unsere Entscheidungen im finanziellen Bereich. Besonders vertraute Menschen können uns in diesem Bereich stark beeinflussen. Wenig Schwung in allen Geldangelegenheiten. Wenig Beachtung der finanziellen Schwierigkeiten. Interesse für Fotografie, Kino, Theater, Bilder, persönliches Aussehen, Computergrafik, usw.

Im dritten Haus kann der Mond für eine psychische Abhängigkeit von Brüdern, Schwestern, Vettern, Schwägern stehen oder zu einer veränderten Beziehung zu diesen führen. Tendenz zu Reisen, aber es ist nicht sicher, ob diese auch umgesetzt werden. Interesse für Kommunikation und Telekommunikation. Wechselnde Leistung in den Studien: manche Monate sind gut, andere nicht. Pläne im Automobilsektor oder für den Kauf eines Motorrades.

Im vierten Haus können verschiedene Träumereien angezeigt sein, auch Wachträume, in Bezug auf den Kauf eines Hauses, auf einen Umzug oder Arbeiten am eigenen Wohnraum. Instabiler Gesundheitszustand der Eltern oder Instabilität in unserer Beziehung zu ihnen. Wunsch nach Privatsphäre, nach zu Hause verbrachten Stunden. Dieser Wunsch könnte auch leicht in die Tat umgesetzt werden.

Im fünften Haus weist er fast immer auf eine Verliebtheit im Lauf des Jahres hin. Bei leicht zu erhitzenden Gemütern kann er auch für mehrere Verliebtheiten im Jahresverlauf stehen. Wechselnde Beziehung zum Partner oder den Kindern. Auf und ab in der schulischen, gesundheitlichen oder gefühlsmäßigen Situation unserer Kinder. Neue Interessen und Hobbies. Lust auf Kino, Theater, Diskothek. Wunsch nach Vergnügungen im Jahresverlauf (von einem Geburtstag zum nächsten).

Im sechsten Haus steht er zumindest äußerlich für ein gesteigertes Interesse an Gesundheit oder ästhetischem Aussehen der eigenen Person oder der der Anderen. Interessen im medizinischen Bereich. Lektüre von populärwissenschaftlichen Medizinzeitschriften. Absichten zur Teilnahme an Shiatsu-Kursen, Handauflegen, Makrobiotik, usw. Auf und ab in den beruflichen Beziehungen. Gleiches gilt für die Beziehung zu Angestellten, Hausangestellten, Sekretären, usw.

Im siebten Haus instabile Beziehungen in Bezug auf eine Ehe oder auf den Partner, mit der Person, mit der wir zusammen leben oder mit der wir eine Beziehung führen. Hingezogenheit zum Eheleben, gefolgt von Zeiträumen der Ablehnung desselben. Absichten im gesellschaftlichen Bereich. Wunsch nach Vereinigung. Abwechselnde Sorgen im rechtlichen Bereich.

Im achten Haus bedeutet dieser Transit, fast ein bisschen wie im zweiten Haus, abwechselnde Phasen im finanziellen Bereich: Wunsch nach mehr

Verdiensten, aber auch Gefahr für Geldverluste. Erwartungen in Bezug auf ein Erbe. Mögliche Kreditvergabe, die dann wieder zurückgezogen wird. Erhöhte sexuelle Anziehung.

Im neunten Haus steht er für eine gesteigerte Reiselust, Lust nach Bewegung oder nach einem anderen Wohnort. Fast immer geht es hierbei nur um einen Wunsch, der nicht praktisch umgesetzt wird. Ausländerfreundlichkeit. Hingezogenheit zu allem Exotischen, Fernen, auch in Gedanken. Hingebung für Philosophie, Theologie, Astrologie, Esoterik, orientalische Kulturen, Yoga, etc.

Im zehnten Haus steht der Mond für ein wenig mehr Ehrgeiz, denen aber keine überzeugenden Handlungen in dieser Richtung folgen. Wir streben nach oben, möchten die Stufen aber nicht zu Fuß erklimmen. Unser Ansehen steigt und sinkt im Verlauf des Jahres. Wechselnde Beziehung zur Mutter. Unsere Mutter schwankt zwischen guten und weniger guten Zuständen, besonders gesundheitlich.

Im elften Solarhaus bedeutet der Mond große Lust auf ein Beisammensein mit unseren Freunden und auf neue Freundschaften. Die Beziehung zu unseren Freunden ist durch Höhen und Tiefen gekennzeichnet. Unbeständigkeit bei unseren Projekten. Kindlich-naive Projekte. Nicht sehr überzeugte Versuche, einflussreiche Personen um Hilfe zu bitten. Mögliche Depressionen in Folge eines Todesfalls.

Im zwölften Haus steht der Mond für den Wunsch nach Isolation und Klausur. Spirituelle und meditative Einkehr. Geistige Instabilität. Nervenkrisen und ein wenig Ängste und Phobien. Negative Handlungen von Frauen. Kleine Ärgernisse von nahe stehenden Frauen. Wechselnde Haltung in Bezug auf die Fürsorge, besonders bei den eigenen Angehörigen.

15.
Solar-Merkur in den Häusern

Fast Alles, was bisher zum Mond in den Solarhäusern gesagt wurde, gilt auch für Merkur. Seine Bedeutung ist in der Tat nur sehr gering, aber nicht vollkommen nichtig. Merkur gibt uns Rat, wo wir unsere Energien und geistigen Kräfte einsetzen und investieren und in welche Richtung wir uns bewegen.

Im ersten Haus weist uns Merkur auf ein Jahr mentaler und körperlicher Mobilität hin. Wir werden hier aktiver und dynamischer, elektrisierter. Das bedeutet nicht unbedingt stärker, aber sicherlich schneller, zumindest augenscheinlich. Einige Kritiker könnten sagen, dass es hier eher um heiße Luft ginge, als um wirkliche Tatkraft und das ist zum Teil wahr. Anderen erscheinen wir geistig und körperlich jugendlicher und frischer undHaundun unsere Teilnahme am Leben der Anderen wird im besten Sinn fröhlich und kameradschaftlich.

Im zweiten Haus begünstigt Merkur das Aufkeimen neuer Ideen, kleiner Erfindungen, einer Schlauheit, die uns in den Geschäften behilflich ist und Geld in unsere Kassen fließen lässt. Geld kann auch in irgendeiner Weise aus kleineren Handelsgeschäften kommen, unabhängig davon, ob wir in diesem Sektor tätig sind oder nicht. Unsere Geschäfte könnten an die Kommunikation oder Telekommunikation gebunden sein. Geld wird für den Kauf eines Fahrzeuges oder eines Motorrades ausgegeben.

Im dritten Haus begünstigt Merkur jegliche Kommunikation und Telekommunikation. Wir fühlen uns zum Kauf von Geräten zu diesem Zweck wie Faxgeräten, Handys, schnurlosen Telefonen, Geräten zum Surfen im Internet und Satellitenantennen gedrängt. Es wird mehr gependelt oder viele kurze Reisen für das Studium oder für Besuche bei Brüdern, Vettern, Schwägern und jungen Freunden unternommen. Alle intellektuellen Betätigungen sind begünstigt. Mögliche Studien, Kurse, Seminare, Kongresse und Schriften.

Im vierten Haus kann sich der Planet auf die Handelsgeschäfte eines unserer Elternteile oder beider Eltern oder auch eine Geschäftsabwicklung in Bezug auf ein Haus, Büro, Werkstatt beziehen. Immobilienangelegenheiten bringen uns in Beziehung zu Brüdern, Vettern, Schwägern. Häufige Abwesenheit von zu Hause und häufiges Pendeln zwischen zwei Häusern.

Im fünften Haus kann er ein frisch erwachtes Interesse für das Spiel im weiteren Sinne, für alle Tätigkeiten in Spaß und Freizeit, besonders in Bezug auf jugendlichen, fast ein wenig kindlichen Spaß mit sich bringen. Ein Sohn reist ab, er ist viel unterwegs oder mit intellektuellen Tätigkeiten beschäftigt. Spielerisches Verhältnis zu Jugendlichen oder jüngeren Menschen. Beginn eines besonders merkurischen Hobbys, wie Bridge, Kreuzworträtsel, Bilderrätsel, usw.

Im sechsten Haus kann Merkur auf kleine nervöse Erkrankungen im Lauf des Jahres oder auf Allergien und Erkältungen hinweisen. Schäden durch Rauchen. Wir sind häufig unterwegs und das könnte unserer Gesundheit schaden. Einstellung einer jungen Person in der eigenen Firma oder als Hausangestellte. Aerosoltherapie oder jegliche Form von Inhalationskur.

Im siebten Solarhaus favorisiert Merkur die Neigung zu Bindungen besonders im Handelsbereich oder verweist auf eine Handelstätigkeit des Partners oder auf seine höhere Reisebereitschaft. Mögliche gefühlvolle Begegnungen mit jüngeren Personen. Reisen mit dem Partner.

Im achten Haus kann der dritte Planet des Sonnensystems einen erhöhten Geldfluss anzeigen, der sich aber sowohl auf Einnahmen als auch auf Ausgaben beziehen und von kleinen Gewinnen beim Spiel, im Lotto, im

Toto oder von Verlusten durch Raub, Betrug, Diebstahl, ungedeckte Schecks, usw. abhängen kann. Ausgaben für eine Reise oder den Kauf eines Fahrzeuges. Lebensgefahr für einen Familienangehörigen oder einen jungen Freund.

Im neunten Haus begünstigt Merkur ebenso wie im dritten, aber um eine Oktave höher, viele Fahrten und auch wichtige Reisen. Wunsch nach ständiger geistiger und körperlicher Bewegung. Interesse für eine Fremdsprache oder Philosophie, Theologie, Astrologie, Esoterik, Yoga, usw. Wichtige Reise eines Bruders, Vetters, eines Schwagers oder jungen Freundes. Mögliche Freundschaft oder Liebe mit einem jungen Ausländer oder Person aus einer anderen Region.

Im zehnten Haus kann er auf mehrere Reisen oder Fahrten unserer Mutter oder auf ihre Aufnahme einer Handelstätigkeit hindeuten. Wir fahren mehrere Kilometer, um sie zu besuchen. Brillante Ideen, die unsere berufliche Entwicklung vorantreiben. Eine Handelstätigkeit lässt uns auf sozialer Ebene wachsen. Arbeit in Verbindung mit Fahrzeugen, Transporten, Kommunikation und Telekommunikation, wie zum Beispiel die Eröffnung einer Reiseagentur.

Im elften Haus bringt Merkur starke Bewegung in das Kapitel unserer Freundschaften. Mögliche neue und junge Freundschaften im Lauf der zwölf Monate, die von diesem Solarhoroskop zwischen dem einem Geburtstag und dem nächsten betroffen sind. Hilfe von jungen Freunden. Handelsprojekte jeder Art. Reiseplanungen.

Im zwölften Haus steht Merkur zu Gunsten aller Nachforschungsarbeiten, besonders in den Bereichen Esoterik, Astrologie, Philosophie, Theologie, Yoga, Parapsychologie, usw. Leichte Prüfungen in Bezug auf einen jungen Sohn, Vetter, Bruder oder Schwager. Prüfungen in Bezug auf Diebstahl oder Betrug. Leichte Gefahr für Verkehrsunfälle. Anonyme und verleumderische Briefe.

16.
Solar-Venus in den Solarhäusern

Venus ist ein Spielstein, den man auf dem Schachbrett der Ereignisse des Jahres nicht vernachlässigen sollte und es wäre fatal, sie zu unterschätzen. Venus vollbringt keine Wunder, kann aber gültige Lösungen bieten und hat vor allem im Unterschied zu Jupiter nicht den Effekt eines „bistabilen Oszillators", den wir in einem anderen Teil dieses Buches erwähnt haben. Den genauen Grund dafür kennen wir nicht und das wird vielleicht die Gelehrten unter uns entsetzen, die sich nur von absoluten Gewissheiten überzeugen lassen. Aber glauben Sie es ruhig, die Welt ist so voller absoluter Pseudogewissheiten wie es Verkäufer von Dampf und heißer Luft gibt. Mir scheint, dass ein bescheidenes Bekenntnis der eigenen Unwissenheit angesichts solcher Mysterien den Gelehrten nicht erschrecken, sondern ihn beflügeln sollte. Die Ungewissheiten sind aus langer Praxis heraus entstanden, „auf dem Feld" bewiesen und heben sich von allen Theoretisierungen ab, die uns glauben lassen wollen, dass alles im Inneren eines Algorithmus, so einfach oder komplex er auch sein mag, zu erklären sein muss. Meiner Ansicht nach sollte der gezwungene Versuch, den Kreis unbedingt schließen zu wollen, nicht überzeugen, sondern argwöhnen lassen.

Venus im ersten Solarhaus richtet uns liebevoll auf den Nächsten aus und in uns gärt das, was man Gutmenschentum nennt. Wir verhalten uns in jedem Fall nachsichtiger, auch mit uns selbst. Wir möchten uns zentrifugal nach außen bewegen und glauben an die Menschheit. Häufig aber lässt diese Konstellation auch den kleinen oder großen Anteil an Narzissmus in uns gedeihen. In diesem Sinn sollten wir uns nicht wundern, wenn wir in diesem Jahr beginnen, ein Goldkettchen oder einen Ohrring zu tragen (bei Männern), uns die Haare zu färben und unser Äußeres zu pflegen. Die

Konstellation kann auch auf gute Abwehrkräfte und allgemein auf Schutz gegen die Widrigkeiten des Jahres hinweisen. Wenn der Stern zusammen mit einem oder mehreren Bösewichten auftritt, kann er den Finanzen des gesamten Jahres zugute kommen.

Im zweiten Haus wirkt Venus, wie bereits erwähnt, nicht wie ein „bistabiler Oszillator". Mit Jupiter tritt ein verstärkter Geldfluss auf, der sich aber eher auf Geldausgaben bezieht und seltener auf die Einnahmen, wie in anderen Kapiteln nachzulesen ist. Mit dem vierten Planeten des Sonnensystems dagegen kann man die positiven Auswirkungen um eine oder mehrere Oktaven tiefer ansetzen, dafür stehen sie aber auch wirklich fast immer im positiven Zeichen. Der Planet ist uns eine nicht zu vernachlässigende Hilfe, die mehr wert ist, als eine „Stärkung" oder ein „Schutzherr". Manchmal gibt uns Venus eine Hand dabei, aus einer ernsten Situation herauszukommen. Sie kann sich auf einen kleinen Glücksfall beziehen, der uns zur Hilfe eilt, Extragelder, die uns aus einer Not helfen, eine Leihgabe durch einen Angehörigen oder einen Freund, eine unvorhergesehene Quelle, eine milde Stimmung unserer Gläubiger oder die Möglichkeit für einen neuen Verdienst. Mögliche Auswirkungen auch auf unsere Liebe zur Fotografie, dem Kino, dem Theater und dem Bild im erweiterten Sinn. Es ist gut möglich, dass wir jetzt Foto-, Videokameras, Großbildfernseher, hochauflösende Bildschirme für den Computer, leistungsstarke Grafikkarten, CAD-Tools oder allgemeine Grafik-Tools für den Rechner, Videoaufnahmegeräte, usw. erstehen. Wir werden sichtbarer durch das Fernsehen, ein Foto in der Zeitung, die Erwähnung in einem Buch, usw. Neue interessante Aufmachung. Physische Verschönerung durch eine plastische Chirurgie. Ausgaben für Kunstobjekte oder aus Liebe oder für die geliebte Person. Geldeinnahmen durch den Partner.

Im dritten Haus kann Venus auf den Kauf eines neuen Autos oder auch nur auf kleine Verschönerungsarbeiten am Fahrzeug hinweisen, da ihr Einfluss nicht so hoch ist wie der von Jupiter. Kleinere Vergnügungsreisen sind im Laufe des Jahres möglich. Angenehmes Pendeln. Reisen oder Fahrten aus Liebe. Besseres Verhältnis zu Brüdern, Schwestern, Vettern oder Schwägern. Positives Jahr für einen dieser Menschen. Gute Möglichkeiten im Studium jeder Art oder jeder Bildungsstufe. Fähigkeit, mit Gewinn an allen Kursen teilzunehmen wie Fahrschule, Computerkurs oder Sprachkurs. Verbesserung der Mittel zur Kommunikation und

Telekommunikation. Ausgezeichnetes Jahr für den Kauf von Handys, schnurlosen Telefonen, Faxgeräten, eine Telefonanlage, Satellitenantenne, einen guten Drucker für den Rechner. Einarbeitung in eine Textverarbeitungssoftware. Gute Voraussetzungen für das Schreiben, von einfachen Artikeln bis hin zu kompletten Werken. Dasselbe gilt auch für Komponisten. Kleine Liebesgeschichte eines nahen Angehörigen. Die Presse könnte sich positiv mit uns beschäftigen.

Im vierten Haus treffen wir Venus häufig an, wenn wir uns im Laufe des Jahres endlich in unserem Haus entspannen können, an dem vorher langfristige Arbeiten vorgenommen worden sind. Dieselbe Konstellation kann auch auf einen Wohnungswechsel oder die Verbesserung der eigenen Wohnsituation hinweisen, die auch abhängig vom Alter von Fall zu Fall verschieden ist. Zum Beispiel kann das bei Jugendlichen bedeuten, dass sie nach dem Auszug des älteren Bruders oder der Schwester über ein größeres Zimmer verfügen. Bei Ehepaaren dagegen geht es oft um die Rückkehr ins Elternhaus nach einer Trennung. Ein Elternteil, der lange Zeit in ungemütlichen Wohnverhältnissen gelebt hatte, kommt endlich in einem eigenen Haus oder bei einem Sohn oder einer Tochter unter. In anderen Fällen kann die Konstellation auf Arbeiten am Haus hindeuten, die es verschönern und einladender gestalten. Das kommt in diesem Fall aber weniger häufig vor, als bei Mars in der gleichen Konstellation. Der feurige Planet stellt das Chaos der Arbeiter im eigenen Haus, die Unannehmlichkeiten mit Staub, Kälte und Unbenutzbarkeit der Räumlichkeiten besser dar. Es geht hier fast immer um Vorteile mit Immobilien, die nicht so stark sind wie die von Jupiter dargestellten, die aber dennoch nicht zu vernachlässigen sind. Mögliche Besserung der Gesundheit eines Elternteiles oder im Verhältnis zu den Eltern.

Im fünften Haus ist die Wahrscheinlichkeit für eine neue Liebe oder für eine starke Vertiefung einer bestehenden Liebe recht hoch. Dies ist wirklich eine gute Konstellation, die nur selten die Erwartungen enttäuscht. Wir wollen damit nicht sagen, dass sie im Liebesleben Wunder bewirkt, aber gute Auswirkungen wird sie mit Sicherheit haben. Wenn es nicht um eine Besserung im Liebesleben geht, kann sie dagegen ein in Spiel und Freizeit angenehm verbrachtes Jahr anzeigen. Mehr Kino, mehr Theater, mehr Disko, mehr Restaurantbesuche, mehr Reisen oder mehr Spiel. Bei Letzterem kann es um das klassische Kartenspiel gehen oder um jedes andere Spiel, nach dem Motto „wer lacht, tut keine Sünde". Man kann sich mit den verschiedensten Mitteln vergnügen, wir sollten uns also gar nicht erst anstrengen, um zu verstehen, welcher Bereich hier gemeint sein könnte. Gute Nachrichten von unseren Kindern in der Schule, den Gefühlen oder der Gesundheit. Besserung in unserem Verhältnis zu ihnen. Günstige Zeit für die Weitergabe von Wissen oder für die Zeugung von Nachwuchs. Geburten nicht nur im genetischen Sinn. Aufnahme eines neuen Hobbys. Besserung der Gesundheit durch eine ausgedehntere Freizeitgestaltung. Mehr Sexualität.

Im sechsten Haus hilft uns Venus dabei, Gesundheitsprobleme zu lösen. Bei einer Genesung, den Nachwirkungen einer Operation oder nach einem Unfall ist diese Konstellation eine der Besten, um wieder zu Gesundheit und Wohlbefinden zu kommen. Ausgezeichnetes Jahr für eine Kur, neue Behandlungen, Fitnesszentrum, Massagen, Schlammbäder, Thermalkuren, Schlankheits- oder Entschlackungskuren und verschiedene Schönheitseingriffe. Die Konstellation drückt sich nur selten negativ aus. Aus diesem Grund mache ich mir meistens keine Sorgen bei der Überprüfung, ob die Planeten gute oder schlechte Aspekte in den Solarhäusern formen. Noch immer warte ich auf den Fall, in dem jemand eine wunderbare Solarsonne im zwölften Haus hat und ihm nichts Dramatisches und zutiefst Negatives zustoßen würde - im entgegen gesetzten Fall ist es mir ebenfalls nur selten oder vielleicht niemals untergekommen, dass sich Venus im sechsten Haus schlecht auf die Gesundheit auswirkt. Mit dieser astralen Konstellation ist es auch möglich, einen fähigen Mitarbeiter im Büro oder zu Hause zu finden und sich eine Arbeit oder eine neue Stelle zu suchen. Besserung in den Beziehungen innerhalb des Arbeitsumfeldes. Mögliche Liebe zu einem Kollegen, Vorgesetzten oder Mitarbeiter. Ausgaben für die Gesundheit.

Im siebten Haus wirkt Venus ganz anders als Jupiter im Transit in der gleichen Stellung. Die Konstellation weist fast immer auf eine Ehe, ein Zusammenleben und gesunde Beziehungen jeder Art hin. Sie verweist auf eine mögliche Versöhnung bei Paaren in der Krise oder auf den Beginn einer neuen Partnerschaft, eines Zusammenlebens, einer Ehe. Begünstigt sind auch geschäftliche Zusammenschlüsse in Handel, Handwerk, Politik, Studien, usw. Sie gibt uns eine Hand bei der positiven Auflösung von Rechtssachen oder für das gute Gelingen einer Klage. Mögliche berufliche und gesundheitliche Verbesserung des Partners. Beginn einer politischen Betätigung. Liebe zum Partner.

Im achten Haus wirkt sich Venus positiv auf unsere Einnahmen aus Arbeit oder, was wahrscheinlicher ist, aus Spiel, Schenkungen, Erbe, Kapitalvermehrung des Partners, etc. aus. Bei dieser astralen Konstellation ist es leicht möglich, dass uns Kredite, Subventionen oder Finanzierungen gewährt werden, natürlich nur, wenn diese im Verhältnis zu den tatsächlichen Möglichkeiten stehen. Das bedeutet, wenn der Betroffene keine Immobilie besitzt, ist es auch sehr unwahrscheinlich, dass ihm eine hohe Finanzierung gewährt wird, mit oder ohne Solar-Venus im achten Haus. Diese Wahrheit erscheint eigentlich offensichtlich und ihre Erwähnung unnötig, aber wir stellen immer wieder fest, dass einige Nutzer der astrologischen Informationen ihre Erwartungen für den schnellen Reichtum oder die plötzlich eintretende Glückseligkeit zu hoch schrauben. Dieselbe Konstellation verweist häufig auf eine angenehme sexuelle Aktivität. Vorteile durch einen Todesfall oder Grabungsarbeiten jeder Art, einschließlich der im tief verborgenen Ich.

Im neunten Haus schenkt uns Venus oft sehr angenehme Reisen oder eine Liebe zu einem Ausländer. Letzterer könnte schlicht auch ein Einwohner in einer anderen Stadt sein. Mögliche Liebe auf einer Reise. Reise mit dem eigenen Partner und entsprechende schöne Momente im Liebesleben. Ausgezeichnete Zeit für Kreuzfahrten. Begünstigt sind alle höheren Studien oder die Studien wenig konventioneller Themenbereiche wie Philosophie, Theologie, Astrologie, Parapsychologie, Esoterik, Yoga, orientalische Kulturen, usw. Vorteilhafter Umzug für die Arbeit. Ein gesundheitliches Problem wird in einem ausländischen Krankenhaus oder in einer anderen Region behandelt. Das kann uns selbst oder eine uns nahestehende weibliche Figur betreffen. Glückliches Händchen mit Geld in der Ferne. Besserung unserer finanziellen Situation durch den Handel mit Ausländern oder dem Ausland.

Das zehnte Haus ist sicherlich eine gute Konstellation für unsere Arbeit und um wichtige Anerkennungen oder finanzielle Verdienste zu erhalten. Günstige Bedingungen für die Karriere, eine Beförderung, eine verantwortungsvollere Stellung. Preisgeld oder akademischer Titel. Anerkennung für eines unserer Werke. Zeitraum der beruflichen Expansion.

Gute Voraussetzungen für die Aufnahme einer neuen Arbeit. Zufriedenstellendes Liebesleben unserer Mutter oder ein besseres Verhältnis zu ihr. Berufliche Anerkennung für die Mutter oder bessere geistig-körperliche Verfassung derselben.

Im elften Haus schenkt uns Venus üblicherweise gute und neue Freundschaften oder verbessert unsere freundschaftlichen Beziehungen. Mögliche finanzielle Hilfe durch Freunde. In diesen zwölf Monaten erleben wir die Solidarität unter Freunden hautnah, wenn es die Umstände unseres Geburtshimmels so vorsehen (wer einen bösen Geburtssaturn im elften Haus hat, wird das nur schwerlich erleben). Mögliche Hilfe von einflussreichen Menschen, auch wenn man diese nicht als unsere Freunde bezeichnen könnte. Ausgezeichnete Pläne für die Zukunft. Hilfe bei der Abwendung einer lebensgefährlichen Situation für uns oder einen unserer Lieben.

Im zwölften Haus reagiert Venus genau wie Jupiter, nur um eine Oktave tiefer. Sie hilft uns dabei, alle Prüfungen in Bezug auf Krankheit, Schwierigkeiten in den Beziehungen, mit dem Gesetz oder in den Finanzen, Kummer mit den eigenen Kindern, den Angehörigen, usw. zu überwinden. Ihre Wirkung ist besonders nützlich, wenn im selben Solarhaus auch Bösewichte vorkommen: in diesem Fall erfüllt Venus eine Schutzfunktion zu 360 Grad. Gute Konstellation auch für alle Forschungstätigkeiten und für Freiwilligenarbeit, Beistand für die Armen, Alten, Kranken und alle Leidenden. Genesung nach einer Krankheit. Ein kleiner Schutzengel kommt vom Himmel herab und wacht über uns. Es stimmt aber auch, dass sich diese Konstellation häufig auf Prüfungen in der Liebe im Lauf des Jahres bezieht.

17.
Solar-Mars in den Solarhäusern

Diese Konstellation ist stark zu fürchten, weit mehr als die von Saturn, Uranus, Neptun und Pluto. Den Grund dafür kenne ich nicht, aber es ist so. Nach dem Auftreten des Aszendenten, des Stelliums und der Solarsonne im zwölften, ersten und sechsten Haus ist das von Mars in denselben drei Häusern eine wirklich gefährliche Stellung. Auch in den restlichen neun Häusern verschafft sich Mars Gehör und es wird fast immer um Schmerzen gehen. Lesen Sie die nachfolgenden Aussagen aufmerksam durch und überprüfen Sie sie. Der Radikalismus dieses Sternes liegt an zweiter Stelle nach dem von Uranus. Aber zu Beginn und zum Ende eines Solarhoroskopes scheint er sehr viel mehr Kraft als der Herrschers des Wassermannes zu erlangen.

Im ersten Haus ist Mars wirklich bösartig. Wie immer muss man aber unterscheiden, ob die Person jung, erwachsen oder alt ist. In diesem letzten Fall können die Schäden schwerwiegend sein. Junge Leute könnten mit einer Mandel- oder Blinddarmoperation davonkommen, einem Zahnarztbesuch, einen Sturz vom Motorrad oder einem Knochenbruch. Bei Erwachsenen wiegen die Dinge bereits deutlich schwerer und die Konstellation kann auch auf wichtige Krankheiten und Operationen hinweisen, hierbei kann es um die Entfernung von Gallensteinen bis zum Tumor, von der Organtransplantation zum Infarkt gehen. Die Konstellation ist mit Sicherheit eine der Schlimmsten in einem Solarhoroskop. Es ist aber zu sagen, dass wenn sie sich auch in der Mehrheit der Fälle auf eine Operation, einen Unfall oder eine schwere körperliche Krankheit bezieht, kann manchmal auch eine starke Besorgnis des Betroffenen gemeint sein, ein psychischer Zustand der Verzweiflung, ein Nervenzusammenbruch, eine starke Depression, Angstzustände. All diese Zustände können durch starken Kummer in der Liebe (wie wenn wir vom Partner verlassen werden), in der finanziellen Situation (in der ein Zusammenbruch stattfindet), in der beruflichen Situation (die Karriere von Politikern könnte sich nach einem Skandal oder einer Anklage wegen Korruption, usw. ins Negative verkehren), in den Gefühlen (nach dem Tod eines lieben Menschen), usw. entstehen. Somit betrifft der Transit manchmal eher den psychologischen als den körperlichen Aspekt, er wird aber ebenso hart sein. In einem einzigen Fall können wir von einem nicht bösartigen Transit sprechen: bei Menschen, die einen sehr schwachen Geburtsmars haben, zum Beispiel in Waage oder in Krebs, kann das Auftreten vom Solar-Mars im ersten Haus auf ein großartiges Jahr hinweisen, das im Zeichen der kraftvoll getroffenen Entscheidungen steht, der konkreten und unmittelbaren Handlung, einer Aktivität, die der Person eine nie zuvor empfundene Befriedigung verschafft. Aber auch in diesen Fällen müssen wir neben der positiven Seite auch einen möglichen Motorradunfall, einen Sturz auf der Treppe, usw. in Betracht ziehen. Zweifellos wird es in jedem Alter und unter allen oben genannten Umständen viel Energie geben, die von ebensoviel gegen uns gerichteter oder von uns ausgehender Aggressivität begleitet wird und damit steigt die Gefahr für Streitigkeiten und Brüche in diesen zwölf Monaten stark an. Auch die sexuelle Energie (beim Mann) könnte von dieser Stellung profitieren und damit auch die sexuelle Aktivität im Laufe des Jahres.

Im zweiten Haus ist Mars fast immer für bedeutende Geldausgaben verantwortlich. Wir verlieren die Kontrolle über die Ausgaben, geben mehr aus, als wir haben, und in Folge verschulden wir uns oder verlieren all unsere Ersparnisse. Es kann auch um Diebstahl, Überfall oder Betrug gehen, um verliehenes und nicht zurückgezahltes Geld und um exzessive Ausgaben. Diese Konstellation tritt häufig mit Werten des vierten Hauses auf, das heißt, dass wir mit bestimmten Ausgaben für Arbeiten z.B. am Haus rechnen, die sich dann verfünf- oder verzehnfachen. Manchmal kalkulieren wir nur eine große Ausgabe ein, wie den Kauf eines Computers oder eines Autos und plötzlich kommen verspätete Steuerrückzahlungen, unvorhergesehene Arbeiten, nicht geplante Reisen, teure Krankheiten und Behandlungen, Unterstützung für Familienangehörige in Schwierigkeiten dazu und die „Bombe" platzt. Spekulationen an der Börse und alle Formen von Investitionen sind absolut zu vermeiden, wenn es nicht im Solarhoroskop des Betroffenen und in seiner Vergangenheit starke, eindeutige und sichere gegenteilige Hinweise gibt. In einigen Fällen, allerdings nur in sehr wenigen, kann die Konstellation positiv sein in dem Sinn, dass der Betroffene seine

Energien auf die Verdienste lenkt und sich anstrengt, um mehr Geld nach Hause zu tragen. In anderen Fällen gibt uns die Stellung Auskunft darüber, dass sich der Betroffene stärker für alle Bereiche interessiert, die etwas mit dem Bild zu tun haben, wie Fotografie, Kino, Theater, Grafik, Computergrafik, Werbegrafik, Fernsehauftritte und mehr Sichtbarkeit oder Bekanntheit, die mit Nachdruck erreicht wird. In diesem Sinne sind hohe Ausgaben für technische Geräte, Soft- und Hardware in Betracht zu ziehen, um die soeben aufgelisteten Dinge vollführen zu können. Es ist so gut wie unmöglich, keine dieser Formen im Laufe des Jahres vorzufinden. Sie müssen also die „Befragung" eines Ratsuchenden in diesen abgegrenzten Bereichen durchführen, um zu verstehen, worum es in dem Jahr gegangen ist. Einige könnten sagen: „Ich habe nur gelernt, mit der Videokamera oder dem Fotoapparat umzugehen." Scheint Ihnen das wenig? Erinnern Sie sich daran, dass wir uns ebenso auf die zwölf Monate von Max Mustermann oder Lieschen Müller beziehen und nicht unbedingt auf das wichtigste Jahr im Leben des Napoleon Bonaparte. Die Kleidung wird mehr gepflegt. Wir werden mehr Energien für eine Besserung unseres körperlichen Erscheinungsbildes einsetzen. Unser Aussehen verbessert sich auch durch Willenskraft, zum Beispiel indem wir Sport treiben und abnehmen. Möglicher Eingriff der plastischen Chirurgie. Wir werden stark auf Aussehen und Kleidung achten. Mögliche Auftritte im Fernsehen oder Erwähnung in den Zeitungen. Möglicherweise werden uns Gelder in der Arbeit oder in der Familie streitig gemacht.

Im dritten Haus kündigt Mars fast immer, auch wenn es banal erscheint, einen Unfall mit dem Auto, dem Motorrad, dem Fahrrad, beim Ein-/Aussteigen aus dem Bus oder beim Überqueren einer Straße an. Die Folgen des Unfalls sind entsprechend der anderen Konstellationen im Solarhoroskop und der Gesamtheit der Transite mehr oder weniger schwerwiegend. In anderen Fällen können der Diebstahl des Autos oder des Motorrades sowie Schäden oder Pannen an diesen Fahrzeugen gemeint sein. Es kann auch sein, dass wir in den zwölf Monaten des Solarhoroskopes schlechte Nachrichten erhalten, das es Kummer und Streit mit Brüdern oder Schwestern, Vettern, Schwägern, Onkel und Tanten, Enkelkindern gibt. Es kann hierbei auch um schwerwiegende Gründe gehen, wenn das Solarhoroskop auch Werte des zwölften, ersten, sechsten oder elften Hauses bereit hält und im schlimmsten Fall besteht die Gefahr für schwere Krankheiten, Unfälle oder Tod eines dieser Angehörigen. Wenn jemand diese Zeilen liest, könnte er dazu geneigt sein, Mars niemals in diesen Sektor des

Solarhoroskopes zu setzen. Das ist falsch! Ich gehe noch weiter und behaupte, dass ich jedes Mal, wenn Mars und Saturn (und vielleicht auch Uranus, Neptun oder Pluto) am Tag des Geburtstages in einem Abstand von zehn-fünfzehn Grad oder weniger zueinander stehen, persönlich versuche, sie in dieses Haus fallen zu lassen, da ich es für das am wenigsten Gefährliche halte. Einige könnten anmerken, dass ich damit das Leben mir teurer Menschen aufs Spiel setzen würde, aber ich bin nicht dieser Meinung. In erster Linie weil ich denke, dass wenn wir die nächsten Monate als gefährlich beispielsweise für einen Bruder erachten, dann müsste eigentlich er verreisen und nicht wir das dritte Haus abwenden; und in zweiter Linie aus den allgemeinen Gründen, die in meinem Buch *Neuer Leitfaden zur Astrologie* geschildert sind. Ferner könnten wir im Laufe des Jahres unangenehm zum Pendeln gezwungen oder zumindest viel unterwegs sein. Krise oder Schwierigkeiten im Studium, Durchfallen bei Prüfungen, Verlieren bei Wettbewerben. Bedeutende Schäden und Defekte an Mitteln zur Telekommunikation wie Faxgerät, Handy, schnurlosem Telefon, Satellitenantenne, Drucker, Modem, Internetverbindung, usw. Probleme mit der Presse, Angriffe von Zeitungen und Fernsehen, schriftliche Auseinandersetzung. Erhöhte Aggressivität aus dem Umfeld oder gegenüber unseren Nächsten sowie bei kurzzeitigen und unbedeutenden zwischenmenschlichen Beziehungen wie zu dem Schalterbeamten, dem Fahrscheinkontrolleur, dem Verkäufer im Geschäft, usw. Schäden bei Versendungen, zum Beispiel Pakete, die niemals am Zielort ankommen, geöffnete Briefe oder beim Transport beschädigtes Frachtgut. Schäden aufgrund des Zigarettenkonsums und an den Atemwegen im Allgemeinen. Unfälle beim Überqueren einer Straße, Sturz auf einer Treppe im Haus oder auf einer Rolltreppe oder bei einem Spurt zum klingelnden Telefon, usw. Eine Reise könnte durch Streiks, Demonstrationen oder Flugzeugpannen, usw. vereitelt werden.

Im vierten Haus wird es fast immer um Arbeiten am Haus oder im Büro, Labor, Werkstatt gehen. Es ist eine der weniger „bösartigen" Konstellationen des Feuerplaneten, die aber dennoch nicht unterschätzt werden sollten. Manchmal gibt es bedeutende Schäden an unserem Wohnbereich wie bei einem Einsturz, Brand oder bei Rissen im Boden. In anderen Fällen geht es um Schäden im finanziellen Sinn wie Steuern, Hypotheken, hohe Kosten für Umbauarbeiten. Bei dieser Konstellation können wir auch ein Kündigungsschreiben vom Vermieter erhalten, Streit mit einem unserer Mieter, mit der Hausverwaltung, einem Nachbarn oder dem Hausmeister haben. In wieder anderen Fällen verweist der Stern auf gesundheitliche Probleme unserer Eltern und/oder Schwiegereltern (auch die Eltern des Freundes oder der Freundin, eines/einer Geliebten, usw.) oder auf Streitereien mit diesen. Möglicher Krankenhausaufenthalt für uns oder unsere Eltern. Vorsicht mit dem Heizkessel unserer Heizungsanlage, Gasflaschen und möglichen Kurzschlüssen. Es wäre gut, einen Feuerlöscher im Haus zu haben und das Haus auch bei Abwesenheit gut bewachen zu lassen, da wir mit dem ungebetenen Besuch von Einbrechern rechnen können. Schäden an den Massenspeichern des Rechners und Risiko für Datenverlust. In den letzten Jahren (siehe hierzu das Kapitel über die Frage nach der Gesundheit im Nachwort des Buches) weist eine solche Konstellation mit hoher Wahrscheinlichkeit auf die Gefahr eines Krankenhausaufenthaltes oder eines chirurgischen Eingriffes hin. Mit den Regeln zum Exorzismus der Symbole (zum Beispiel denen aus dem Buch *Aktive Astrologie*) ist es möglich, diesen Aspekt sicher unter Kontrolle zu halten. Es wäre weise, uns freiwillig etwa einen Monat nach dem Geburtstag einer Operation zu unterziehen, also nicht in den gefährlichen zwanzig Tagen nach dem Geburtstag und auch nicht erst Monate später, wenn sich Mars bereits selbst entschieden haben könnte, wo er angreifen möchte. In einigen Fällen könnte sich ein Betroffener darüber beklagen, unter Solar-Mars im vierten Haus das schlimmste Jahr seines Lebens durchlebt zu haben, aber nur, weil es mehr Konflikte in der Arbeit oder zu Hause gegeben hat. Wenn diese Person bedenkt, dass sie ebenfalls unter die Räder eines Zuges hätte geraten können, würde sie dann ebenso reden?

Im fünften Haus begleitet Mars fast immer größere Konflikte in der Liebesbeziehung. Das bedeutet aber nicht unbedingt das Ende einer Beziehung. In der Mehrheit der Fälle geht es nur um ein gespanntes Klima, Diskussionen, tägliche Streitigkeiten. Nur in wenigen Fällen und wenn das übrige Solarhoroskop und die Transite bösartig sind, ist eine vorübergehende oder endgültige Trennung möglich. In sehr seltenen Fällen, wenn das Gesamtbild wirklich tödlich ist, kann die schwere Krankheit oder der Tod des Partners angezeigt sein. Mögliche Streitigkeiten auch mit den Kindern oder begründete oder unbegründete Sorge um die Kinder. Der Aspekt kann auch auf Krankheiten unserer Kinder, Sitzenbleiben in der Schule, Krisen in Liebesdingen, die sie in Depressionen stürzen, Probleme mit Drogen, schlechte Gesellschaft, Unfälle mit dem Motorrad, usw. hinweisen. Andere Male spricht Mars im fünften Haus von einem Schwangerschaftsabbruch, einer schwierigen Schwangerschaft, einem Kaiserschnitt oder postpartalen

Schwierigkeiten. In seinem besten Ausdruck weist dieser einzelne Bereich des Zodiaks auf die Ausrichtung unserer Energien auf das Vergnügen, ein Drängen hin zu Spiel und Freizeit, Erholung durch Sport, intensive sexuelle Aktivität, Kampfsport, sportliche Erfolge für eines unserer Kinder, viel Energie eines unserer Kinder hin. Das fünfte Haus ist auch das Haus unserer „indirekten" Kinder, wie die Schüler für einen Lehrer, aber auch ein junger Geschäftspartner, der wie ein Sohn für uns ist. In diesem Fall müssen wir uns auf unangenehme Ereignisse in diesem Bereich einstellen. Möglich ist ein schwerer Streit mit einem Sohn oder einer Tochter, aber auch ein Streit unseres Sohnes mit seiner Ehefrau. Viele Energien bei der Durchführung eines neuen, interessanten Hobbys. Beginn von künstlerischen und kreativen Aktivitäten, wie Laientheater, Fernsehen, Tanz, Malerei, Bildhauerei, usw. Mögliche (schädliche) Leidenschaft für das Spiel oder Spekulationen im Allgemeinen (auch Bankinvestitionen).

Mars im sechsten Haus ist neben dem ersten und dem zwölften Haus eine der gefährlichsten Konstellationen. Bei Erwachsenen oder Senioren steht er für die Gefahr einer Krankheit im Lauf des Jahres, einer Operation oder eines Unfalles mit schweren Folgen. Das beginnt bei leichten Erkrankungen wie einer Gastritis oder Bronchitis bis hin zu schwerwiegenden Krankheiten, Infarkten, Transplantationen, Wiederbelebung im Fall von Verkehrsunfällen. Wie immer muss man auch hier die Gesamtheit des Solar- und des Geburtshimmels betrachten, um den Grad der Gefährlichkeit dieser Konstellation zu verstehen. Das Programm *Scanner* von *Astral* kann uns mit dem Gefährlichkeitsindex dabei helfen, den Schweregrad zu errechnen, aber mit den in diesem Buch beschriebenen Regeln können Sie auch darauf verzichten und selbst entscheiden. Das Alter, ich wiederhole, ist ein ausschlaggebender Punkt, daher werden einen jungen Menschen nur selten (relativ) schwerwiegende Gefahren erwarten. Ich möchte damit nicht sagen, dass junge Leute keinen bösartigen Tumor bekommen oder einen Herzinfarkt erleiden können. Ich sage nur, dass die Wahrscheinlichkeit hierfür sehr gering ist. Hierzu möchte ich eine zufällige Zahl nennen, die sicherlich nicht korrekt ist, die aber den Grundgedanken erläutern kann. Sagen wir, dass ein junger Mensch von dreitausend an Krebs erkrankt. In dem Fall ist es so, als würden wir dem jungen Menschen eine Pistole mit Platz für dreitausend Kugeln in die Hand geben, in die wir aber nur eine einzige Patrone geladen und die Trommel mehrfach gedreht haben. Wenn wir dem Betroffenen jetzt die Anweisung geben, russisches Roulette an sich selbst zu spielen, können wir unseren gesamten Besitz darauf verwetten, dass er sich nicht umbringen wird. Die Berechnung der Wahrscheinlichkeiten steht ganz auf unserer Seite (diese Überlegungen habe ich kürzlich teilweise in Bezug auf die Gedanken im Nachwort zu diesem Buch und in dem Kapitel zur „Frage nach der Gesundheit" neu überdacht). Im Fall eines 50-jährigen steht das Wahrscheinlichkeitsverhältnis sicherlich nicht bei eins zu eins, aber mit Sicherheit auch nicht bei eins zu dreitausend. Damit will ich sagen, dass ein Mars im sechsten, im ersten oder zwölften Haus bei jungen Leuten keinen großen Anlass zur Sorge gibt. Zudem kann er sich bei jung und alt auch auf ein psychologisches und nicht auf ein somatisches Problem beziehen. Wenn wir beispielsweise einen tiefen Kummer erleben, eine Enttäuschung, einen Verrat der geliebten Person, Probleme mit der Justiz, Arbeitsplatzverlust, finanziellen Absturz, einen schweren Trauerfall, dann weist Mars im sechsten Haus auf eine Zeit der Leiden hin und nicht notwendigerweise auf eine Lungenentzündung oder eine Fehlgeburt. Unter den Wahrscheinlichkeiten der Unglücksfälle, die wir zu 360 Grad betrachten müssen und nicht nur in Bezug auf die Gesundheit (ich hoffe, mich diesmal klar auszudrücken, da ich bereits an anderen Stellen das Gleiche geschrieben habe und nur von sehr Wenigen verstanden wurde), befinden sich auch Probleme in der Arbeit, rechtliche Streitigkeiten mit Angestellten oder ehemaligen Angestellten, Unfälle bei der Arbeit, große Streitereien im Arbeitsumfeld. Fast nie oder sogar niemals habe ich diese Konstellation in einem positiven Ausdruck gesehen, auch wenn sie von Trigonen und Sextilen unterstützt wird oder wenn sie ins Carpentum fällt (das heißt, an die Stelle im Horoskop, an der mehrere Dignitäten zusammentreffen). Vergessen Sie außerdem nicht, dass auch wenn scheinbar nichts Schlimmes in einem Jahr passiert, könnten wir erhebliche Schäden davongetragen haben, ohne es zu bemerken, wie im Fall einer schlimmen Krankheit, die erst einige Jahre später voll zutage tritt (denken Sie beispielsweise an Hepatitis C, die jedes Jahr tausende Personen trifft, welche zum größten Teil nichts davon wissen und noch jahrelang nicht wissen werden, dass sie sich mit der Krankheit angesteckt haben).

Im siebten Haus bereitet mir Mars etwas mehr Angst als im achten, daher würde ich, müsste ich ein viertes bösartiges Haus nach dem ersten, sechsten und zwölften Haus benennen, das siebte auswählen. Es geht zu 99 Prozent um amtliche Schreiben. Das kann Streitigkeiten mit dem Partner, Trennungen, Scheidungen, Streitsachen mit oder ohne Anwalt bedeuten. Es kann aber auch um amtliche Schreiben gehen, die nichts mit der Paarbeziehung zu tun haben. Wir können Probleme mit der Justiz haben, in einen Prozess gerufen werden, schwere Disziplinarverfahren über uns ergehen lassen, gesalzene Bußgelder, Überprüfung durch das Finanzamt, mehr oder weniger gewalttätige Anklagen, durch die Presse, Fernsehen, mehr oder weniger einschüchternde Briefe. Mit Mars im siebten Haus könnten wir auch zu Opfern eines Attentats auf unseren Besitz oder gegen unsere Person werden. Gefahr für Racheakte. Im schlimmsten Fall besteht das Risiko, ermordet zu werden, aber nur wenn wir entsprechende Gründe für eine so schwerwiegende Hypothese finden (alle Himmel der Familienangehörigen müssten sich in diesem Sinn ausdrücken). Streitigkeiten können auch einen Nachbarn betreffen, den Hausmeister, Hausverwalter, einen Kollegen oder einen politischen Gegner. Es kann sein, dass uns der Führerschein entzogen wird oder dass wir wegen Beamtenbeleidigung angeklagt werden. Es besteht ebenfalls ein Risiko, dass wir von einem Drogenabhängigen niedergeschlagen werden, der unser Auto oder das Handy stehlen möchte. Auch wir selbst können rechtliche Klagen in die Wege leiten, um einen Kredit zurückzufordern, in einer erlittenen Ungerechtigkeit zu unserem Recht zu kommen, uns vor einer Verleumdung zu verteidigen. In diesem Jahr steigt unsere Kriegslust, verstanden auch als aktive Teilnahme in einer Partei, an einem Krieg oder Kreuzzug im Kampf für die Schwächeren, gegen Unterdrückung und für Minderheiten im Allgemeinen. Wir marschieren für den Umweltschutz, gegen den Rassismus, für die Arbeiter. Zeit der großen Ideale und des politischen oder religiösen Eifers. Versuche zu einem Eintritt bei der Polizei oder in die Armee. Auch wenn wir die Konstellation im Licht eines gesunden Optimismus positiv lesen wollen, bleibt dies eine sehr schwere Stellung, die wir mit Samthandschuhen behandeln sollten, da sie bestenfalls dennoch auf eine Zeit verweisen wird, in der wir mit der erklärten Feindseligkeit der Anderen uns gegenüber rechnen müssen und auf keinerlei Nachsicht oder Ermäßigung seitens unseres Nächsten zählen dürfen.

Im achten Haus kündigt Mars wie im zweiten Haus fast immer große Geldausgaben an. Man kann sich hier nur selten irren und die Konstellation hat einen stark nachprüfbaren Wert, den auch ein Blinder sehen könnte. Es geht zumeist um Ausgaben verschiedener Art, besonders für das Haus oder für das Auto, aber es kann sich auch um Diebstähle oder Überfälle, Betrug oder Steuernachzahlungen drehen oder um Schulden unseres Partners, die wir begleichen müssen. Wir müssen auch sehr auf Spielverluste aufpassen. Es kann aber auch um rechtliche Angelegenheiten gehen, wie Erbsachen, Nachlass, Schenkung, Abfindung oder Pension. Streitigkeiten mit Angehörigen aufgrund eines Erbes. In seltenen Fällen kann es darum gehen, dass wir wegen eines Todesfalles oder einer Lebensgefahr eines Angehörigen stark leiden. Erhöhte sexuelle Aktivität. Möglicher Stress oder Ängste In Bezug auf Spiritismus, Magie oder Okkultismus. Angst vor dem Tod. Probleme mit der Sexualität. In diesen zwölf Monaten sind jegliche Spekulationen an der Börse oder Tätigkeiten in Unternehmen/Handel/Industrie absolut zu unterlassen, wenn uns nicht andere wichtige Punkte des Solarhoroskops oder die Lebensgeschichte der Person ausreichend Sicherheit gibt. Die Angst vor einem gewaltsamen Tod unserer selbst oder eines unserer Lieben, der alle Neulinge und gar Kollegen in der Astrologie schaudern lässt, ist ein sehr seltener Fall, der meiner Meinung nach nicht einmal in Betracht zu ziehen ist.

Im neunten Haus sind sehr häufig Verkehrsunfälle mit dem Auto, Lieferwagen, Motorrad oder Fahrrad oder ganz einfach beim Überqueren der Straße gemeint. Allgemein muss ich sagen, dass ich diese Konstellation häufig angetroffen habe, wenn die Betroffenen Unfälle jeder Art erlitten haben, die auch gar nichts mit dem Verkehr zu tun haben können, sondern sich beispielsweise auf einen Sturz von der Treppe, eine versehentliche Verletzung, den Bruch des Oberschenkelknochens, einen Sportunfall, usw. beziehen. Die Stellung ist also recht tückisch, wenn sie auch nicht unter den Gefährlichsten anzusiedeln ist. In vielen Fällen kann es auch einfach um banale Zwischenfälle auf Reisen gehen, wie wenn die Fluggesellschaft unser Gepäck nach Hong Kong schickt, während wir nach Paris fliegen oder wir in der Nacht in einem Hotel mit Schrecken bemerken, dass sich Insekten in unser Zimmer „verirrt" haben. Wir können auch rechtliche Probleme im Ausland haben oder Ärger mit der Polizei, Aggressionen in einer anderen Stadt, finanzielle Missgeschicke fern von zu Hause. Manchmal spricht die Konstellation von ärztlichen Behandlungen oder chirurgischen Eingriffen in einem Krankenhaus im Ausland. Mögliche Schwierigkeiten an der Universität. Einem Angehörigen geht es schlecht und wir sind gezwungen, zu ihm zu fahren. Schlimme Ereignisse jeder Art auf Reisen, an erster Stelle stehen auch hier die Gefahren für Autounfälle (jedes Jahr sterben mehr Menschen durch Autounfälle als durch Kriege und ein ganzes Heer an Menschen verliert Beine, Arme, Augenlicht, usw. Nur einer von zweieinhalb Millionen Flügen verunglückt laut Statistiken, aus diesem Grund ist die Angst vor dem Fliegen bei einer solchen astralen Konstellation absolut unbegründet. Es versteht sich aber von selbst, dass wenn wir selbst die Piloten sind, vielleicht in einem Privatjet oder einem Helikopter, die Wahrscheinlichkeit für ein Unglück stark zunimmt). Schäden an den Transportmitteln. Streit mit unserer kulturellen Bezugsperson im Ausland. Viel Energie für das Erlernen einer Fremdsprache, auch einer Computersprache. Religiöse Krisen oder Probleme aufgrund eines Studiums der Philosophie, Astrologie, Esoterik, Parapsychologie, usw. Die Konstellation ist für Reisen denkbar schlecht, aber sie ist auch die, die ich mir für das ganze Leben aussuchen würde, wenn ich mich für eine entscheiden müsste. Wenn ich sie mit den Anderen vergleiche, bemerke ich, dass sie die am wenigsten Schlimme ist.

Im zehnten Haus hat Mars üblicherweise gleichviel positive wie negative Bedeutungen. Viel Kraft und Energie für berufliches Wachstum. Anstrengungen für eine Verbesserung der eigenen beruflichen Situation. Viele Bemühungen der Emanzipierung angesichts aller Art von Problemen. Im Negativen kann diese Konstellation Schwierigkeiten bei der Arbeit, Gefahr von Arbeitsplatzverlust, Skandale, die uns beruflich schaden, Kriege aus professionellen Gründen, Streits mit Gegnern, aber auch Freunden oder Geschäftspartnern, mögliche Schäden für unsere Geschäftstätigkeit oder Arbeitsunfälle (zum Beispiel bei einem Arzt, der den Tod eines Patienten verursacht) bedeuten. Gesundheitliche Krise unserer Mutter (oder Schwiegermutter) oder Streitigkeiten zwischen ihr und uns. Im schlimmsten Fall, wenn es andere Konstellationen des Horoskops und Solarhoroskopes zulassen, kann es auch auf ihren Tod hindeuten. Viel wahrscheinlicher aber wird das Jahr ein Jahr der Hindernisse für unser Wachstum und unsere Emanzipation sein oder ein Jahr der Kämpfe für die eigene Emanzipation, wie im Fall einer jungen Frau, welche die Beziehung zur Mutter abbricht und fortan alleine wohnt. Eine chirurgische Operation kann uns mehr Unabhängigkeit geben (zum Beispiel durch das Anbringen von künstlichen Gliedmaßen).

Mars im elften Haus bedeutet in der Mehrheit der Fälle Streit mit einem Freund oder einem entfernten Angehörigen. Mögliche Trauerfälle in der Familie, wenn andere Elemente des Solarhoroskopes und der Transite das bestätigen. Lebensgefahr für Freunde und Angehörige: in den letzten Jahren, in denen sich die Krankheit im Allgemeinen und die Tumorerkrankungen im Besonderen stark ausbreiten, können wir ein wahres Massaker an Freunden, Bekannten, Kollegen und Angehörigen erleben. Für alle, die den gezielten Geburtstag praktizieren, wäre es aus den zahlreichen mehrfach und in mehreren meiner Bücher erklärten Gründen dennoch ganz falsch, dieses Haus zu meiden. Streitereien mit einer mächtigen Person, die uns unterstützt. Viel Kraft und Energien für die Freundschaft und die Freunde. Wir lassen uns vierteilen, um die Leute zu unterstützen, die wir mögen. Viel Energie für Pläne in jeder Richtung. Einsatz im musikalischen Bereich. Die Konstellation steht an zweiter Stelle und um eine Oktave tiefer als Mars im siebten Haus und bringt uns mit Sicherheit viel Feindseligkeit seitens anderer Menschen, in den meisten Fällen vollkommen grundlos. Ein stark angespanntes Klima begleitet uns das ganze Jahr über und wir begreifen nicht, warum wir unabsichtlich soviel Feindseligkeit um uns schaffen. In den zwölf Monaten dürfen wir uns absolut keine Ermäßigungen und/oder Nachsicht von irgendjemandem und aus irgendeinem Grund heraus erwarten.

Im zwölften Haus bringt Mars normalerweise viele verschiedene Probleme auf der ganzen Linie oder ein einziges spezifisches und schwerwiegendes Problem mit sich. Es gelten dieselben Überlegungen wie bei Mars im ersten und sechsten Haus, daher müssen wir uns nicht wiederholen. Sehr gefährliche Konstellation für die Gesundheit, sei es körperlich als auch geistig. Schwere Nervenkrisen, Ängste, Depressionen durch Kummer in der Liebe, den Finanzen, im Beruf, in der Politik, nach einem Skandal, Verlust einer lieben Person, Verlassen- oder Betrogenwerden, Durchfallen in der Schule, schwere gesundheitliche Probleme, Gallensteine, Tumor, Aids, Herzinfarkt, Transplantationen. Mögliche Inhaftierung oder Krankenhausaufenthalt. Verurteilung durch ein Gericht. Ermittlungsbescheid. Ein Skandal betrifft uns oder einen lieben Menschen. Schwere Zustände der geistigen Verwirrtheit, auch aufgrund falscher Vorhersagen von vermeintlichen Magiern oder Heilern. Angst vor einer vermeintlichen, schweren Krankheit. Versteckte Feinde, die uns auf jede erdenkliche Weise schaden. Risiko für Arbeitsplatzverlust oder Kündigung. Probleme zu 360 Grad.

18.
Solar-Jupiter in den Solarhäusern

Diese Konstellation ist ziemlich wichtig, da sie uns Informationen darüber gibt, wo wir unsere Energien im Laufe der zwölf Monate des Solarhoroskopes finden werden. Die Hilfe von Jupiter ist für das globale Ergebnis des vom Solarhoroskop betroffenen Jahres unabdingbar. Jupiter kann uns als Antrieb eine Hilfe in einer genauen Richtung anbieten oder als Schutzengel, indem er die Schäden in gewissen Situationen in Grenzen hält. Man muss jedoch auf seine Wirkung besonders in drei Häusern achten: im zweiten, siebten und achten Haus. In diesen drei Sektoren zeigt sich der Herrscher des Schützen häufig ganz gegenteilig, als es sein klassisches Verhalten vorgeben würde. Man lese zu diesem Thema auch die Beschreibungen zu den Transiten von Jupiter in diesen drei Geburtshäusern.

Im ersten Haus hat Jupiter normalerweise sehr positive Auswirkungen auf die Genesung nach depressiven Zuständen, geistiger oder körperlicher Entkräftung, Erholung nach einer Operation, Ausweg aus finanziellen, professionellen, gefühlsbedingten, familiären Schwierigkeiten und Zusammenbruch nach Trauerfällen oder Kummer jeder Art. Alle, die üblicherweise sehr misstrauisch sind, werden ihre Achtsamkeit senken, ihrem Nächsten mit mehr Vertrauen entgegentreten, ein wenig mehr Naivität und weniger kritischen Sinn an den Tag legen. Soziale Kontakte sind begünstigt und wir können uns gut öffnen. Gefahr besteht allerdings für Betrügereien jeder Art durch den Nächsten. Wir sollten gut auf unsere Figur achten, da diese Konstellation eine Gewichtszunahme begünstigt, indem sie uns dazu bringt, uns gehen zu lassen und unser Herz zu „erweitern". In den negativsten Fällen kann sie Verbreitungen jeder Art begünstigen, auch die von Krankheiten. Hypertrophie im Allgemeinen, Exzesse, Übertreibungen in unseren Urteilen. Dennoch müssen wir den Planeten neben der problematischen Lektüre seiner Werte in der Substanz positiv einschätzen, da er einen guten Schutz für unsere Gesundheit und auch für das „Glück" im weitesten Sinn bietet. Wenn er sehr nah am Aszendenten steht, könnte er das „Prozac" unter den Sternen sein, das heißt er wirkt stark antidepressiv und ist eine wahre Wohltat nach einem Jahr voller Prüfungen.

Im zweiten Haus befinden wir uns in einer der drei Konstellationen, in denen große Achtung geboten ist. Lesen Sie hierzu im Kapitel zu den Transiten von Jupiter das nach, was in Bezug auf den *bistabilen Oszillator* geschrieben wurde. Ich wiederhole es auch hier noch einmal kurz. In der Elektronik ist der bistabile Oszillator ein Schaltkreis, der bei jedem eingehenden Impuls das ausgehende Signal ins Gegenteil verkehrt. Wenn beispielsweise ein erster Impuls eingeht, bringt der Oszillator eine Glühbirne zum Leuchten. Beim zweiten eingehenden Impuls wird die Glühbirne wieder abgeschaltet, beim dritten Impuls wieder eingeschaltet, usw. Das bedeutet, dass die Stellung von Jupiter in den drei genannten Häusern üblicherweise auf eine Umkehrung der Situation hindeutet, die vorher bestanden hat. Im zweiten Haus bedeutet Solar-Jupiter mit Sicherheit einen höheren Geldfluss, was sich aber sowohl auf Einnahmen als auch auf Ausgaben beziehen kann. Um zu verstehen, welchen Weg er einschlagen wird, muss man die Gesamtsituation betrachten. Wir möchten einige Beispiele anführen. Wenn sich die Konstellation in diesem Jahr zu wichtigen Häusern gesellt wie dem zwölften, ersten oder sechsten Haus, dann wird es mit Sicherheit um Ausgaben gehen. Wenn es um Händler oder Unternehmer mit einem Transit von Saturn im zweiten oder achten Haus geht, dann sind in den meisten Fällen ebenfalls Ausgaben gemeint. Wenn der Betroffene gerade Umbauarbeiten am Haus durchführt oder eine Eigentumswohnung kaufen möchte und Werte des vierten Hauses im Solarhoroskop hat, dann geht es auch hier um viel Geld im Ausgang und wahre Geldlöcher. Wenn im umgekehrten Fall Werte des vierten Hauses vorliegen und der Betroffene gerade eine Wohnung verkauft, dann bedeutet die Konstellation große Geldeingänge. Nach solchen Überlegungen kann man fast immer festlegen, in welche Richtung das Geld fließen wird. Wenn ein Arbeiter in Kurzarbeit zusätzlich zu Jupiter im zweiten Solarhaus schlechte Transite hat, dann kann er seine Arbeit verlieren und auf der Straße landen. Man muss auch die Geburtssituation des Betroffenen in Betracht ziehen und auch das wird kein nebensächliches Element in der Gesamtanalyse sein. Alle, die auch sonst fähig sind, Heuschrecken in Afrika und Kühlschränke in Alaska zu verkaufen, werden auch bei diesem Transit ihre Einnahmen steigern. Wer aber allgemein kein glückliches Händchen mit den Finanzen hat, wird auch hier Schäden in diesem Bereich erleiden. Die Konstellation kann zudem zu mehr „Sichtbarkeit" oder Bekanntheit des Betroffenen führen, der womöglich im Lauf des Jahres an Fernsehsendungen oder öffentlichen Zeremonien teilnimmt, fotografiert wird, in den Zeitungen erscheint, usw. Mögliche fruchtbare Interessen für Fotografie, Kino, Theater, Grafik, Werbegrafik, Design, Computergrafik. Kauf von Geräten zu den soeben genannten Bereichen. Verschönerung des Betroffenen durch eine Diät, einen neuen Look, anderen Haarschnitt, Bart und Schnurrbart, neue Zähne, plastische Chirurgie, usw. Die Kleidung wird sehr gepflegt. Es ist fast unmöglich, dass eine Person mit dieser Konstellation im Laufe des Jahres keinen großen Bildschirm oder Fernseher ersteht oder sich nicht auch kurzzeitig leidenschaftlich für Fotografie oder Videokameras interessiert. Wahrscheinlich wird ein Foto in der Zeitung veröffentlicht oder der Betroffene verbessert sein Sehvermögen durch eine Laserchirurgie. Wenn es um einen Schauspieler geht, wird er im Laufe des Jahres zu mehr Berühmtheit kommen, zum Beispiel durch einen Werbespot.

Im dritten Haus begleitet Jupiter ganz banal, aber ebenso häufig, den Kauf eines neuen Fahrzeuges, Motorrades, Mopeds, Fahrrades, Lasters oder eines jeglichen Transportmittels. Mögliche Vergnügungsreisen und viele Fahrten. Glückliches Pendeln durch eine neue Arbeit, eine Liebe oder zur Besserung der Gesundheit. Viel Kommunikation und Telekommunikation. Möglicher Kauf eines Handys, schnurlosen Telefons, Faxgerätes, Telefonanlage, Satellitenantenne, Modem, einer zusätzlichen Software für schnelles Surfen, eines Druckers für den Computer, eines neuen Textverarbeitungsprogramms. Großartige Nachrichten per Post, Telegramm, Fax oder Telefon. Gute Fortschritte im Studium. Verschiedene hervorragend abgelegte Prüfungen bei Studenten. Gute Möglichkeiten für den Gewinn eines Wettbewerbs. Kurse als Teilnehmer oder als Dozenten. Fruchtbare Einschreibung in Sprachkursen, Computerkursen, weiterführenden Studien, Praktika, Intensivseminaren, Teilnahme an Konferenzen, runden Tischen, Debatten. Gute Zeit zum Schreiben. Die Presse schreibt positive Dinge über uns. Hervorragende Nachrichten von Brüdern, Schwestern, Vettern und Schwägern. Besserung bei Lungenleiden. Gutes Los im Handel. Bei einer solchen Konstellation kann auch eine Alphabetisierung am Rechner erfolgen, zum Beispiel wenn eine gebildete Person mit 50 Jahren von Briefpapier und Tinte zu den *Word-*

Programmen überwechselt. Mehrere Personen bestehen zum ersten Mal die Führerscheinprüfung oder einen Segelschein.

Im vierten Haus weist Jupiter fast ohne Ausnahmen auf immobiliäre Vorteile hin. Diese könnten in Bezug zu einem An- und Verkaufsgeschäft stehen, zu einem wichtigen Immobiliengeschäft, einem Umzug oder auch Umbauarbeiten am Haus oder im Büro, Labor, Werkstatt, Geschäft, usw. Das gilt sowohl für unseren Besitz, als auch für unseren Arbeitsplatz. Beispielsweise kann die Konstellation bei einem Bankangestellten darauf hinweisen, dass er in eine neue und günstigere Filiale versetzt wird. Wer ein Haus erstehen möchte, sollte sich die Konstellation nicht entgehen lassen. Wunderbare Ereignisse auch für alle, die nach jahrelangen Schwierigkeiten mit der Wohnsituation endlich zu einem eigenen Haus kommen. Jupiter im vierten Haus kann auch jene betreffen, die nach langen Reisen zumindest kurzzeitig wieder zu Hause entspannen können. Mögliches Immobilien-Erbe. Aus einem anderen Gesichtspunkt kann die Konstellation auf eine bessere Verfassung unserer Eltern (oder Schwiegereltern) und besonders des Vaters (oder Schwiegervaters) hinweisen, insbesondere aus finanzieller, beruflicher, gesundheitlicher Sicht oder in der Liebe. Die Verbesserungen am Habitat können auch die Eltern oder Schwiegereltern betreffen (verstanden auch als die Eltern eines unehelichen Partners). Besseres Verhältnis zu unseren Eltern. Möglicher Kauf eines Wohnmobils oder eines Eigentumsanteils. Miete eines Büros oder einer möblierten Wohnung. Kauf von neuen Speichermedien für den Computer. Jupiter im vierten Haus kann auch bedeuten, dass zu Hause oder im Arbeitsumfeld wieder ein ruhiges Klima herrscht und es uns im Habitat wieder gut geht, vielleicht nach einem „Sturm". Paradoxerweise kann die Stellung auch in Beziehung zu einer Krankheit stehen: wir entspannen uns viel zu Hause, weil wir wegen Krankheit nicht zur Arbeit können.

Im fünften Haus ist Jupiter üblicherweise recht spektakulär und erleichtert gefühlvolle Begegnungen und eine neue Liebe, wenn die Person in diesem Bereich nicht allgemein ein großer Pechvogel ist. Wir wollen hier einige Überlegungen anstellen. Viele Nutzer der Astrologie - häufig nicht besonders erfahrene - denken, dass ihnen eine solche Konstellation das absolute Recht auf die Liebe verschafft. Das ist aber nicht der Fall und das Gleiche gilt für Eröffnungen jeder Art. Es ist mir sehr oft passiert, dass sich jemand mit der Frage nach einem guten Datum für die Aufnahme eines Handelsgeschäftes an mich gewandt hat und sich dann nach Jahren darüber beschwert hat, dass es ihm finanziell dennoch schlecht ergangen ist. Das kann eintreten und ist logisch, da die Variablen in diesem Fall nicht nur astrologischer Natur, sondern auch an die Marktbedingungen geknüpft sind. Wenn also jemand Pelzmäntel in den Tropen verkaufen möchte, wird er trotz einer ausgezeichneten astrologischen Konstellation hungers leiden. Gleichermaßen wird ein hässlicher und wenig attraktiver Mann nur selten das Herz einer Frau gewinnen, wenn auf einem Empfang gleichzeitig viele gutaussehende Kadetten einer angesehenen Marineschule anwesend sind. Die astrale Konstellation zwischen einem Geburtstag und dem nächsten kann also eine wunderbare neue Liebe oder die alte Liebe zurück bringen, immer aber unter der Bedingung, dass die objektiven Voraussetzungen dafür gegeben sind. In jedem Fall wird sich der Betroffene in diesem Jahr mehr vergnügen. Vergnügen kann er sich beim Kartenspiel, mit Videospielen, mit Musik, mit dem Computer, aber auch bei der Lektüre der Werke Tolstois und Vergas: erlaubt ist, was Spaß macht. Häufig kommt es vor, dass Menschen nach beendetem Solarhoroskop nicht erkennen, dass sie sich vergnügt haben und dass das Vergnügen schlicht darin bestanden hat, nach einer Zeit des Rückzuges wieder mit Menschen zu sprechen. Mögliche sportliche Aktivitäten, mehr Kino- oder Theaterbesuche, Abendessen im Restaurant, Wochenendausflüge, mehr Sexualität, Diskotheken und Konzerte. Eine oder mehrere gute Nachrichten von unseren Kindern oder Jugendlichen im Allgemeinen (das gilt besonders bei Lehrern). Ein Problem in Bezug auf unseren Nachwuchs löst sich. Möglichkeit, ein Kind zu zeugen, auch wenn man sich das nicht wünscht. Bei dieser Konstellation steigt die Fruchtbarkeit der Betroffenen, ob männlich oder weiblich. Nur in sehr seltenen Fällen ist diese Konstellation negativ zu lesen und kann zum Beispiel Probleme mit den Kindern bedeuten. Zurück zum Thema Liebe, das glücklicherweise hier der häufigste Bereich ist, möchte ich noch etwas hinzufügen. Jupiter im fünften Haus hält für alle, die kein ausgesprochen starkes Pech in der Liebe haben, ein wunderschönes Jahr für die Liebe oder die Sexualität bereit, das sich entweder auf eine neue Begegnung bezieht oder sich um eine alte Flamme dreht. Manche könnten sagen: „Wenn es nicht um XY geht, interessiert mich auch keine neue Begegnung...". Aber die Sterne blicken weiter als wir und häufig wird der Betroffene belohnt, auch wenn es nicht um XY geht.

Im sechsten Haus gelingt es dem Herrn des Schützen gut, verschiedene Situationen aus gesundheitlichem Gesichtspunkt zu lösen. Er hilft bei der Behandlung von Krankheiten und gibt uns manchmal ganz unerwartete Energien zur Besserung unseres körperlich-geistigen Befindens. Er wirkt gut bei Genesungsprozessen und Erholung jeder Art nach schlimmen Zeiten des Kummers in der Liebe, im Beruf, in den Finanzen und nach einem wichtigen Trauerfall. Behandlungen, die in diesem Solarhoroskop aufgenommen werden, haben gute Aussichten auf Erfolg und können positive, konkrete Ergebnisse erzielen. Günstiger Zeitraum auch für chirurgische und besonders plastische Operationen. Mögliche Verbesserung in der Arbeit oder in den Arbeitsbeziehungen. Ausgezeichnete Möglichkeiten für die Einstellung von neuen Angestellten, Mitarbeitern im Büro, im Haushalt, in Teilzeitarbeit. Ein alter Groll im Arbeitsumfeld kommt zu einer positiven Klärung. Einer unserer Angestellten lebt aus verschiedenen Gesichtspunkten in einem ausgezeichneten Moment. Die Arbeit, die uns vorher Sorgen und Anstrengungen bereitet hat, geht uns plötzlich angenehm und leicht von der Hand. Vorteile bei allen Behandlungen wie Schlammbädern, Thermalbädern, Shiatsu, Physiotherapie, Schlankheits- und Entschlackungskuren, Fitnesszentrum. Mögliche Freude mit einem Haustier. Denken Sie daran, dass folgende Konstellationen die größte Schutzfunktion für die Gesundheit haben: Jupiter und Venus im sechsten Haus oder Jupiter und Venus im ersten oder zwölften Haus (Letztere ist ausgezeichnet zu diesem Zweck, aber üblicherweise unglücklich für das Liebesleben, besonders wenn sie nahe am Aszendenten steht).

Im siebten Haus verhält sich Jupiter mehr oder weniger gleich, wie im gleichen Haus im Transit. Normalerweise hilft er uns dank des bereits erwähnten „bistabilen" Effekts bei der Lösung von Problemen im Liebesleben, in der Paarbeziehung und mit amtlichen Schreiben. Wenn wir keine feste Beziehung haben, sie uns aber stark wünschen und wenigstens die theoretische Basis dafür vorhanden ist, können wir mit Sicherheit darauf hoffen, im Laufe der zwölf folgenden Monate eine wichtige Begegnung zu erleben, aus der sich eine stabile Beziehung entwickeln könnte. Auch wenn unsere Paarbeziehung eine Krise, eine vorübergehende Trennung oder eine gewisse Aggressivität durchlebt hat, gibt es bei Eintreten des Solarhoroskopes mit Jupiter im siebten Haus gute Möglichkeiten, dass die Streitigkeiten beigelegt werden und sich ein friedliches und schönes Klima im Liebesleben wieder herstellen lässt. Dasselbe gilt für Rechtssachen, Prozesse, Klagen, Probleme mit der Justiz. Wenn gegen uns ermittelt wird, gegen uns ein Prozess geführt wird oder eine Klage gegen uns läuft, ist es sehr wahrscheinlich, dass wir eine unerwartete Hilfe oder wundersame Unterstützung erhalten, die uns aus den Schwierigkeiten holt oder zu einem für uns günstigen oder milden

Urteil führt. Wenn aber im Gegensatz dazu unsere Paarbeziehung gut läuft und wir keine Probleme mit dem Gesetz haben, kann Jupiter im siebten Haus große Streitigkeiten, Trennungen oder gar Scheidung, amtliche Schreiben jeder Art, Probleme mit dem Gesetz, Angriffe von Einzelpersonen oder Behörden, erklärte Feinde, sogar Attentate und tätliche Angriffe, Raubüberfälle, Entführungen, usw. mit sich bringen. Den genauen Mechanismus hierfür verstehen wir nicht, das aber kann nicht darüber hinwegtäuschen, dass nach Tausenden und Abertausenden beobachteten und untersuchten Solarhoroskopen behauptet werden kann, dass diese Regel in den allermeisten Fällen zutrifft, wenn nicht gar in allen Fällen. Alles zum Partner Gesagte gilt auch für einen eventuellen Partner in den Geschäften, den Studien, der Politik, usw. Neben der Bipolarität, die wir als „bistabil" bezeichnet haben, haben wir einen weiteren Wert in dieser Konstellation immer angetroffen. Im Lauf der zwölf untersuchten Monate wird unser/e Partner/in, Verlobte/r, Mann/Frau, Geschäftspartner/in aus irgendeinem Gesichtspunkt Wunderbares erleben: es geht ihm/ihr gesundheitlich besser, er/sie wird beruflich oder sozial wachsen, usw. Die Zeit ist gut, um einen Geschäftspartner zu finden, wenn dies Teil unserer Erwartungen ist.

Im achten Haus bedeutet Jupiter wie im zweiten Haus einen bedeutenden Geldfluss in der Bilanz des Betroffenen (hier kann es um Größenordnungen in den Tausenden bis hin zu Millionen gehen), der sich auf Einnahmen und Ausgaben beziehen und von einem Erbe, einer Schenkung, Spielgewinn, Abfindung, Pension, Nachzahlungen, Extraverdiensten, Geschäften, Vermittlungen, aber auch von Spielverlusten, Diebstählen, großen Ausgaben für das Haus, Schulden des Partners, Betrug, falschen Spekulationen, verliehenem und nicht zurückgezahltem Geld usw. abhängen kann. Wenn wir nicht aufpassen, riskieren wir bei dieser Konstellation hohe Geldausgaben. Manchmal sind die Auswirkungen trügerisch, weil sie beispielsweise einen Kredit, eine Subvention, eine Finanzierung begünstigen und uns auch hohe Summen bescheren, die wir aber später nicht zurückzahlen können, wodurch die Stellung des Planeten im achten Haus tödlich wird. Mögliche Vorteile nach einem Tod, nicht nur aus finanzieller Sicht. Gute Möglichkeiten für unterirdische Grabungen in der Tiefe, auch in Bezug auf unsere Psyche. Besserung in der Sexualität. Dieser letzte Punkt ist eindeutig und verweist häufig indirekt auf eine neue Liebe oder die Beilegung von Konflikten mit dem Partner. Erweiterung unserer medialen Fähigkeiten. Vorteile in Bezug zu Friedhöfen.

Jupiter im neunten Haus bedeutet fast immer lange und wunderbare Reisen in ferne Länder, lange Aufenthalte weg von zu Hause, Vorteile von Orten im Ausland oder Ausländern, Orten oder Personen aus einer anderen Region oder Stadt. Das Ausland, die Ferne helfen uns in der Arbeit, mit dem Geld, in der Gesundheit, in der Liebe, beim Ruhm. Krankenhäuser und Ärzte im Ausland können uns heilen. Arbeitsangebote oder Mitarbeit in anderen Städten. Möglichkeit für Studien und Kurse im Ausland. Weiterbildung im Ausland. Die höheren Studien sind begünstigt, sowohl an der Universität, als auch die Studien nicht alltäglicher Themenbereiche wie Philosophie, Astrologie, Parapsychologie, Theologie, Yoga, usw. Wir lernen eine Fremdsprache, Computersprache oder eine besonders schwierige Software. Ausgezeichnete Zeit für einen Umzug in eine andere Stadt oder für Verhandlungen und Vereinbarungen mit Personen oder Behörden in einer anderen Region. Wenn wir beim neunten Haus Grenzen ziehen müssten, dann lägen diese überall dort, wo eine andere Sprache oder Dialekt gesprochen wird. In langjährigen Studien des Solarhoroskopes habe ich diese Konstellation in sehr vielen Fällen angetroffen, in denen eine Person mit starker Flugangst zum ersten Mal in ein Flugzeug steigt.

Im zehnten Haus ist Jupiter im Lauf eines Solarhoroskopes fast immer positiv und bezieht sich auf ein Wachstum im beruflichen Bereich, aber auch in Bezug auf jede Emanzipierung wie zum Beispiel schwimmen zu lernen oder Tabletten einzunehmen (es gibt erwachsene Menschen, die das nicht können), sich von einer unangenehmen Person zu befreien, zum ersten Mal zu fliegen, sich erfolgreich an den Augen operieren zu lassen, gut englisch oder eine andere Sprache zu lernen, den Umgang mit dem Computer zu lernen, sich psychisch zu stärken, Ängste oder Tabus zu überwinden, fruchtbare Pläne für die Zukunft zu schmieden, Personen kennenzulernen, die unser Leben verändern können, das Studium an der Universität zu beenden, sein Traumhaus zu erstehen, ein Kind zu bekommen, einen Ehemann zu finden, usw. Man muss aber betonen, dass diese Konstellation weit schwächer ist, als der Aszendent im zehnten Radixhaus (der andererseits aber viele Gegenanzeigen hat, die hier nicht anzutreffen sind). Den Grund dafür kenne ich nicht, aber ich habe es Tausende Male erfahren. Die mit Jupiter im zehnten Haus zu erzielenden Ergebnisse sind fast immer unumkehrbar. Meiner Meinung nach und nach Jahren der Experimente, ist ein eng mit dem Medium Coeli verbundener Jupiter mit wenigen Ausnahmen die beste Konstellation in einem Solarhoroskop. In einigen Fällen weist die Stellung auf einen ausgezeichneten Zeitraum für unsere Mutter hin, auf ihren

Wiedereinstieg ins Berufsleben, eine Zeit der Berühmtheit, der finanziellen Vergünstigungen, der Gesundheit oder der Liebe für sie oder auf eine Besserung in unserem Verhältnis zu ihr.

Im elften Haus hilft uns Jupiter durch einflussreiche Freunde, wichtige Bekanntschaften, Unterstützung von mächtigen Leuten, Politikern, Richtern, hohen Beamten, Personen, die uns eine Arbeit, eine verantwortungsvolle Position, ein Gutachten, einen Wettbewerbszuschlag besorgen können, aber die auch einfach Mittel und Wege kennen, um von einem Spezialisten untersucht zu werden, die uns eine Empfehlung für einen exklusiven Kurs oder Club geben, uns Unterstützung zu 360 Grad ohne Ausnahmen zukommen lassen und sei es nur durch einen Anruf bei einem vertrauenswürdigen Mechaniker, der unser Auto gut überprüfen wird. In den so beeinflussten zwölf Monaten können wir verschiedene Vergünstigungen jeder Art erhalten und die Wärme sowie die besten Ausdrucksformen der Freundschaft spüren. Großartige Projekte. Mögliche Vorteile durch einen Todesfall. Gut überstandene Lebensgefahr für uns oder einen lieben Menschen. Jahr der neuen und wunderbaren Freundschaften. Jupiter im elften Haus (der immer positiv gelesen wird) steht nur eine Oktave tiefer als Jupiter im siebten Haus.

Im zwölften Haus steht Jupiter vielleicht in der besten Position, auch wenn er uns keine Vergünstigungen in irgendeine bestimmte Richtung verschafft, sondern eher wie ein Joker funktioniert, wie ein Schutzengel, der uns aus allen negativen Situationen oder aus Gefahren heraushilft und uns eine Hand dabei gibt, uns wiederherzustellen und aus Schwierigkeiten herauszukommen. Er ist ein Allheilmittel für die gute Genesung nach einer Krankheit, bei gerichtlichen Problemen, finanziellen Tragödien, Überwindung der Schmerzen nach einer Trennung oder nach einem Trauerfall. Seine Auswirkungen sind nie spektakulär zu nennen, aber sie sind offensichtlich für alle, die ehrlich zu sich selbst sind. Das Auftreten der Konstellation in einem Solarhoroskop gibt uns eine Garantie dafür, dass das kommende Jahr in keinem Punkt dramatisch sein wird. Auch wenn wir auf einem zwischen zwei Wolkenkratzern gespannten Drahtseil balancieren, haben wir immer ein Netz und doppelten Boden unter uns. Diese Konstellation lässt uns mehr als alle anderen einen Planeten schätzen, der so gutmütig sein kann, wenn er will.

19.
Solar-Saturn in den Solarhäusern

Der Solar-Saturn ist weit weniger zu fürchten als Mars in der Solar-Revolution. Auch diese Regel ist aus langer „Feld"-Beobachtung und aus fast 35-jähriger Praxis (im Februar 2004) an Tausenden gezielten und nicht gezielten Solarhoroskopen entstanden. Das *Warum* hierfür kann ich nicht benennen, aber es ist mit Bestimmtheit so. Vielleicht liegt es daran, dass dieser Stern in seinem Ausdruck tendenziell eher chronisch ist und sich nicht an die Kurzlebigkeit eines nur zwölf Monate umfassenden Solarhoroskops anpasst. Das ist allerdings nur der Versuch für eine mögliche Erklärung. Es bleibt aber die Tatsache, dass ich ihn sehr oft im zwölften, ersten und sechsten Haus vorgefunden habe, wo er nie großen Schaden angerichtet hat, ganz im Gegensatz zum Herrn des Widders und des Skorpions, der in den gleichen Konstellationen zerstörerisch sein kann. Zweifellos ist dies eine Position, bei der wir uns im Lauf des Jahres sehr bemühen und anstrengen müssen, aber in dem wir nicht unbedingt negative Ergebnisse zu erwarten haben. Oft kündigt er uns auch ein Jahr an, in dem wir belohnt werden, das aber erfordert Opfer.

Im ersten Haus legt Saturn das psychologische Klima eines Jahres fest. Der Hintergrund ist hier gezeichnet von Melancholie, Traurigkeit, Depression, Entmutigung, wenig Begeisterung, all das aber nicht unbedingt auf der höchsten Stufe. Er zeigt den Wert des inneren Wachstums einer Person an, das sich in einem gemäßigteren Verhalten ausdrückt, in nüchterneren, verhalteneren Ausdrucksformen, in einer besseren Kontrolle der Gesichtsmimik, der Gestiken und der Gesamthaltung des Körpers. Eine solche Haltung weist auf das fast vollkommene Fehlen jeglicher Begeisterungsfähigkeit oder mitreißender Kraft im Laufe des Jahres hin. Das Jahr kann also ziemlich apathisch und anstrengend werden und wenig Vergnügungen bieten, was aber für ein psychologisches

Wachstum positiv und konstruktiv sein kann. Möglich ist eine erhöhte Isolation im Verlauf des Jahres (von einem Geburtstag zum nächsten). Die Tendenz geht zu mehr Nüchternheit, weniger Fleischeslust, weniger sexuellen Begierden, sowohl für die Frau als auch für den Mann. Es ist möglich, dass wir abnehmen und Probleme an Knochen und Zähnen sind wahrscheinlich. Wenn Saturn nahe am Aszendenten liegt, zeigt er sich noch deutlicher in allen zuvor beschriebenen Punkten und das Jahr könnte sogar zum Spiegel dieser einen Position werden. Er wirkt sich dann vor allem auf Traurigkeit, Melancholie und leichte Depression aus, hat aber abgesehen von den Bemerkungen zur Gesundheit (lesen Sie hierzu im Nachwort nach) in allen von mir beobachteten Fällen nie eine besorgniserregende Form gezeigt.

Im zweiten Haus zeigt Saturn einen Einschnitt in den Geldzuflüssen oder wirtschaftliche Schwierigkeiten aufgrund größerer Abflüsse, unvorhergesehener Ausgaben, zu zahlender Steuern, Arbeiten am Haus oder im Büro, die unsere großen oder kleinen Ersparnisse auf der Bank dahinschmelzen lassen. Es ist eine ziemliche harte Zeit in Bezug auf das Geld im Allgemeinen. Eine Gesamtbetrachtung der Solar-Revolution und der Transite kann fast immer den Grund für die Geldlöcher oder die ausbleibenden Einnahmen nennen. Es kann um Immobilienspekulationen, Arztkosten, Umbauten, Reisen, Spielverluste usw. gehen. Für einen Prominenten kann es um weniger Präsenz in der Öffentlichkeit gehen (vielleicht, weil er weniger im Fernsehen oder in den Zeitungen erscheint). Manchmal kann eine solche Stellung auch bedeuten, dass wir unseren Stil in Bezug auf Kleidung oder im Auftreten ändern, z. B. wenn wir von nun an einen klassischen Stil bevorzugen und uns bis dahin sportlich gezeigt haben, wenn wir uns einen Schnurrbart oder Bart abrasieren oder wachsen lassen, plötzlich im Winter einen Hut tragen, usw. Eine Unterbrechung von Hobbies in Bezug auf Fotografie, Kino, Theater ist möglich oder große Bemühungen, um den Gebrauch eines neuen Grafikprogramms zu erlernen, um einen Bildschirm mit hoher Auflösung zu kaufen, ein professionelles Labor für die Fotoentwicklung oder Videoaufnahmen einzurichten. Normalerweise verschlechtert sich das Aussehen der Person, bei einer attraktiven Frau könnten wir z.B. eine Alterung bemerken oder einen Verlust an „Ausstrahlung", die oft im Blick des Betrachters die Jugendlichkeit einer Person ausmacht. Im Gegensatz hierzu finden wir auch Menschen, die sich sehr bemühen (auch finanziell), ihr Aussehen zu verbessern, auch durch Eingriffe der plastischen Chirurgie.

Saturn kann im dritten Haus für große Ausgaben beim Kauf eines neuen Fahrzeugs stehen, manchmal aber auch auf den Diebstahl desselben oder auf kostspielige Reparaturen nach einem Verkehrsunfall oder aus anderen Gründen hinweisen. In den meisten Fällen steht er für Schwierigkeiten im Verhältnis mit Geschwistern, Schwägern und Schwägerinnen, Onkeln und Tanten, Cousins, Nichten und Neffen oder für essistentielle Krisen und/oder Krankheiten derselben. Wenn die Stellung bei jungen oder älteren Studenten eintrifft, ist sie fast immer ein Hinweis auf eine zeitweise oder endgültige Unterbrechung des Studiums. Im Gegenzug kann sie aber auch für eine späte Einschreibung an der Universität, schwere Sprachkurse oder anstrengende Praktika, etc. stehen. Besonders für Schriftsteller ist dies eine schädliche Position, da nun eine Zeit des fast vollständigen Stillstands kommt. Kommunikation und Telekommunikation leiden stark in diesem Jahr, auch die schriftliche Korrespondenz nimmt deutlich ab. Ernste Bücher werden gelesen. Mögliche Unannehmlichkeiten mit der Presse: Zeitungen und Fernsehen könnten sich negativ mit uns beschäftigen. In anderen Fällen kann sich die astrologische Position auf ein vermehrtes und anstrengenderes Pendeln aus verschiedenen Gründen beziehen. Lehrer, die an eine andere Schule versetzt werden, Studenten, die Kurse an einer anderen Universität belegen müssen, Männer und Frauen, die häufig reisen, um den (wenig) geliebten Partner zu treffen, ärztliche Behandlung, die eine Reise erfordert, etc. Wenige echte Reisen im Lauf des Jahres. Wir müssen uns, auch finanziell, um den oben beschriebenen Teil der Familie kümmern. Mögliche Atemwegserkrankungen.

Im vierten Haus bezieht sich Saturn in der absoluten Mehrheit der Fälle auf Probleme mit oder von unseren Eltern. Diese Stellung finden wir im Falle von Krankheiten oder einer Einweisung unserer Eltern in das Krankenhaus mit oder ohne Operationen. Im schlimmsten Fall kann sie auch für den Verlust eines Elternteils stehen (meistens des Vaters, das ist aber keine absolut gültige Regel), aber nur wenn die Gesamtheit der Transite, des Solarhoroskops und einer Prüfung der astralen Karten aller Familienangehörigen dies bestätigt. Dasselbe gilt auch für Groß- und Schwiegereltern. Manchmal geht es hierbei um große Ausgaben oder um bemerkenswerte Opfer für den Kauf eines Hauses, für dessen Umbau, für einen Umzug oder eine Umstellung bei der Arbeit. Die häuslichen Kosten steigen oder ein Teil der Einrichtung muss erneuert werden. Eine verspätete Vermögenssteuer oder eine Steuer für eine Eigentumsumschreibung oder Erbschaftssteuer kann zu zahlen sein. Wir müssen große Opfer bringen, um einen Kredit zurückzuzahlen.

Umfangreiche Wartungsarbeiten. Erzwungenes Verlassen des eigenen Hauses (im Fall einer Trennung) oder gezwungener Wohnsitzwechsel aufgrund der Einweisung in ein Krankenhaus, oder im schlimmsten Fall aufgrund einer Inhaftierung. Die Atmosphäre zu Hause oder am Arbeitsplatz ist schwer auszuhalten. Manchmal kann diese Konstellation für junge Leute auch den Beginn eines Reifungsprozesses bezeichnen, z.B. durch eine Ehe, im Sinne eines „Abtrennens der Nabelschnur". Schäden am Haus aufgrund natürlicher Ereignisse wie Erdbeben, Überschwemmungen, Feuerschäden, usw. Feuchtigkeit, die in unser Habitat eindringt. Gesundheitliche Probleme mit dem Magen oder Schwierigkeiten mit den Speichermedien für den Rechner.

Im fünften Haus kündigt uns Saturn fast unfehlbar einen entschiedenen Stillstand oder eine zeitweise Unterbrechung aller spielerischen und erholsamen Betätigung an. Sehr wenige Vergnügungen im Lauf des Jahres oder „harte" Ablenkung, wie das Studium klassischer Fächer, antiker Geschichte, Münzkunde, etc. Wir finden diese Stellung oft im Solarhoroskop von Personen, die gerade eine Trennung durchmachen oder die eine außereheliche Beziehung zumindest zeitweise unterbrechen. Es wird sicher nur wenig Sex in dieser Zeit geben. Mögliche Probleme mit unseren Kindern in der Schule oder wegen schlechter Bekanntschaften, Drogenmissbrauch, etc. Mögliche ungewollte Schwangerschaft, Abtreibung, schwere Schwangerschaft oder Kaiserschnitt. In anderen Fällen findet sich genau das Gegenteil. Ein Paar entscheidet sich nach langjähriger Ehe endlich für eigene Kinder und merkt, dass es gar keine bekommen kann. So kommt es zu einer doppelten Neurose der beiden Eheleute, die nun alles Mögliche versuchen, um Nachwuchs zu bekommen und es beginnt ein Leidensweg von Arztpraxen zu Spezialisten in der Hoffnung nach einem kleinen Wunder. Möglicher Kummer, weil wir von der Untreue unseres Partners erfahren. Verluste im Spiel oder an der Börse. Ein früheres Hobby wird aufgegeben. Das ganze Jahr steht im Zeichen der Nüchternheit und sehr wenigen Ausgaben für ein mondänes Leben. Ein Sohn oder eine Tochter zwingen uns, im Leben mehr Verantwortung zu übernehmen. Verkümmerung der sexuellen Begierden. Wenn die Person im entsprechenden Alter ist, können auch die Menopause oder das Klimakterium einsetzen.

Im sechsten Haus müsste Saturn, anders als Mars, in den meisten Fällen keineswegs Panik oder Angst machen. Er ist fast immer nur eine Anzeige für die zumeist körperlichen Störungen, die der betroffenen Person bei dieser astrologischen Konstellation bereits bekannt sind und die jetzt chronisch werden. Beginn einer neuen, sehr langwierigen Krankheit. Oft geht es auch um beginnende Probleme an den Knochen oder Zähnen, wie Arthrosen, Rheumatismen, Erkrankungen wegen Kälte usw. Nur, wenn die Gesamtheit von Solarhoroskop und den Transiten wirklich schlecht ist, sollten wir uns Sorgen und auf ernsthafte Gesundheitsprobleme gefasst machen. Letztere können sich auch auf die mentale Gesundheit beziehen und so depressive Krisen oder Angstzustände betreffen, die auf einen in den zwölf Monaten des Solarhoroskops erlebten Kummer folgen. In anderen Fällen kann es um Schwierigkeiten im Arbeitsumfeld gehen, ein neuer Vorgesetzter, ein neuer Kollege mit schwierigem Charakter, ein allgemein feindseliges Klima kann uns das Leben schwer machen oder die Abwesenheit eines Kollegen beschert uns eine höhere Arbeitsbelastung. Möglich ist eine Versetzung, Mobbing oder allgemeine Rückschläge in unserem Arbeitsumfeld. Wir bringen Opfer für die Gesundheit, wie Abmagerungs- und Entschlackungskuren, häufiger Besuch in Heilbädern, physiotherapeutischen Instituten, Shiatsu-Massagezentren oder Akupunktur, etc. Möglicherweise verlässt uns ein wertvoller Mitarbeiter oder ein Hausangestellter, ein Sekretär oder ein Partner. Beginn einer starken medikamentösen Behandlung. Mögliche Krankheit oder Tod eines Haustieres.

Im siebten Haus kündigt Saturn Schwierigkeiten in der Paarbeziehung an, häufig steht er für zeitweise oder endgültige Trennungen vom Partner. In anderen Fällen kann diese Konstellation dafür stehen, dass sich der Partner in einer Krise befindet, es ihm schlecht geht oder er aus verschiedenen Gründen eine harte Zeit durchmacht. Mögliche Trennung auch von einem beruflichen Partner. Amtliche Schreiben oder eine ungünstige Wendung in Rechtsfragen. Gefahr für eine Anschuldigung vor Gericht, Überprüfung durch die Finanzbehörde, polizeiliche Untersuchungen, Verwicklung in Klagen und Prozesse, Vorladungen als Zeuge, Beginn von Gerichtsverfahren zu unseren Lasten, Niederlage bei Prozessen, Verurteilung, Strafzettel, Führerscheinentzug, Angriffe jeder Art, auch von Seiten ziviler Mitbürger und verschiedene Streitigkeiten mit unseren Mitmenschen. In den schlimmsten Fällen, aber nicht so häufig wie bei derselben Konstellation von Mars, kann Saturn im siebten Haus für Attentate auf die eigene Person oder auf den eigenen Besitz stehen. Im besten Fall geht es um ein „Wachstum" meist beruflicher Natur des eigenen Partners und damit auch um ein Wachsen seines Hochmuts und seiner Entfremdung zu uns. Für Politiker ist die Konstellation besonders ungünstig. In anderen Fällen kann auch eine komplett andere Situation vorliegen und den

Beginn eines Zusammenlebens oder einer Ehe bedeuten. In Wirklichkeit geht es hierbei aber um eine Vernunft-Ehe, die fast ausschließlich aufgrund erhoffter Vorteile geschlossen wird.

Im achten Haus bedeutet die Anwesenheit von Saturn im Solarhimmel den Beginn einer schwierigen finanziellen Situation oder eine deutliche Verschlechterung derselben. Es geht um geringere Geldeingänge und erhöhte Geldausgänge. Häufig finden wir dieses Zeichen im Himmel von Industriellen und Unternehmern in einem finanziellen Engpass, eventuell aufgrund der Zahlungsverzögerung für eine seit Langem beendete Arbeit oder eine vor Jahren getätigte Lieferung. In anderen Fällen geht es um die Folgen schwerer Verschuldung, deren Rechnung wir jetzt zu begleichen haben. Viele Personen, die in die Hände von Wucherern gefallen sind, finden sich unter solchen Bedingungen wieder oder umgekehrt treiben sie gerade die Bedingungen in die Arme von Wucherern. Hohe Steuern sind zu bezahlen, Spielschulden, Diebstähle oder Raubüberfälle oder bedeutende Verluste beim Erhalt eines nicht gedeckten Schecks. Verlust eines Erbes oder große Schlachten um den Erhalt eines Erbgutes. Probleme mit Abfertigungen oder mit der Rente. Mögliche Schulden des Partners. Wir erreichen eine Finanzierung oder ein Darlehen mit sehr hohen Zinsen und Monatsraten. Diese Konstellation ist eine der schwersten auf finanziellem Gesichtspunkt, das aber wird relativiert, wenn Immobilienanlagen getätigt werden (Kauf, Umbau, Umzug), da es hierbei um Investitionen geht und das Geld nicht zum Fenster hinausgeworfen wird. Gleiches gilt für den Kauf von Arbeitsgeräten. Mögliche Abnahme oder Unterbrechung der sexuellen Aktivität. Kurzzeitige Probleme sexueller Natur, wie Impotenz oder Frigidität. Mögliche Probleme mit Hämorrhoiden (besonders bei Personen im Zeichen des Skorpions). Angst vor dem Tod. Negative Erfahrungen bei spiritistischen Sitzungen, Umgang mit Sekten und Magiern. Mögliche Trauerfälle in der Familie oder in Bezug auf einen Freund. Ende einer Beziehung.

Im neunten Haus rät uns der Solar-Saturn entschieden davon ab, im Laufe des Jahres Reisen zu unternehmen, auch wenn uns hier eher Ärgernisse als ernsthafte Schwierigkeiten drohen. Wenige oder gar keine Reisen in diesem Jahr. Häufig sind wir gezwungen, aus gesundheitlichen Gründen unserer eigenen Person oder von Familienangehörigen zu verreisen. In anderen Fällen steht die Konstellation für eine zwangsweise Entfernung aus unserem Haus wegen eines Studiums, der Arbeit oder aus rechtlichen Gründen. Mögliche Zwischenfälle bei Reisen, die aber weit nicht so wahrscheinlich sind, wie bei Mars in derselben Konstellation. Das Ausland und die Ausländer sind uns feindlich gesinnt und mit Ausland ist jeder Ort gemeint, an dem eine andere Sprache oder ein anderer Dialekt gesprochen wird. Ein Angehöriger, der weit weg wohnt, ist krank, durchlebt eine schwierige Zeit oder wir leiden, weil ein lieber Mensch weit weg von uns ist. Entfernung in der Liebe. Ein ausländisches oder außerregionales Unternehmen übernimmt einen für uns überlebenswichtigen Kunden. Eine kulturelle Bezugsperson, die weit weg wohnt, verlässt uns oder stirbt. Unsere kulturellen Beziehungen zu einer Universität im Ausland, einer Forschungsgruppe aus einer anderen Stadt, einem Verleger aus einer anderen Region brechen kurzzeitig oder endgültig ab. Unsere Werke werden fern von unserem Wohnort beschimpft oder bekämpft. Schlechte Nachrichten jeder Art kommen von „außen". Ein mit der Ferne verbundenes Projekt fällt in diesen zwölf Monaten in sich zusammen. Wir erleben eine religiöse Krise oder eine Krise im Studium von Fächern wie Philosophie, Theologie, Astrologie, Esoterik, etc. Wir müssen geplante Reisen absagen. Heimweh. Trotzdem handelt es sich hier in vielen Fällen um ein außergewöhnliches Jahr für ein Wachstum im spirituellen und transzendentalen Bereich.

Saturn im zehnten Haus bezeichnet einen sehr schwierigen Moment auf beruflicher Ebene oder ganz einfach für unseren persönlichen Ruf. Unbeliebtheit bei öffentlichen Personen, Politikern, Showmastern. Möglicher Arbeitsplatzverlust, Kündigung, vorgezogener oder nicht gewollter Ruhestand, schmerzhaftes Einreichen einer Kündigung oder Austritt aus der Arbeitswelt. Krankheit oder Unfall, die uns vorübergehend oder endgültig dazu zwingen, die Arbeit einzustellen. Weniger Emanzipation, z.B. wenn wir eine Gefälligkeit verlieren, durch die wir von der Arbeit fernbleiben konnten. Wir konnten den Kopierer oder das Faxgerät eines Angehörigen nutzen, der jetzt umgezogen ist und seine Geräte mit sich genommen hat (dies gilt nur als ein Beispiel unter Tausenden, um das Konzept der verlorenen Emanzipation zu erklären). Dagegen kann Saturn im zehnten Solarhaus auch ein starkes Bemühen um professionelles Wachstum, wie dem mühsamen Erlernen einer Fremdsprache oder die Einschreibung an der Universität im fortgeschrittenen Alter bedeuten. Unsere Mutter (oder Groß- oder Schwiegermutter) ist krank oder unser Verhältnis zu ihr verschlechtert sich. Im schlimmsten Fall ist auch ihr Tod möglich, wenn es das Zusammenspiel der Transite und des Solarhoroskops rechtfertigt.

Im elften Solarhaus bedeutet der Solar-Saturn in der absoluten Mehrheit der Fälle den Verlust eines Freundes oder eines Angehörigen, eines Kollegen oder eines entfernten Verwandten durch Tod oder Entfernung oder Lebensgefahr für eine dieser Personen. In anderen Fällen zeigt er etwas gemäßigter das Ende einer Freundschaft oder einen großen Streit mit Freunden oder mit Familienangehörigen an. Ein Projekt wird unterbrochen oder die Unterstützung einer einflussreichen Persönlichkeit reißt ab. Begegnungen mit Freunden werden seltener und wir machen im Lauf des Jahres wenig neue Bekanntschaften. Es fehlt uns die Musik. Probleme mit dem Gehör sind möglich. Wir spüren weniger Wärme um uns. Das generelle Klima strahlt eine oft stille Feindseligkeit aus. Wir können nicht auf unser Glück hoffen, das in kleinen wie in großen Dingen eher gegen uns arbeitet. Der Freundes- und Bekanntenkreis verringert sich ganz entschieden.

Im zwölften Haus ist Saturn ein allgemeiner Hinweis für Prüfungen, die zu 360° über uns hereinbrechen, die aber weit weniger bösartig sind, als bei Mars im zwölften Haus. Es kann um Probleme in der Liebe, mit Geld, mit der Justiz oder mit der Gesundheit gehen. Die Gesamtheit der Transite und des Solarhoroskops kann Aufschluss darüber geben, worum es hierbei genau geht. In den meisten Fällen haben wir jedoch nichts zu befürchten, wenn das Solarhoroskop sonst gut ist; es geht dann eher um kleine Ärgernisse im Lauf des Jahres, als um ein wirkliches Unglück. Mögliche Schwierigkeiten mit einer zwangsweisen Schließung, einem Krankenhausaufenthalt oder im schlimmsten Fall mit einer Inhaftierung. Depression, Entmutigung, psychische Niedergeschlagenheit. Wir spüren Feindseligkeit um uns, die nur selten offen zu Tage tritt. Wenn sich Saturn sehr nahe am Aszendenten befindet, ist diese Konstellation böse und es gelten dieselben Bemerkungen, wie in Bezug auf Saturn im ersten Haus (in enger Konjunktion mit dem Aszendenten).

20.
Solar-Uranus in den Solarhäusern

Der Solar-Uranus zeigt sich ebenso wie Saturn, Neptun und Pluto mit sehr viel weniger Wucht als Mars und steht häufig für eine Erneuerung im jeweiligen Bereich. Im Zeitraum zwischen dem Ende der achtziger und den neunziger Jahren habe ich ihn sehr oft in Begleitung von Neptun beobachtet, auch im ersten, sechsten und zwölften Haus, und seine Wirkung ist für die betroffene Person fast nie sonderlich schlimm gewesen.

Im ersten Haus bringt Uranus keine wichtigen Erneuerungen, sondern agiert „nervös", das heißt, er zeigt üblicherweise eine Zeit größerer Ängste, Nervosität, Schlaflosigkeit, kleiner Panikattacken, genereller Unruhe, aber selten passiert etwas wirklich Negatives. Es sind aber dennoch Änderungen im Verhalten des/der Betroffenen möglich, wenn dies von anderen Punkten des Geburtshimmels und des Solarhimmels der Person bestätigt wird. Üblicherweise findet eine Öffnung nach außen statt. Möglich sind auch gewollte körperliche Veränderungen oder Änderungen im Allgemeinverhalten zu unseren Mitmenschen und nahen Angehörigen.

Im zweiten Haus steht Uranus im Bezug zu finanziellen Erneuerungen, nicht unbedingt nur im Negativen. Natürlich ist er in den Fällen präsent, in denen der/die Betroffene viel verdient oder ausgibt, etwas tut, um den eigenen Lebensstil zu ändern, neue Arbeiten erfindet, einen Preis oder ein Erbe, eine Abfertigung, eine Rente oder ein rückständiges Gehalt erhält. Der erhöhte Geldfluss kann auch auf den Verkauf einer Immobilie folgen oder durch excessive Ausgaben wegen eines Umbaus eintreten. In jedem Fall kündigt seine Anwesenheit an, dass das Leben des/der Betroffenen in jenem Jahr aus finanzieller Sicht alles andere als ruhig wird und dass mehr als eine

Überraschung auf ihn wartet. Wir finden ihn mit fast absoluter Sicherheit in allen Fällen von größeren Immobilieninvestitionen, also Kauf, Verkauf, An- und Verkauf, Umbau, Umzug im häuslichen und im beruflichen Habitat. Es besteht die Gefahr für Geldverlust beim Spiel oder an der Börse. Geliehenes Geld wir nicht zurückgegeben. Unerwartete und/oder plötzliche Ausgaben. In manchen Fällen radikale Veränderung des Aussehens in Bezug auf den eigenen Körper, die Kleidung, den Haarschnitt etc. Plötzliches Interesse für Kino, Fotografie, Grafik am Computer, Heimkino, Theater, Filmforen, Videokameras, etc.

Im dritten Haus kann Uranus auf einen Wechsel des eigenen PKWs hinweisen, aber auch auf dessen Diebstahl oder einen Unfall. Möglich ist die plötzliche Unterbrechung unseres Verhältnisses mit Geschwistern, Cousins, Schwägern oder radikale Veränderungen in deren Leben. Wir ändern plötzlich die Richtung unseres Studiums, das Studium wird plötzlich unterbrochen oder unerwartet begonnen. Studium innovativer Wissensbereiche, wie Elektronik, Informatik, Fotografie, Astrologie. Plötzliches Pendeln im Laufe des Jahres. Wir beginnen plötzlich, zu schreiben oder die Presse interessiert sich für uns. Mögliche Schäden an Geräten für Kommunikation und Telekommunikation. Risiko für Unfälle unserer Angehörigen. Eingang von unerwarteten und dramatischen Briefen, Telegrammen und Telefongesprächen. Wer aus informatischer Sicht ein „Analphabet" ist, wird jetzt möglicherweise in die Welt der Computer eingeführt oder richtet sich zum ersten Mal ein E-Mail-Account ein.

Im vierten Haus weist uns Uranus in vielen Fällen auf einen plötzlichen Wohnsitzwechsel aus den unterschiedlichsten Gründen hin, z.B. wegen einer neuen Arbeit, einer Versetzung an eine andere Geschäftsstelle im öffentlichen oder privaten Bereich, einer Räumung, die uns zwingt, die Zelte abzubrechen, einer Trennung vom Partner, der Notwendigkeit, die Ausgaben zu verringern und bei Angehörigen unterzukommen, etc. Achtung bei Kurzschlüssen oder Bränden. Mögliche Schäden aufgrund natürlicher Phänomene, wie z.B. Blitzeinschlag. Unerwartete Möglichkeit, ein Haus durch Schenkung oder Erbe zu erlangen. Zufälliger Verlust einer Immobilie, z.B. durch Spielschulden oder aus versäumter Rückzahlung eines Darlehens. Arbeiten im Haus oder im Büro, die in letzter Sekunde entschieden wurden. Plötzliche Krankheit oder Tod eines Elternteils (gilt auch für Groß- und Schwiegereltern). Radikale und/oder plötzliche Änderung im Leben der

Eltern, Groß- oder Schwiegereltern, z.B. wenn sie sich wieder vermählen. Mögliche ernsthafte Schäden im Lauf des Jahres an Speichermedien für den Rechner.

Im fünften Haus könnte man Uranus auch als „zerplatztes Kondom" bezeichnen. Es sind unerwartete Mutter- oder Vaterschaften möglich. Risiko für ungewollte oder zumindest nicht eingeplante Schwangerschaften, ungewollte Schwangerschaftsunterbrechungen, Frühgeburten. Mögliche unvorhergesehene Komplikationen bei der Geburt oder Kaiserschnitt. Unerwarteter Beginn einer neuen Liebe oder unerwartetes Ende einer Liebesbeziehung. Überraschungen in der Beziehung. Wie durch einen Blitz am heiteren Himmel erfahren wir, dass unser Partner eine andere Person liebt. Unfallgefahr für unsere Kinder. Plötzliche Änderung im Leben eines unserer Kinder oder Änderung in unserem Verhältnis zu ihm. Intensive Aufnahme eines neuen uranischen Hobbys (z.B. Musik, Informatik, Elektronik). Unser Partner könnte in einen Verkehrsunfall verwickelt oder einer unerwarteten chirurgischen Operation unterzogen werden. Möglicher Beginn von Herzleiden.

Für das sechste Haus gelten mehr oder weniger dieselben Aussagen wie für das erste Haus. Ich habe Uranus sehr oft in diesem Haus gesehen, aber nur selten sind in Verbindung mit anderen bösen Konstellationen schwere Ereignisse eingetroffen. In der Mehrheit der Fälle können hier Angstprobleme, Nervosität und Schlaflosigkeit eintreten, was im Lauf des Jahres zu einem geringeren Kaffeekonsum oder der Einnahme leichter, eventuell natürlicher Beruhigungsmittel führt, um den Effekt von Uranus im Haus der Gesundheit abzumildern. Mögliche Neuigkeiten in der Arbeit, z.B. zwingt uns eine neue Aufgabe dazu, den Sitz oder die Arbeitsumgebung zu wechseln. Neue Arbeitskollegen, Mitarbeiter und Vorgesetzte. Einer unserer Mitarbeiter oder ein Hausangestellter verlässt uns ohne Ankündigung. Mögliche Behandlungen durch Bestrahlung jeder Art. Mögliche Anwendung neuer und hochmoderner Geräte in Wissenschaft und Technik für die Heilung einer Krankheit. Große Überraschungen im Arbeitsumfeld.

Im siebten Haus ist Uranus ziemlich wirkungsvoll. Er steht häufig für gefühlsmäßige, sexuelle, kommerzielle, studientechnische oder politische drastische Änderungen in einer Ehe oder einer Paarbeziehung. Unser Partner ändert unerwarteterweise sein Leben aufgrund einer neuen Arbeit, eines Trauerfalls oder einer Beförderung. Plötzlicher Beginn oder Ende einer Amtssache. Mögliche rechtliche Fragen, die uns im Laufe des Jahres beschäftigen. Überraschungen vor Gericht. Möglicher Unfall oder (akute) Krankheit unseres Partners. Große Instabilität in allen zwischenmenschlichen Beziehungen.

Im achten Haus kann Uranus auf einen großen und plötzlichen Geldverlust hinweisen. Unerwartete Steuern, Zahlungsaufforderungen, von denen wir nichts wissen, Verschuldung unseres Partners ohne unser Wissen, Diebstahl, Überfall, Raub, Betrug, falsche Spekulationen an der Börse, großes Pech im Spiel, das uns einen Schuldenberg aufhalst. Aber auch unerwartetes Erbe, Gewinn im Spiel, Schenkung, reicher Partner, usw. Mögliche sexuelle Schwierigkeiten wegen Angst und Nervosität. Plötzlicher Trauerfall oder Lebensgefahr für einen Angehörigen oder Freund. Überraschungen bei Grabungsarbeiten. Neue Interessensgebiete in Bezug auf Okkultismus, Spiritismus und Magie. Innovative Formen der Sexualität, die unserer Paarbeziehung neuen Wind geben.

Im neunten Haus weist der Solar-Uranus sehr oft auf eine unvorgesehene Reise aus den verschiedensten positiven oder negativen Gründen hin, wie z.B. Studium, Fortbildung, Praktikum, Kongress, Vorträge, Urlaub, Besuch bei entfernten Verwandten, die Notwendigkeit, sich in einem ausländischen Krankenhaus untersuchen zu lassen oder einen kranken Angehörigen zu begleiten, Arbeitssuche, Vorstellungsgespräch in einem Verlag, mit einem Sponsor oder einem Netzwerk. Gefahr für Unfälle bei der Reise oder plötzlichen Schwierigkeiten. Viele fragen sich, ob sie Gefahren beim Fliegen ausgesetzt sind und es wäre gut, hier eine genaue Analyse zu erstellen. Es ist daran zu erinnern, dass das Flugzeug eines der sichersten Transportmittel auf der Welt ist, wenn es nicht gar das absolut sicherste schlechthin ist. Flugzeugabstürze sind weit seltener als Verkehrsunfälle. Uranus im neunten Solarhaus könnte theoretisch auf ein Flugzeugunglück hinweisen, aber nur, wenn die betroffene Person diese Gefahr bereits in ihrem Geburtshimmel stehen hat, zum Beispiel durch eine Konjunktion Mars–Uranus im neunten Haus und auch nur, wenn dies durch das Miteinander von Transiten und Solarhoroskop bestätigt wird. Bei einem guten Solarhoroskop, z.B. mit einer doppelten Konjunktion Saturn–Mars über der Konjunktion Mars–Radix-Uranus im neunten Haus, können wir ruhig schlafen. Anders liegt der Fall aber, wenn wir selbst fliegen und es um ein Charterflugzeug geht.

Uranus im zehnten Haus bedeutet oft einen Richtungswechsel in der Arbeit oder gar einen Arbeitsplatzwechsel. Neue Methoden für unsere Arbeitweise. Neue Geräte und moderne Technologien in der Arbeit, wie z.B. die komplette Umstellung unserer Arbeit auf Computer. Plötzliche Scheidewege in der Arbeit. Die großen Erneuerungen in der Arbeit, Liebe oder Gesundheit können auch unsere Mutter (oder die Groß- und Schwiegermutter) und unser Verhältnis zu ihr betreffen.

Im elften Haus weist Uranus sehr häufig auf einen Trauerfall hin, der aber nicht unbedingt einen Angehörigen betreffen muss, sondern sich auch auf einen Freund, Bekannten, eine einflussreiche Person beziehen kann, die uns unterstützt und uns allgemein zur Hand geht. Außer auf einen Trauerfall, kann er sich auch auf die Lebensgefahr eines Angehörigen oder eines lieben Menschen beziehen. Plötzlicher Bruch in einer Freundschaft. Neue, interessante Freunde. Beachtenswerter freundschaftlicher Austausch. Es meldet sich eine Person, die uns weiterhelfen kann. Neue und interessante Projekte. Mögliches neu erwachtes Interesse für die Musik.

Im zwölften Solarhaus weist uns Uranus fast immer auf die Ankunft einer Prüfung hin, die wie ein Blitz aus heiterem Himmel über uns hereinbricht. Plötzliche schlechte Nachrichten in Arbeit, Geld, Gesundheit, Liebe oder Familie. Die Konstellation ist nicht sehr angenehm, aber auch nicht brandgefährlich. Sie ist sicher bei Weitem nicht so schwerwiegend, wie die entsprechende Stellung von Mars. Ich habe sie sehr oft Anfang der neunziger Jahre zusammen mit Neptun gefunden und fast nie sind wirkliche Tragödien im Leben der Betroffenen vorgekommen. Die Prüfungen könnten im Bezug zu Erneuerungen stehen, aber auch zur Technik und zum letzten Stand der Wissenschaft. Das könnte z.B. heißen, dass wir uns in diesem Jahr häufig abmühen, weil wir ein neues Betriebssystem installieren, das unseren Rechner abstürzen lässt, wodurch uns wertvolle Daten und jede Menge Zeit und Geld verloren gehen.

21.
Solar-Neptun in den Solarhäusern

Der Solar-Neptun hat genau wie Saturn, Uranus und Pluto kein großes Gewicht und insbesondere kein stark negatives Gewicht im Solarhoroskop. Er informiert uns v.a. über die Richtung, die unsere Ängste einschlagen werden, über unsere Phobien in diesem Jahr oder unter welchem Aspekt sich unsere Neurosen entwickeln. Es ist aber alles relativ. Es hat einmal eine sechzigjährige, wohlhabende Frau mit sehr guter Erziehung zwei Stunden lang geweint, weil sie sich mit der Haushälterin nicht gut verstand und ihr Mann sich weigerte, diese zu entlassen. Wenn also z.B. mir der Tod eines Haustieres keinen fürchterlichen Schmerz zufügen würde, so weiß ich doch, dass ein solches Ereignis einen anderen Menschen in eine schwere depressive Krise treiben könnte. Wenn ich also aussage, „es hat kein stark negatives Gewicht", beziehe ich mich natürlich auf eine virtuelle Werteskala, die von der Mehrheit der Menschen als negativ empfunden wird, und auf der ein bösartiger Tumor zwar für einige Menschen ein Anlass für ein geistiges Wachstum sein kann, aber eben doch für die absolute Mehrheit eines der schlimmsten Vorkommnisse im Leben darstellt.

Im ersten Haus erzählt Neptun von neurotischen Neigungen, die wir als „essentiell" bezeichnen könnten, die also keinen wirklichen Grund haben. Wir fühlen uns erregt, verängstigt und können unseren Ängsten keinen Namen geben. Wir befinden uns psychologisch gesehen in einem schwierigen Moment. Wir sind verwirrt und neigen dazu, uns mit Kaffee, Alkohol, Zigaretten, Psychopharmaka und verschiedenen Drogen zu vergiften. Starke Spiritualität und Interessen im esoterischen, astrologischen, parapsychologischen und theologischen Bereich. Transzendenz und ein Schub in Richtung Pflege und Fürsorge. Geistige Verwirrung, die unsere Entscheidungen und Handlungen blockiert.

Durch Neptun im zweiten Haus durchleben wir zwölf Monate in finanzieller Angst. Wir befürchten, dass wir es nicht schaffen, dass uns kürzlich aufgenommene Schulden erdrücken, dass wir besonders das Alter im Elend verleben werden. Wir müssen sehr viel Kaffee, Alkohol und Medikamente zu uns nehmen, um diesen schlechten Moment ertragen zu können, der sich fast ausschließlich auf finanzielle Sorgen bezieht. Mögliche Verdienste durch Flüssigkeiten, Aktivitäten am Meer, Kunst, Musik, Astrologie, Magie und Kartenlegen. Undurchsichtige Situation in den Geschäften. Betrug durch einen angeblichen Astrologen, Magier, Priester, spirituellen Meister. Möglicherweise haben wir in diesem Jahr einen „mystischen" Look.

Im dritten Haus vernebelt uns Neptun das Hirn und wir verlieren an geistiger Klarheit. Wir haben Schwierigkeiten bei der zusammenhängenden und logischen Formulierung unserer Gedanken. Nur schwer machen wir uns verständlich und verstehen andere. Unsere schriftliche Korrespondenz ist von unseren Sorgen gezeichnet und wir erhalten beängstigende Anrufe. Wir könnten auf dem Wasser pendeln (z.B. ein Lehrer, der jeden Tag in einer Schule auf einer Insel unterrichtet). Mögliche schwere Neurosen eines Bruders, Cousins oder Schwagers (aber auch eines Onkels, einer Tante, eines Neffen oder einer Nichte) oder falsche und verwirrende Beziehungen zu ihnen. Große Sorgen im Studium und große Nervosität wegen eines Wettbewerbs. Wir wissen nicht genau, in welche Richtung unsere Studien gehen sollen. Verwirrung auch beim geschriebenen Wort und mit Texten. Neurotische Kontakte im Internet. Mögliche Verkehrsunfälle oder andere Unfälle wegen Unachtsamkeit und Fehlern aufgrund mangelnder Gedankenklarheit.

Neptun im vierten Haus bedeutet vor allem sehr viele Sorgen und Ängste um das Haus. Angst, die Miete oder eine Rate nicht bezahlen zu können, das Haus zu verlieren oder hinausgeworfen zu werden. Sorgen auch wegen der Aufnahme von Arbeiten am Haus. Gefahr mit Wasser, z.B. durch Überschwemmung, Rohrbruch, Wasserschäden. Mögliche Ängste in Bezug auf die Gesundheit unserer Eltern (oder Groß- und Schwiegereltern, auch ehemaligen Schwiegereltern) oder neurotische Beziehung zu ihnen. Das Familienklima ist verwirrend. Zweifel zu einer Vaterschaft. Merkwürdiger Verlust von Daten auf der Festplatte, vielleicht wegen eines falschen Befehls an den Rechner.

Neptun im fünften Haus bedeutet vor allem viele Ängste und Sorgen um unsere Kinder oder Neurosen, die aus dem vergeblichen Versuch entstehen, Kinder zu bekommen. Mögliche starke Eifersucht und Ängste in der Liebesbeziehung. Laster und „Verirrungen" in unseren Hobbies (z.B. Pornographie). Unserem Kind geht es geistig schlecht, vielleicht aus Angst vor einer Prüfung, aus Liebeskummer oder gesundheitlichen Problemen. Gefahr für eines unserer Kinder im Zusammenhang mit dem Wasser oder Risiken aufgrund Drogenkonsums. Verwirrendes Liebesleben. Möglicher Beginn einer außerehelichen Beziehung oder Entdeckung eines Betrugs durch unseren Partner.

Im sechsten Haus bezieht sich Neptun hauptsächlich auf Ängste, Neurosen, Phobien jeder Art, oft ohne einen bestimmten Grund. Wir haben Angst vor Krankheiten, vor dem Arbeitsplatzverlust oder vor Konflikten mit den Arbeitskollegen. Allgemeine Sorgen in Bezug auf das Arbeitsumfeld. Verwirrungen in der Beziehung zu Mitarbeitern und Vorgesetzten. Ein Hausangestellter bereitet uns Sorgen. Unklares Verhalten eines Mitarbeiters oder existentielle Sorgen desselben. Flucht in Medikamente und Psychopharmaka, um eine Krankheit loszuwerden. Doppeltes Spiel in der Arbeit.

Im siebten Haus setzt Neptun den Akzent auf unsere Ängste in Bezug auf die Paarbeziehung und das Familienleben. Mögliche Neurose in Bezug auf den Partner. Angst vor einer Hochzeit oder vor einer Firmengründung. Sorgen im rechtlichen Bereich. Ängste wegen eines Ermittlungsbescheides. Wenig Klarheit in der Paarbeziehung oder im Verhältnis zu einem Geschäftspartner. Begangener oder erlittener Betrug. Probleme mit dem Gesetz wegen Aktivismus in Bezug auf politische Extremisten und Religionsfanatiker.

Im achten Haus kann Neptun bedeuten, dass wir Ängste aufgrund eines Trauerfalles entwickeln oder Angst vor dem Tod eines uns sehr lieben Menschen haben, der von einer schweren Krankheit betroffen ist. Neurosen und Phobien durch das Verkehren in Kreisen oder Gruppierungen, die Spiritismus, Okkultismus, schwarze Magie, etc. betreiben. Große finanzielle Sorgen. Ängste wegen bedeutender Schulden. Die Genehmigung einer Finanzierung raubt uns den Schlaf. Wir wissen nicht, wie wir die Monatsraten oder eine plötzlich aufgetauchte Steuer bezahlen sollen. Die Sorgen und

Ängste beeinflussen unser Sexualleben. Mögliche Überschwemmungen nach Grabungsarbeiten.

Im neunten Haus ermöglicht Neptun viele, wunderschöne Reisen in die Ferne, verstanden sowohl im geographisch-territorialen als auch im metaphysisch-transzendentalen Sinn. Großes Interesse für das Ausland und für Kreuzfahrten. Unsere Wünsche richten sich so weit nach oben wie möglich. Religiöse Gefühle, Transzendenz, Interesse für die Spiritualität in allen Formen. Praxis in Philosophie, Theologie, Yoga, orientalischen Kulturen, Astrologie und Esoterik. Neurosen, die uns bei einem Aufenthalt fern von zu Hause oder bei Reisen treffen und Flugangst. Gefahr für Schiffbrüche im Lauf des Jahres. Unglücke auf dem Wasser. Sorgen in Bezug auf das Studium. Verwirrtheit, die Verkehrsunfälle verursacht.

Im zehnten Haus steht Neptun für unsere Ängste in Bezug auf die Arbeit, die Sorge, sie zu verlieren, die Befürchtung, gefeuert zu werden oder auf der sozialen Leiter abzusteigen. Aus beruflichen Gründen kommen wir mit Flüssigkeiten, Alkohol, Medikamenten, Drogen (auch im ärztlichen Bereich), Magie, Astrologie, Kartenlegen, Handlesen, Parapsychologie und Esoterik in Kontakt. Beginn einer Geschäftsbeziehung mit kirchlichen Institutionen. Unsere Mutter erlebt eine Zeit der großen geistigen Anspannung, Ängste, Depression oder unser Verhältnis zu ihr wird beängstigend. Gefahr in Zusammenhang mit Wasser für unsere Mutter. Verwirrtheit beim Treffen beruflicher Entscheidungen.

Im elften Haus kann Neptun eine Gefahr im Zusammenhang mit Wasser für unsere Freunde bedeuten oder sogar einen Tod durch Ertrinken von Freunden oder Angehörigen (wenn alle anderen Hinweise des Solarhoroskops und der Transite eine so schwerwiegende Vorhersage zulassen). Freunde leiden an Depressionen oder vergiften sich mit Kaffee, Zigaretten, Alkohol und Drogen. Beängstigendes Verhältnis zu unseren Freunden. Wir befürchten stark, dass eine einflussreiche Person aufhört, uns zu unterstützen. Durch Ängste blockierte Projekte. Neue Freundschaften unter Artisten, Musikanten, Astrologen oder Glaubensvertretern, etc.

Im zwölften Haus bedeutet Neptun, dass die wichtigsten Prüfungen des Jahres sehr wahrscheinlich in Beziehung zu einem prekären geistigen Zustand, Unruhe, Ängsten und Sorgen jeder Art stehen. Wir erleiden Schäden durch das Aufsuchen von Priestern, falschen Magiern oder Astrologen, Philosophen, Okkultisten usw. Gefahr beim Kontakt mit Drogen oder Drogenabhängigen. Viele Gefahren bei Reisen auf dem Wasser. Krankenhausaufenthalt, besonders wegen Nervenproblemen. Ängste auf der ganzen Linie. Wenn die betroffene Person bereits etwas paranoid ist, dann wird das durch diese Konstellation noch verstärkt.

22.
Solar-Pluto in den Solarhäusern

Der Solar-Pluto stellt, wie schon erwähnt, keine besonders gefährliche oder feindselige Konstellation für den Betroffenen dar. Oft hat selbst Pluto im zwölften Haus in den vielen von mir beobachteten Fällen keinerlei schwerwiegende Ereignisse gebracht. Eine Ausnahme sind natürlich solche Fälle, bei denen gleichzeitig z.B. ein Aszendent im ersten Haus vorliegt, aber ist in solchen Fällen wirklich Pluto oder doch eher der Aszendent für die entstandenen Schäden verantwortlich? Ich neige hier eher zur letzteren Hypothese. Pluto scheint sich vor allen anderen Dingen im Verlauf des Jahres nicht so sehr auf berührbare Fakten zu konzentrieren, sondern drückt sich vielmehr auf psychologischer Ebene aus.

Im ersten Haus verstärkt Pluto den Willen des Betroffenen und bringt ihn in einigen Fällen dazu, überheblich zu werden. Arroganz, Aggressivität und Gewalt können die äußerste Grenze dieser Konstellation sein, wenn das Zusammenspiel des Themas und des Solarhoroskops dies bestätigen. Tendenz zu Übertreibungen und Übermaß. Größenwahn und Allmachtsphantasien.

Im zweiten Haus lässt uns Pluto unsere gesamte Aufmerksamkeit im finanziellen Bereich auf große Ziele ausrichten und lässt uns in den meisten Fällen den Anschluss an die uns möglichen Ziele verlieren. Wir neigen dazu, nur noch großartige Ziele zu verfolgen und die kleinen dagegen links liegen zu lassen, die uns eigentlich mehr Gewinn einbringen könnten. Mögliche Übertreibungen in den Ausgaben und merkliche finanzielle Schwierigkeiten. Wichtige Geschäfte und gewaltige Schulden.

Im dritten Haus kann Pluto ein großartiges Jahr für einen Bruder, Cousin oder Schwager ankündigen. Ein Jahr, in dem die erwähnten Personen im Rampenlicht stehen, berühmt werden, einen Traumjob bekommen oder an einem wichtigen Projekt arbeiten können. Im Negativen weist Pluto auf eine schwere Prüfung für einen Angehörigen oder dessen Verwicklung in einen Skandal, besonders sexueller Art, Konflikte mit dem Gesetz oder große psychologische Probleme desselben hin. Wir kaufen ein sehr teures Auto oder stehen unter dem Risiko eines Autounfalls oder Autodiebstahls.

Im vierten Haus kann Pluto auf eine Schenkung, das Erbe oder den Kauf einer Immobilie hinweisen. Große Umbauarbeiten am Haus, im Büro oder im Laboratorium. Gefahr für Verlust des Hauses oder Kündigung. Probleme mit der Rückzahlung eines Darlehens. Erhebliche Schäden aufgrund natürlicher Ereignisse. Großer Erfolg für ein Elternteil, vor allem für den Vater, oder schwere Krankheit für ihn. Das Verhältnis zu unseren Eltern könnte eine aggressive Wendung nehmen.

Im fünften Haus kann die Anwesenheit von Pluto im Solarhoroskop für eine große und gewaltige Verliebtheit stehen, die uns umhaut oder die uns quält. Liebe zu plutonischen oder skorpionischen, möglicherweise kriminellen Persönlichkeiten. Starke sexuelle Leidenschaft. Sexualität in allen Formen, auch in wenig orthodoxer Art und Weise. Großer Erfolg eines unserer Kinder in der Schule, im Sport oder bei der Arbeit. Gefahr für eines unserer Kinder oder Kummer wegen ihm. Eine wichtige Prüfung für das Kind. Aufnahme unzulässiger Hobbies.

Im sechsten Haus kann Pluto eine ernste Krankheit bedeuten, aber wie bereits erklärt, habe ich diese Konstellation selten als gefährlich empfunden und ihre negative Wirkung ist hundert Mal schwächer als die von Mars in den bösartigen Häusern, bösartig mit oder ohne Anführungszeichen. Mögliche „wundersame" Heilung. Große Schwierigkeiten mit einem Angestellten. Einer unserer Angestellten stellt sich als kriminell, als sexueller Triebtäter, geistig gestört, heftig neurotisch oder okkult besessen heraus. Es erwartet uns eine wichtige Aufgabe im beruflichen Bereich.

Im siebten Haus könnte Pluto auf eine Hochzeit hinweisen, aber meiner Erfahrung nach kann der Stern in den Solarhäusern alleine für sich genommen fast nichts bewirken, während er zusammen mit anderen starken Werten dazu beiträgt, ein Jahr auf spektakuläre Weise zu kennzeichnen. Mögliche Trennung oder Scheidung, Auflösung einer Firma. Der Ehe- oder ein Geschäftspartner haben Schwierigkeiten mit dem Gesetz, vielleicht wegen krimineller Handlungen. Wir fühlen uns zu plutonischen Personen hingezogen. Ärger mit dem Gesetz, ein großer Prozess.

Im achten Haus kann Pluto auf einen bedeutenden Trauerfall, eine schwere psychologische Krise, die uns in Folge eines Trauerfalls zu Boden wirft, oder starke Ängste in Beziehung zu unserem eigenen Tod oder dem Tod eines lieben Menschen hinweisen. Starker oder ungesunder Sexualtrieb. Im anderen Fall liegt das Gegenteil vor: Impotenz oder vorübergehende Blockaden aufgrund Frigidität. Große Summen werden im Spiel verloren oder wir werden ausgeraubt. Schäden aufgrund Diebstahls, Betrugs oder nie zurück gezahlte Leihgaben. Finanzielle Probleme aus verschiedenen Gründen. Möglicher Gewinn beim Spiel oder bedeutendes Erbe.

Im neunten Haus kündigt uns Pluto eine mögliche lange Reise und dauerhafte Aufenthalte im Ausland oder zumindest weit weg von zu Hause an. Ein Ausländer oder Auswärtiger spielt in diesem Jahr eine bedeutende Rolle. Ein Angehöriger, der weit weg wohnt, meldet sich oder wir verreisen wegen einer chirurgischen Operation, die an uns selbst oder an einem lieben Menschen vorgenommen werden muss. Mögliche wichtige Universitätsstudien oder kulturelle Forschungen in Philosophie, Theologie, Esoterik, orientalischen Kulturen, Astrologie, usw. Gefahr von Unfällen auf einer Reise.

Im zehnten Haus kann Pluto für eine wichtige berufliche Aufgabe, eine wichtige neue Arbeitsstelle, eine Gehaltserhöhung oder einen Aufstieg auf der Karriereleiter stehen. Möglich ist eine wichtige und entscheidende Wende in unserem Beruf oder eine tiefe Krise in der Arbeit. Sozialer Abstieg, Verlust an Ansehen oder an Beliebtheit. Unsere Mutter leidet an starken neurotischen und obsessiven Problemen. Schwere Krankheit unserer Mutter oder ein Bruch im Verhältnis zu ihr.

Pluto im elften Haus kann ein Zeichen für einen schweren Trauerfall im Laufe des Jahres sein, aber nicht notwendigerweise geht es hierbei um einen Angehörigen. Eine wichtige und einflussreiche Persönlichkeit unterstützt uns beträchtlich, was unsere soziale und berufliche Stellung maßgeblich verbessert. Verlust eines wertvollen Gönners. Neue wichtige Freundschaften. Lautstarkes Ende einer Freundschaft. Überentwickelte Projekte.

Im zwölften Haus müssen wir uns auf einige Prüfungen mit endloser Reichweite gefasst machen, deren Schäden aber nicht viel größer sind, als jene der anderen elf Häuser. Mögliche wichtige Prüfung im Jahresverlauf. Weiterhin psychische, neurotische, aggressive und sexuelle Probleme. Zerstörerische und selbstzerstörerische Impulse. Möglich ist Gewalt gegen uns oder von uns ausgehend. Prüfungen in Bezug auf Religion, Magie, Astrologie, Okkultismus.

23.
Der Gefährlichkeitsindex eines Jahres

Was ist der *Gefährlichkeitsindex des Jahres* und wie wird er gelesen? Wir sagen gleich, dass er in der umfassenden Lektüre der Transite und der Sonnenrevolutionen nicht unentbehrlich für die Bestimmung des Gefährlichkeitsgrades eines bestimmten Jahres für eine betroffene Person ist. Er ist nicht unentbehrlich, aber nützlich. Luigi Miele und ich haben gemeinsam dieses Programm (*Scanner*), das Teil der Gruppe aus Programmen *Astral* bildet, vorbereitet, um den Forschern behilflich zu sein, die von einem absolut objektiven Faktor als Referenzpunkt in einer sicherlich auch subjektive Analyseelemente enthaltenden Bewertung bei der von mir in diesem und in anderen Büchern vorgeschlagenen Analyse bestätigt werden wollen. Mit anderen Worten haben wir den Gelehrten eine Zahl zur Verfügung gestellt, die in ihrer Synthese die genaue Gefährlichkeitsziffer eines Jahres ist. Ich wiederhole also, dass diese Ziffer nicht unentbehrlich ist, sich aber neben den in diesem Text aufgestellten Regeln einreiht, um bei der Dechiffrierung der Hauptereignisse eines Jahres zu helfen. Sie legt den Grad der Gefährlichkeit des Jahres fest und nicht den positiven Wert desselben. Ich möchte diesen Punkt stark unterstreichen, damit beobachtet werden kann, dass der positive Wert für jedes Jahr (in den folgenden 100 Beispielen) gleich nach dem negativen nur einen anschaulichen Zweck verfolgt und lediglich der Referenz dienen soll. Ihm soll in keiner Weise die gleiche Wichtigkeit beigemessen werden, wie der negativen Punktzahl, die eine hohe Nachprüfbarkeit aufweist. Damit will ich ganz einfach sagen, dass der positive Index nicht funktioniert (die Erklärung hierfür wäre zu lang, aber grundsätzlich kann ich bemerken, dass es das erklärte Ziel des vorliegenden Buches ist, die gefährlichen Elemente aufzuzeigen und nicht die positiven, wie im Vorwort erklärt).

Dem Gesagten muss ich hinzufügen, dass der Gefährlichkeitsindex des

Jahres, der in einem Algorhythmus alle im ersten Kapitel ausgeführten Regeln umfasst, nicht ein „Urteil Gottes" sein will, sondern ein sehr präzises Warnungsparameter zur Gefährlichkeit eines Jahres für den Betroffenen darstellen soll. Um diese Punktzahl zu verstehen, müssen wir sie in drei Bereiche aufteilen:

A) Zwischen 60 und 100 Punkten ist der Index sehr hoch und bedeutet unvermeidlich dramatische Jahre für den Betroffenen. Wie Sie an den später folgenden 100 Beispielen sehen werden, besteht kein Zweifel an dieser Allgemeingültigkeit. Der Anwender der Software kann einen solchen Wert in einem Studienobjekt ohne große Umschweife wie eine Art Geiger-Zähler nutzen, der Alarm schlägt, sobald der Wert eine Obergrenze überschreitet. In der Beispielübersicht können Sie dramatische Ereignisse jeder Art lesen und bewerten; Ereignisse, die nicht den geringsten Zweifel an der in diesem Buch nach meiner Methode vorgeschlagenen Lektüre der Vorkommnisse lassen sollten. Darunter finden wir vorwiegend Beispiele aus der italienischen Realität, wie die Verhaftung Benito Mussolinis (84), den Zusammensturz des Mythos Craxi (90), die Verhaftung des Moderators Gigi Sabani (84), den Ermittlungsbescheid für den Politiker Giulio Andreotti (70), die Anklage wegen Kindesmissbrauchs gegen Woody Allen (74), die fürchterliche Weltmeisterschaft von Diego Armando Maradona (84), lebenslängliche Haft für das „Monster von Florenz" Pacciani (78), den Selbstmordversuch der Sängerin Loredana Bertè (72), den Rücktritt des Bürgermeisters Diego Novelli nach der Turiner Schmiergeldaffäre (74), die Verhaftung des Mafiabosses Badalmenti (98), den Beinbruch der Schauspielerin Mara Venier (76), den schweren Unfall der Schauspielerin Paola Borboni (98), die Verhaftung von Indira Gandhi (62), die lebenslängliche Haft des Faschisten Franco Freda (84), den Verkehrsunfall des Fußballtrainers Gigi Radice (66), die tiefe Trauer des Winston Churchill (64), der gleiche Trauerfall aus der Sicht Sigmund Freuds (60), die Klage wegen Drogenabhängigkeit gegen den Sohn der Künstlerin Adele Faccio (88), die Verhaftung von Angelo und Alberto Rizzoli (76), die spektakuläre Verhaftung von Enzo Tortora (84), das Urteil wegen Betrugs zu Lasten des Finanziers Franco Ambrosio (84) und den Herzinfarkt von Fiat-Chef Gianni Agnelli (70). Ich möchte mich an dieser Stelle dafür entschuldigen, dass dies immer noch sehr wenig Beispiele sind.

B) Zwischen 40 und 60 ist die Punktzahl noch immer sehr hoch und spiegelt ebenso schwere und harte Jahre wider, wenn auch um eine Oktave tiefer. Hierfür finden sich Beispiele, wie das Beinschuss-Attentat auf den Journalisten und Historiker Indro Montanelli (50), der Beinbruch von Fiat-Chef Gianni Agnelli (50), das Attentat auf Ronald Reagan (42), der Trauerfall von Viktor Emanuel (52), die Herzoperation von Gianni Agnelli (52), der große Protest gegen den Bischof von Palermo Kardinal Pappalardo (52), der Haftbefehl für den Geschäftsmann Francesco Pazienza (46), das Urteil zu 15 Jahren Haft für den Rotbrigadisten Renato Curcio (56), die Verhaftung von Viktor Emanuel von Savoyen (42), die Verurteilung der Journalistin Camilla Cederna (50) und der politische Sturz von Claudio Martelli (52).

C) Wenn der Wert zwischen 20 und 40 liegt, ist nach wie vor Achtung geboten. Der Gefährlichkeitsindex des Jahres weist auch hier auf wichtige und schwerwiegende Ereignisse hin, aber nur zu einer Bedingung, und daher unterscheiden wir zwischen zwei Situationen. Wenn innerhalb dieser Punktzahl die Transite schlimm sind, die Solar-Revolution aber keine Gefahrenelemente aufweist (in Anlehnung an all das, was in diesem Buch gesagt wird), kann man quasi zu 100 Prozent sicher sein, dass dem Betroffenen nichts Dramatisches zustoßen wird. Wenn im umgekehrten Fall die Transite unbedeutend oder weniger „bösartig" sind, die Solar-Revolution aber auch nur ein einziges Besorgnis erregendes Element aufweist (zum Beispiel einen Solaraszendenten im ersten, sechsten oder zwölften Radixhaus), so ist die Situation in jedem Fall gefährlich. Hier können wir folgende Beispiele nennen: den Unfall der Schriftstellerin Dacia Maraini (32), die schlimme Tat des Schauspielers Carmelo Bene, der seine Frau schlägt (20, dieses Beispiel sollte aufmerksam gelesen werden), die Probleme des Sohnes von Schauspieler Paolo Villaggio (34), die Entführung des Spitzenpolitikers Aldo Moro (32), die Beschuldigung des Dirigenten Claudio Abbado (28), die Anklage wegen Amtsvergehens gegen den Politiker Giovanni Leone (36), die Verhaftung wegen Drogenbesitzes zu Lasten des Sängers Franco Califano (30), das Urteil der Terroristin Adriana Faranda (26), die Beschlagnahme des Romans *Desideria* von Alberto Moravia (36), die lebenslängliche Haft der diabolischen Geliebten Franca Ballarani (34), die Verhaftung der Terroristin Susanna Ronconi (34), die Verhaftung des Rotbrigadisten Patrizio Peci (26), die Beschuldigung der Fußballer Albertosi (40) und Savoldi (30), die Verwundung des Banditen Renato Vallanzasca (32), die Scheidung der Caroline von Monaco (36), die Verhaftung des Anführers der Roten Brigaden, Mario Moretti, auf den Haftbefehl des Anführers der Freimaurerloge, Licio Gelli, hin (32).

All dem möchte ich Eines hinzufügen: wenn der Gefährlichkeitsindex innerhalb der erwähnten Intervalle liegt, so ist nicht gesagt, dass im Laufe des Jahres von einem Geburtstag zum anderen unbedingt ein dramatisches Ereignis passieren muss, umgekehrt ist es aber sicher - und ich wage zu behaupten, zu 100 Prozent - dass, wenn etwas Dramatisches passiert, wir mit Sicherheit einen hohen Gefährlichkeitsindex vorfinden werden. Hier wie überall in der Astrologie sind wir nicht in der Lage, das Funktionieren dieser „merkwürdigen Maschinerie" zu 100 Prozent zu erklären, aber mit den im vorliegenden Band ausgearbeiteten Regeln glaube ich, weitgehend zuverlässige Indikatoren für die wichtigen Ereignisse eines Jahres zur Verfügung gestellt zu haben. Meine Arbeit und die meiner Schüler und Leser hat mich in vielen Jahren in dieser Idee bestätigt und ich hoffe immer wieder auf neue Bestätigung. Mein größter Ehrgeiz ist es nicht, den absoluten Schlüssel zur Lektüre der Astrologie zu liefern, sondern die Grundregeln für eine fachliche Lektüre festzulegen, die in der Lage ist, die Arbeit der Astrologen umfassend zu lenken.

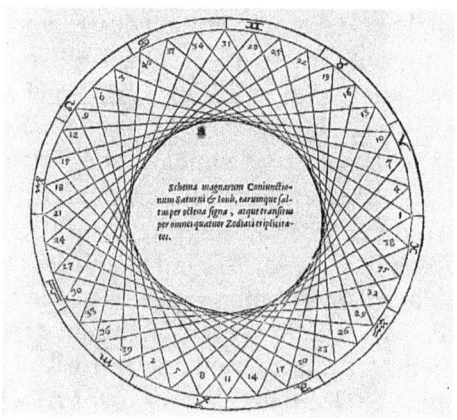

24.
Beispielgrafiken

Vorwort zu den Grafiken

Die nun folgenden hundert Beispiele sind der Geschichte und keinem persönlichen Archiv entnommen. So wollten wir eine Kritik vermeiden, die uns andernfalls leicht hätte treffen können - nämlich, dass wir nicht zu überprüfende Fälle erfunden hätten.

Die Aufstellung wurde folgendermaßen festgelegt: zuerst wollten wir sehr viele Beispiele anführen (ca. drei- bis vierhundert), dann ist uns aber bewusst geworden, dass so ein schwer zu lesendes und zu verstehendes Werk entstanden wäre und haben daher in der gekürzten Fassung nur einige Jahre berücksichtigt und viele andere Jahre beiseite gelassen.

Unsere wichtigste Informationsquelle waren die Jahrbücher der *Storia Illustrata*, ein wirklich wertvolles Archiv an Fakten und Daten. Diese Informationen haben wir mit den Daten aus den Archiven von Bordoni, Rodden und aus unserem eigenen Archiv vervollständigt. Angesichts der im Vorwort dieses Buches geklärten Prämissen haben wir uns auf die „negativen" Fälle beschränkt und die anderen außer Acht gelassen. Für einen besseren Vergleich haben wir jedoch einige wenige Fälle angenehmer Ereignisse eingefügt.

Sie werden außerdem bemerken, dass nur sehr wenige Todesfälle vorgestellt sind, da wir davon überzeugt sind, dass der direkte Tod einer Person schwer vorherzusehen ist, während man einen Trauerfall in der Familie sehr viel leichter voraussehen kann (auch hierzu werden Sie einige Beispiele finden).

Die Genauigkeit der Berechnungen und die Klarheit der Grafiken ist den astrologischen Computerprogrammen *ASTRAL* zu verdanken.

DIE VERHAFTUNG VON MUSSOLINI

Gleich nach Ende des Winters 1943 bemerkte Benito Mussolini die Schatten, die sich über seinem Haupt zusammenzogen und die sich am 25. Juli bewahrheiten sollten, als er vom König abgesetzt, verhaftet und auf den *Gran Sasso d'Italia* gebracht wurde. Zu bemerken ist hierbei, dass sich am 1. August 1943 um 4:06 Uhr GMT eine Sonnenfinsternis gebildet hat - ein Ereignis, dem traditionsgemäß weit reichende negative Folgen auf das Leben von Monarchen und Herrschern im Allgemeinen beigemessen werden. Betrachten wir nun die Transite. Pluto lag etwa auf 6° in Löwe, der Geburtssonne und dem Geburtsmerkur praktisch gegenüber. Neptun formte ein Sesquiquadrat mit dem Radixmars. Uranus befand sich ungefähr auf 8° in Zwilling und zog an der Geburts-Konjunktion Mond-Mars-Saturn vorüber. Saturn war auf ungefähr 22° in Zwilling und unserer Ansicht nach nicht so wichtig in seiner Funktion als Quadrat mit dem Radixuranus, da er ins 8. Haus einging, das Haus vom Ende der Dinge. Auch Jupiter stand in fast perfekter Konjunktion zur Geburtssonne. Welcher Astrologe hätte also voraussehen können, was passieren würde, ohne die Sonnenrevolution nach unserer Methode zu lesen? Die in diesem Zeitraum wirkende Solar-Revolution zeigt uns die Sonne im sechsten Haus, was schon für sich genommen fürchterlich und zerstörerisch ist und einen speziell für einen Politiker ebenso sehr schlimmen Mars im siebten Haus. Er befand sich zudem wenige Tage vor seinem Geburtstag und wer meine Theorien aus anderen Büchern kennt, weiß, wieviel Wichtigkeit ich diesem Faktor beimesse. Letztendlich liegt die mit dieser Methode erreichte negative Punktzahl bei Discepolo-Miele auf 84, mit einem positiven Unterergebnis von 32. Der komplette Fall scheint uns ziemlich klar und aus astrologischer Sicht bemerkenswert zu sein.

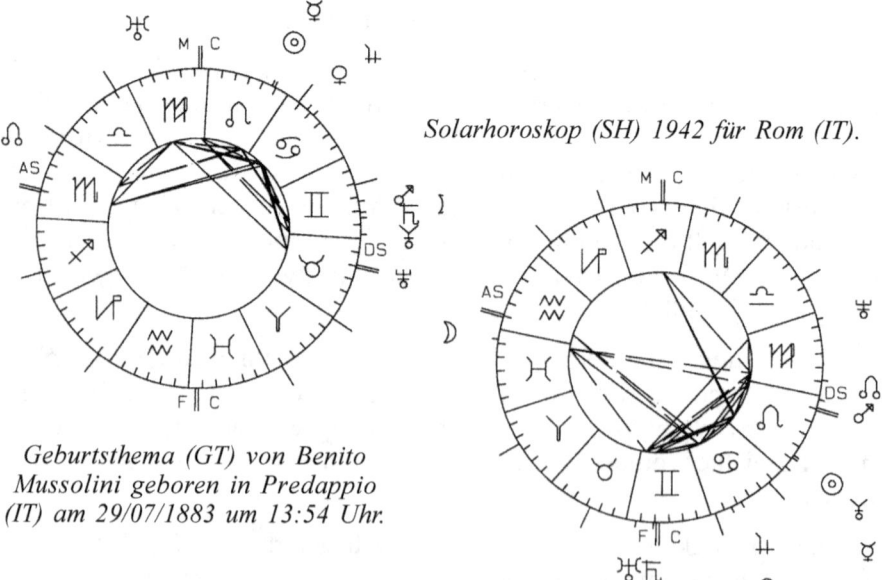

Solarhoroskop (SH) 1942 für Rom (IT).

Geburtsthema (GT) von Benito Mussolini geboren in Predappio (IT) am 29/07/1883 um 13:54 Uhr.

DER TOD VON MUSSOLINI

Betrachten wir nun das tragische Ende des Diktators aus der Region Emilia-Romgna, der in Dongo zunächst am 27. April verhaftet und am 28. des gleichen Monats im Jahr 1945 durch Erschießung den Tod fand. Pluto zeigte sich nicht, bei den Transiten stand Neptun im Sextil zur Radixsonne. Hierbei sollten wir uns daran erinnern, dass der harmonische Transit eines langsamen Planeten in Bezug zu einem Gestirn manchmal ein schwerwiegendes Ereignis mit sich bringt. Uranus, auf circa 11° in Zwilling, verweilte seit ca. 2 Jahren noch immer auf der tödlichen Geburts-Konjunktion Mond-Mars-Saturn. Ansonsten ist fast nichts weiter zu vermerken. Jetzt werfen wir einen Blick auf die Solar-Revolution und sehen (für das Jahr 1944 und somit für den Zeitraum, den wir betrachten) einen Solaraszendenten auf ungefähr 8° in Jungfrau im zehnten Haus. Ein Solaraszendent im zehnten Haus mit negativen Transiten ist sehr gefährlich und nicht weniger gefährlich ist Mars in Konjunktion mit dem Solar-Aszendenten und das Stellium aus 4 Sternen zwischen dem zwölften und dem ersten Haus. Der objektive Beweis hierzu ist die ziemlich hohe negative Punktzahl von Discepolo-Miele: 64 (40 positiv).

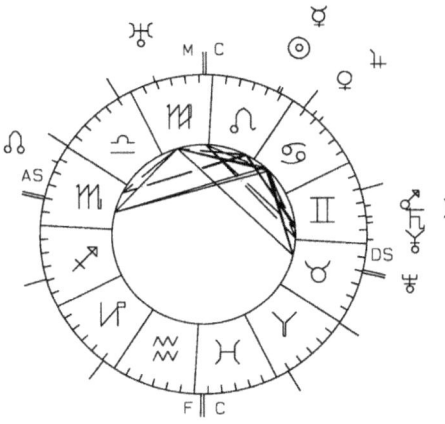

Geburtsthema (GT) von Benito Mussolini geboren in Predappio (IT) am 29/07/1883 um 13:54 Uhr.

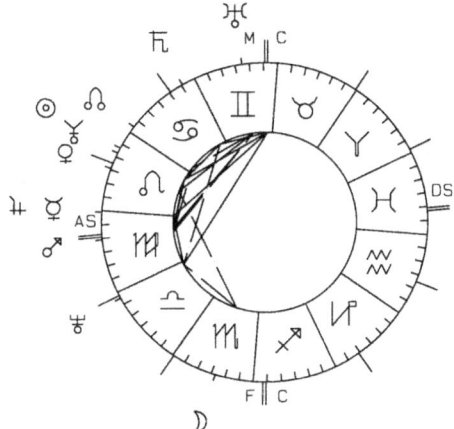

Solarhoroskop (SH) 1944 für Como (IT).

DIE GLEICHE TRAGÖDIE AUS DER SICHT VON CLARETTA PETACCI

Betrachten wir dieselbe Tragödie der vorhergehenden Seiten aus der Sicht von der Geliebten Mussolinis - Claretta Petacci. Sie zeigt die Ergebenheit für den Mann, den sie bis zum Letzten geliebt hat. Ende Juli 1943 lag Pluto im Transit in genauer Opposition zu ihrer Venus und zu ihrem MC. Neptun trigonierte den Aszendenten (Ängste kann man auch mit den Trigonen haben) und Uranus befand sich ungefähr auf 8° in Zwilling, In Konjunktion mit ihrem Mars im ersten Haus oHohOund im Quadrat zur Radixsonne. Die betreffende Solar-Revolution weist uns einen Aszendenten im sechsten Haus. Zusammenfassend war das negative Ergebnis 48, das positive 22.

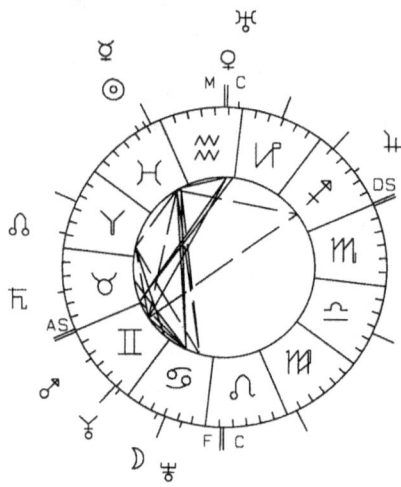

Geburtsthema (GT) von Claretta Petacci geboren in Rom (IT) am 28/02/1912 um 10:15 Uhr.

Solarhoroskop (SH) 1943 für Rom (IT).

ALLE LICHTER ERLISCHEN

Die Partisanen drängten vorwärts und Claretta wusste, dass sie viel riskierte, wenn sie an der Seite ihres alten und kranken Gefährten bliebe. Aber wie eine perfekte im Zeichen der Fische Geborene sorgte sie sich bis zum letzten Augenblick um ihn, als sie beide in den letzten Apriltagen 1945 in Dongo (Como) gefangen genommen und hingerichtet wurden. Uranus war genau auf 11° in Zwilling und von Mars im ersten Haus beeinflusst. Wir alle wissen, dass Mars im ersten Haus in einigen Fällen ein Hinweis für einen gewalttätigen Tod ist, in diesem Fall war es tatsächlich so. Uranus stand außerdem im Quadrat zur Sonne. Saturn war auf 7° in Krebs und in Konjunktion mit dem Mond (würden Sie Umlaufbahnen von 5° weglassen, wie es einige deutsche Astrologen tun?). Die Solar-Revolution war ein Meisterwerk: Aszendent im ersten Haus, die Sonne im elften Haus (Trauer und Tod) und Uranus und Mars an den Winkeln des Himmels. Der Index der Gefährlichkeit des Jahres stand bei 46, entgegen einem positiven Ergebnis von 26.

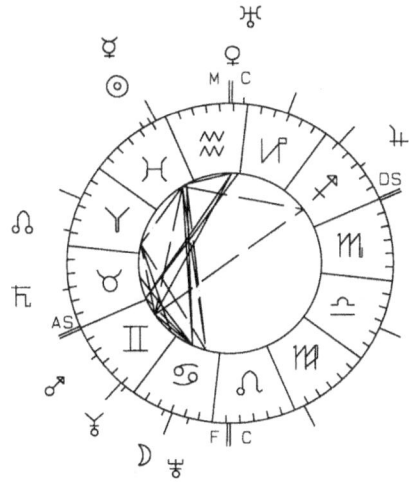

GT von Claretta Petacci geboren in Rom (IT) am 28/02/1912 um 10:15 Uhr.

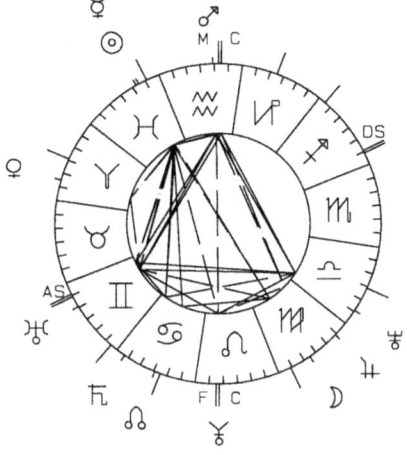

SH 1945 für Rom (IT).

DER ZUSAMMENBRUCH DES MYTHOS CRAXI

Der Sturz von Craxi verlief wie nach Handbuch. Der sozialistische Anführer tritt am 11. Februar 1993, wenige Tage vor seinem Geburtstag, zurück (an den Tagen um den Geburtstag ist immer Vorsicht geboten). Er tut dies nach 16½-jähriger Führung und nachdem er seine Partei auf den 2. Platz in Italien gebracht hatte. Pluto auf 25° stand in enger Konjunktion zum MC (im gesamten Buch runde ich immer um ca. einen Grad auf oder ab, da ich diesen Unterschied für nicht so wichtig halte), während sich Neptun und Uranus, beide auf 20°, hinter dem Aszendenten befanden. Genau deswegen können wir letzteren um ungefähr 5° vorziehen. Saturn zum Radixsaturn lag auf 21° in Wassermann. Mars auf ungefähr 8° in Krebs zum Radixmond. Die Solar-Revolution 1992/93 ist ein Meisterwerk seiner Art: Der Aszendent im ersten Haus und die Sonne sowie ein Stellium (mit zwei Bösewichten) im zwölften Haus! Der Gefährlichkeitsindex (nach der Methode von Discepolo und Miele) war sehr hoch und erreichte einen Grad von 90 (zu 22 als positiven Wert).

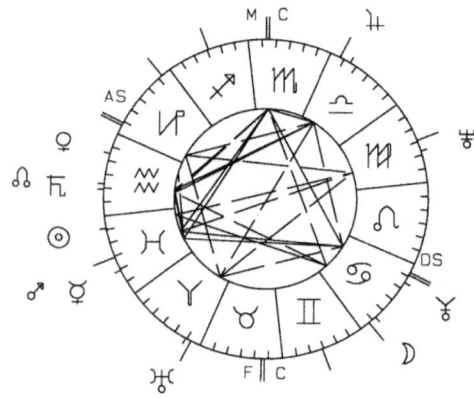

GT von Bettino Craxi geboren in Mailand (IT) am 24/02/1934 um 05:30 Uhr.

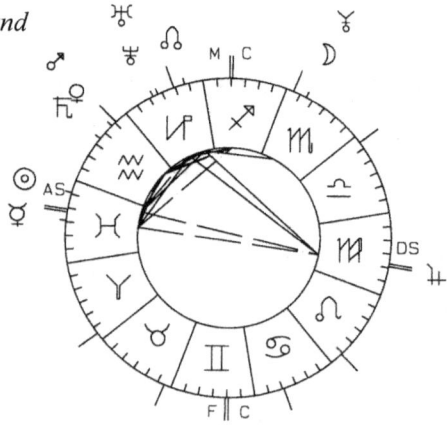

SH 1992/1993 für Rom (IT).

AUCH DER NACHFOLGER STÜRZT

Auch die Schmiergeldaffäre um den Nachfolger von Craxi verlief nicht ganz schmerzfrei. Am 10. Februar 1993 musste der Justizminister aufgrund eines Skandals zurücktreten, der fast alle Spitzenvertreter auf Regierungsebene jener Zeit betraf. Pluto, auf 25° in Skorpion, stand im Quadrat zum Geburts-MC des Ex-Ministers, Uranus und Neptun befanden sich auf 20° in Steinbock, im Sesquiquadrat zum Radixuranus der zu diesem Zeitpunkt bereits nur noch Nummer zwei aus der *Via del Corso*. Saturn, auf 20° in Wassermann befand sich dem Radixjupiter gegenüber. Die Solar-Revolution 92/93 zeigt uns eine Sonne im zwölften Haus! Der Gefährlichkeitsindex des Jahres lag bei 52 gegenüber einem positiven Ergebnis von 12.

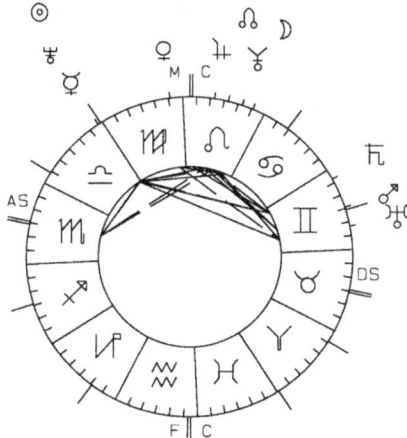

GT von Claudio Martelli geboren in Mailand (IT) am 24/09/1943 um 11:00 Uhr.

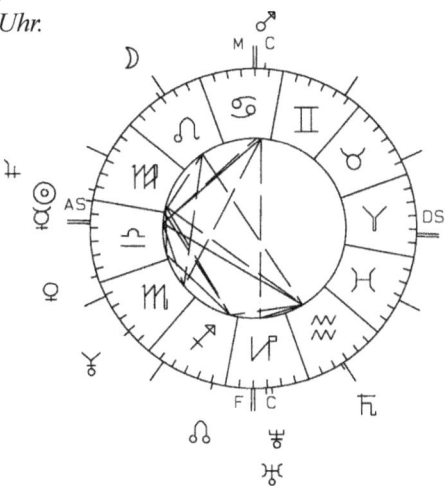

SH 1992/1993 für Rom (IT).

DE LORENZOS ABSTURZ

Der Anfang vom (politischen) Ende des Francesco De Lorenzo war langsam. Einige könnten sagen, das läge daran, dass die Transite nichts zu befürchten ließen (sie waren tatsächlich nicht so tödlich oder gefährlich), andere sagen, der oft als arrogant bezeichnete Politiker habe den Skandal nicht richtig einschätzen können. Hätte ein Kollege eine Prognose ohne Bezugnahme auf die Solar-Revolutionen aufgestellt, so wäre er sogar zu dem Schluss gekommen, dass die betreffende Person kurz vor einem für sie positiven Jahr gestanden hätte. Aber die Sonnenrevolution sagt nie etwas Falsches aus: der Aszendent lag im ersten Haus! Als Transite treffen wir auf eine Opposition Radixpluto-Radixmerkur und ein Quadrat von Uranus und Neptun im MC. Auch Saturn quadrierte Merkur. Der Gefährlichkeitsindex lag in diesem Jahr bei 30 zu 28. De Lorenzo trat am 19. Februar 1993 von seinem Amt als Gesundheitsminister zurück.

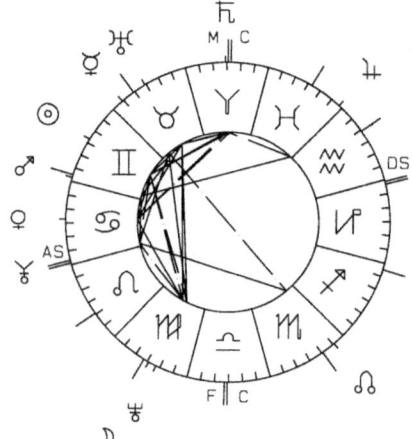

GT von Francesco De Lorenzo geboren in Neapel (IT) am 05/06/1938 um 08:00 Uhr.

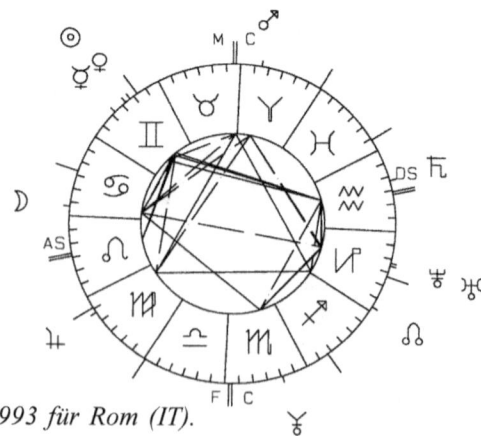

SH 1992/1993 für Rom (IT).

DIE WUNDMALE DES PATER PIO

Père Pio, l'un des personnages les plus fascinants qui m'ait été donné d'étudier d'un point de vue astrologique (*Portrait de célébrité*, Recherche '90). Le 20 septembre 1918 l'humble frère de Pietrelcina a reçu les stigmates. L'événement peut être vu de différentes façons, y compris avec un grand éclat de rire comme le ferait ces messieurs du CICAP (Piero Angela et sa clique) si on leur posait la question. Pour ce qui me concerne, bien que n'ayant pas de convictions infaillibles en matière de foi, j'interprète la chose avec le plus grand respect et je remarque que ce très grand homme fruste l'a vécue avec un tourment intérieur d'une ampleur exceptionnelle. Ce jour-là, Pluton à 7° en Cancer était exactement sur la Lune radicale du sujet. Neptune à 9° en Lion formait un carré à l'Ascendant. Uranus à 25° en Verseau envoyait un carré à cette étroite et fantastique conjonction de naissance Mars-Neptune qui explique une partie du mystère Père Pio. Saturne à 23° en Lion carré de l'autre côté et Mars s'y opposait de la Maison I. Dans la RS nous trouvons le Soleil en Maison XII. L'indice de „dangerosité" de l'année était très élevé : 68 sur 32.

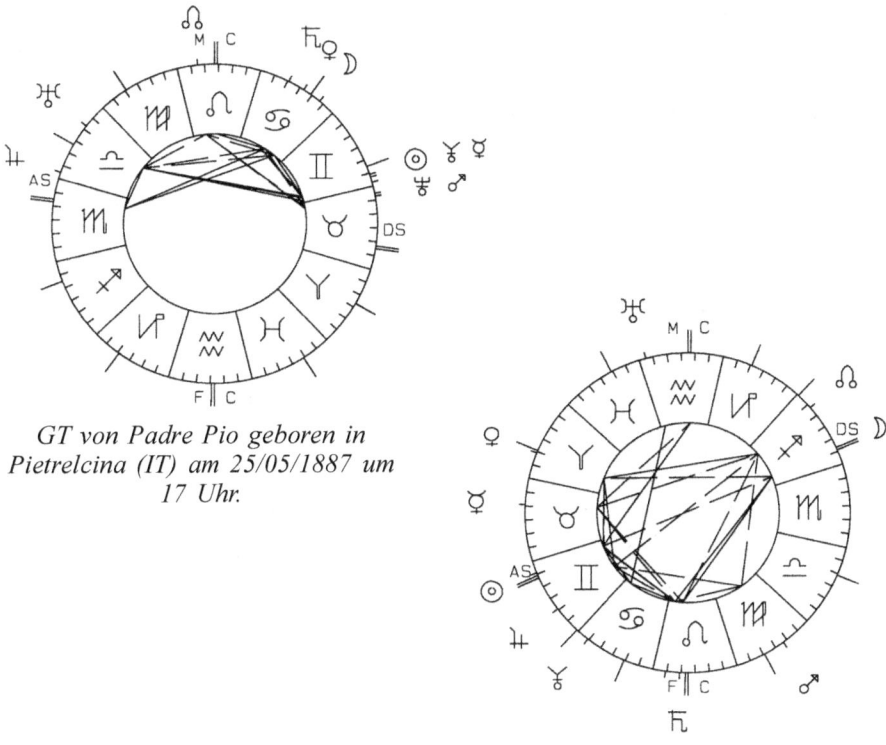

GT von Padre Pio geboren in Pietrelcina (IT) am 25/05/1887 um 17 Uhr.

SH 1918 für Pietrelcina (IT).

ROTLICHTSKANDAL UM GIGI SABANI

In der brütenden Sommerhitze im Juli 1996, als die italienische Politik die Sommerpause einlegte, ereignete sich der Skandal „Sabani-Merola", bei dem die beiden Moderatoren bezichtigt wurden, von jungen Teilnehmerinnen bei Schönheitswettbewerben sexuelle Leistungen gegen eine bessere Beurteilung bei den Wahlen zu zahlreichen Schönheitspreisen zu fordern. Sabani wurde verhaftet und als er aus dem Gefängnis kam, sagte er aus: „meine Karriere und auch mein Leben sind zerstört". Wir wissen nicht, wieviele Tage die Haft angedauert hat und werden daher nur indikative Werte geben. Uranus, auf 3° in Wassermann, quadrierte seinen Geburtsmond und Saturn, auf 8° in Widder, setzte sich der Sonne in Opposition entgegen, die auch mit Jupiter ein Quadrat bildete. Mars lag dem Geburtsmars gegenüber. Das ist schon alles. Hätten Sie sich bei diesen Transiten eine solche Katastrophe vorgestellt? Wir nicht, aber eben doch bei der Betrachtung seiner Sonnenrevolution - und wie! Die Sonne befand sich im sechsten Solarhaus, der Solaraszendent befand sich im sechsten Radixhaus. Ein Stellium befand sich außerdem im sechsten Solarhaus. Habe ich nicht seit meinen ersten Veröffentlichungen betont, dass das sechste Haus in der Abfolge der negativen Häuser auf dem dritten Platz steht, nämlich gleich nach dem zwölften und dem ersten Haus? Zudem finden wir auch einen Mars im siebten Haus, dessen Gefährlichkeit in Bezug zu Konflikten mit dem Gesetz ich bereits ausführlich behandelt habe. Das Jahr war für Sabani sehr gefährlich: 84 zu 14.

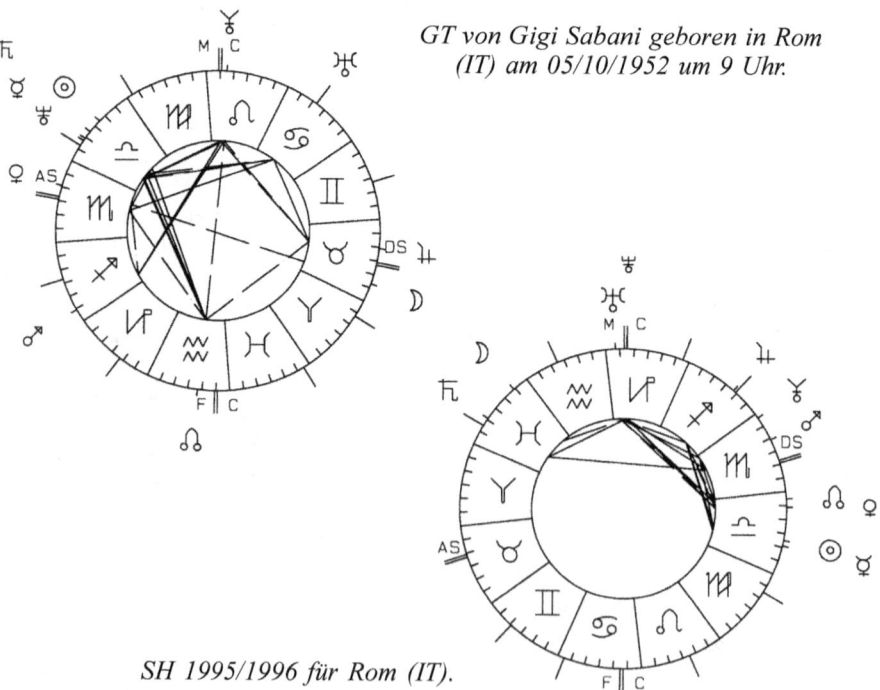

GT von Gigi Sabani geboren in Rom (IT) am 05/10/1952 um 9 Uhr.

SH 1995/1996 für Rom (IT).

IRENE ZIEHT IN DEN KRIEG

Im August 1996 wird Irene Pivetti buchstäblich von ihrer Partei *Lega Nord* hinausgeworfen. Nur wenige Monate zuvor hatte sie das dritte Amt des Staates verloren. Ein schwarzes Jahr für die ehemalige jüngste Präsidentin der Kammer. Pluto, ungefähr auf 1° in Schütze, lag zu Uranus im Quadrat. Saturn „saß" praktisch auf seinem Radixdeszendenten. Jupiter quadrierte den Aszendenten und den Deszendenten. Wahrlich etwas wenig, um so viel Macht auf einen Schlag zu verlieren. Aber bei Betrachtung der Solar-Revolution sehen wir, dass sich die Betroffene nichts Geringeres als den Aszendenten im zwölften Haus geholt hatte. Der Gefährlichkeitsindex des Jahres lag bei 44 zu 18.

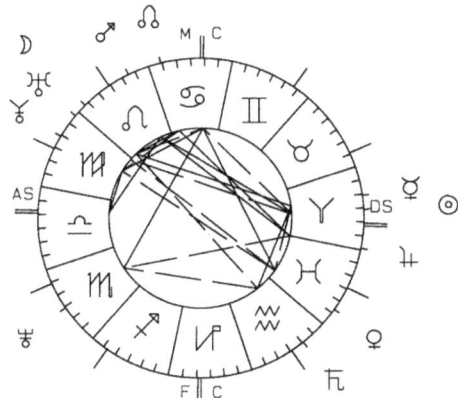

GT von Irene Pivetti geboren in Mailand (IT) am 04/04/1963 um 18:20 Uhr.

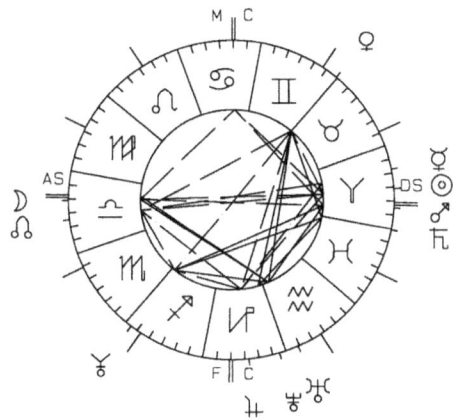

SH 1996 für Rom (IT).

ERMITTLUNGSBESCHEID FÜR GIULIO ANDREOTTI

Der Erfinder des Slogans: „Die Macht nützt jene ab, die sie nicht haben" bekam am 27. März 1993 einen Ermittlungsbescheid von den Richtern in Palermo, was wahrscheinlich seiner politischen Karriere das Ende setzte, auch wenn ihm keiner, wie wir glauben, jemals den Senatorensitz auf Lebenszeit nehmen kann. Pluto, auf 25° in Skorpion, quadriert den Geburtsuranus. Uranus und Neptun, auf ca. 21° in Steinbock, befinden sich fast genau über der Radixsonne. Saturn, auf 26° in Wassermann, liegt auf dem Geburtsuranus. Mars, 17° in Krebs, steht in großer Opposition zur Sonne. Und raten Sie mal, wo sich der Aszendent der Solar-Revolution befindet? Im zwölften Haus! Ebenfalls in der Solar-Revolution finden wir auch Mars im siebten Haus. Der Index der Gefährlichkeit liegt nun bei 70 zu 34.

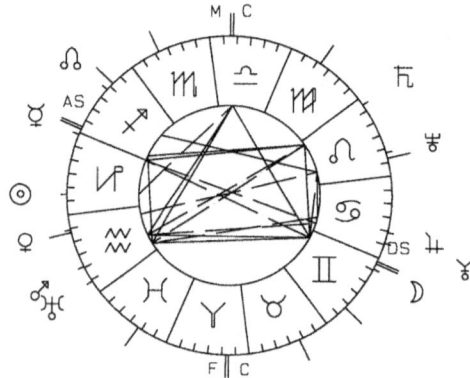

GT von Giulio Andreotti geboren in Rom (IT) am 14/01/1919 um 06 Uhr.

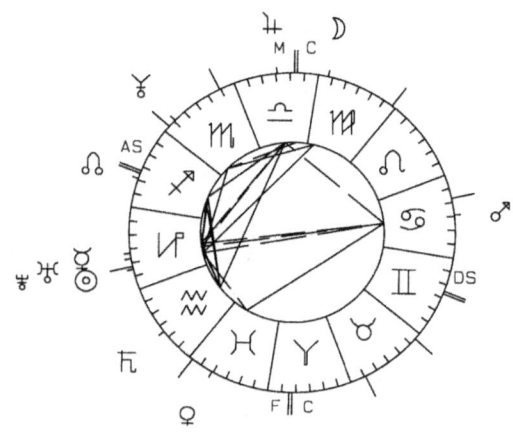

SH 1993 für Rom (IT).

WOODY ALLENS KLARINETTE GEHT DIE PUSTE AUS

Am 7. Juni 1993 wird Woody Allen von seiner Frau Mia Farrow wegen sexueller Belästigung einer ihrer Töchter angezeigt. Es ist ein schrecklicher Moment für den auf der ganzen Welt beliebten Regisseur. Es scheint ihm, als ob ihm der Boden unter den Füßen weggezogen wird. Pluto, auf 24° in Skorpion, quadriert den Radixmond perfekt. Uranus und Neptun, auf ungefähr 21° in Steinbock, stehen im Quadrat zur Venus und in Konjunktion zum Geburtsmars. Saturn steht auf 1° in Fische und befindet sich über dem Deszendenten. Jupiter steht im Trigon zum MC (das erklärt die große „Popularität" in diesem Augenblick). Mars, auf 21° in Löwe, steht dem Mond gegenüber. Das alles ist für sich genommen schon genug, um nicht einmal mehr die Solar-Revolution zu betrachten, wenn wir es aber doch tun, so finden wir eine bereits „bekannte Karte" vor: die Sonne der Revolution befindet sich im sechsten Haus. Der Index der Gefährlichkeit des Jahres liegt bei 74 zu 12.

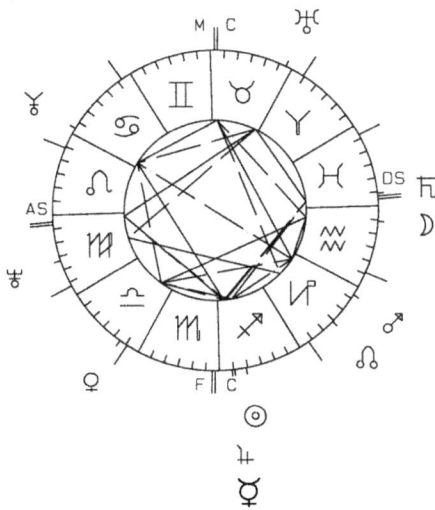

GT von Woody Allen geboren in New York (USA) am 01/12/1935 um 22:55 Uhr.

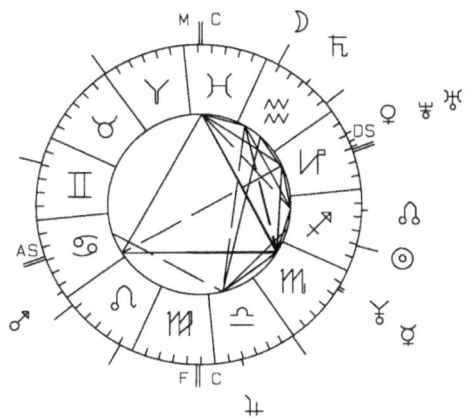

SH 1992/1993 für New York (USA).

BERTINOTTI WIRD ZUM SEKRETÄR ERNANNT

Am 23. Januar 1994 wird Fausto Bertinotti zum Sekretär der *Rifondazione Comunista* gewählt. Pluto steht auf 28° in Skorpion und man könnte sagen, im Trigon zur Sonne, aber - ganz ehrlich - erscheint uns die Umlaufbahn in diesem Fall ein wenig zu breit für diesen schrecklich langsamen Planeten. Ganz im Gegensatz dazu stehen Uranus und Neptun, auf 22° in Steinbock, in genauem Trigon zum MC. Saturn steht über dem Deszendenten. Jupiter, auf 13° in Skorpion, und bildet ein Sextil mit dem Mond. In der Solar-Revolution sehen wir die Sonne und ein Stellium im zehnten Haus. Der Index der Gefährlichkeit des Jahres liegt bei 24 zu 40. Kommen wir nun zu zwei kleinen Betrachtungen: 1) wie Sie sehen, ist der positive Wert des Gefährlichkeitsindex' fast doppelt so hoch wie der negative und es handelt sich um ein fröhliches Ereignis; 2) Mars im Solaraszendenten könnte schon Angst machen, aber da der negative Index nur wenig über der Schwelle von 20 liegt und halb so groß ist wie der positive Wert, hätte ein Astrologe, der nach der Discepolo-Miele-Methode gearbeitet hätte, die Situation besser einschätzen können.

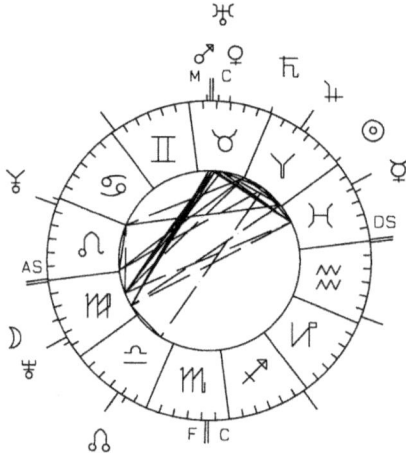

GT von Fausto Bertinotti geboren in Mailand (IT) am 22/03/1940 um 15:40 Uhr.

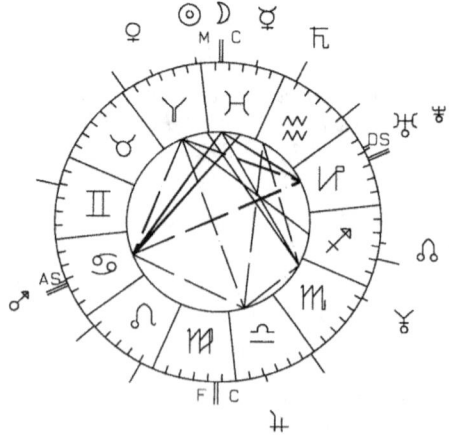

SH 1993/1994 für Rom (IT).

DER WAHLSIEG VON BERLUSCONI

Am 28. Februar 1994 gewinnt Silvio Berlusconi die Wahlen und sichert sich den Stuhl des Ministerpräsidenten. Pluto steht auf 29° in Skorpion und in perfektem Trigon zu sich selbst. Saturn, auf 4° in Fische, bildet ein Trigon zum MC und zur Venus. Jupiter ist auf 15° in Skorpion und im Trigon zum Mond. Der Aszendent der Solar-Revolution befindet sich im zehnten Haus! Der Gefährlichkeitsindex liegt bei 16 zu 26, d.h. das positive Ergebnis ist höher als das negative, welches sich wiederum weit unter der 20er-Schwelle befindet - einer Schwelle, an der Luigi Miele und ich gemeinsam die Grenze festgelegt haben, die besser nicht überschritten werden sollte, wenn man das kommende Jahr ruhig verleben möchte. Wie Sie an den gewählten Beispielen sehen können, sind Werte von 25, 26 oder 27 nicht verheerend, aber ein Wert von 40, 60 oder gar 80 ist fast immer tödlich. Einer der Vorteile des Programms *Scanner* von *ASTRAL* ist, dass Sie gleich den Gefährlichkeitsindex des Jahres errechnen können, nachdem Sie eine Hypothese zur gezielten Solar-Revolution aufgestellt haben und hieran sehen können, ob Sie (Schicksals-)schlägen ausweichen konnten.

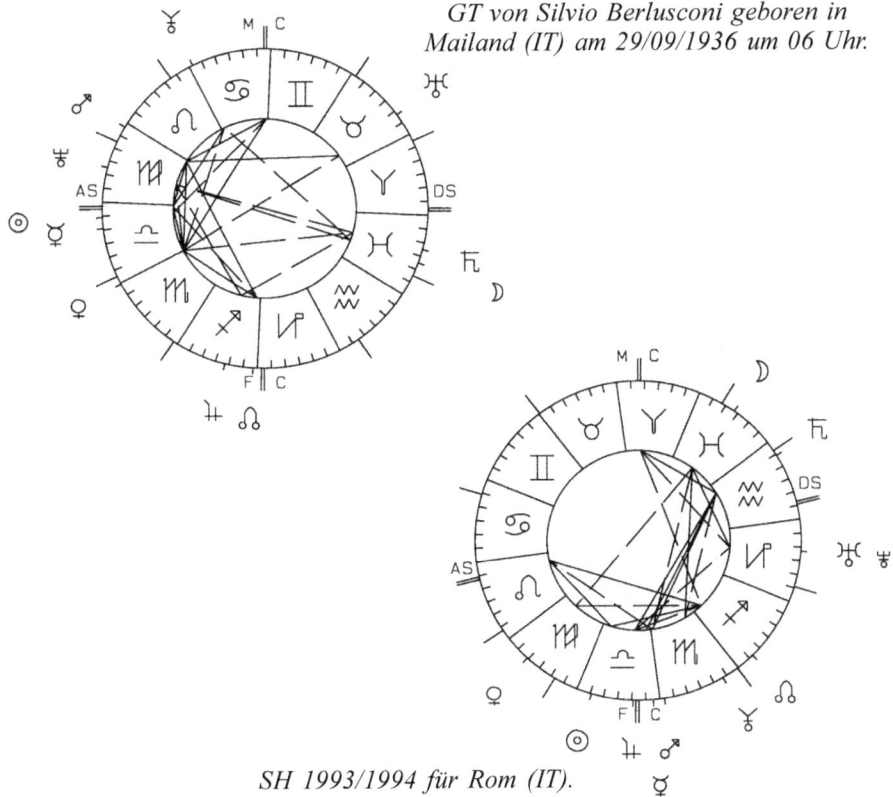

GT von Silvio Berlusconi geboren in Mailand (IT) am 29/09/1936 um 06 Uhr.

SH 1993/1994 für Rom (IT).

DER TOD VON MASSIMO TROISI

Am 26. August 1993 konnte man in der neapolitanischen Tageszeitung *IL MATTINO*, bei der ich arbeite, meinen Artikel über Massimo Troisi lesen. In diesem Artikel schrieb ich ohne von seiner Herzkrankheit zu wissen, er solle auf seine Gesundheit achten und riet ihm, sich an seinem Geburtstag gezielt an einen anderen Ort zu begeben (und ich glaube nicht, dass er das getan hat). Einige Monate später, am 4. Juni 1994, starb der in San Giorgio in Cremano geborene Schauspieler gleich nach den Dreharbeiten zu *Der Postmann*. Der Tod ist und bleibt ein großes Rätsel, auch für uns Astrologen, und in diesem Beispiel will ich sicher nicht die Unabwendbarkeit dieses Ereignisses beweisen, sondern das harte Jahr im gesundheitlichen Sinn hervorheben, das den neapolitanischen Komiker erwartete. Als dieser aus dem Leben schied, standen Neptun und Uranus im Quadrat zur Geburtskonjunktion Saturn–Neptun, aber ich weigere mich, diesem Aspekt zu große Wichtigkeit beizumessen, da ich denke, dass die Transite der langsamen Planeten weitaus wichtiger und gefährlicher sind als die empfangenen schnellen Punkte des Geburtsthemas (einschließlich dem Aszendenten und dem MC). Saturn, auf 13° in Fische, befand sich über dem Radixmerkur. Jupiter, auf 6° in Skorpion, stand in Opposition zum Mond, der wiederum eine perfekte Konjunktion mit dem Transit-Mars bildete. Als ich die Transite sah, hätte ich nie daran gedacht, diese Warnung über die Zeitung zu senden. Was mir Angst machte, war wieder einmal - wie so oft - die Solar-Revolution, unabhängig von den planetarischen Durchgängen. Diese sah einen Aszendenten in das zwölfte Radixhaus einfallen und begann mit einer engen Konjunktion Saturn–Sonne. Der Index der Gefährlichkeit des Jahres lag bei 44 zu 22 (nicht sehr hoch, aber doch eindeutig im Unterschied zwischen dem negativen und dem positiven Ergebnis und zudem vor allem von der Solar-Revolution bestimmt). Denken Sie einen Augenblick darüber nach: die Solar-Revolution hatte sich den Durchgang von Saturn über die Sonne im Moment der *Rückkehr* „gemerkt", könnte man sagen, dieser Durchgang war überhaupt nicht im Gange als der junge Schauspieler starb. Einige meiner Kollegen, die sich weiterhin skeptisch zu den Sonnenrevolutionen zeigen, sollten es sich besonders im Hinblick auf diesen Fall noch einmal überlegen.

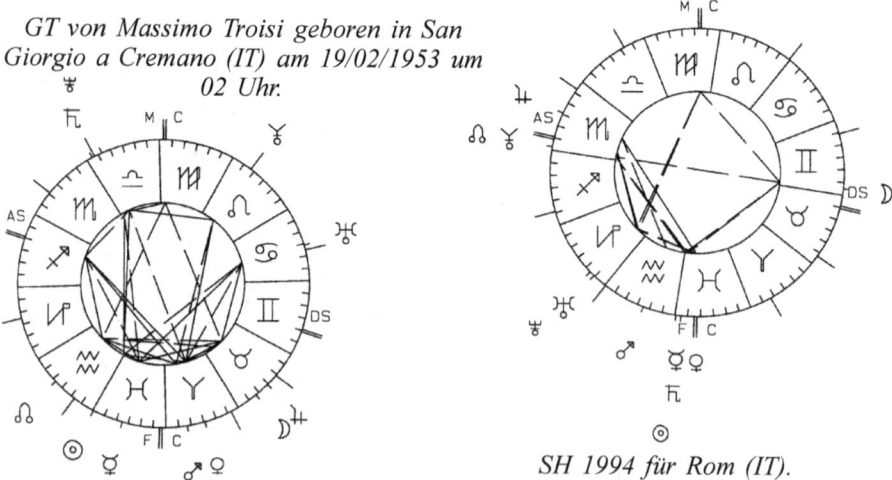

GT von Massimo Troisi geboren in San Giorgio a Cremano (IT) am 19/02/1953 um 02 Uhr.

SH 1994 für Rom (IT).

DIE VERHAFTUNG VON O. J. SIMPSON

Am 18. Juni 1994 wird das ehemalige Nesthäkchen in der Sportwelt der Vereinigten Staaten, O.J. Simpson, nach einer live im Fernsehen ausgestrahlten, abenteuerlichen Flucht verhaftet. Die Anklage lautet auf Mord an seiner wunderschönen Frau und ihres jungen Begleiters. Die Transite sind scheinbar fast alle gut (tatsächlich sind oft auch an den Hauptempfangspunkten eines Themas harmonische Aspekte von Uranus, Neptun und Pluto brandgefährlich): Pluto im Trigon zum Mond und zu Merkur, Neptun in Opposition zu Merkur, Uranus im Sextil zum Mond und in Opposition zu Merkur, Jupiter im Trigon zur Venus, Mars in Konjunktion zum MC, im Quadrat zum Aszendenten und in Opposition zu Jupiter. Wie man sieht, sind die Transite zum Mond und zur Venus ausgezeichnet. Wenn wir aber die Solar-Revolution betrachten, bemerken wir, dass sich Mars im zwölften Haus aufhält, in Opposition zum Mond, und dass sich Saturn im fünften Haus befindet. Simpson ist von einem ordentlichen Gericht freigesprochen worden, ich persönlich aber glaube, dass er schuldig ist, auch auf der Basis seiner Solar-Revolution. Der Gefährlichkeitswert liegt bei 48 (zu 48).

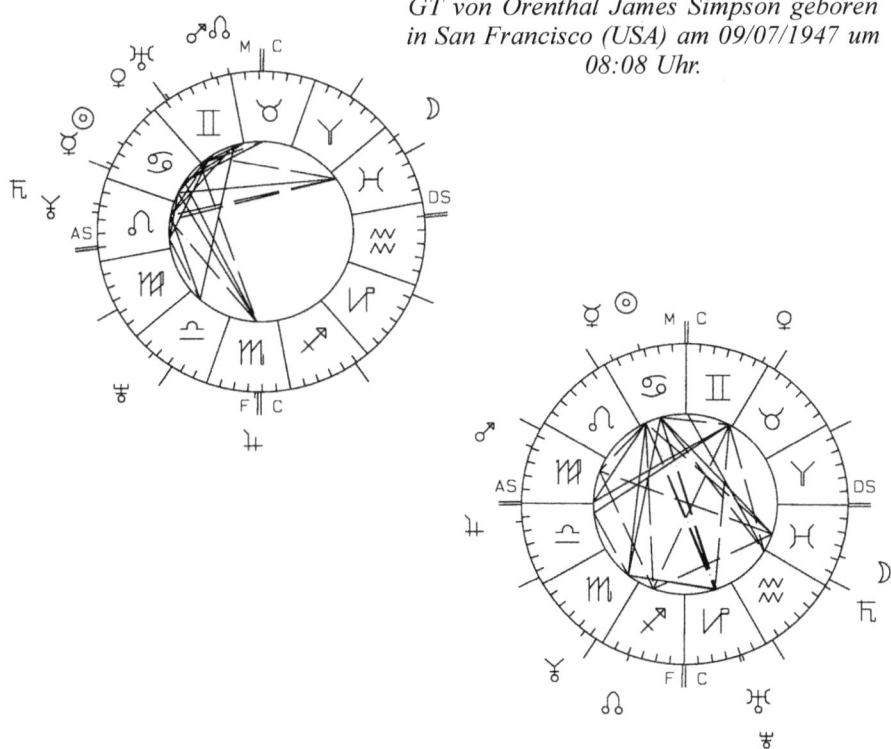

GT von Orenthal James Simpson geboren in San Francisco (USA) am 09/07/1947 um 08:08 Uhr.

SH 1993/1994 für Los Angeles (USA).

DIE MISSLUNGENE WELTMEISTERSCHAFT VON MARADONA

Am 30. Juni 1994 wird Diego Armando Maradona von der Fussballweltmeisterschaft ausgeschlossen, da eine Dopingkontrolle nach dem Spiel gegen Nigeria positiv ausgefallen war. Es ist einer der traurigsten Momente in der Biografie des argentinischen Weltmeisters. Pluto war in Konjunktion zum Aszendenten, Saturn zum Mond (dies ist einer der Transite, die ich persönlich am meisten fürchte), Jupiter zur Sonne und Mars zum Deszendenten (Konflikte mit dem Gesetz, mit amtlichen Schreiben). Wie man sieht, kann die Verbindung Saturn-Mond und Jupiter-Sonne zu einer negativen Publicity führen, wie sie nicht schlimmer sein könnte. Die Solar-Revolution zeichnet gar eine richtige Tragödie: Aszendent im zwölften Haus, Sonne im zwölften Haus, Stellium im zwölften Haus, Mars im Aszendenten (diese Stellung ist absolut schädlich und kann außer für Unfälle und chirurgische Eingriffe auch für fürchterliche Depressionen und Angstzustände stehen). Der Index der Gefährlichkeit könnte nicht deutlicher sein: 84 zu 20.

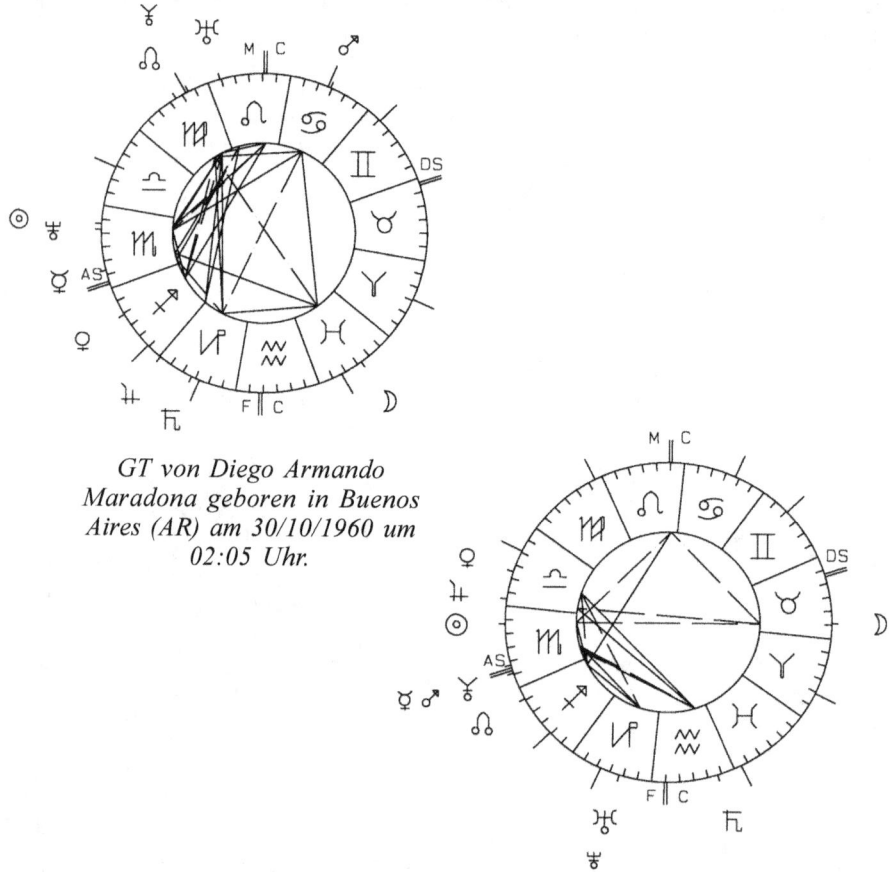

GT von Diego Armando Maradona geboren in Buenos Aires (AR) am 30/10/1960 um 02:05 Uhr.

SH 1993/1994 für Buenos Aires (AR).

DER TOD DES SENATORS SPADOLINI

Es ist nicht verwunderlich, dass wir in den Sternen von Giovanni Spadolini zum Zeitpunkt seines Todes am 4. August 1994 kaum schreckliche Konstellationen (nur eine einzige) finden. Das Ende des Lebens bleibt das größte Mysterium für uns alle, auch für die Astrologen. Für einen Krebskranken kann der Tod oft eine Erlösung sein und somit unter einer positiven Konfiguration vorkommen. Nicht zufällig zeigt uns der Gefährlichkeitsindex für dieses Jahr im Leben des ehemaligen republikanischen Anführers einen Wert von 16 zu 12. Der einzige wirklich bedeutende Transit war Uranus, der vom sechsten Haus eine fast genaue Opposition zum Geburtsmars im zwölften Haus in Krebs bildete (der Tumor war im Magen). Saturn transitierte im achten Haus, Pluto stand im Trigon zu Uranus und zu Mars, Mars transitierte im elften Haus im Quadrat zu Uranus. Die Solar-Revolution ist in ihrem Gesamtbild schön und weist uns schlicht aber deutlich einen Aszendenten im achten Haus und Uranus und Neptun im elften Haus. Es ist an dieser Stelle zu betonen, dass Troisis Situation eine ganz andere war, da er in den letzten Monaten seines Lebens viel zu leiden hatte. Seine Kollegen erzählen, dass sie ihn während der Dreharbeiten zu *Der Postmann* abstützen mussten und er nicht länger als eine Viertelstunde am Tag arbeiten konnte.

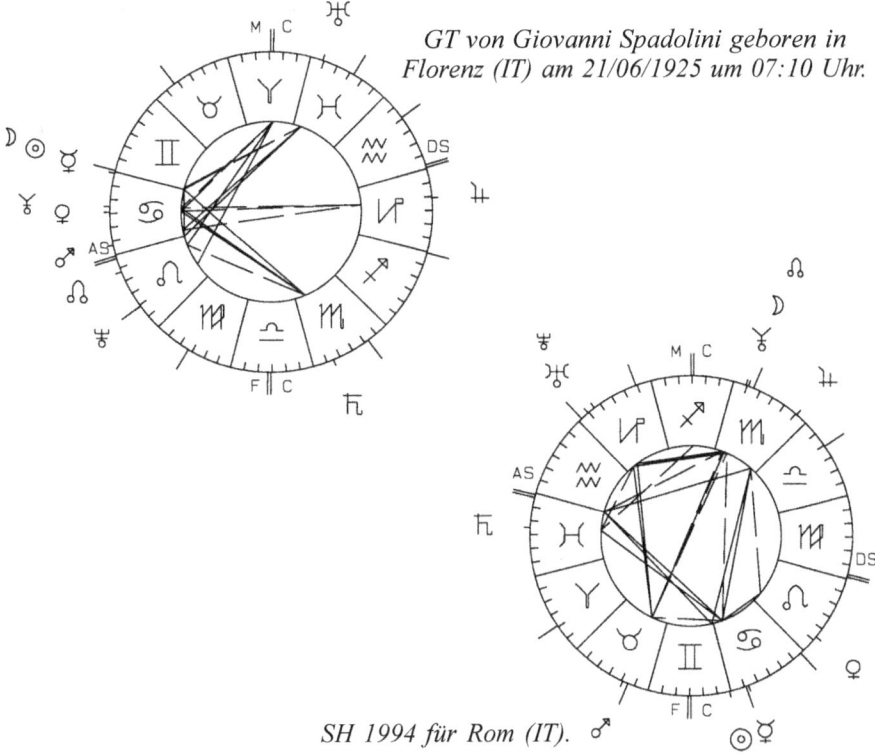

GT von Giovanni Spadolini geboren in Florenz (IT) am 21/06/1925 um 07:10 Uhr.

SH 1994 für Rom (IT).

KRANKHEIT UND TOD VON MOANA POZZI

Die Schauspielerin und Pornodarstellerin Moana Pozzi starb am 17. September 1994 in einem französischen Krankenhaus an Leberkrebs. Es wurde nie klar, ob sie eigentlich an Aids erkrankt war. Ihr Fall steht aus astrologischer Sicht dem Tod von Massimo Troisi sehr viel näher als dem von Spadolini. Moana wurde nach ihrem Geburtstag schwer krank und die wenigen Monate bis zu ihrem Tod waren schrecklich. Der Wert liegt in diesem Fall bei 60 zu 26. Pluto war im Trigon zu Mars, Neptun zum Mond, Uranus – im Durchgang im elften Haus - stand in Opposition zu Mars, Saturn in Konjunktion zum Aszendenten, im Sextil zur Sonne und in Opposition zu Pluto. Mars befand sich in Konjunktion zu sich selbst und im Sextil zum Mond. Die Verbindung zwischen Uranus und Saturn waren in diesem Fall sicherlich ausschlaggebend. Aber noch sehr viel ausschlaggebender war die Solar-Revolution, die uns einen fürchterlichen Aszendenten im zwölften Haus gibt und die ebenso fürchterlichen Mars und Saturn im ersten Haus. Uranus und Neptun finden wir im elften Haus.

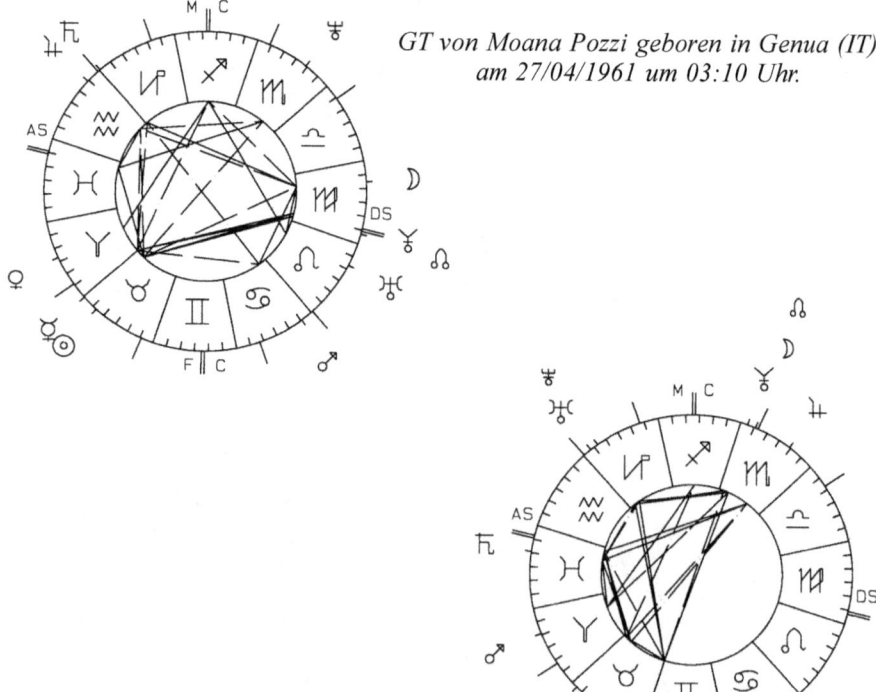

GT von Moana Pozzi geboren in Genua (IT) am 27/04/1961 um 03:10 Uhr.

SH 1994 für Rom (IT).

DIE VERHAFTUNG VON ANTONIO GAVA

Am 20. September 1994 wird der ehemalige Minister Antonio Gava wegen des vermutlichen Empfangs von Schmiergeldern verhaftet. Beobachten Sie, wie gut sich dieser Fall eignet, um einmal mehr zu beweisen, dass eine schlimme Solar-Revolution auch bei nicht wirklich verheerenden Transiten tieftraurige Ereignisse in dem Jahr zwischen einem Geburtstag und dem nächsten bringen kann. Was sind die drei Hauptbedingungen für eine schlimme Solar-Revolution? Erinnern Sie sich stets daran: der Aszendent, die Sonne oder ein Stellium im zwölften, ersten oder sechsten Haus. Und hier finden wir tatsächlich einen Aszendenten der Solar-Revolution im sechsten Haus. Die Transite sind Uranus im Durchgang im vierten Haus (abrupter Wohnsitzwechsel), Saturn im Quadrat zu Mars und Mars in Konjunktion mit dem MC. Der Gefährlichkeitsgrad des Jahres beträgt hier 50 Punkte (zu 18).

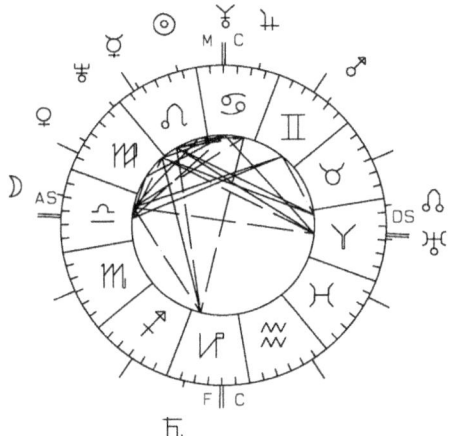

GT von Antonio Gava geboren in Castellammare di Stabia (IT) am 30/07/1930 um 11 Uhr.

SH 1994 für Rom (IT).

LEBENSLÄNGLICH FÜR PACCIANI

Am 1. November 1994 wird der Bauer Pacciani vom Gericht in Florenz für schuldig an den brutalen Morden des so genannten *Monsters von Florenz* befunden und zu lebenslänglicher Haftstrafe verurteilt. Pluto steht im Quadrat zum MC und im Sesquiquadrat zu sich selbst. Jupiter im Quadrat zum MC, zu Neptun, Mars und Saturn. Die Solar-Revolution ist schrecklich: die Sonne und ein sehr starkes Stellium befinden sich im zwölften Haus. Das Ergebnis ist folglich sehr hoch: 78 zu 22.

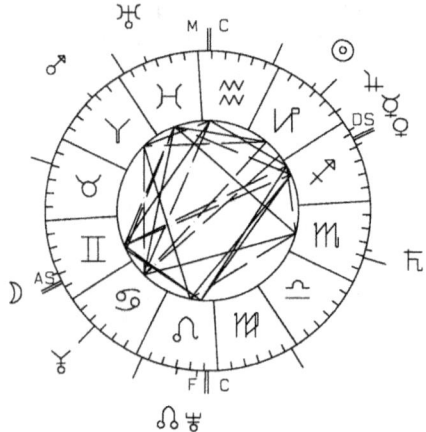

GT von Pietro Pacciani geboren in Florenz (IT) am 07/01/1925 um 15 Uhr.

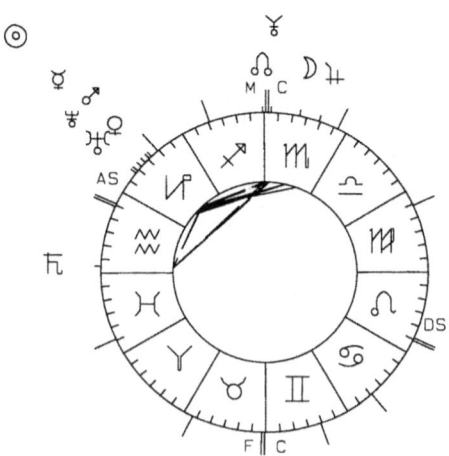

SH 1994 für Florenz (IT).

EIN SCHWIERIGES JAHR FÜR ALESSANDRA MUSSOLINI

Im November 1996 sieht sich Alessandra Mussolini, Vertreterin des Mitte-Rechts-Bündnisses *Polo della Libertà*, von einer doppelt schwierigen Situation betroffen: Auf der einen Seite wird gegen ihren Mann, einem ehemaligen Offizier der Finanzwache, in Bezug auf die Schmiergeldaffäre *Tangentopoli 2* ermittelt, auf der anderen Seite tritt sie nach mehrfachen Konflikten mit Gianfranco Fini aus der nationalkonservativen Partei *Alleanza Nazionale* aus. Pluto steht im Semiquadrat zum MC (wenn Semiquadrat und Sesquiquadrat mit einer engen Umlaufbahn berechnet werden, so sind sie genau soviel wert wie ein Quadrat). Neptun steht in Konjunktion zu Merkur und im Sesquiquadrat zu Pluto, Saturn im Sesquiquadrat zu Neptun. Die Solar-Revolution zeigt uns einen schlimmen Aszendenten im ersten Haus. Der Index der Gefährlichkeit ist 42 zu 26.

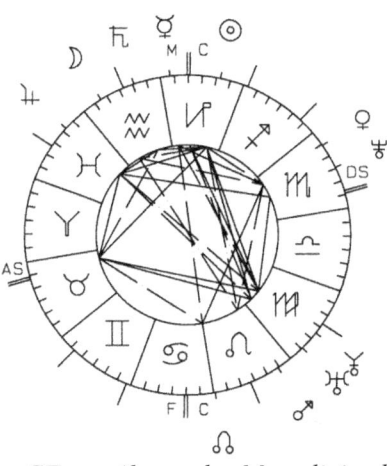

GT von Alessandra Mussolini geboren in Rom (IT) am 30/12/1962 um 13 Uhr.

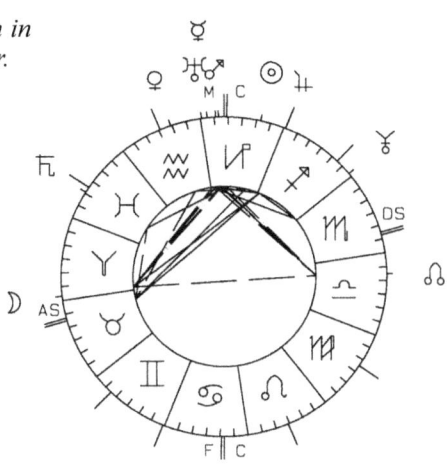

SH 1995/1996 für Rom

DER RÜCKTRITT VON SILVIO BERLUSCONI

Am 22. Dezember 1994 tritt Silvio Berlusconi als Ministerpräsident zurück. Es war ein schlimmer Moment in seiner neuen politischen Karriere, nach dem Wahlsieg einige Monate zuvor (aber unter einer ganz anderen Solar-Revolution!). Pluto stand im Trigon, Uranus im Semiquadrat zum Mond, Saturn In Konjunktion zum Mond (auf 5 Grad) und in Opposition zu Mars, im Trigon zum MC und im Sextil zu Uranus. Jupiter quadrierte Mars und bildete mit Pluto ein Trigon. Zuletzt stand Mars auf 0 Grad über sich selbst. Die Solar-Revolution zeigt uns einen Aszendenten im ersten Haus und eine Sonne im zwölften Haus. Der Wert war 40 zu 12.

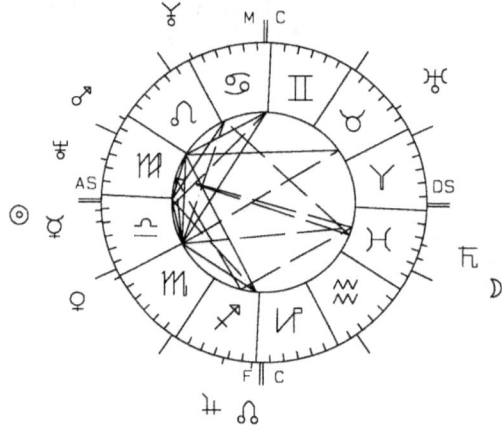

GT von Silvio Berlusconi geboren in Mailand (IT) am 29/09/1936 um 6 Uhr.

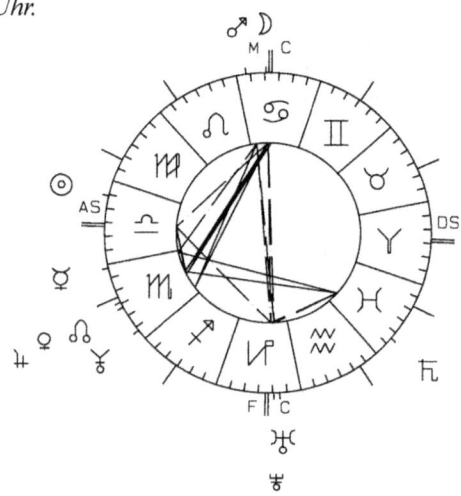

SH 1994 für Rom (IT).

ANTONIO DI PIETRO VERLÄSST DEN RICHTERHOF

Wenn wir die Transite und die Solar-Revolution zu dem Zeitpunkt betrachten, als Antonio Di Pietro am 6. Dezember den Richterhof verlässt, können wir uns zum Vorgefallenen eine ganz andere Meinung bilden, als die in den Zeitungen vertretenen Hypothesen glauben machen. Der Richter aus Bisaccia befand sich nicht in einem schrecklichen Moment und vielleicht hat er seine Entscheidung gar mit Blick auf zukünftige positive und ehrgeizige Projekte getroffen. Der Solaraszendent befindet sich im siebten Haus: der Krieg! Pluto stand im Sextil zur Venus und im Quadrat zu Jupiter, Neptun formte mit Merkur ein Trigon, Uranus formte denselben Aspekt mit Merkur und Saturn, letzterer quadrierte Mars und stand im Trigon zu Uranus; Jupiter quadrierte sich selbst und Mars stand in Opposition zu Jupiter. Der Wert war 36 zu 4.

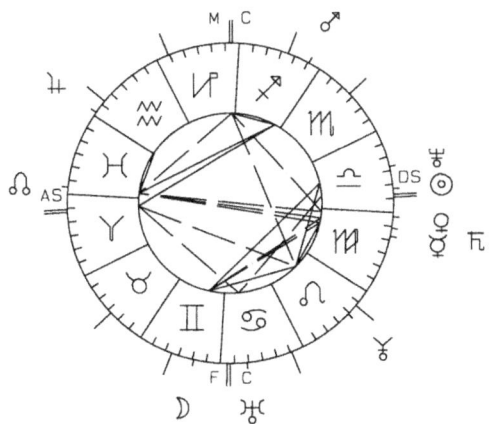

GT von Antonio Di Pietro geboren in Montoro di Bisaccia (IT) am 02/10/1950 um 17:30 Uhr.

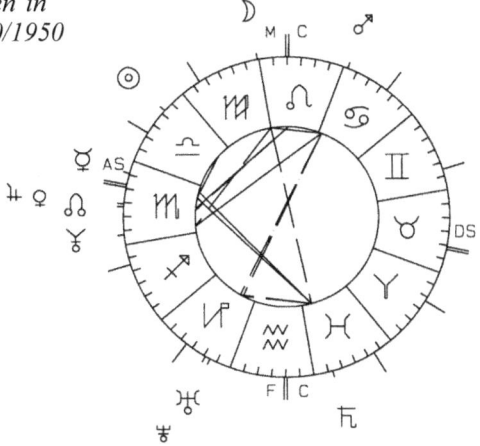

SH 1994 für Bergamo (IT).

EIN SUPERJAHR FÜR ALBERTO TOMBA

Am 22. Dezember 1994 (wenige Tage vor seinem Geburtstag) gewinnt Alberto Tomba den Slalom im Gadertal: Es ist der dritte Sieg in drei Tagen. Ein wirklich hervorragender Moment für den Weltmeister aus Bologna. Er hat viele positive und schöne Transite. Neptun steht gleichzeitig im Trigon zum MC, im Sextil zu Saturn und Neptun und im Trigon zu Pluto. Uranus bildet ein Semiquadrat zu Merkur, ein Trigon zum MC und zu sich selbst und ein Sextil zu Saturn und Neptun. Saturn formt mit Venus ein Sextil und zum Aszendenten ein Quadrat. Jupiter steht in Konjunktion zum Aszendenten (auf 0 Grad!) und im Trigon zu sich selbst. Mars quadriert den Aszendenten. Die Solar-Revolution ist prachtvoll: Aszendent im zehnten Haus, Mond dominiert am MC und verschiedene große Trigone kommen vor. Dies gilt als Beweis zu etwas, das ich schon oft beobachtet habe: die Sonnenrevolution scheint die Transite zu unterstützen und erweist sich oft als optimal bei sehr guten Transiten oder als schrecklich im umgekehrten Fall. Bei der Betrachtung solcher Fälle lernt man den Wert der *aktiven Astrologie* voll und ganz zu schätzen, besonders im Hinblick auf die gezielten Solar-Revolutionen. Der Wert auf der Gefährlichkeitsskala beträgt 0 (!) zu 34.

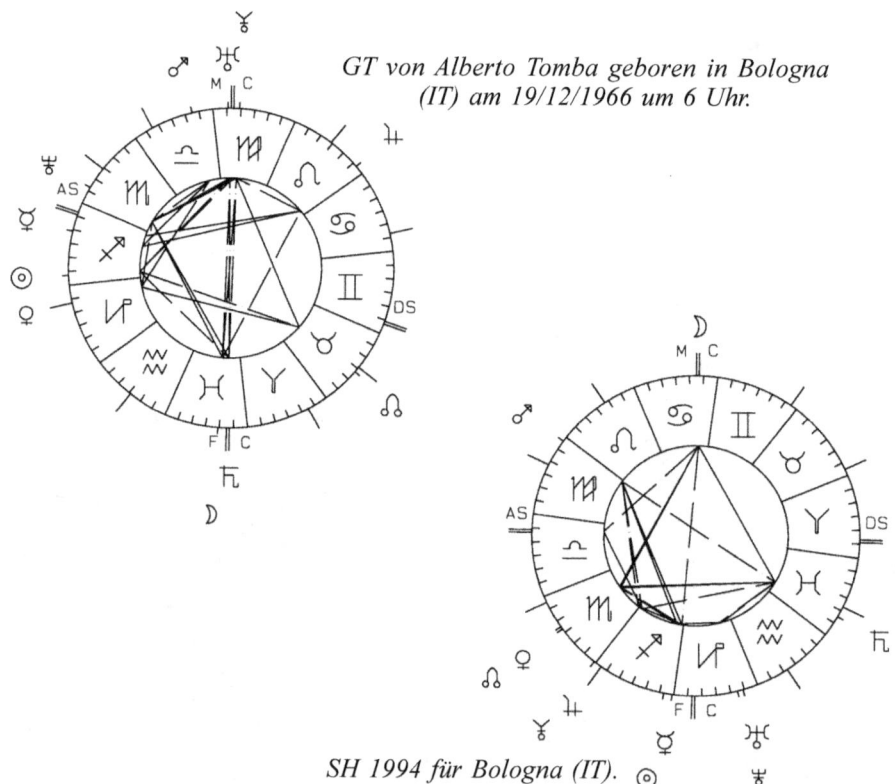

GT von Alberto Tomba geboren in Bologna (IT) am 19/12/1966 um 6 Uhr.

SH 1994 für Bologna (IT).

DER TRAGISCHE GEBURTSTAG VON DACIA MARAINI

Noch einmal gewährt uns die Chronik die Möglichkeit, zu beweisen, wie wichtig der Zeitraum um dem Geburtstag und besonders der Geburtstag selbst sind. Die Schriftstellerin Dacia Maraini war am 13. November 1996, ihrem Geburtstag (der astrologisch gesehen in der Nacht begonnen hatte), mit dem Fahrrad in den Straßen Roms unterwegs, als sie von einem Auto angefahren wurde, welches flüchtete, und sich den Oberschenkelknochen brach. In Folge musste sich die Schriftstellerin einem delikaten chirurgischen Eingriff, durchgeführt von einem Team aus französischen Ärzten, unterziehen. Am Tag des Unfalles stand Pluto in Konjunktion auf 0 Grad mit dem MC; Uranus formte mit Mars ein Trigon (oft ist dieser Aspekt genauso gefährlich wie ein Quadrat, eine Opposition oder eine Konjunktion), ein Sextil mit dem MC, ein Sesquiquadrat mit Saturn und eine Opposition mit Pluto. Saturn befand sich im Semiquadrat mit dem Mond, mit Venus im Quadrat, mit Mars in Opposition und mit dem MC und Pluto im Trigon. Jupiter stand im Sextil zu Mond und zu Saturn und Mars in Opposition zu Saturn und im Trigon zu Uranus. Die Solar-Revolution zeigt auf ziemlich spektakuläre Weise Mars im zwölften Haus und ein Stellium, das die Sonne einschließt, im dritten Haus. Der Wert zeigt uns einen Gefährlichkeitsindex von 32 zu 28.

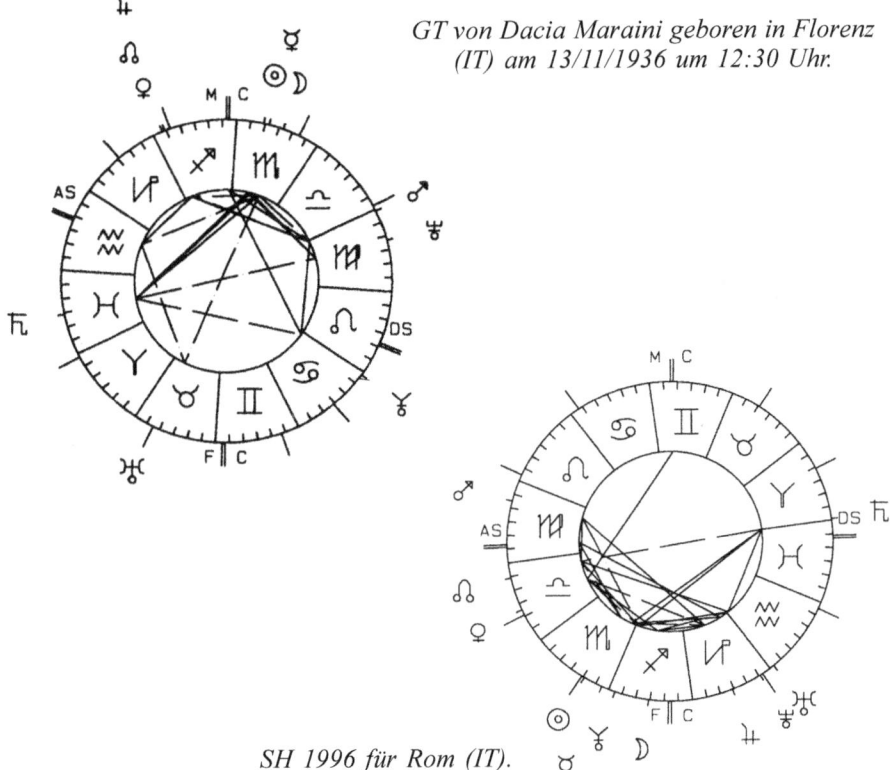

GT von Dacia Maraini geboren in Florenz (IT) am 13/11/1936 um 12:30 Uhr.

SH 1996 für Rom (IT).

LAURA ANTONELLI WEGEN DROGENBESITZES VERHAFTET

Am 27. April 1991 wird die Schauspielerin Laura Antonelli in ihrem Haus in Cerveteri wegen Drogenbesitzes verhaftet. An diesem Tag finden wir Pluto genau auf 120° vom MC. Neptun in Konjunktion mit dem Deszendenten, Uranus ebenfalls und zudem mit Mars im Quadrat und im Sesquiquadrat zu sich selbst. Saturn formte ein Sextil mit Sonne und Mond, ein Semiquadrat mit dem MC und stand mit Pluto in Opposition. Jupiter befand sich seinerseits im Trigon zur Sonne (dieser Aspekt kann schrecklich sein, wenn die Gesamtheit der Transite und besonders die Solar-Revolution schlimm sind, da er uns auf die Titelseiten bringt mit all der damit verbundenen Popularität, die aber in diesem Fall absolut nur im negativen Sinn zu lesen ist) und zum Mond, im Sesquiquadrat zum MC, im Semiquadrat zu sich selbst und in Konjunktion zu Pluto; Mars bildete schließlich ein Quadrat zum Mond und zu sich selbst und eine sehr enge (1°) Konjunktion mit dem Aszendenten. In diesem Fall konnte die Anwesenheit von Uranus und Neptun über dem Deszendenten den Verdacht auf starke Konflikte mit amtlichen Schreiben und mit dem Gesetz vermuten lassen. Die Solar-Revolution formuliert diese Bedeutung noch genauer: die Sonne liegt auf schädliche Weise im siebten Haus und Mars befindet sich - noch gefährlicher - im ersten Haus. Der Gefährlichkeitsindex weist 46 Punkte (zu 32).

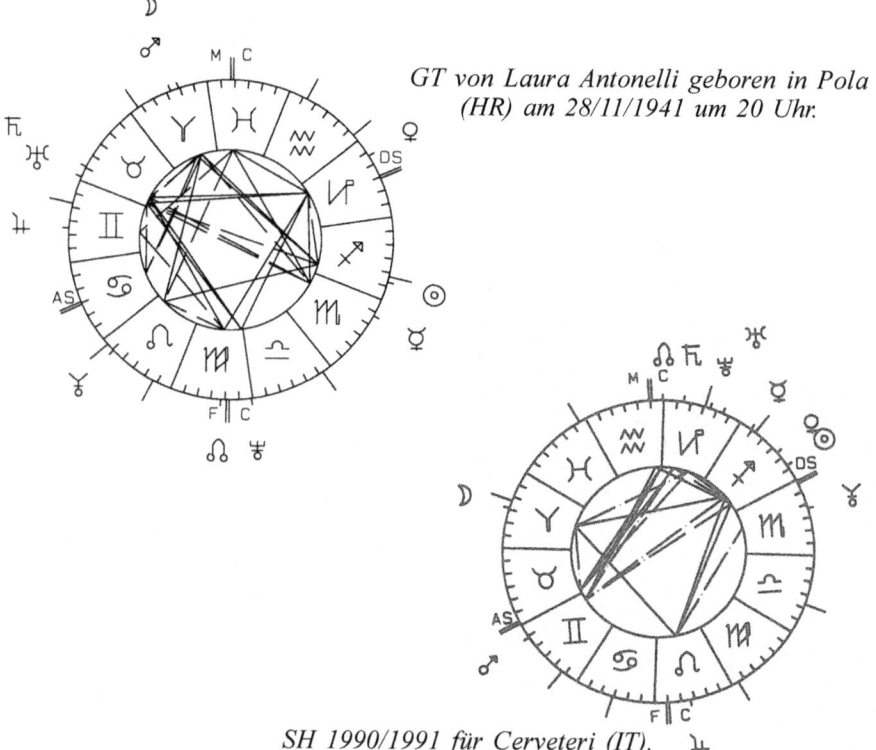

GT von Laura Antonelli geboren in Pola (HR) am 28/11/1941 um 20 Uhr.

SH 1990/1991 für Cerveteri (IT).

DER SELBSTMORDVERSUCH VON LOREDANA BERTÉ

Am 24. April 1991 beging die Sängerin Loredana Berté nach einem Streit mit ihrem Freund Björn Borg einen Selbstmordversuch, wurde aber glücklicherweise gerettet. An jenem Tag quadrierte Pluto sich selbst und ebenso Neptun, der auch in Konjunktion zu Uranus stand; dieser stand in enger Konjunktion mit dem Mond (1°), im Semiquadrat mit Mars und Jupiter, im Trigon mit Venus und im Sesquiquadrat mit dem Aszendenten; Saturn formte mit zu sich selbst und zu Merkur ein Sesquiquadrat, zuletzt stand Jupiter mit Merkur im Semiquadrat. Die Solar-Revolution könnte wieder einmal nicht vielsagender sein: Saturn in Konjunktion mit dem Deszendenten und der Aszendent im zwölften Haus. Der Gefährlichkeitsindex steht bei 72 zu 16.

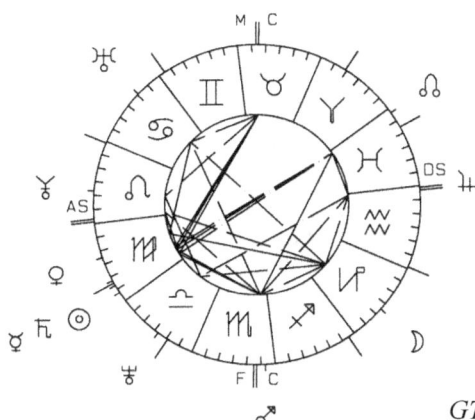

GT von Loredana Bertè geboren in Bagnara Calabra (IT) am 20/09/1950 um 03:25 Uhr.

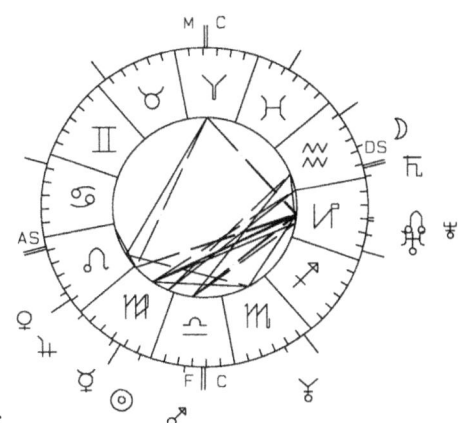

SH 1991 für Rom (IT).

DIE VILLA VON PIPPO BAUDO EXPLODIERT

Am 3. November 1991 explodiert die Villa des Entertainers Pippo Baudo in Acireale auf Sizilien. Etliche Jahre später wird man erfahren, dass die Auftraggeber und Vollstrecker des Verbrechens der Mafia angehörten, die auf diese Art ein paar beleidigende Aussagen des Fernsehmoderators bestrafen wollte. Am Tag des Attentats finden wir Pluto im Trigon zu Saturn und Neptun im Trigon zu sich selbst; Uranus befand sich in Konjunktion zum Mond und auf 120° zu sich selbst. Saturn formte ein Sesquiquadrat zu Sonne, Mars und Neptun, ein Sextil zum Aszendenten und ein Semisextil zum MC; Jupiter stand im Trigon zu Mond und Uranus, im Quadrat zu Merkur und Venus und im Semiquadrat zu Pluto. Mars befand sich in Opposition zu Uranus und im Sextil zu Neptun. Die Solar-Revolution präsentiert uns einen beredten Saturn im siebten Haus (das Haus der erklärten Feindschaften) und Mars im ersten Haus (sehr schlechte Stellung). Der Index der Gefährlichkeit liegt bei 56 zu 16.

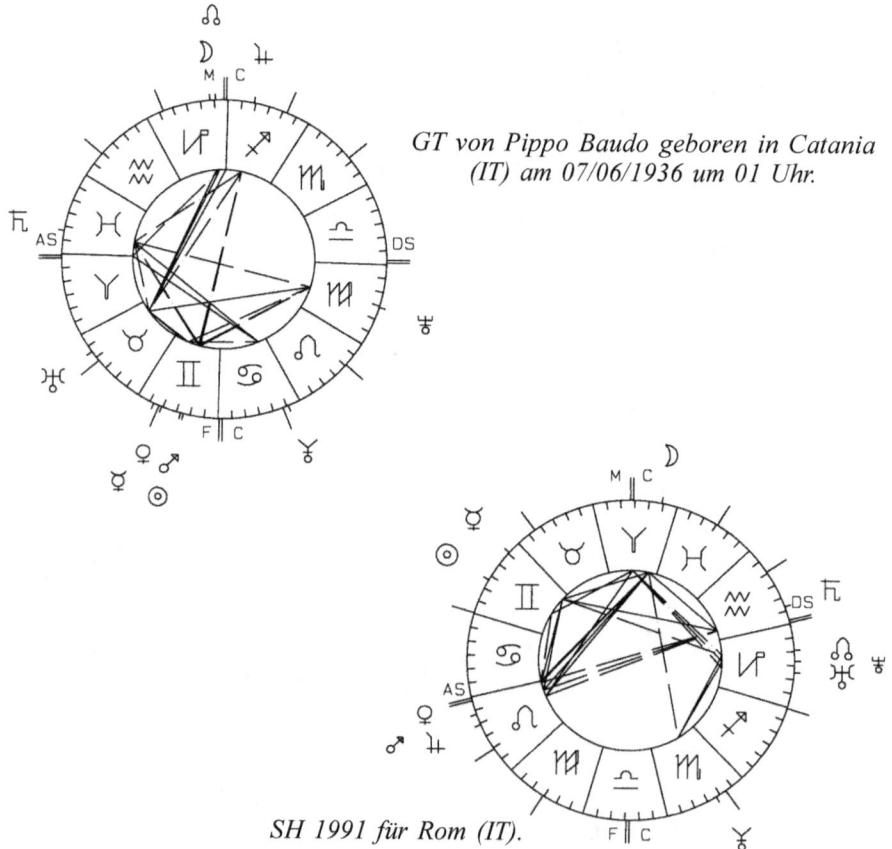

GT von Pippo Baudo geboren in Catania (IT) am 07/06/1936 um 01 Uhr.

SH 1991 für Rom (IT).

CARMELO BENE SCHLÄGT SEINE FRAU

Am 4. März 1992 schlägt der Schauspieler Carmelo Bene seine schwangere Frau und hat einen heftigen Streit mit der Polizei. Pluto steht in perfektem Trigon zum Mond, Neptun im Trigon zu sich selbst und in Konjunktion mit Jupiter; auch Uranus steht mit Jupiter in Konjunktion und im Trigon zu Neptun; Saturn im Sesquiquadrat zu Merkur, im Sextil zu Mars und im Quadrat zu Uranus. Jupiter in perfekter Konjunktion mit der Sonne, mit dem Mond im Semiquadrat und mit Mars im Quadrat; dieser steht zu sich selbst im Sextil, zum MC in Opposition und zu Uranus im Quadrat. Die Solar-Revolution zeigt uns ein wunderschönes Stellium mit Sonne, Jupiter und Venus im zehnten Haus und einen Aszendenten im ersten Haus. Die Gefährlichkeit für dieses Jahr liegt bei 20 zu 56. Dieser Fall bringt uns zum Nachdenken. Insgesamt sind die Transite sehr schön, und ich bezweifle doch sehr stark, dass ein Kollege, der die Methode der Solar-Revolutionen nicht angewandt hätte, solch einen schwarzen Augenblick für den vielseitigen Artisten aus Apulien hätte voraussagen können. Aber ich möchte sogar noch einen Schritt weiter gehen: auch ein Astrologe, der nicht meine Methode zu Hilfe genommen hätte, sondern z.B. die von Alexandre Volguine, hätte nur schwerlich den Betrug erkannt. Bitte entschuldigen Sie, dass ich mich hier so unbescheiden gebe, aber meines Wissens nach hat noch kein anderer Autor in Großbuchstaben oder mit Ausrufungszeichen davor gewarnt, dass ein Aszendent im ersten Haus unabhängig von den Transiten ein Angst machendes Zeichen ist und bedeutet, dass ein schwarzes Jahr bevorsteht. Ebenso habe ich mehrfach betont, dass die Paare zehntes/zwölftes, zehntes/erstes oder zehntes/sechstes Haus bösartig sind und fast immer zu negativen Schlagzeilen auf den Titelseiten der Zeitungen führen, genau wie es hier der Fall ist. Beachten Sie zudem, dass der Gefährlichkeitsindex ziemlich niedrig ist, da er eigentlich fast nur den Aszendenten im ersten Haus anzeigt. Aber auch in diesem Fall habe ich bereits persönlich darauf hingewiesen, dass wenn sich der Gefährlichkeitsindex ca. in einem Wert zwischen 20 und 40 befindet, sowohl die Transite als auch die Solar-Revolution betrachtet werden müssen: nur wenn es Letztere ist, welche die negativen Warnungen ausspricht, bedeutet dies für die betroffene Person ein gefährliches Jahr.

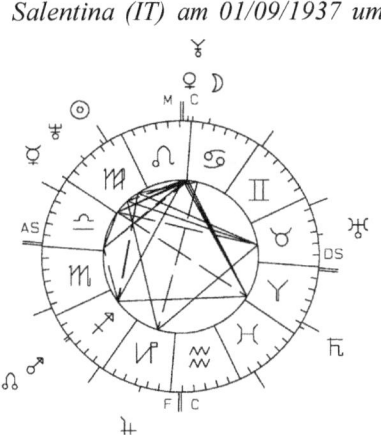

GT von Carmelo Bene geboren in Campi Salentina (IT) am 01/09/1937 um 09:37 Uhr.

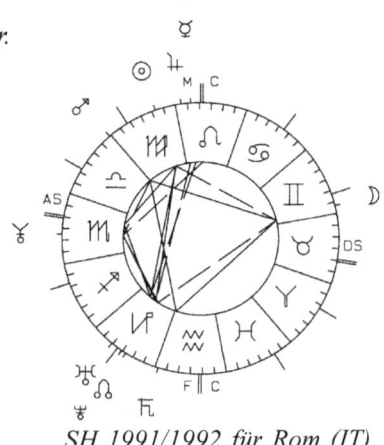

SH 1991/1992 für Rom (IT).

BRIGITTE BARDOTS VERSUCHTER SELBSTMORD

Am 15. November 1992 begeht Brigitte Bardot - und nicht zum ersten Mal - einen Selbstmordversuch und wird in letzter Minute gerettet. Dies ist ein sehr interessanter Fall für unsere Recherchen. Die Transite waren in keiner Weise gefährlich und wir fordern jeden Astrologen, der nicht mit den Solar-Revolutionen arbeitet, dazu auf, uns zu sagen, wie er dieses so schlimme Jahr für den französischen Weltstar hätte voraussagen können. Jupiter stand sogar auf 2° in Konjunktion mit der Sonne und im Trigon zum Mond. Nur die bösartigen Transite von Mars allein sagen hierbei nicht viel aus. Die Solar-Revolution dagegen zeigt einen Aszendenten im ersten Haus, der ganze Bände spricht. An diesem Punkt muss ich eine Bemerkung einfügen. Noch heute kommt es vor, viele Jahre nach der Veröffentlichung meiner wichtigsten Bücher zu den Solar-Revolutionen, dass sich Schüler von mir, die entschieden meinen Ratschlägen Folge leisten wollen, gezielt zur Vermeidung eines Wertes im zwölften Haus an einen anderen Ort begeben und diesen Wert dabei in das erste Haus versetzen, was fast zu 100% gleichwertig ist. Sollte es denn möglich sein, dass es mir in all diesen Jahren nicht gelungen ist, die Gefährlichkeit des ersten Hauses zu verdeutlichen, die fast ebenso extrem ist wie die des zwölften Hauses? Ich hoffe, dass sich die Leser bei der großen Anzahl an Beispielen in diesem Buch von dieser Wahrheit überzeugen lassen, die sie in keinen anderen Büchern finden werden. Kommen wir nun zu den Transiten. Pluto im Sextil zur Venus und im Quadrat zu Saturn, Neptun im Sextil zum Aszendenten, Uranus im Semisextil zum Aszendenten, im Quadrat zum MC und im Trigon zu Neptun; Saturn in Trigon zum Mond, im Sextil zum Aszendenten und im Trigon zum MC; Jupiter in Konjunktion mit der Sonne und im Trigon zum Mond, Mars im Semiquadrat zum Mond und zu Neptun, im Quadrat zu Merkur, Jupiter und Uranus, in Konjunktion mit Pluto. Der Gefährlichkeitsindex liegt bei 52 zu 24.

GT von Brigitte Bardot geboren in Paris (FR) am 28/09/1934 um 12:15 Uhr.

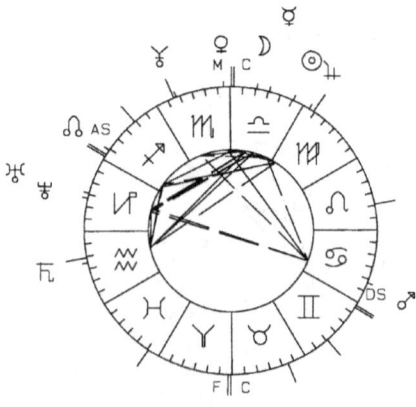

SH 1992 für Paris (FR).

ERMITTLUNGSBESCHEID FÜR CRAXI

Am 15. Dezember 1992 erhält Craxi einen Ermittlungsbescheid seitens des Untersuchungspools der Schmiergeldaffäre *Mani Pulite* (Saubere Hände). Wieder treffen wir hier, wie in vielen anderen Fällen des Buches, auf eine Stellung der Transite, die mit Ausnahme von Mars nicht so schrecklich sind, in deren Bezug wir aber eine geradezu erschreckende Solar-Revolution vorfinden. Dies hat mich im Gegensatz zu den astrologischen Schulen vor mir seit jeher davon überzeugt, dass die Solar-Revolution immer die wichtigste Rolle in den menschlichen Ereignissen spielt, wichtiger als die der Transite. Der einzige Transit unter denen, die ich gleich auflisten werde, der den definitiven Sturz des ehemaligen sozialistischen Leaders hätte vermuten lassen, war Pluto im Semiquadrat zum Mond und in Konjunktion auf 1° zum MC. Aber ich bezweifle, dass es einem Kollegen, der die Solar-Revolutionen verleugnet, nur mit diesen Durchgängen gelungen wäre, ein solchermaßen höllisches Jahr für den Chef der *Via del Corso* voraussehen zu können. Die Transite lagen folgendermaßen: Pluto im Semiquadrat zum Mond, im Sextil zum Aszendenten und Semisextil zu Jupiter, in Konjunktion über dem MC und im Trigon zu sich selbst, Neptun im Semiquadrat zur Sonne, im Sextil zu Merkur und Mars und im Semisextil zu Saturn; Uranus im Sextil zu Mars; Saturn im Semisextil zu Mars, Jupiter im Quadrat zum Mond, im Trigon zur Venus und im Semisextil zu Neptun; Mars im Trigon zu Merkur und zum MC, in Konjunktion zum Deszendenten und zu Pluto, Im Trigon zum MC, im Quadrat zu Jupiter und Uranus, im Semiquadrat zu Neptun. Die Solar-Revolution zeigt uns ein Stellium im zwölften Haus mit Sonne, Mars, Saturn und den Aszendenten im ersten Haus. Jupiter über dem Deszendenten erzählt uns vielsagend von den Konflikten mit der Justiz. Der Index der Gefährlichkeit steht bei 86 zu 18!

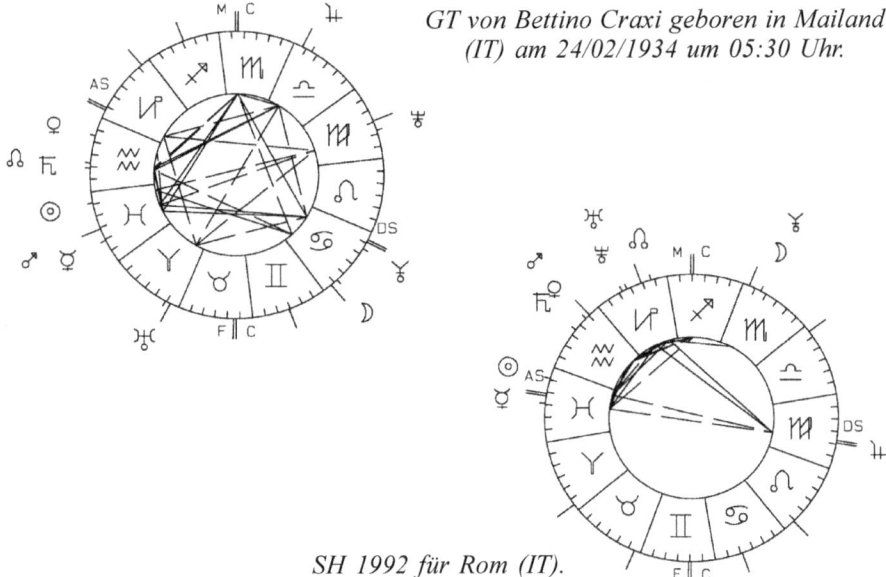

GT von Bettino Craxi geboren in Mailand (IT) am 24/02/1934 um 05:30 Uhr.

SH 1992 für Rom (IT).

MARA VENIER BRICHT SICH EIN BEIN

Am 10. Oktober 1995 wird die Moderatorin Mara Venier während der wöchentlichen Live-Sendung „*Domenica In…*" von Giampiero Galeazzi gerammt, fällt unglücklich zu Boden und bricht sich ein Bein. Pluto steht zu Jupiter im Quadrat und zu Saturn im Sextil, Neptun im Quadrat zu Sonne, Merkur und Venus; Uranus in perfektem Quadrat (auf 90°) zur Sonne, zum MC im Sesquiquadrat, zu Jupiter im Semisextil und zu Saturn im Trigon; Saturn zu Mars im Quadrat, zum Mond im Semisextil, zu sich selbst in Opposition und zum Deszendenten in Konjunktion. Jupiter befindet sich im Semiquadrat zur Sonne, in Konjunktion zu Mars und in Quadrat zum Aszendenten; Mars sendet ein Quadrat zu Mond, Jupiter und Pluto, ein Semisextil zu Venus und ein Sesquiquadrat zu Uranus. Die Solar-Revolution liest sich wie aus dem Handbuch: ein Stellium aus fünf Sternen, darunter die Sonne im sechsten Haus. Es ist zu beachten, dass der Unfall wenige Tage vor dem Geburtstag der Moderatorin passiert ist. Der Wert der Gefährlichkeit liegt bei 76 Punkten zu 10.

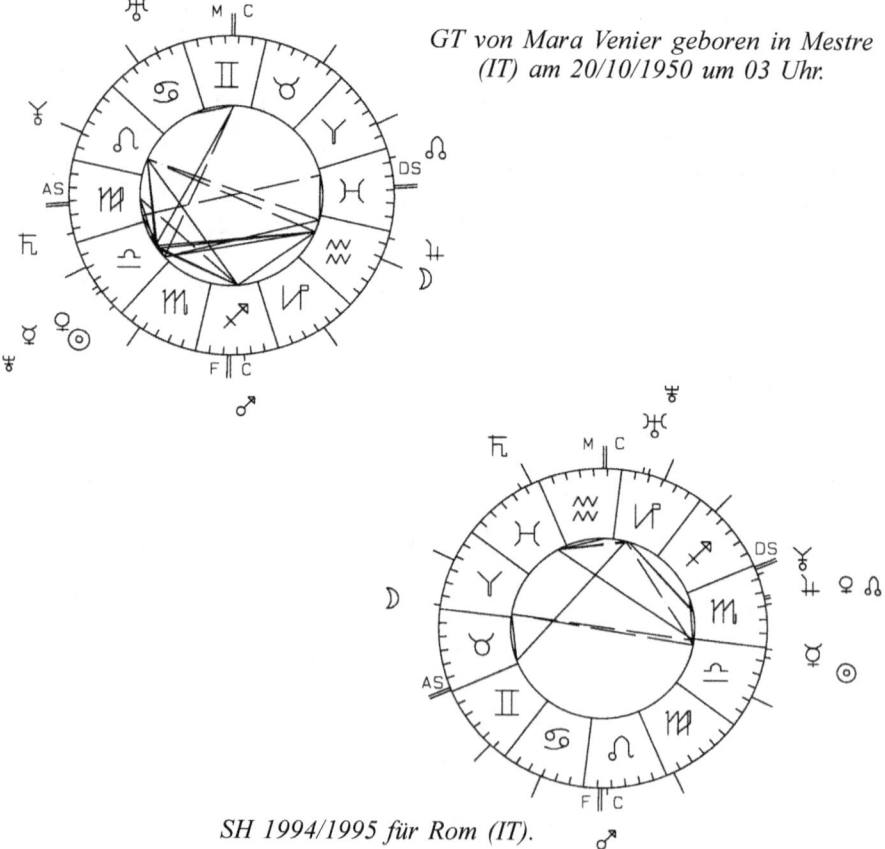

GT von Mara Venier geboren in Mestre (IT) am 20/10/1950 um 03 Uhr.

SH 1994/1995 für Rom (IT).

RINO FORMICA WIRD IN BARI VERHAFTET

Am 28. März 1995 wird auch der ehemalige sozialistische Minister Rino Formica in Bari in Bezug auf die Schmiergeldaffäre *Mani Pulite* verhaftet. Beachten Sie die Transite dieses interessanten Falles: Neptun steht im Semiquadrat zu Sonne, Jupiter und Saturn, im Sextil zu Merkur und Uranus, Mars in Opposition zum Mond, in Konjunktion zum IC (Himmelstiefe), im Sesquiquadrat zu Merkur und Uranus, im Trigon zu Saturn und im Semisextil zu Pluto. Denken Sie wirklich, ein Astrologe hätte ohne Beachtung der Solar-Revolutionen ein so tiefschwarzes Jahr für den Politiker voraussehen können? Und wenn ja, aufgrund welcher Basis? Aufgrund dieser drei mickrigen Semiquadrate von Neptun? Oder aufgrund der Transite von Mars, die für sich genommen gar nichts bedeuten? Oder etwa aufgrund der breiten Konjunktion von Saturn mit der Sonne (7°) und jener von Uranus zum Mond (6°)? Nein, das kann man so nun wirklich nicht sagen. Wenn wir die Würfel in diesem Spiel nicht türken wollen, müssen wir bekennen, dass uns die Transite in diesem Fall gar nichts über die persönliche Tragödie dieses Mannes sagen, der vom Ruhm direkt in den Ruin gewandert ist. Wenn wir dagegen die Solar-Revolution betrachten, entdecken wir einen Aszendenten im sechsten Haus. Sie könnten nun sagen: „Ist das schon Alles?" Meine Antwort wäre: „scheint das denn wenig?" Habe ich vielleicht nicht schon mehrfach in anderen Büchern geschrieben, dass es bei einem Aszendent, der Sonne oder einem Stellium im zwölften, ersten oder sechsten Haus am besten ist, die Beine in die Hand nehmen und schnell so weit wie möglich davonzurennen, noch bevor überhaupt die Frage nach dem *Warum* aufkommt? Ein Aszendent im sechsten Haus ist unerträglich, extrem kritisch und kann schwere Krankheit, sowie große Tragödien in der Liebe, Freundschaft, Arbeit oder in Form von amtlichen Schreiben mit sich bringen. Das Ergebnis solcher einzelner Tragödien ist immer ein Zusammenbruch der Gesundheit. Der Index der Gefährlichkeit zeigt 42 zu 10.

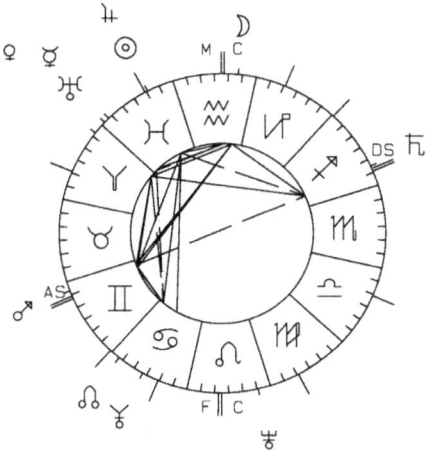

GT von Rino Formica geboren in Bari (IT) am 01/03/1927 um 10:15 Uhr.

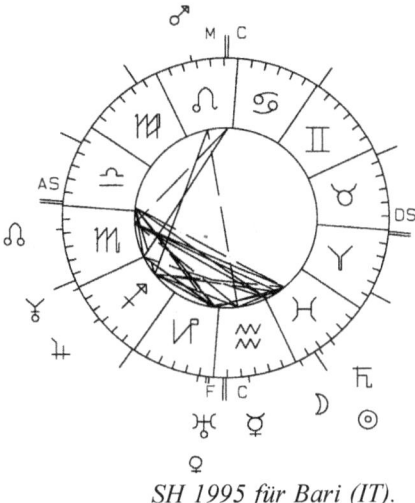

SH 1995 für Bari (IT).

DIE ENTFÜHRUNG VON ALDO MORO

Am 16. März 1978 wird Aldo Moro in der Via Fani in Rom entführt und sein Geleitschutz massakriert. Der Anführer der Partei *Democrazia Cristiana* (Christdemokraten) wird am darauffolgenden 9. Mai ermordet. Dieser terroristische Akt der roten Brigaden ruft Ärger und Empörung im zivilen Bewusstsein hervor und leitet die ersten Schritte zu einer massiven strategischen und politischen Kampagne ein, mit welcher der italienische Staat des Terrorismusphänomens in seinem Land wenigstens zu einem sehr großen Teil Herr werden wird. Die Transite sind auch wirklich mörderisch: Pluto formte ein Sextil mit Mond und Venus, ein Trigon mit Uranus, Neptun stellte sich in Sesquiquadrat zur Himmelsmitte und zu sich selbst; Uranus stand im Quadrat zum Mond, zu Venus und zu sich selbst, im Semiquadrat zur Sonne und in Konjunktion zu Mars (es handelt sich hier um eine breite Konjunktion auf 6°, später werde ich noch zu ihrer Wichtigkeit kommen); Saturn stand im Sextil zum Aszendenten, Jupiter im Quadrat zur Sonne, im Semiquadrat zum Mond, in Trigon zum Aszendenten und im Semisextil zu Saturn, schließlich befand sich Mars in Konjunktion zu Saturn und im Quadrat zu Merkur und zum Aszendenten. Die Solar-Revolution zeigt uns einen Solaraszendenten im zehnten Haus und es wurde schon mehrfach betont, dass diese Stellung brandgefährlich ist, wenn sie gleichzeitig mit bösartigen Transiten vorkommt, vor allem jenen von Saturn und Uranus. In diesem Fall tauchte im Laufe des Jahres ein sehr gefährlicher Transit von Uranus über dem Geburtsmars im ersten Haus auf - und schon ist die „Falle" zugeschnappt! Der Solarmars im elften Haus erzählt uns vom gewaltsamen Tod in diesem Jahr; Saturn im ersten Haus trägt seinen Anteil zum Unglück des Politikers bei. Der Index der Gefährlichkeit des Jahres liegt bei 32 zu 32.

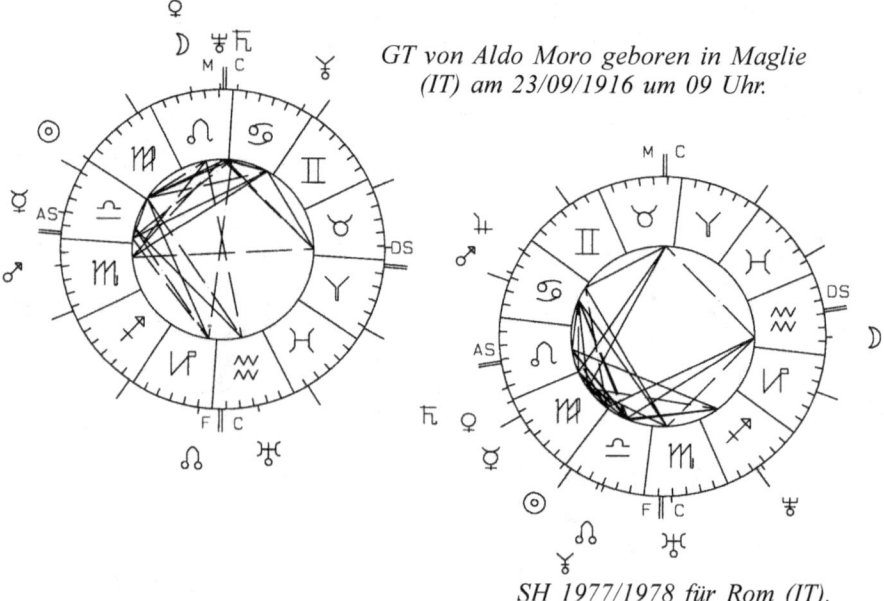

GT von Aldo Moro geboren in Maglie (IT) am 23/09/1916 um 09 Uhr.

SH 1977/1978 für Rom (IT).

EINE UNTERSUCHUNG WIRD GEGEN SOFIA LOREN EINGELEITET

Am 15. April 1978 wird Sofia Loren wegen angenommener Ausfuhr von Kapital ins Ausland in eine Finanzuntersuchung verwickelt. Diese Sache rief damals Empörung hervor und wurde von der Schauspielerin als sehr negativ erlebt. Die Transite des Tages: Pluto befand sich in Konjunktion zu Merkur und im Sextil zu Mars, Neptun im Sextil zu Mond und Merkur und im Semiquadrat zum MC; Uranus im Quadrat zu Mars und im Sextil zu Neptun; Saturn zu sich selbst und zum Mond in Opposition und im Sextil zu Jupiter; Jupiter im Quadrat zur Sonne, in Konjunktion zum Deszendenten (diese Position weist fast immer auf das Empfangen amtlicher Schreiben hin), im Trigon zur Himmelsmitte und im Sextil zu Uranus, Mars im Quadrat zum MC und zu Uranus und in Konjunktion zu Pluto. Die Solar-Revolution liest sich wieder einmal wie nach Handbuch, mit einem Aszendenten im siebten Haus (Gesetz, Prozesse) und Mars im zwölften, der sehr oft einen Unfall oder eine chirurgische Operation anzeigt, häufig aber auch einen Moment großer Ängste und Sorgen bedeuten kann. Der Index der Gefährlichkeit liegt bei 52 zu 34.

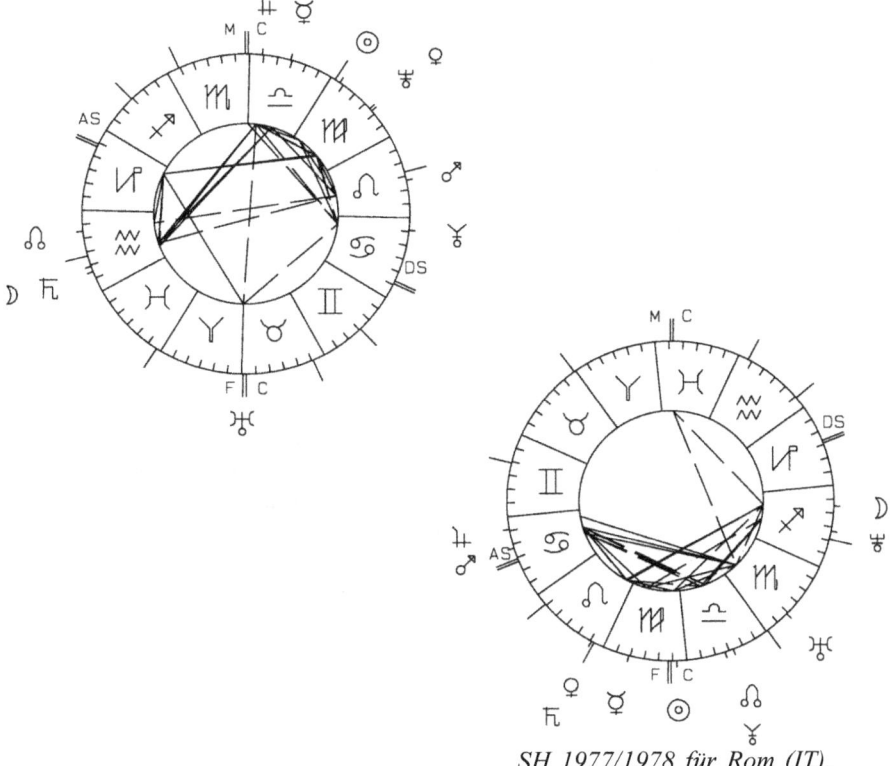

GT von Sofia Loren geboren in Rom (IT) am 20/09/1934 um 14:10 Uhr.

SH 1977/1978 für Rom (IT).

AUCH GEGEN CARLO PONTI WERDEN UNTERSUCHUNGEN EINGELEITET

Das Schicksal von Sofia Loren betrifft auch ihren Mann Carlo Ponti. Die Transite des Tages waren: Pluto im Sextil zu Merkur und im Sesquiquadrat zu Saturn, Neptun in Konjunktion zur Sonne und im Semisextil zum Mond; Uranus im Semiquadrat zum MC und im Sesquiquadrat zu Pluto; Saturn im Trigon zum MC und Jupiter und im Semisextil zu Neptun; Jupiter im Quadrat zum Aszendenten, im Semisextil zu Saturn und in Konjunktion zu Pluto; Mars im Sesquiquadrat zur Sonne, in Opposition zu Venus und Uranus, im Trigon zum Aszendenten, im Sextil zu Saturn und im Semisextil zu Pluto. Es handelt sich wahrlich nicht um allzu schlimme Transite, aber betrachten wir die Solar-Revolution: Jupiter im siebten Haus (das amtliche Schreiben) und ein Stellium, darunter die Sonne, zwischen dem zwölften und dem ersten Haus. Der Gefährlichkeitsindex liegt hier bei 58 zu 18.

GT von Carlo Ponti geboren in Magenta (IT) am 11/12/1912 um 13 Uhr.

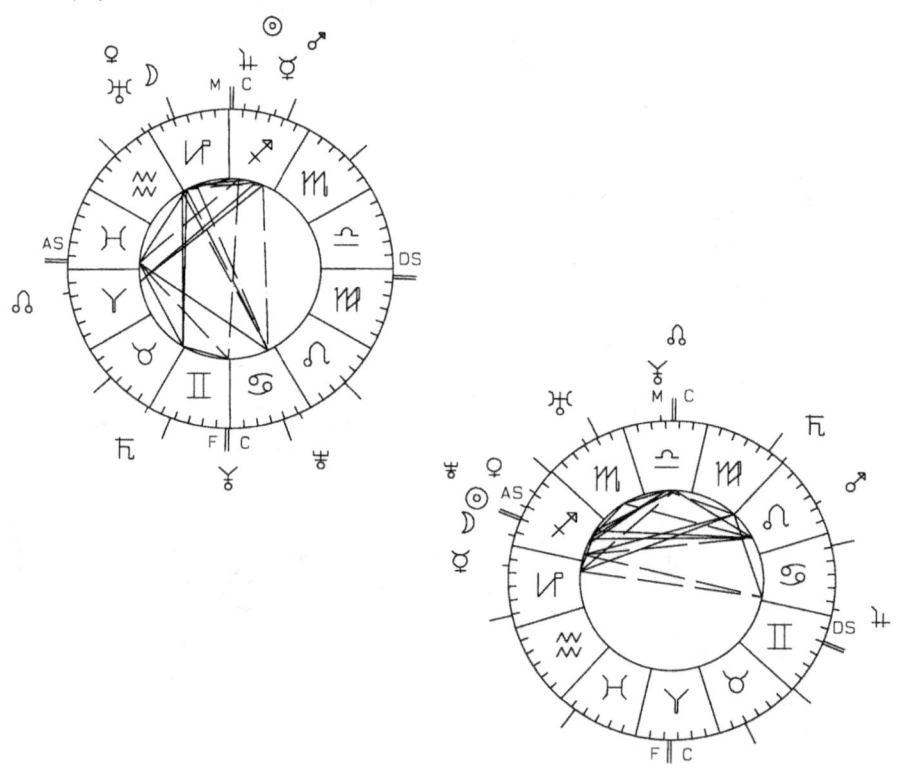

SH 1977/1978 für Rom (IT).

BEISPIELGRAFIKEN

AUCH GEGEN CLAUDIO ABBADO WIRD ERMITTELT

Am 29. April 1978 wird gegen den Dirigenten Claudio Abbado wegen vermuteter heimlicher Kapitalausfuhren ermittelt. Die Transite sind: Pluto im Trigon zu Saturn, Neptun im Quadrat zu Jupiter, Uranus im Sextil zu Jupiter und im Quadrat zu Saturn; Saturn im Semisextil zu Venus, Mars und Pluto, im Quadrat zum Aszendenten und im Trigon zu Uranus; Mars in Konjunktion zum Mond, im Semiquadrat zu sich selbst, in Opposition zu Saturn und im Semisextil zu Neptun. Die Solar-Revolution zeigt wie nach Handbuch Jupiter und den Aszendenten im siebten Haus. Ich möchte noch einmal die Großartigkeit der Solar-Revolution beim Aufzeigen der wichtigsten Ereignisse des Jahres hinweisen. Wer sie bestreitet, tut dies in den meisten Fällen nur, weil er sie nicht lesen kann. Der Index der Gefährlichkeit des Jahres liegt bei 28 zu 30.

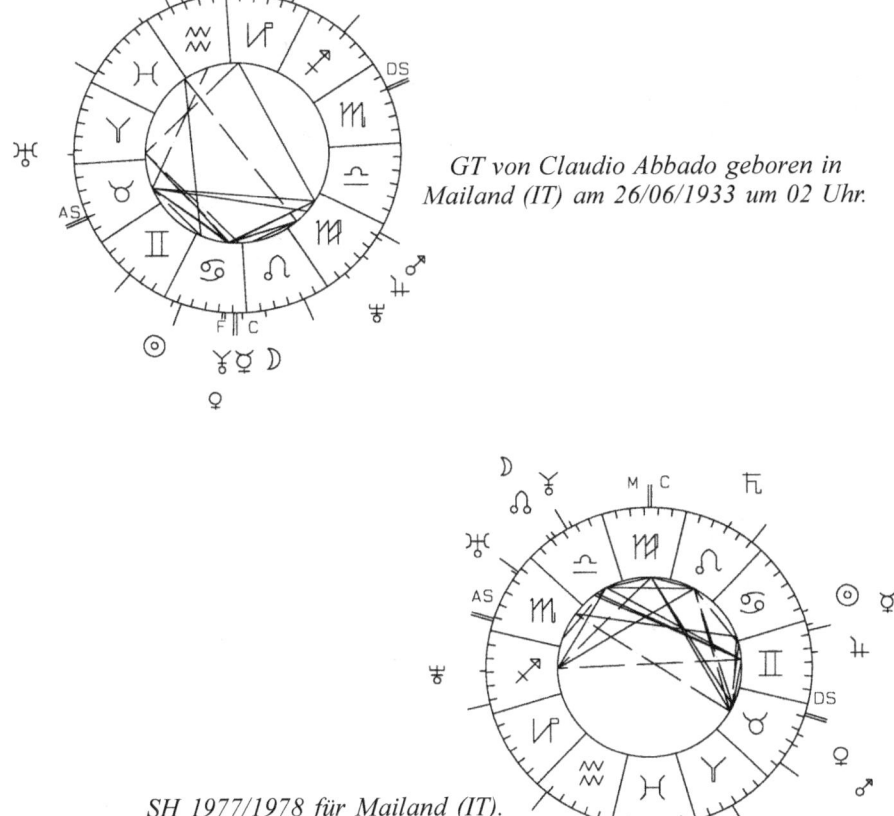

GT von Claudio Abbado geboren in Mailand (IT) am 26/06/1933 um 02 Uhr.

SH 1977/1978 für Mailand (IT).

PRÄSIDENT LEONE: ANKLAGE WEGEN AMTSVERGEHENS

Am 15. Juni 1978 tritt Staatspräsident Giovanni Leone wegen Verwicklung in die italienische Variante des *Lockheed*-Skandals zurück. Die Transite sind: Pluto im Sesquiquadrat zum Mond, in Konjunktion zu Mars und im Quadrat zu Uranus, Neptun im Semiquadrat zu Merkur und Sextil zu Mars; Uranus in Konjunktion mit der Sonne, im Semiquadrat zu Venus und dem Aszendenten, im Sesquiquadrat zum MC und im Sextil zu Jupiter und zu sich selbst. Saturn in Opposition für zum Mond, im Sextil zu Merkur, dem MC und Pluto, im Semisextil zum Aszendenten und im Sesquiquadrat zu Uranus, Jupiter steht im Trigon zur Sonne, im Quadrat zu Mars und im Sextil zu sich selbst, in Opposition zu Uranus und in Konjunktion mit Neptun; Mars in Opposition zum Mond, im Sextil zu Merkur, im Semisextil zu Venus, im Semiquadrat zu Mars, im Sesquiquadrat zu Uranus und im Semiquadrat zu Neptun. Die Solar-Revolution zeigt uns einen Aszendenten im zehnten Haus. Wir befinden uns wieder vor einem sehr interessanten Fall. Wie ich bereits mehrfach geschrieben habe, ist der Aszendent im zehnten Haus sehr gefährlich, wenn er von disharmonischen Transiten besonders von Uranus und Saturn begleitet wird. Hier finden wir drei sehr kritische davon vor: Uranus in Konjunktion mit der Sonne, Uranus in bösartigem Aspekt zum MC und zu Saturn, im Durchgang im zehnten Haus, in Opposition zum Mond. Man beachte, dass das Trigon von Jupiter zur Sonne viele Gelehrte bei der Lektüre dieser Solar-Revolution täuschen könnte, wenn sie nicht die von mir in diesem und in vorhergehenden Texten beschriebenen Regeln befolgen. Ich möchte mich nicht selbst loben, aber es geht hier um einen grundlegenden Punkt, da meine Solar-Revolutionen und meine Art, sie zu lesen oft bestritten werden. Können Sie mir einen Text nennen, in dem eine solche Solar-Revolution als brandgefährlich beschrieben wird? Der Gefährlichkeitsindex liegt bei 36 zu 42.

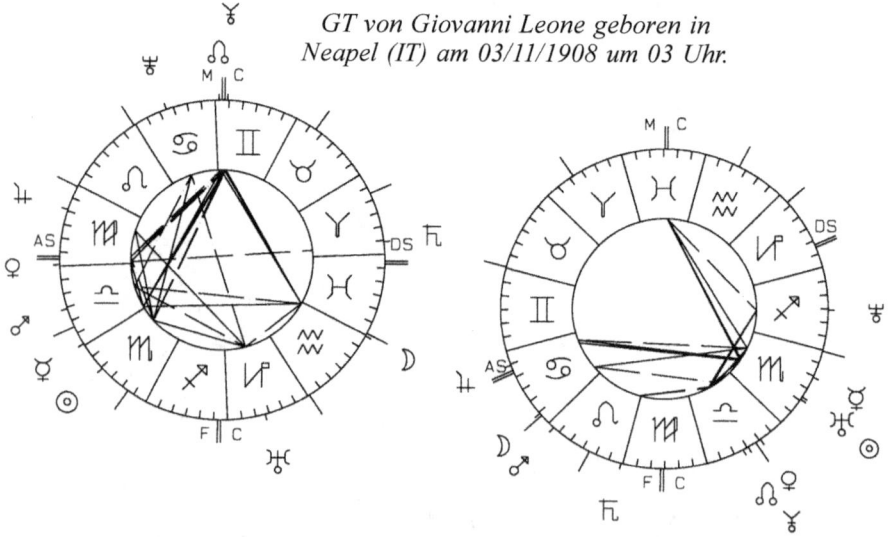

GT von Giovanni Leone geboren in Neapel (IT) am 03/11/1908 um 03 Uhr.

SH 1977/1978 für Rom (IT).

PAOLA BORBONI WIRD WITWE UND BRICHT SICH EINIGE KNOCHEN

Am 16. Juni 1978 werden die Schauspielerin Paola Borboni und ihr junger Mann Bruno Vilar in einen schweren Verkehrsunfall verwickelt: er stirbt und sie bricht sich mehrere Knochen (bei der Geburt hatte sie eine dreifache Konjunktion mit Sonne, Mars und Mond im sechsten Haus, im Steinbock). Die Transite waren: Pluto im Quadrat zu Mond und Mars und im Semiquadrat zu Jupiter, Neptun in Opposition zu Pluto, Uranus im Sextil zu Sonne, Mond und Mars, im Semiquadrat zu Saturn und im Sesquiquadrat zu Neptun; Saturn im Sesquiquadrat zu Sonne und Mond, im Trigon zu sich selbst und im Sextil zu Neptun, Jupiter in Opposition zu Mars und im Quadrat zum MC, Mars im Sesquiquadrat zum MC und zu sich selbst, im Semisextil zum Aszendenten, im Quadrat zu Jupiter und im Trigon zu Saturn. Die Solar-Revolution könnte nicht deutlicher sein: Saturn im dritten Haus, 4 Sterne (darunter die Sonne) im sechsten Haus und der Aszendent im zwölften Haus. Der Gefährlichkeitsindex des Jahres liegt bei 90 zu 28. In Fällen wie diesem ist auch ein unerfahrener Astrologe in der Lage, ein schreckliches Jahr für die Betroffene vorauszusehen und die Meinung eines Experten einzuholen, um die Solar-Revolution gezielt an einen anderen Ort zu verlegen. Neben einer grauenvollen Solar-Revolution haben wir in diesem Fall auch sehr disharmonische Transite. Wenn Sie aber den Gefährlichkeitswert dieses Jahres berechnen und dabei den Geburtstag sagen wir nach Lissabon verlegen, anstatt ihn in Rom zu verbringen, so verringert sich der Wert fast um die Hälfte: 58.

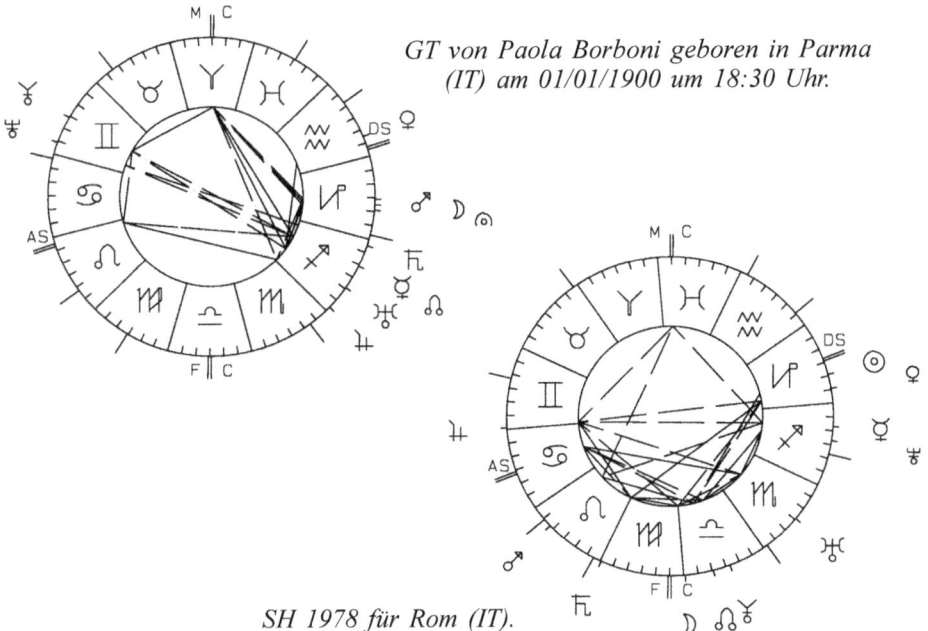

GT von Paola Borboni geboren in Parma (IT) am 01/01/1900 um 18:30 Uhr.

SH 1978 für Rom (IT).

RENATO CURCIO ZU 15 JAHREN HAFT VERURTEILT

Am 23. Juni 1978 wird Renato Curcio als historischer Anführer der roten Brigaden zu 15 Jahren Haft verurteilt. Die Transite sind: Pluto im Semiquadrat zu Saturn und im Sesquiquadrat zu Uranus; Neptun im Semiquadrat zum Mond: Uranus in Konjunktion mit Venus und im Semiquadrat zu Neptun; Saturn im Sextil zu Mond und Merkur, im Quadrat zu sich selbst und im Semisextil zu Neptun; Jupiter im Semiquadrat zu Saturn und zu Uranus; Mars im Semiquadrat zu Merkur, im Sextil zu Venus, im Sesquiquadrat zu sich selbst und im Semisextil zu Pluto. Diese Transite erscheinen uns überhaupt nicht dramatisch, auf alle Fälle nicht so stark, um einen solchen Schicksalsschlag für den Betroffenen zu vermuten. Aber betrachten wir die Solar-Revolution: Die Sonne ist im ersten Haus und wir finden ein Stellium zwischen dem zwölften und dem ersten Haus. Der Gefährlichkeitsindex liegt somit bei 56 zu 42.

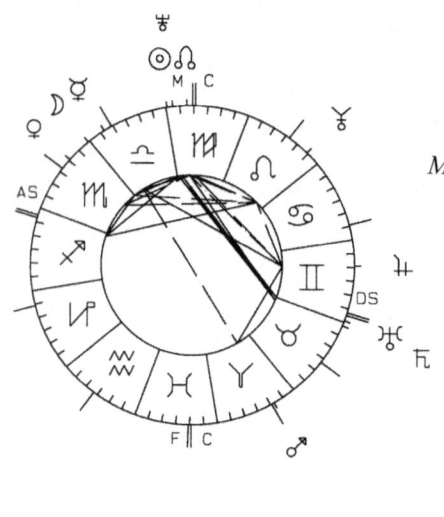

GT von Renato Curcio geboren in Monterotondo (IT) am 23/09/1941 um 12:25 Uhr.

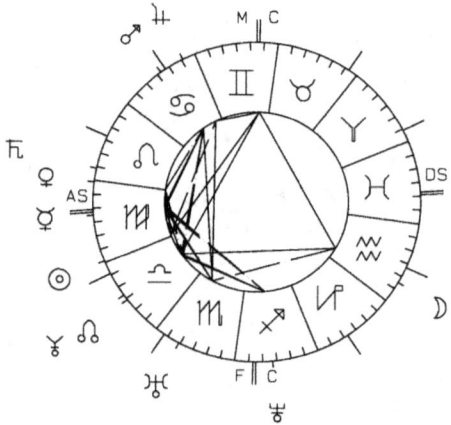

SH 1977/1978 für Rom (IT).

DER BANDIT VALLANZASCA WIRD ZU LEBENSLANGER HAFT VERURTEILT

Am 8. Juni 1978 wird Renato Vallanzasca wegen Mordes an einem Polizeiagenten im Jahre 1976 zu lebenslanger Haft verurteilt. Die Transite sind folgendermaßen: Pluto im Sextil zum Mond, im Sesquiquadrat zu Merkur, im Semisextil zu Saturn und in Konjunktion zu Neptun; Neptun in Konjunktion zum Mond und im Sesquiquadrat zum Aszendenten, im Trigon zum MC und zu Pluto und im Sextil zu Neptun; Uranus in Opposition zur Sonne (mit einer Umlaufbahn von nur einem Grad), im Semisextil zum Mond, im Sesquiquadrat zu Venus und Sextil zu Saturn; Saturn im Quadrat zu Merkur und in Opposition zu Jupiter; Jupiter im Sextil zu Sonne und Saturn, im Semiquadrat zu Merkur und Quadrat zum MC; Mars im Quadrat zu Merkur und in Opposition zu Jupiter. Der Solaraszendent ist im zehnten Haus und hat zusammen mit der Sonne im zwölften Haus, einem Stellium zwischen zwölftem und erstem Haus sowie einer Opposition von Uranus zur Sonne zum bekannten Ergebnis geführt. Der Index der Gefährlichkeit liegt bei 62 zu 32.

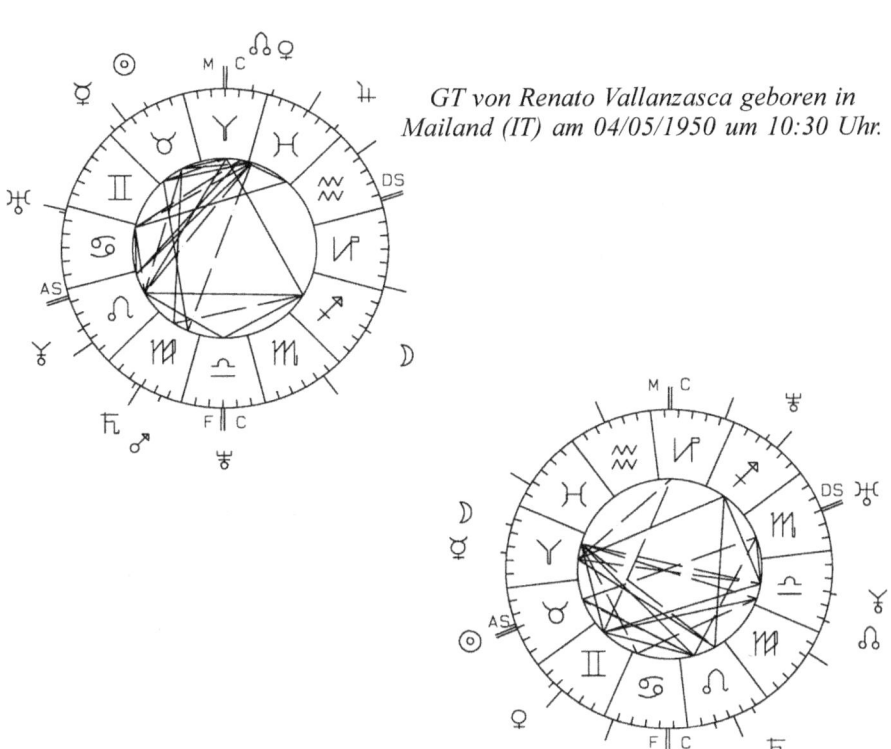

GT von Renato Vallanzasca geboren in Mailand (IT) am 04/05/1950 um 10:30 Uhr.

SH 1978 für Mailand (IT).

VIKTOR EMANUEL VON SAVOYEN SCHIESST AUF EINEN TOURISTEN

Am 18. August 1978 schießt Viktor Emanuel von Savoyen im Urlaub auf Korsika aus nichtigen Gründen auf einen jungen Deutschen und landet im Gefängnis. Der Junge wurde an den Hoden getroffen und starb nach zahlreichen Operationen und Monaten schweren Leidens in einem Krankenhaus in Deutschland. Die Transite sind wie folgt: Pluto im Quadrat zu Jupiter, Neptun im Semisextil zu Jupiter, Uranus im Sesquiquadrat zum MC, Saturn in Opposition zum Mond, im Semiquadrat zum Aszendenten und zu Jupiter im Sesquiquadrat; Jupiter im Sesquiquadrat zum Mond, in Opposition zu Merkur, im Trigon zum MC und in Konjunktion zu Pluto. Mars im Sesquiquadrat zur Sonne und in Opposition zu Venus. Wo denken Sie befand sich der Solaraszendent? Ganz genau, im zwölften Haus. Der Wert der Gefährlichkeit liegt bei 42 zu 26.

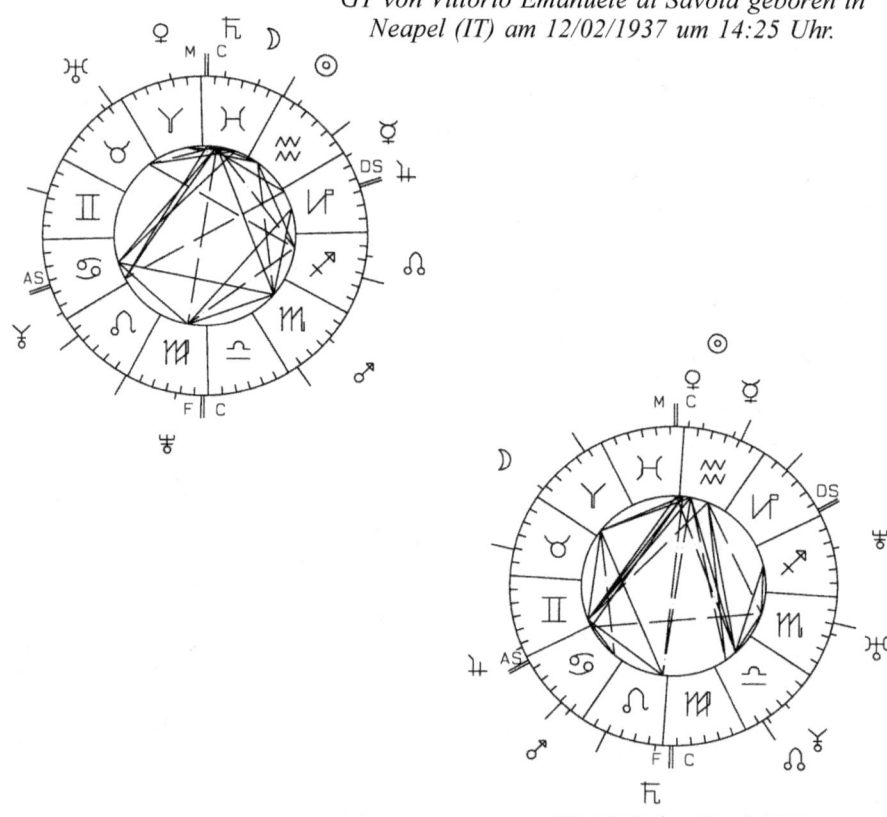

GT von Vittorio Emanuele di Savoia geboren in Neapel (IT) am 12/02/1937 um 14:25 Uhr.

SH 1978 für Genf (CH).

INDIRA GANDHI WIRD VERHAFTET

Am 19. Dezember 1978 wird Indira Gandhi vom indischen Parlament ausgeschlossen und in Haft genommen. Die Transite sind wie folgt: Pluto im Semiquadrat zu Merkur und im Trigon zu Uranus, Neptun im Sextil zu Uranus, Uranus im Quadrat zum Aszendenten und zu sich selbst und im Sesquiquadrat zu Pluto. Saturn im Sesquiquadrat zum Mond, im Trigon zu Venus, in Konjunktion zu Mars und im Semisextil zu Saturn; Jupiter im Trigon zu Merkur, im Semisextil zu Mars und Pluto und in Konjnktion mit Neptun; Mars im Semisextil zu Merkur, im Trigon zu sich selbst, im Sesquiquadrat zu Aszendent und MC, im Semiquadrat zu Uranus und in Opposition zu Pluto. Die Solar-Revolution zeigt uns einen Aszendenten im zehnten Haus und ein Stellium aus fünf Sternen, darunter die Sonne, im sechsten Haus. Das allein hätte schon gereicht, um den Aszendenten im zehnten Haus im Gegensatz zu seinen Grundmerkmalen wirken zu lassen, aber wir dürfen nicht das Quadrat von Uranus zum Aszendenten vergessen, das auch nicht unwichtig ist. Der Index der Gefährlichkeit liegt bei 62 zu 14.

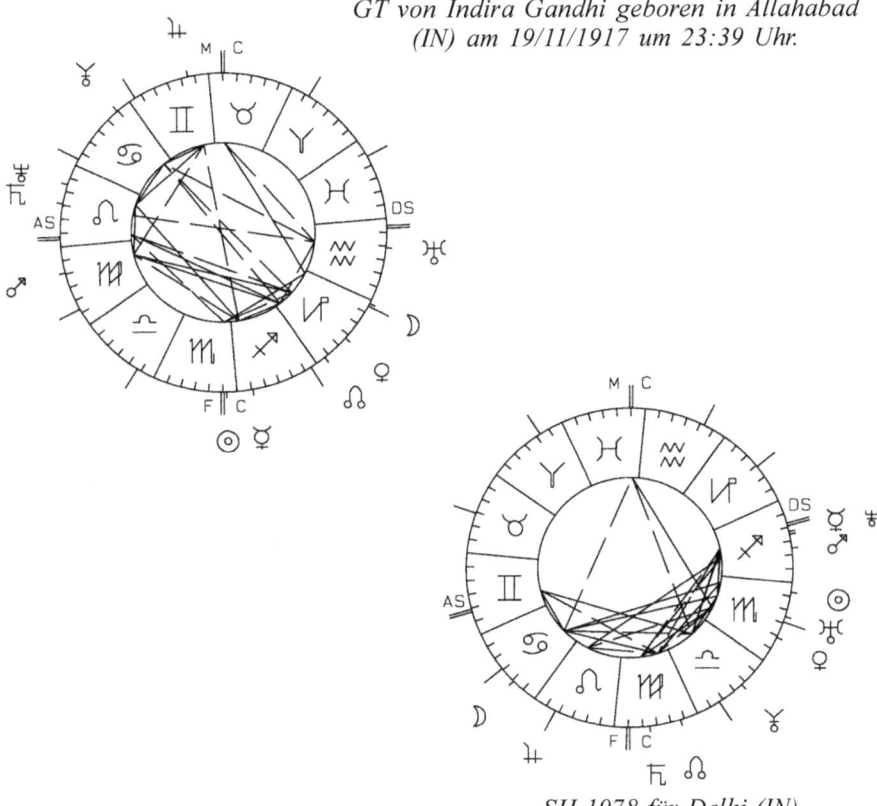

GT von Indira Gandhi geboren in Allahabad (IN) am 19/11/1917 um 23:39 Uhr.

SH 1978 für Delhi (IN).

FRANCO FREDA WIRD ZU LEBENSLANGER HAFT VERURTEILT

Am 23. Februar 1979 wird der Faschist Franco Freda wegen eines terroristischen Anschlags, bekannt als das Massaker von *Piazza Fontana*, zu lebenslanger Haft verurteilt. Pluto steht im Trigon zur Sonne, Neptun im Sextil zur Sonne, im Semiquadrat zu Venus und zum Aszendenten, in Konjunktion zu Mars, im Trigon zum MC und im Sesquiquadrat zu Pluto. Uranus im Quadrat zur Sonne und in Opposition zu sich selbst; Saturn in Opposition zu Merkur und im Trigon zu Jupiter und zu sich selbst. Jupiter in Opposition zur Venus, im Quadrat zum Aszendenten und in Konjunktion zu Pluto; Mars in Konjunktion zur Sonne, im Sextil zu Mars und im Quadrat zu Uranus. In der Solar-Revolution finden wir die Konjunktion Sonne-Mars-Merkur im ersten Haus; dies noch einmal als Beweis, dass dieses Haus fast ebenso bösartig ist wie das zwölfte Haus. Diese Entdeckung habe ich im Laufe der wachsenden Erfahrung gemacht, da kein Text, den ich jemals studiert habe, hierzu einen Hinweis gegeben hat. Durch die Praxis von tausenden und abertausenden Solar-Revolutionen und gezielten Solar-Revolutionen habe ich diese Wahrheit entdeckt, die jedem Forscher klar erscheinen würde, wenn er die schwärzesten Jahre seines eigenen Lebens oder des Lebens der Leute, die ihm am Herzen liegen, untersuchen würde. Der Index der Gefährlichkeit ist 84 zu 34.

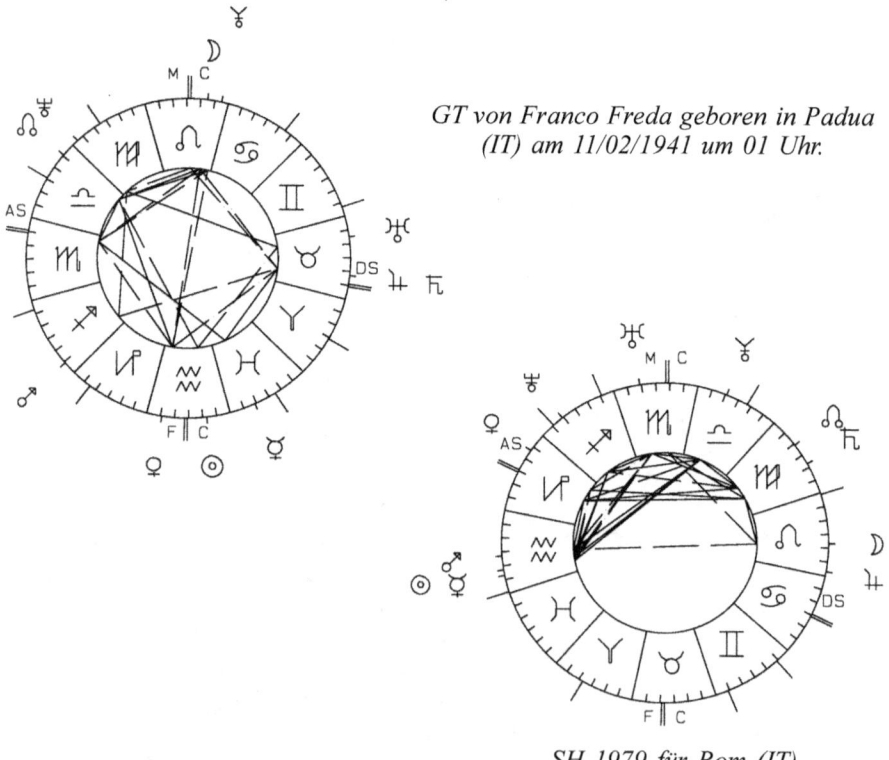

GT von Franco Freda geboren in Padua (IT) am 11/02/1941 um 01 Uhr.

SH 1979 für Rom (IT).

SCHWERER VERKEHRSUNFALL FÜR GIGI RADICE

Am 17. April 1979 wird Gigi Radice, Trainer der Fussballmannschaft in Turin, in einen schweren Verkehrsunfall verwickelt und ernsthaft verletzt. Die Transite sind: Pluto in Konjunktion zu Mars und Semisextil zu Jupiter, Uranus im Sesquiquadrat zum Aszendenten und Konjunktion zu Jupiter; Saturn im Sesquiquadrat zur Sonne, im Quadrat zum Mond und im Sextil zum Aszendenten; Jupiter in Opposition zu Merkur und im Quadrat zu Neptun; Mars im Sextil zu Mond, Merkur und Venus, in Opposition zu sich selbst, im Quadrat zum Aszendenten und im Semisextil zur Himmelsmitte. Wir finden parallel zu diesen schweren Transiten eine sehr enge Konjunktion von Sonne-Mars im ersten Solarhaus. Die Punktzahl im Gefährlichkeitsindex beträgt 66 zu 22.

GT von Gigi Radice geboren in Cesano Maderno (IT) am 15/01/1935 um 15:30 Uhr.

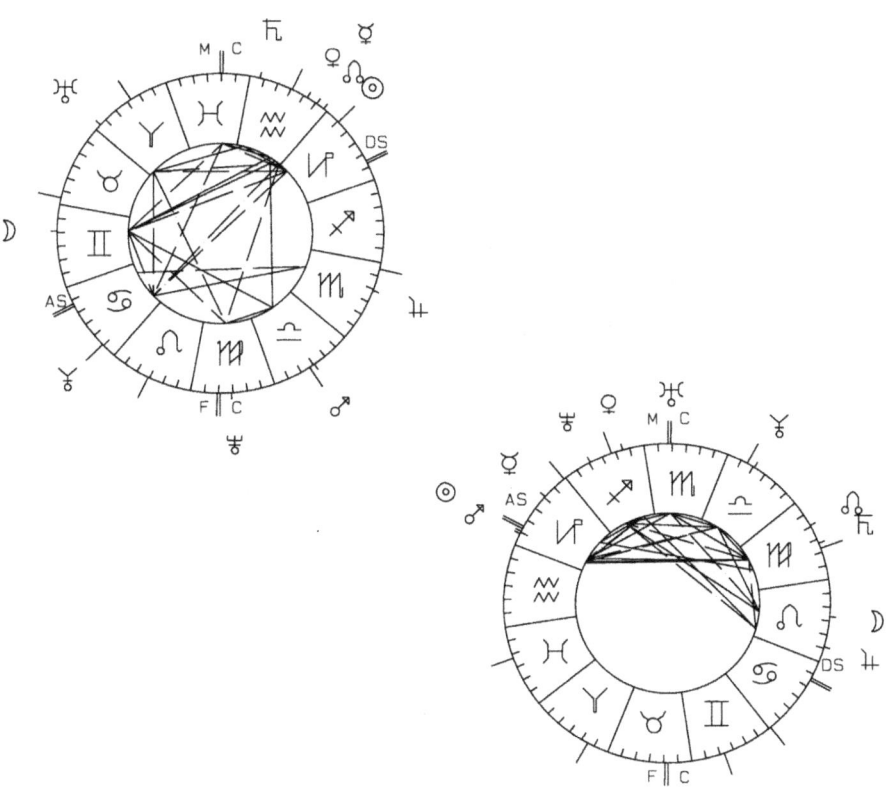

SH 1979 für Turin (IT).

FRANCO CALIFANO WEGEN DROGENBESITZES VERHAFTET

Am 2. Mai 1979 wird der Musiker Franco Califano in Folge auf eine Anzeige durch eine Schauspielerin wegen Drogen und Prostitution verhaftet. Am 11. Mai wird er zu sechs Monaten Gefängnis wegen illegalen Waffenbesitzes verurteilt (am 2. Mai wurde bei ihm eine Pistole gefunden). Die Transite waren: Pluto im Semiquadrat zu Merkur und in Opposition zu Saturn, Neptun im Quadrat zur Sonne (dies ist der Schlüsseltransit, der die erwähnte Episode umfassend erklärt) und zu sich selbst; Uranus in Opposition zu sich selbst und im Sextil zu Neptun, Saturn in Konjunktion mit Mars, Jupiter im Semisextil zu Merkur, im Semiquadrat zum Aszendenten und in Konjunktion mit Pluto. Mars im Semisextil zum Mond, im Sesquiquadrat zu Merkur und zu sich selbst und in Konjunktion mit Saturn. Die Solar-Revolution zeigt uns Jupiter und den Aszendenten im siebten Haus (das Gesetz, die Prozesse), neben einem Stellium, darunter die Sonne, im achten Haus. Das achte Haus erscheint oft in Fällen von Inhaftierung. Der Gefährlichkeitsindex liegt bei 30 zu 26.

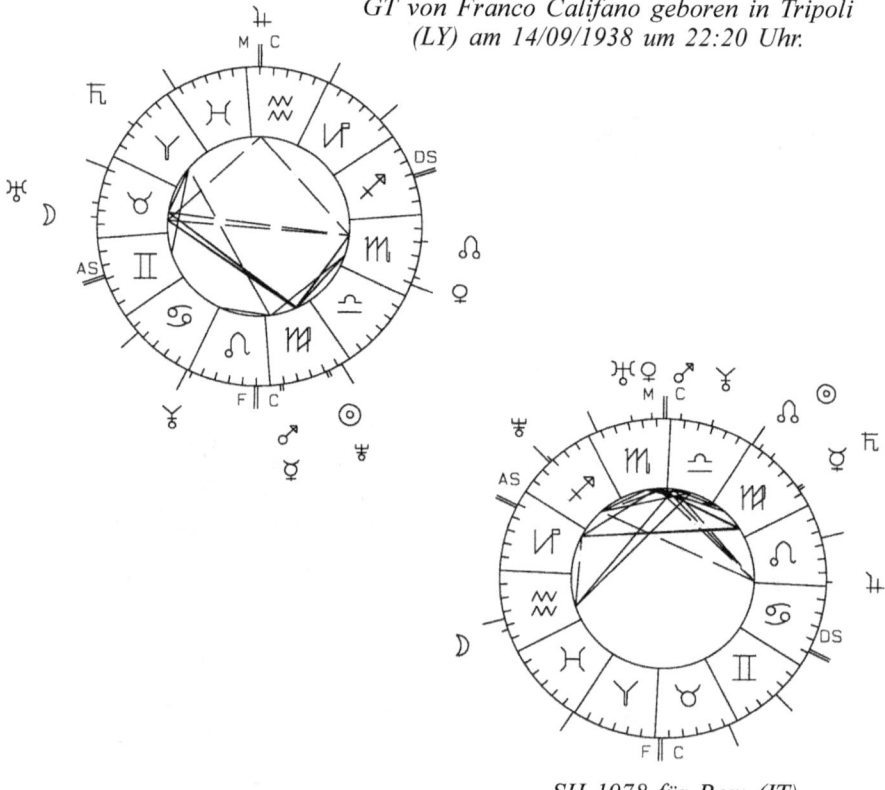

GT von Franco Califano geboren in Tripoli (LY) am 14/09/1938 um 22:20 Uhr.

SH 1978 für Rom (IT).

SKANDAL IN GEDENKEN AN KÖNIGIN VIKTORIA

Am 21. Mai 1979 schreibt der *Daily Telegraph*, dass Königin Viktoria heimlich John Brown, ihren Diener und Stallknecht, geheiratet und sogar ein Kind von ihm bekommen hätte. Die Transite waren: Pluto im Sesquiquadrat zu Sonne und Mond, in Opposition zu Mars und im Trigon zu Jupiter, Uranus im Quadrat zu Jupiter, Saturn im Quadrat zum Mond (Transit mit negativen Folgen zur Popularität) und zum Aszendenten und im Trigon zu Merkur, Jupiter im Sextil zu Sonne, Mond und zum Aszendenten; Mars im Semisextil zur Sonne, zum Mond und zum Aszendenten, in Konjunktion zu Merkur und Quadrat zum MC. In der Solar-Revolution sehen wir einen Aszendenten im sechsten Haus (vorhanden in jedem Jahr, in dem ein großes Unglück passiert), die Sonne im achten Haus und die Konjunktion Mars-Saturn an der Grenze des zehnten Hauses. Dieser Fall erlaubt es uns, uns an zwei wichtige Aspekte der Astrologie zu erinnern: Das Horoskop funktioniert auch nach dem Tod einer Person und die Tage um den Geburtstag sind sehr kritisch.

GT von Queen Victoria geboren in London (UK) am 24/05/1819 um 04:15 Uhr.

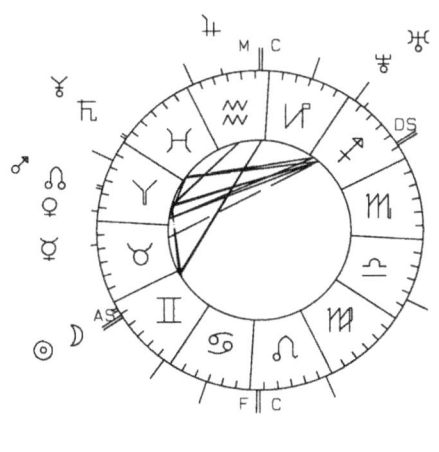

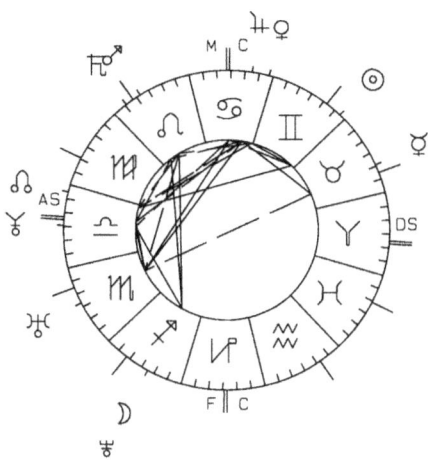

SH 1978 für London (UK).

CAMILLA CEDERNA IM FALL LEONE VERURTEILT

Am 28. Juni 1979 wird Camilla Cederna auf Anzeige wegen des Buches gegen die mächtige Mafia-Familie Leone zu einer Million Strafe und einem Schadensersatz von 45 Mio. verurteilt. Das Urteil war ziemlich hart, nicht so sehr vom wirtschaftlichen Standpunkt her, als vielmehr für den Ruf der Journalistin. Die Transite des Momentes sind: Pluto im Sextil zum Aszendenten, Neptun im Semiquadrat zur Sonne, im Sextil zu Venus und in Konjunktion mit dem Aszendenten, Uranus im Quadrat zur Venus und im Semisextil zum Aszendenten; Saturn im Trigon zu Merkur und im Sesquiquadrat zu Uranus, Jupiter in Opposition zur Sonne, im Sesquiquadrat zu Mars, im Sextil zum MC, im Quadrat zu sich selbst und im Semiquadrat zu Pluto, Mars im Trigon zur Sonne und zu Uranus und im Semisextil zu Saturn. Die Solar-Revolution zeigt uns ganz klar eine sehr enge Konjunktion Sonne-Mars im siebten Haus und einen Aszendenten im achten Haus. Der Index der Gefährlichkeit des Jahres steht bei 50 zu 18.

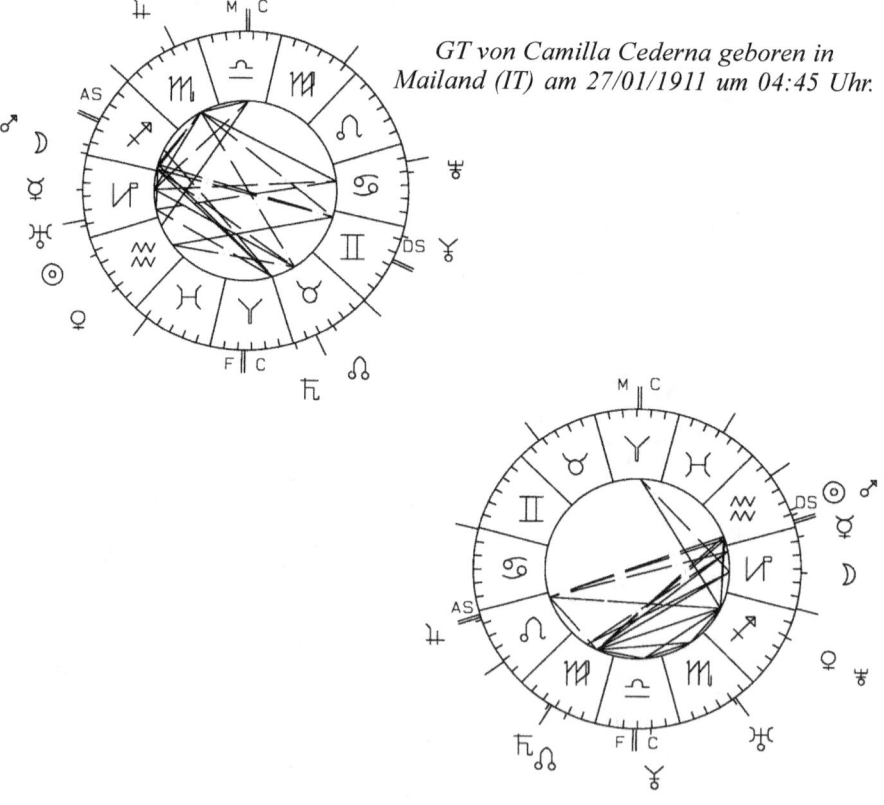

GT von Camilla Cederna geboren in Mailand (IT) am 27/01/1911 um 04:45 Uhr.

SH 1979 für Mailand (IT).

SIEBEN JAHRE HAFT FÜR DIE TERRORISTIN ADRIANA FARANDA

Am 4. Juli 1979 wird Adriana Faranda zu sieben Jahren Haft wegen des Auffindens von Waffen in ihrem Versteck verurteilt. Die Transite des Tages sind: Pluto im Sextil zur Sonne, im Quadrat zur Venus, im Trigon zum MC und in Konjunktion zu Neptun; Neptun im Sextil zur Himmelsmitte, im Quadrat zu Saturn und im Trigon zu Pluto; Uranus im Quadrat zur Sonne, zum MC und zu Pluto, im Trigon zu Venus, Sextil zu Saturn und Semisextil zu Neptun; Saturn in Konjunktion zu Merkur, im Quadrat zum Aszendenten und im Sextil zu Uranus; Jupiter in Konjunktion zur Sonne, im Sextil zu Aszendent und Neptun; Mars im Quadrat zu Merkur und Jupiter, in Konjunktion zum Aszendenten und Semisextil zu Uranus. Die Solar-Revolution zeigt ein starkes Stellium mit Sonne und Saturn im siebten Haus und ein weiteres Stellium im achten Haus. Der Index der Gefährlichkeit ist nun 26 zu 34.

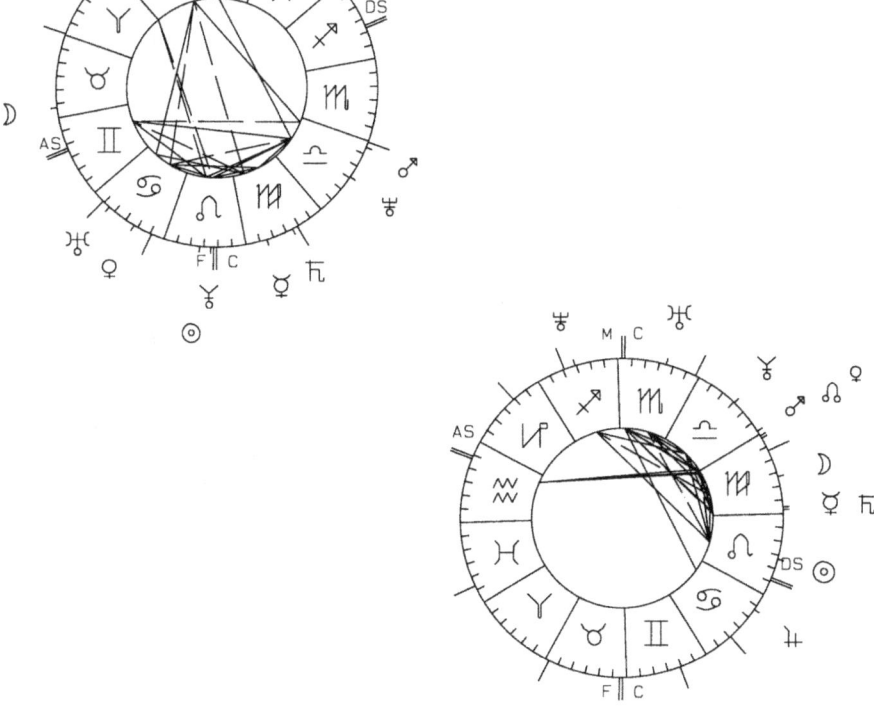

GT von Adriana Faranda geboren in Tortorici (IT) am 07/08/1950 um 00:30 Uhr.

SH 1978 für Rom (IT).

DER ROMN „DESIDERIA" VON MORAVIA BESCHLAGNAHMT

Am 18. Oktober 1979 lässt der Staatsanwalt in L'Aquila, Donato Massimo Bartolomei, den Romn *Desideria* von Alberto Moravia auf nationaler Ebene beschlagnahmen. Dessen Transite sind: Pluto im Semiquadrat zu Sonne und Mond, Neptun im Trigon zum MC und im Quadrat zu Saturn; Uranus im Quadrat zum MC und im Trigon zu Saturn, Saturn im Quadrat zu Venus, im Semiquadrat zum Aszendenten und in Opposition zu Saturn; Jupiter im Quadrat zur Sonne und in Konjunktion zum Mond; Mars im Quadrat zu Merkur, in Konjunktion zu MC und Jupiter und im Semisextil zu Neptun. Die Transite von Mars sind bei einem solchen Skandal von besonderer Wichtigkeit, hätten aber für sich allein genommen nichts bewirkt, wenn sie sich nicht an die Transite der langsamen Planeten angelehnt hätten. Die Solar-Revolution zeigt uns einen Aszendenten im dritten Haus und Jupiter im siebten Haus. Für einen Schriftsteller, der fast ein Buch im Jahr verfasst, kann ein Aszendent im dritten Haus nicht das Herausbringen eines neuen Buches bedeuten und somit musste der Fokus des Jahres auf diesem Haus zwar etwas Wichtiges für einen Romn bedeuten, aber was? Jupiter im siebten Haus weist, wie wir wissen, häufig auf ein amtliches Schreiben hin, welches hier auch pünktlich eingetroffen ist. Der Index der Gefährlichkeit steht bei 36 zu 30.

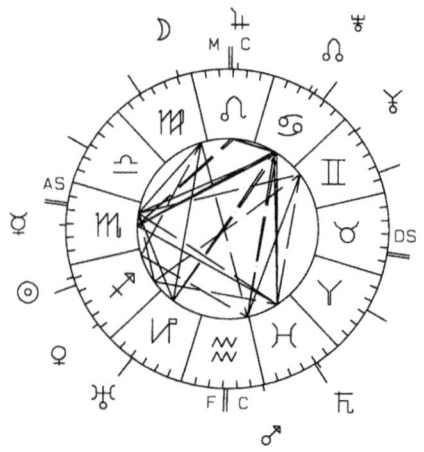

GT von Alberto Moravia geboren in Rom (IT) am 28/11/1907 um 05 Uhr.

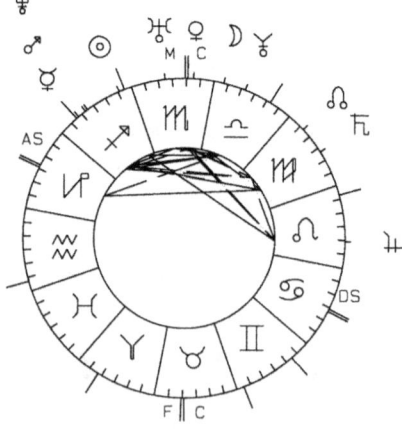

SH 1978/1979 für Rom (IT).

TOM PONZI WEGEN LAUSCHANGRIFFS ZU 22 MONATEN HAFT VERURTEILT

Am 5. Oktober 1979 wird der berühmte Privatdetektiv Tom Ponzi zu 22 Monaten Haft wegen unerlaubter Telefonüberwachung verurteilt. Seine Transite sind: Pluto im Semiquadrat zu Mars und im Sesquiquadrat zu Uranus, Neptun im Trigon zu sich selbst, Uranus im Semiquadrat zur Sonne, im Sesquiquadrat zum Mond und in Opposition zum MC; Saturn im Trigon zum MC; Jupiter im Semisextil zur Sonne und zu sich selbst und in Konjunktion zu Venus, Mars und zum Aszendenten; Mars im Semisextil zum Mond. Eigentlich würde der doppelte dissonante Transit von Uranus zu den anderen Gestirnen ausreichen, um ein so schwerwiegendes Ereignis für den Betroffenen zu erklären, wenn wir aber die Solar-Revolution betrachten, finden wir außerdem einen Aszendenten im ersten Haus und das wiegt schwerer als jede andere Erklärung. Der Index der Gefährlichkeit liegt bei 40 zu 14 Punkten.

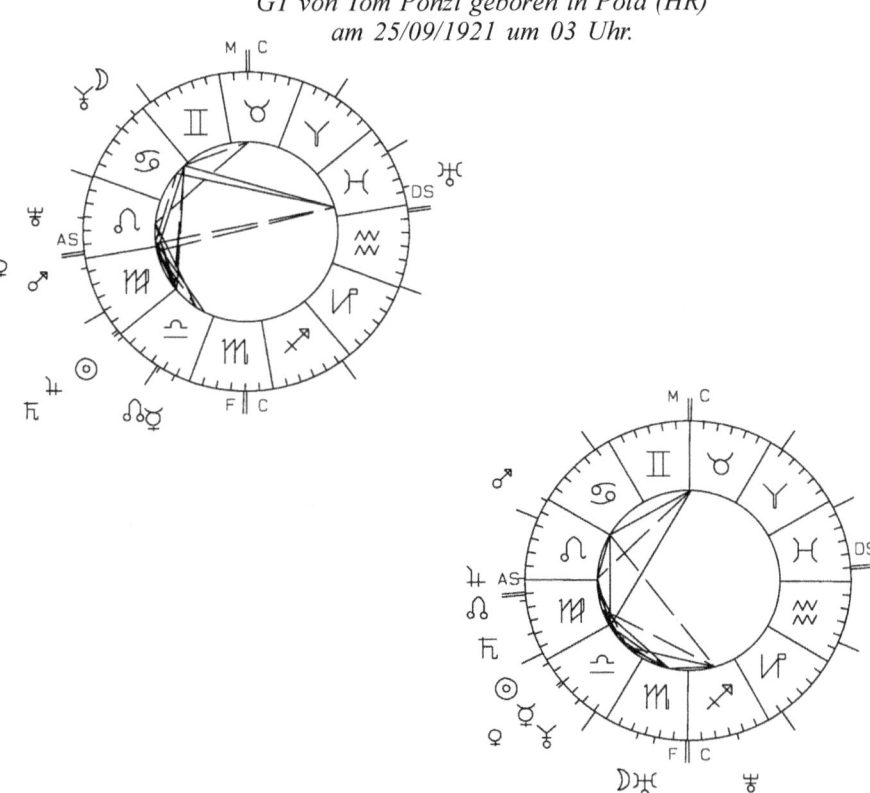

GT von Tom Ponzi geboren in Pola (HR) am 25/09/1921 um 03 Uhr.

SH 1979 für Mailand (IT).

DIABOLISCHE GELIEBTE ZU LEBENSLANGER HAFT VERURTEILT

Am 2. Mai 1977 wird Franca Ballerini, auch die *diabolische Geliebte* genannt, da sie gemeinsam mit ihrem Liebhaber ihren Ehemann getötet hat, zu lebenslanger Haft verurteilt. Dies sind die Transite jenes Tages: Pluto in Konjunktion zu Neptun; Neptun im Sesquiquadrat zu Sonne und Venus, im Semiquadrat zu Jupiter und im Trigon zu Pluto; Saturn in Konjunktion zu Pluto; Jupiter im Sesquiquadrat zum Mond, im Semisextil zu Merkur und im Semiquadrat zu Mars; Mars im Semisextil zu Merkur, im Semiquadrat zum MC und im Sextil zu Jupiter. Sicherlich kann der Durchgang von Neptun in der Nähe des Deszendenten und im bösen Aspekt zur Sonne als der schwerste und entscheidende Transit für das Urteil betrachtet werden. Das Solarhoroskop zeigt uns außerdem einen sehr schlechten Saturn in Konjunktion zum Deszendenten und einen Mars im ersten Haus der, analog zu seiner Position im zwölften Solar-Haus, immer auf zwölf fürchterliche Monate oder auf chirurgische Operationen, Unfälle oder in jedem Fall auf ein sehr unangenehmes Ereignis hinweist. Der Index der Gefährlichkeit liegt bei 34 zu 28.

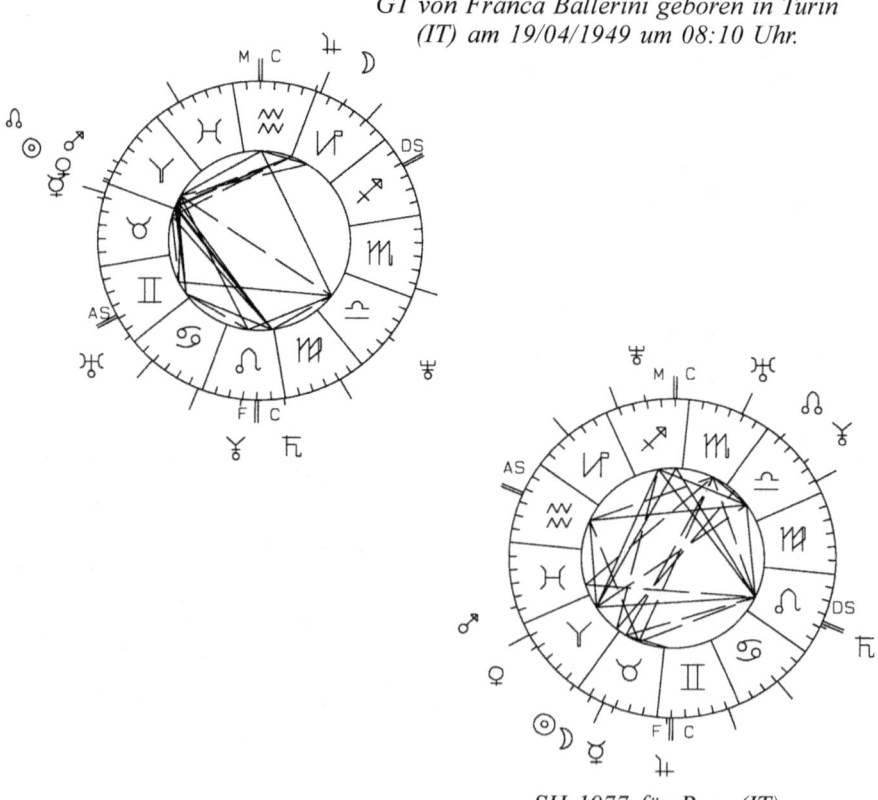

GT von Franca Ballerini geboren in Turin (IT) am 19/04/1949 um 08:10 Uhr.

SH 1977 für Rom (IT).

DER KASSATIONSHOF GEGEN RACHELE MUSSOLINI

Am 11. Mai 1977 verweigert der Kassationshof der Witwe des *Duce* die Rückgabe der nach dem Krieg konfiszierten Güter. Ihre Transite sind folgendermaßen: Pluto im Sextil zu Mars und im Quadrat zu Saturn; Neptun in Konjunktion zu Mars; Uranus im Sextil zum Aszendenten, in Konjunktion zum MC und im Quadrat zu Jupiter; Saturn im Trigon zu Mars und in Opposition zu Jupiter; Jupiter im Semiquadrat zu Sonne und Merkur, in Opposition zu Mars und in Konjunktion zu Pluto; Mars im Trigon zu Mars, im Quadrat zum Aszendenten, im Sextil zu Jupiter und im Sesquiquadrat zu Saturn. Sicherlich sind der dissonante Durchgang von Uranus zu Jupiter im MC und jener von Jupiter im bösen Aspekt zur Sonne die wichtigsten Transite in Bezug auf ein negatives Gerichtsurteil. Die Solar-Revolution ist ebenso eindeutig - ein Aszendent im ersten Haus, Mars ebenso und Saturn in Konjunktion zum Deszendenten (Pech bei Gerichtsurteilen). Wie man beobachten kann, gibt uns die Solar-Revolution sehr oft klare Hinweise zum Ausgang einer gerichtlichen Verhandlung. Der Gefährlichkeitsindex erreicht 52 Punkte zu 28.

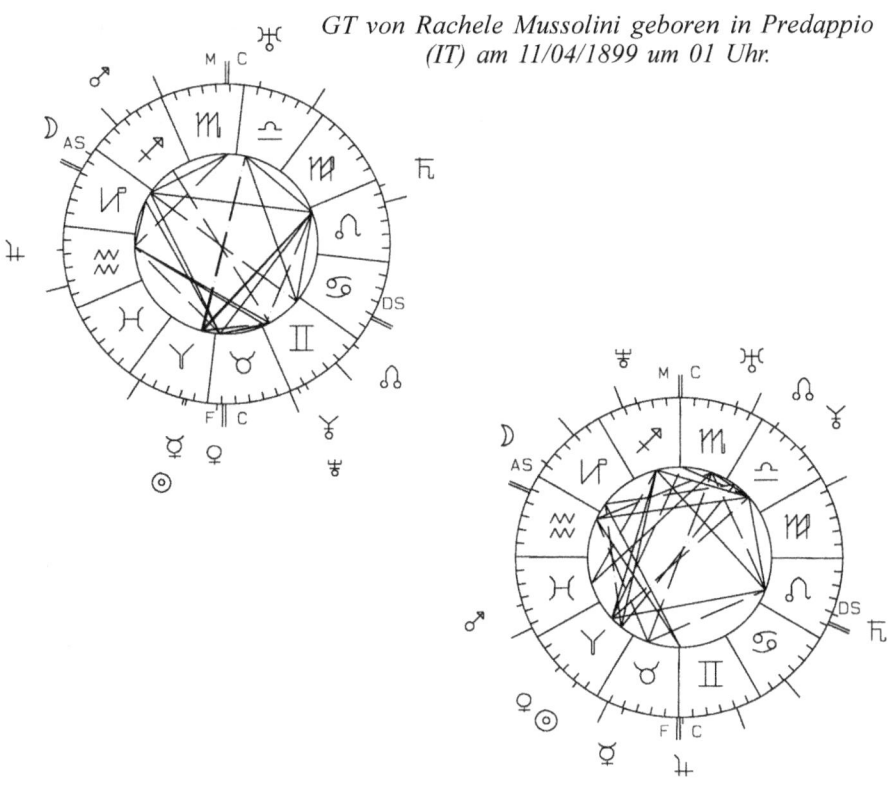

GT von Rachele Mussolini geboren in Predappio (IT) am 11/04/1899 um 01 Uhr.

SH 1977 für Forlì (IT).

DIE ROTEN BRIGADEN SCHIESSEN INDRO MONTANELLI KUGELN IN DIE BEINE

Am 2. Juni 1977 schießen die Roten Brigaden dem Journalisten und Historiker Indro Montanelli Kugeln in die Beine. Diese Episode inspiriert die vielleicht schönste Karikatur von Forattini - der Gründer der Tageszeitung *La Repubblica*, Eugenio Scalfari, schießt sich aus Neid selbst in die Beine. Die Transite sind wie folgt: Pluto im Semisextil zum Aszendenten und im Semiquadrat zum MC; Neptun im Sesquiquadrat zu Sonne und Venus, im Semisextil zum Aszendenten und im Trigon zu Saturn; Uranus (dieser Planet erklärt die Episode am Besten) im Quadrat zu Mars, im Sesquiquadrat zu Pluto und in Konjunktion zum Aszendenten (in den verschiedenen Beispielen dieses Buches haben wir uns nur an die eher engen Umlaufbahnen gehalten, in diesem Fall aber haben wir eine Konjunktion auf 4° akzeptiert, da der Aszendent auch näher an Uranus sein könnte, wenn die Geburtszeit auch nur wenig verschoben würde); Saturn im Quadrat zum Aszendenten; Jupiter im Sextil zu Saturn und im Semisextil zu Neptun; Mars in Konjunktion zu Sonne, Merkur und Venus. Die Solar-Revolution zeigt uns die Sonne im zwölften Haus, ein Stellium zwischen dem zwölften und dem ersten Haus und einen Aszendenten im siebten Haus. Letzterer steht oft im Verhältnis zu erklärten Feindschaften und in Bezug auf Attentate, Mord oder Verwundungen. Es ist einige Male vorgekommen, dass ich diese Konstellation im Solarhoroskop von ermordeten Personen vorgefunden habe. Der Index der Gefährlichkeit liegt bei 50 zu 32.

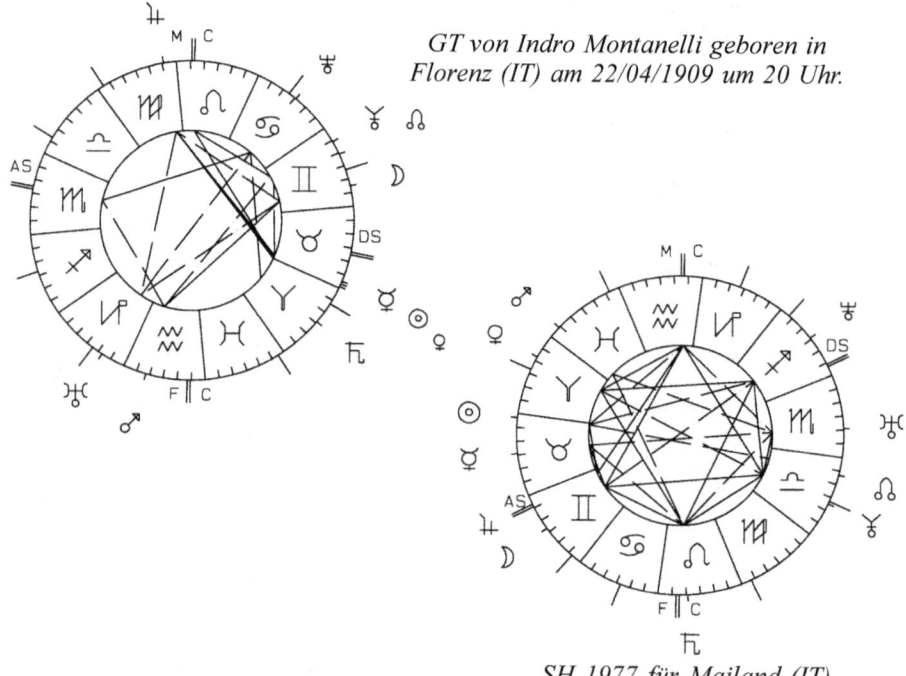

GT von Indro Montanelli geboren in Florenz (IT) am 22/04/1909 um 20 Uhr.

SH 1977 für Mailand (IT).

INDIRA GANDHI VERLIERT DIE MACHT

Am 21. März 1977 tritt die indische Ministerpräsidentin Indira Gandhi nach 11 Jahren unangefochtener Macht zurück. So sehen die Transite zu diesem Ereignis aus: Pluto im Semiquadrat zur Sonne, im Quadrat zu Venus und im Sextil zu Saturn; Neptun in Opposition zu Jupiter (dieser Durchgang ist für Politiker besonders kritisch); Uranus im Sextil zu Venus und Mars; Saturn im Semisextil zu Mars, im Sextil zu Jupiter und in Konjunktion zu Neptun; Jupiter in Opposition zu Merkur und im Sesquiquadrat zu Venus; Mars im Quadrat zur Sonne, im Semisextil zum Mond, im Semiquadrat zu Venus und im Trigon zu Pluto. Die Solar-Revolution zeigt uns eine Konjunktion zwischen Sonne und Mars im zwölften Haus und ein Stellium zwischen dem zwölften und dem ersten Haus. Der Gefährlichkeitsindex steht bei 70 Punkten zu 22.

GT von Indira Gandhi geboren in Allahabad (IN) am 19/11/1917 um 23:39 Uhr.

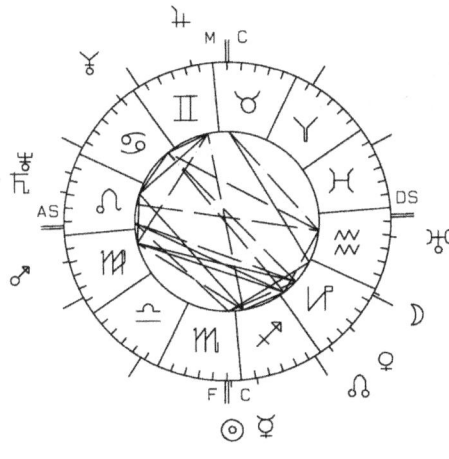

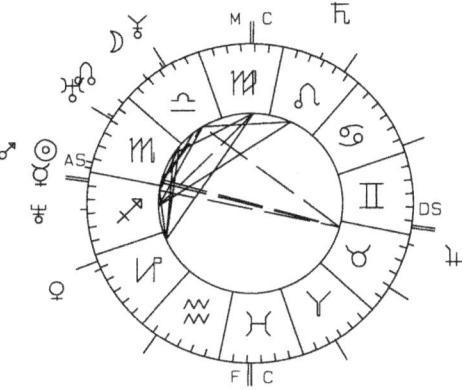

SH 1976/1977 für Delhi (IN).

EINE BOMBE EXPLODIERT VOR DEM TOR IM HAUS COSSIGA

Am 7. April 1977 explodiert eine Bombe vor dem Hauseingang des Politikers und späteren Staatspräsidenten Francesco Cossiga. Zum Glück halten sich die materiellen Schäden in Grenzen und der politische Anführer ist nicht direkt in das Attentat verwickelt. Die Transite sind: Pluto im Quadrat zu Merkur, im Sextil zu Venus und Saturn und im Semiquadrat zu Neptun; Uranus im Quadrat zu Venus, in Opposition zu Jupiter und im Semisextil zu Saturn; Saturn in Konjunktion zu Venus, im Quadrat zu Jupiter und im Trigon zu sich selbst und zu Uranus; Jupiter im Sextil zur Sonne, im Semiquadrat zu Merkur und Pluto und im Quadrat zu Neptun; Mars im Trigon zu Merkur und Saturn und im Quadrat zu Pluto. Das Solarhoroskop lässt eine allgemeine Gefahr oder ein negatives Ereignis durch den Aszendenten im achten Haus erkennen und geht dann noch weiter, indem es uns verrät, dass es zwischen dem Geburtstag 1976 und dem Geburtstag 1977 zu Schwierigkeiten in Bezug auf das Haus kommen wird (Stellium und Saturn im vierten Haus). Der Index der Gefährlichkeit ist ziemlich niedrig: 16 zu 12.

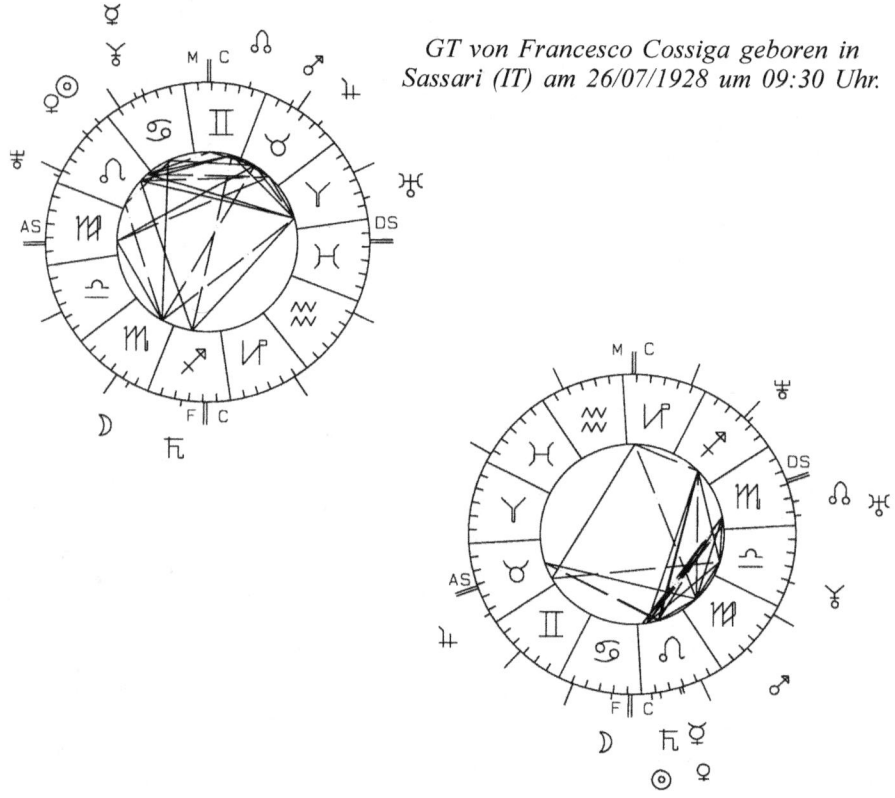

GT von Francesco Cossiga geboren in Sassari (IT) am 26/07/1928 um 09:30 Uhr.

SH 1976/1977 für Rom (IT).

DER ROTBRIGADIST PATRIZIO PECI WIRD VERHAFTET

Am 20. Februar 1980 wird Patrizio Peci, Anführer der Roten Brigaden, nach siebenmonatiger Beschattung in Turin verhaftet. Seine Transite waren wie folgt: Pluto in Konjunktion zu Saturn, im Quadrat zu Uranus, in Konjunktion zu Neptun und im Sextil zu Pluto; Neptun im Sesquiquadrat zur Sonne, in Opposition zur Venus, im Sextil zu Saturn und Neptun und im Trigon zu Pluto; Saturn im Quadrat zu Venus (einen dissonanten Aspekt zwischen Saturn und Venus findet man häufig im Fall von Verhaftungen flüchtiger Personen, vielleicht unterstreicht er das vorübergehende Ende ihres Liebes- oder Sexuallebens); Jupiter im Semisextil zur Sonne, im Semiquadrat zu Saturn, Uranus und Neptun. Mars im Semiquadrat zu Sonne, Saturn, Uranus und Neptun und in Opposition zum Mond (wieder einmal kann beobachtet werden, wie aussagekräftig und genau die Transite von Mars in Bezug auf das menschliche Unglück jeglicher Art sind. Sie haben aber nur einen Wert, wenn sie sich an andere, schwerere anlehnen, wie in diesem Fall an den von Neptun zur Sonne). Die Solar-Revolution zeigt uns ein Stellium, darunter die Sonne, im achten Haus (die Gefangenschaft) und Mars im siebten Haus (Konflikte mit der Justiz). Der Gefährlichkeitsindex liegt bei 26 zu 4.

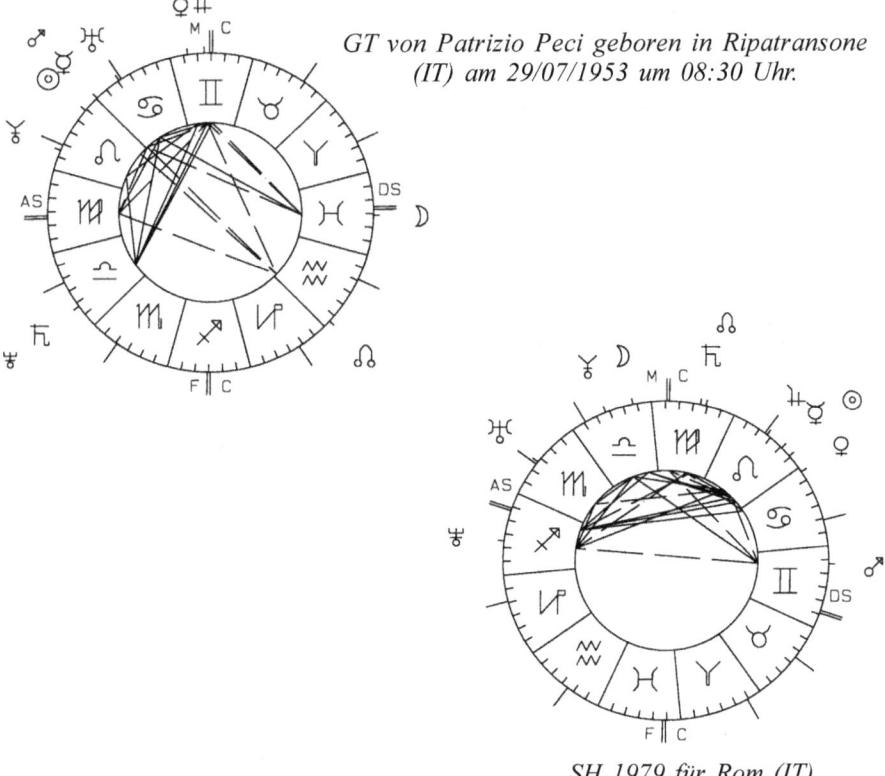

GT von Patrizio Peci geboren in Ripatransone (IT) am 29/07/1953 um 08:30 Uhr.

SH 1979 für Rom (IT).

ALBERTOSI IN DEN FUSSBALLWETTSKANDAL VERWICKELT

Am 3. März 1980 beginnt in Italien der hundertste Skandal der letzten Jahrzehnte, der dazu beitragen wird, dass wir Italiener an erster Stelle auf einer von deutschen Reportern erstellten Liste zur Korruption in allen Nationen der Erde stehen. Diesmal geht es um Fußball und die Gemüter der *Tifosi* schienen ganz besonders bewegt, als sie eines Morgens in dem schrecklichen Verdacht aufwachen mussten, dass ihre Lieblinge Spiele fingiert hatten, um skrupellosen Geschäftemachern beim Geldverdienen mit „überraschenden" Ergebnissen zu verhelfen. In diesen Skandal sind drei sehr beliebte Nationalspieler verwickelt, nämlich Albertosi, Savoldi und Paolo Rossi. In Folge werden wir alle drei in Bezug auf ihre Transite und auf ihr Solarhoroskop analysieren. Beginnen wir mit Enrico Albertosi und seinen Planetendurchgängen des Tages: Pluto im Trigon zu Mars; Neptun im Semiquadrat zur Sonne und im Semisextil zu Venus; Uranus in Konjunktion zu Venus und im Sextil zu Neptun; Saturn im Semiquadrat zur Sonne (dieser und der Transit des disharmonischen Neptuns zum Zentralgestirn scheinen die wichtigsten Durchgänge mit der Hauptverantwortung an diesem Fall zu sein), im Sextil zu Venus und in Konjunktion zu Neptun; Jupiter im Semisextil zu Pluto; Mars im Semiquadrat zum Mond, im Quadrat zu Merkur und im Semisextil zu Pluto. Die Solar-Revolution zeigt uns einen Aszendenten im achten Haus und Mars im siebten Haus, eine recht unangenehme und gefährliche Paarung. Der Index der Gefährlichkeit liegt bei 40 zu 34.

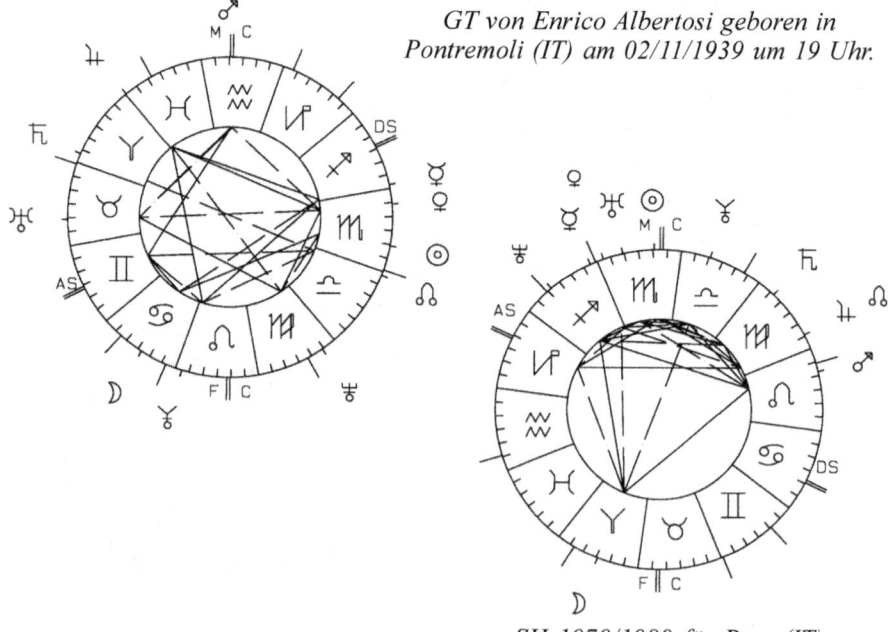

GT von Enrico Albertosi geboren in Pontremoli (IT) am 02/11/1939 um 19 Uhr.

SH 1979/1980 für Rom (IT).

BEPPE SAVOLDI UND DER SKANDAL DER FUSSBALLWETTEN

Auch Torjäger Beppe Savoldi ist in diese häßliche Geschichte á la italiana verwickelt. Seine Transite sind: Pluto im Quadrat zum Mond (dieser Durchgang, auf einer Umlaufbahn von 0°, ist ziemlich wichtig); Neptun im Semisextil zum Mond und zu Jupiter und im Sesquiquadrat zu Saturn; Uranus im Sextil zu Mars, in Konjunktion zu Jupiter und im Semiquadrat zu Neptun; Saturn im Trigon zu Mars und im Sextil zu Jupiter; Jupiter im Sesquiquadrat zum Mond und im Semisextil zu Saturn. Die Solar-Revolution zeigt uns einen klaren Aszendenten im ersten Haus und Neptun im siebten Haus, dies weist auf die Ängste des Betroffenen in Bezug auf Rechtsangelegenheiten hin. Der Gefährlichkeitsindex des Jahres beträgt 30 Punkte zu 38.

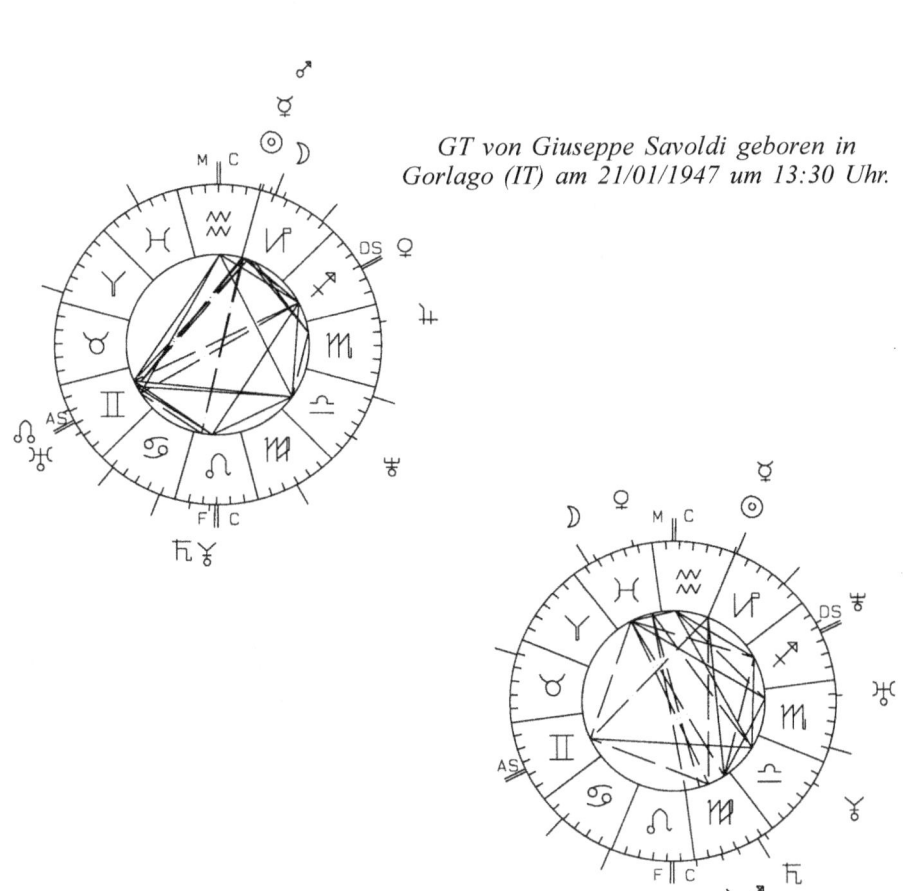

GT von Giuseppe Savoldi geboren in Gorlago (IT) am 21/01/1947 um 13:30 Uhr.

SH 1980 für Rom (IT).

AUCH PABLITO IN DEN FUSSBALLSKANDAL VERWICKELT

Auch Stürmer Paolo Rossi, der große Publikumsliebling, ist in dieses schlimme Kapitel der Geschichte unseres Landes verwickelt. Hier sind seine Transite: Uranus in Konjunktion zu Saturn; Saturn im Sesquiquadrat zum Mond (ich denke, dies ist der schlimmste Transit); Jupiter im Semisextil zu Merkur und zu Uranus und im Sesquiquadrat zum Aszendenten; Mars im Sesquiquadrat zum Aszendenten und in Konjunktion zu Pluto. Der Aszendent ist im achten Haus und wir finden ein Stellium, darunter die Sonne, zwischen dem ersten und dem zwölften Hhaus - man könnte keine klareren Aussagen von einer Solar-Revolution erwarten. Der Gefährlichkeitsindex liegt bei 50 zu 14.

GT von Paolo Rossi geboren in Prato (IT) am 23/09/1956 um 15 Uhr.

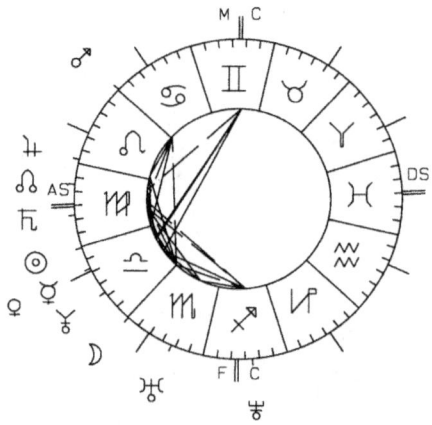

SH 1979/1980 für Rom (IT).

DIE FLUCHT DES ROTBRIGADISTEN CORRADO ALUNNI

Am 28. April 1980 gelangen zwölf Gefangene des Gefängnisses *San Vittore* in Mailand auf unerklärliche Weise in den Besitz von Waffen und fliehen. Das Gebiet wird sofort von Hunderten Polizisten umzingelt und es beginnt die Jagd mit Schießereien in den Straßen der lombardischen Hauptstadt. Unter den Flüchtlingen befinden sich auch der Terrorist Corrado Alunni und der Bandit Vallanzasca. Beide werden kurz nach der Flucht verletzt und wieder eingesperrt. Wir beginnen beim Ersten: Pluto im Semisextil zur Sonne und im Semiquadrat zu Venus und Jupiter; Neptun im Semiquadrat zu Merkur, im Trigon zu Mars und Saturn; Uranus in Konjunktion zur Sonne und im Quadrat zu Mars, Aszendent und Saturn (diese vier Transite des achten Planeten sind spektakulär); Saturn im Sextil zur Sonne, im Semiquadrat zu Merkur, im Semisextil zu Mars und zu sich selbst; Jupiter in Konjunktion mit dem Deszendenten (Konflikte mit dem Gesetz) und im Quadrat zu sich selbst (das Gleiche); Mars in Konjunktion mit dem Deszendenten (das Gleiche wie bei Jupiter), im Quadrat zu Mars (das Gleiche) und im Semiquadrat zu Neptun. Das Solarhoroskop zeigt uns die Sonne im zwölften Haus und ein Stellium zwischen dem zwölften und dem ersten Haus. Mars im neunten Haus begegnen wir oft im Falle von Verwundungen oder Unfällen, nicht nur in Bezug auf Verkehrsunfälle. Der Index der Gefährlichkeit des Jahres steht bei 58 zu 20. An der Episode kann man sehen, wie aussichtslos die Umsetzung der Fluchtpläne dieser Verbrecher sein würde. Sicherlich haben sie die Sternenkonstellation nicht berücksichtigt.

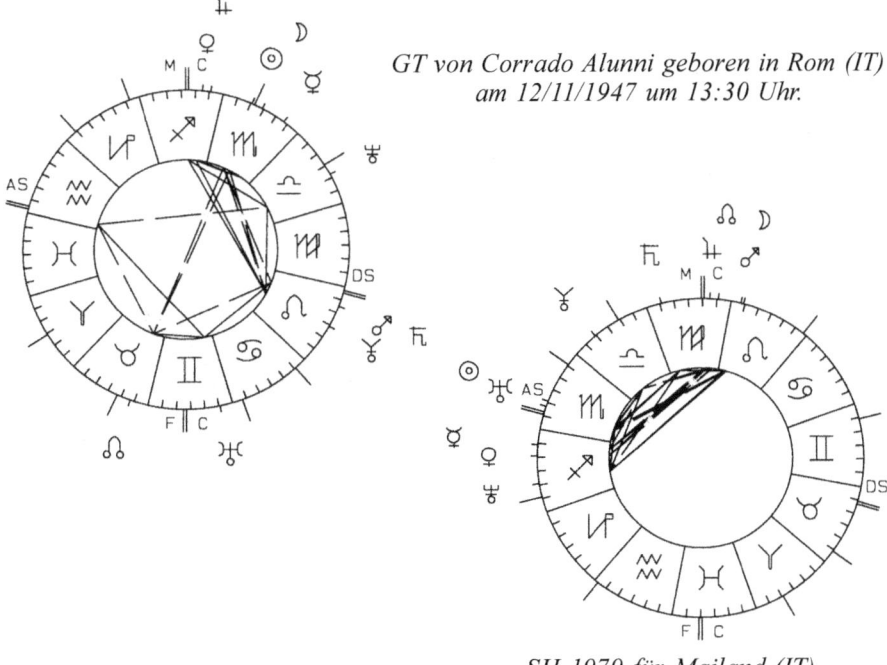

GT von Corrado Alunni geboren in Rom (IT) am 12/11/1947 um 13:30 Uhr.

SH 1979 für Mailand (IT).

AUCH RENATO VALLANZASCA BEI DER FLUCHT VERLETZT

Im Verlauf der soeben beschriebenen Episode wurde auch der Bandit Renato Vallanzasca verwundet und eingefangen. Die Transite sind folgende: Pluto im Sesquiquadrat zu Jupiter (dieser Durchgang erklärt das Pech bei diesem Unterfangen); Neptun im Quadrat zu Mars (das Chaos, das mit der martialischen Aktion verbunden ist); Uranus im Sextil zu Mars; Saturn in Konjunktion zu Mars (sehr ungünstige Stellung, um einen „Krieg" zu beginnen); Jupiter im Quadrat zu Merkur und im Sesquiquadrat zum MC; Mars im Quadrat zu Merkur, im Sesquiquadrat zum MC, in Opposition zu Jupiter und im Semiquadrat zu Neptun. Die Solar-Revolution zeigt uns einen klaren Aszendenten im ersten Haus. Der Index der Gefährlichkeit steht bei 32 zu 12.

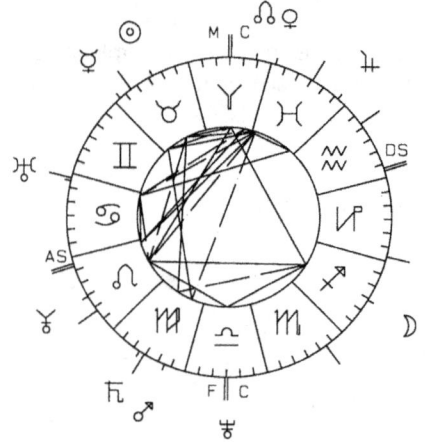

GT von Renato Vallanzasca geboren in Mailand (IT) am 04/05/1950 um 10:30 Uhr.

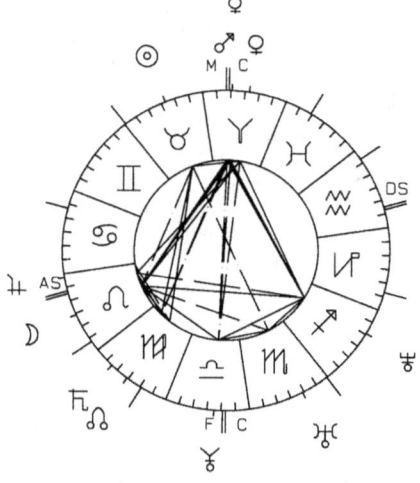

SH 1979 für Mailand (IT).

CARLO DONAT CATTIN STECKT IN SCHWIERIGKEITEN

Am 7. Mai 1980 kommt überraschend heraus, dass Marco, der Sohn eines der größten Anführer der Partei *Democrazia Cristiana* (DC), Carlo Donat Cattin, ein Terrorist und direkt in den Mord an dem Carabiniere Berardi verwickelt sein soll. Für den Vater ist dies ein harter Moment, aus dem er schweren politischen Schaden nehmen wird und aufgrund dessen er kurz darauf gezwungen ist, seine politischen Ämter niederzulegen. Die Sache bringt mehr als einen Skandal hervor, da die Opposition den späteren Präsidenten der Republik Francesco Cossiga beschuldigt, die Flucht des Jungen ins Ausland gedeckt zu haben. Die Transite für den Vertreter der DC sind wirklich hart: Pluto im Sextil zu Venus und im Trigon zu Mars und MC; Neptun in Opposition zu Mars, im Quadrat zum Aszendenten und im Sesquiquadrat zu sich selbst; Uranus im Sextil zum Aszendenten, im Trigon zu Jupiter, im Sesquiquadrat zu Pluto; Saturn im Sextil zu Merkur, im Semisextil zu Venus, in Konjunktion zum Aszendenten (ein harter Schlag für einen Politiker), im Quadrat zum MC (das Gleiche) und im Sextil zu Jupiter; Jupiter in Opposition zu Uranus (Skandale); Mars im Sextil zur Sonne und in Opposition zu Uranus. Das Solarhoroskop zeigt uns einen Aszendenten im sechsten Haus. Schon seit vielen Jahren versuche ich, die Gefährlichkeit dieser Stellung begreiflich zu machen, auch meine Schüler erkennen sie nicht immer, wie auch die des Aszendenten im ersten Haus. Diese zwei Konstellationen stehen fast auf der gleichen Ebene wie der Aszendent im zwölften Haus und nur einen minimalen Schritt darunter, aber man könnte sagen, es verhält sich wie der Regen zur Traufe. Mit einem solchen Aszendenten kann man mit Schwierigkeiten auf der ganzen Linie rechnen, nicht nur in der Gesundheit, sondern auch in der Liebe, in der Familie, bei der Arbeit, mit dem Gesetz, im Hinblick auf Skandale und so weiter und so fort. Der Gefährlichkeitsindex liegt in diesem Fall bei 46 zu 20.

GT von Carlo Donat Cattin geboren in Savona (IT) am 26/06/1919 um 12:30 Uhr.

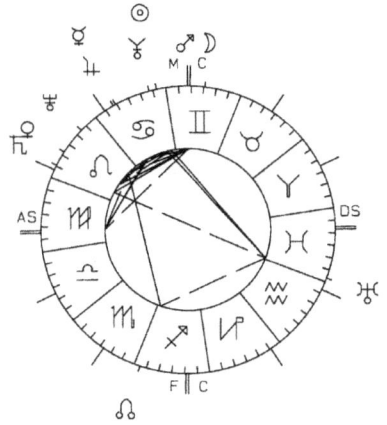
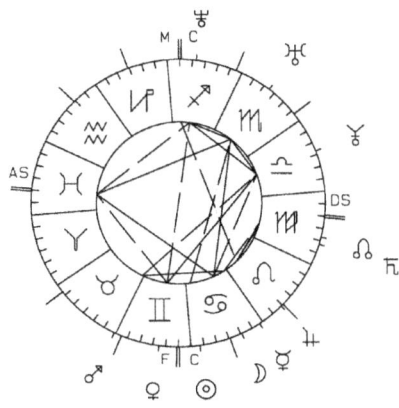

SH 1979 für Rom (IT).

MICHELE SINDONA SCHNEIDET SICH DIE ADERN AUF

Am 13. Mai 1980, wenige Tage nach seinem Geburtstag, unternimmt der Finanzier Michele Sindona im Gefängnis von New York einen Selbstmordversuch, indem er sich die Adern aufschneidet. Er wird von den diensthabenden Gefängniswachen gerettet. Seine Transite sind folgendermaßen: Pluto im Quadrat zum MC, im Semiquadrat zu Saturn, im Sesquiquadrat zu Uranus; Neptun im Sesquiquadrat zu sich selbst; Uranus im Semisextil zu Mars und im Sesquiquadrat zu Pluto; Saturn im Sesquiquadrat zum Aszendenten und im Trigon zum MC; Jupiter im Trigon zu Merkur, Venus und dem Aszendenten; Mars im Trigon zu Merkur, Venus und dem Aszendenten, im Sesquiquadrat zum MC, in Konjunktion zu Saturn und in Opposition zu Uranus. In der Solar-Revolution ist das hervorstechendste Element zweifellos Mars im ersten Haus, eine sehr gefährliche Stellung, die oft auch zum Selbstmord führen kann. Der Index der Gefährlichkeit liegt bei 42 zu 42.

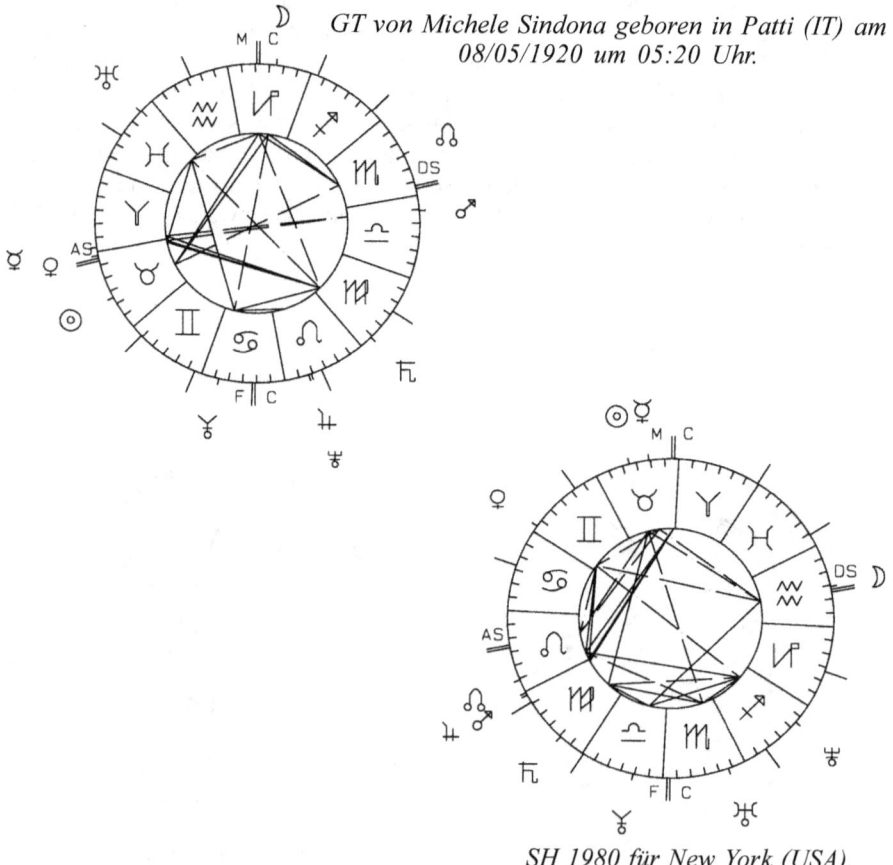

GT von Michele Sindona geboren in Patti (IT) am 08/05/1920 um 05:20 Uhr.

SH 1980 für New York (USA).

CAROLINE VON MONACO LÄSST SICH VON PHILIPPE JUNOT SCHEIDEN

Am 5. Oktober 1980 reicht Caroline von Monaco die Scheidung vom Ehemann Philippe Junot ein, den sie am 28. Juni 1978 geheiratet hatte. Die Transite der schönen und unglücklichen Prinzessin waren: Pluto im Sesquiquadrat zum Aszendenten; Neptun in Konjunktion zum MC (dieser Durchgang weist oft auf Änderungen in der sozialen Stellung hin, im Positiven oder im Negativen), im Sesquiquadrat zu Uranus und im Semiquadrat zu sich selbst; Saturn im Trigon zur Sonne, in Konjunktion zu Jupiter (auf 0°, beide im siebten Radix-Haus) und im Semisextil zu Neptun und Pluto; Mars im Semiquadrat zu Merkur und Venus und im Quadrat zu Pluto. Die Solar-Revolution zeigt uns einen Aszendenten im siebten Haus als wichtigstes Element. Wie ich bereits in diesem Buch und in anderen Veröffentlichungen geschrieben habe, ist diese Position wie ein bistabiles Relais, das dazu neigt, einen bestehenden Status zu verändern - ist man allein, wird eine Verbindung gefördert, das Auseinanderbrechen einer Beziehung wird dagegen gefördert, wenn die Verbindung bereits vor dieser astralen Konstellation bestand. Der Index der Gefährlichkeit des Jahres liegt bei 36 Punkten zu 34.

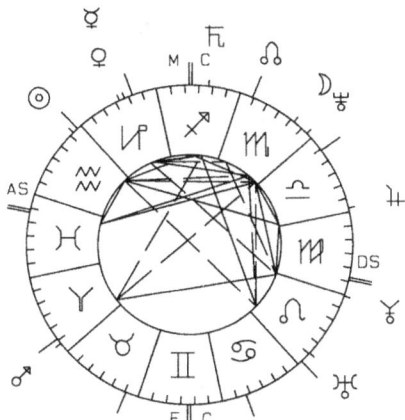

GT von Caroline Von Monaco geboren in Montecarlo (MC) am 23/01/1957 um 09:27 Uhr.

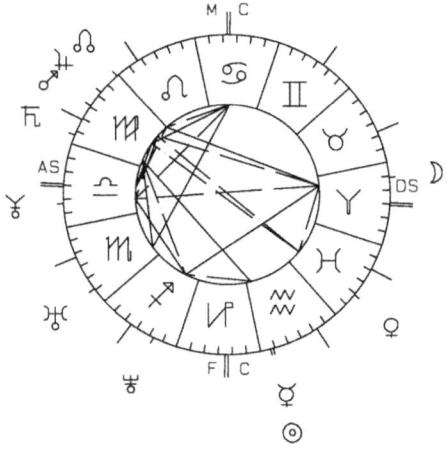

SH 1980 für Montecarlo (MC).

TONI NEGRI WIRD VON DEN BESCHULDIGUNGEN DES MARCO BARBONE FESTGENAGELT

Am 17. Oktober 1980 nennt Rotbrigadist Marco Barbone, Beschuldigter im Mordfall des Journalisten Tobagi, den Namen Toni Negris in diesem Fall und beschuldigt ihn schwerer terroristischer Vergehen. Es ist sicherlich ein tiefschwarzer Moment für den terroristischen Theoretiker. Betrachten wir nun seine Transite: Pluto im Semiquadrat zu Venus und Neptun, im Semisextil zu Jupiter; Neptun im Sesquiquadrat zu Merkur und im Quadrat zu Jupiter; Uranus im Sextil zu Jupiter und im Trigon zu Pluto; Saturn im Sextil zu Merkur, in Konjunktion mit dem Deszendenten und im Quadrat zum MC (diese zwei Durchgange sind wie „nach Handbuch"); Mars im Trigon zu Merkur, im Quadrat zu Venus und im Trigon zum Aszendenten. Die Solar-Revolution ist sehr hart, ein Aszendent im sechsten und die Sonne im zwölften Haus - eines der schlimmsten Paare, die es gibt. Die Gefährlichkeit des Jahres steht bei 54 Punkten zu 24.

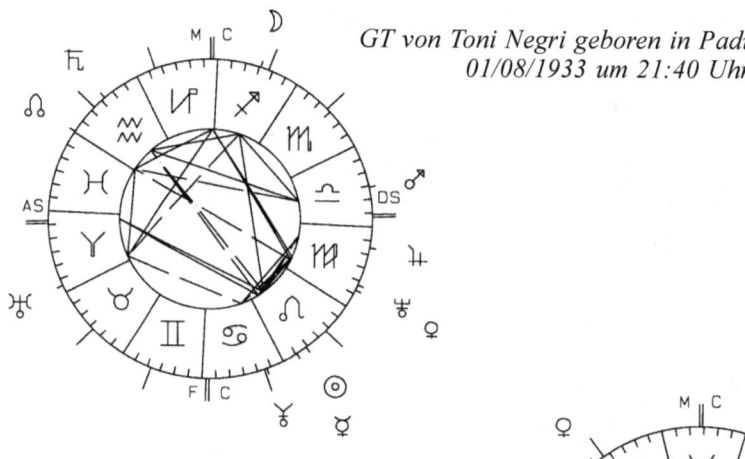

GT von Toni Negri geboren in Padua (IT) am 01/08/1933 um 21:40 Uhr.

SH 1980 für Rom (IT).

HERZINFARKT DES ANFÜHRERS DER CHRISTDEMOKRATEN ZACCAGNINI

Am 30. Oktober 1980 erleidet Benigno Zaccagnini, einer der Anführer der *Democrazia Cristiana* zu jener Zeit, einen Herzanfall und wird ins Krankenhaus von Ravenna eingeliefert. Seine Transite sind: Pluto in Opposition zu Mond und Merkur (dieser doppelte Durchgang scheint der Wichtigste in dieser Geschichte zu sein) und im Quadrat zu Neptun; Neptun im Trigon zum Mond; Saturn im Sesquiquadrat zu sich selbst und im Trigon zu Uranus; Jupiter in Konjunktion zum Deszendenten, im Quadrat zur Himmelsmitte (ein Hindernis für Karriere und Arbeit), im Trigon zu Uranus und im Quadrat zu Pluto; Mars im Sesquiquadrat zur Sonne und in Konjunktion zu Jupiter. Die Solar-Revolution teilt uns einen Aszendenten im sechsten Haus, eine Sonne im achten Haus (Lebensgefahr) und Mars im zwölften Haus mit: jeder von meinen Schülern hätte bei dieser Konstellation mit geschlossenen Augen ein schweres Gesundheitsproblem für den Betroffenen vorhersagen können. Der Index der Gefährlichkeit des Jahres beträgt 56 zu 24.

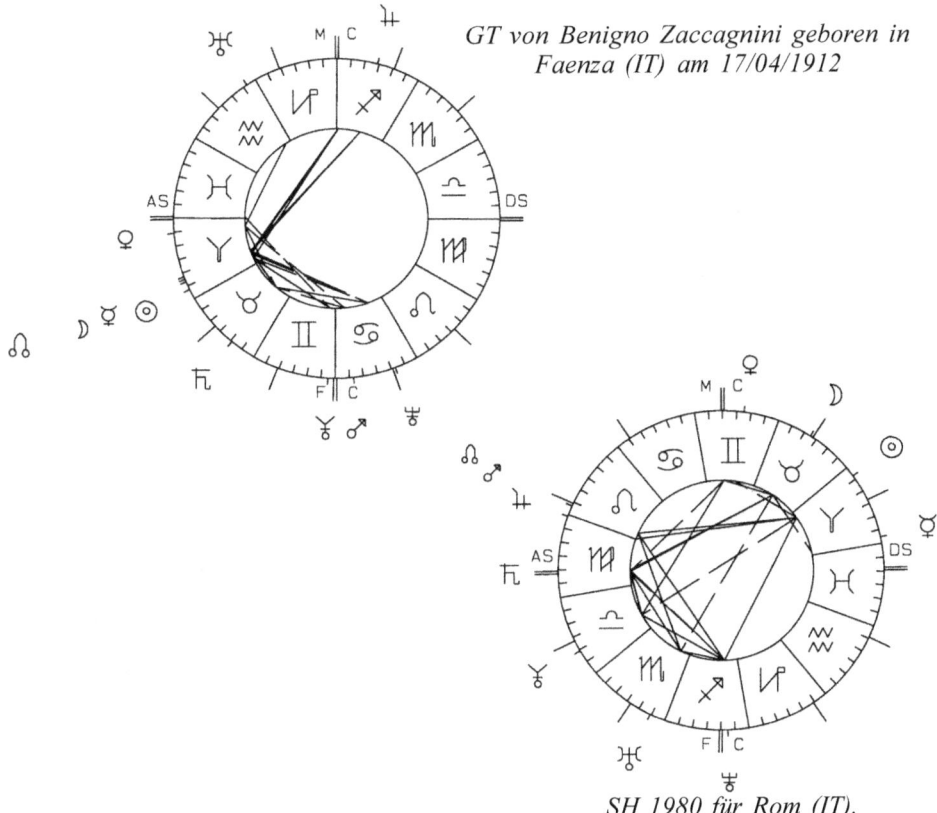

GT von Benigno Zaccagnini geboren in Faenza (IT) am 17/04/1912

SH 1980 für Rom (IT).

DIE TERRORISTIN SUSANNA RONCONI WIRD VERHAFTET

Am 3. Dezember 1980 wird die Terroristin Susanna Ronconi in Rom verhaftet. Ihre Transite des Tages waren: Pluto im Sextil zu Venus; Neptun im Trigon zu Venus; Uranus im Sesquiquadrat zu Merkur, Jupiter und zu sich selbst und im Sextil zu Saturn; Saturn im Quadrat zur Sonne (dieser ist zusammen mit Jupiter im bösen Aspekt zum Zentralgestirn der schlechteste Transit für dieses Ereignis) und zu Uranus und im Semiquadrat zu Venus (es kommt, wie erwähnt, ein böser Aspekt von Saturn zu Venus zurück, der wahrscheinlich auf die Unterbrechung einer Liebesgeschichte der jungen Frau durch die Verhaftung hinweist); Jupiter im Quadrat zur Sonne und Uranus und im Semiquadrat zu Venus; Mars in Opposition zu Sonne, Merkur und Uranus, im Sesquiquadrat zu Venus und im Quadrat zu Jupiter. Wie Sie aus der Gesamtheit der Transite ersehen können, ist die Geburtskonjunktion Sonne-Uranus im achten Haus der schmerzhafteste und kritische Punkt im Geburtsthema der Betroffenen. Wird sie bei einer solchen Konstellation zur Zielscheibe mehrerer bösartiger Transite, so ist ein unheilvolles Ereignis im Kommen. Die Solar-Revolution ist wieder einmal beispielhaft: Aszendent im ersten Haus und Sonne im achten Haus. Der Index der Gefährlichkeit steht bei 44 Punkten zu 14.

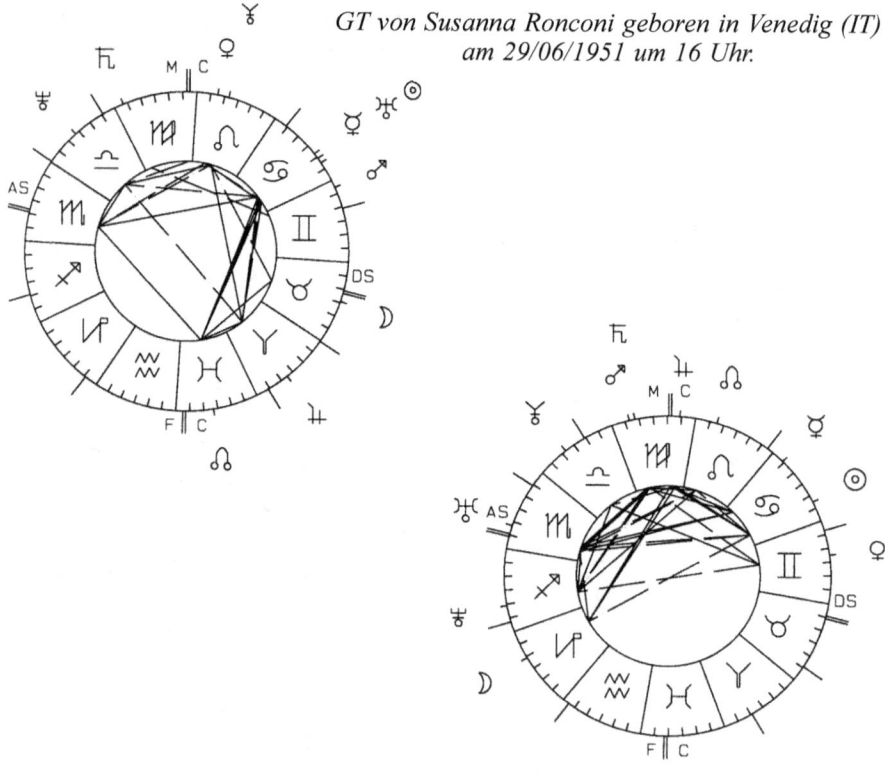

GT von Susanna Ronconi geboren in Venedig (IT) am 29/06/1951 um 16 Uhr.

SH 1980 für Rom (IT).

JOHN LENNON WIRD VON EINEM FAN ERMORDET

Am 9. Dezember 1980 wird der großartige John Lennon in New York von einem geistesgestörten Fan ermordet, dessen Motiv für den Mord niemals ganz aufgeklärt wird. Fast alle Todesfälle sind interessanter aus der Sicht der Angehörigen, als aus der des Opfers. Tatsächlich ist der Tod in der Analyse des Astrologen nicht immer klar, aber bei einer Untersuchung der Themen der Angehörigen wird er sehr viel deutlicher. Je mehr Geburtsthemen und Solarhoroskope von Angehörigen vorliegen, desto eher ist es möglich, einen Todesfall vorherzusagen. Die Transite von Yoko Ono, der Frau des Beatles-Sängers, waren: Pluto im Semiquadrat zu Mond und Neptun, im Sesquiquadrat zu Merkur, im Semisextil zu Jupiter und im Quadrat zu sich selbst; Neptun im Quadrat zu Jupiter, im Semiquadrat zu Saturn und im Trigon zu Uranus; Uranus im Quadrat zu Sonne und MC (diese zwei Durchgänge sind zusammen mit der Konjunktion von Saturn zum Aszendenten die zwei wichtigsten Hinweise in der Episode); Saturn im Sextil zum Mond, in Konjunktion zum Aszendenten, im Quadrat zum MC, im Trigon zu Saturn und im Semisextil zu Neptun; Jupiter in Konjunktion zum Aszendenten, im Quadrat zum MC, im Trigon zu Saturn und im Semisextil zu Neptun; Mars im Semiquadrat zur Sonne, im Semisextil zu Mond und Venus, im Trigon zu Mars, im Quadrat zum Aszendenten und im Trigon zu Neptun. Die Solar-Revolution zeigt uns einen Aszendenten im elften Haus (Trauer) und eine Sonne im siebten Haus (das wichtigste Ereignis des Jahres bezieht sich auf den Ehemann). Außerdem könnten wir mit gutem Grund die Hypothese aufstellen, dass die Betroffene einige Minuten später geboren sei und sich somit in ihrem Solarhoroskop auch Mars im ersten Haus in Opposition zur Sonne befände. Der Index der Gefährlichkeit liegt ohne Berücksichtigung dieser letzten Stellung bei 28 Punkten zu 24.

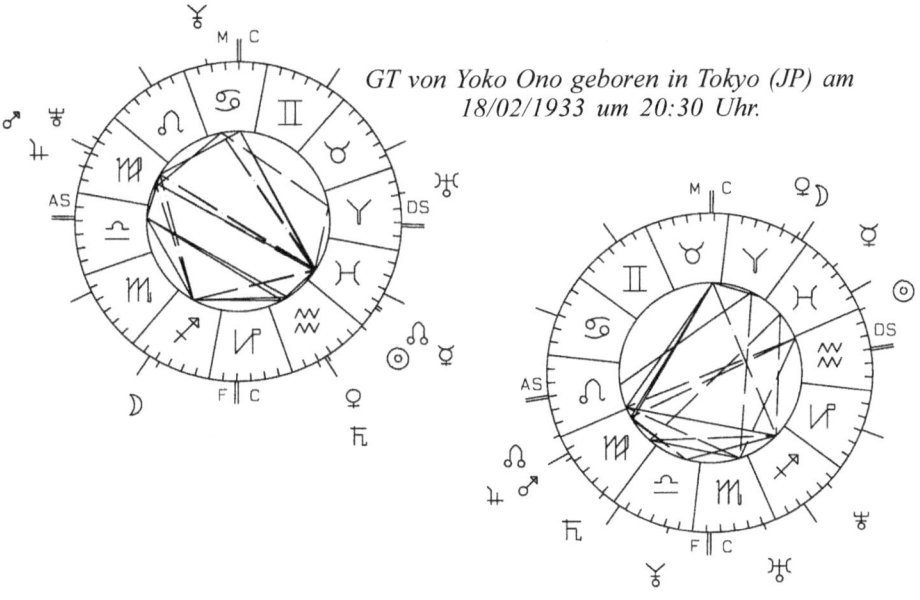

GT von Yoko Ono geboren in Tokyo (JP) am 18/02/1933 um 20:30 Uhr.

SH 1980 für New York (USA).

GIANNI AGNELLI BRICHT SICH EIN BEIN

Am 1. Februar 1981 stößt Fiat-Chef Gianni Agnelli vor einem Skilift in Sankt Moritz mit zwei Skifahrern zusammen und bricht sich mehrere Knochen im linken Bein. Seine Transite des Tages sind: Pluto im Sextil zum Aszendenten, Neptun auf 0° in Konjunktion zum Aszendenten (dieser Transit ist der Hauptverantwortliche für das Vorgefallene) und im Quadrat zu Saturn; Saturn im Sextil zu Neptun und im Quadrat zu Pluto; Jupiter im Sextil zu Neptun und im Quadrat zu Pluto; Mars im Sextil zum Aszendenten. Die Solar-Revolution zeigt uns nur einen Aszendenten im sechsten Haus, das aber reicht vollkommen aus. Der Index der Gefährlichkeit steht bei 50 Punkten zu 26.

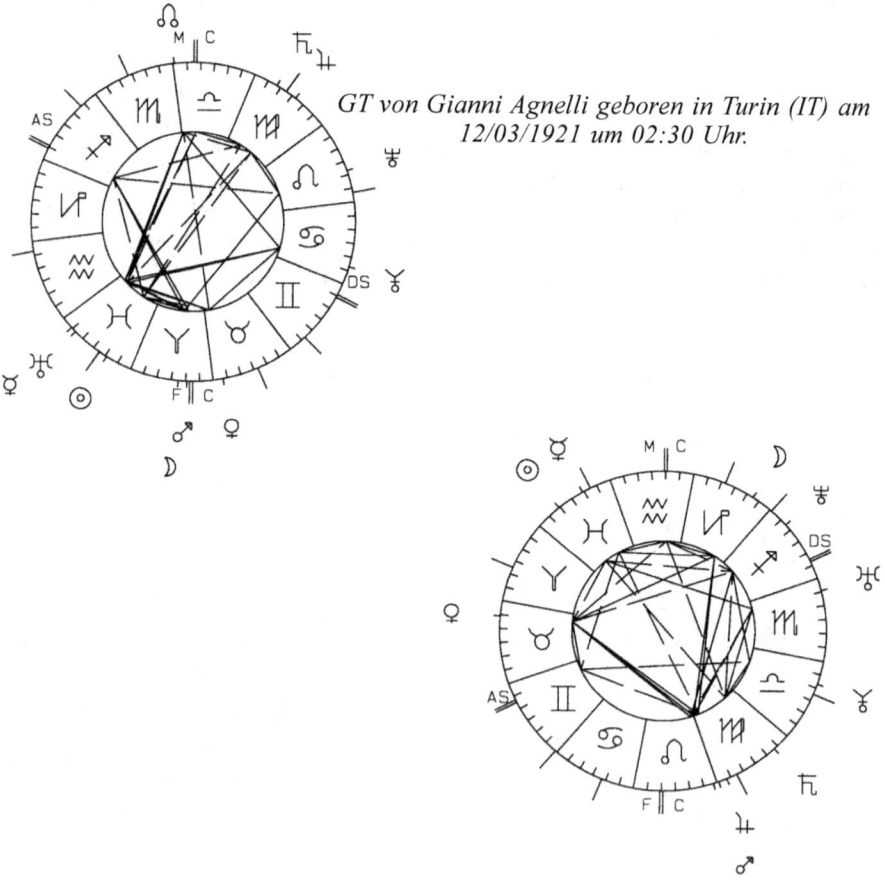

GT von Gianni Agnelli geboren in Turin (IT) am 12/03/1921 um 02:30 Uhr.

SH 1980/1981 für Turin (IT).

RONALD REAGAN BEI EINEM ATTENTAT VERLETZT

Am 30. März 1981 wird Ronald Reagan, Präsident der Vereinigten Staaten von Amerika, in Washington bei einem Attentat an der Lunge verletzt. Der Attentäter ist ein junger ehemaliger Neonazi. Am Anfang erkennt der Präsident die Schwere der Verletzung nicht und fragt die Ärzte im Krankenhaus scherzhaft, ob sie Republikaner oder Demokraten seien. Man wird anschließend sehen, dass es sich um eine ziemlich ernste Verwundung handelt, bei der eine Lunge durchbohrt wurde. Seine Transite des Tages sind: Pluto im Semisextil zum Aszendenten und im Sextil zum MC; Neptun im Semiquadrat zum Mond, im Semisextil zum Aszendenten und Uranus und im Trigon zum MC; Saturn im Quadrat zu Mars und im Semiquadrat zum Aszendenten (diese beiden Transite sind die einzigen, die in dieser Episode hervorgehoben werden könnten und wie wir gleich sehen werden, lässt sich das Vorgefallene besser mit der Solar-Revolution als mit den planetarischen Durchgängen erklären); Mars im Semisextil zum Mond und im Sesquiquadrat zum MC. Das Solarhoroskop zeigt uns einen beredten Aszendenten im ersten Haus. Die Gefährlichkeit des Jahres, fast nur auf der Basis dieses letzten Punktes berechnet, beträgt 42 Punkte zu 36.

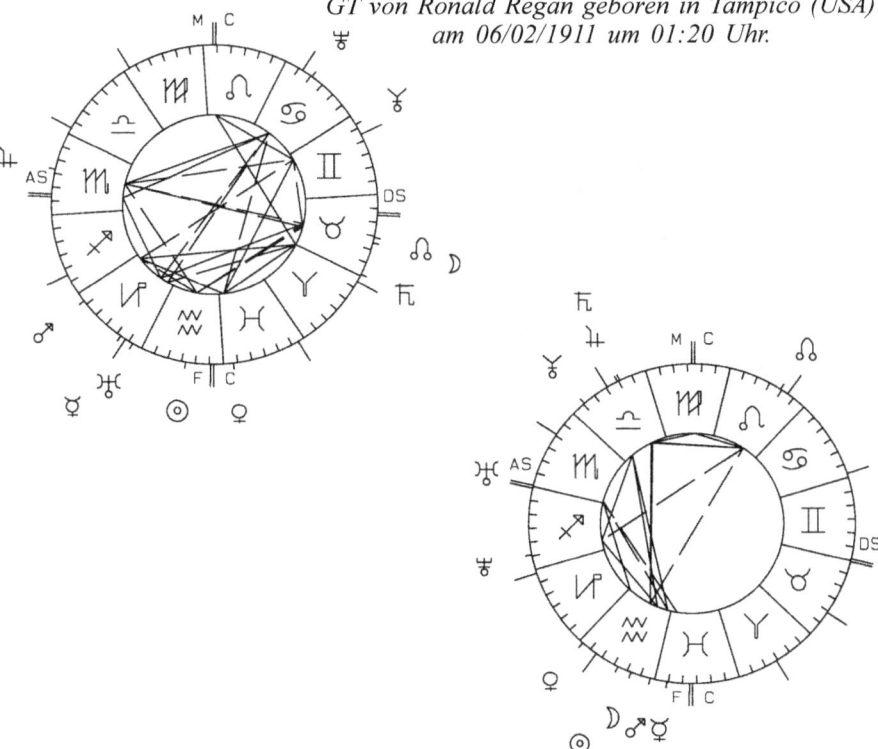

GT von Ronald Regan geboren in Tampico (USA) am 06/02/1911 um 01:20 Uhr.

SH 1981 für Washington (USA).

DER TERRORIST MARIO MORETTI WIRD VERHAFTET

Am 4. April 1981 wird der seit Jahren gesuchte Terrorist Mario Moretti in Mailand verhaftet. Begutachten wir nun seine Transite: Pluto im Quadrat zu Sonne, Venus, Mars und Saturn (dieser vierfache dissonante Durchgang trägt die Hauptverantwortung für die Verhaftung) und im Semiquadrat zum Aszendenten; Neptun im Semisextil zur Sonne, im Sextil zu Jupiter und im Sesquiquadrat zu Pluto; Uranus im Sextil zum MC; Saturn im Quadrat zum Mond (auch dieser Transit ist sehr schlecht) und Merkur und in Konjunktion zu Neptun; Jupiter im Quadrat zum Mond und in Konjunktion zum MC (Popularität durch negative Ereignisse); Mars im Quadrat zu Merkur (negative Begegnungen mit den Behörden), im Trigon zum Aszendenten und Pluto, im Sextil zu Uranus und in Opposition zu Neptun. Die Solar-Revolution zeigt uns einen Aszendenten im achten Haus (das Gefängnis) und die Sonne im siebten Haus (Konflikte mit der Justiz). Der Index der Gefährlichkeit des Jahres liegt bei 30 Punkten zu 36.

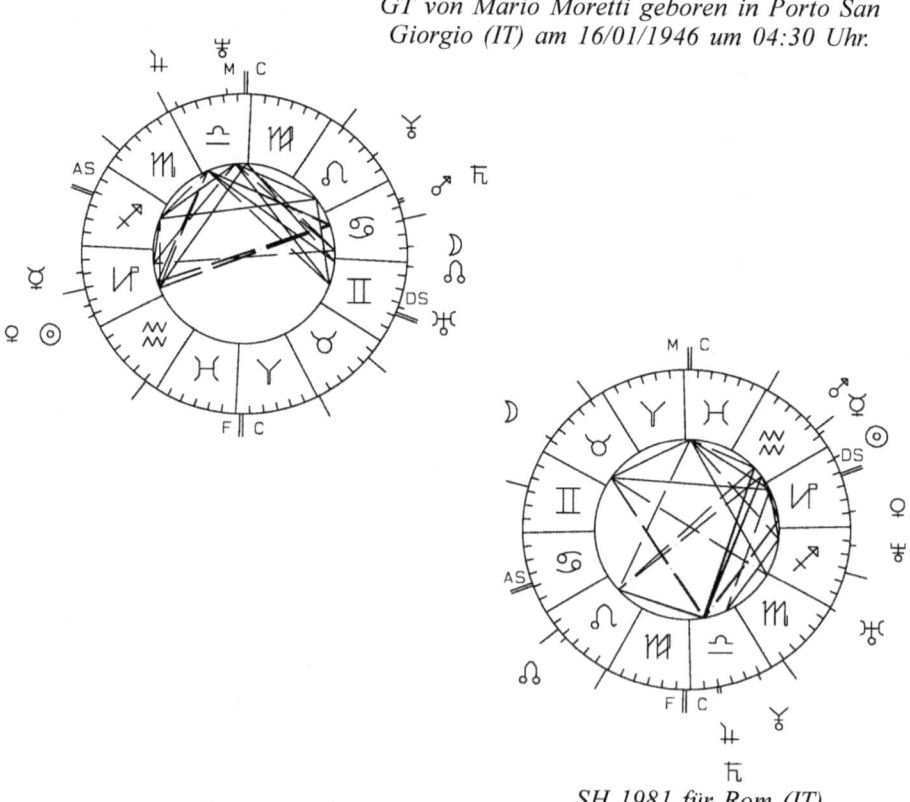

GT von Mario Moretti geboren in Porto San Giorgio (IT) am 16/01/1946 um 04:30 Uhr.

SH 1981 für Rom (IT).

BEISPIELGRAFIKEN

HAFTBEFEHL FÜR LICIO GELLI

Am 22. Mai 1981 wird gegen den großen Meister der Freimaurerloge P2, Licio Gelli, ein Haftbefehl ausgestellt. Seine Transite des Tages sind folgende: Pluto im Sesquiquadrat zu Venus und im Sextil zu Saturn; Neptun im Trigon zu Saturn und im Sesquiquadrat zu sich selbst; Uranus in Konjunktion zum MC und im Quadrat zu sich selbst (dies ist der stärkste Durchgang zusammen mit der Dissonanz Saturn-Mond); Saturn im Quadrat zu Mond und Pluto, im Trigon zu Venus und dem Aszendenten; Jupiter im Quadrat zum Mond und im Trigon zu Venus und dem Aszendenten; Mars im Quadrat zu Saturn und im Semiquadrat zu Pluto. Die Solar-Revolution zeigt uns einen Aszendenten im ersten Haus und ein dichtes Stellium im achten Haus. Der Index der Gefährlichkeit ist 32 zu 12.

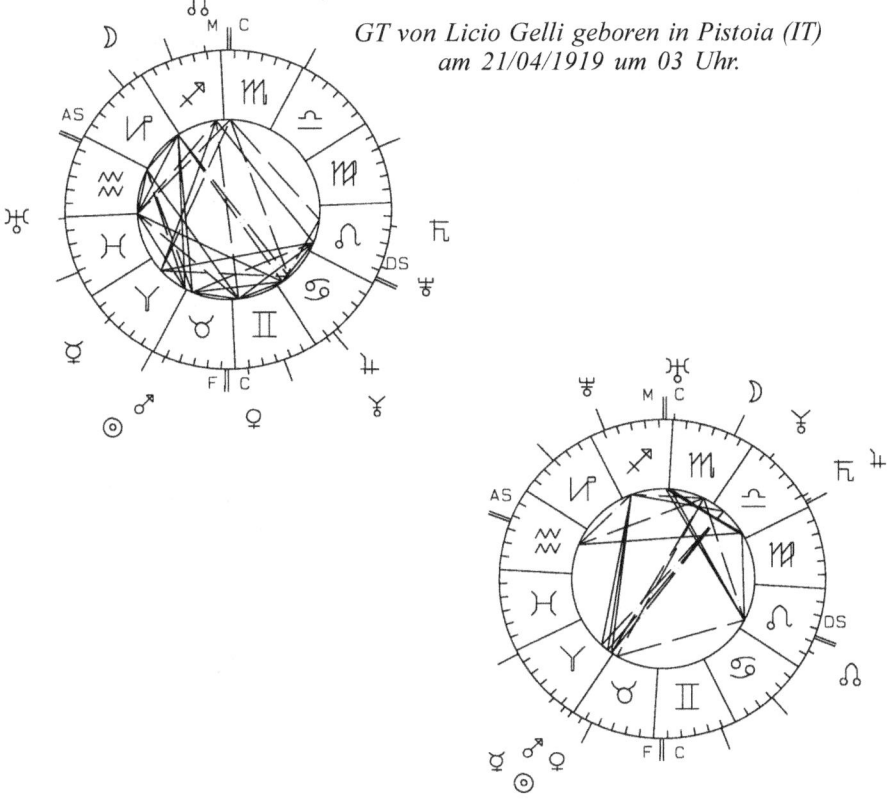

GT von Licio Gelli geboren in Pistoia (IT) am 21/04/1919 um 03 Uhr.

SH 1981 für Rom (IT).

DER MILLIARDÄR FRANCO AMBROSIO WEGEN BETRUGS VERURTEILT

Am 22. September 1981 verurteilt das Gericht von Lugano den Finanzier Franco Ambrosio zu fünf Jahren Haft wegen Betrugs einer Schweizer Bank. Die Transite sind folgende: Pluto in Konjunktion mit der Sonne und im Quadrat zum Mond (gerade diese beiden ersten Durchgänge erklären das Ereignis am besten), im Semisextil zu Venus und im Quadrat zu Saturn; Neptun im Sextil zur Sonne, im Semisextil zum Mond und zum MC; Uranus im Sextil zu Venus, im Semiquadrat zu Jupiter und im Trigon zu Saturn; Saturn in Konjunktion zu Jupiter und im Sextil zu Pluto; Jupiter im Quadrat zum MC und im Trigon zu Uranus; Mars im Sextil zu Jupiter und in Konjunktion zu Pluto. Die Solar-Revolution ist sehr hart: der Aszendent im sechsten Haus, die Sonne im ersten und ein Stellium zwischen dem zwölften und dem ersten Haus. Der Index der Gefährlichkeit ist gleich 84 zu 26.

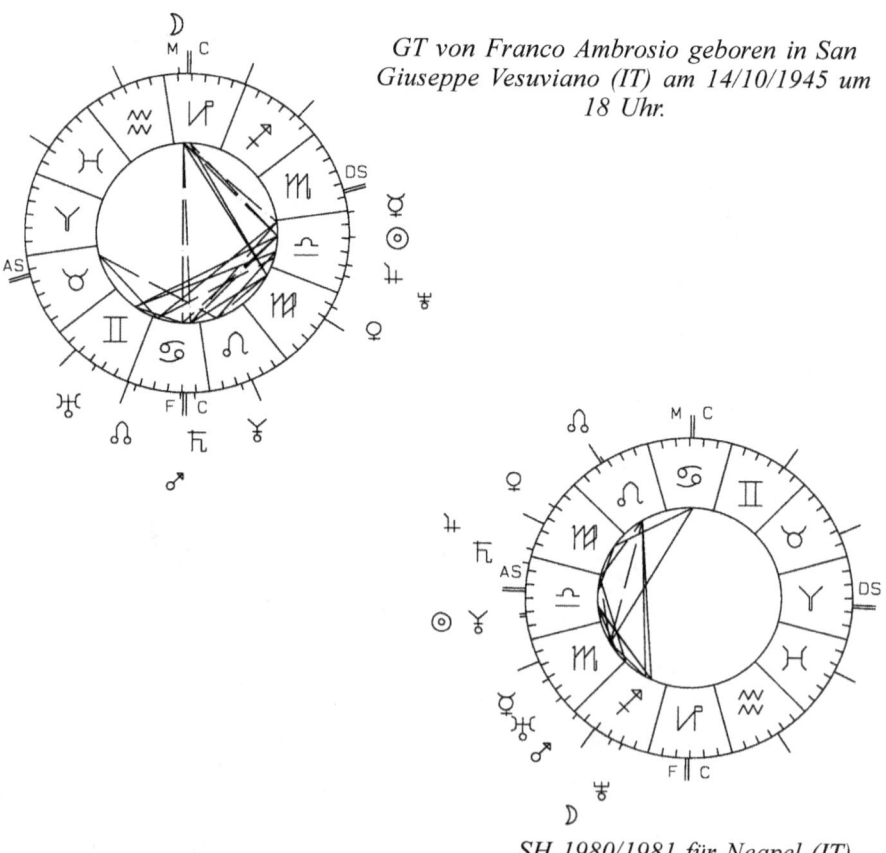

GT von Franco Ambrosio geboren in San Giuseppe Vesuviano (IT) am 14/10/1945 um 18 Uhr.

SH 1980/1981 für Neapel (IT).

DER HERZINFARKT DES GIANNI AGNELLI

Am 23. März 1982 erleidet Fiat-Chef Gianni Agnelli wenige Tage nach seinem Geburtstag und kurz nach einem Gespräch mit dem Trainer von Juventus Turin einen Herzinfarkt und wird in ein Turiner Krankenhaus gebracht. Seine Transite sind wirklich tödlich: Pluto im Semisextil zum Aszendenten und im Semiquadrat zu Jupiter; Neptun in Konjunktion zum Aszendenten (dies ist einer der schwersten Transite, aber nicht der einzige) und im Sesquiquadrat zu sich selbst; Uranus im Sesquiquadrat zu Mond und Mars, im Quadrat zu Venus und zu sich selbst und im Semiquadrat zum MC; Saturn in Opposition zu Mond und Mars, im Sesquiquadrat zu Merkur und Uranus, in Konjunktion zum MC (dieser Durchgang ist oft ein indirekter Hinweis für Krankheit oder Unfälle, da er eine Zeit der Verlangsamung oder des Stillstands im Berufsleben feststellt) und Semisextil zu Saturn; Jupiter im Semiquadrat zum Aszendenten und zu Saturn und im Trigon zu Pluto; Mars in Opposition zum Mond, im Semisextil zu Jupiter und im Sextil zu Neptun. Die Solar-Revolution ist nicht minder gefährlich: ein starkes Stellium mit der Konjunktion Mars-Saturn im zwölften Haus. Der Index der Gefährlichkeit des Jahres liegt bei 70 zu 30 Punkten.

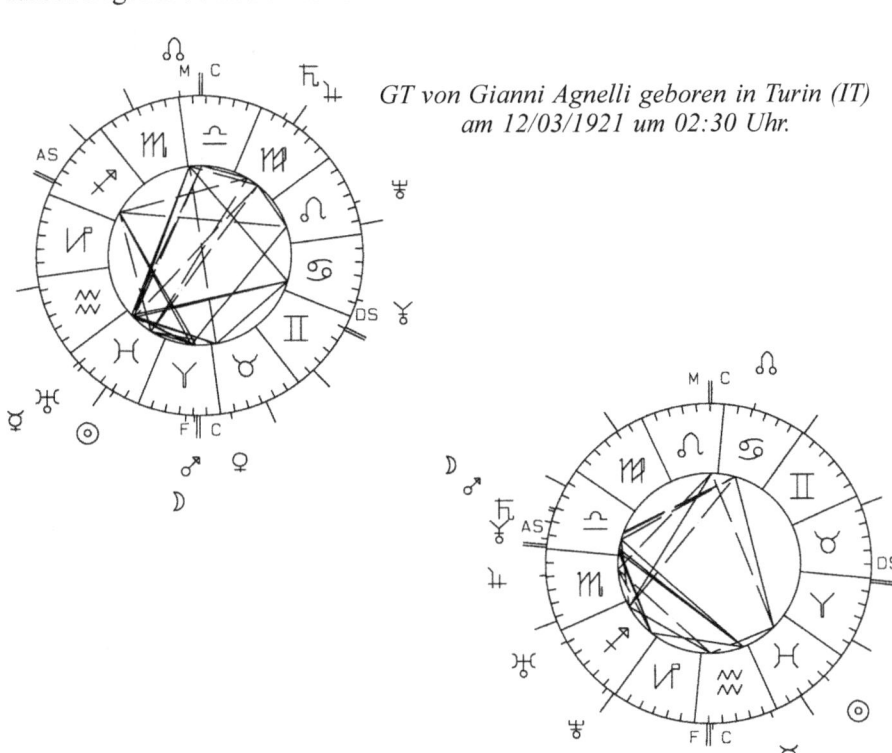

GT von Gianni Agnelli geboren in Turin (IT) am 12/03/1921 um 02:30 Uhr.

SH 1982 für Turin (IT).

GIORGIO BENVENUTO WIRD VON DEN STREIKENDEN HART ANGEGANGEN

Am 26. März 1982 wird der Gewerkschaftsführer Giorgio Benvenuto bei einer Versammlung vor dreihunderttausend Metallmechanikern aus ganz Italien in Rom hart mit Pfiffen und Beleidigungen angegriffen. Wenn Ihnen dieses Ereignis nicht so heftig erscheint und nicht mit den anderen schwerwiegenden Ereignissen aus den Beispielen dieses Buches vergleichbar, sollten Sie sich daran erinnern, dass es für einen politischen Anführer das größte Unglück ist, wenn er die eigene Basis gegen sich hat. Die Transite des Tages waren: Pluto im Quadrat zu Jupiter (vielleicht war dies der härteste dissonante Durchgang); Neptun im Semisextil zu Jupiter, im Quadrat zu Saturn und im Sesquiquadrat zu Uranus; Uranus im Semisextil zu Merkur, in Konjunktion zu Venus und im Sextil zum MC; Saturn im Trigon zu Mond und Mars und im Semisextil zu Neptun; Jupiter im Sextil zu Merkur, in Opposition zu Uranus und im Semiquadrat zu Neptun; Mars im Sextil zur Sonne, in Konjunktion zum Mond, im Semiquadrat zu Venus, in Konjunktion zu Mars und im Quadrat zum Aszendenten. Die Solar-Revolution hebt einen eindeutigen Aszendenten im zwölften Haus, ein Stellium (mit Sonne) im achten Haus, Mars im zehnten Haus und eine hässliche Konjunktion Saturn-Pluto im siebten Haus (die erklärten Feindschaften) hervor. Der Index der Gefährlichkeit dieses Jahres erreicht 48 zu 44 Punkte.

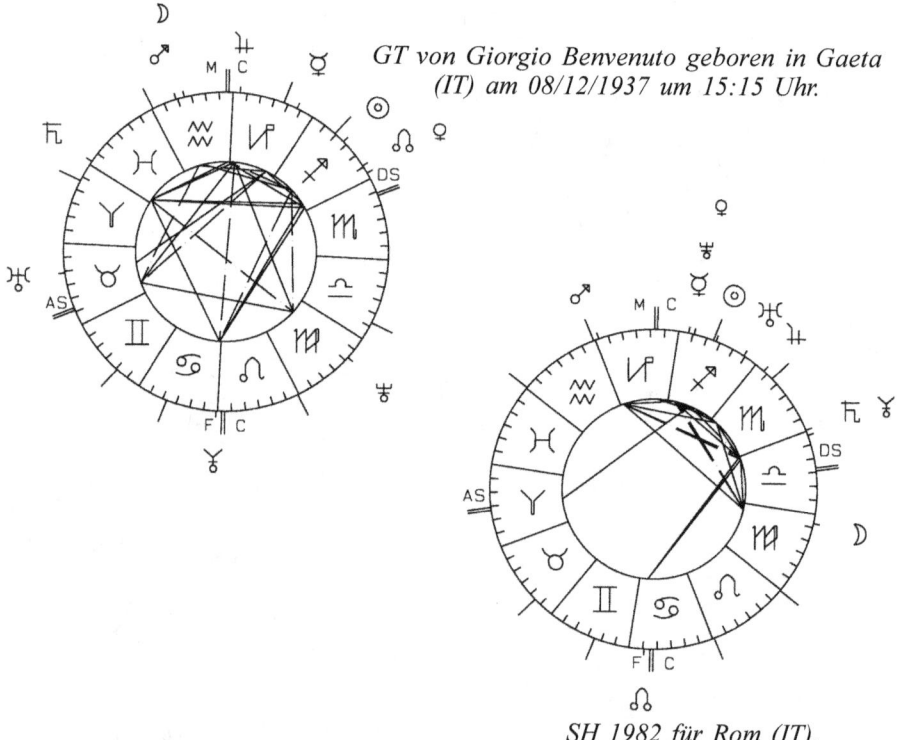

GT von Giorgio Benvenuto geboren in Gaeta (IT) am 08/12/1937 um 15:15 Uhr.

SH 1982 für Rom (IT).

SOFIA LOREN WÄHLT DAS GEFÄNGNIS

Am 19. Mai 1982 entschließt sich Sofia Loren, sich in Rom der Justiz zu stellen, die sie 1977 wegen Steuerhinterziehung zu 30 Tagen Haft verurteilt hatte, um anschließend als freier Mensch jederzeit nach Italien reisen zu können. Sie wird diese Strafe im Gefängnis von Caserta abbüßen, wo sie nur 16 Tage verbringt und die restlichen 14 Tage unter Hausarrest steht. Ihre Transite waren folgendermaßen: Pluto im Semiquadrat zu Venus, in Konjunktion zu Jupiter und im Quadrat zu Neptun; Neptun im Quadrat zur Sonne, im Sesquiquadrat zu Mars und im Sextil zu Jupiter; Uranus im Semiquadrat zu Merkur und im Semisextil zu Aszendent und MC; Saturn in Konjunktion zu Merkur und im Sextil zu Mars; Jupiter im Sextil zum Aszendenten, in Konjunktion zum MC (dieser Transit bringt oft negative Popularität, aber man muss hier unterstreichen, dass er diesmal wohl zu Gunsten der Schauspielerin gearbeitet hat, da sie bei ihrer Ankunft in Rom mit Blumen und dem Blitzlichtgewitter der Fotografen empfangen wurde) und in Opposition zu Uranus; Mars in Konjunktion zur Sonne, im Semiquadrat zu Mars, im Quadrat zum Aszendenten und im Semisextil zum MC. Die Solar-Revolution zeigt ein sehr starkes Stellium mit Sonne und Saturn im siebten Haus (Konflikte mit dem Gesetz) und Mars im sechsten Haus, der ein allgemeiner, aber wichtiger Hinweis für das Unheil in jeder Form ist. Die Gefährlichkeit liegt hier bei 36 zu 12 Punkten.

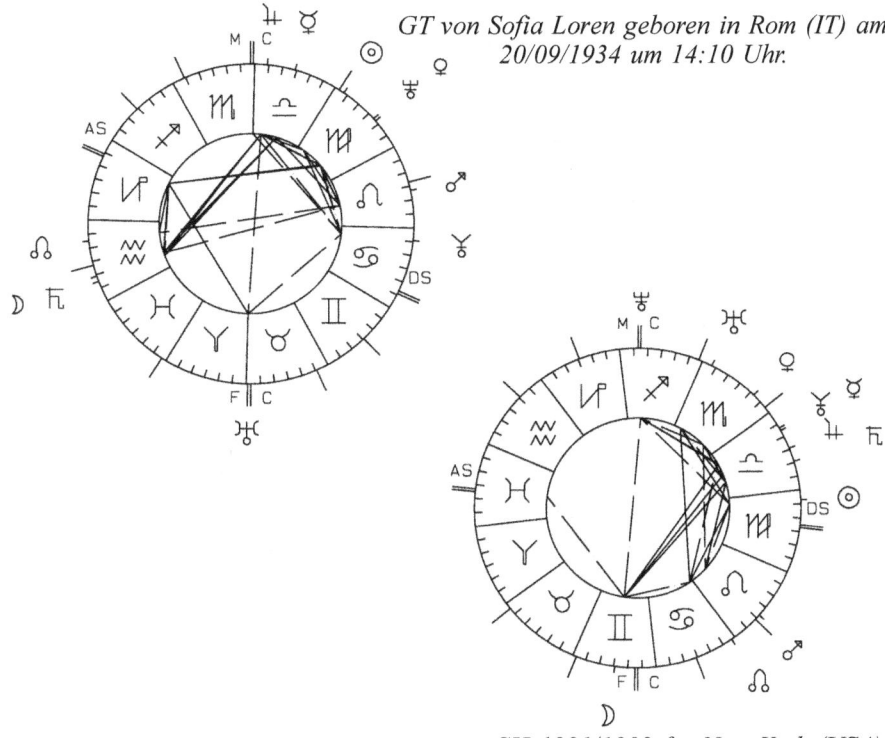

GT von Sofia Loren geboren in Rom (IT) am 20/09/1934 um 14:10 Uhr.

SH 1981/1982 für New York (USA).

DER VERKEHRSUNFALL VON STEFANIE VON MONACO

Am 15. September 1982 sitzt Stefanie von Monaco mit ihrer Mutter Grace Kelly im Auto, das von der Straße abkommt und in einem Graben landet. Sie wird verletzt und die Mutter stirbt. Es wird danach viele Diskussionen zu diesem Fall geben und manch einer vermutet, Stefanie sei trotz Führerscheinlosigkeit selbst am Steuer gesessen und habe den Unfall verursacht. Die Transite des Tages waren: Pluto im Quadrat zu Merkur und Venus (dies ist wahrscheinlich der springende Punkt bei den Transiten); Neptun im Semisextil zu Venus und im Trigon zum Aszendenten; Uranus im Sextil zu Mars und im Quadrat zu Saturn; Saturn im Sextil zum Aszendenten, im Sesquiquadrat zu sich selbst und im Semisextil zu Neptun; Jupiter im Quadrat zu Sonne und Mond; Mars im Sextil zu Merkur, Venus und zu sich selbst und im Quadrat zum Aszendenten. Die Solar-Revolution zeigt eine hässliche Konjunktion Mars–Saturn im ersten Haus, den Mond im achten und Uranus im dritten Haus. Der Index der Gefährlichkeit des Jahres liegt bei 40 zu 8.

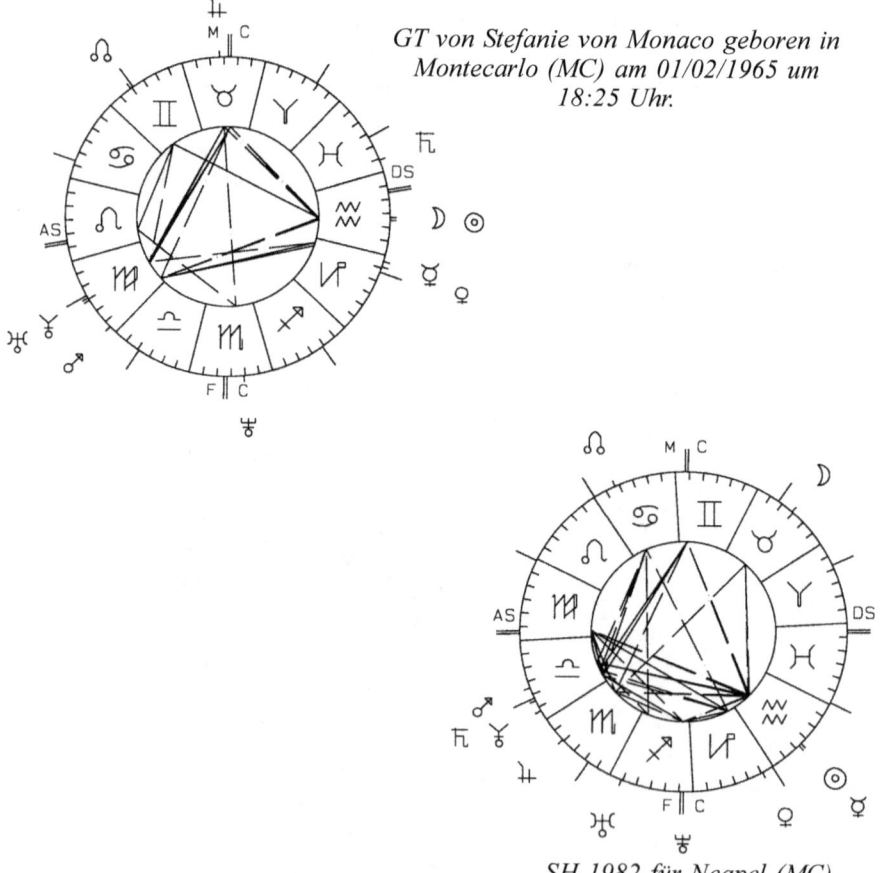

GT von Stefanie von Monaco geboren in Montecarlo (MC) am 01/02/1965 um 18:25 Uhr.

SH 1982 für Neapel (MC).

EIN SCHWERER TRAUERFALL FÜR WINSTON CHURCHILL

Als Beweis dafür, dass das Horoskop auch nach dem Tod des Betroffenen funktioniert, analysieren wir den Trauerfall vom 23. September 1982 des ehemaligen englischen Staatsmannes, als dessen Tochter Sarah verstarb. Die Transite waren folgende: Pluto in Konjunktion zu Jupiter; Neptun in Konjunktion zu Venus (dieser Durchgang zusammen mit dem anderen der Quadratur Uranus–Mond zeigt den astralen Kern des Ereignisses), im Sextil zu Jupiter und im Semiquadrat zu Saturn; Uranus im Quadrat zu Venus, im Semiquadrat zu Mars und im Sextil zum Aszendenten; Saturn im Semiquadrat zur Sonne, im Sextil zu Venus und in Konjunktion zu Jupiter; Jupiter im Quadrat zu Saturn; Mars in Konjunktion zur Sonne, im Quadrat zum Mond, im Semiquadrat zu sich selbst und im Sextil zum Aszendenten. Die Solar-Revolution zeigt einen Aszendenten im zwölften Haus und Mars in Konjunktion zum Aszendenten. Der Index der Gefährlichkeit des Jahres liegt bei 64 zu 44 Punkten.

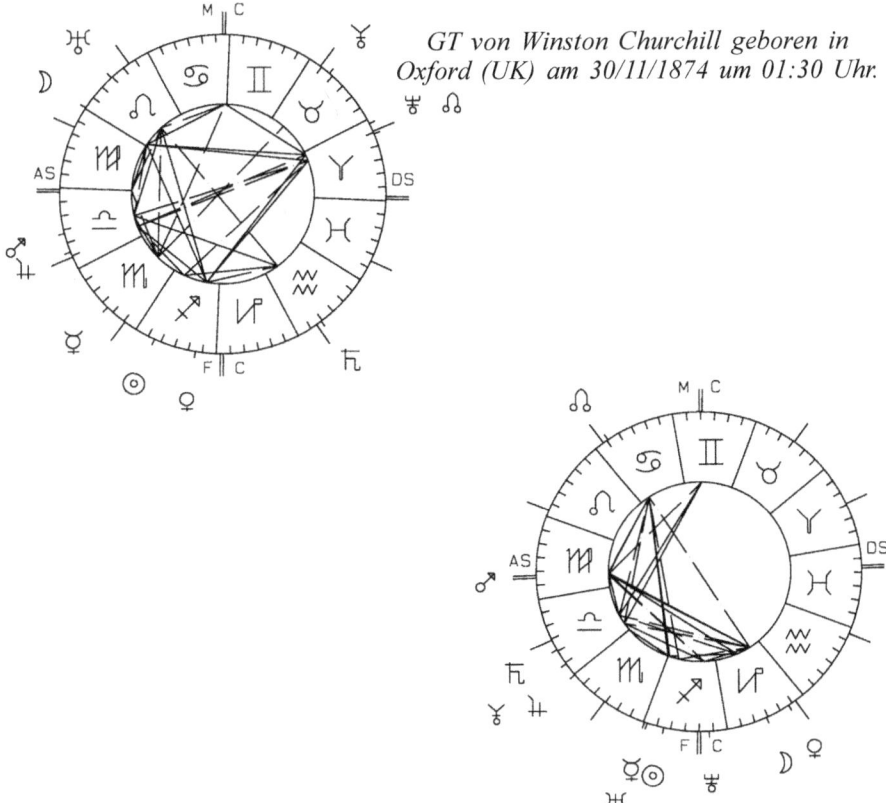

GT von Winston Churchill geboren in Oxford (UK) am 30/11/1874 um 01:30 Uhr.

SH 1981/1982 für London (UK).

SUSANNA RONCONI ERNEUT VERHAFTET

Am 28. Oktober 1982 wird die Terroristin Susanna Ronconi in Mailand erneut verhaftet, nachdem sie im Januar aus dem Gefängnis von Rovigo geflüchtet war. Die Transite waren folgende: Pluto im Trigon zu Mars und im Semisextil zu Saturn; Neptun im Quadrat zu Saturn; Uranus im Quadrat zum MC und im Semiquadrat zu Neptun; Saturn im Trigon zu Mars und im Semisextil zu Saturn; Jupiter in Opposition zum Mond, in Konjunktion zum Aszendenten, im Semisextil zu Neptun und im Quadrat zu Pluto; Mars im Trigon zu Venus, in Opposition zu sich selbst und im Quadrat zu Saturn. Wie Sie sehen, handelt es sich hier nicht um besonders harte Transite, aber wenn wir das Solarhoroskop genau betrachten, sehen wir den Aszendenten im achten Haus und die Sonne im ersten Haus. Der Index der Gefährlichkeit des Jahres ist 34 Punkte zu 18.

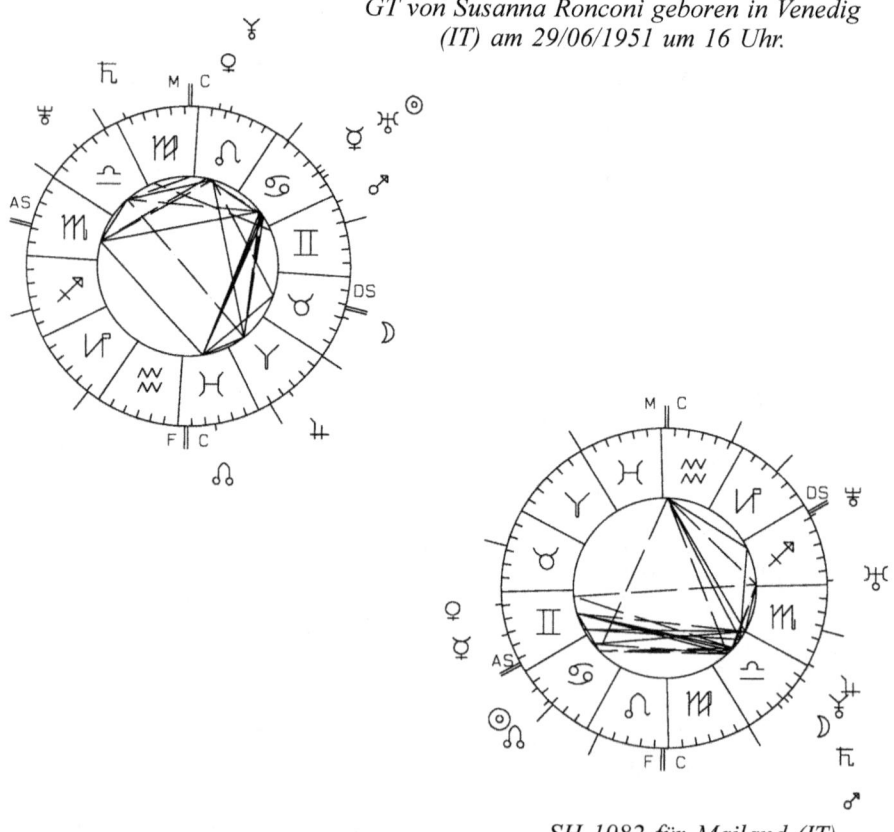

GT von Susanna Ronconi geboren in Venedig (IT) am 29/06/1951 um 16 Uhr.

SH 1982 für Mailand (IT).

DIE QUEEN WEIST IHREN SOHN ANDREW IN DIE SCHRANKEN

Am 27. Oktober 1982, nach dem Kriegsende auf den Falkland-Inseln, lässt Königin Elisabeth II. deutlich ihre Stimme hören und schließt so das Kapitel eines der vielen Skandale sexuellen Inhaltes an ihrem Hof, indem sie ihren Sohn Andrew eindringlich auffordert, seine Beziehung mit dem Pornostar Koo Stark zu beenden. Die Transite sind folgendermaßen: Pluto im Sesquiquadrat zu Venus und im Semisextil zum MC; Neptun im Semisextil zu MC und Saturn, im Quadrat zu Uranus und im Trigon zu Neptun; Uranus im Trigon zu Merkur (dies ist einer der am ehesten für diese Episode verantwortlichen Durchgänge. Wir dürfen nicht vergessen, dass auch die Trigone und Sextile zwischen langsamen und schnellen Planeten zu sehr unangenehmen Situationen führen können); Saturn im Sesquiquadrat zu Venus, im Semisextil zu MC und Saturn; Jupiter im Quadrat zu Mond und Mars, im Sesquiquadrat zu Merkur und im Trigon zu Venus und Pluto; Mars im Trigon zu Sonne und Neptun, im Sesquiquadrat zum Mond, im Semisextil zum MC und zu Saturn und im Quadrat zu Uranus. Die Solar-Revolution zeigt einen Aszendenten und die Sonne im achten Haus und Mars im ersten Haus (im generellen ein sehr negativer Hinweis). Der Index der Gefährlichkeit liegt bei 42 Punkten zu 24.

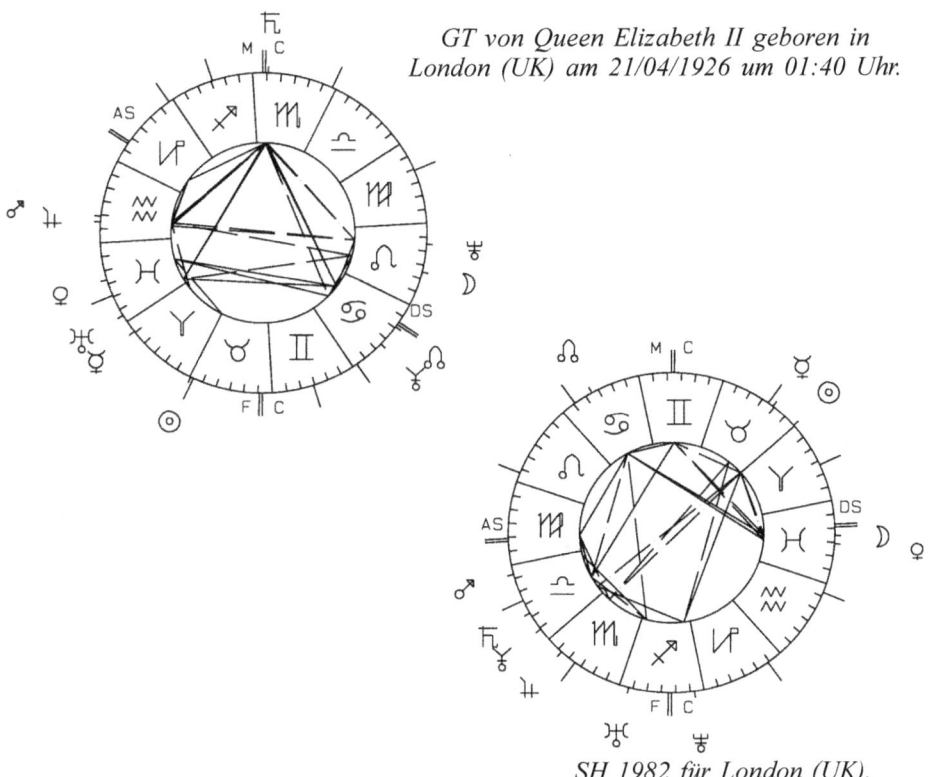

GT von Queen Elizabeth II geboren in London (UK) am 21/04/1926 um 01:40 Uhr.

SH 1982 für London (UK).

DIE TOCHTER VON FREUD STIRBT

Am 9. Oktober 1982 stirbt Anna, die Tochter des großartigen Sigmund Freud, in London im Alter von 86 Jahren. Betrachten wir das Ereignis von den Sternen des Vaters aus: Pluto in Opposition zu Venus (dieser Durchgang erklärt den Vorfall zusammen mit dem anderen von Saturn in Opposition zu Venus ausreichend) und im Trigon zu Saturn; Neptun im Trigon zu Venus und im Semiquadrat zum Aszendenten; Uranus im Sextil zu Mars; Saturn in Opposition zu Venus; Jupiter in Opposition zur Sonne und im Sesquiquadrat zu sich selbst und zu Saturn; Mars in Opposition zum Mond. Die Solar-Revolution zeigt uns eine Sonne im zwölften Haus und ein starkes und bösartiges Stellium im sechsten Haus. Der Index der Gefährlichkeit des Jahres liegt bei 60 Punkten zu 18.

GT von Sigmund Freud geboren in Příbor (CZ) am 06/05/1856 um 18:30 Uhr.

SH 1982 für London (UK).

JERRY LEWIS: OPERATION AM OFFENEN HERZEN

Am 21. Dezember 1982 wird der berühmte amerikanische Komiker Jerry Lewis in New York einer fünfstündigen Bypass-Operation unterzogen. Die Transite dieses Tages sind: Pluto in Opposition zum Mond (dieser und die Dissonanz Neptun–Sonne scheinen die größte Verantwortung für den Vorfall zu tragen); Neptun im Quadrat zur Sonne, zum MC und zu Uranus, im Semisextil zu Mars und zu Saturn, Saturn in Opposition zum Mond (auch dies ist nicht wenig); Jupiter im Sesquiquadrat zu Merkur und Pluto, im Trigon zum MC und in Konjunktion zu Saturn; Mars im Quadrat zu Merkur, im Semiquadrat zu Saturn und in Opposition zu Pluto. Die Solar-Revolution zeigt uns einen Aszendenten im sechsten Haus, der Bände spricht. Der Index der Gefährlichkeit ist 54 Punkte zu 28.

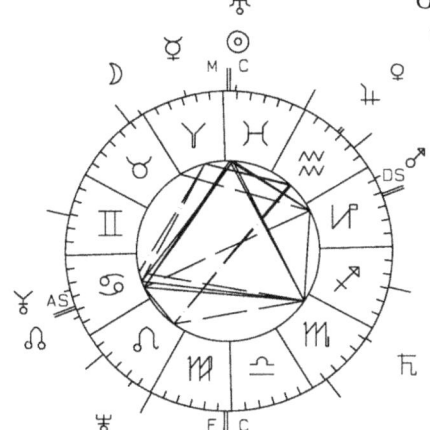

GT von Jerry Lewis geboren in Newark (USA) am 16/03/1926 um 12:15 Uhr.

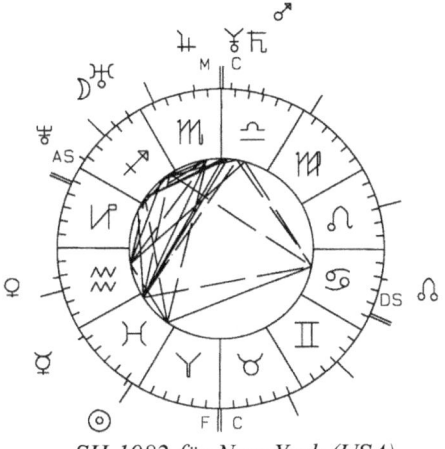

SH 1982 für New York (USA).

LEBENSLÄNGLICH FÜR ADRIANA FARANDA

Am 24. Januar 1983 werden Adriana Faranda und Mario Moretti zusammen mit dreißig weiteren Rotbrigadisten wegen des Mordes an Aldo Moro zu lebenslanger Haft verurteilt. Sehen wir uns beide Fälle an und beginnen beim Ersten: Pluto in Konjunktion zu Mars (dies ist sicher in dem hier behandelten Fall ein sehr wichtiger Durchgang zusammen mit jenem von Neptun–Sonne); Neptun im Sesquiquadrat zur Sonne und im Sextil zu Mars; Uranus im Quadrat zu Merkur; Saturn im Trigon zu Jupiter und im Semiquadrat zu sich selbst; Jupiter im Quadrat zu Merkur und zu sich selbst und im Sesquiquadrat zu Venus; Mars in Opposition zu Merkur, in Konjunktion zu Jupiter und im Trigon zu Uranus. Die Solar-Revolution bietet einen Aszendenten im achten und die Sonne im siebten Haus. Der Index der Gefährlichkeit beträgt 40 zu 18.

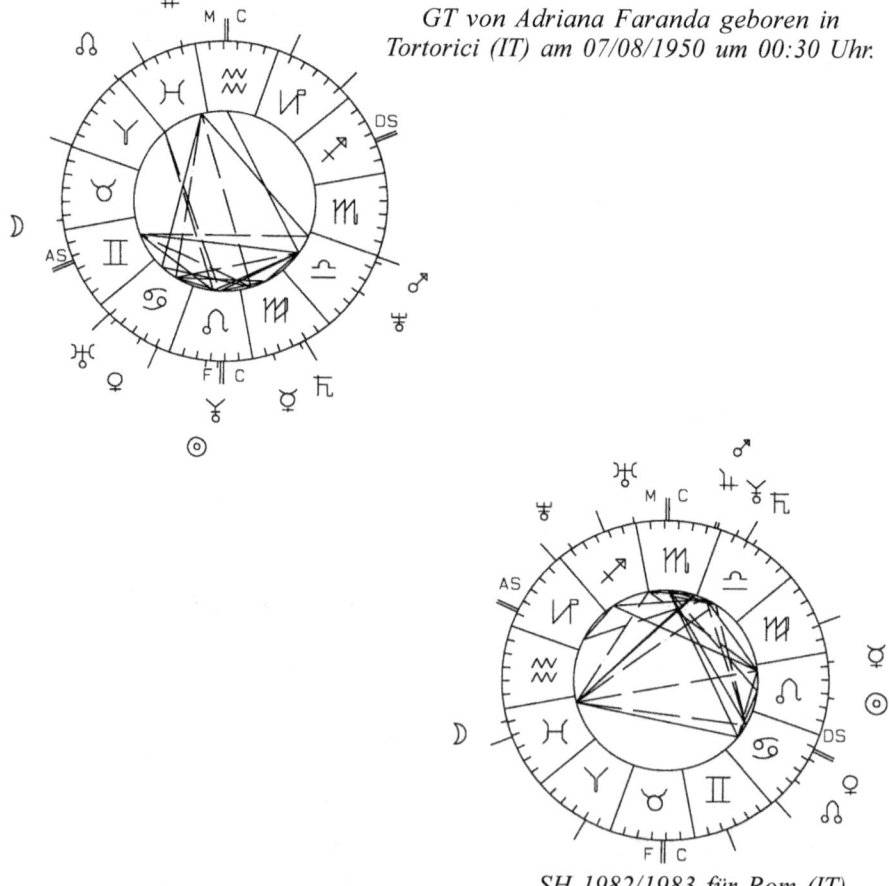

GT von Adriana Faranda geboren in Tortorici (IT) am 07/08/1950 um 00:30 Uhr.

SH 1982/1983 für Rom (IT).

LEBENSLÄNGLICH AUCH FÜR MARIO MORETTI

Am 24. Januar 1983 wird auch Mario Moretti für den Mord an Aldo Moro zu lebenslanger Haft verurteilt. Hier seine Transite: Pluto im Semisextil zum MC und im Sesquiquadrat zu Uranus; Neptun im Sextil zu Jupiter und im Sesquiquadrat zu Pluto; Uranus im Semiquadrat zu Sonne und Venus, in Konjunktion mit dem Aszendenten (dieser Durchgang ist zusammen mit dem anderen von Uranus–Sonne sicher verantwortlich für das schwere Urteil), im Semisextil zu Merkur, im Sesquiquadrat zu Mars und Saturn und im Sextil zu Neptun; Saturn im Trigon zum Mond und im Semisextil zum MC; Mars im Trigon zum Mond, im Quadrat zu Venus und im Sesquiquadrat zu sich selbst und zu Saturn. Die Solar-Revolution kündigt einen aussagekräftigen Aszendenten im zwölften Haus an. Der Index der Gefährlichkeit liegt bei 54 zu 38.

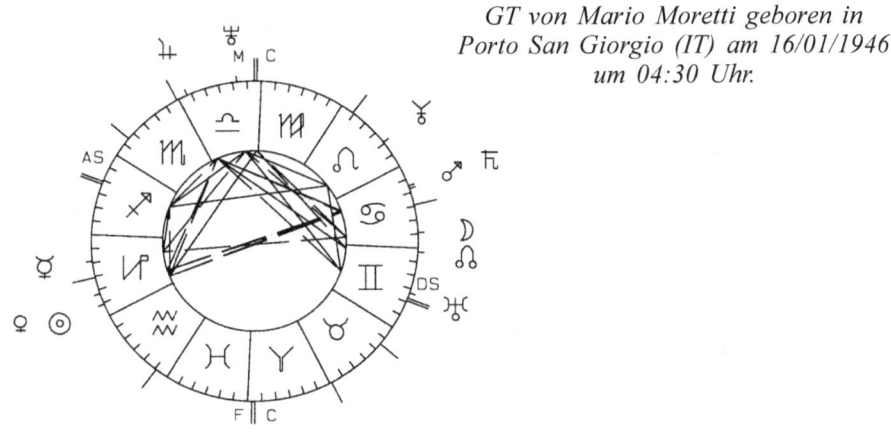

GT von Mario Moretti geboren in Porto San Giorgio (IT) am 16/01/1946 um 04:30 Uhr.

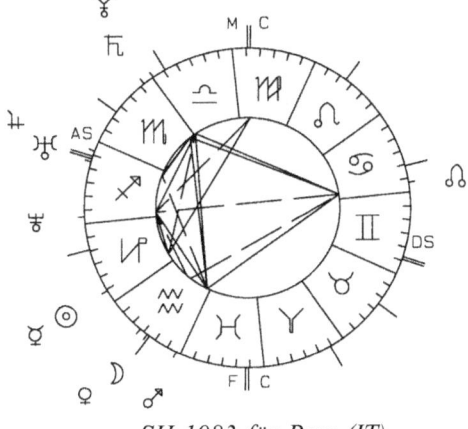

SH 1983 für Rom (IT).

TÖDLICHER SCHLAG FÜR RAFFAELE CUTOLO

Am 29. Januar 1983 erhält Raffaele Cutolo, Chef der *Nuova Camorra Organizzata* (NCO - neapolitanische Mafia), einen schweren Schlag. Seine Rivalen aus der Führungsriege der *neuen Familie* töten die zwei Mitarbeiter und Vertrauten des Camorra-Bosses, Vincenzo Casillo und Mario Cuomo. Der Fall wiegt schwer aus der Sicht des Betroffenen. Neben einer klaren Kriegsansage bis zum letzten Blutstropfen hatte man Cutolo auch die Hände „verstümmelt", der die beiden Ermordeten aus dem Gefängnis heraus anleitete, um seine Projekte in der Außenwelt voranzubringen. Die Transite des Tages waren: Pluto im Sextil zum Mond, in Konjunktion zum Aszendenten (der Durchgang geht stark ins Negative, zusammen mit dem anderen Saturn–Aszendent), im Sesquiquadrat zu Jupiter und im Semisextil zu Neptun; Neptun im Trigon zu Mond und im Quadrat zu sich selbst; Uranus in Konjunktion mit Merkur (dieser könnte hier als die „Schnittstelle" des Betroffenen zur Außenwelt stehen) und im Trigon zu MC und Pluto; Saturn im Semiquadrat zur Sonne (auch dieser Transit ist sehr unheilvoll), im Quadrat zu Venus, MC und Pluto und in Konjunktion zum Aszendenten; Jupiter im Trigon zu Pluto; Mars im Quadrat zu Merkur. Die Solar-Revolution zeigt uns einen klaren Aszendenten im zwölften Haus und ein Stellium im ersten Haus. Der Index der Gefährlichkeit liegt bei 56 zu 36 Punkten.

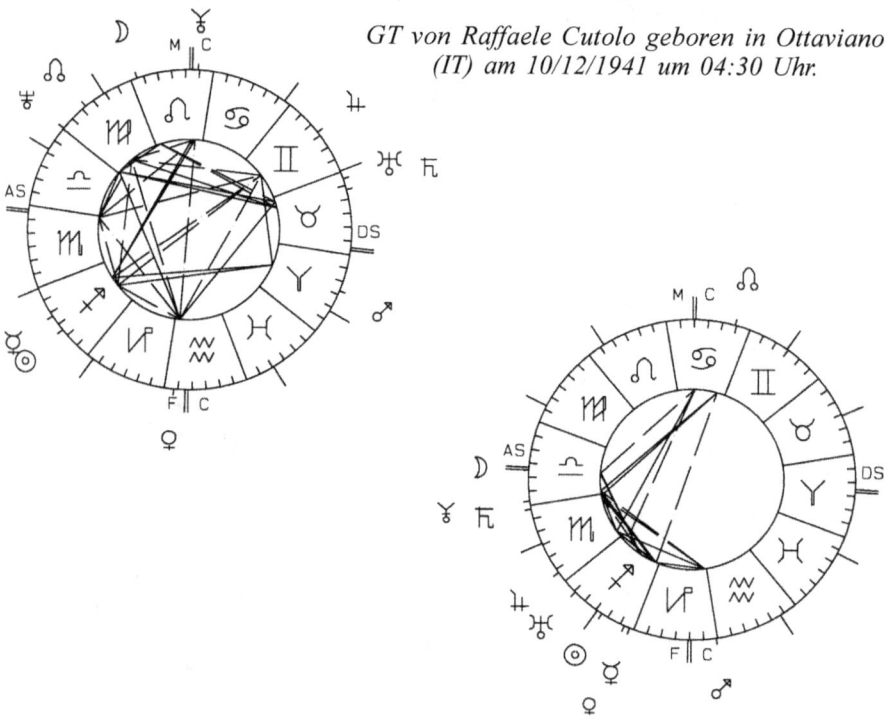

GT von Raffaele Cutolo geboren in Ottaviano (IT) am 10/12/1941 um 04:30 Uhr.

SH 1982/1983 für Rom (IT).

ADELE FACCIOS SOHN DES TERRORISMUS VERDÄCHTIGT

Der 27. Februar 1983 war ein sehr schwarzer Tag für die Politikerin Adele Faccio. Ihr Sohn Dario wird verdächtigt, den Roten Brigaden anzugehören und verhaftet. Die Transite der Vertreterin der Radikalen waren folgende: Pluto im Trigon zu Uranus; Neptun im Semisextil zu Merkur, im Sextil zu Uranus und im Sesquiquadrat zu sich selbst; Uranus im Sesquiquadrat zum MC; Saturn im Semiquadrat zum Mond und im Trigon zu Uranus; Mars im Trigon zu Merkur und im Semisextil zu Uranus. Wie man sieht, waren die Transite nicht so schwer und böse, aber sehen wir uns das Solarhoroskop an: der Aszendent im ersten Haus, die Sonne im ersten Haus und ein starkes Stellium zwischen dem ersten und dem zwölften Haus. Die Punktzahl ist natürlich sehr hoch: 88 zu 10.

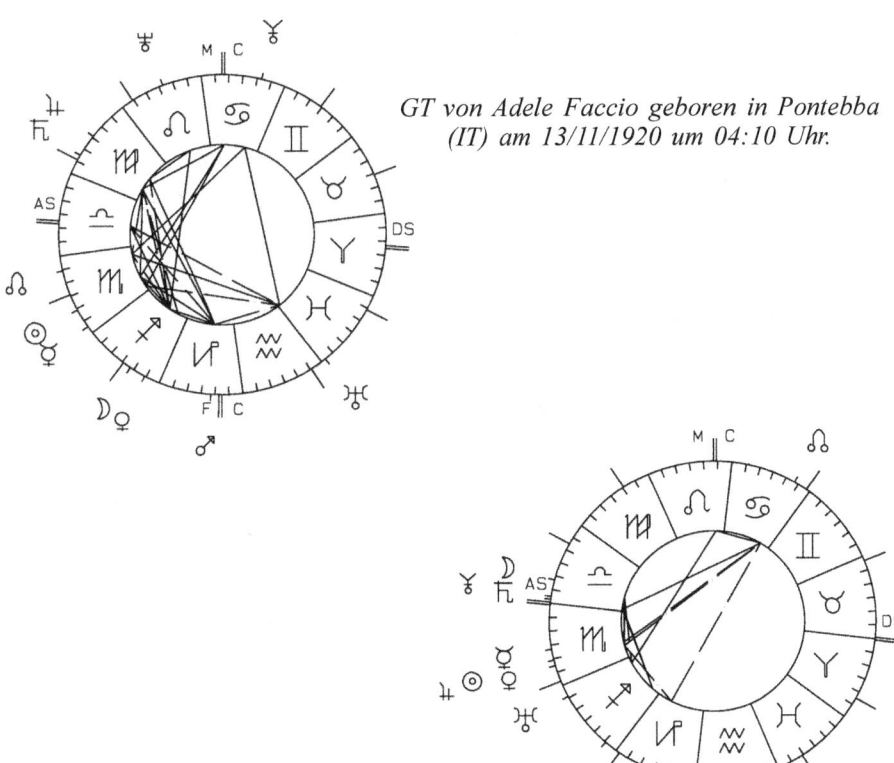

GT von Adele Faccio geboren in Pontebba (IT) am 13/11/1920 um 04:10 Uhr.

SH 1982/1983 für Rom (IT).

ANGELO RIZZOLI IN HANDSCHELLEN

Am 18. Februar 1983 landen Angelo und Alberto Rizzoli, beide Verleger, und der Geschäftsführer Bruno Tassan Din aufgrund vermuteter Fehlbeträge in der Bilanz der Gebrüder Rizzoli im Gefängnis. Die Geburtsdaten von Tassan Din kennen wir nicht und analysieren so nur die Situation der beiden Brüder, beginnend bei Angelo, der nach 13 Monaten Untersuchungshaft im Untersuchungsverfahren freigesprochen wird. Seine Transite waren: Neptun in Opposition zu Mars und im Semiquadrat zum MC; Uranus in Konjunktion zum Deszendenten (Konflikte mit dem Gesetz - Dieser Durchgang ist zusammen mit der Konjunktion Jupiter–Deszendent eine richtige Bombe, die fast immer zu Problemen mit dem Gesetz oder zur Scheidung vom Ehepartner führt), in Opposition zu sich selbst und im Trigon zu Pluto; Saturn im Semisextil zu Venus und zu Neptun und im Sesquiquadrat zu Mars; Jupiter in Konjunktion zum Deszendenten, in Opposition zu Uranus und im Trigon zu Pluto; Mars im Trigon zur Sonne und zu Merkur, im Sextil zum Mond, im Quadrat zu sich selbst und zu Saturn und im Sesquiquadrat zu Pluto. Die Solar-Revolution zeigt uns einen Aszendenten im sechsten Haus, die Sonne im ersten und ein starkes Stellium zwischen dem zwölften und ersten Haus. Der Index der Gefährlichkeit liegt bei 76 zu 28.

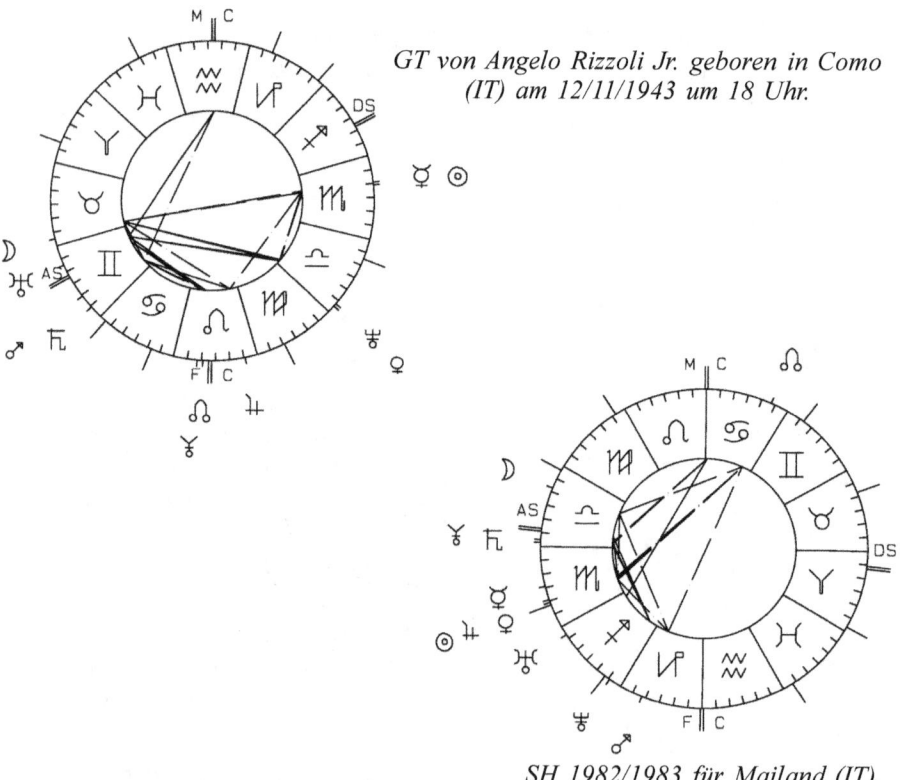

GT von Angelo Rizzoli Jr. geboren in Como (IT) am 12/11/1943 um 18 Uhr.

SH 1982/1983 für Mailand (IT).

AUCH ALBERTO RIZZOLI WIRD VERHAFTET

Der Fall von Alberto Rizzoli ist aus astrologischer Sicht noch interessanter, als der des Bruders. Er wurde nämlich genau an seinem Geburtstag ins Gefängnis gebracht. Man muss also das Solarhoroskop von 1982 in Betracht ziehen und nicht das von 1983, da sein Geburtstag wenige Stunden nach der Verhaftung stattfand. Hier die Transite jenes Tages: Pluto im Trigon zur Sonne und zum Aszendenten und im Semiquadrat zum MC; Neptun im Sextil zur Sonne, im Sesquiquadrat zum Mond und im Sextil zum Aszendenten; Uranus in Opposition zu sich selbst, im Sextil zu Neptun und im Trigon zu Pluto; Saturn (im Transit im siebten Haus) im Quadrat zu Mars, im Trigon zu Saturn und im Semisextil zu Neptun; Jupiter in Opposition zu Uranus, im Sextil zu Neptun und im Trigon zu Pluto; Mars in Opposition zu Jupiter und im Sesquiquadrat zu Pluto. Die Solar-Revolution weist das volle Programm auf - Aszendent im zwölften, Sonne im ersten und ein bösartiges Stellium im achten Haus. Der Index der Gefährlichkeit liegt bei 76 zu 28 Punkten.

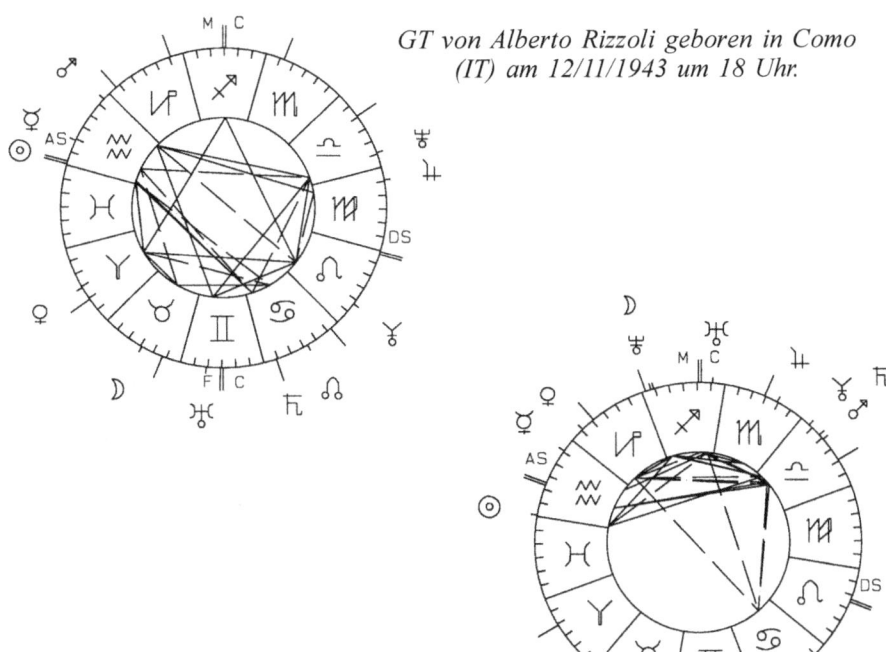

GT von Alberto Rizzoli geboren in Como (IT) am 12/11/1943 um 18 Uhr.

SH 1982/1983 für Mailand (IT).

DIE SCHWERE TRAUER DES VIKTOR EMANUEL

Am 18. März 1983 stirbt der Monarch Umberto von Savoyen in Genf an Knochenkrebs. Betrachten wir das Ereignis von der Seite des Sohnes aus: Pluto im Quadrat zu Merkur und zu sich selbst; Neptun im Semisextil zu Merkur und im Quadrat zum MC; Uranus im Quadrat zum Mond (das ist der wichtigste Durchgang) und zum MC und im Trigon zu Venus; Saturn im Sesquiquadrat zu sich selbst und im Semiquadrat zu Neptun; Jupiter im Quadrat zum Mond, im Semiquadrat zu Merkur, im Trigon zu Venus und im Sesquiquadrat zu Pluto; Mars im Quadrat zum Aszendenten und zu Jupiter. Die Solar-Revolution zeigt uns Sonne und Mond im sechsten Haus und ein Stellium im vierten Haus. Der Index der Gefährlichkeit liegt bei 52 zu 24.

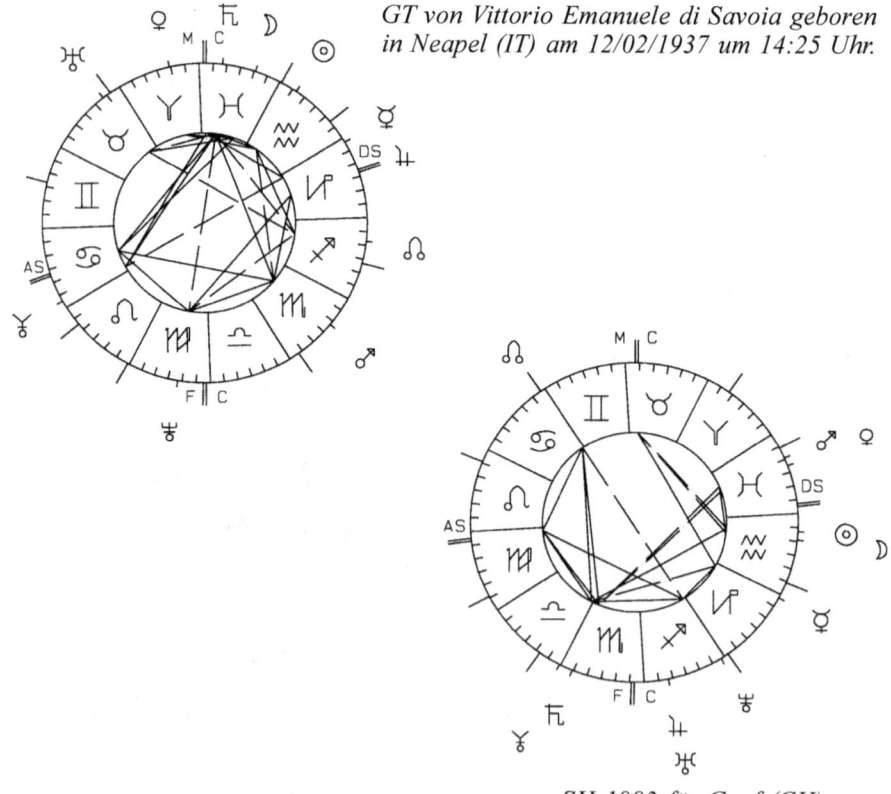

GT von Vittorio Emanuele di Savoia geboren in Neapel (IT) am 12/02/1937 um 14:25 Uhr.

SH 1983 für Genf (CH).

DIE HERZOPERATION DES GIANNI AGNELLI

Am 11. März 1983 wird Senator Agnelli einen Tag vor seinem Geburtstag in New York einer komplizierten Herzoperation unterzogen. Seine Transite sind: Pluto im Semiquadrat zu Jupiter; Neptun im Sesquiquadrat zu sich selbst; Saturn im Sesquiquadrat zur Sonne, im Trigon zu Merkur und Uranus, in Opposition zu Venus; Jupiter im Quadrat zu sich selbst und im Trigon zu Neptun; Mars im Trigon zu Neptun und im Quadrat zu Pluto. Wie man sieht, handelt es sich um überhaupt keine schweren Transite, abgesehen von der Dissonanz Saturn–Sonne, aber wenn wir die Solar-Revolution betrachten, so bemerken wir ein Furcht erregendes Stellium im zwölften Haus. Der Wert der Gefährlichkeit steht bei 52 zu 14 Punkten.

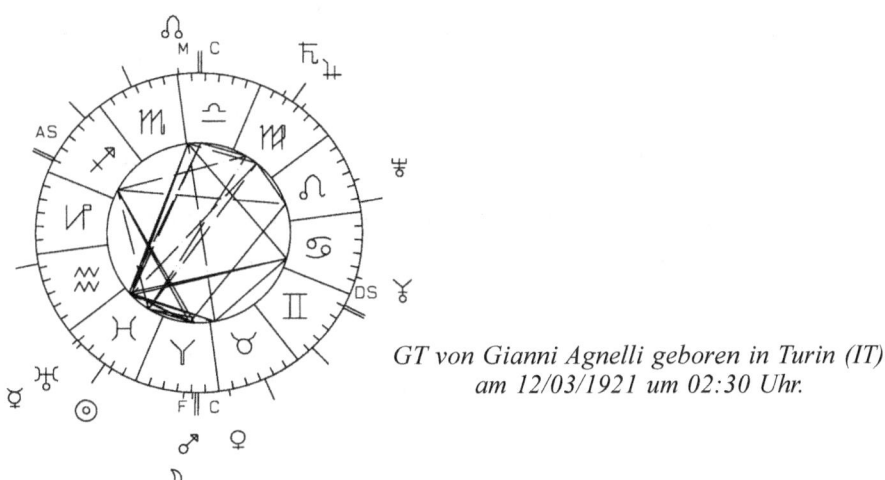

GT von Gianni Agnelli geboren in Turin (IT) am 12/03/1921 um 02:30 Uhr.

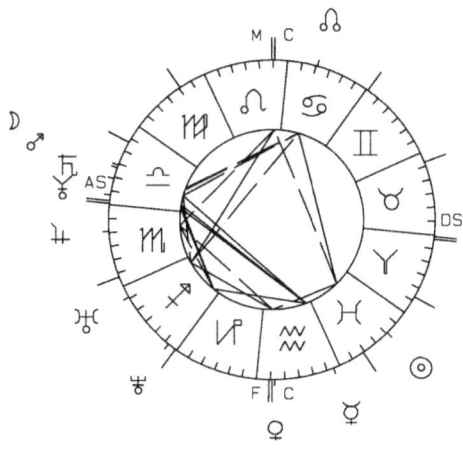

SH 1982 für Rom (IT).

MASSIVER PROTEST GEGEN DEN BISCHOF VON PALERMO

Am 27. April 1983 will der Kardinal und Bischof von Palermo, Salvatore Pappalardo, im Gefängnis *Ucciardone* eine Messe abhalten, aber die Mafia hatte den Häftlingen befohlen, nicht daran teilzunehmen. Keiner der 1090 Gefangenen wohnt der Zeremonie bei. Es handelt sich hierbei um eine klare Kampfansage an den Priester, der immer an vorderster Front gegen die *Cosa Nostra* gekämpft und dabei auch sein eigenes Leben aufs Spiel gesetzt hatte. Die Transite jenes Tages waren: Pluto im Semisextil zur Sonne und im Semiquadrat zu Merkur, Venus und dem Aszendenten; Neptun im Quadrat zur Sonne (dieser und der nächste Durchgang sind die Wichtigsten); Uranus im Quadrat zum Aszendenten und im Trigon zu Neptun; Saturn im Semisextil zur Sonne und im Semiquadrat zu Merkur und Venus; Jupiter im Quadrat zum Aszendenten und im Trigon zu Neptun; Mars im Sesquiquadrat zur Sonne und im Trigon zu Merkur, Venus und dem Aszendenten. Die Solar-Revolution zeigt einen Aszendenten im sechsten Haus (ich hoffe, bewiesen zu haben, dass das zwölfte, das erste und das sechste Haus sehr schädlich sind und dass ihre negative Wirkung immer zu 360° auf der ganzen Linie eintrifft: in der Arbeit, in der Gesundheit, in Beziehungen, beim Geld, bei Rechtsangelegenheiten usw.), Sonne im siebten Haus (jede Form von Feindseligkeit, Angriff, Krieg, Drohung, Protest hat mit diesem Haus zu tun) und ein Stellium im achten Haus (für dieses Haus gilt das soeben über die drei anderen Häuser Gesagte, glücklicherweise jedoch mit einem weitaus geringeren Wirkungsgrad). Der Index der Gefährlichkeit beträgt 52 zu 12.

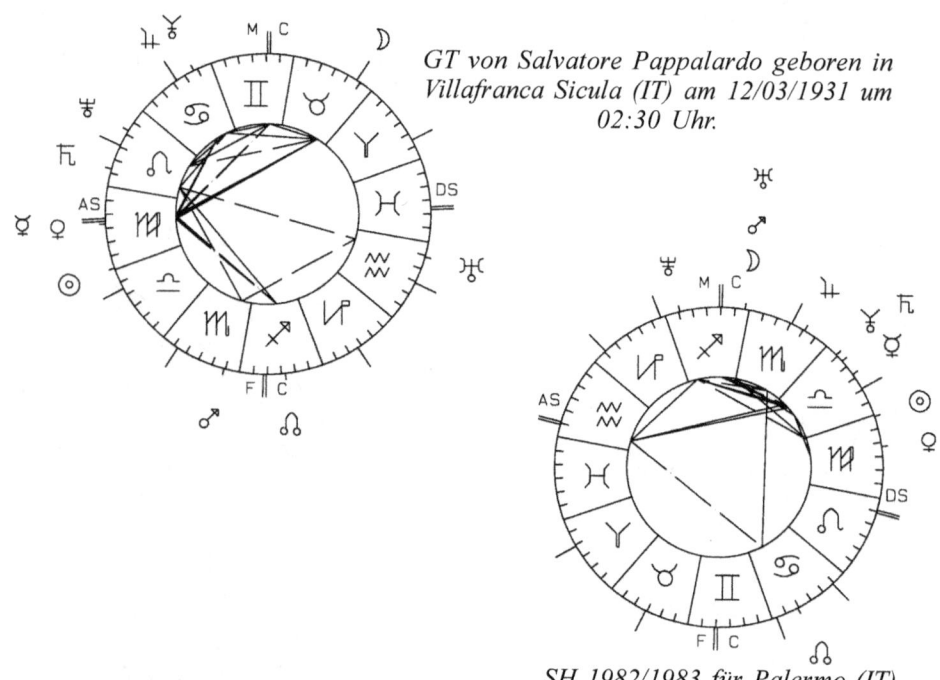

GT von Salvatore Pappalardo geboren in Villafranca Sicula (IT) am 12/03/1931 um 02:30 Uhr.

SH 1982/1983 für Palermo (IT).

HAFTBEFEHL FÜR DEN GESCHÄFTSMANN FRANCESCO PAZIENZA

Am 29. April 1983 wird gegen den Geschäftsmann Francesco Pazienza wegen Betrugs ein Haftbefehl ausgestellt. Seine Transite für diesen Tag sind: Pluto in Konjunktion zu Jupiter und im Sesquiquadrat zu Uranus; Neptun im Quadrat zur Sonne (dies ist die stärkste Dissonanz); Uranus im Sextil zum Mond und Neptun und im Trigon zu Merkur, Venus und Pluto; Saturn im Sesquiquadrat zu Uranus; Jupiter im Sextil zu Mond und Neptun, im Trigon zu Merkur und Venus und im Semiquadrat zu Jupiter; Mars im Sextil zu Mars, zum MC und zu Saturn. Die Solar-Revolution zeigt uns einen Aszendenten im zwölften Haus und die Sonne mit Mars im siebten Haus - noch klarer könnte das Solarhoroskop nicht sein. Der Gefährlichkeitsindex beträgt 46 zu 36.

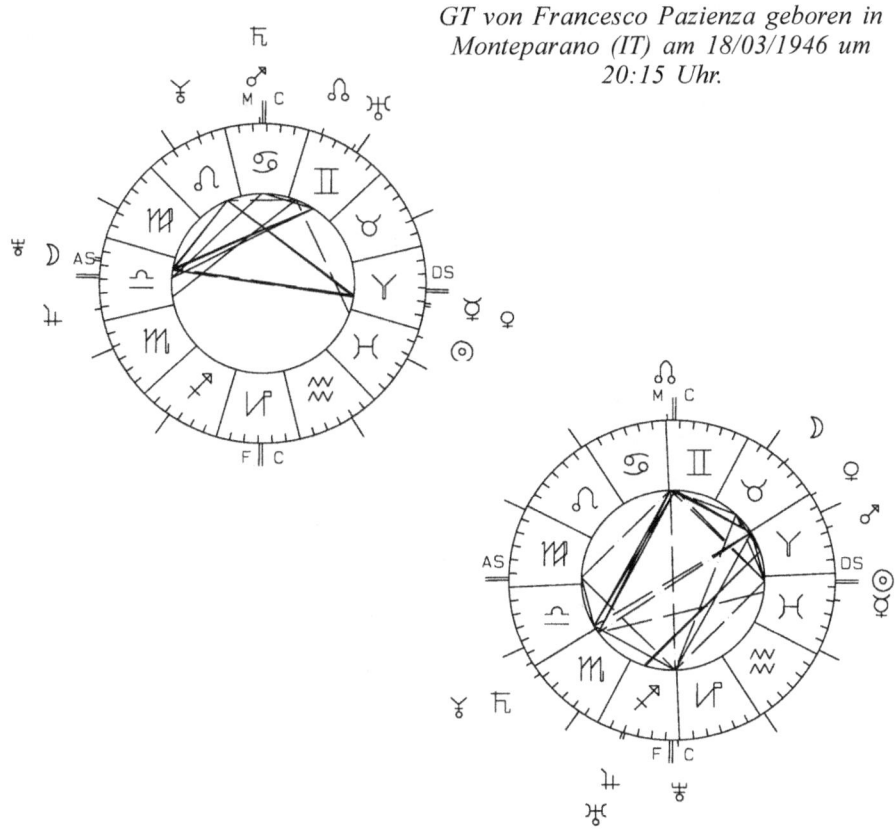

GT von Francesco Pazienza geboren in Monteparano (IT) am 18/03/1946 um 20:15 Uhr.

SH 1983 für Mailand (IT).

ENZO TORTORA IM GEFÄNGNIS

Am 17. Juni 1983 läuft die vielleicht lächerlichste und gleichzeitig grauenvollste Farce der letzten 50 Jahre in der Fernsehgeschichte unseres Landes über die Bühne. Enzo Tortora, Journalist und bekannter Moderator der Sendung *Portobello*, wird vor laufenden Kameras zwischen zwei Carabinieri in Handschellen abgeführt und ins Gefängnis gebracht. Ganz Italien ist verblüfft und ungläubig. Die Wahrheit wird später ans Licht kommen, als man erfährt, dass der Publikumsliebling aus Genua mit den ihm zugeschriebenen Taten in Beziehung zur *Camorra* absolut nichts am Hut hatte. In der Zwischenzeit war er jedoch monatelang im Knast gesessen und stand vor den Ruinen seiner Karriere, kurz darauf starb er an einem Tumor, der fast mit absoluter Sicherheit den durchlebten Qualen zu verdanken ist. Die Transite bei diesem sensationellen Ereignis können nur ebenfalls sensationell genannt werden: Pluto im Semisextil zu Merkur, Neptun im Semisextil zu Merkur und im Semiquadrat zum Aszendenten; Uranus in Konjunktion zur Sonne (!), Saturn im Semisextil zu Merkur, Jupiter in Konjunktion zur Sonne (!), im Sesquiquadrat zum Mond und im Trigon zu Uranus; Mars im Sextil zum MC und in Opposition zu Saturn. Das Solarhoroskop ist ein Gedicht: Sonne im zwölften Haus, der Aszendent im ersten und ein Stellium zwischen dem zwölften und dem ersten Haus. Der Gefährlichkeitsindex ist nicht minder spektakulär und beträgt 84 zu 24 Punkte.

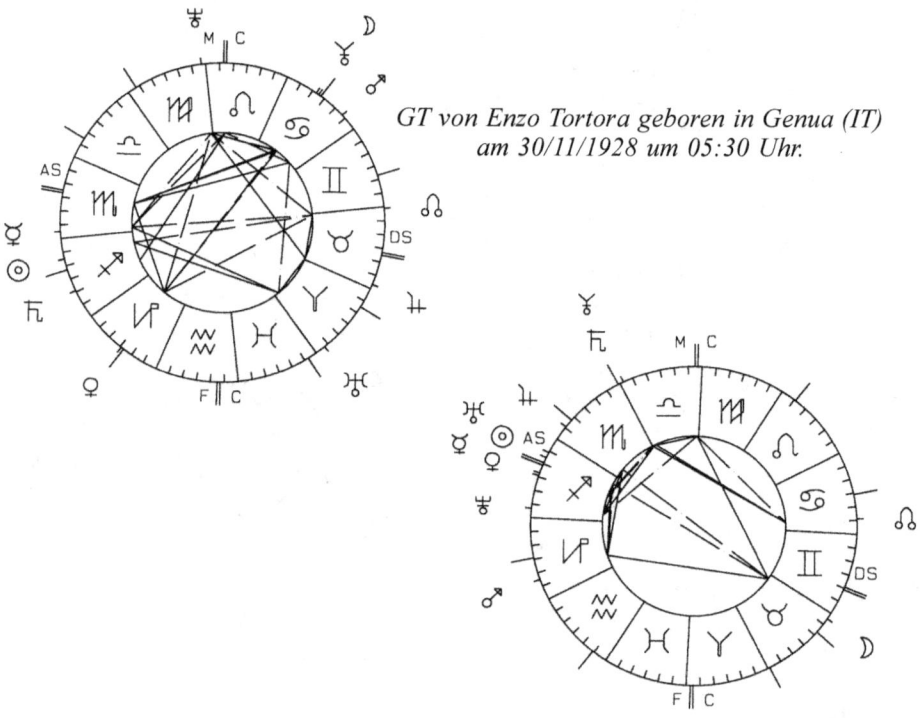

GT von Enzo Tortora geboren in Genua (IT) am 30/11/1928 um 05:30 Uhr.

SH 1982/1983 für Mailand (IT).

BEISPIELGRAFIKEN

DER SOHN VON PAOLO VILLAGGIO HAT SCHWIERIGKEITEN MIT DER JUSTIZ

Am 31. August 1983 stirbt die Verlobte von Pier Francesco, Sohn von Schauspieler Paolo Villaggio, im Haus der Villaggios und es wird eine Untersuchung eingeleitet. Bei einem ärztlichen Gutachten wird ein natürlicher Tod festgestellt, aber es geht das Gerücht um, die junge Frau sei an einer Überdosis Drogen gestorben. Die Transite des berühmten Schauspielers aus Genua sind wie folgt: Pluto im Semiquadrat zu Venus und Neptun und im Trigon zum Aszendenten und zum MC; Neptun in Konjunktion zum Deszendenten (dies ist sicherlich der schwerste Durchgang, der mit Ängsten in Bezug auf die Justiz interpretiert werden könnte) und im Sextil zum MC; Uranus im Sextil zu Saturn und im Sesquiquadrat zu sich selbst; Saturn im Semiquadrat zu Merkur; Jupiter im Sesquiquadrat zu Uranus; Mars im Trigon zu Venus, im Semiquadrat zum Aszendenten und im Semisextil zu Neptun. Im Solarhoroskop finden wir die Sonne an der Grenze zwischen dem sechsten und dem fünften Haus (meiner Meinung nach befindet sie sich im sechsten Haus) und Mars im siebten Haus. Neptun und Uranus sind im fünften Haus. Der Index der Gefährlichkeit bei einer Sonne im fünften Haus ergibt 34 zu 28 (mit der Sonne im sechsten Haus würde der Wert bedeutend ansteigen).

GT von Paolo Villaggio geboren in Genua (IT) am 30/12/1932 um 15:45 Uhr.

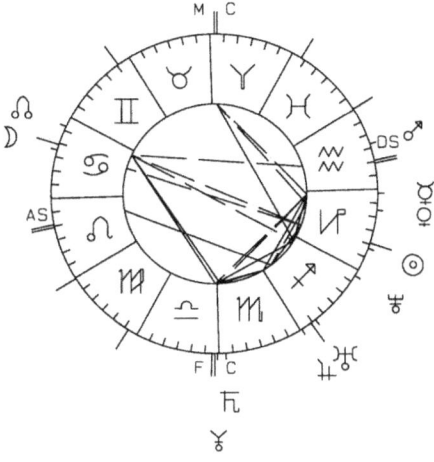

SH 1982/1983 für Rom (IT).

RÜCKTRITT DES BÜRGERMEISTERS DIEGO NOVELLI

Am 11. Oktober 1983 muss der Bürgermeister von Turin, Diego Novelli, aufgrund eines Schmiergeldskandals, in den mehrere Mitglieder des Gemeinderates verwickelt sind, von seinem Amt zurückzutreten. Die Transite für jenen Tag sind folgende: Neptun im Sesquiquadrat zum MC; Uranus im Semisextil zum Aszendenten, im Semiquadrat zu Saturn, im Sesquiquadrat zu Pluto; Saturn im Quadrat zum Mond und in Konjunktion zum Aszendenten (diese beiden Transite sind zusammengenommen ein wahres Fallbeil für einen Politiker), in Opposition zu Merkur und Venus und im Sextil zu Neptun; Jupiter im Semiquadrat zu Saturn; Mars im Trigon zu Merkur und Venus und im Sextil zu Neptun; Jupiter im Sesquiquadrat zu Saturn; Mars im Trigon zu Merkur und Venus, im Sesquiquadrat zu Saturn, in Konjunktion zu Neptun und im Semiquadrat zu Pluto. Die Solar-Revolution zeigt einen Aszendenten an der Spitze des achten Hauses, eine Konjunktion Sonne–Mars im zwölften und ein Stellium im sechsten Haus. Der Gefährlichkeitsindex ergibt 74 zu 16 Punkte.

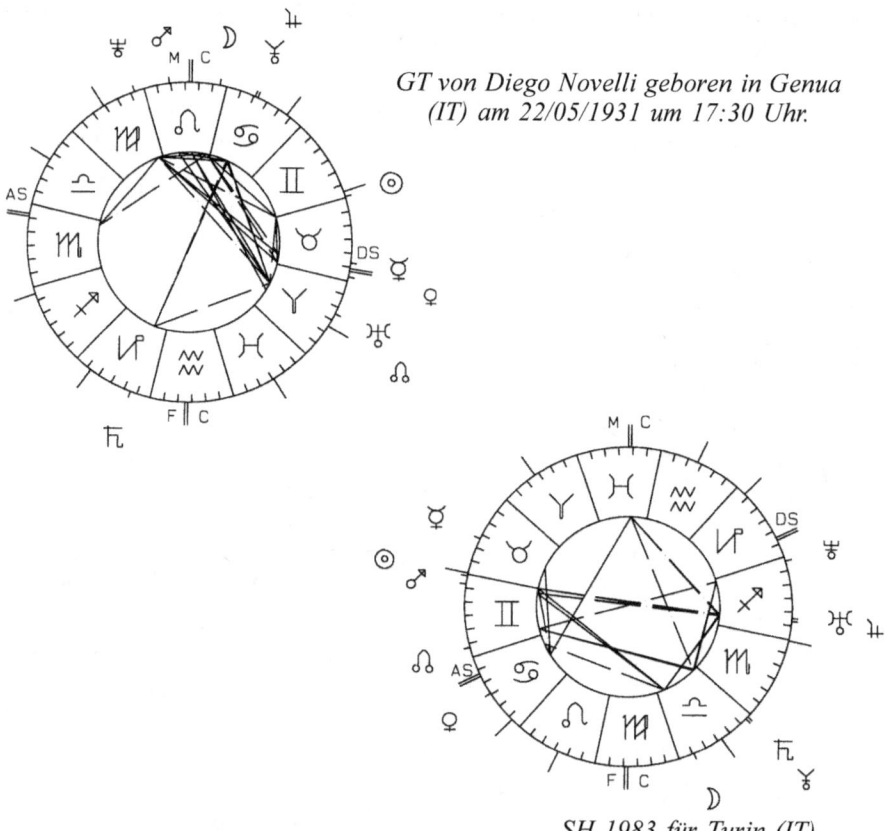

GT von Diego Novelli geboren in Genua (IT) am 22/05/1931 um 17:30 Uhr.

SH 1983 für Turin (IT).

CALIFANO WEGEN VERDACHTS AUF BEZIEHUNGEN ZUR CAMORRA VERHAFTET

Am 12. März 1984 wird der Sänger Franco Califano im Zuge der großen Blitzaktion festgenommen, bei der auch der Journalist Enzo Tortora und Sibilio, Präsident des kampanischen Fußballclubs *Avellino Calcio*, verhaftet wurden. Der Haftbefehl für den Sänger lautet auf Verdacht auf Beziehungen zur Camorra. Sehen wir uns seine Transite an: Pluto im Sextil zu Merkur und im Quadrat zu sich selbst, Neptun im Sesquiquadrat zu Uranus; Uranus in Konjunktion zum Deszendenten (!) und im Trigon zu Saturn; Saturn in Opposition zu Uranus; Jupiter im Sesquiquadrat zum Mond, im Sextil zu Venus und im Semiquadrat zu MC und Jupiter; Mars im Sextil zur Sonne, in Opposition zum Mond und im Quadrat zu MC und Jupiter; Mars im Sextil zur Sonne, in Opposition zum Mond und im Quadrat zu MC und Jupiter. Die Solar-Revolution ist durch die Sonne im sechsten Haus, Saturn über dem Deszendenten und ein Stellium im achten Haus charakterisiert. Der Gefährlichkeitsindex liegt bei 40 zu 12 Punkten.

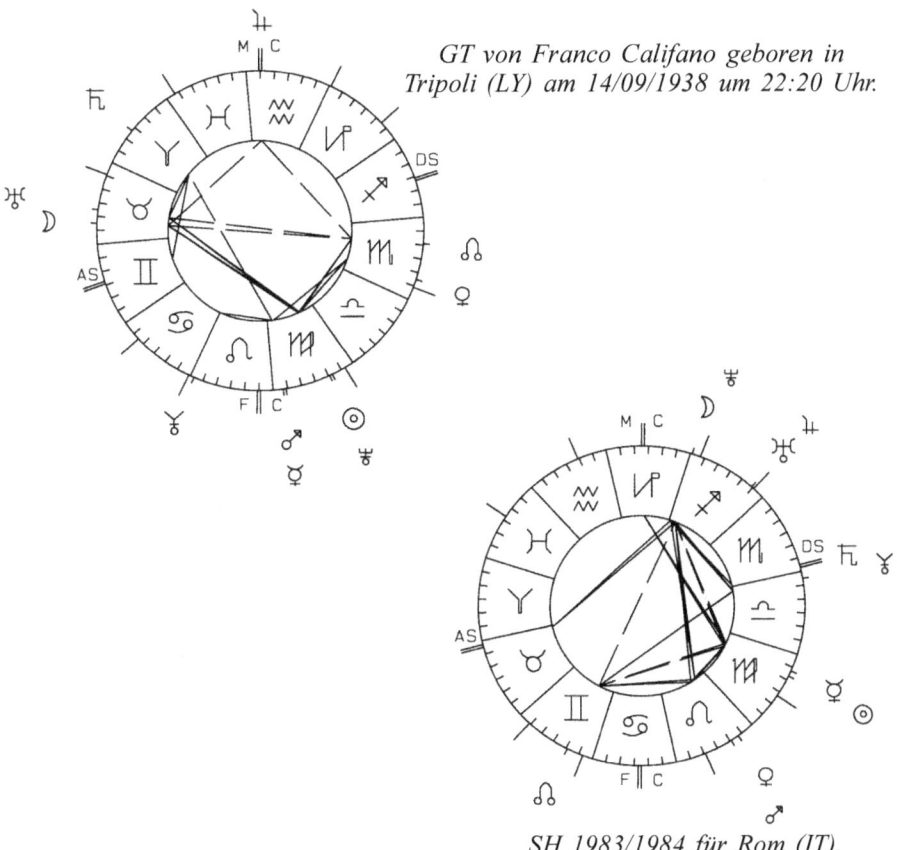

GT von Franco Califano geboren in Tripoli (LY) am 14/09/1938 um 22:20 Uhr.

SH 1983/1984 für Rom (IT).

DER MAFIABOSS BADALAMENTI IN SPANIEN VERHAFTET

Am 8. April 1984 wird einer der größten Mafiabosse, Gaetano (auch Tano genannt) Badalamenti, in einer gemeinsamen Polizeiaktion zwischen der italienischen, nordamerikanischen und spanischen Polizei in Madrid verhaftet und später für etliche in den Vereinigten Staaten verübte Straftaten, darunter der internationale Drogenhandel, an die USA ausgeliefert. Seine Transite waren: Pluto im Sesquiquadrat zu Uranus, Neptun im Semiquadrat zu Jupiter; Uranus im Sextil zu Merkur und im Quadrat zu sich selbst; Saturn im Semisextil zu Merkur, im Semiquadrat zum Aszendenten, im Sesquiquadrat zum MC, in Konjunktion zu Jupiter und im Trigon zu Uranus und Pluto; Jupiter im Quadrat zu Merkur, im Trigon zu Mars und in Opposition zu Pluto; Mars im Semiquadrat zu Merkur, im Sextil zum Aszendenten und im Sesquiquadrat zu Pluto. Die Solar-Revolution zeigt einen Aszendenten im sechsten Haus, Sonne im siebten und Mars im sechsten Haus (im generellen ein sehr negativer Hinweis). Das Ergebnis zählt in diesem Fall 60 zu 26.

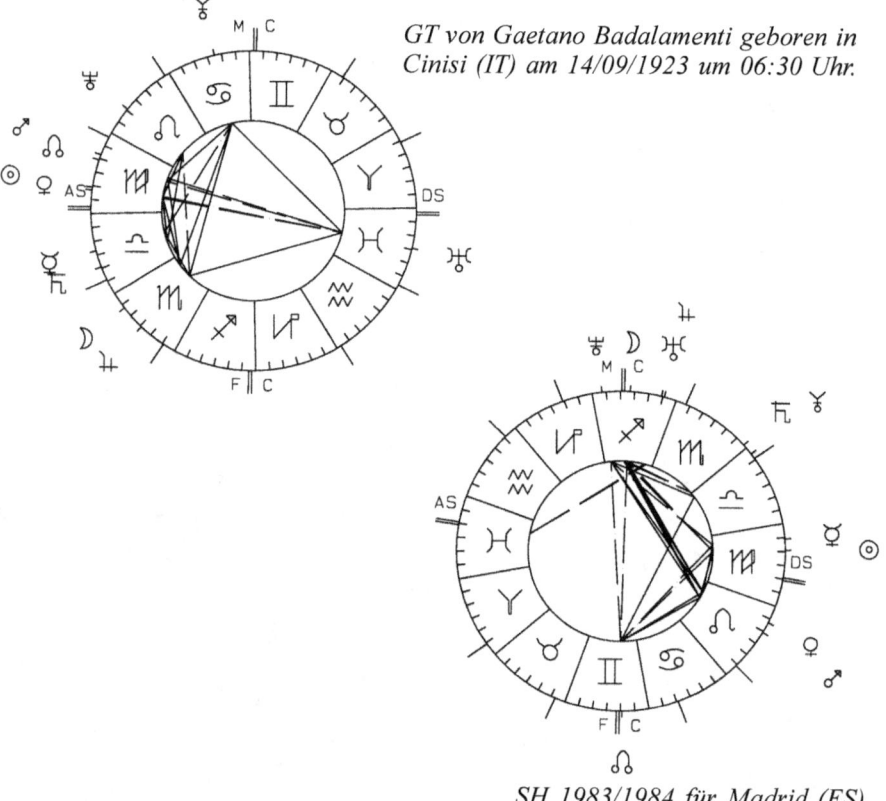

GT von Gaetano Badalamenti geboren in Cinisi (IT) am 14/09/1923 um 06:30 Uhr.

SH 1983/1984 für Madrid (ES).

TÖDLICHE DROGE FÜR DAVID KENNEDY

Am 24. April 1984 wird David Kennedy, der vierte Sohn des 1968 in Los Angeles ermorderten Senators Robert Kennedy, in seinem Hotelzimmer in Palm Beach tot aufgefunden. Zum Verhängnis wurde ihm eine Überdosis Kokain nach jahrelanger Drogenabhängigkeit. Betrachten wir das Ereignis aus der astralen Sicht des verstorbenen Vaters: Uranus im achten Haus, im Sesquiquadrat zum Mond (dies ist der wichtigste Durchgang) und im Semisextil zu Venus; Saturn im Sextil zu Venus und im Trigon zu Pluto; Jupiter im Semiquadrat zur Sonne, in Konjunktion zu Venus und in Opposition zu Pluto; Mars in Konjunktion zur Sonne, im Sextil zum Mond, im Trigon zu Uranus und im Quadrat zu Neptun. Die Solar-Revolution zeigt uns einen Aszendenten im ersten Haus, die Sonne an der Grenze zwischen dem sechsten und siebten Haus und Mars im fünften Haus. Der Gefährlichkeitsindex ist 64 zu 8 Punkte.

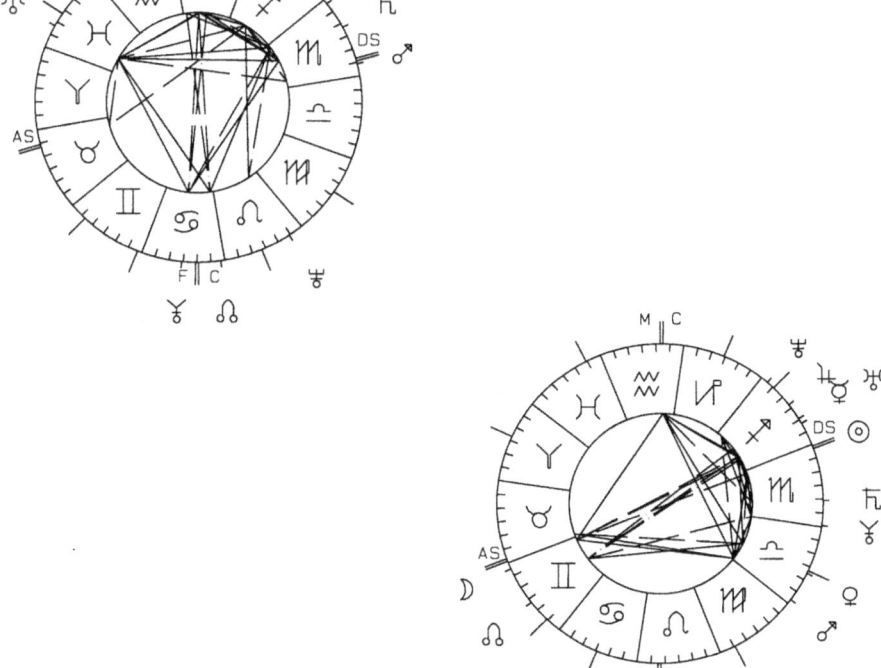

GT von Robert Kennedy geboren in Boston (USA) am 20/11/1925 um 15:10 Uhr.

SH 1983/1984 für Washington (USA).

Nachwort

25.
Vorwort zur zweiten Auflage

Dieses Buch wurde von einem großen Erfolg gekrönt. Es ist in wenigen Jahren trotz seiner über fünfhundert Seiten und des großen Formats bereits drei Mal gedruckt worden und zu seiner zweiten Auflage gelangt. Die französische Version ist von der renommierten *Èditions Traditionnelles* veröffentlicht worden (die uns die besten Werke der Weltastrologie geboten hat, angefangen bei den Büchern von André Barbault und Henri J. Gouchon) und war in wenigen Monaten ausverkauft (weiter unten können Sie diesbezüglich zwei französische E-Mails lesen).

Wieder einmal hat die Öffentlichkeit die *Wahrheit* belohnt. Nicht die absolute Wahrheit, aber die eines Gelehrten, der schlicht die Ergebnisse langjähriger Erfahrung ausspricht und nicht auf theoretischer Basis argumentiert oder vortäuscht, sich in Themen auszukennen, über die er gar nichts weiß.

Das Verhältnis zu Tausenden von Lesern, wenn auch häufig im Stillen, ist in Wirklichkeit eine der dankbarsten Erfahrungen in meinem Leben. Ich schreibe für meine Leser und sie belohnen mich, indem sie viele meiner Bücher kaufen. Fehlende Rezensionen von einigen Kollegen machen mir keine Sorgen und ebensowenig die Tatsache, dass in einigen Bibliographien so genannter Experten des Faches meine Bücher an letzter Stelle einer Liste stehen, die nur entworfen wurde, um die Vertreter einer bestimmten Richtung oder einer anderen zu preisen (aus offensichtlichen Gründen der Eifersucht)…

Die Wertschätzung des weltweit großartigsten Astrologen der letzten zwei Jahrhunderte reicht mir vollkommen und noch befriedigender ist die Zustimmung von Tausenden von Lesern, die meine neuen Werke schon Monate vor dem Erscheinungsdatum bestellen.

Im Oktober 2003 wurden Dr. Giovanni Armenia und ich völlig überrascht, als das Buch in seiner damaligen Auflage ganz plötzlich ausverkauft war. Wir hatten bereits eine zweite Auflage für Oktober 2004 geplant und so fehlte dieses Buch ein Jahr lang in den Buchhandlungen. Bei der Vorbereitung der neuen Auflage wollte ich viele Sachen ändern und hunderte Seiten hinzufügen, aber beim zweiten Durchlesen war ich vollkommen vom Text überzeugt und habe mich so zu nur leichten Änderungen entschlossen und ein Nachwort mit nur wenigen, aber wichtigen neuen Kapiteln eingefügt.

Es bleibt nichts weiter zu sagen, als mich von Ihnen zu verabschieden und eine angenehme Lektüre zu wünschen, nicht bevor ich mich aber von Herzen bei meinen Freunden Mariagrazia Pelaia, Pino Valente und Lorenzo Vancheri für ihre Hilfe bei der neuen Version von *Die Transite und das Solarhoroskop* bedankt habe.

Neapel, 27. März 2004, um 10:25 Uhr (es ist ein herrlicher Frühlingsmorgen, im Gegensatz zu den grauenhaften Wettervorhersagen).

Es folgen zwei E-Mails, die ich aus Frankreich bekommen habe.

Cher Monsieur,

Je recherche désespérément votre livre en français „ Traité complet d'interprétation des transits et des R.S. en Astrologie. Hélas, en France, il est épuisé, impossible de m'en procurer. Peut-être en avez-vous encore.

Faites-le moi savoir par e-mail, je vous enverrai un chèque en Euros et dès réception, vous pourriez me l'envoyer. Merci beaucoup. Meilleurs voeux pour 2004. Astrologiquement vôtre.

....

Paris - France

Cher Monsieur,

Merci de m'avoir répondu si rapidement. Bien sûr que j'ai contacté les Editions Traditionnelles et toutes les librairies Astrologiques. Mais tous m'ont répondu que votre livre était épuise. Je vous informe que j'ai appris tout récemment son existence sur le site d'Astrologie libre où on ne fait que des éloges de votre livre. Et comme je suis moi-même astrologue, j'ai tenu absolument à le posséder.

J'ai encore une petite chance de le trouver d'occasion, peut-être. Encore un grand merci et mes meilleurs voeux pour l'année 2004 pour vous et toute l'Italie.

Grenoble

26.
Vorhersagen: wozu?

Zunächst möchte ich ganz klar sagen, dass die nun folgenden Zeilen nicht stellvertretend für eine große Schar von Kollegen und Kolleginnen stehen, sondern einfach meine persönliche Ansicht zum Thema in der vollen Hochachtung für alle Andersdenkenden darstellen wollen.

Es ist mir oft im Laufe meines langen Lebens als Astrologe (34 Jahre intensiven Studiums und intensiver Praxis bis zum Januar 2004) von Kollegen und Kolleginnen zu Ohren gekommen, dass Vorhersagen in der Astrologie als nicht möglich oder nicht zuverlässig bezeichnet werden. In den meisten Fällen habe ich den klaren Eindruck (aufgrund der Fakten, die mir diese selbst erzählt haben), dass sie nicht imstande sind, zuverlässige Vorhersagen zu treffen und sich wahrscheinlich deshalb gegen den Versuch aussprechen, die Zukunftslinien für Einzelne oder für Gruppen zu ermitteln.

Es gibt aber auch Astrologen, die nicht wirklich an der Sache interessiert sind oder die im Grunde ehrlich von der Unmöglichkeit eines solchen Unterfangens überzeugt sind und es daher gar nicht erst versuchen.

Ich selbst bin Optimist, da ich meine Techniken der Vorhersage jeden Tag verbessere und Ergebnisse in dieser Herausforderung erziele, die ich für hochinteressant und befriedigend halte. Ganz richtig, es handelt sich dabei um eine wahre Herausforderung.

Meiner Ansicht nach wird hier eine Praxis überbewertet, die eigentlich nichts Paranormales oder Wunderliches an sich hat. Die tiefe Besorgnis zum Thema gründet wahrscheinlich schlicht in einem großen Missverständnis. Viele verwechseln eben eine Vorhersage mit einer Voraussicht.

Wie ich in der Vergangenheit schon erwähnt habe, ist eine Voraussicht, wenn wir für das Pferderennen am kommenden Sonntag den Sieger *Diablo* nennen oder als Zusatzzahl bei der kommenden Lottoziehung die 28 voraussehen.

Wenn wir dagegen den Kochvorgang von zwei Litern Wasser in einem Topf beobachten und den barometrischen Luftdruck, die Umgebungstemperatur, die an den Topf in Form von Hitze abgegebene Energie, den Dampfdruck in der Umgebung etc. berücksichtigen, so können wir vorhersagen, dass das Wasser beispielsweise in zwölf Minuten kochen wird - das ist eine Vorhersage. Sie werden jetzt anmerken, dass es in der Astrologie unendliche, nicht immer steuerbare Variablen gibt. Das stimmt wohl, kann aber nicht dazu führen, dass wir mit einer Vorhersage komplett daneben liegen. In meinen Texten habe ich immer geschrieben, dass es drei für das Schicksal eines Menschen ausschlaggebende Grundvariablen gibt: die astrale Prägung (zum Zeitpunkt der Geburt; mit zahlreichen Techniken zu lesen), die DNA (welche die Gene und „Informationen" besonders der Eltern, aber auch der Großeltern und aller Vorfahren weitergibt) und die Umwelteinflüsse im politischen, sozialen, historischen, wirtschaftlichen, geographischen Bereich, etc., des Ortes und der Zeit, in der man zur Welt kommt und in der man lebt. Darum bin ich der Meinung, dass eine Vorhersage umso zuverlässiger ist, je näher der Astrologe dem Ratsuchenden steht oder umgekehrt. Wenn ich die Transite und die Solar-Revolution einer Frau analysiere, die ich seit Jahren begleite und zu deren Geburtszeit ich eigene Änderungen vorgenommen habe, deren früheres Leben, deren Gesundheitstand, deren Leben in Beruf und Liebe und deren familiäre Verhältnisse ich sehr gut kenne, kann ich ziemlich genaue Vorhersagen treffen. Das geht sogar bis zu einem Punkt, an dem ich sagen kann, dass die Solar-Revolution zusammen mit den Transiten nach den Regeln, auf die ich in vielen meiner Bücher hingewiesen habe, ein „Kassationshof" ist, also das höchste Urteil, das uns bis in kleine Details verrät, was der Betroffenen zustoßen wird. Wenn ich mich aber abmühe, die Sterne des Präsidenten der Republik zu lesen, von dessen Privatleben und unveröffentlichtem früheren Leben ich gar nichts weiß, so kann es sicherlich passieren, dass ich ein paar Dummheiten von mir gebe, wenn ich auch zumindest die Grundlinien für das kommende Jahr ausarbeiten kann.

Ein Großteil der Menschen, die ich begleite, kommt seit Jahren und Jahrzehnten zu mir, um sich beim Verstehen und Verbessern ihres Lebens helfen zu lassen. Andere kommen nicht mehr, da sie aus den verschiedensten Gründen nicht zufrieden sind. Ihrer Meinung nach sind die Vorhersagen nicht eingetroffen (oder was sie aus den Vorhersagen verstanden zu haben glaubten, lesen Sie diesbezüglich auf meiner Homepage: www.cirodiscepolo.it/aspettative.htm) oder wir waren nicht auf der gleichen Wellenlänge oder die Vorhersagen waren im Gegenteil so genau, dass es die Betroffenen mit der Angst zu tun bekommen haben. Wenn wir eine Statistik aufstellen würden, dann würden wir mehr zufriedene als unzufriedene Menschen zählen, aber ich möchte niemanden überzeugen und sage das alles nur, weil es meiner Ansicht nach richtig und wichtig ist, Vorhersagen zu treffen. Der erste Grund hierfür ist der, dass sie wunderbar funktionieren, wenn sie mit der gültigen Technik und langjähriger Erfahrung getroffen werden.

Ein weiterer Grund ist ethischer Natur. Vorhersagen helfen unseren Mitmenschen. Und hier sehe ich mich zu meinem Leidwesen dazu gezwungen, mich in eine Polemik einzureihen, die ich lieber beiseite gelassen hätte. Einige Kollegen (nicht alle) bezeichnen die Vorhersagen (oder deren Großteil) als „vorherseherischen oder astrologischen Terrorismus".

Versuchen wir einmal, diese Aussage unter die Lupe zu nehmen und schreiten zu einer Metapher medizinischer Natur. Ein Patient begibt sich zu einem Gastroenterologen, der ihm nach der Untersuchung sagt: „Mein lieber Herr, entweder nehmen sie keine Acetylsalicylsäure mehr, also Aspirin, oder ihr Geschwür verwandelt sich in Magenkrebs. Ich rate Ihnen von diesem Medikament ab, das Sie regelmäßig einnehmen und empfehle Ihnen zudem, Ihre Magenwände mit Ranitidin oder einem stärkeren Mittel zu schützen." Hier kommt meine spontane Frage: Betreibt der Arzt hier einen vorherseherischen Terrorismus oder rettet er den Patienten?

Wenn also ich, einer meiner Schüler oder sich zu meiner Schule bekennende Kollegen sagen: „Meine liebe Frau, wenn Sie an Ihrem nächsten Geburtstag in Rom bleiben, werden Sie sich einen ziemlich bösartigen Solar-Himmel holen und laufen Gefahr, sich große gesundheitliche Probleme zuzuziehen. Wenn Sie sich aber eine wunderbare Reise nach Sharm in Ägypten schenken, können Sie die gesundheitlichen Probleme aufhalten und gleichzeitig ihre berufliche Situation verbessern." Zweite Frage: Ist das vorherseherischer Terrorismus oder helfe ich einem Mitmenschen?

Wer sagt außerdem, dass die Vorhersagen unbedingt negativ sein müssen? Wenn wir ausgezeichnete Möglichkeiten für einen auf einen Universitätslehrstuhl erpichten Gelehrten sehen, dann können wir ihm raten, den nächsten Geburtstag beispielsweise in Vancouver in Kanada zu verbringen, um diese Möglichkeit um das Hundertfache zu verstärken.

Im Fotoalbum meiner teuersten Erinnerungen befinden sich die Bilder von Personen, die lange nicht den richtigen Partner finden konnten und die heute glücklich verheiratet sind. Andere, die beruflich festgefahren waren und dann „ausgebrochen" sind. Und wieder andere, die nach vielen Jahren endlich das lang herbeigesehnte Kind bekommen haben, und ich könnte die Liste noch lange so fortsetzen. Ist all das Terrorismus zu nennen?

Ich erzähle all diese Dinge in heiterem Selbstbewusstsein und ohne große Selbstpreisung, da ich davon überzeugt bin, die Wahrheit zu sagen und bin daher nicht daran interessiert, mich einem „Männlichkeitsbeweis" in diesem Sinne zu unterziehen. Ich muss die Anzahl der Personen, die ich begleite, bereits stark einschränken und ich bin nicht an Werbung jeglicher Art interessiert. Auch meine Bücher werden fortwährend gedruckt, noch bevor sie überhaupt rezensiert werden. Die Anzahl meiner Schüler liegt bei Tausenden und Abertausenden und gedeiht fortwährend.

Zusammenfassend möchte ich folgende Botschaft aussenden: glauben Sie an Ihr Wissen, durch Fehler lernen wir und können dann sehr zuverlässige Aussagen treffen, die unserem Nächsten stark bei der Verbesserung seines Lebens behilflich sein können.

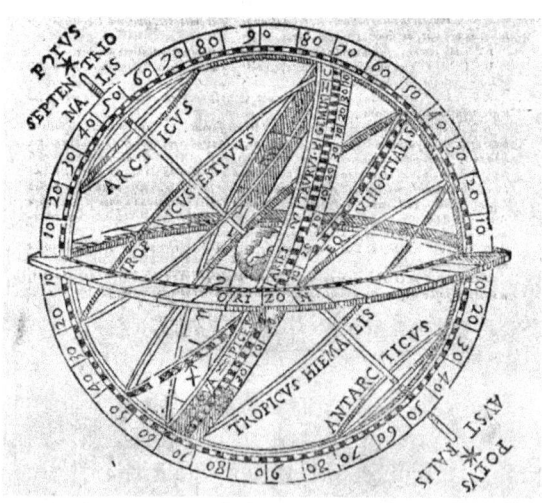

27.
Zur Frage der Gesundheit

(dieses Kapitel ist mit dem Thema des Buches eng verknüpft, wenn es sich auch scheinbar weit von diesem entfernt; die Gründe dafür wird man später verstehen)

Dieser kurze Bericht soll den derzeitigen gesundheitlichen Zustand unseres Planeten und der auf ihm lebenden Menschen wiedergeben. Ich bitte Sie darum, ihn richtig zu deuten, das heißt nicht in Bezug auf Einzelpersonen, auf Otto, Hans, Klaus oder auf mich, auf meine 19-jährige Tochter, auf den Ratsvorsitzenden oder den Oppositionsführer, sondern auf die gesamte Menschheit, mit keiner Ausnahme, angefangen bei den Kindern bis hin zu den Senioren. Ich muss gestehen, dass die hier angeführten Überlegungen besorgniserregend sind und vielleicht Angst machen können, ich bin aber auch davon überzeugt, dass sie in der Praxis sehr nützlich sein können. Wenn dem nicht so wäre, würde es sich schlicht um ein Wehklagen auf der ganzen Linie handeln, welches die Menschen in Depressionen und in den Selbstmord treiben müsste, während das Ziel der *Aktiven Astrologie* genau das Gegenteil ist, nämlich das Leben der Menschen zu schützen.

Diese kleine Abhandlung soll den Leser wachrütteln und ihn dazu bringen, all seine für nötig befundenen Energien einzusetzen, um seinen eigenen Gesundheitszustand zu verbessern. An dieser Stelle müssen wir einen Schritt zurück machen und von objektiven Daten als Einleitung ausgehen. Was aber wären objektive Daten? Ich schreibe diese Zeilen im Juli 2003, praktiziere seit 33 Jahren die gezielten Solarhoroskope und habe schätzungsweise etwa 16.000 Personen verschickt, damit sie ihren gezielten Geburtstag in der Ferne an einem geeigneten Ort verbringen. Die Ergebnisse wollen wir jetzt untersuchen. Bleiben wir kurz an einem Punkt vor drei

Jahren stehen, als ich seit 30 Jahren Menschen für einen gezielten Geburtstag an andere Orte verschickt hatte (ungefähr zwölftausend Personen). Es kam heraus, dass von den zwölftausend Menschen nur einmal der Fall (ein einziger Fall) eingetreten war, in dem eine etwas über 30-jährige Frau (eine sehr liebe Freundin aus Rom) ein Jahr vor ihrem gezielten Geburtstag (wenn ich recht erinnere) an Brustkrebs erkrankt war. Es war ein schwer behandelbarer Krebs in fortgeschrittenem Stadium, der eine Brustamputation nötig machte.

Dieser Fall verunsicherte mich stark. Zunächst dachte ich, dass die angegebene Geburtszeit falsch sei, dann aber, nach ausgiebiger Untersuchung der Unterlagen und der Aussagen der Betroffenen und nach erneuter Betrachtung ihres Geburtshimmels, überzeugte ich mich davon, dass der Zeitplan richtig war und dass der Fehler, wenn es denn einen gab, nicht in diesen Daten liegen könne. Auf der anderen Seite nahm ich an - und nehme es bis heute an - dass es keinen Fehler in der Methode zur Wahl dieses Geburtstages gegeben hat. In jedem Fall standen die Statistiken auch mit diesem einen Fall in erschreckender Weise auf meiner Seite, da ein einziger Fall von zwölftausend Personen in 30-jähriger Praxis nur zwei Dinge bedeuten konnte: entweder Unser Vater im Himmel mag mich sehr gerne und hat mir daher außerordentlich geholfen oder die Methode funktioniert. Wenn wir den ersten Fall ausschließen, da ich nicht denke, soviel Achtung oder Zuneigung oder Schutz des Herrn zu verdienen, bleibt nur die zweite Hypothese, also dass die Methode tatsächlich gültig ist. Ich habe die schlimme Nachricht auch nie vertuscht, wie die Quellen beweisen. Ich schrieb über diesen Fall im Internet, in meiner Zeitschrift (*Ricerca '90*) und in meinen Büchern, natürlich ohne den Namen und die Geburtsdaten der Betroffenen zu nennen. Hätte ich noch weitere „Leichen im Keller" gehabt, wären diese zweifelsohne ans Tageslicht gekommen. Damit möchte ich sagen, dass wenn ich nur von einem einzigen Misserfolg geschrieben habe - nämlich den der „jungen, römischen Anwältin" - dann wären andere „Leichen" aufgetaucht, dann hätte sich jemand wahrheitsgemäß im Internet, das für alle zugänglich ist, Gehör verschafft und mich daran erinnert, dass ich zum Beispiel den „Buchhalter aus Canicatti vergessen" hätte oder dass ich den Fall der „Hausfrau aus Cuneo oder des Architekten aus Ferrara unterschlagen" hätte, usw. Aber wie gesagt, sind solche hypothetischen Leichen im Keller niemals aufgetaucht und das spricht sehr dafür, dass - *und dies ist ein sehr wichtiger Punkt* - die soeben aufgestellte Statistik wahr ist. Mit anderen Worten, unter zwölftausend zu einem gezielten Geburtstag verreisten Personen bis vor etwa drei Jahren, befand sich **ein einziger Fall einer schweren Krankheit**. Zu dieser Gelegenheit schrieb ich: „Ich kann nicht erklären, was passiert ist. Wenn ich eines Tages dazu in der Lage bin, *falls* ich eines Tages dazu in der Lage bin, dann werde ich es Ihnen erklären."

Jetzt machen wir einen kleinen Schritt nach vorne bis zum März 2002. In diesem Monat brach für mich in circa zehn Tagen die Welt zusammen. Fünf von mir astrologisch betreute junge Frauen im Alter von etwa 40 bis 50 Jahren kamen in kurzem Abstand von nur wenigen Tagen zu mir und erzählten mir, sie hätten Krebs. Vier von ihnen hatten ein grauenvolles Solarhoroskop und hatten nicht verreisen wollen, obwohl sie nachdrücklich von mir gewarnt worden waren und sie sahen das auch sofort ohne Schwierigkeiten ein. Sie erinnerten sich sogar daran, dass ich sie bis nach draußen begleitet und darauf bestanden hatte, dass sie verreisen sollten, es war aber nichts zu machen gewesen. In diesem Fall lagen drei Fälle von Brustkrebs und ein Fall von Kehlkopfkrebs vor.

Die fünfte Frau war zum ersten Mal für einen gezielten Geburtstag verreist und nach ihrer Rückkehr einen Tag nach ihrem Geburtstag wurde Brustkrebs festgestellt, der ganz offensichtlich schon vorher bestanden hatte. Ich war nicht schockiert wegen einer eventuellen Schuld, da es ganz offensichtlich keine Schuld meinerseits gab, aber ich war verwirrt und dachte mir: „Wenn ich in einem so beschränktem Raum wie dem meiner Praxis in einer so kurzen Zeit von etwa zehn Tagen unter einer so kleinen Bevölkerungsgruppe wie der meiner astrologischen Ratsuchenden fünf Fälle von Krebs festgestellt habe, heißt das dann, dass diese Krankheit in der ganzen Welt explodiert?" (ich habe Statistik studiert und weiß, dass man so nicht argumentieren soll, aber meine Intuition brachte mich zum Nachforschen).

Aus dieser tiefen Angst heraus begann ich eine ununterbrochene Suche, die nicht auf den Reportagen aus der Sensationspresse basierte, sondern von zuverlässigen und echten Quellen wie den größten Krebsforschungszentren der Welt ausgehen sollte, unter anderem vom National Cancer Institute (www.cancer.gov), also dem Internationalem Krebsforschungszentrum der Regierung der USA oder die Internetseite von Umberto Veronesi oder die französischer Institute, die meiner Meinung nach noch eher als die USA auf dem modernsten Stand sind.

In diesen Monaten konzentrierte ich mich hauptsächlich auf den Brustkrebs und schickte den größten internationalen Zentren eine E-Mail, in der ich fragte: „Könnten Sie mir bitte zu Studienzwecken mitteilen, wie viele Fälle von Brustkrebs bei Frauen über 50 Jahren Sie in Ihrem Institut in den Jahren zwischen 1980 und 2002 Jahr für Jahr registriert haben?". Die verschiedenen befragten Forschungszentren antworteten mir sehr rasch und freundlich per E-Mail, jedes in der eigenen Sprache, und teilten mir mit, dass sie mir diese Daten zur Verfügung stellen könnten, allerdings nur bis zum Jahre 1997. Also ließ ich mich beim Onkologen und Verantwortlichen für die Statistiken im Krankenhaus Pascale von Neapel empfehlen (spezialisiert für die Tumorforschung und -behandlung), rief ihn an und fragte: „Lieber Herr Doktor, können Sie mir bitte sagen, warum nur Daten bis zum Jahr 1997 vorliegen?". Er antwortete: „Sie wissen ja, wie das ist in der Bürokratie, mit den Statistiken, in der Epidemiologie... wird sind immer ein paar Jahre hinterher mit den tatsächlichen Daten". Ich erwiderte: „Entschuldigen Sie mal bitte, aber wir sprechen hier von fünf Jahren von 1997 bis 2002 und meine Frage war nicht, wie viele Todesfälle oder Komplikationen Sie registriert haben oder wie hoch die Sterblichkeitsrate in Ihrem Krankenhaus ist. Ich habe lediglich um Informationen bezüglich der Fälle gebeten, die jeden Tag in den Jahren 1988, 1989, 1990, usw. bei Ihnen eingetroffen sind. Sie hätten also nur das Register zur Hand nehmen und ablesen müssen: drei heute, zwei gestern, drei vorgestern; dann hätten Sie die Daten mit dem Taschenrechner addieren und mir sofort eine Zahl nennen können. Können Sie mir denn jetzt eine solche Zahl nennen?". „Nein!". „Und warum?". „Sie wissen ja, wie das ist in der Bürokratie, mit den Statistiken, in der Epidemiologie...". „Gut, danke und auf Wiederhören".

Also begann ich zu glauben, dass alle Daten, die uns öffentlich mitgeteilt werden, falsch sind. Meine Nachforschungen habe ich fortgeführt. Neben den veröffentlichten Daten (von denen ich glaube, dass sie falsch sind) gibt es die Zeugenaussagen vieler Ärzte, von denen einige selbst an Krebs leiden oder Onkologen aus meinem Bekanntenkreis, die mich darum bitten, das Aufnahmegerät abzustellen und mir dann zuflüstern: „Ich sage Ihnen bei ausgeschaltetem Aufnahmegerät etwas, aber wenn sie das öffentlich machen, streite ich alles ab". Und bei ausgeschaltetem Aufnahmegerät vertrauen Sie mir dann an: „Wir sind davon überzeugt, dass es nicht wie bis 1997 um eine von sieben Frauen geht (über 50 Jahre alt), sondern nehmen an, dass das Verhältnis auf eins zu drei gestiegen ist". Eins zu drei bedeutet, dass eine Frau Krebs hat und zwei weitere innerhalb kurzer Zeit - im Laufe von vier oder fünf Jahren oder zumindest in Zukunft - daran erkranken werden, und das ist ziemlich beängstigend.

Nach Fortführung meiner Nachforschungen bildete ich mir eine Meinung zu den Gründen, die hinter diesem Sturz der „Berliner Mauer" stehen könnten. Ich möchte es so nennen, weil in diesem Fall zwar nicht der

Kapitalismus und/oder die Freiheit fortschreitet (je nach dem Standpunkt dessen, der sich zu dem geschichtlichen Ereignis eine Meinung bildet), sondern die Krankheit in Beziehung zur gesundheitlichen Situation der gesamten Menschheit. Und die Rechnung, die Überlegungen dazu waren sehr einfach. Ich dachte mir: „Die Umweltverschmutzung ist in diesen Jahren stark gestiegen und unsere Immunabwehr ist gesunken, also kann sich die Krankheit ausbreiten".

Es ist zu beachten, dass außer an Krebs (der von diesem Augenblick an für mich so etwas war wie ein gebrochener Damm, da ich jeden Tag zwei, drei oder vier Anrufe von Bekannten erhalte, die an Krebs erkrankt sind) viel mehr Menschen insgesamt krank werden, z.B. an der Schilddrüse, an Zöliakie (eine Nahrungsmittelunverträglichkeit, besonders von glutenhaltigen Lebensmitteln), an starken Hautallergien, an den Atemwegen oder an den Augen, an Hepatitis oder anderen Virusinfektionen. Zudem scheint es mir, als seien ortsspezifische Formen der Tuberkulose, Syphilis und anderen Infektionskrankheiten zurückgekehrt. Andere „neue" Krankheiten wie SARS sind entstanden (wir hatten in Italien im letzten Winter den ersten Fall, ich aber befürchte, dass es Weitere geben wird). Es gab sogar Epidemien des Humanen Cytomegalievirus oder anderer virusbedingter Krankheiten, die wir mit der Luft einatmen und die uns einen Monat lang bei 40° Fieber ans Bett fesseln; Formen der Asthenie befallen viele Menschen; die Hälfte der Bevölkerung *über 40 Jahren* ist steril geworden; sehr viele Männer klagen über sexuelle Impotenz vor ihrem 40. Lebensjahr oder im besten Fall über einen bedeutenden Rückgang ihres Sexualtriebes, ihrer körperlichen Kräfte und man könnte diese wenig erbauliche Liste noch über mehrere Seiten fortführen ohne dabei überhaupt auf das Meer an Depressionen, Migränen, Rheumatismen, Knochenschmerzen usw. einzugehen (all das tritt ganz offensichtlich sehr viel häufiger auf als noch vor einigen Jahrzehnten).

Was ich also benötigte, um ein Theorem aufzustellen, waren objektiv nachprüfbare Fakten und diese Fakten habe ich schlussendlich gefunden. Im vergangenen Winter, also im Jahr 2003, erschien zunächst in den USA (*Washington Post*) und dann in Italien (*Corriere della Sera*) ein Artikel, der von einer Gruppe von amerikanischen Umweltschützern in den höheren Hierarchieebenen sprach, also von Personen, die hauptberuflich und in Vollzeit im Umweltschutz tätig und Experten auf dem Gebiet waren (darunter auch die Partnerin eines amerikanischen Umweltschützers, die sich zehn Jahre lang rein makrobiotisch ernährt hatte). Diese Experten hatten eine brillante Idee und haben sich gedacht: „Bis heute haben wir die Verschmutzung der *Müllhalde Erde* überwacht und die Verschmutzung des Wassers, der Luft und der Böden untersucht, sind aber nie dazu übergegangen, die Verschmutzung der *Müllhalde Mensch* zu überwachen... das sollten wir jetzt tun". Also haben sich diese Umweltschützer einer Spezialuntersuchung unterzogen, die es nur in einigen Universitäten der Welt gibt und die rund 5000 US-Dollar pro Kopf kostet. Dabei ist dann herausgekommen, dass jeder der Umweltschützer genau 101 hoch krebserregende Substanzen im Körper hatte, angefangen bei Dioxin, über Zyanid, Arsen, Blei, Merkur, usw. Das galt gleichermaßen bei den Männern und bei der Frau, die sich einbildete, seit 10 Jahren makrobiotisch und damit gesund zu leben. Ich sage bewusst, „sie bildete es sich ein", da die Ärmste ihren Vollkornreis selbst in ihrem Gemüsegarten im Nordosten San Franciscos pflanzte, in den sauberen Wäldern, in denen der Film *Rambo* gedreht wurde, wo es keine bedeutenden Industrieniederlassungen gibt, wo keine starke Luftverschmutzung angezeigt wird und wo keine Hochspannungsleitungen verlaufen, usw.

Sie selbst verwendete in ihrem Gärtchen natürlich keine chemischen Substanzen, aber sie hatte nicht begriffen, dass bei jedem Regen Dioxin, Zyanid, Arsen, Blei und Merkur, usw. in ihrem Garten landen. Das sagt uns zwei Dinge: zum Einen, dass jeder von uns diese 101 hochgiftigen Substanzen im Körper trägt (mit leichten Abweichungen in den gemessenen Werten) und zweitens, dass wir diese Substanzen niemals loswerden. Der Grad der Verschmutzung ist weit höher als der, dem die Menschen in Tschernobyl ausgesetzt waren. Bis heute denken wir mit Schrecken an die Bilder in den Nachrichten, sind aber heute weit verseuchter als die Unglücklichen, die damals betroffen waren.

Was also ist im Grunde der Punkt? Der Punkt ist, dass wir mit einem solchen Ausmaß der Verseuchung in unserem Organismus, wenigstens die über 50-jährigen oder über 55/60-jährigen wie ich, in den nächsten zehn Jahren alle an Krebs erkranken werden - und davon bin ich überzeugt. Alle bedeutet: vom Ersten bis zum Letzten. Ich denke aber auch, dass die Medizin große Fortschritte gemacht hat und dass ein guter Teil der an Tumor Erkrankten gerettet werden kann.

Wenn wir diese Gedankengänge jetzt aus der Sicht der *Aktiven Astrologie* betrachten, lässt sich sagen, dass wenn wir die Krankheit bereits seit langer Zeit im Körper haben, kann uns ein gezielter Geburtstag nicht mehr zu 100 Prozent, aber doch zu 80 Prozent (grob geschätzt) schützen und er kann uns für die Zukunft, nicht aber für die Vergangenheit schützen. So erkläre ich mir heute den Fall der Freundin aus Rom, die den Krebs möglicherweise schon seit drei oder vier Jahren in ihrem Körper trug, bevor er unter einem guten Solarhoroskop zum Vorschein kam. Das wiederum hat meiner Ansicht nach stark zu ihrer Rettung beigetragen, wenn man bedenkt, dass sie mittlerweile ihren vierten (wenn ich nicht irre) gezielten Geburtstag begeht, es ihr nach wie vor gesundheitlich hervorragend geht und sie keinen Rückfall hatte.

Aus diesem Grund möchte ich Sie noch einmal dazu auffordern, alle Jahre gezielt Geburtstag zu feiern und nicht in einem Jahr das Solarhoroskop zu beachten und im nächsten Jahr nicht. Zweitens rate ich Ihnen - da wir uns nicht vor bereits bestehenden und fortgeschrittenen Krankheiten schützen können - eine ganze Kette an Schutzmechanismen für Ihre Gesundheit in Gang zu setzen. Eine *Unterstützung* also, die für die Einen aus homöopathischer Medizin bestehen kann und für die Anderen aus Bachblüten, Handauflegen, Akupunktur, Shiatsu-Massagen oder - warum nicht? - aus Gebeten zu den Heiligen, zur Mutter Gottes, Mohammed oder Buddha. Für andere Menschen könnte die Liebe eine ausgezeichnete Medizin sein, die ja erwiesenermaßen eine starke antioxidative Wirkung hat (wenn man verliebt ist, wird man nur selten krank). Für wieder andere kann die traditionelle Medizin eine gute Methode sein, zum Beispiel haben sich fast alle Ärzte davon überzeugt, dass hohe Dosen an Vitamin C und E und auch Melatonin eine starke antioxidative Wirkung haben und dabei helfen, den Krebs zu bekämpfen. Wir sollten uns daran erinnern, dass die Antwort eines guten Arztes auf die Frage: „Wie ernähre ich mich eigentlich richtig, wenn doch alle Lebensmittel verseucht sind?" lautet: 1) wenig essen; 2) jeden Tag andere Lebensmittel zu sich nehmen, da kleine Mengen an verschiedenen Giften jeden Tag weit weniger Schaden anrichten, als alle Tage das gleiche Gift aufzunehmen.

In diesem Sinne wird jemand, der ständig Käse in rauen Mengen in sich hineinstopft, möglicherweise früher sterben als andere ohne solcher Essgewohnheiten, da er stets das gleiche Gift aufnimmt, das sich in seinem Körper ansammelt und ihn schließlich tötet. Wer dagegen ein wenig Gift im Gemüse, ein wenig von einem anderen Gift in den Nudeln oder im Fleisch oder Fisch zu sich nimmt, wird eher gerettet werden.

Schließlich möchte ich noch klarstellen und empfehlen, dass niemand um einen Nachlass der Kilometer für die Reise an seinem gezielten Geburtstag bitten sollte, da es gerade in dieser Zeit, in der wir uns einem Feind mit scharfen Zähnen und Krallen stellen müssen, keinen Sinn hat, nur bis nach Paris oder London zu reisen. Wir sollten uns lieber fragen: „Wäre es nicht möglich, auf den Mond zu fliegen, um mich besser verteidigen zu können? Denn wenn es möglich ist, fliege ich auch auf den Mond".

Ich möchte noch anmerken, dass ich persönlich starke Hoffnung in die heutige Jugend lege, da ich denke, dass wir uns genetisch verändern. So wie sich die Maus an die giftigen Köder gewöhnt, denke ich, dass auch wir Menschen uns langsam an die Gifte gewöhnen. Bei uns Menschen aber ist das ein langer Prozess, sehr viel länger als bei den Mäusen. Möglicherweise werden die jungen Männer und Frauen von heute mit 60 Jahren zum Arzt gehen, ihm ihre Analysewerte zeigen und er wird zu ihnen sagen: „Ihre Dioxinwerte sind etwas zu hoch, Sie sollten sie ein wenig senken!", so wie ein Arzt von heute sagen würde: „Ihre Blutzuckerwerte sind zu hoch, Sie müssen da ein bisschen aufpassen!". Ich denke aber, dass das nur für die jungen Leute in der Zukunft gilt und dass wir (über 50/60-Jährigen) den Giften leider schutzlos ausgesetzt sind. Daher wiederhole ich, dass das gezielte Solarhoroskop keine Wunderlampe, kein zweites Lourdes oder kein Wunderheiler ist, aber es ist eines der wichtigsten Hilfsmittel, eines der besten Schutzschilder gegen Krankheiten, dessen Wirksamkeit bei etwa 80 Prozent liegen kann. Ich bin mir dessen bewusst, dass die übrigen schutzlosen zwanzig Prozent fürchterlich sind, aber in jedem Fall ist ein Schutz zu achtzig Prozent immer besser als gar kein Schutz, wenn wir jedes Jahr unseren Geburtstag an unserem Wohnort verbringen und dabei Sternenkonstellationen erwischen, die manchmal recht tückisch sind. Ich denke, dass wir dieses Risiko *absolut* nicht eingehen können und damit fordere ich Sie entschieden dazu auf, in dieser Richtung zu handeln und sich weiter zum gezielten Geburtstag und zum *Exorzismus der Symbole* zu informieren.

Zuletzt möchte ich Ihnen zum Thema der Gesundheit (ich hoffe, Sie haben es aufmerksam gelesen, ohne sich zu langweilen) noch entschieden davon abraten, die Skeptiker davon überzeugen zu wollen, zu verreisen. Es gibt ganze Armeen von Anhängern und auch sehr tüchtige Kollegen, die ihre 80-jährigen Eltern zwingen, sich in ein Flugzeug zu setzen und für einen gezielten Geburtstag zu verreisen, während die Ärmsten nicht im Geringsten an die Sache glauben und sich fürchterlichen Qualen aussetzen, nur um ihre Kinder glücklich zu machen.

Als ich im Jahr 1995 davon überzeugt war, dass ich innerhalb eines Jahres Vater und Mutter verlieren würde, tat ich nichts, um sie für einen gezielten Geburtstag an einen fernen Ort zu verschicken, da sie nicht im Leisesten an diese Technik glaubten. Meine Aufforderung ist also: verreisen Sie, verreisen Sie, verreisen Sie und wenn Sie können, schicken Sie Ihre

Kinder auf Reisen, da Sie für sie direkt verantwortlich sind, aber zwingen Sie niemals irgendjemanden zu verreisen, wenn er nicht an das gezielte Solarhoroskop glaubt, denn das wäre geistige Gewalt, angefangen bei den Eltern oder bei alten Menschen im Allgemeinen.

Das ist auch schon alles, aber natürlich können Sie sich auf meiner Internetseite oder in meiner Zeitschrift weiter über die neuen Entwicklungen informieren. Die Nachforschungen in diesem Buch sind keinesfalls abgeschlossen und werden beständig weiter aktualisiert, um Ihnen in Zukunft alle nützlichen Informationen für einen besseren Schutz zur Verfügung zu stellen.

Warum ist das Alles an die Gültigkeit der Vorhersagen in der Astrologie gebunden?

Ich werde versuchen, das zu erklären. Zunächst muss ich aber eine These wiederholen, die ich seit vielen Jahren aufrechterhalte.

Bei der Bewertung der Ereignisse in Beziehung zu unseren „gezielten" Schritten sollten wir niemals die vielen Variablen vergessen, die hierbei im Spiel sind. Unsere leidenschaftlichen, historischen Gegner lassen es sich nicht träumen, bei der Berechnung der Variablen im menschlichen Schicksal auch die im Einflussbereich der Sterne in Betracht zu ziehen. Unsere fanatischen und blinden Verfechter dagegen vergessen gerne, dass es mehr als eine Variable gibt und dass sich das menschliche Schicksal nicht allein auf den „Einfluss" der *Felsbrocken* begrenzt, die über unseren Köpfen kreisen. Zu diesem Thema wurde teilweise im Jahr 1997 im italienischen Fernsehen berichtet. Die Sendung *Corto Circuito* war am Osterabend, den 30. März um 23:45 Uhr einem runden Tisch zum Thema Bioethik gewidmet. Es moderierten Daria Bignardi und Gian Arturo Ferrari, Gäste waren der Philosoph Giacomo Marramao, don Roberto Colombo, der Moslem Gabriele Mandel, der Biologe Edoardo Boncinelli (wir haben 1967 zusammen beim CNR in Neapel gearbeitet) und ein Schriftsteller, an dessen Namen ich mich nicht erinnere. Gesprochen wurde über Klone und das Klonen. Es war unter vielen Gesichtspunkten eine interessante Diskussion. Es wurde unter anderem über die Angst (des Menschen? der Kirche?) gesprochen, „Doppelgänger" aus menschlichem Gesichtspunkt zu erschaffen, aber glücklicherweise wurde ein solcher Blödsinn sofort beiseite geschoben. Dennoch vergaßen die gebildeten Gäste ein wichtiges Detail, nämlich das der Beziehung Mensch-Sterne. Lassen wir kurz das Thema der Seele in einem geklonten Wesen beiseite, nicht, weil es nicht wichtig wäre, sondern, weil es auf sterile und für die Praxis unnötige Pfade führen würde, und betrachten wir stattdessen die anderen Aspekte. Alle Anwesenden schienen mehr oder weniger davon überzeugt, dass es zwei grundlegende Variablen gibt, welche die Möglichkeit ausschließen, dass zwei scheinbar gleiche menschliche Wesen wie eineiige Zwillinge absolut identisch seien. Diese zwei grundlegenden Variablen sind die genetische Matrix, verstanden als Information in der DNS, und die geschichtliche Matrix, die besagt, wie stark ein menschliches Wesen von den wirtschaftlichen, politischen, geographischen, sozialen und kulturellen Umständen des Ortes und der Zeit beeinflusst wird, unter denen er geboren wurde und lebt. An dieser Stelle geschah ein kleiner Zwischenfall. Der Biologe Boncinelli erwähnte eine weitere Variable, die meines Wissens noch nie in diesem Zusammenhang ins Spiel gebracht wurde und zwar, dass die Verbindung zwischen den Nervenzellen bei der Entstehung eines neuen Lebens in der Gebärmutter vollkommen zufällig zustande käme und für sich allein genommen die absolute Einzigartigkeit eines menschlichen Wesens ausmache. Der Wissenschaftler hatte nicht viel Zeit, um seinen Standpunkt näher zu erläutern, aber uns schien es so, als ob er aus einem vollkommen laizistischen Standpunkt heraus sagen wolle, diese Variable sei nichts anderes als die *Seele*. Aber ob wir diese Variable nun Seele nennen oder ob wir sie im biologischen Sinne definieren wollen, bleibt es eine Tatsache, dass es tatsächlich eine dritte Variable gibt. Aber was machen wir jetzt mit den Sternen? Haben wir da nicht vergessen, wenn wir wirklich alle Variablen in Erwägung ziehen wollen, dass die astrologische die vierte und dabei ganz und gar nicht die unwichtigste Variable ist (meiner Meinung nach steht sie sogar an erster Stelle)?

Diese kleine Einführung bringt uns zu einem weiteren grundlegenden Konzept, das an die Vorhersagen in der Astrologie gebunden ist:

Aktualität der prognostischen Sprache

Wir möchten mit einem Beispiel beginnen. Dazu wollen wir aus den verschiedenen Kapiteln des vorliegenden Buches das zu Solar-Jupiter im dritten (Solar-)Haus betrachten. Hier wird unter anderem gesagt, dass sich die betroffene Person in dem entsprechenden Jahr mit Schreiben befassen oder einen Computerkurs absolvieren wird. Um ein Beispiel zu bemühen, erwähnen wir das einer Frau über fünfzig Jahren, die eine intellektuelle und qualifizierte Tätigkeit ausführt und die den Computer in früheren Jahren mit all ihren Kräften gehasst hat. Bei diesem Solarhoroskop mit Jupiter im dritten Haus aber beginnt sie mit einem Informatikkurs und schreibt plötzlich viel in *Word*, obwohl sie vorher ihr ganzes Leben lang mit Kugelschreiber auf Papier geschrieben hatte.

Glauben Sie, in fünfzig Jahren ist ein solcher Fall noch möglich? Offensichtlich nicht, da wahrscheinlich in den nächsten Jahren schon die Grundschüler beginnen werden, am Computer zu schreiben. Aber die Bedeutungen ändern sich nur geringfügig und die gleiche Person könnte beispielsweise beginnen, Romane zu schreiben. Das Symbol muss also in seinem jeweiligen Zeitalter und auch in der kulturellen Entwicklung des Menschen betrachtet werden. Das, was vor zweitausend Jahren der römische Streitwagen war, ist heute das Automobil.

Auf gleiche Weise sind die in diesem Buch beschriebenen Regeln in unterschiedlichen Fällen gültig, aber man muss wissen, wie sie zu lesen sind.

Persönlich behaupte ich, dass Leute, die vor zehn Jahren jedes Jahr zum Geburtstag eine Reise unternommen haben, fast komplett vor den wichtigen Krankheiten geschützt waren, die sich im Alter von fünfzig oder sechzig Jahren zeigen können. Heute ist das wegen der oben erläuterten Gründe nicht mehr möglich, aber die Tatsache bleibt, dass wer an seinem Geburtstag verreist und beispielsweise darauf achtet, dass Mars nicht im ersten, sechsten oder zwölften Haus steht, viel besser mit einer schweren Erkrankung umgehen wird, als jemand, der einen Aszendenten im ersten Haus, die Sonne im sechsten Haus oder ein Stellium im achten Haus hat.

Um das noch einmal zu beweisen, zeige ich Ihnen die Grafiken von zwei ausländischen Frauen aus verschiedenen Generationen. Die erste (Figur A), eine ältere Frau, hatte bei der Geburt Mars in Krebs im ersten Haus. Zu ihrer Zeit (also als sie jung war) konnte man bei einer solchen Konstellation ohne den Schatten eines Zweifels oder zumindest mit einer sehr hohen Treffsicherheit behaupten, dass sie im Laufe ihres Lebens schwer am Magen oder an der Brust erkranken würde und siehe da, vor einigen Jahren, als Brustkrebs noch etwas sehr Seltenes war, erkrankte sie an einem Tumor an der Brust.

Auch die jüngere Frau aus Figur B ist kürzlich an demselben Übel erkrankt, aber - wie Sie sehen können - weist sie kein besonderes Anzeichen für das Unglück auf. Natürlich könnten wir die Interpretation etwas forcieren und einen halben Aszendenten im Krebs und einen Mond in Konjunktion zu Mars sehen, das aber wäre doch arg erzwungen und ich könnte Ihnen auch andere Fälle von jungen Frauen präsentieren, die einen Tumor in der Brust haben, aber nicht den geringsten Hinweis für das Zeichen des Krebses oder des Mondes.

Daraus müssen wir also wieder einmal schließen, dass man Vorhersagen nur mit einem großen Gepäck an Erfahrung auf dem Buckel treffen kann und dass die Vorhersagen umso genauer werden, je würdiger der Astrologe ist, ein Homo Sapiens genannt zu werden.

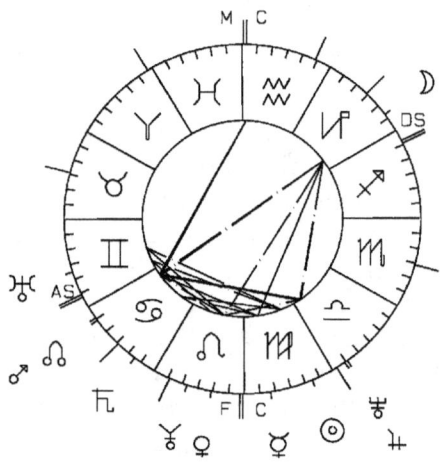

Figur A

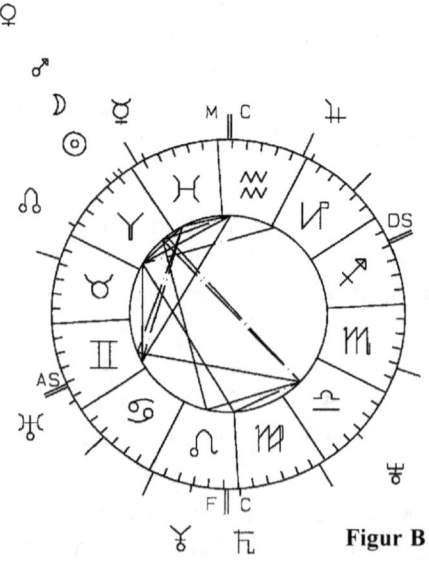

Figur B

28.
Was tun, wenn man nicht verreisen kann?

Es kann aus den verschiedensten Gründen passieren, dass man nicht immer für ein gezieltes Solarhoroskop verreisen kann. In solchen Fällen bestehen üblicherweise zwei Möglichkeiten: die gezielte Translokation zum Geburtstag sollte der Verstärkung einer Sache dienen, die uns besonders am Herzen liegt (Liebe, Geld, Beruf, usw.) oder sie sollte uns vor wahrscheinlich auf uns zukommenden Problemen durch bösartige Sternenkonstellationen im Grund-Solarhoroskop schützen (dasjenige, das für den Ort aufgestellt wurde, an dem wir normalerweise wohnen).

Im ersten Fall gibt es, wie ich glaube, wenig zu sagen. Wir können hier nur auf das Schicksal hoffen (zusammen mit einer Reihe an positiven und konkreten Handlungen, die das „Glück" in dem Bereich verstärken, in dem wir es suchen).

Im anderen Fall bestehen wieder zwei verschiedene Möglichkeiten. Entweder wir müssen z.B. einen Mars im siebten Haus (normalerweise ein Hinweis auf verschiedene „Kriege") oder einen Saturn im zweiten oder im achten Haus (fast immer ein Zeichen für entgangene Gewinne, Geldverluste oder viele wirtschaftliche Ausgaben) „aufhalten" oder wir finden uns einer dieser besonders feindseligen/negativen Konstellationen gegenüber, wie der Sonne, dem Aszendenten, einem Stellium oder Mars im ersten, sechsten oder zwölften Haus (aber auch einem Stellium im achten Haus).

Die zweite Konstellation ist schwerer zu überwinden, da sie uns Probleme auf der ganzen Linie und in fast jedem Lebensbereich bescheren kann: Gesundheit, Geld, Arbeit, Liebe, Kinder, usw. (aber sie ist auch nicht unbedingt tödlich).

Wenn wir auf Mars im fünften oder auf Saturn im zehnten Haus treffen, dann können wir die genauen Punkte in Betracht ziehen, die in meinem Text „Aktive Astrologie" (**Astrologia Attiva** – Verlag *Edizioni Mediterranee*) beschrieben sind.

Im Falle der bereits erwähnten „sehr bösartigen" Konstellationen ist es nötig, eine Strategie auszuarbeiten, die „mehrwertig" sein kann und die sich unabhängig von einzelnen, spezifischen Fällen durch eine Reihe an gewollten, von uns selbst durchzuführenden Handlungen steuern und koordinieren läßt.

Ich weiß, dass diese Worte auf offenen Protest derjenigen stoßen werden, die der Ansicht sind, jeder Fall auf der Welt sei einzigartig und man könne daher keine zuverlässigen Vorhersagen für alle treffen, persönlich bin ich aber nicht dieser Meinung und werde auch erklären, warum. Meiner Ansicht nach muss man wie in der Physik auch hier zwischen Theorie und Praxis unterscheiden. Wenn wir beispielsweise philosophisch erklären, wir seien uns in der Theorie nicht dessen sicher, dass eine Feder zu Boden fallen wird, auch wenn wir sie tausendmal in der Luft haben fallen lassen, so können wir in der Praxis ruhig sagen „diese Feder wird jedes Mal zu Boden fallen, wenn wir sie in der Luft loslassen."

Ein anderes Beispiel: Bei einem Notarzt wird ein an mehreren Körperteilen schwer verletzter Autofahrer nach einem Unfall eingeliefert. In diesem Fall müssten den Verfechtern der gegenteiligen Thesen zufolge zunächst alle verfügbaren klinischen Kontrollen durchgeführt werden (und möglicherweise auch solche, die noch gar nicht existieren) und dann erst mit einer „wissenschaftlich studierten" Behandlung begonnen werden. Der diensthabende Arzt weiß dagegen genau, unabhängig von allen klinischen Untersuchungen des Falles und dem allgemeinen Krankheitsbild des Patienten, nicht zu vergessen sind sein fehlendes Wissen über alle Krankheiten der Vorfahren des Verletzten, dass im Falle einer starker Blutung aus der Schulter diese zunächst sofort zu stoppen ist und erst anschließend die weiteren Verletzungen zu behandeln sind, die für sich genommen schwer sein können, aber immer im Gesamtbild des Patienten gesehen werden (sollten).

Ebenso finde ich es auf Grundlage meiner Erfahrung gerechtfertigt, in der absoluten Mehrheit der Fälle zutreffende Regeln auszusprechen, auch wenn ich die Einzelheiten des spezifischen Falles nicht im Detail kenne und nicht weiß, ob der Betroffene Vegetarier oder Fleischesser, laizistisch oder religiös, liberal oder konversativ ist, usw.

Da ich ein gesundes Selbstbewusstsein habe und mich nicht mit anderen messen muss (zumindest nicht mit einem Großteil der lebenden Kollegen), werde ich meiner Art gemäß eine direkte und ehrliche Sprache wählen, auch wenn ich weiß, dass ganze Heerscharen an Astrologen ob der Härte dieser Denkweise schockiert sein werden (oder dies vorgeben).

Um die Dinge aufs Höchste zu vereinfachen (zu Gunsten des Endanwenders dieser Ratschläge) werde ich die Angelegenheit aus einem Blickwinkel betrachten: ein bösartiger Geburtstag, an dem wir uns nicht gezielt an einen anderen Ort begeben wollen oder können, ist so, als ob man den Sternen einen Blankowechsel ausstellen würde und im Laufe des Jahres einige kommen werden, um ihn einzulösen.

Wenn wir dieses Prinzip akzeptieren (wer nicht daran glaubt, ist nicht verpflichtet, weiter zu lesen), wird klar, dass es umso besser ist, je eher wir unsere Schulden begleichen. Zweitens ist es besser, viel zu geben und womöglich mehr als nötig, um nicht die Gefahr zu laufen, dass eigentlich mehr vonnöten war und dass die mangelhafte Schuldenbegleichung zu dreihundertsechzig Grad über uns einfallen wird. Sie kann uns großes Leid zufügen in dem Fall, dass sie sich auf besondere Interessen bezieht, die uns stark am Herzen liegen.

Bereits diese zwei Grundregeln können uns bei der Strategie helfen, das „dissonante" Jahr in Grenzen zu halten und jetzt können wir noch etwas mehr ins Detail gehen.

Meine Erfahrung erlaubt es mir, zu behaupten (auch wenn ich die Gründe dafür nicht kenne), dass sich diese Sterne wie die alten Götter im Olymp verhalten, nämlich kindlich und launisch und dass sich ihr „Zorn" besonders dann legt, wenn wir „menschliche Opfer" bringen. Diese haben nichts mit Hexerei, Teufelswerk, schwarzer Magie und ähnlichen Praktiken zu tun, sie sind aber immer im Sinne eines *Exorzismus des Zeichens* zu sehen. Ich kenne den Grund nicht, aber eine lange Reihe an Beispielen hat mich davon überzeugt, dass wir einige Planeten als „bösartig" bezeichnen können, die wie Vampire erst zufrieden sind, wenn Blut vergossen wird. Darum ist mein erster Ratschlag bei allen Fällen der Unmöglichkeit eines gezielten und besonders bösartigen Solarhoroskops, sich einen Monat nach dem Geburtstag einem chirurgischen Eingriff zu unterziehen. Ich sage einen Monat, weil die zwanzig Tage vor und nach dem Geburtstag kritisch und potentiell gefährlich sind. Ich würde mich also freiwillig in diesen Wochen nicht unters Messer legen, würde aber auch nicht zu lange damit warten, da die ersten „Zahlungsaufforderungen" kommen könnten, noch bevor Sie sich an das „Exorzieren der Zeichen" gemacht hätten. Natürlich können wir die Sterne nicht veräppeln und werden mit einer einfachen Zahnplombe nichts erreichen - wir brauchen einen richtigen Eingriff. Sind wir absolut sicher, dass bei uns kein einziger chirurgischer Eingriff ansteht? Das erste, was einen Monat nach dem Geburtstag zu tun ist, wäre also, uns einem kompletten Check-up zu unterziehen, wo wir zum Beispiel entdecken könnten, dass wir kleine Nierensteine oder Gallenblasen haben und der Arzt uns rät, diese entfernen oder zerstören zu lassen. Eventuelle Operationen an Zysten auf der Haut oder im gynäkologischen Bereich, oder an den Hämorrhoiden, am Blinddarm, den Mandeln oder eventuelle vergangene Brüche und alles, was man im chirurgischen Bereich so unternehmen kann, könnte die „Temperatur des Jahres" mit Sicherheit deutlich verringern.

Vielleicht wird jemand sagen: „Und wenn genau das schlechte Jahr Komplikationen bei den Operationen mit sich bringt?" Das ist ein guter Gedanke, aber ich denke, es ist ein kalkulierbares Risiko, das wir in Kauf nehmen können und das weit ungefährlicher ist, als auf ein eventuelles Platzen der Bombe mit unsicherem Ausgang zu warten.

Auch eine plastische Chirurgie könnte zweckdienlich sein, sei es im Fall, dass sie gelingt, als auch im umgekehrten Fall (unser Ziel ist es ja, den „Zorn" der so genannten bösartigen Sterne zu „beruhigen").

Aber was tun, wenn wirklich überhaupt kein chirurgischer Eingriff ansteht? Nun, dann müssen wir uns anders behelfen und uns an einen Zahnarzt für eine *Zahnwurzelbehandlung* wenden: eine gründliche Reinigung des Zahnfleisches, wobei vertikal mit einem Skalpell eingeschnitten wird, das Beheben von Zahnstein (mit einer schnellen Fräse) zwischen Zahnfleisch und den Zähnen, und das Nähen des verletzten Zahnfleisches. Es geht hier um einen ziemlich eindrucksvollen Eingriff, der aber überhaupt nicht kostspielig und gefährlich ist und der über die Monate verteilt werden sollte.

Nicht alle Zahnärzte sind bereit, diesen Eingriff vorzunehmen, wenn er nicht unbedingt notwendig ist, einige Ärzte aber schon, zur Stärkung des Zahnfleisches und zu vorbeugenden Zwecken.

Soviel sei zu den chirurgischen Eingriffen und dem „Blutvergießen" gesagt.

Was könnte man sonst noch tun? Man kann so ziemlich alles als Opfer darbringen, aber wir müssen uns daran erinnern, dass wir auf diesem Weg weit von der Einfachheit der ersten Möglichkeit entfernt sind. Es geht um hartes Studium, viel Arbeit, die Lektüre anspruchsvoller Bücher am Abend, wenig Vergnügungen, Abmagerungskuren oder Entschlackungskuren in asketischer Strenge, eine mögliche Trennung in der Liebe, das Auflösen einer Firma, das Abschneiden vieler trockener Äste im weiteren Sinne.

Auch ein Volontariat könnte dem Zweck dienen (aber nicht in kleinen Dosierungen). Sehr nützlich ist der Verzicht im Allgemeinen, z.B. auf das neue Auto, den Computer, die Reise in die Karibik oder darauf, in der Liebe zweigleisig zu fahren.

Die Schlüsselwörter des Jahres sollten folgende sein: hart arbeiten oder studieren, streng auf jeden Genuss verzichten, sich Qualen unterziehen, die uns wachsen lassen (wie abends zu studieren, anstatt sich vor dem Fernseher zu entspannen oder sich anders zu zerstreuen), sich verstärkt um andere kümmern, das eigene Ego zurückstellen, in die freiwillige Klausur gehen, sich in Meditation oder Gebet zurückziehen. Kurz: geben, geben, und noch mehr geben.

Diese Regeln, die mehrfach von Personen auf meinen Rat hin und auch von mir selbst getestet wurden in den Gelegenheiten, wo ich nicht verreisen konnte, hatten zwar nicht dasselbe schützende Ergebnis wie eine gezielte Dislokation am Geburtstag, aber sie konnten ein sich als sehr problematisch ausnehmendes Jahr doch stark dämpfen.

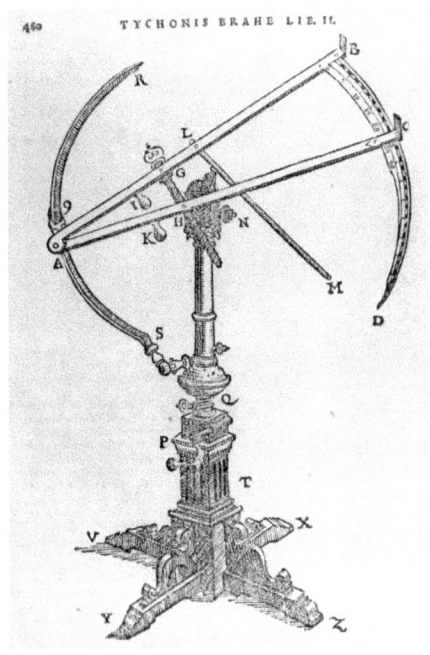

29.
Die Ergebnisse der letzten Forschungen

Wie ich bereits erwähnt habe, befinden sich unsere Nachforschungen noch im Entstehungsprozess. Die Datei, in der wir Tag für Tag unsere Erfahrungen sammeln, wird ständig aktualisiert, aber wenn ich nach hinten blicke und an die großen Fortschritte in über dreißig Jahren der Studien und der Forschung - und besonders der Feldarbeit - denke, glaube ich sagen zu können, dass bei diesem Prozess grundlegende und wichtige Regeln entdeckt und festgelegt worden sind. Diese Regeln ermöglichen es uns jetzt, keine schwerwiegenden Fehler zu begehen, die sich zu Beginn dieses wunderbaren Abenteuers noch leicht eingeschlichen haben, als es praktisch noch keine wissenschaftliche Literatur gab, die den Forscher auf seinem Weg der gezielten Solarhoroskope begleitet hätte. Sicherlich haben wir auf unserem Weg Verwundete zurückgelassen, das aber ist bei einer experimentellen Arbeit wie dieser unvermeidlich, und aus diesem Grund habe ich so wenig Verständnis und bin in manchen Fällen hart und uneinsichtig zu denjenigen geworden, welche die auf meinem langen Weg ausgearbeiteten Regeln auf der Basis von zwei oder drei durchgeführten gezielten Solarhoroskopen korrigieren wollen.

Glauben Sie mir, das ist nicht die richtige Vorgehensweise. In einem Bereich, wo es um menschliches Leben geht, ist kein Raum für eine „Wohnzimmer-Astrologie", in der auch Dummheiten zum Ausdruck kommen, wie: „der Steinbock kann gut mit den Händen arbeiten", „der Krebs ist eitel", „die Jungfrau ist überheblich", usw.

In diesem Bereich ist es so, als ob man einem Kind ein geladenes Gewehr in die Hand drücken würde, und wenn es noch nicht groß, reif und erfahren genug ist, können Sie sich ja vorstellen, was passieren würde.

Ich maße mir nicht an, die zehn Gebote in diesem Wissensgebiet empfangen zu haben, aber dennoch denke ich, dass eine wertvolle Basis geschaffen worden ist, auf der ich selbst, meine Schüler und meine herausragenden Kollegen derselben Schule weiter arbeiten und Nachforschungen betreiben werden. Stellen Sie sich vor, wir müssten noch einmal von vorne beginnen und müssten beispielsweise erst verstehen, dass der Aszendent im ersten Solarhaus ebenso schädlich ist, wie im zwölften Solarhaus.

Ich wünsche mir, dass ich den Leser nach vielen veröffentlichten Büchern und hunderten von Artikeln mit einer großen Zahl an Beispielen aus der Praxis wenigstens von einem grundlegenden Punkt überzeugen konnte: dass das Solarhoroskop nicht gelesen werden kann, als wäre es ein Geburtshimmel. Wer das nicht versteht, sollte sich besser mit etwas Anderem beschäftigen.

Wenn jemand seit vielen Jahren meinen Schriften folgt und mir dann die Frage stellt: „Könnte der Aszendent im sechsten Haus nicht bedeuten, dass ich den Beruf wechsle?", dann kann ich einfach nichts mehr entgegnen.

Ich denke, dass es am Gefährlichsten ist, wenn ein Leser etwas hier und etwas dort gelesen hat, aber meinen Schriften nicht systematisch gefolgt ist und sich dennoch in das Abenteuer stürzt, selbst gezielt zu verreisen oder andere auf die Reise zu schicken, ohne ein ausreichendes Gefühl für die Sache zu haben und ohne die nötigen Überarbeitungen mitverfolgt zu haben.

Es ist auch sicher richtig, dass es nicht leicht ist, die Entwicklung meiner Forschungen zu verfolgen, da ich deren Ergebnisse manchmal nur in meiner Zeitschrift veröffentliche, die auch angeblich treue Schüler nicht abonniert haben, sie in Konferenzen mündlich verlauten lasse oder sie in einer Antwort-E-Mail in einer Mailing-Liste versende.

Hierin also liegt der Wert eines Buches wie diesem, in dem ich die wichtigsten Beobachtungen und Empfehlungen nach Jahren in einzelnen Kapiteln zusammenfasse und an alle richten kann, die mich auf diesem faszinierenden, aber auch gefährlichen Weg begleiten.

Hier also das, woran ich Sie erinnern möchte und was ich Ihnen raten möchte:

1) Das Solarhoroskop gibt uns sehr wichtige, fast immer „spektakuläre" Hinweise zum Zeitraum von einem Geburtstag zum nächsten und es ist absoluter Blödsinn anzunehmen, die Ereignisse könnten Monate oder Wochen vor oder nach dem Geburtstag eintreten.

2) In Bezug auf die Schäden besteht überhaupt kein Unterschied zwischen dem zwölften, dem sechsten und dem ersten Solarhaus.

3) Ein Stellium zwischen dem zwölften und dem ersten Haus zählt gleich viel wie ein Stellium im zwölften Haus, auch wenn beispielsweise Jupiter im zwölften und Venus und Merkur im ersten Haus sind.

4) Die Winkelaspekte der Sterne im Solarhoroskop haben einen geringen Wert im Gegensatz zur Stellung der Sterne in den Häusern, daher sollten Sie sich nicht täuschen lassen, wenn Ihr Mars im sechsten Haus nur von Trigonen und Sextilen gestützt wird: in der Praxis ist das Ergebnis gleich wie bei einem verletzten Mars.

5) Der Solarhimmel ist weit einflussreicher als der Geburtshimmel mit den entsprechenden Transiten: reden Sie sich daher nicht ein, dass Sie in einem Jahr mit der Sonne im ersten Haus durch einen Transit von Jupiter in Konjunktion zur Geburtssonne geschützt werden. Sorgen Sie sich aber auch nicht, wenn Uranus im zwölften Haus über dem Geburtsmars transitiert, wenn Sie ein gutes gezieltes Solarhoroskop durchführen. Diese Regel ist in beide Richtungen gültig und hat nichts mit Verfolgungswahn zu tun, sondern vielmehr mit dem Gegenteil: würde ein Pessimist mehr als tausend Personen im Jahr zu einem gezielten Geburtstag fortschicken, wenn er nicht davon überzeugt wäre, dass er wenigstens leicht ihr Leben verbessern könnte?

6) Setzen Sie das zehnte Haus nur selten ein und nur, wenn Sie es auch wirklich zu nutzen wissen: wenn man noch keine gefestigte Erfahrung hat, ist es sehr viel besser, einen Jupiter in Konjunktion zum MC oder auch Venus oder die Sonne zu platzieren, als einen Aszendenten im zehnten Haus, der dem Betroffenen in vielen Fällen schwere Schäden zufügen kann.

7) Um negative Überraschungen ausschließen zu können, sollten Sie einen Aszendenten wenigstens in einer Entfernung von zweieinhalb Grad von einer gefährlichen Spitze platzieren und testen, ob diese Entfernung auch gleich bleibt, wenn man die Geburtsstunde der Person um eine halbe oder dreiviertel Stunde zurücksetzt.

8) Setzen Sie niemals einen potentiell gefährlichen Stern in die Nähe der Spitze eines „bösartigen" Hauses. Die Sonne ist für sich genommen eigentlich nicht gefährlich, aber wir haben bereits gesagt, dass das Solarhoroskop anders gelesen werden muss, als das Geburtshoroskop und wenn unser Zentralgestirn zum Beispiel um fünf Grad über dem zwölften Haus steht, kann dies im Fall einer stark gerundeten Geburtszeit des Betroffenen (was fast in der Gesamtheit der Fälle eintritt) sehr gefährlich werden. Das Gleiche gilt auch zum Beispiel für Mars im fünften Haus, der manchmal weit von der Spitze des sechsten Hauses entfernt scheint, aber nicht eingerechnet wurde, dass wir in einem Abschnitt arbeiten, der von Zeichen mit einem langen Aufstieg gesteuert wird, wodurch auch nur eine halbe Stunde Unterschied schwere Schäden verursachen kann.

9) Sonne oder Aszendent im achten Haus kann zugelassen werden, wenn es nicht zu vermeiden ist und wenn im Geburtshoroskop keine besonderen Gefahren lauern, niemals aber sollte man ein Stellium im achten Haus positionieren, da das Haus bei einer solchen Konstellation den drei bekannten bösen Häusern zu nahe kommen könnte.

10) Wenn Sie absolut nicht verreisen können, sollten Sie die Regeln zum Exorzismus der Symbole beachten - beispielsweise durch einen gezielten chirurgischen Eingriff - sie sollten aber niemals wichtige ärztliche Untersuchungen oder chirurgische Operationen in den zwanzig Tagen vor und nach Ihrem eigenen Geburtstag und dem Geburtstag der Ihnen am nächsten stehenden Menschen vornehmen lassen.

11) Lesen Sie die dreißig Regeln des Buches *Die Transite und das Solarhoroskop* gut durch, um zu verstehen, dass wenn jemand zum Beispiel große finanzielle Probleme hat, man ihm auf keinen Fall Jupiter ins zweite oder achte Haus setzen sollte.

12) Halten Sie sich an die Philosophie der kleinen Schritte mit einem mittelmäßigen Solarhoroskop, das Jahr für Jahr kleine Schritte nach vorne zulässt, anstatt den „großen Schlag" zu wagen, der eine Person häufig ruinieren kann.

13) Versuchen Sie, für den gezielten Geburtstag nur Orte auszusuchen, an denen es einen regulären Flughafen mit Linienflügen gibt und vermeiden Sie Reisen der Art „500 Kilometer mit einem Geländewagen durch den Dschungel": In diesem Fall könnten die Risiken der Reise bedeutend höher sein, als die Gefahren zu Hause.

14) Niemand will es Ihnen verbieten, Dinge auszuprobieren und Nachforschungen zu betreiben, seien Sie aber nicht so anmaßend, neue Regeln auf der Basis einiger direkt oder indirekt durchgeführter gezielter Solarhoroskope aufstellen zu wollen.

15) Eine schwere Krankheit kann auch in einem Jahr eintreten, in dem das Solarhoroskop eher positiv ist. Das hängt davon ab, ob beispielsweise eine Krebserkrankung, die sieben oder zehn Jahre früher begonnen hat, nun ausbrechen muss und kein gezieltes Solarhoroskop den Prozess aufhalten

kann. In diesen Fällen kann uns aber ein gutes gezieltes Solarhoroskop dabei helfen, dass eine gute Heilungschance besteht.

16) Saturn, Uranus, Neptun oder Pluto können im ersten, sechsten oder zwölften Solarhaus positioniert werden (ich selbst habe sie häufig dorthin gesetzt, ohne dass jemals etwas vorgefallen wäre), aber wenn es sich vermeiden lässt, wäre das natürlich besser.

17) Das elfte Haus steht mehr noch als das achte für Trauerfälle, deswegen sollten wir es aber keineswegs meiden: man stirbt nur einmal und im Laufe des Lebens gibt es nur relativ wenige bedeutende Trauerfälle. Gleiches gilt für das dritte und neunte Haus in Bezug auf mögliche Unfälle, für das fünfte Haus in Bezug auf die eigenen Kinder, usw.

18) Versuchen Sie, wenigstens drei/vier Tage früher an den für das gezielte Solarhoroskop berechneten Ort zu gelangen, sonst könnten eventuelle Flughafenstreiks, ein Fieber in letzter Sekunde oder eine Krankheit der Kinder am Abend vor der Abreise die Reise verhindern.

19) Wenn Sie an dieses Instrument glauben, dann wenden Sie es jedes Jahr an, ganz so, als wäre es eine Grippeimpfung. Der Vollzug eines gezielten Geburtstages alle drei/vier Jahre hat überhaupt keinen Sinn.

20) Verlangen Sie nicht nach einer Reduzierung der zu fahrenden Kilometer und akzeptieren Sie auch keine - entweder Sie fahren weg oder Sie lassen es eben bleiben. Ein Flug von einer Stunde an einen anderen Ort, nur um Mars im zwölften Haus zu umgehen, dafür aber die Sonne im ersten Haus zu haben, ist eine der unnötigsten und auch dümmsten Handlungen, die Sie ausführen könnten.

21) Quälen Sie ältere Angehörige nicht damit, dass Sie sie unbedingt dazu bewegen möchten, an ihrem Geburtstag zu verreisen. Ich rate Ihnen davon ab, jemandem von einer Sache überzeugen zu wollen, für die ein starker Glaube notwendig ist, wenn sie in der richtigen Form ausgeführt werden soll.

22) Jedes gezielte Solarhoroskop sollte sich drei grundlegende Dinge zum Ziel setzen: die betroffene Person vor unangenehmen Dingen zu bewahren, die ihr im Laufe des Jahres zustoßen könnten; ihre Lebensbedingungen zu verbessern; zu versuchen, ihre Geburtszeit mit Hilfe von „Sensoren" zu korrigieren (immer einen wichtigen Stern auf der Spitze zwischen zwei Häusern verorten, um ein Jahr später nachzuprüfen, ob er vor oder hinter der angenommenen Stelle liegt. Die Nachforschungen zur genauen Geburtszeit sollten niemals enden).

23) Stellen Sie keine Nachforschungen über eine Person an, die Ihnen nicht die von den Eltern genannte Geburtszeit und die aus der offiziellen Geburtsurkunde der Gemeinde angibt.

24) Ein Stern, der weniger als zweieinhalb Grad von einer gefährlichen Spitze entfernt ist, ist als *im* „bösen" Haus stehend zu betrachten, auch wenn die Geburtszeit auf die Sekunde genau bekannt ist.

25) Erinnern Sie sich daran, dass Saturn immer stärker ist, als Jupiter, Venus, Sonne usw. Es versteht sich also von selbst, dass wir beispielsweise nicht einen Saturn im MC verorten können und uns dabei einreden können, dass Sonne und Jupiter im zehnten Haus die stark negativen Effekte ausbalancieren könnten. Aus dem gleichen Grund und wenn wir an die Bedeutung der „Gauquelin-Sektoren" denken, könnten wir beispielsweise keinen Jupiter in Konjunktion zu fünf Grad vom MC im zehnten Haus und Saturn im gleichen Abstand im neunten Haus verorten. Letztendlich überwiegt der zweite und das Ergebnis wäre ein entschieden saturnisches und kein jovianisches (=jupiterhaftes) Jahr in Bezug auf Arbeit/Unabhängigkeit/Erfolg/Ansehen. Das Gleiche gilt für eine Platzierung von Saturn und Jupiter im siebten, zweiten Haus, usw.

Hier enden die Ausführungen, aber die Datei bleibt offen und wird weitergeführt.

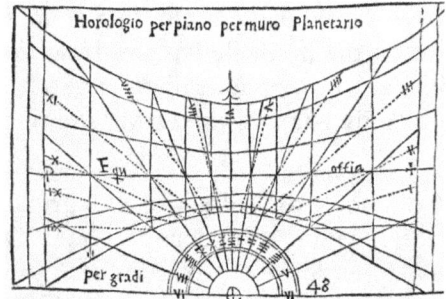

30.
Wesentliche Literatur

- **André Barbault** – *Il pronostico sperimentale in astrologia [Die experimentelle Prognose in der Astrologie]*, Mursia.

- **André Barbault** – *L'astrologia e la previsione dell'avvenire [Die Zukunftsvorhersage in der Astrologie]*, Armenia.

- **André Barbault**, *Trattato pratico di astrologia [Praktische Abhandlung der Astrologie]*, Morin.

- **Grazia Bordoni**, *Raccolte varie di dati di nascita [Sammlungen zum Zeitpunkt der Geburt]*, herausgg. von der Autorin.

- **Angelo Brunini** – *L'avvenire non è un mistero [Die Zukunft ist kein Geheimnis]*, herausgg. vom Autor.

- **Ciro Discepolo** – *Effemeridi, volumi vari [Die Epemeriden, mehrere Bde.]*, Armenia, Blue Diamond Publisher, Capone.

- **Ciro Discepolo** - *Guida ai transiti [Leitfaden zu den Transiten]*, Armenia.

- **Ciro Discepolo** - *Guida all'astrologia [Leitfaden zur Astrologie]* (III neubearb. Auflage, 1989) – Armenia.

- **Ciro Discepolo** - *Il nuovo dizionario di astrologia [Neues Wörterbuch der Astrologie]*, Armenia.

- **Ciro Discepolo** - *Il sale dell'astrologia [Das Salz in der Astrologie]*, Capone.

- **Ciro Discepolo** - *Trattato pratico di Rivoluzioni solari [Praktische Abhandlung zu den Solar-Revolutionen]*, Blue Diamond Publisher.

- **Ciro Discepolo und Luigi Miele** – *Astral, programmi vari [Astral, verschiedene Programme]*, Astral.

- **Reinhold Ebertin** – *Cosmobiologia: la nuova astrologia [Kosmobiologie: Die neue Astrologie]*, C.E.M.

- **Henri J. Gouchon** – *Dizionario di astrologia [Wörterbuch der Astrologie]*, Armenia.

- **Robert Hand** – *I transiti [Buch der Transite]*, Armenia.

- **H. Freiherr von Klöckler** – *Corso di astrologia [Kursus der Astrologie]*, Mediterranee.

- **Lisa Morpurgo** – *La natura dei transiti [Die Natur der Transite]*, Longanesi.

- **Andrea Rossetti** – *Breve trattato sui transiti [Kurze Abhandlung zu den Transiten]*, Blue Diamond Publisher.

- **Verschiedene Autoren**, *Ricerca '90* (Nachforschungen von 1990 bis 1997), Ricerca '90.

- **Alexandre Volguine** – *Tecnica delle Rivoluzioni solari [Die Technik der Solar-Revolutionen]*, Armenia.

Zusammenfassung

31.
Kurzes Vorwort zur Zusammenfassung

Diese kurze Zusammenfassung hat den Zweck, dem Leser kulturelle Anreize zu geben und ihn dazu zu bringen, die verschiedenen Themen des Buches zu vertiefen, hauptsächlich aber zwei davon: den *Exorzismus der Symbole* und das *gezielte Solarhoroskop*. Hierzu habe ich Verbindungen mit der Psychoanalyse und dabei absichtlichtlich nicht mit der von Jung geknüpft, was im aktuellen Kontext der vorliegenden Studie selbstverständlich erscheinen würde, sondern mit der von Freud und seiner Transaktions-Analyse.

Ich habe versucht, das Konzept der Flucht als einen Wert in unserem Leben und nicht als Pseudo-Entwertung darzustellen, wie uns einige Positivisten in übertriebenem Maß glauben lassen möchten. Nach der Meinung vieler müsste sich der Mensch nämlich allen Hindernissen des Lebens direkt stellen uns sie im vollen Bewusstsein und mit seiner eigenen Willenskraft überwinden. Aber aus welchem Grund eigentlich? Die Psychoanalyse zeigt uns dagegen, dass die Fluchtmechanismen ein wesentlicher Bestandteil im Leben des Menschen sind und man lese hierzu den folgenden Absatz, der einige Gedanken von Anna Freud in ihrem Aufsatz zum Thema der Verdrängung in eigenen Worten wiedergibt.

Flucht soll ihrer Ansicht nach nicht ein Zeichen von Feigheit sein, sondern soll im „Krieg" die gleiche Würde haben wie der „Angriff".

In der Natur, besonders in der Tierwelt, spricht man von der Flucht als einem Phänomen innerhalb der Räuber-Beute-Beziehung, es gibt also in der Tierwelt Jäger und Gejagte. Sollte nun ein Kritiker unserer Weltanschauung tatsächlich wollen, dass die Gazelle sich umdrehe und den Löwen angreife, anstatt wegzulaufen?

Ich bedanke mich sehr herzlich bei Prof. Antonio Speranza für die wertvollen Ratschläge zur Anfertigung dieses kurzen Anhangs.

32.
Psychoanalyse und Flucht

Die Flucht ist bei einem menschlichen Wesen, einem Säugetier oder Insekt in erster Linie eine psychologische Haltung und keine wirkliche Handlung. Es ist also offensichtlich, dass die für den Versuch einer Erforschung ihrer atavistischen Wurzeln Qualifiziertesten unter uns die Psychologen sind und ein Text hat, wie uns scheint, diese Mechanismen mehr als Andere untersucht. Es geht um das Buch von Anna Freud, der Tochter des großartigen Sigmund, *Das Ich und die Abwehrmechanismen*. Bei der Vorstellung des Buches an den italienischen Leser schreibt Isidoro Tolentino: „Die psychische Abwehr kann sich nicht nur gegen Gefahren richten, die von innen kommen, eine von Sigmund Freud aufgestellte These, die bereits im psychoanalytischen Denken universell anerkannt ist, sondern auch ein Ausdruck der Flucht aus dem Schmerz und aus Gefahren der wirklichen Welt sein. Anna Freud beschreibt drei Mechanismen zu diesem Zweck: die Verleugnung in der Phantasie, die Verleugnung in Wort und Handlung und die Ich-Einschränkung, welche den Grundbeitrag ihrer Forschungen darstellen".

Wir sollten also festhalten, noch bevor wir von der Flucht vor im psychischen Sinn verinnerlichtem Schmerz sprechen, dass uns die Natur Fluchtmechanismen bietet, die nicht nur ethisch korrekt sind, sondern die uns auch zustehen. Denken Sie an das Zurückziehen der Hand von einer Hitzequelle, wie zum Beispiel einer Flamme, die ein Kind, das noch nicht zwischen gut und böse unterscheiden kann, davor schützt, sich zu verletzen. So, wie es nicht sehr viel Sinn macht, die Hand in die Richtung einer Giftschlange zu halten, so macht es ebenso wenig Sinn, sich von einem Verrückten Schläge auf den Kopf geben zu lassen, unabhängig davon, warum der Verrückte uns schlägt.

Auf geistiger und psychoanalytischer Ebene kann man sagen, sind die Flucht- und Abwehrmechanismen weniger offensichtlich und augenscheinlich, als eine Hand, die bei einem Schlag mit dem Hammer zurückgezogen wird. Anna Freud sagt sogar in ihrem Buch diesbezüglich, dass „(...) Alle abwehrenden Aktionen des Ichs gegen das Es hin gehen nämlich stumm und unsichtbar vor sich". Interessant ist das Beispiel, mit dem uns die Wissenschaftlerin den Sachverhalt erklärt: ein Mädchen leidet an intensivem, auf den Vater gerichteten Penisneid und wünscht in ihrer Phantasie, dem Vater den Penis abzubeißen. Da sie bewusst eine solche Phantasie aber nicht zulassen kann, hatte sie eine Essstörung entwickelt, indem ihr das Essen Ekel bereitete und sie sich sogar übergeben musste, wenn sie zum Essen gezwungen war.

Natürlich ist eine solche „Flucht" alles andere als durchsichtig oder bewusst und versucht sich selbst der psychoanalytischen Behandlung zu entziehen: „Der Patient verstößt gegen die analytische Grundregel, wir sagen, er zeigt 'Widerstände'. Das soll heißen: Der Vorstoß vom Es zum Ich hin, der in ihm vor sich gegangen ist, wird durch eine Gegenaktion in umgekehrter Richtung abgelöst."

Bei Jung ist es nicht viel anders und wir werden den Unterschied zwischen Es/Seele oder Es/Unbewusstsein hier nicht erörtern. Ein Beispiel finden wir in dem Film *8 ½* von Federico Fellini. Dieser Film wurde vom Regisseur aus Rimini nach acht Filmen und einer Episode gedreht, er ist aber vor allem der Spielfilm, der auf eine lange Tiefenanalyse folgte, die Fellini in Rom mit Gianfranco Tedeschi durchgeführt hatte. *8 ½* ist die Geschichte des Regisseurs Guido, der, vielleicht die Invasion des Ichs und des Über-Ichs in seinem Inneren fürchtend, vor der Wirklichkeit flüchten und einen Film drehen will, in dem man eine junge, in weiß gekleidete Frau mit langem, losem Haar in einem Thermalbad an Quellen reinen Wassers entlang rennen sieht (die junge Frau, das reine Wasser, die Quellen und das Thermalbad sind Symbole für die *Seele*). Aber beim Regisseur steht ein Filmkritiker, ein gewisser Doumier, der anstachelnd auf den Regisseur einwirkt: „Was willst du machen? Die Szene, die du drehen willst, hat überhaupt keinen Sinn. Du musst eine wirkliche Geschichte mit einem Anfang, einer Fortsetzung und einem Ende schreiben." Der Leser wird schon verstanden haben, dass Doumier nichts anderes ist, als das Über-Ich von Guido. Wie löst Fellini das Duell Guido/Doumier, das sich durch den ganzen Film zieht? Indem er den Filmkritiker erhängen lässt, wodurch der Regisseur die Kräfte seiner Seele entfalten kann (in der Schlussszene sehen wir Zirkusclowns, die wie Verrückte die Musik von Nino Rota nachspielen und nichts anderes darstellen, als das freie Ausleben der inneren Stimmen...).

Anna Freud erkennt verschiedene Arten der Abwehr: Fehlhandlungen, Übertragungen, die Übertragung libidinöser Regungen, die Übertragung von Abwehr usw. Die Flucht drückt sich laut der Autorin vor allem als Widerstand während der Analyse aus: „Nicht jeder Widerstand ist also das Ergebnis einer Abwehrhandlung des Ichs. Aber jede solche Abwehrhandlung des Ichs gegen das Es kann, wenn sie in der Analyse vorfällt, nur als Widerstand gegen die analytische Arbeit gespürt werden."

Auch Wilhelm Reich beschreibt in seinen Werken: „Körperliche Haltungen wie Steifheit und Starre, Eigenheiten des Wesens wie ein stereotypes Lächeln, höhnisches, ironisches und hochmütiges Benehmen sind Rückstände ehemals sehr aktiver Abwehrvorgänge, die sich von ihren Ursprungssituationen, dem Kampf mit Trieb oder Affekt gelöst haben und zum ständigen Charakterzug, zur 'Charakterpanzerung', wie R e i c h es nennt, geworden sind." (Zitat aus dem Buch von Anna Freud).

So setzt die Tochter Freuds fort: „Der Terminus Abwehr, den ich in den drei vorhergehenden Kapiteln so reichlich gebraucht habe, ist der älteste Vertreter der dynamischen Auffassung in der Theorie der Psychoanalyse. Er taucht zuerst im Jahre 1894 in der Studie über *'Die Abwehr-Neuropsychosen'* auf (…)".

Die berühmte Psychoanalytikerin beendet so ihr Werk: „Die Zuordnung der einzelnen Abwehrmechanismen zu bestimmten Angstsituationen, die ich in den vorstehenden Kapiteln an einigen Beispielen durchzuführen versucht habe, wird sich bei fortschreitender Kenntnis der unbewußten Tätigkeit des Ichs wahrscheinlich viel genauer bestimmen lassen. Auch der historische Zusammenhang zwischen typischen Erlebnissen in der individuellen Entwicklung und der Entstehung bestimmter Abwehrformen ist zum großen Teil noch dunkel."

Persönlich möchte ich dieses Kapitel mit drei praktischen Beispielen abschließen. Das erste betrifft mich selbst. Im Alter von zwanzig Jahren begann ich meine erste Tiefenanalyse mit einem Analytiker der Jung'schen Schule. Ich tat dies aufgrund eines sehr drängenden Problems, das ich zu jener Zeit hatte, und habe die Analyse dann für meine persönliche intellektuelle Bereicherung fortgesetzt, auch wenn sich das genannte Problem innerhalb kürzester Zeit aufgelöst hatte. Zu jener Zeit litt ich so stark an Klaustrophobie, dass ich eine unermessliche Angst bis hin zur Ohnmacht bekam, sobald sich beispielsweise die Türen einer Straßenbahn schlossen. „Wovor haben Sie Angst?", fragte mich der Analytiker und, nachdem ich das Problem unter einem Vergrößerungsglas analysiert hatte, antwortete ich, dass es gerade die Angst vor der Ohnmacht sei und davor, mich lächerlich zu machen, die meine Angst und Panik ins Maßlose steigerten. Der Analytiker riet mir also: „Sobald Sie eine Straßenbahn betreten und noch bevor sich die Türen schließen, warnen Sie alle Personen vor, die um Sie herum stehen, dass Sie in wenigen Sekunden in Ohnmacht fallen werden". Das tat ich und fiel nie wieder in Ohnmacht.

Kommen wir nun zur Analyse von zwei astralen Fällen. Person A ist ein neapolitanischer Unternehmer, der mich bereits seit einigen Jahren nicht mehr besucht und ich vermute, er ist gestorben. Wenn er zu mir kam, dauerten die Sitzungen maximal fünfzehn Minuten, da er nicht ein einziges Mal den Mund öffnete. Es grüßte beim Eintreten und beim Weggehen, fügte aber nie ein Wort hinzu. Ich fragte ihn immer, was ihm in einem gewissen Jahr passiert sei, das für ihn sehr tragisch gewesen zu sein scheint. Aber er blieb schweigsam. Eines Tages, vielleicht um eine gute Interpretation meinerseits zu belohnen, sagte er, dass ihm in diesem berühmten Jahr sieben Milliarden Lire gestohlen worden seien und er den Raub nicht angezeigt hatte, da es sich um Gelder handelte, die er dem Finanzamt nicht angezeigt hatte. Sein Geburtshimmel zeigt uns einen starken Wert von Saturn (im Aszendenten) und Jungfrau. Eine starke Verschlossenheit, die auch durch die natürliche Reserviertheit der Skorpion-Werte verstärkt wurde. Die Angst, vielleicht gebunden an die Phobien des Sesquiquadrats Pluto-Sonne, hatte das Übrige getan.

Person B ist ein Mann, der in vielen Jahren, in denen er mich besucht hat, nicht mehr als insgesamt zehn Worte ausgesprochen haben mag. Unsere Sitzungen sind sehr kurz, da nach der Begrüßung nur ich spreche, er eventuelle Fragen von mir geflissentlich überhört, wir uns verabschieden und er geht. In seinem Geburtshimmel finden wir starke Werte von Steinbock, Jungfrau und einen beherrschenden Mond, der ihn vielleicht fürchten lässt, sich zu sehr zu öffnen.

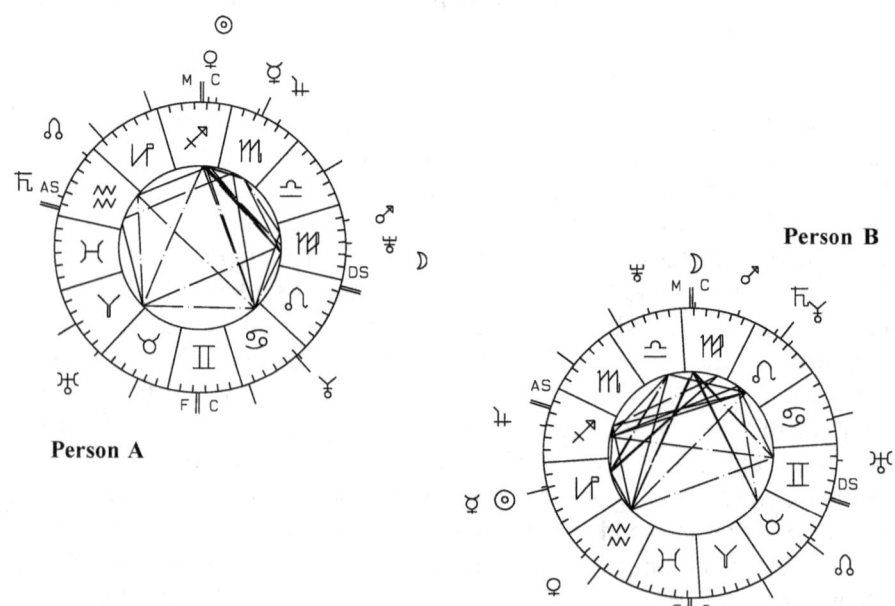

Person A

Person B

33.
Bezug zur Transaktionalen Psychologie

In der Transaktions-Analyse wird ein besonders Leseschema der Zustände des Ichs und den daraus folgenden Beziehungen zwischen diesen Zuständen in einem oder mehreren Individuen vorgeschlagen. Kommen wir zum Anfang und zu der Frage, wie dies dem Thema der *Aktiven Astrologie* dienen kann. Wir nehmen dabei Bezug auf das Buch von Eric Berne: *„Was sagen Sie, nachdem Sie Guten Tag gesagt haben?"* Zusammenfassend stellt der Autor hier die These auf, dass die Struktur des Ichs nicht etwas Einzigartiges und Undeutliches sei, wie in anderen psychoanalytischen Theorien, sondern eine vertikale Struktur mit drei verschiedenen Ebenen (Ich-Zustands-Modell). In Bezug auf die auch im vorliegenden Buch abgedruckte Abbildung steht hier: „Abbildung 1A stellt ein vollständiges Persönlichkeitsdiagramm für alle denkbaren Menschentypen dar und umfaßt alles, was ein Mensch fühlt, denkt, sagt, usw. Eine leicht verständliche, vereinfachte Form dieses Diagramms zeigt die Abbildung 1B. Auch bei einer stärker detaillierten Analyse treten keine neuen Ich-Zustände zutage, sondern nur Unterabteilungen im Rahmen der Grundkategorien. So läßt sich beispielsweise mit Hilfe gründlicher Untersuchungen feststellen, daß es in den meisten Fällen zwei verschiedene Eltern-Ich-Komponenten gibt, wobei sich die eine vom Vater und die andere von der Mutter ableiten läßt. Auch lassen sich im Rahmen des Kindheits-Ichs die Eltern-Ich-Komponente, die Erwachsenen-Ich-Komponente und die Kindheits-Ich-Komponente ausmachen, die bei der Fixierung des Kindheits-Ichs bereits vorhanden waren; das läßt sich auch durch entsprechende Beobachtungen bei Kindern leicht verifizieren. Eine solche Analyse zweiten Grades stellt die Abbildung 1C dar. Die bei der Diagnose von Ich-Zuständen vollzogene Trennung einzelner Empfindungs- und Verhaltens-Strukturen bezeichnet man als *Struktur-Analyse.*"

Die Transaktions-Analyse zielt darauf ab, die falschen Verhaltensweisen des Ichs in Bezug zu anderen und besonders innerhalb der Familie zu entdecken, wo es zu *Familiendramen* kommt: „(…) Eine andere gute Möglichkeit, das eigentliche Handlungsgerüst und einige der wichtigsten Textzeilen im Skript eines Menschen zu entdecken, besteht darin, daß man ihn fragt: 'Wenn man Ihr Familienleben auf der Bühne inszenieren wollte, was für eine Art von Stück würde das dann wohl sein?' Derartige Familiendramen werden in der Regel nach den griechischen Tragödien 'Ödipus' und 'Elektra' benannt, in denen der Junge für seinen Vater zum Konkurrenten bei der 'Mammi' wird und die Tochter den Vater ganz für sich haben will. Der Skript-Analytiker muß allerdings wissen, was die Eltern - die wir hier [in Umkehrung der ursprünglichen Namen] *Supidö* und *Artkele* nennen wollen - im Schilde führen. Supidö bildet sozusagen die andere Seite des Ödipus-Dramas und drückt die offenen oder verdeckten sexuellen Empfindungen der Mutter für ihren Sohn aus, Artkele bildet dagegen die andere Seite von Elektra und zeigt die Empfindungen des Vaters für seine Tochter. Eine eingehende Untersuchung enthüllt fast immer ziemlich offenkundige Transaktionen, die beweisen, daß solche Empfindungen keineswegs rein imaginärer Natur sind, auch wenn die Eltern selbst sie zu verbergen versuchen. Sie tun das in der Regel dadurch, daß sie mit dem Kind das Spiel 'Tumult' spielen. Das heißt, der innerlich beunruhigte Elternteil versucht die sexuellen Empfindungen seines Kindheits-Ichs dadurch zu verbergen, daß er das Eltern-Ich hervorkehrt und die Kinder auf mürrische Weise herumkommandiert. Aber bei gewissen Gelegenheiten kommen diese Empfindungen doch zum Vorschein - trotz aller Bemühungen, sie mit Hilfe des 'Tumult'-Spiels oder anderer Mittel zu tarnen. In Wirklichkeit sind häufig diejenigen Eltern am glücklichsten, die die Attraktivität ihrer Kinder ganz offen bewundern."

Wie man also sieht, geht auch die Transaktionale Psychologie von einer Konstellation des Symbols und einem Ausleben desselben aus. Bei den Sitzungen fordert der Analytiker die Teilnehmer dazu auf, ihre inneren Dramen auf einer hypothetischen Bühne darzustellen. Der Patient muss dann je nach Situation die Stimme wechseln, wieder zum Kind werden, weinerlich oder autoritär sein, usw. Diese Art der Analyse sieht also einen Vortrag, eine Darstellung, eine Entladung der Kräfte, die von tief innen kommen vor. Wie im Fall des Psychiaters Gianfranco Tedeschi wird auch hier das Symbol wieder belebt, wenn auch auf andere Weise.

Unter den Astrologen ist der Kollege und Freund Paolo Crimaldi zu nennen, der gleichzeitig Psychologe mit Schwerpunkt auf der Transaktionalen Psychologie ist und der die Patienten-Ratsuchenden dazu auffordert, ihren eigenen Geburtshimmel theatralisch-spielerisch darzustellen.

Ich habe mich bewusst in Gegenden vorgewagt, die mir unbekannt sind, um aufzuzeigen, dass meine Theorie über den Exorzismus der Symbole nicht notwendigerweise auf einen jungschen Ursprung begrenzt ist, sondern in viel weiteren Sphären kreisen kann.

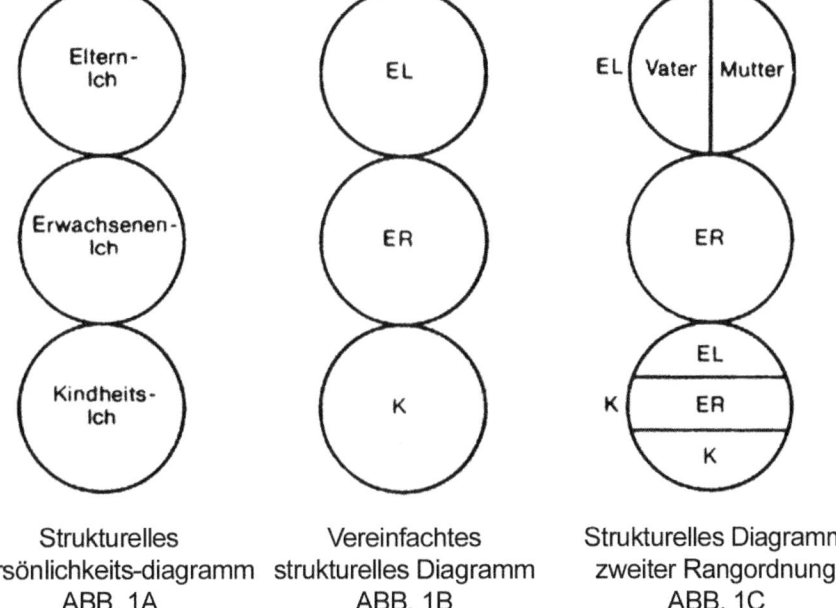

Strukturelles   Vereinfachtes   Strukturelles Diagramm
Persönlichkeits-diagramm strukturelles Diagramm zweiter Rangordnung
ABB. 1A   ABB. 1B   ABB. 1C

34.
Kurze Verknüpfungen zur Mythologie

In der Universalliteratur aller Zeiten und auch in der Fiktion ist das Konzept der Reise üblicherweise positiven Symbolen und der Erneuerung, der Suche nach sich selbst (wie in dem Roman *Himmel über der Wüste* von Paul Bowles), dem Glauben (wie in dem Film *Die Milchstrasse* von Buñuel) oder der Sehnsucht nach dem süßen Ziel, wie in der *Odyssee* von Homer zugeordnet. Hier können wir auch die alten Wurzeln der positiven Symbologie finden, an die das *gezielte Solarhoroskop* anknüpft.

Dieser Text soll nicht lang und breit über Dinge sprechen, die uns nicht zustehen, daher werden Sie hier nur kurz einige Grundkonzepte des Themas lesen. Für weiterführende Studien verweise ich auf das wunderbare Buch „*Die Mythologie der Griechen*" von Karl Kerényi, auf deutsch erhältlich beim Deutschen Taschenbuchverlag, München, 2002.

Nachfolgend beschreibe ich nur kurz, was in der Enzyklopädie *Treccani* zum Begriff *Hermes* nachzulesen ist, ein Text, der die Essenz des vorliegenden Buches darstellt:

Hermes ist in der Antike der Hüter der Straßen; nicht weniger antik ist seine Verehrung als die in der Welt der Menschen stets anwesende und aktive Gottheit. Nach außen überträgt sich der Gotteskult in Steinhäufen und in viereckigen Pfeilern, über denen sein Kopf herausragt und die an Wegen und Kreuzungen aufgebaut sind. Hermes ist die immer gutartige und überall anwesende Gottheit, der Gott, der die Handelswege und das menschliche Tun beschützt und daher von allen Wanderern, aber auch von Jägern und Soldaten angerufen wird und als der Gott des guten Gelingens und des Glückes verehrt wird [Dieser Absatz unterstreicht die Verbindung zwischen Reisen, Fortbewegung und Glück im Allgemeinen in der Mythologie; Anm. d. A.]. An diese Bedeutung knüpfen sich die Beinamen an, die ihm in der antiken Epik gegeben wurden, da er auch für die glücklichen Verdienste steht, also für die Verdienste jener, die mit Klugheit zu handeln wissen, wobei aber auch die der Räuber enthalten sind.

Charakter als Schutzgott.

35.
Kurze Verknüpfungen zur römischen Religion

Wir haben kurz auf die Symbole im antiken Griechenland hingewiesen und kommen jetzt zu einer Kultur, die der unseren etwas näher steht, der des kaiserlichen Roms. Dies ist ein sehr schwieriges Thema, da es - anders als man glauben sollte - nur verhältnismäßig wenige archäologische Funde gibt. Wir können den aktuellen Stand der Forschung in einer in ihren Ausführungen eher schwierigen Abhandlung nachlesen, nämlich im Buch *Religion et piété à Rome* von John Scheid, Paris, 1985.

Hier findet sich die Beschreibung zweier interessanter Beispiele für unsere Analyse (Exorzismus der Symbole), die ich nachfolgend kurz in eigenen Worten umreißen will.

Ein Beispiel entstammt dem Register der Schändungen an Heiligtümern, wie zum Beispiel die Plünderung eines Tempels oder der Raub eines heiligen Objektes (ein so genanntes *Sacrilegium*). Berühmt ist das Sacrilegium des Pleminius. Nach der Eroberung von Lokri im Jahre 204 überlässt Pleminius, ein Legat von Scipio, die Stadt den plündernden Soldaten, entweiht die Tempel und raubt den Tempelschatz der Proserpina. Eine Abordnung der Lokrer beklagt sich über diesen Vorfall beim Senat, der - verärgert über Pleminius und dessen Befehlshaber Scipio - bei den Pontifices Informationen zu religiösen Maßnahmen in diesem Fall einholt, eine Kommission zur Untersuchung des Sacrilegiums einsetzt und eine Ermittlung gegen Pleminius und Scipio einleitet. Einmal in Lokri, erstattet die Kommission dem Tempel den doppelten Betrag des gestohlenen Schatzes und bringt den Göttern die vorgeschriebenen Sühneopfer dar [Exorzismus der Symbole; Anm. d. A.]. Pleminius wird daraufhin verhaftet.

Das zweite Beispiel ist folgendes: Im Jahr 173 plündert der Zensor und Pontifex Quintus Fulvius Flaccus den Tempel der Hera Lacinia in Kroton und lässt dessen Marmorplatten abnehmen, um mit ihnen den Tempel der Fortuna Equestris in Rom einzukleiden, den er selbst in jener Zeit bauen ließ. Es gab viel Aufregung in der Stadt. Der Zensor wurde vom Senat schwer getadelt, nicht nur wegen der Entweihung des Tempels, sondern besonders, weil er ein Gebäude ruiniert hatte, das er als Zensor eigentlich hätte schützen und bewahren müssen. Fulvius sah sich damit einer Anklage wegen Amtsverbrechens gegenüber, die das gesamte römische Volk in das Sacrilegium verwickelte: ein solches Urteil, das bei einer Plünderung von privaten Gebäuden unglaublich erschienen wäre, wurde gefällt, weil der Missetäter einen Tempel der unsterblichen Götter zerstört und neue Tempel aus den Ruinen alter Tempel erbaut hatte.

Gleichzeitig befahl der Senat, die gestohlenen Platten an das Oberhaupt in Lacinio zurückzugeben und Juno ein Sühneopfer darzubringen [Exorzismus der Symbole; Anm. d. A.], all das im Namen des unfreiwillig verwickelten römischen Volkes.

36.
Aktive Astrologie und Magie

Nach Meinung einiger strenger Kritiker der in diesem Buch beschriebenen, für die *Aktive Astrologie* grundlegenden Techniken seien wir als Magier tätig. Ich weiß nicht, ob es aus diesem Gesichtspunkt nötig ist, den kulturellen Hintergrund unserer Studien zu untersuchen und die wissenschaftlichen Wurzeln zu suchen, die unsere Techniken beweisen könnten, aber letztendlich sollten wir uns fragen, ob es denn wirklich so wichtig ist, festzulegen, ob all das als Magie einzustufen sei oder nicht.

Wir sollten zunächst definieren, was unter *Magie* zu verstehen ist. So lautet die Definition der Enzyklopädie *Encarta* von Microsoft:

Magie, Praktiken, um den Verlauf von Ereignissen auf übernatürliche Weise zu beeinflussen. Die Magie wird mit Alchimie, Okkultismus, Spiritismus, Aberglauben und Hexerei in Verbindung gebracht. Der Begriff leitet sich vom altpersischen Magier ab, dessen priesterliche Aufgaben den Umgang mit dem Okkulten umfasste. Magische Glaubensvorstellungen und Praktiken existieren bis heute in Form von Wahrsagen, Kommunikation mit den Toten, Astrologie, dem Glauben an Glückszahlen und Talismane.

Die Wurzeln der heutigen Wissenschaften lassen sich auf ursprünglich magische Praktiken und Glaubensvorstellungen zurückführen. So entwickelte sich etwa die mittelalterliche Alchimie zur modernen Chemie und Physik.

Es lassen sich zwei Hauptformen unterscheiden: die weiße (oder gute) Magie und die schwarze (oder böse) Magie. Die weiße Magie dient dazu, die Wirkungen der schwarzen Magie zu beheben und ihr entgegenzuwirken, während die schwarze Magie dazu verwendet wird, Schaden zuzufügen. Im Mittelalter umfasste die schwarze Magie Hexerei, Zauberei und die Anrufung von Dämonen; die weiße Magie beschäftigte sich mit Astrologie und Kräuterkunde.

Magische Praktiken können in vier Bereiche eingeteilt werden. Der erste Bereich, die so genannte Sympathie-Magie, basiert auf symbolischer Darstellung und Wunscherfüllung. Gewünschte Wirkungen werden durch Imitation oder Verwendung von Gegenständen erzielt, die mit einer Person in Verbindung gebracht werden. So glaubt man z. B., dass man einen Feind verletzen kann, indem man Pfeile in eine Abbildung von ihm sticht. Auf ähnliche Weise erwirbt man die Kraft, Schnelligkeit oder Geschicklichkeit eines Tieres, indem man sein Fleisch isst oder Hilfsmittel aus seinem Fell, seinen Hörnern oder Knochen verwendet. Bestimmte Formen des Kannibalismus beruhen auf dem Glauben, dass durch den Verzehr des Fleisches eines Feindes dessen Eigenschaften einverleibt werden. Die zweite wichtige Form der Magie ist die Weissagung, die Aneignung von geheimem Wissen durch das Legen von Karten, das Augurium (Deutung von Omen oder Vorzeichen), die Astrologie (Deutung der Konstellation von Sternen) und spontane Äußerungen von Personen im Trancezustand, von Orakelpriestern oder Medien. Die dritte Form der Magie ist die Thaumaturgie oder das Wunderwirken, wozu Alchimie, Hexerei und Zauberei zählen. Die vierte Form der Magie ist das Aufsagen von Zaubersprüchen, Versen oder Formeln, welche die Namen übernatürlicher Wesen oder der Personen enthalten, denen Gutes oder Schlechtes gewünscht werden soll. In magischen Ritualen können alle vier Formen der Magie vorkommen.[1]

Wahrscheinlich müssten wir nach diesen Kriterien fast die gesamte gedankliche Schule Jungs als Magie bezeichnen. Aber wäre sie dann weniger wert? Unserer Meinung nach überhaupt nicht. Wenn Magie die Manipulation von Symbolen zu dem Zweck bezeichnet, das eigene Schicksal und die Wirklichkeit zu ändern, dann ist das, was wir tun, Magie. Magie ist dann aber auch der Placebo-Effekt des Arztes, der sich durch eine Beruhigung des Kranken aktiv in dessen Heilungsprozess einbringt. Wenn wir *magisch* handeln und damit einer Person eine verbesserte Lebensqualität verschaffen, warum sollten wir dann anders handeln? Wir sollten uns eher die Frage stellen, ob diese Magie auch wirklich funktioniert. Wenn ja, dann sollten wir sie anwenden, wenn nicht, dann müssen wir sie eben verwerfen.Um zu diesem Thema mehr zu erfahren und anthropologisch eventuelle alte Zusammenhänge mit unserer Praxis zu erforschen, möchte ich hier einige Gedanken aus dem Buch *Sud e magia* von Ernesto De Martino zu Bräuchen und Aberglauben im Süden Italiens wiedergeben.Das Thema der Hexerei durch den bösen Blick oder aus Neid kehrt bei Hochzeiten oder dem Vollzug einer Ehe wieder. Um den bösen Kräften zu entgehen, die ein Ehepaar gefährden können, darf der Hochzeitszug in Viggiano und Savoia bei der Hin- und Rückfahrt nicht dieselbe Strecke einschlagen. In Colobraro und Marsico Vetere muss das Brautpaar über die Schwelle der Kirche springen, um einem bösen Zauber auszuweichen. Auf der Schwelle könnten sich nämlich ein Seil, Knoten oder andere magische Hindernisse befinden, die ein Hexer bewusst dort hingelegt hat. In Colobraro darf das Paar außerdem die Hände nicht in das Weihwasserbecken tauchen, da hier ein Zauberpulver aufgelöst sein könnte, das den Vollzug des Liebesaktes verhindert. Bei der Messe sind bestimmte Evangelien ein gutes Vorzeichen für das Paar. Nur das Johannes-Evangelium bringt den Eheleuten Glück, nicht so gut sind die Evangelien von Markus und Matthäus, während das von Lukas gar Panik unter den Anwesenden auslösen kann. Das künftige Brautpaar und Angehörige versammeln sich häufig nach einer Messe um den Priester und fragen besorgt: „Welches Evangelium wird gelesen?" Der Priester, der um den Aberglauben seiner Pfarrmitglieder weiß, antwortet beruhigend: „Johannes, Johannes".

Anmerkungen
1) „Magie" Enzyklopädie® Microsoft® Encarta© 1993-1997 Microsoft Corporation. Alle Rechte vorbehalten.

37.
Die Räuber-Beute-Beziehung

Die Räuber-Beute-Beziehung kann als eine Wechselwirkung betrachtet werden, die stattfindet, wenn ein Organismus einen anderen tötet, um sich von ihm zu ernähren. Eine umfangreichere Definition, die auch die beiden Seiten der Beziehung zwischen den Arten beinhaltet, sieht die Räuber-Beute-Beziehung als einen Prozess, in dem sich ein Individuum einer Tierart von einem lebenden Individuum einer anderen Tierart ernährt. Der gemeinsame Nenner in diesen Definitionen ist die fehlende Symmetrie in der Beziehung, die sich zwischen zwei Arten, also zwischen Räuber und Beute, aufbaut, von denen nur einer, nämlich der erste, einen direkten Vorteil erhält. Hierin liegt der Unterschied zu anderen Arten der Interaktion, wie der Konkurrenz und dem Mutualismus, wo beide Arten symmetrisch an den positiven oder negativen Folgen der Beziehung interessiert sind (aus: *Dizionario di etologia*, geleitet von Danilo Mainardi, Einaudi, 1992).

Es scheint mir an dieser Stelle wichtig, von der Räuber-Beute-Beziehung zu sprechen, wobei den Sternen nicht das Image von Vampiren oder von Akteuren angehaftet werden soll, nach dem ein Stern (oder ein Gott?) aus der Höhe zuschlagen würde. Aber ebenso wenig kann man hier von einer ungeordneten und/oder unbedeutenden Beziehung in der Dialektik Himmel-Mensch sprechen. So wie das menschliche Wesen häufig zum Magnet für die „Sympathien" eines Planetentransits wird, ist es in anderen Fällen seine bevorzugte Zielscheibe. Auf diesen Seiten wollen wir keine Vorherrschaft der einen oder der anderen Wirklichkeit feststellen, sondern in der Logik der *Aktiven Astrologie* die Beziehung untersuchen, die das menschliche Wesen zum himmlischen Gewölbe hat, von dem es umgeben ist. Das Konzept der Räuber-Beute-Beziehung kann nicht vom Konzept der Flucht gelöst werden und der Autor will hier beweisen, oder zumindest unterstreichen, dass die Flucht in der Natur kein negatives Element, sondern eine Wirklichkeit voll gegenseitigem Respekt ist und die gleiche Würde hat, wie das Prinzip der Selbsterhaltung, das einige Arten dazu bringt, andere zu fressen.

Auch wenn eine Räuber-Beute-Beziehung normalerweise zwischen Individuen verschiedener Arten vorkommt, kann sie doch auch zwischen Artgenossen vorkommen, wo sie als Kannibalismus bezeichnet wird. Diese Form der Räuber-Beute-Beziehung ist besonders üblich bei Amphibien und weit verbreitet bei Raubfischen. Bei Reptilien ist sie bei einigen Krokodilarten bekannt, wie beim Nilkrokodil (*Crocodylus niloticus*): die Weibchen müssen den Flussabschnitt um ihr Nest verteidigen, um die Sicherheit der Eier und der Jungen in den ersten Lebensmonaten zu gewährleisten (aus: *Dizionario di etologia*).

Die Natur kommt sowohl dem Räuber als auch der Beute zu Hilfe, indem sie bei dem Einen die Krallen und bei dem Anderen die Flucht verbessert. Weiter ist im Wörterbuch von Mainardi zu lesen: Das Verhältnis zwischen Räuber und Beute führt zu hoch entwickelten Fluchttechniken, in deren Folge die Selektion Gegenanpassungen entwickelt, um den Beutefang immer wirksamer zu gestalten und gleichzeitig die Schutzstrategie vor dem Gefressenwerden zu verbessern. Diese Situation hat morphologische Anpassungen in Räubern und Beute geschaffen. Beispiele sind die Federn der Eulen, deren Struktur Uhus und Käuzen einen stillen Flug ermöglicht, mit dem sie die Beute überraschen können, oder die Dornen an den Zehen des Fischadlers (*Pandion haliaetus*), die es dem Fisch fressenden Räuber ermöglichen, eine glitschige Beute wie einen Fisch besser festzuhalten. Die Beutetiere haben sich ihrerseits komplementär entwickelt, zum Beispiel haben die Huftiere, die typische Primärkonsumenten und damit dem Beutefang ausgesetzt sind, eine besondere Beweglichkeit in den Gliedmaßen und bei der Unterordnung der Wiederkäuer sei die Verdauung in zwei Phasen zu nennen, durch welche die Tiere für so kurze Zeit wie möglich der Gefahr des Gefressenwerdens ausgesetzt sind.

In einer wahrscheinlich endlosen Folge passt sich jede Tierart ihrem „Gegner" an und so schreibt der Ethologe Danilo Mainardi, dass der Schutz der Beute vor Fressfeinden an verschiedene Arten von Räubern angepasst werde.

Betrachten wir zwei Beispiele von Räubern: den Gepard und die Spinne. Der erste (*Acinonyx jubatus*), wird im *Grande libro degli animali* von Giorgio P. Panini folgendermaßen beschrieben: Er ist das schnellste Säugetier der Welt, das, wenn auch nur über kurze Strecken, eine Geschwindigkeit von 113 km/h erreichen kann. Wenn er jagt, attackiert er die Beute, indem er sie mit den Vorderbeinen zu Boden drückt und in den Hals beißt. Seine bevorzugte Beute ist die Antilope, aber auch Hasen, Nagetiere und Vögel verschmäht er nicht. Da er kein robustes Gebiss hat, tötet er die Tiere, indem er sie am Hals packt, den Rumpf aufreißt und sich zunächst von den Eingeweiden ernährt.

In Bezug auf die Spinne möchte ich auf ein sehr nettes Buch von Mirella Delfini eingehen, *La vita segreta dei ragni* ("das geheime Leben der Spinnen"). In dieser Erzählung täuscht die Autorin einen Dialog zwischen ihr, dem Leser und einer Spinne vor: Das Spinnennetz ist wichtig für die Spinnen, das weißt Du sehr gut, außer für solche, die springen und die darauf pfeifen, aber für alle anderen ist das Netz Zuflucht, Arbeit, Jagdwaffe, Liebesnest, Todeswerkzeug. Manchmal aber, im Sonnenlicht, ist das Netz auch ein Wunder der reinen Schönheit: ein durchsichtiges Beispiel dafür, dass Opfer zu bringen nicht immer nur eine Pflicht im Überlebenskampf, sondern auch eine Hymne an die Harmonie des Universums ist. Wenn wir das Netz mit der Körpergröße der Spinne vergleichen, so ist es verhältnismäßig groß, aber um es zu spinnen, wird gerade einmal eine Stunde oder ein wenig mehr benötigt und wenn es fertig ist, gönnt sich die Schöpferin meiner Ansicht nach eine Ruhepause, bis das Mittagessen aus der Luft angeflogen kommt, sich verfängt und sofort beginnt, sich zu winden und mit einer tonlosen Stimme zu schreien, die wenigstens für meine Ohren unhörbar ist.

Mirella Delfini fährt mit ihrer faszinierenden Erzählung fort: Die *Mastophora* bereitet mir das größte Vergnügen, sie spinnt einen Faden voller klebriger Flüssigkeit und bringt an dessen Ende einen dicken und schweren Tropfen Kleber an. Diesen wirft sie aus, um die vorbei ziehenden Unglücklichen zu fangen, ganz so, wie es die Indios mit ihren 'Bolas' machen. Aber vielleicht haben es die Indios auch von ihnen gelernt. Wir haben der Natur zahlreiche Patente abgekupfert. Ich habe gelesen, dass die Spinnen mit dem Lasso immer nachts arbeiten und sich auf das Jagen männlicher Nachtfalter spezialisiert haben, indem sie den Geruch der weiblichen Nachtfalter ausstoßen.

An diesem Punkt beende ich meine Ausführungen, auch wenn die Natur mir noch Millionen an Beispielen liefern könnte von Lebewesen, die andere zum Rennen bringen, und Lebewesen, die selbst rennen. Eine Werbung für ein Getränk bringt es auf den Punkt: „Es ist egal, ob Du der Löwe oder die Gazelle bist, Du musst ja doch immer rennen." Sartre sagte: „die Hölle, das sind die Anderen" und vielleicht ist es genau so.

38.
Literaturverzeichnis zur Zusammenfassung

- **André Barbault**, *Giove&Saturno [Jupiter und Saturn]*, Verlag Ciro Discepolo, 214 ff.

- **André Barbault**, *Dalla psicanalisi all'astrologia [Von der Psychoanalyse zur Astrologie]*, Morin, 224 ff.

- **André Barbault**, *Il pronostico sperimentale in astrologia [Die experimentelle Prognose in der Astrologie]*, Mursia, 210 ff.

- **André Barbault**, *L'astrologia e la previsione dell'avvenire [Die Zukunftsvorhersage in der Astrologie]*, Armenia, 308 ff.

- **André Barbault**, *Trattato pratico di astrologia [Praktische Abhandlung der Astrologie]*, Morin, 317 ff.

- **Angelo Brunini**, *L'avvenire non è un mistero [Die Zukunft ist kein Geheimnis]*, herausgg. vom Autor, 525 ff.

- **Charles E.O. Carter**, *The principles of astrology [Die Prinzipien der Astrologie]*, The Theosofical Publishing House Ltd, 188 ff.

- **Charles E.O. Carter**, *An encyclopaedia of psychological astrology [Eine Enzyklopädie der psychologischen Astrologie]*, The Theosofical Publishing House ltd, 200 ff.

- **Mirella Delfini**, *La vita segreta dei ragni [Das geheime Leben der Spinnen]*, Franco Muzzio Verlag, 172 ff. - Ernesto De Martino, *Sud e magia [Der Süden und die Magie]*, Feltrinelli, 206 ff.

- **Thorwald Dethlefsen**, *Il destino come scelta [Schicksal als Chance]*, Edizioni Mediterranee, 202 ff.

- **Ciro Discepolo**, *Il sale dell'astrologia [Das Salz in der Astrologie]*, Capone, 144 ff.

- **Ciro Discepolo**, *Esercizi sulle Rivoluzioni solari mirate [Übungen zum gezielten Solarhoroskop]*, Blue Diamond, 96 ff.

- **Ciro Discepolo**, *Astrologia applicata [Angewandte Astrologie]*, Armenia, 294 ff.

- **Ciro Discepolo**, *La ricerca dell'ora di nascita [Nachforschungen zum Zeitpunkt der Geburt]*, Nachforschungen 1990, 64 ff.

- **Ciro Discepolo**, *Nuova guida all'astrologia [Neuer Leitfaden zur Astrologie]*, Armenia, 817 ff.

- **Ciro Discepolo**, *Guida ai transiti [Leitfaden zu den Transiten]*, Armenia, 459 ff.

- **Ciro Discepolo**, *Effemeridi e Tavole delle Case [Ephemeriden und Häusertabellen]*, mehrere Bde., Armenia.

- **Ciro Discepolo**, *Trattato pratico di Rivoluzioni solari [Praktische Abhandlung zu den Solar-Revolutionen]*, Blue Diamond, 204 ff.

- **Ciro Discepolo**, *Nuovo dizionario di astrologia [Neues Wörterbuch der Astrologie]*, Armenia, 392 ff.

- **Ciro Discepolo**, *Transiti e Rivoluzioni solari [Die Transite und das Solarhoroskop]*, Armenia, 500 ff.

- **Reinhold Ebertin**, *Cosmobiologia: la nuova astrologia [Kosmobiologie: Die neue Astrologie]*, C.E.M., 204 ff.

- **Ellenberger**, *La scoperta dell'inconscio [Die Entdeckung des Unbewussten]*, Universale scientifica Boringhieri, Doppelband.

- **Anna Freud**, *L'Io e i meccanismi di difesa [Das Ich und die Abwehrmechanismen]*, G. Martinelli & C., 192 ff.

- **Erich Fromm**, *Psicanalisi della società contemporanea [Wege aus einer kranken Gesellschaft]*, Edizioni di comunità, 348 ff.

- **Michel Gauquelin**, *Il dossier delle influenze cosmiche [Dossier über die kosmischen Einflüsse]*, Astrolabio, 236 ff.

- **Henri J. Gouchon**, *Dizionario di astrologia [Wörterbuch der Astrologie]*, Armenia, 872 ff.

- **Hadès**, *Guide pratique de l'interprétation en astrologie [Praktischer Leitfaden für die Interpretation in der Astrologie]*, Editions Niclaus, 226 ff.

- **R.F.C. Hull und William McGuire**, *Jung parla [C. G. Jung Speaking]*, Adelphi, 592 ff.

- **Karl Kerényi**, *Gli dei della Grecia [Die Mythologie der Griechen]*, Il Saggiatore, 254 ff.

LITERATURVERZEICHNIS ZUR ZUSAMMENFASSUNG   643

- **Aniela Jaffé**, *Ricordi sogni riflessioni di Carl Gustav Jung [Erinnerungen, Träume, Gedanken von C. G. Jung]*, Il Saggiatore, 432 ff.

- **Carl Gustav Jung**, *L'uomo e i suoi simboli [Der Mensch und seine Symbole]*, Verlag Casini, 320 ff.

- **Carl Gustav Jung**, *Mysterium coniunctionis* (ital. Ausgabe), Boringhieri, 288 ff.

- **Carl Gustav Jung**, *La sincronicità [Die Synchronizität]*, Biblioteca Boringhieri, 124 ff.

- **Carl Gustav Jung**, *Psicologia della schizofrenia [Über die Psychologie der Dementia Praecox]*, Newton Compton Italiana, 218 ff.

- **Carl Gustav Jung**, *La dinamica dell'inconscio [Die Dynamik des Unbewußten]*, Boringhieri, 606 ff.

- **Carl Gustav Jung**, *Opere – volume nono [Gesammelte Werke – Band 9]* (ital. Ausgabe), Boringhieri, 314 ff.

- **Carl Gustav Jung**, *Simboli della trasformazione [Symbole der Wandlung]*, Boringhieri, 596 ff.

- **Carl Gustav Jung**, *Tipi psicologici [Psychologische Typen]*, Boringhieri, 612 ff.

- **Carl Gustav Jung**, *Psicogenesi delle malattie mentali [Psychogenese der Geisteskrankheiten]*, Boringhieri, 322 ff.

- **Carl Gustav Jung**, *Psicologia e alchimia [Psychologie und Alchemie]*, 548 ff.

- **Danilo Mainardi**, *Dizionario di etologia [Wörterbuch der Ethologie]*, Einaudi, 868 ff.

- **Luciana Marinangeli**, *Astrologia indiana [Indische Astrologie]*, Edizioni Mediterranee, 200 ff.

- **Lisa Morpurgo**, *Il convitato di pietra [Der steinerne Gast]*, Sperling e Kupfer, 387 ff.

- **Lisa Morpurgo**, *Introduzione all'astrologia [Einführung in die Astrologie]*, Longanesi, 373 ff.

- **Pietro Orlandini**, *L'agopuntura cutanea [Die Hautakupunktur]*, Rizzoli, 218 ff.

- **Giorgio P. Panini**, *Il grande libro degli animali [Das große Buch der Tiere]*, Mondadori, 252 ff.

- **John Scheid**, *La religione a Roma [Religion in Rom]*, Editori Laterza, 180 ff.

- **N. Sementovsky-Kurilo**, *Astrologia [Astrologie]*, Hoepli, 887 ff.

- **Verschiedene Autoren**, *Dodici monografie sui segni zodiacali [Zwölf Monographien zu den Tierkreiszeichen]* nachbearb. von Serena Foglia, Armenia, 124 ff.

- **Verschiedene Autoren**, *Articoli apparsi sul trimestrale [Verschiedene Artikel]* Nachforschungen von 1990 bis 1997, Ricerca '90, 128 ff.

Inhalt

Vorwort 7
1. Dreißig gute Regeln 11
2. Transite der Sonne 19
3. Transite des Mondes 57
4. Transite von Merkur 97
5. Transite von Venus 133
6. Transite von Mars 169
7. Transite von Jupiter 207
8. Transite von Saturn 243
9. Transite von Uranus 283
10. Transite von Neptun 321
11. Transite von Pluto 359
12. Die Solarhäuser 395
13. Die Sterne in den Solarhäusern 413
14. Solarmond in den Häusern 415
15. Solar-Merkur in den Häusern 419
16. Solar-Venus in den Solarhäusern 423
17. Solar-Mars in den Solarhäusern 429
18. Solar-Jupiter in den Solarhäusern 441
19. Solar-Saturn in den Solarhäusern 451
20. Solar-Uranus in den Solarhäusern 459
21. Solar-Neptun in den Solarhäusern 465
22. Solar-Pluto in den Solarhäusern 471
23. Der Gefährlichkeitsindex eines Jahres 475
24. Beispielgrafiken 479

Nachwort
25. Vorwort zur zweiten Auflage 583
26. Vorhersagen: wozu? 587
27. Zur Frage der Gesundheit 591

28. Was tun, wenn man nicht verreisen kann? 603
29. Die Ergebnisse der letzten Forschungen 609
30. Wesentliche Literatur 615

Zusammenfassung
31. Kurzes Vorwort zur Zusammenfassung 619
32. Psychoanalyse und Flucht 621
33. Bezug zur Transaktionalen Psychologie 625
34. Kurze Verknüpfungen zur Mythologie 629
35. Kurze Verknüpfungen zur römischen Religion 631
36. Aktive Astrologie und Magie 633
37. Die Räuber-Beute-Beziehung 637
38. Literaturverzeichnis zur Zusammenfassung 641

© 2008 Alle Rechte vorbehalten Verlag Ricerca '90

www.ingramcontent.com/pod-product-compliance
Lightning Source LLC
Chambersburg PA
CBHW070357230426
43665CB00012B/1149